Meine Memoiren

Marguerite Steinheil

Writat

Diese Ausgabe erschien im Jahr 2024

ISBN: 9789359941752

Herausgegeben von
Writat
E-Mail: info@writat.com

Inhalt

KAPITEL I KINDHEIT ....- 1 -

KAPITEL II JUGEND – DER TOD MEINES VATERS – MEINE EHE ....- 13 -

KAPITEL III ANKUNFT IN PARIS. EINE TRENNUNG. MARTHE. DAS PARISER LEBEN. ....- 26 -

KAPITEL IV MEIN SALON ....- 34 -

KAPITEL V MEIN SALON (*Fortsetzung*) ....- 49 -

KAPITEL VI FÉLIX FAURE ....- 62 -

KAPITEL VII DIE DREYFUS-AFFÄRE - FASHODA ....- 78 -

KAPITEL VIII DIE GEHEIMNISVOLLE PERLENKETTE – DER TOD VON FÉLIX FAURE ....- 97 -

KAPITEL IX NACH DEM TOD VON PRÄSIDENT FAURE: DIE DOKUMENTE – DIE HALSKETTE ....- 106 -

KAPITEL X 1899-1908 ....- 116 -

KAPITEL XI EREIGNISSE, DIE DEM VERBRECHEN VORAUSGEHEN ....- 123 -

KAPITEL XII MAI 1908 ....- 135 -

KAPITEL XIII DIE VERHÄNGLICHE NACHT ....- 144 -

KAPITEL XIV NACH DEM MORD ....- 156 -

KAPITEL XV DIE SCHWARZEN KLEIDER ....- 175 -

KAPITEL XVI UNTERSUCHUNGEN ....- 186 -

KAPITEL XVII DER THRONSAAL ....- 197 -

KAPITEL XVIII M. CHARLES SAUERWEIN UND DIE ROSSIGNOL-AFFÄRE ....- 210 -

KAPITEL XIX DIE PERLE IM TASCHENBUCH ....- 221 -

KAPITEL XX DIE SOGENANNTE „NACHT DER BEICHTE"
(25.-26. NOVEMBER 1908) ....- 239 -

KAPITEL XXI MEINE VERHAFTUNG ....- 254 -

KAPITEL XXII DIE DREI ZELLEN ....- 261 -

KAPITEL XXIII ALBA GHIRELLI, MARGUERITE ROSSELLI
UND DIE „MATIN" ....- 276 -

KAPITEL XXIV SAINT-LAZARE ....- 294 -

KAPITEL XXV. DIE „ANWEISUNG" ....- 305 -

KAPITEL XXVI DIE LETZTE „ANWEISUNG" ....- 324 -

KAPITEL XXVII DREIHUNDERTDREIUNDFÜNFZIG TAGE
IM
GEFÄNGNIS ....- 334 -

KAPITEL XXVIII DREIHUNDERTDREIUNDFÜNFZIG
TAGE IM GEFÄNGNIS (*Fortsetzung*) ....- 356 -

KAPITEL XXIX DER PROZESS ....- 372 -

KAPITEL XXX DIE REDE DER
ANKLAGE - DIE REDE DER VERTEIDIGUNG ....- 391 -

KAPITEL XXXI NACH DEM URTEIL ....- 408 -

KAPITEL XXXII SCHLUSSFOLGERUNGEN ....- 423 -

KAPITEL I

KINDHEIT

(„Monsieur und Madame Edouard Japy haben die Ehre, Ihnen die Geburt einer Tochter mitzuteilen." Beaucourt, 16. April 1869.)

BEAUCOURT ist ein Dorf im „Belfort-Gebiet", nicht weit von der Schweizer und deutschen Grenze entfernt. In diesem Dorf, im „Château Edouard" – alle großen Herrenhäuser in dieser Region heißen „Châteaux", und der Name des Besitzers wird dem Wort hinzugefügt – wurde ich vor etwa vierzig Jahren geboren.

Beaucourt und fast die gesamte umliegende Gegend gehören der Familie Japy oder sind von ihr abhängig. Deren riesige Fabriken und Mühlen sichern Tausenden von Arbeitern den Lebensunterhalt.

Nach einem Familienstreit hatte mein Vater, Edouard Japy, seine Verbindung zu „Japy Bros." einige Zeit vor meiner Geburt abgebrochen. Nachdem er seine Leitungsposition bei der Firma niedergelegt hatte, beschäftigte er sich ausschließlich mit seinem riesigen Anwesen und widmete seine Tage der Farm und den Wäldern, seinem geliebten Park und den malerischen Kaskaden, die er selbst entworfen hatte, seinen Blumen und Obstgärten, seiner Familie und der Musik.

Meine Mutter war die Tochter des Wirts des Roten Löwen, des Hauptgasthofs von Montbéliard in jenen längst vergangenen Tagen. Edouard Japy hatte Mlle. Emilie Rau geheiratet, trotz des Widerstands seiner Familie, die erklärt hatte, eine solche Ehe wäre eine *Mesalliance* . Er hatte sie geheiratet – wie er mir oft erzählte, als ich als junges Mädchen mehr als sein Kind wurde: seine Freundin und Vertraute – weil „sie sehr schön und sehr gut war". Meine Mutter hatte dunkle Augen, groß und sehr zart, und ihr rabenschwarzes Haar fiel ihr, wenn es offen war, bis zu den Füßen. Sie war von ruhiger und heiterer Natur, freundlich, gelassen und lächelnd. Sie ignorierte das Böse, war von erlesener Unbefangenheit und verstand nie viel von den Realitäten des Lebens, weil sie sie nicht sah. Sie verschenkte und gab ohne zu zählen aus, war auf eine ebenso rührende wie unbewusste Weise nachsichtig und ging als einfaches und glückliches Wesen durchs Leben, das weder große Freude noch tiefe Depression kannte und zu anhaltender Anstrengung oder ernsthafter Sorge unfähig war. Edouard verehrte Emilie, Emilie verehrte Edouard, und alles war zum Besten in der besten aller möglichen Welten.

Der Mann, der mein Vater werden sollte, hatte sich entschlossen – und er besaß Willenskraft und Charme –, dass Fräulein Rau seine Frau werden sollte. Er sorgte dafür, dass sie auf ein Internat in Stuttgart geschickt wurde, damit sie ihre Ausbildung abschließen konnte. Fräulein Rau war damals vierzehn Jahre alt. Zwei Jahre später wurde sie Madame Japy. Ihr Mann war damals fünfundzwanzig.

Ich habe nicht die Absicht, hier die Geschichte der Japys von Beaucourt zu skizzieren. Doch nachdem ich einige Einzelheiten über meine Eltern genannt habe, möchte ich nun einige über meine Großeltern hinzufügen, und sei es nur, um die Neugier derjenigen zu befriedigen, die ebenso sehr an Atavismus wie an Vererbung glauben.

Die ersten „wichtigen" Japys waren zwei Brüder, der Großvater und der Großonkel meines Vaters. Der eine, ein genialer Erfinder, widmete sich zunächst Uhren und dann allen Arten von Werkzeugmaschinen – Schrauben, Hobeln, Nieten, Bolzen, Bohren und so weiter. Er schuf, sein Bruder organisierte. Der erste hatte Ideen, der zweite machte sie praktisch und profitabel. Mehr will ich über den Finanzier und Firmengründer nicht sagen, aber die folgende Geschichte über den Erfinder ist es wert, erzählt zu werden: Er hatte sich ein kleines Haus gebaut, sozusagen „auf Stelzen". Unter dem Boden des großen und einzigen Raumes gab es nichts als – Luft und dann das Gras der Wiese. Der Erfinder erreichte seinen Rückzugsort mit Hilfe einer Strickleiter, die er zurückzog, als er in seinen berühmten „Ideenraum" hinaufgeklettert war. Dort, sicher vor Eindringlingen, arbeitete er Tag für Tag und begnügte sich zu seinen Mahlzeiten mit etwas Brot und Käse. Es war meist dunkel, bevor er zur Erde zurückkehrte und sich seiner Frau anschloss, die, wie man mir sagte, auffallend schön war.

Später entwickelten die Kinder dieser beiden Brüder das bereits bedeutende Unternehmen ihrer Väter weiter und nach und nach wurde die Firma Japy Frères zu dem, was sie heute ist: einer der größten und stärksten Industriekonzerne Frankreichs.

Ich wurde von Gouvernanten und Professoren unterrichtet. Eine der Gouvernanten erklärte 35 Jahre später, dass ich im Alter von fünf Jahren viel gelogen hätte, dass man mir dies aber dank meiner „schauspielerischen Begabung" verziehen habe.

Bei meinem Prozess vor dem Pariser Schwurgericht legte der Staatsanwalt großen Wert auf diese Beweisführung und sah darin ein sicheres Zeichen meiner frühzeitigen Verderbtheit.

Ich persönlich glaube, dass alle normalen Kinder mehr oder weniger Lügen erzählen, und ich bin froh, dass ich ein normales kleines Mädchen war. Was mein Talent als Schauspielerin angeht, habe ich seitdem zu viele kleine

Mädchen im Alter von fünf Jahren gesehen, um ernsthaft daran zu glauben. Ich lächle und fahre fort …

Mein Vater kümmerte sich mit bezaubernder Sorgfalt um meine Erziehung. Mein Bruder und meine Schwestern wuchsen in Internaten auf, aber meine Schule fand zu Hause statt, in einem großen Raum im ersten Stock. Ich sehe noch immer diesen hellen und schönen Raum mit Blick auf unseren Park, dessen Bäume voller Vögel so oft der Grund dafür waren, dass ich meiner Arbeit nicht mehr nachkam. Ich sehe die beiden Tafeln, die eine in regelmäßigen Abständen mit verabscheuten Figuren bedeckt, die andere mit Wörtern und Sätzen oder den Namen von Orten und Personen beschrieben. Mein Vater kam mit strenger Miene immer wieder ins Zimmer, um zu sehen, „wie es der Kleinen ging“, und hatte jedes Mal einen Ratschlag parat: „Da du ihr schon von der Odysseus erzählst , lass sie die Reisen des Odysseus auf einer Karte verfolgen“, oder „Ich sehe, du liest die Ilias. Bitte bestehe auf Andromache, Hektor und Achilles, aber lass Nestor aus, wenn du kommst. Er war ein Narr und ein Langweiler.“ … „Versprich mir, sie nach Domrémy zu bringen, wenn sie lernt, Jeanne d'Arc zu lieben.“ … „Du studierst Napoleon … Warte einen Moment, ich hole ihr ein Album mit Raffets Zeichnungen.“ … „Was, du zeichnest in diesem Zimmer, bei diesem Wetter! Lauf runter in den Garten: Das ist der ideale Ort zum Zeichnen“ … und ich war immer der Meinung, mein Vater hatte absolut recht.

In meinem Schulzimmer gab es einen großen Globus und eine ganze Bibliothek voller Reisebücher. Ah! Die Tropen, die Blumen, die Vögel! Ah! Die Paradiesvögel auf Borneo oder Kolibris in Brasilien zu sehen! Orchideen in Zentralafrika oder Queensland zu pflücken … Ich liebe zwei Flüsse: den Orinoco und den Brahmaputra, und zwei Berge: den Kilimandscharo und den Popocatapetl, wegen ihrer außergewöhnlichen Namen! Meine Lieblingshelden waren Hannibal und – natürlich Napoleon.

Mein Vater begann mir mit vier Jahren Geige beizubringen, im darauffolgenden Jahr Klavier und Orgel. Er hatte seine eigenen Vorstellungen von der Erziehung von Mädchen, wandte sie aber nur auf mich an. Als ich noch ein Kind war, brachte er mir bei, mich zu verbeugen, Blumen zu arrangieren und schöne, alte oder seltene Dinge zu erkennen und zu schätzen – alte Möbel, alte Wandteppiche, altes Porzellan, altes Zinn. Er zeigte mir die Punzen auf Silber, er ließ mich Kameen und Emailarbeiten streicheln und Stickereien und alte Spitzen ehrfürchtig berühren. Er ließ mich zehn-, zwanzigmal hintereinander eine Treppe hinauf- und hinuntergehen: „Siehst du, Liebling, jeder kann Stufen hinuntergehen, ohne lächerlich zu wirken, aber eine Treppe hinaufzugehen, das ist eine andere Sache. Nun denn, komm runter – das ist es – hebe deinen Kopf – geh langsam – wie eine Königin in Büchern aus längst vergangenen Zeiten. Sieh aus, als ob du vom Himmel herabgekommen wärst und Flügel hättest und nicht auf dem

Teppich herumdrückst!" Und er fügte fröhlich hinzu: „Wenn ich eine Treppe hinuntergehe, fühle ich mich wie ein Kaiser, der zu seinem liebenden Volk herabsteigt! Sie sollten sich eine lange Schleppe hinter sich vorstellen, die zwanzig Stufen über Ihnen von zwei kleinen Negern aus dem 18. Jahrhundert gehalten wird." Und die Lektionen gingen weiter: „Jetzt gehen Sie die Treppe hinauf. Ganz leise, ganz leise, Kleines! Bewegen Sie Ihre Arme nicht. Jetzt drehen Sie Ihren Kopf herum ... Ah! Das ist ein hübsches Bild! Übrigens müssen Sie Ihr Haar anders frisieren. Und was ist das für ein goldenes Armband um Ihr Handgelenk? Eine Blume, das ist das einzige Juwel, das Sie im Moment tragen dürfen, Mademoiselle!"

Er entwarf meine Kleider und bestand später darauf, dass ich lernen sollte, sie selbst zu nähen. Er stellte mir einen Reitlehrer, einen Geigenlehrer und einen Klavierlehrer zur Verfügung, außerdem die verschiedenen Gouvernanten, die mir die „anderen Dinge" beibrachten, aber mit ihm und durch ihn lernte ich das wenige, was ich gelernt habe. Er führte ein schönes Leben, und in meinem jungen Herzen sangen jene Worte, die mir mein Vater oft ins Ohr flüsterte: „Ich liebe dich jeden Tag mehr als gestern und weniger als morgen." Ich betrachtete meinen Vater als eine Art wunderbar wohltätige Gottheit. Manchmal hörte ich, dass er „nicht praktisch veranlagt" war, aber ich bemitleidete diejenigen, die ihn kritisierten. Wenn er es hasste, zu rechnen, war das schließlich seine eigene Sache! Obwohl er vor der Katastrophe gewarnt wurde, die ihn nie traf, blieb er fröhlich, freundlich und großzügig. Unser Haus war als „ *La Maison du Bon Dieu* " bekannt. Jeder war dort willkommen, und mein Vater, der ein Feinschmecker war und einen bemerkenswerten Koch hatte, verwöhnte seine Gäste mit Festmahlen, die Lucullus würdig waren, und mit den besten Weinen aus seinem Keller – unter einer Bedingung, die stets dieselbe war: dass sie sich anschließend das Konzert im Salon anhören sollten.

Mein Vater versorgte die ganze Familie meiner Mutter, bezahlte die Schulden seiner Freunde und tat sein Möglichstes, um jedem zu helfen. Immer wenn er durch ein Dorf in der Nähe von Beaucourt kam, erschienen Männer, Frauen und Kinder an den Fenstern oder Türen ihrer Hütten und grüßten ihn mit einem Zeichen, einem Wort oder einem dankbaren Lächeln. Und ich saß immer so nah wie möglich bei ihm in der Kutsche; ich war stolz und glücklich und wollte den guten Dorfbewohnern zurufen: „Wisst ihr, er ist mein Papa!"

Lieber Vater! Sie sollten ihn auch bei meinem Prozess verleumden. Ein Mitglied seiner eigenen Familie behauptete, er sei ein Tier und ein Trunkenbold. Und als ich mich gegen diese abscheuliche Aussage auflehnte, versuchte mein Anwalt, mich zu beschwichtigen. „Kümmern Sie sich nicht darum", murmelte er. „Die Aussage, so scheint es, wurde gemacht, um Sie um jeden Preis zu retten. Als Tochter eines Trunkenbolds könnten Sie bis zu einem gewissen Grad als verantwortungslos angesehen werden. Es war Taktik, keine Beleidigung!"

In meiner Erinnerung sehe ich neben meinem Vater die liebenswerte Gestalt von M. Doriand, dem „alten" und „großen" Freund meiner Eltern.

M. Doriand war Professor am Kaiserinnenkolleg für Mädchen in Moskau, und seine Unterhaltung war ein seltenes Vergnügen. Er kam jedes Jahr, um seine Ferien bei uns zu verbringen. Er blieb drei Monate in Beaucourt und schickte uns während des restlichen Jahres jede Woche einen langen Brief. Im Sommer, wenn er bei uns war, ließ er mich alle Lektionen, die ich seit dem letzten Sommer besucht hatte, noch einmal durchlesen, und er besprach sie so geistreich und eröffnete mir so neue Horizonte, erzählte mir die Geschichte auf so faszinierende und persönliche Weise und schaffte es, mir die Mathematik so interessant zu machen, dass ich nie daran dachte, mich über die ungewöhnliche Art und Weise zu beschweren, wie er mich meine Ferien verbringen ließ.

Damals malte er sehr gut und gab mir Unterricht in Aquarellmalerei. Er weckte in mir einen so ausgeprägten Geschmack für Kunst, dass mein Vater später beschloss, ich solle eine Kunstschule besuchen.

Mein „großer Freund" oder mein „Großpapa aus Russland", wie ich ihn oft nannte, hatte erlesene Manieren. Als ich viele Jahre später zu einer sogenannten „Frau von Welt" und sogar zu einer „Königin der Pariser Gesellschaft" wurde, wenn ich einen Begriff zitieren darf, der so oft auf mich angewendet wird, konnte ich die verschiedenen Typen von Menschen, aus denen diese Gesellschaft bestand, und ihre Manieren beurteilen, und mir wurde damals klar, dass M. Doriand nicht in seine Zeit gehörte. Er hatte die erlesene Höflichkeit der „ehrlichen" Leute des *Grand Siècle*. Ich sehe ihn noch immer mit leichter Anmut verbeugen, wenn er meine Mutter, meine Schwestern oder mich traf. Nie kam ein vulgäres oder triviales Wort über seine Lippen. Er liebte das, was er nicht „schönes" Französisch, sondern „gutes" Französisch nannte. Den Bescheidensten schenkte er dieselben kleinen Aufmerksamkeiten und dieselbe sanfte und altmodische Höflichkeit wie seinen Altersgenossen. Er sprach seine alte Schwester, die in der Nähe von Beaucourt lebte, wie eine Königin an, denn er glaubte, dass perfekte Manieren und höfliche Ausdrucksweise nirgendwo besser geziemen als zu Hause, und dass ein Mann niemandem mehr Respekt schulde als seinen eigenen Leuten. Er nahm seinen Hut ab, wenn er die Frauen auf dem Bauernhof traf, und behielt ihn in einem Laden nie auf. Er sprach langsam und leise und pflegte das *mot propre* (das genaue Wort). Es war eine Freude, ihm zuzuhören, sowohl für das Ohr als auch für den Geist. Solange ich unter seinem Einfluss blieb, versuchte ich, so zu sprechen wie er; aber das Schicksal führte mich nach Paris, wo man leider Parisisch spricht, nicht Französisch.

Mein Großvater aus Russland schien alles zu wissen und alles zu können. Er sprach zum Beispiel eine Stunde lang mit mir über eine Tragödie von Voltaire, die er später mit einer Tragödie seines geliebten Racine verglich; oder vielleicht über ein Buch eines wenig bekannten russischen Autors, den er weit über das Werk vieler berühmter Schriftsteller stellte – deutscher, französischer oder englischer. Dann erzählte er mir plötzlich das Leben einer Pflanze zu unseren Füßen oder die Geschichte des Steins, auf dem er saß. Danach gingen wir in die Küche, und dort brachte er mir bei, wie man eine Art Suppe oder ein süßes Gericht *à la Russe zubereitet* . Wenn das vorbei war, gingen wir ins Musikzimmer, und dort musste ich ihm eine Melodie von Mozart, Glück, Lulli oder Rameau vorsingen oder vorspielen. Er pflegte zu sagen: „Du wirst die Musik von Beethoven und Wagner spielen (er hatte, wie mein Vater, bereits Wagners Genie erkannt), wenn du älter bist. Man muss gelitten und geliebt haben, um diese Genies zu verstehen." Er brachte mir das Bildhauen, das Bücherbinden, das Löten bei …

Mein Vater gesellte sich zu uns und sagte: „Mein lieber Doriand, du beanspruchst meine Tochter für dich allein. Du hattest sie den ganzen Morgen für dich allein."

„Wie kannst du es wagen, dich zu beschweren", erwiderte der andere. „Du hast sie das ganze Jahr über."

Wie wunderbar haben sie mich verwöhnt, diese beiden lieben Seelen, und wie kokett haben sie mich gemacht! Ich erinnere mich, wie sie auf einer alten, rustikalen Bank in der großen Kastanienallee saßen. Ich hatte das Gefühl, dass sie über mich sprachen, und lief ins Haus, um mein schönstes Kleid anzuziehen, und ging dann wieder hinaus und ging langsam auf und ab, mit einem Buch in der Hand, nicht zu weit von ihnen entfernt, und wusste die ganze Zeit, dass ihre Augen mir folgten! Das schien nicht schlimm zu sein, aber eines Tages ertappte mich meine Mutter bei meinem kleinen Spiel und schimpfte noch viel mehr mit mir, meinem Vater und seinem alten Freund … Wenn meine liebe Mutter sie schimpfte, ging mein Vater normalerweise zur Orgel und improvisierte einen Kriegsmarsch, und M. Doriand, der neben ihm stand, blätterte imaginäre Seiten um. Meine Mutter konnte sich das Lachen nicht verkneifen, und wir drei Schuldigen taten natürlich dasselbe.

Ich hatte zwei Schwestern, Juliette, die älteste, die, als ich noch ein kleines Mädchen war, die Frau von M. Herr wurde, einem Ingenieur, der damals in Bayonne lebte, wo ich später M. Steinheil kennenlernte, und Mimi, vier Jahre jünger als ich, die der Liebling meiner Mutter war, genau wie ich der Liebling meines Vaters. Ich hatte auch einen Bruder, Julien, der sich in Belfort einem Infanterieregiment anschloss und dort der Freund von M. Sheffer wurde, der für einige Monate mein *Verlobter sein sollte.*

Wir standen in Beaucourt früh auf. Nach einem schnellen Frühstück und einer Stunde, die ich der Erholung im Park oder der Pflege meiner Blumen widmete – wie meine Eltern hatte ich eine Leidenschaft für Blumen, insbesondere Hortensien und Rosen –, ging ich zum Unterricht ins Schulzimmer. Den Nachmittag verbrachten wir mit Lernen, Spielen und Hausarbeit. Abends, nach dem Essen, gab es Musik im großen *Salon* , genau in dem Salon, den die Deutschen während des Krieges geplündert und in Aufruhr versetzt hatten... Ach! Es war ehrfurchtgebietend, meinem Vater zuzuhören, wie er ihren Aufenthalt im „Schloss" beschrieb und uns erzählte, wie dieser prächtige Salon von jenen „Preußen" in eine Küche verwandelt worden war, der Flügel in eine Speisekammer und die kostbaren Vorhänge aus antikem rotem Damast in Pferdedecken und Geschirrtücher...

Zu Hause waren immer viele Gäste. Das dreistöckige Haus hatte vierzig Zimmer, die häufiger belegt als leer standen. Unsere abendlichen Konzerte waren die große Freude meines Vaters. Er saß an der Orgel, die riesige und rothaarige Mme. Koger, meine Klavierlehrerin, setzte sich ans Klavier, ich nahm meine Geige und drei oder vier Musiker aus Belfort, Geiger und Cellisten, vervollständigten unser kleines Orchester.

Im Winter – und der Winter ist in diesem Teil Frankreichs extrem streng – fuhren wir auf dem Rhone-Rhein-Kanal Schlittschuh oder machten lange Schlittenfahrten auf tief verschneiten Straßen. Und dann rodelten wir. Auf einem Hügel bildete sich ein „Zug" von Rodlern mit einem „Kapitän" an der Spitze; wir rasten mit halsbrecherischer Geschwindigkeit den Hügel hinunter, der Zug löste sich auf, die Schlitten überschlugen sich und schleuderten uns in den Schnee, woraufhin ein offener Kampf um die Schuld an dem Unfall ausbrach. Normalerweise triumphierte ich über meine Cousins, Jungen und Mädchen, und war ziemlich stolz darauf!

Hätte der mit meinem Fall betraute Untersuchungsrichter dieses Detail gekannt, wäre er zweifellos zu dem Schluss gekommen: Da ich als Kind stark genug war, um meine Spielkameraden mit Schneebällen zu besiegen, musste ich als Frau auch stark genug gewesen sein, um die schrecklichen Verbrechen zu begehen, deren er mich beschuldigte!

Der Winter brachte auch eine größere Zahl von Besuchen bei Kranken und Armen mit sich, und da meine Mutter mir nie erlaubte, ihnen etwas zu geben, woran ich nicht selbst gearbeitet hatte, verging kein Tag, ohne dass wir mindestens ein oder zwei Stunden damit verbrachten, warme Kleidung für die Bedürftigen vorzubereiten. Mein Vater hatte ein wunderbares Gespür dafür, das Richtige zu sagen und zu tun, wann immer er die Menschen besuchte, die er betreute, und deshalb war es eine meiner glücklichsten Beschäftigungen, ihn auf dieser Reise der Barmherzigkeit zu begleiten.

Weihnachten war für uns ein großer Tag. Der Weihnachtsbaum, den mein Vater immer selbst ausriss – für ihn war es fast eine Zeremonie – wurde zuerst für die Familie beleuchtet, dann für die Dienerschaft und die Landarbeiter und ein drittes Mal für die armen Leute, die in Scharen aus den Nachbardörfern kamen und die meine Eltern einen nach dem anderen mit einem Willkommenswort und einer netten persönlichen Bemerkung empfingen, die sie sofort beruhigte.

Am 1. Januar machten wir bis 14 Uhr „Morgenbesuche". In allen Häusern, in die wir gingen, wollten die Gastgeber und Gastgeberinnen meinen Vater „mindestens eine Stunde" festhalten, denn er war fröhlich und charmant, gutaussehend und seine Freundlichkeit war sprichwörtlich... aber er lehnte ab: „Nein, nein – ich muss gehen, meine lieben Freunde; ich habe noch so viele Besuche zu machen – zum Beispiel muss ich diesen Schurken hier besuchen (und er versetzte lachend einem ihm nahestehenden Freund einen Schlag), an dem ich bereits dreimal auf der Straße vorbeigekommen bin und den ich heute Morgen in fünf Salons getroffen habe. Aber da sind Sie ja, ich muss, muss ich, Sie Schurke, ihm in seinem eigenen Haus meine guten Wünsche für ein frohes neues Jahr aussprechen – und wenn man bedenkt, dass ich ihn danach an einem halben Dutzend Orten wiedersehen werde und dass ich zu allem Überfluss nach Hause gehen muss, um ihn zu empfangen, damit er meine guten Wünsche erwidern kann. Ach! Die alten Traditionen!..."

Dann kam das Familienessen, das bis zum Abend dauerte, und der Tag endete mit... natürlich Musik. Während wir spielten, schlummerte meine Mutter friedlich in einem schönen alten Sessel, in dem einst meine Urgroßmutter, die schöne Frau des Erfinders, gesessen hatte... Aber wir gingen früh ins Bett, denn in der Nacht zuvor hatten wir kaum geschlafen.

Tatsächlich erklangen am 31. Dezember wenige Minuten vor Mitternacht unter den Fenstern des „Schlosses" Lieder – schöne Lieder, einfach, breit, mit Texten, die von Jahr zu Jahr ein wenig variierten, aber mit jahrhundertealter Musik, die immer dieselbe war, denn sie hätte nicht besser sein können. Dann empfingen meine Eltern, umgeben von ihren Kindern und Dienern, die Sänger an der Schwelle ihres Hauses. Die Sänger schüttelten den Schnee von ihren Mänteln und Pelzmützen, zogen ihre Holzschuhe aus, schüttelten uns allen die Hand, und das Fest begann. Mein Vater verteilte unter ihnen Körbe mit Äpfeln und Walnüssen, ganze Schinken, Würstchen, Säcke mit Kartoffeln und Elsässer Kuchen. Und als die guten Leute gegangen waren und ihre Stimmen nicht mehr zu hören waren, hüllte mich mein Vater in Pelze, und wir gingen zusammen, um den Schnee zu betrachten. Und irgendwie kam er uns in der Neujahrsnacht immer wunderbarer und blauer vor. Mein Vater erzählte mir wunderbare Geschichten, und ich war überhaupt nicht müde. Doch eine Stunde später rief er mit schroffer Stimme: „Was soll das, Mademo iselle? In deinem Alter noch um drei Uhr morgens wach." Nachdem er mich sanft auf den Armen in mein Zimmer getragen hatte, sagte er: „Schlaf schnell, ‚Puppele‘ (ein elsässischer Ausdruck für ‚kleines Püppchen‘), Mutter wäre böse, wenn sie es wüsste."

Mutter wusste es ganz genau, denn sie hatte am Kamin im Esszimmer gewartet und sie ging nie weg, ohne mich in meinem Bett gesehen und geküsst zu haben. Aber sie war bei dieser Gelegenheit nicht böse und sagte mit ihrer süßen, nachsichtigen Philosophie: „Schließlich gibt es nur einen Ersten Januar im Jahr."

Sonntags besuchten wir den Gottesdienst im Temple of Beaucourt. Der Bezirk ist protestantisch, sogar sehr protestantisch. Mein erster Pfarrer war der alte M. Cuvier, ein Nachfahre des großen Naturforschers Baron Cuvier, der 1832 starb.

Er war sehr gutaussehend und beeindruckend, dieser Pastor Cuvier, mit seiner weißen Haarmähne und seinen glänzenden Augen unter den buschigen Augenbrauen. Mein Vater erzählte mir immer, dass er wie Liszt aussah, den er bei mehreren Gelegenheiten in Deutschland und Ungarn und in Paris getroffen hatte. Der alte Geistliche war ein großer Redner, und obwohl ich nicht immer verstand, was er sagte, hörte ich ihm gern zu. Er besuchte uns oft, und um ihn zu necken, ließ ihn mein Vater, ein überzeugter Hugenotte, aber aufgeschlossen und mit Sinn für Humor ausgestattet, an dem Tisch neben dem katholischen Priester von Beaucourt sitzen. Zu Beginn des Abendessens wagten die beiden Männer kaum, einander anzusehen, und konnten kaum essen, sehr zum Entsetzen meiner Mutter... M. Cuvier sagte: „Lasst uns nicht über Religion reden", und der Priester fügte hinzu: „Und auch nicht über Politik." Mein Vater bemerkte: „Sie haben beide völlig recht" ... und begann sofort, Darwins Theorien zu preisen und seinen beiden Gästen das Gesetz der natürlichen Selektion zu erklären und wie offensichtlich es sei, dass „nicht jede Art unabhängig erschaffen wurde". ... Aber alles endete gut, dank der guten Laune meines Vaters, der lächelnden Anmut meiner Mutter und den ausgezeichneten Weinen und Likören in unseren Kellern.

Der alte Pfarrer Cuvier war sehr freundlich zu mir. Er empfing mich oft in seinem Haus, das gegenüber dem Wald auf unserem Anwesen lag. In seiner Bibliothek befanden sich alle Werke seines berühmten Vorfahren, und er schrieb die Namen auf einen Zettel, den ich all die Jahre aufbewahrt habe, und ließ mich versprechen, dass ich, wenn ich erwachsen wäre, das „Tableau Elémentaire de l'Histoire Naturelle des Animaux" und die „Règne Animal distribué d'après son Organisation" lesen würde. Ich versprach es natürlich, hielt mein Versprechen jedoch nicht. Mögen die beiden Cuviers, der Naturforscher und der Pfarrer, mir vergeben!

M. Cuvier erzählte gern einige Episoden aus der Revolution und dem Ersten Kaiserreich – soweit ich es verstand. Er sprach über den Terror, als hätte er diese schrecklichen Tage selbst erlebt, und über Napoleon, als hätte er ihn persönlich gekannt. Wir fuhren mehrere Male zusammen nach Montbéliard, um das dortige Cuvier-Museum zu besuchen, und er stand in Gedanken versunken vor der riesigen und sehr schmutzigen Mütze des großen Mannes. Und mein Pfarrer rief aus: „Was für ein Kopf! Was für ein Kopf!"

Er sprach so oft mit mir über ein bestimmtes Buch von Cuvier über Elefanten, dass der Gedanke an Elefanten mich nicht mehr losließ und ich meinen Vater bat, mir einen zu zeigen. Und so kam es, dass ich als kleines Mädchen nach Paris fuhr. Der Elefant, den ich dort sah, gefiel mir sehr, obwohl ich ihn mir wilder gewünscht hätte; und obwohl ich auf dem Rücken des großen Tieres reiten durfte, war ich etwas enttäuscht.

Mein Pfarrer war sehr, sehr alt, und sein Sohn kam, um ihm bei seiner Arbeit zu helfen, aber beide verließen Beaucourt nach kurzer Zeit. Der Sohn war, wie Tausende von Protestanten im Jura und in der Schweiz zu dieser Zeit, ein Monodist und glaubte, dass Monod, der große Prediger und Erwecker, Christus selbst sei.... M. Cuvier starb in der Schweiz. Ein neuer Pfarrer kam nach Beaucourt, M. Bach, und ich wurde mit der Zeit Organist seiner Kirche und Chorleiter.

Dreimal wöchentlich kam die von meinem Vater organisierte Kapelle zu uns nach Hause, um zu proben. Kammermusik befriedigte ihn nicht ganz, und er hatte diese Kapelle gegründet, die aus 45 Musikern bestand. Ach, diese Proben! Bei schönem Wetter fanden sie unter den Kastanien statt, aber wenn es regnete oder schneite, versammelten sich die „45" und ihr Dirigent im großen Salon des „Schlosses", wo bequem zweihundert Leute Platz gehabt hätten, oder im Speisezimmer, zur mitleiderregenden Verzweiflung meiner Mutter, die meinen Vater fragte: „Findest du nicht, Edouard, dass deine Kapelle ein bisschen zu laut ist?" Mein Vater küsste sie lachend, schwang den Taktstock und die Probe begann.

Eine der größten Freuden meines Vaters und auch meiner war es, gemeinsam zu reisen. Nach meinem vierzehnten Geburtstag nahm er mich mit nach Italien, nach Deutschland und in die Schweiz, wo wir den Léman (er verbot mir, Genfer See zu sagen) umrundeten; und natürlich besuchten wir weiterhin regelmäßig Belfort, Nancy und Basel.

In Belfort hörte ich zum ersten Mal eine Oper. Es war *Faust* . Mein Vater, ein Freund von Gounod, hatte mir allerlei über Gounods „schöne" Musik erzählt, aber ich war nicht halb so beeindruckt, wie ich dachte. Vielleicht lag es daran, dass Faust zu dick war, dass Valentin beim Sterben zu laut sang, dass Mephistopheles nicht teuflisch genug war, und vielleicht auch daran, dass Marguerites Spinnrad, das verloren gegangen war, in letzter Minute durch eine – Nähmaschine ersetzt worden war. Und man hätte in fast jedem Haus der Nachbarschaft ein Spinnrad finden können!

In Belfort traf ich auch Monsieur Thiers, den mein Vater gut kannte. Dieses „Treffen" fand, glaube ich, 1877 statt. Ich musste Monsieur Thiers einen riesigen Blumenstrauß überreichen. Jeder nannte ihn „den Befreier und Retter Frankreichs", und diese Worte prägten sich so sehr in mein Gedächtnis ein, dass ich die kleine Rede, die ich auswendig gelernt hatte, völlig vergaß. Als Monsieur Thiers aus seiner Kutsche stieg, überreichte ich ihm den Blumenstrauß und sagte: „Da sind Sie ja, Herr Retter" (*Monsieur le Sauveur*). Der kleine dicke und hässliche Mann mit dem runden Kopf, den Knopfaugen und der Brille nahm den Blumenstrauß, hob mich hoch und küsste mich. Später verbrachte er einen Abend bei uns zu Hause, und natürlich bat ich ihn um eine Geschichte. Daraufhin beschrieb er eine wunderbare Zeremonie und erwähnte Napoleon, sechzehn Pferde, die einen Leichenwagen zogen, und einen prächtigen Palast mit einer goldenen Kuppel in der Nähe der Seine in Paris ... Und Jahre später wurde mir klar, dass Thiers mir von der Überführung der Asche Napoleons an die Invaliden erzählt hatte, die zur Zeit König Louis-Philippes stattfand, als dieser Premierminister war.

Mein Vater und ich machten lange Spaziergänge oder Ausritte. Wir liebten es beide, den Wind im Gesicht zu spüren, und wir erfreuten uns am Geruch der Erde, dem Geruch des Grases, dem Klang der Bäume. Oft ging er ohne mich aus, aber sobald ich von meiner Arbeit frei war, machte ich mich auf die Suche nach ihm und befestigte die Bänder meines großen Strohhutes, während ich über Stock und Stein lief. Mein Instinkt führte mich in die richtige Richtung, und mit der Zeit fand ich ihn, eilte zu ihm und ruhte mich in seinen Armen aus, was immer meine Art war, ihn zu begrüßen. Wir kehrten zusammen nach Hause zurück und versäumten es auf dem Weg nie, unsere Lieblingsbäume zu bewundern, an den Seen zu verweilen, die uns am besten gefielen, Farne und Fingerhut zu sammeln und mindestens einmal die Gewächshäuser zu besichtigen.

Und wir erlebten endlose Überraschungen und lachten über alles, oft ohne jeden Grund. Ein Wort, ein gemeinsamer Gedanke, die Form eines Blattes oder einer Wolke versetzten uns in Ekstase oder Gelächter. Und mein Vater küsste mich und flüsterte: „Wir verstehen uns gut, wir zwei, nicht wahr, Puppele", und ich antwortete: „Ich liebe dich, *mein* Papa."

„Ganz recht", sagte er dann. „Versuchen Sie, mich so lange zu lieben, wie Sie können. Ein Vater wie der, den Sie haben, ist alle Ehemänner der Welt wert."

Was für glückliche Tage! Was für ein schönes Leben! Wie mir alles zulächelte, wie alles gut und einfach erschien.... Ach! Ein paar Jahre später begann die Ernüchterung, die Versuchungen, Schwächen, Kämpfe und Sorgen mit sich brachte; und schließlich brach das ganze Gefüge meines Lebens in einem schrecklichen, „sensationellen" Drama zusammen...

Ich fürchte, dieser Ton tiefer Trauer und Reue wird auf diesen Seiten immer wieder wie ein melancholisches und bedrückendes *Leitmotiv klingen* ... Aber wie könnte es auch anders sein? Wie könnte ich mir nicht auf äußerst schmerzliche und bittere Weise bewusst werden, was ich alles verloren und was ich zu Unrecht erlitten habe, wenn ich an meine Kindheit und meine strahlende Jugend denke, an die Tage, die ich in Beaucourt mit einer unendlich liebevollen Mutter und einem leidenschaftlich ergebenen Vater verbracht habe, und wenn ich diese glücklichen Jahre mit den fiebrigen, verworrenen Jahren vergleiche, die folgten und die nach der entsetzlichen Katastrophe, bei der ich meinen Mann und meine Mutter verlor , die beide grausam umgebracht wurden, dazu führten, dass ich in Paris wegen doppelter Mordanklage vor Gericht gestellt und inhaftiert wurde.

KAPITEL II

JUGEND – DER TOD MEINES VATERS – MEINE HEIRAT

Mit siebzehn Jahren debütierte ich in der Gesellschaft. Der Kreis war recht klein, denn überall, wo wir hinkamen, gab es Japys und Ableger der Japys, und da ich sie alle kannte, waren sie natürlich nichts Neues für mich. Nur in Belfort traf ich Leute, die ich nicht kannte. Es waren jedoch größtenteils nur flüchtige Bekanntschaften, denn meine Eltern hüteten ihre „Puppele" mit größter Sorgfalt …

Ich erinnere mich an meinen ersten Ball in Belfort. Ich trug ein sehr einfaches Kleid aus Tüll in drei Blautönen und hatte einen Apfelblütenzweig im Haar und einen weiteren um die Taille. Mein Vater setzte sich auf einen Platz, von dem aus er den ganzen Raum überblicken konnte, und sagte fröhlich zu mir: „Meg (eine liebevolle Verkleinerungsform für Marguerite), ich misstraue all diesen jungen Männern. Dein Auftritt hat für Aufsehen gesorgt, und alle Offiziere der Garnison starren dich an. Ich hasse es, aber andererseits wäre ich wütend gewesen, wenn meine Tochter unbemerkt geblieben wäre … Ich erlaube dir zu tanzen … mit deinem Bruder."

Julien war inzwischen Leutnant, nachdem er die Militärschule von Saint-Maixent verlassen hatte, wo er seine Prüfungen mit Bravour bestanden hatte. Ich bewunderte ihn sehr in seiner neuen Uniform, und außerdem hatte ich eine tiefe Zuneigung zu meinem großen Bruder, der klug, witzig, ein wenig verantwortungslos und ein ziemliches *Mauvais-Sujet war* .

Den ganzen Abend tanzten wir zusammen, unter den belustigten Augen meines Vaters, der, umgeben von einer kleinen Menge Offiziere aller Dienstgrade, die unbedingt mit mir tanzen wollten, zu ihnen sagte: „Meine Herren, Sie können sich neben mich setzen. Ich werde Ihnen nicht verbieten, meine Tochter anzusehen, und ich bin sogar bereit, Sie ihr vorzustellen; aber sie weigert sich absolut, mit jemand anderem als ihrem Bruder zu tanzen, und Sie kennen das Sprichwort: , *Ce que femme veut, Dieu le veut* '" (Der Wille der Frau, der Wille Gottes).

Ich fragte meinen Vater später: „Was hast du gegen das Tanzen und warum darf ich nur mit meinem Bruder tanzen? Hast du damals nur mit deiner Schwester getanzt?"

Er antwortete nicht direkt auf meine Frage, sondern sagte: „Ich interessiere mich nur für langsame, anmutige, würdevolle Tänze – Tänze aus der Ferne, wie das Menuett, die Gavotte oder die Pavane, bei denen die Partner sich nur mit den Fingern berühren."

„Aber Vater", sagte ich schelmisch, „haben Sie nie moderne Tänze getanzt – Polka, Mazurka, Walzer?"

Er nahm den Gesichtsausdruck eines „auf frischer Tat ertappten" Kindes an und flüsterte mit gesenktem Kopf, als würde er ein Geständnis ablegen : „Die Wahrheit ist, ich habe das Tanzen geliebt und liebe es immer noch, jedes Tanzen, und ich habe ganze Nächte mit Tanzen verbracht!" Dann hob er den Kopf und fügte hinzu: „Nur, sehen Sie, wenn man liebt, ist man unlogisch, und Sie wissen nicht, mein ‚Puppele', wie sehr ich Sie liebe."

Meine Mutter sagte, die Haltung meines Vaters mir gegenüber sei nicht fair und es sei nicht richtig, unsere Tür für alle Männer unter vierzig zu verschließen, wie er es offenbar tun wollte. Wir unterhielten uns mehr denn je, und an unseren Abenden spielte und sang ich mit meinem Vater. Ich sah eine neue Bedeutung in unseren Liebesduetten; ich war ein wenig berauscht, meine Fantasie ging mit mir durch, ich sang mit mehr Gefühl als zuvor ... Und meine Eltern waren überwältigt von Bewerbern um meine Hand. Mein Vater konsultierte mich, obwohl er sich fest entschlossen hatte, in dieser Angelegenheit zu tun, was er *wollte* . Ich sagte immer „nein", und er rief aus: „Ah! Wie recht du hast ... Es ist wirklich wunderbar, was für eine vernünftige Tochter ich habe ! ... Wenn du zwanzig bist, werden wir übers Heiraten sprechen. Denk in der Zwischenzeit ein wenig an deinen Vater."

„Ein bisschen!" Als ich an niemanden anders als an ihn dachte! Im folgenden Jahr sagte er dasselbe zu mir, nur ein wenig abgewandelt: „Wenn du einundzwanzig bist ... " Und ich kniff ihn sanft ins Ohr, wie Napoleon es bei seinen Grenadieren tat.

MEIN VATER   MEINE MUTTER

Und ich hörte zu, umso bereitwilliger, als es mir unmöglich gewesen wäre, diesem Vater, den ich anbetete, auch nur den geringsten Schmerz zuzufügen.

Ungefähr zu dieser Zeit bemerkte ich, dass mein Vater trotz seiner guten Laune nicht so glücklich war, wie er vorgab. Er war viele Stunden der Niedergeschlagenheit. Vielleicht war das nichts Neues, aber ich hatte es vorher nicht bemerkt. Eine achtlose Kindheit beobachtet die Dinge mehr als die Menschen. Sein Wesen kannte Revolten und Enttäuschungen, von denen ich mir vage bewusst war, obwohl ich sie nicht verstand. Ich glaube, dass er, so intensiv künstlerisch und phantasievoll er auch war, ein Ideal entwickelt hatte, das immer unerreichbarer wurde. Außerdem war er ein Mann mit großer Begeisterung und starken Emotionen, ein Mann, der all seine Kraft und sein ganzes Gefühl in alles steckte, was er tat. Seine Freuden waren ekstatisch, seine Sorgen abgrundtief. Die kleinste Schwierigkeit wurde in seinem sensiblen Herzen zu unerträglichem Kummer, aber andererseits berauschten ihn Musik, ein Galopp über die Landschaft, das starke, reine Licht des Himmels, ein Lieblingsbuch, ein freundliches Wort, ein Farbschema ... diese Dinge berauschten ihn wie Wein. Meine Mutter, ruhig und sanft, kannte solche Gefühle nicht und war zu Leidenschaft nicht fähig. Mein Vater sagte ihr, dass ohne Leidenschaft nichts Großes möglich sei, aber sie schüttelte den Kopf und sagte auf ihre ruhige Art: „Ich habe kein Temperament. Ich werde nie Künstlerin oder Dichterin. Ich mag die Erde und fühle mich auf ihr wohl ... und bitte sei mir nicht böse, *mon ami* .“ Und mit viel gesundem Menschenverstand fügte sie hinzu: „Du liebst es zu leiden ... das ist dein Problem.“

Manchmal improvisierte mein Vater auf der Orgel, um seine Sorgen zu vergessen und seinen Kummer zu lindern – den schlimmsten aller Kummer, weil er grundlos war – und seine Musik war so unsagbar traurig, dass es mir das Herz zerriss. Oder er schlug wild, fast bösartig auf die Elfenbeintasten, als wollte er seinen Kummer unterdrücken. Ich versuchte immer, ihn zu trösten, und oft gelang es mir.

Zwischen diesen depressiven Anfällen war er fröhlich wie immer und strahlte eine geradezu vitale Atmosphäre aus, so dass ich in einem leeren Raum spüren konnte, ob er gerade da gewesen war oder nicht.

Im Sommer herrschte ein ständiges Hin und Her, und wir bildeten viele große Gruppen von Verwandten und Freunden. Oft gesellten sich die Offiziere der benachbarten Garnisonen zu uns und organisierten Spiele und Rallyes (eine Art Schnitzeljagd zu Pferd). Und zu anderen Zeiten machten wir Ausflüge zu den schönsten Orten dieses schönen Teils Frankreichs, zum Ballon d'Alsace, zum Saut du Doubs... Mein Vater und mein Bruder waren natürlich dabei, und meine Hunde, zwei große Doggen und zwei

Bernhardiner, folgten mir überallhin. Im Winter jagten wir Wildschweine in der Nähe von Mülhausen.

Mit siebzehn hatte ich meine erste Liebesaffäre. Wie ich bereits erwähnte, war der beste Kamerad meines Bruders Monsieur Sheffer, der heute wie Julien Leutnant in Belfort war. Ich kannte Monsieur Sheffer seit mehreren Jahren, und er kam oft nach Beaucourt. Meine Eltern fanden ihn charmant und klug, und ich fand das auch – allmählich entwickelte sich zwischen uns eine Art poetische Vertrautheit. Er schrieb Verse für mich, und ich lernte sie auswendig; wir lasen gemeinsam unter einer Eiche oder am Wasserfall im Park, und eines Abends, zwischen zwei Liedern, sagte mir Edouard – er hieß Edouard, wie mein Vater –, dass er mich liebte.

Seine Mutter, eine Witwe, kam aus Genf, wo sie lebte, um uns zu besuchen. Meine Eltern und ich fühlten uns sofort zu dieser bescheidenen und begabten Dame mit ihrem silbernen Haar und ihrer glatten, reinen Stirn hingezogen. Mein Vater, der Leutnant Sheffer aufrichtig liebte, wollte jedoch keine Versprechungen machen, und als ich ihm sagte, dass ich „Edouard" mochte, äußerte er vage Worte … Aber er erlaubte ihm, mich zu besuchen, und versprach sogar, dass wir uns von Zeit zu Zeit schreiben würden.

Ein Jahr später sagte mir mein Vater ganz unerwartet, ich müsse „versuchen, den jungen Sheffer zu vergessen". Er konnte der Heirat nicht zustimmen … Ich war zu jung, er zu arm … Und der Gedanke, dass ich einen Offizier heiraten sollte, der jederzeit von einer Garnison in eine andere versetzt werden könnte, gefiel meinem Vater nicht. Und er schloss sanft: „Glaub mir, ‚Puppele', es wird klüger sein, sich so schnell wie möglich zu trennen. Du wirst diese kleine Idylle bald vergessen. Du bist noch ein Baby; dein ganzes Leben liegt vor dir … Damit du es leichter vergessen kannst, werde ich dich mit meinem Schwiegersohn (M. Heir, dem Mann meiner ältesten Schwester, der damals ein paar Tage in Beaucourt verbrachte) in den Ferien nach Bayonne schicken." Ich war untröstlich.

Einige Tage später ging ich mit meinem Schwager zu Leutnant Sheffer und übergab ihm, dem ich ein Jahr lang als meinen Verlobten betrachtet hatte, die Briefe, die er mir geschickt hatte, und erhielt im Gegenzug die Briefe, die ich ihm geschrieben hatte.

Ich sah Leutnant Sheffer noch einmal und beschrieb dieses letzte Treffen dem Untersuchungsrichter im Januar 1909 folgendermaßen: „Da ich Marguerite noch einmal sehen wollte, fuhr ich nach Montbéliard [wo der Zug vorbeifahren sollte, der M. Herr und mich in den Süden bringen würde]. Ich trug Zivilkleidung und hatte eine Marguerite im Knopfloch... Es ist ein kindisches Detail, aber ich habe es nicht vergessen. Ich konnte einen letzten Blick mit ihr austauschen. Ich habe sie nie wieder gesehen..."

So endete diese hübsche Romanze, so zart und so rein, die aber wie jede Seite meines Lebensbuchs, wie jede meiner Taten und Worte, während meiner Vernehmung und meines Prozesses ungünstig ausgelegt werden sollte. Meine Vergangenheit wurde durchsucht, durchwühlt, durchwühlt und missverstanden, und selbst diese naive und entzückende Romanze mit meinen ersten Gefühlen und meinen ersten Träumen blieb nicht verschont und fand in den Augen meiner Peiniger keine Gnade. Wie mein Anwalt vor Gericht erklärte: „Sie versuchten nicht nur herauszufinden, ob es enge Beziehungen zwischen Mlle. Japy und Leutnant Sheffer gegeben hatte, sondern auch, ob, wenn solche Beziehungen bewiesen waren, nicht ein Kind geboren wurde, das, nachdem es Jahre später ein *Apache geworden war*, den Doppelmord an Impasse Ronsin beging und seine eigene Mutter verschonte!"

Es muss jedoch kaum erwähnt werden, dass gegen M. Sheffer oder mich nichts gefunden wurde ... außer einer Sache! Es stellte sich heraus, dass ich einmal sechs Tage in Basel verbracht hatte, und dies wurde sofort als Flucht mit M. Sheffer ausgelegt. Ausführliche Ermittlungen ergaben jedoch, dass der Leutnant zu dieser Zeit an Manövern teilnahm, und schließlich wurde festgestellt, dass die Flucht nach Basel nichts Ernsteres war als der Besuch meiner Mutter und mir beim Zahnarzt, da es in Beaucourt keinen gab!

Im November 1909, mehr als zwanzig Jahre nach dem Ende meiner kurzen Verlobung, traf ich am Pariser Schwurgericht den Mann wieder, der der Held meines ersten Liebestraums gewesen war. Ich saß auf der Anklagebank, auf der „Schandbank", wie die Anwälte es nennen, angeklagt des Mordes an meiner Mutter und meinem Mann, und Major Sheffer trat in den Zeugenstand im Saal und erzählte von unserer unschuldigen kleinen Romanze von vor langer Zeit.

Mein Traum war geplatzt. Das Leben schien nicht lebenswert... Aber die Jugend vergisst schnell. „Wir sind nicht einmal in der Lage, lange Zeit unglücklich zu sein", sagte Pascal.

Ich verbrachte zwei Monate in Bayonne und Biarritz, schrieb jede Woche an meine Eltern und erhielt fast jeden Tag lange und entzückende Briefe von meinem Vater.

Dann hörte ich plötzlich, dass mein Vater gestorben war. Während er ein Glas eiskaltes Wasser trank, war er tot umgefallen ... an Herzversagen. Es war der 14. November 1888. Ich war neunzehn Jahre alt. Ich dachte, ich würde den Verstand verlieren. Sie setzten mich in den Zug und ich erreichte

Beaucourt, leider zu spät, um das geliebte Gesicht meines Vaters noch einmal zu sehen. Er lag bereits in seinem Sarg.

Mein Vater war von allen geliebt worden, und die Kirche von Beaucourt war bei seiner Beerdigung überfüllt. Alle Musikvereine der Nachbarschaft kamen, um ihm die letzte Ehre zu erweisen, und spielten in Massen Chopins Trauermarsch.... Meine arme Mutter war so niedergeschlagen vor Kummer, dass sie nicht an der Beerdigung teilnehmen konnte.... Ich werde nicht mehr über einen Tag sprechen, der einer der schmerzhaftesten meines Lebens war.... Außerdem war ich so taub vor Kummer, dass meine Erinnerung daran verschwommen ist.

In den folgenden Tagen geriet zu Hause alles in solches Chaos, und der Anblick all dessen, was mein Vater berührt oder geliebt hatte, betrübte mich so sehr, dass ich meine Mutter anflehte, mich Beaucourt für eine Weile verlassen zu lassen... Sie hob ihr tränenüberströmtes Gesicht und sagte mitleiderregend: „Und ich?“ Ich schämte mich für meine Selbstsucht, und wir fielen uns in die Arme... und natürlich dachte ich nicht mehr daran, wegzugehen...

Mimi, meine jüngere Schwester, war krank, und ich wäre auch krank geworden, wenn ich sie und meine Mutter nicht hätte pflegen müssen. Als sie wieder gesund waren, verbrachte ich ganze Tage in den Wäldern und an den Seen unseres Anwesens, an all jenen heiligen Orten, an denen mein Vater und ich so viele unvergessliche Stunden miteinander verbracht hatten.

Ein Jahr lang konnte ich meine Geige nicht aus dem Kasten nehmen und das Klavier nicht öffnen. Alles war verändert und ich fühlte mich wie eine verlorene Seele.

Gegen Ende des Sommers 1889 fuhr ich mit meinen Schwestern nach Paris, um die Ausstellung zu besuchen. Frau Herr, die nach Beaucourt gekommen war, um mich abzuholen, hatte meiner Mutter viel über einen guten Freund von ihr erzählt, einen gewissen Herrn Steinheil, einen Neffen von Meissonier, und ich war gebeten worden, später mit den Damen nach Bayonne zu fahren.

Wir blieben sechs Wochen in Paris und als echte „Provinzler“, die alles sehen wollten, betraten wir die Ausstellung, sobald die Tore geöffnet wurden, und verließen sie erst abends, wenn wir fast zu müde waren, um stehen zu können. Das dauerte einen Monat, und dann fiel mir ein, dass es in Paris außer der Ausstellung noch etwas anderes zu sehen gab.

Ich war nicht mehr in Paris gewesen, seit ich mit meinem Vater dorthin gefahren war, um einen lebenden Elefanten zu sehen, und sog unter der glücklichen Führung eines Freundes, der sowohl Künstler als auch Antiquar war, die Schönheiten der Hauptstadt mit Begierde in mich auf.

An einem bestimmten Sonntag gingen wir zu einem Konzert, und ich hörte zum ersten Mal Beethovens Neunte Sinfonie, von der mein Vater immer sagte: „Wenn die gesamte Musik zerstört und vergessen würde und nur ein Werk übrig bliebe, dann müsste dieses Werk die ,Neunte' sein."

Als ich nach Beaucourt zurückkehrte, stellte ich fest, dass meine Mutter mit dem Bau großer, prächtiger und extrem teurer Gewächshäuser begonnen hatte. Wir flehten sie vergeblich an, die Arbeiten einzustellen. Meine Mutter liebte das Bauen und sagte selbst: „Jeder Mensch hat seine Krankheit. Die Ihres Vaters war die Leidenslust. Ich habe die Steinkrankheit. Ich liebe Ziegel, Zement, Sand und Stein. Das Bauen ist zu meiner Leidenschaft geworden und in meinem Alter wird man von seinen Leidenschaften nicht mehr geheilt."

Ein paar Tage später schlug meine Mutter, die sich etwas Sorgen um meinen Gesundheitszustand machte, vor, dass ich mit der Frau nach Bayonne fahren und ein paar Wochen im Süden verbringen sollte.

Während der Fahrt erzählten sie mir allerlei wunderbare Dinge über Monsieur Steinheil, mit dem sie, wie sie zugaben, oft von mir gesprochen hatten und der jetzt in Bayonne sei und dort die Kathedrale schmücke.

Bei meiner Schwester zeigte man mir das Foto des Malers, eines kleinen Mannes von mindestens vierzig Jahren, dünn, mit kleinen Augen, einem dunklen Schnurrbart und einem Spitzbart. „Nein, danke!", rief ich aus. „Ich würde nie im Traum daran denken, einen solchen Mann zu heiraten. Ich würde ja aussehen, als wäre ich seine Tochter!"

Ich ließ mich jedoch überreden, ihn zu treffen. Eines Tages sagte meine Schwester zu mir: „Morgen fahren wir nach Biarritz, um mit ein paar Freunden Tee zu trinken."

„In Ordnung", antwortete ich, „ während du bei deinen Freunden bist, werde ich mit meinen Nichten im Sand spielen."

Am nächsten Tag, als wir gerade in die Schmalspurbahn einsteigen wollten, die Bayonne mit Biarritz verbindet, sah ich, wie mein Schwager auf einen kleinen Mann zuging, der bis auf den Schnurrbart glattrasiert war und einen viel zu langen Gehrock trug. Ich erkannte ihn nicht als den Maler der Fotografien. Die beiden Männer kamen auf mich zu und M. Herr stellte mir M. Steinheil vor. Damals war ich noch so offen und impulsiv wie ein Kind und konnte nicht umhin, das veränderte Aussehen des Künstlers zu bemerken. Ganz verwirrt erklärte er: „Mein Bart wurde grau und ich beschloss, ihn abzurasieren – gestern."

Im Zug schalt mich meine Schwester. „Sie haben diesen armen Herrn Steinheil ausgelacht und seine Gefühle verletzt. Er ist ungewöhnlich schüchtern, aber er ist ein charmanter Kerl, ein großer Künstler und der Schüler seines Onkels Meissonier, dessen Talent Sie so sehr bewundern."

Ich stand auf und ging geradewegs auf M. Steinheil zu: „Es scheint, ich habe Sie verletzt", sagte ich ganz schlicht. „Bitte verzeihen Sie mir. Sie dürfen nicht böse sein. Ich sage immer, was ich denke, und was kümmert es mich schließlich, ob Sie einen Bart tragen oder nicht!"

Meine Schwester zerrte verzweifelt an meinem Rock, aber der Maler sagte: „Ich bewundere Ihre Aufrichtigkeit, Mademoiselle. Offene und impulsive Menschen werden heutzutage so selten."

Er gefiel mir überhaupt nicht.

Nach dieser ersten, ereignislosen Begegnung sah ich Herrn Steinheil sehr oft. Und dann überredete man mich eines Tages, in die Kathedrale zu gehen, um ihn bei der Arbeit zu sehen. Seine Unterhaltung interessierte mich sehr, aber ich konnte nicht anders, als ihn zu necken.

Ich hatte ihn mir in einem schwarzen Samtmantel oder in normaler Kleidung vorgestellt, doch als ich die Kathedrale betrat, sah ich genau das: einen winzigen Mann, verloren in einem weißen Kittel, wie ein Anstreicher, mit einer riesigen Palette in der Hand, der auf einem großen Gerüst thront.

Trotz der Feierlichkeit des Ortes brach ich in lautes Gelächter aus. M. Steinheil drehte sich um, sah uns, ließ seine Pinsel und seine Palette fallen, die geräuschvoll auf die darunterliegenden Steinplatten fielen, kam mit Höchstgeschwindigkeit vom Gerüst herunter und begrüßte mich, als er den Boden erreichte, mit einer Reihe schneller, ruckartiger kleiner Verbeugungen, alle gleich tief, genau wie ich Präsident Carnot ein paar Wochen zuvor in Paris hatte verbeugen sehen. Währenddessen stopften meine kleinen Nichten und ich unsere Taschentücher in den Mund.

Verwirrt zog Herr Steinheil seinen Kittel aus ... und wir erlebten eine neue Überraschung. Ich dachte, dass er unter diesem Kittel wie ein ganz normaler Mann gekleidet war, aber nein, er trug einen dicken braunen Strickpullover über seiner Weste, und dieser Pullover reichte ihm bis zu den Knien und verlieh ihm ein höchst komisches Aussehen.

Wir gingen langsam um die Kathedrale herum, und der Maler beschrieb mir alle Fresken, die, die das Werk seines Vaters waren, und die, die er selbst gerade fertiggestellt hatte. Er sprach mit so viel Gefühl über seinen Vater, dass ich, als ich an meinen eigenen Vater dachte, ganz ernst wurde und von da an mit gespannter Aufmerksamkeit allem zuhörte, was M. Steinheil sagte.

Danach untersuchten wir die Buntglasfenster. „Das ist ein Kunstzweig", sagte er, „dem ich viele Monate gewidmet habe. Mein Vater war ein Meister darin und hat mir seine Geheimnisse verraten. Es gibt zum Beispiel ein gewisses antikes Rot, das nur er herzustellen wusste – und jetzt bin ich der einzige, der es weiß. Mein Vater war es, der die Fenster des Straßburger Münsters und dieses gotischen Juwels, der Sainte Chapelle in Paris, restaurierte." Und mit offensichtlicher Freude fügte er hinzu: „Der große Ruskin selbst schrieb über die Fenster meines Vaters in der Sainte Chapelle, auf denen die ganze Geschichte der Bibel gemalt ist: ‚So gut hat M. Steinheil die Farben aufeinander abgestimmt, dass es nicht leicht ist, zwischen dem modernen Glas und dem wenigen, was noch aus dem dreizehnten Jahrhundert übrig ist, zu unterscheiden.'"

Allmählich begann ich, mich für den Künstler zu interessieren. Er kam und aß mit meiner Schwester zu Abend, und ich versuchte, freundlicher zu ihm zu sein, und versprach, ihn nie zu ärgern, wenn er mit mir über Kunst sprach. Einige Tage später fügte sich Herr Steinheil meiner Liste von Bewerbern hinzu, die bereits zwei Offiziere, einen Rechtsanwalt, einen reichen Edelmann, einen Dozenten und einen stämmigen Fabrikanten umfasste. Ich empfand für keinen von ihnen Zuneigung, aber zweifellos war es Herr Steinheil, mit dem ich am liebsten sprach. Wir plauderten nicht nur über Kunst und Paris, sondern auch über Beaucourt und meine Mutter. Er erzählte mir seine Lebensgeschichte, seine Karriere. Ich hörte, dass er seine Schwestern „erzogen" hatte, und stellte bald fest, dass seine Schüchternheit und Zurückhaltung nicht – ganz im Gegenteil – einen Mangel an Intelligenz und Großzügigkeit bedeuteten.

Er gab mir Malunterricht und verbrachte mehr Zeit im Haus meiner Schwester als in der Kathedrale. Er kleidete sich schicker: Jeden Tag wechselte er seine Krawatte und kürzte seinen Gehrock.

Man gab mir zu verstehen, dass er vorhatte, Bayonne acht Tage nach meiner Ankunft in Richtung seiner Heimat – Impasse Ronsin Nr. 6 in Paris – zu verlassen. Ich blieb sechs Wochen in Bayonne, und er verließ die Stadt erst am Tag nach meiner Abreise. Seine Freunde neckten ihn wegen dieser ständigen Verzögerung, aber er antwortete mit seiner üblichen fernen Stimme: „Es gibt eine Falte im Mantel meines Heiligen Martin, die noch nicht fertig ist." Diese nie fertige Falte wurde später fast zu einem Sprichwort.

Ich kehrte mit meinem Schwager nach Beaucourt zurück und war überglücklich, wieder in der Nähe meiner Mutter zu sein … Leider hatte sie während meiner Abwesenheit nicht nur mit dem Bau der großen Gewächshäuser fortgefahren, sondern auch mit dem Bau eines luxuriösen Schweinestalls begonnen, der groß genug für Hunderte von Schweinen wäre. Außerdem hatte ich gehört, dass sie mit einem Architekten auf einem Anwesen in der Nähe von Mühlhausen gewesen war, wo sie den berühmten Musterbauernhof eines deutschen Prinzen besichtigt hatte, von dem sie in Beaucourt eine genaue Nachbildung bauen lassen wollte.

Zweimal wöchentlich erhielt ich Malunterricht per Post. Ich schickte meine Arbeit an M. Steinheil in Paris und er schickte sie mir ordnungsgemäß korrigiert und mit Seiten voller Kommentare zurück, die ich eifrig las. Der „Pariser Maler", wie meine Mutter sagte, „hatte bereits einen Platz in meinen Gedanken."

Dann, ohne Vorwarnung, hörten seine Briefe auf ... nach einem, in dem er erwähnt hatte, dass es ihm nicht gut ging.

Im Januar 1890 bekam meine Mutter Besuch von meiner Tante, Mme. Octave Japy, die einen Brief von M. Boch mitbrachte, einem engen Freund der Steinheils und der Meissoniers. In seinem Brief schrieb M. Boch, er habe, nachdem er gesehen habe, wie krank Adolphe (Steinheil) sei, mit der Familie Steinheil gesprochen und herausgefunden, dass der Maler „keine Lust mehr zum Leben habe", dass er verzweifelt in Mlle. Japy verliebt sei, aber nicht wagte, um ihre Hand anzuhalten, da er nur zu gut wisse, „dass sie einen solchen Antrag mit lautem Gelächter aufnehmen würde". M. Bochs Brief – der mir übergeben wurde – enthielt herzliche Lobreden auf M. Steinheil und endete wie folgt: „Ich würde gerne erfahren, ob Mlle. Japy eines Tages einwilligen würde, die Frau meines alten Freundes zu werden, oder ob er solche Hoffnungen aufgeben muss."

Ich war gerührt, sagte meiner Mutter aber offen, dass ich nie ernsthaft an Herrn Steinheil als Ehemann gedacht hätte. Daraufhin bot meine Tante an, nach Paris zu fahren, „um die Sache zu untersuchen".

Als sie zurückkam, sprach sie von Monsieur Steinheil, von seinem Haus, seiner Stellung. Dann gestand sie fröhlich, dass sie ziemlich beunruhigt gewesen sei, als sie in der Villa in der Impasse Ronsin angekommen war. „Ich fand Monsieur Steinheil", rief sie aus, „in einem blauen Pullover und ... Holzschuhen. Es regnete und er wollte gerade durch den Garten zum Atelier seines Schwagers gehen, der Glasmalerei macht ... Er war jedoch sehr mitfühlend ... Natürlich ist er wütend, dass sein kleines Geheimnis entdeckt wurde. Er liebt Sie von ganzem Herzen und sagt, er würde alles tun, um Sie glücklich zu machen ... Ich habe versprochen, mit Ihnen zu sprechen und für ihn zu plädieren. Das habe ich getan."

Ich hatte mehrere lange Gespräche mit meiner Mutter und meiner Tante... Sie erklärten beide, dass das Glück mit einem Mann in reifem Alter weitaus sicherer und dauerhafter sei als mit einem durchschnittlichen jungen Mann... Und dann fragte ich mich, was mein Vater von einer solchen Ehe gehalten hätte, und es schien mir, dass er sie gutgeheißen hätte... M. Steinheil wirkte ernst und freundlich, zwei Eigenschaften, die mein Vater für wesentlich hielt, und er war ein talentierter Künstler, gegen den mein Vater sicherlich nichts einzuwenden gehabt hätte. Außerdem erzählte er mir immer, dass ein ideales Eheleben nur möglich sei, wenn Mann und Frau gut miteinander auskommen können... Da M. Steinheil Maler war, verbrachte er viel Zeit zu Hause, in seinem Atelier... Und dann gefiel mir die Aussicht, in Paris zu leben, wie jedem Mädchen in unserer fernen Provinz. Schließlich schienen alle für diese Ehe zu sein...

Allmählich sah ich diese geplante Verbindung in einem neuen Licht; ich gewöhnte mich an den Gedanken, dass ich *vielleicht* zu Madame Steinheil werden könnte, und schließlich willigte ich ein, den Maler in Beaucourt zu treffen.

Er kam ein paar Tage später an, wohnte bei meiner Großmutter, besuchte uns jeden Tag und lernte die ganze Familie kennen. Er gefiel allen, und sein langsames, ruhiges und würdevolles Wesen passte so perfekt zum Charakter meiner Mutter, dass sie mich fragte, wie ich zögern könne, einen so idealen Mann zu heiraten. M. Steinheils Schüchternheit wurde als entzückendes Zeichen einer tiefen Liebe aufgefasst.

Er schenkte mir seine größte Aufmerksamkeit, sprach so überzeugend – wenn auch ohne jede Leidenschaft – von dem Glück, das uns bevorstünde, und schien so verzweifelt darauf erpicht zu sein, mein „Ja" zu hören, nachdem er mir einen Antrag gemacht hatte, dass ich es nicht übers Herz brachte, „Nein" zu sagen.

Unsere Verlobung dauerte vier Monate, und wir tauschten in dieser Zeit Briefe, die von Woche zu Woche länger und häufiger wurden. In seinen Briefen drückten sich so edle Gefühle aus, dass ich mich bei dem Gedanken, die Frau von Adolphe Steinheil zu werden, immer mehr freute .

Gegen Ende Juni traf mein Verlobter mit seiner Familie in Beaucourt ein, die ich einige Wochen zuvor in Paris kennengelernt hatte, als ich mit meiner Mutter dorthin gefahren war, um meine Aussteuer zu kaufen. M. Steinheil machte sich sofort an die Arbeit, ein Porträt von mir anzufertigen – ein kleines Ölgemälde auf Holz – *à la* Meissonier, das jedoch nie vollendet werden sollte. Später sollte ich feststellen, dass mein Mann eine Idee oder einen Plan selten zu Ende führte und eine unüberwindliche Angst vor allen endgültigen Entscheidungen hatte.

Unsere Hochzeit fand im Juli im Beaucourt-Tempel statt, dem geliebten Tempel, in dem ich so viele Stunden verbracht hatte, darunter auch die tragischste meines kurzen Lebens.

M. Steinheil war Katholik, hatte aber zugestimmt, dass unsere Hochzeit in einer protestantischen Kirche gefeiert wurde und dass unsere Kinder, falls wir welche hatten, im protestantischen Glauben erzogen werden sollten. Die Familie Japy – allesamt überzeugte Hugenotten – war in diesem Punkt äußerst streng gewesen.

Zwei Tage vor der Hochzeit erhielt ich folgenden Brief, der der Erwähnung wert ist, denn er erinnert an eine schöne Tradition, die wie die meisten schönen Traditionen im Abnehmen begriffen oder bereits verschwunden ist.

" BEAUCOURT , *9. Juli 1890* .

„ MADEMOISELLE , – Anlässlich Ihrer Hochzeit haben wir beschlossen, Sie an der Kirchentür zu treffen, um Ihnen, wie es der Brauch verlangt, unsere Grüße zu übermitteln.

„Bitte nehmen Sie, Mademoiselle, unsere herzlichsten Glückwünsche an und glauben Sie an unsere respektvollsten Gefühle.

„Für die Jugend von Beaucourt und auf Wunsch des Organisationskomitees.

" EUGÈNE POMMIER. "

Am Tag meiner Hochzeit bildeten alle jungen Leute und Mädchen der Nachbarschaft einen Gang vor der Kirche und hielten Girlanden aus Rosen und Bändern, an denen Turteltauben leicht befestigt waren. Als ich weiterging, zerriss ich die Girlanden und die Blumen fielen auf mein weißes Kleid und wurden auf dem Boden verstreut, und die durchtrennten Bänder ermöglichten es den Tauben, eine nach der anderen über meinen Kopf hinweg zu entkommen. Auf der Schwelle der Kirche hielt einer der jungen Männer eine schöne Rede und hielt dann, der alten Tradition entsprechend, M. Steinheil an und ließ ihn ein Glas zerschmettern – was zeigen soll, dass er den Freuden des Junggesellendaseins abschwört. Als nächstes hielt der „Chef" der Delegation eine Rede, in der meinem zukünftigen Ehemann gebührend mitgeteilt wurde, was für eine große Ehre ihm Beaucourt erwiesen habe, indem es ihm eine seiner eigenen Demoiselles zur Braut gab. Er möge dies bitte im Hinterkopf behalten und auch daran denken, dass sie alle darauf vertrauten, dass er mich „unendlich glücklich" machen würde …

Der Tempel war mit Laub und Blumen geschmückt, und der Boden war mit Rosen bestreut. Diese, so erzählte man mir später, waren ein Geschenk der Armen aus der Nachbarschaft, die ihr eine Überraschung bereiten wollten – und ich war nicht nur überrascht, sondern auch gerührt –, „derjenigen, die ihrem Vater viele Jahre lang geholfen hatte, ihr Elend zu lindern" und „die nach dem Tod ihres geliebten Vaters ihr Bestes getan hatte, um sein Werk der Barmherzigkeit fortzuführen". Diese Rosen waren tatsächlich das schönste Hochzeitsgeschenk, das ich erhielt.

Die jungen Damen von Beaucourt sangen einen Chor. Der Text war eigens von einem einheimischen Dichter geschrieben worden, der jung und voller guter Absichten war, und die Musik hatte mein Vater vor Jahren komponiert. Mein Pfarrer, M. Bach, war so eloquent, dass ich wie alle anderen in Schluchzen ausbrach. Als wir den Tempel verließen, wurden mein Mann und ich von den Klängen eines kriegerischen Marsches begrüßt, den die Kapelle von Beaucourt spielte, und wir schüttelten den 45 Musikern die Hand, die ich so viele Jahre lang bei den von meinem Vater geleiteten Proben zu Hause gesehen hatte.

Es folgte ein Empfang, und ich sah noch einmal all die Gesichter wieder, die ich so liebte, außer leider das meines Großvaters aus Russland ... M. Doriand hatte Moskau nicht verlassen können, und ich habe nie wieder von ihm gehört oder ihn gesehen.

Mein Mann und ich fuhren mit der Kutsche meiner Mutter zum Bahnhof, wo wir den Zug nach Besançon bestiegen und von dort weiter nach Italien reisten.

Wir sollten einen Monat dort bleiben, aber nach zehn Tagen war ich so deprimiert und heimwehkrank, dass wir nach Beaucourt zurückkehrten, wo ich meiner Mutter in die Arme lief und sie anflehte, mich bei ihr bleiben zu lassen – für immer. Mein Mann bat mich, mit ihm nach Paris zu kommen, und ich folgte ihm ...

KAPITEL III

ANKUNFT IN PARIS. EINE TRENNUNG. MARTHE. DAS PARISER LEBEN.

Ich werde diese Ankunft in Paris nie vergessen. Es war ein Sonntagmorgen, und M. Steinheil hatte seiner Schwester Bescheid gesagt, wann wir zu erwarten seien. Er unterhielt sich eine Weile mit dem Concierge im Pförtnerhaus, gesellte sich dann zu mir in den Garten, wo ich geduldig im strömenden Regen wartete, und sagte: „Es tut mir sehr leid. Meine Schwester ist, wie ich höre, zur Messe gegangen und hat die Hausschlüssel ...“

Ich verbrachte eine halbe Stunde im Pförtnerhaus, beunruhigt vom Geruch gebratener Zwiebeln, der aus der Küche drang. Endlich kam Mlle. Marguerite Steinheil aus der Kirche zurück. Sie trug ein Morgenkleid, das ich meiner Zofe nicht hätte anziehen lassen. Es war 9 Uhr morgens, und ich hatte Hunger – trotz der gebratenen Zwiebeln –, aber das Frühstück war nicht erwähnt. Ich hatte einen schmerzlichen Eindruck, als ich das Haus betrat – mein Zuhause ... Der Flur war sehr staubig; es gab keinen Teppich, und nichts war für die Ankunft einer jungen Frau vorbereitet. Ich fragte nach dem Weg zu meinem Schlafzimmer und brach in Tränen aus.

Mein Mann versuchte mich mit großer Zärtlichkeit zu trösten. Dann holte er die Hochzeitsgeschenke seiner Freunde, trocknete meine Tränen mit seinem Taschentuch, wie man es bei einem weinenden Kind tut, und ich vergaß meinen Kummer zum Teil.

Mlle. Steinheil lebte bei uns. Sie war auf ihre Art sehr liebevoll, aber ungewöhnlich altmodisch. Mein Mann stand ganz unter ihrer Herrschaft und der aller anderen Mitglieder seiner Familie.

Am nächsten Tag beschloss ich, das Wohnzimmer neu einzurichten, das kalt, trostlos und so unattraktiv war, wie es nur sein konnte. Ich änderte die Vorhänge, stellte die Möbel um, stellte überall Blumen auf, stellte hier eine *Bergère auf*, dort eine hübsche *Chiffonnier*, dort einen Louis-Seize-Sessel aus den Möbeln, die mir aus Beaucourt geschickt worden waren, und brachte alles, was mir nicht gefiel, in das riesige Atelier meines Mannes.

Erfreut, dass ich den Salon nach meinem Geschmack eingerichtet hatte, holte ich Adolphe, um ihm zu zeigen, was ich getan hatte. Er war ganz aufgeregt und begann mit den Worten: „Es ist ziemlich merkwürdig, all diese Möbel, die Sie in mein Atelier geschickt haben, und seltsamerweise haben Sie aus dem Atelier genau die Dinge mitgenommen, die ich für meine Bilder brauche, als Hintergrund und als Dekoration.“

In diesem Moment trat meine Schwägerin ein. Sie blickte sich um, sah ihren Bruder an und wandte sich dann mir zu: „Mein liebes kleines Mädchen“, sagte sie mit einem Ausdruck empörter Frömmigkeit, „niemals, verstehen Sie mich, niemals wurden die Möbel in diesem Zimmer seit dem Tod unseres verehrten Vaters angerührt.“ Ihr Ton ließ mich bis ins Mark erstarren und machte mich ein wenig wütend. Gleichzeitig bedauerte ich, dass ich die Gefühle meiner Schwägerin verletzt und die Hintergründe für die Gemälde meines Mannes zerstört hatte... .

Ich musste alles an seinen Platz zurückstellen. Es war mühselig. Es war mir gelungen, jenen alten, feierlichen und ganz und gar unwirtlichen Raum in einen hübschen und gemütlichen Salon zu verwandeln, in dem eine anziehende Harmonie von Linien und Farben herrschte. Leider musste ich die Gemälde von Daubigny, Corot und Meissonier wieder dort aufhängen, wo ich sie gefunden hatte, in der Nähe des Frieses, wo es unmöglich war, ihre Schönheit zu genießen. Ich musste die Möbelstücke nebeneinander an den Wänden entlang in einer Reihe aufstellen und das Klavier in seine dunkle Ecke zurückstellen. Ich hatte es mit einem wunderbaren und echten Dogenkleid aus rotem Samt behangen, das ich im Atelier entdeckt hatte. Ich nahm das Kleid mit ins Atelier und musste all die schrecklichen Dinge, die ich triumphierend dorthin verbannt hatte, wieder an ihren früheren Platz stellen. Und ich musste meinen hübschen Louis XVI aus dem Salon entfernen. Möbel und ersetzen Sie die Stühle, die dort gestanden hatten, steife, schwere, unförmige Stühle mit so hohen Sitzen, dass man klettern musste, um sich darauf zu setzen, und springen musste, um herunterzukommen.

Schweren Herzens machte ich all meine Arbeit zunichte. Ich nahm die Vasen mit Blumen, die Kissen und Stickereien weg, die ich hier und da verstreut hatte, um diesem düsteren Ort ein wenig Farbe und Leben zu verleihen. Es wurde Abend; ich wollte das Gas anzünden, aber meine Schwägerin befahl sanft, aber bestimmt: „Es ist noch hell genug … und Gas ist teuer.“

Ich suchte Zuflucht in meinem Zimmer, und mein Mann folgte mir dorthin. Ich bat ihn, mir wenigstens zu erlauben, mein Zimmer nach meinen Wünschen einzurichten und zu dekorieren. Er willigte gern ein. Er war wirklich betrübt über das, was geschehen war. „Hab Geduld“, sagte er, „es wird später alles gut. Die Hauptsache ist, keine Eile zu haben.“

Er war vierzig, ich zwanzig. Er war ruhig, gleichgültig, leicht zufriedenzustellen, verglich das Leben mit einer unangenehmen Pille, die jeder schlucken muss ... Die Philosophie meines Mannes gefiel mir überhaupt nicht.

Und doch liebte ich ihn und glaubte an das Glück ... Und dann waren da noch die Briefe meiner Mutter. Sie schrieb mir damals fast jeden Tag; und später und bis zu ihrem tragischen Ende, etwa zwanzig Jahre nach meiner Hochzeit, verging keine Woche, ohne dass ich von ihr, wenn sie nicht bei mir war, einen jener zärtlichen mütterlichen Briefe erhielt, die den Geist stärken, den Kummer lindern und die Flamme der Hoffnung in der Seele neu entzünden.

Als ich nach einigen Tagen erkannte, dass ich es nicht mit absichtlicher Opposition zu tun hatte, sondern dass im Gegenteil mein Mann und seine Schwester mich glücklich sehen wollten, obwohl sie altmodisch waren und mir in Wesen, Gewohnheiten und Ideen weit entfernt waren, dachte ich, dass es mir mit viel Zuneigung und Überzeugungskraft gelingen würde, meinen Mann zu bessern. Aber das Problem mit Fräulein Steinheil erschien mir schwieriger.

Ich fragte Adolphe: „Wie lange wird sie Ihrer Meinung nach bei uns bleiben?"

„Sie hat immer in meiner Nähe gewohnt", antwortete er schüchtern. „Aber ich hoffe, dass sie eines Tages heiraten wird."

Diese Antwort ließ mich vor Hoffnung platzen und ich dachte: „Ich werde ihr einen Ehemann finden." Ich machte mich mit so viel Enthusiasmus an die Suche, dass meine Bemühungen von Erfolg gekrönt waren. Sechs Monate nach meiner Ankunft in Paris wurde Mlle. Steinheil die Frau eines Regierungsbeamten, der sie vollkommen glücklich machte. Und als ich ihr später von meinem kleinen Trick erzählte, fand sie den Humor darin, lachte und bedankte sich auf charmante und aufrichtige Weise.

Am Tag ihrer Hochzeit feierte ich, was ich „meinen Sieg" nannte, indem ich alles veränderte, nicht nur im Salon, sondern im ganzen Haus, und es endlich in das schöne und gemütliche Nest verwandelte, von dem ich so lange geträumt hatte.

Als Hochzeitsgeschenk überreichte ich meiner Schwägerin die alten, teuren Möbel, die ich nicht anfassen durfte, und schickte ihr außerdem eine Sammlung Rokoko-Uhren und eine Gruppe Wachsblumen unter Glasschirmen, die ihr heilig waren. Aber wie mein Vater mir einmal sagte: „Liebe ist unlogisch", und meine Schwägerin brachte die trostlosen Möbel, die kunstvollen Uhren und die Wachsblumen sorgfältig auf den Dachboden ihres neuen Zuhauses!

Ich liebte meinen Mann, und obwohl ich bald herausfand, dass seine Schüchternheit, die ich für die Zurückhaltung eines Liebhabers gehalten hatte, in Wirklichkeit sein Charakterzug war – dass seine Zurückhaltung Schwäche war, dass er weder Ehrgeiz noch Mut hatte und dass sein Ideal die Gelassenheit war – weigerte ich mich zu glauben, dass meine Liebe, meine

Energie, meine Vitalität, von der jeder sagte, sie sei ansteckend, nicht mit der Zeit alle Hindernisse überwinden würden und dass unser Eheleben zum Scheitern verurteilt und Glück unmöglich war. Ich machte mich an die Arbeit und tat alles, was eine aktive Ehefrau für den Mann tun kann, den sie liebt; und meine Aufgabe war umso leichter, weil es das Wesen meiner Natur war, mich in den Dienst anderer zu stellen und zu stellen, und auch, weil Adolphe, obwohl ihm Willenskraft fehlte, mit vielen bewundernswerten Eigenschaften des Herzens und des Geistes ausgestattet war.

Ich habe unser Zuhause neu organisiert, habe versucht, meinem Mann Ehrgeiz einzuflößen, habe ihn aufgemuntert, wenn er deprimiert war, habe ihn mit Trost umgeben und ihm bei seiner Arbeit geholfen, habe die historischen Kostüme angefertigt, die er für seine Modelle brauchte, und habe selbst für ihn Modell gestanden. Aber es ist mir nicht gelungen, ihn aus seiner Apathie zu reißen oder ihm die Liebe zur Anstrengung zu vermitteln. Und doch, für wen ist Anstrengung notwendiger als für den Künstler?

Es war wirklich bedauerlich, denn Adolphe hatte echtes Talent und hätte sich einen großen Namen machen können. Aber neben der harten Arbeit hätte er auch bestimmte Besuche machen und bestimmte Schritte unternehmen müssen, und er unterbrach seine Studien nur, um mich zu den Häusern seiner Freunde zu bringen oder mich singen zu hören.

Er sprach oft mit mir über seinen Onkel und Meister Meissonier, hatte ihn jedoch nach einem kleinen Missverständnis in der Familie nicht mehr besucht, und Meissonier starb, ohne dass ich ihn gesehen hatte.

Bestimmte Gemälde meines Mannes ähnelten so sehr den Werken seines berühmten Onkels, dass in Amerika eine Reihe von „Steinheils" als „Meissoniers" verkauft wurden. Adolphe malte wie sein Meister Miniaturen in Öl und verwendete dabei sehr ähnliche „Motive". Er erzählte mir viele Anekdoten über seinen Onkel, und hier ist eine davon in seinen eigenen Worten: „Meissonier war sehr klein, sogar kleiner als ich, und seine geringe Körpergröße war eine ziemliche Belastung für ihn. Er kam oft in mein Atelier, und ich glaube, er mochte mich vor allem, weil ich klein bin. Er saß auf meinem Hocker, betrachtete ein Bild, an dem ich arbeitete, warf einen Blick auf mein Modell, streichelte seinen langen weißen Bart und sagte: ‚Es ist schön … aber irgendwie sehe ich die Dinge nicht so wie Sie. Mit der Perspektive scheint etwas nicht zu stimmen … Oh! Ich habe sie. Ich hatte vergessen, dass Sie so klein sind. Ich muss mich bücken, um wie Sie zu sehen. Geben Sie mir einen niedrigeren Hocker …' Und er kicherte vor Freude."

In früheren Zeiten hatten Meissonier und Louis Steinheil (der Vater meines Mannes) zusammen gearbeitet und gekämpft. Dann schloss sich Geoffrey Dechaume, der so viele wunderbare Statuen für Notre-Dame in Paris und das Straßburger Münster schuf, den beiden Freunden an, und das Trio arbeitete und lebte zusammen in einem Zimmer. Meissonier heiratete die Schwester von Louis Steinheil. Louis Steinheil wurde Vater einer großen Familie und widmete sich hauptsächlich der Glasmalerei, die damals sehr gut bezahlt wurde – ein spezieller Kunstzweig, den auch mein Mann eine Zeit lang ausübte.

Ich lernte bald die meisten bekannten Maler und Bildhauer in Frankreich kennen. Unter anderem besuchte ich oft Bartholdi in seinem Atelier. Der Bildhauer der kolossalen Statue „Die Freiheit erleuchtet die Welt" auf Bedloe's Island im Hafen von New York war ein alter Freund meines Mannes. Er war ein Mann mit scharfem Intellekt und viel Originalität in seinem Denken, aber seine Eitelkeit war ebenso kolossal wie seine berühmte Statue. Als er mir einmal das kleine Modell der „Freiheit" zeigte, sagte er ruhig: „Die Amerikaner glauben, dass es die Freiheit ist, die die Welt erleuchtet, aber in Wirklichkeit ist es mein Genie."

Ich habe noch nie einen Menschen getroffen, der so natürlich und unbewusst eingebildet war, mit Ausnahme vielleicht eines gewissen Orientalisten, der ebenso gelehrt wie berühmt war. Ich erinnere mich, ihn einmal im *Institut getroffen zu haben* . Er trug die grüne Uniform und das Schwert eines Institutsmitglieds , und auf seiner Brust glänzte eine Menge Orden. Er zeigte mir mit seinem pergamentartigen Zeigefinger einen davon. „Sehen Sie dieses kleine Ding hier", flüsterte er. „Es gibt nur drei Europäer, die das Recht haben, es zu tragen – ein Kaiser, ein König und – ich selbst … Ich lege nicht die geringste Bedeutung darauf." Und er verließ mich und ging, um allen, die stehen blieben, um ihm zuzuhören, genau dasselbe zu erzählen.

Ich traf Gounod, der mehrere Male in die Impasse Ronsin kam, und sang mit dem alten Komponisten ein Duett von ihm, das er sehr mochte, mit dem Titel „D'un cœur qui t'aime". Einmal spielte er mir viele Seiten seiner „Rédemption" vor, der heiligen Trilogie, die er Königin Victoria gewidmet hatte. Ich kannte ihn nicht sehr lange, denn er starb 1893 in Saint Cloud, wo zwei Jahre später ein anderer großer Mann, Pasteur, sterben sollte.

Ich traf auch Ferdinand de Lesseps, *den großen Franzosen* . Er war damals 87 Jahre alt und sehr schwach. Ich kannte nie einen Menschen, dessen Güte und Bescheidenheit der dieses Giganten gleichkam, der der Welt den Suezkanal geschenkt hatte.

Elf Monate nach meiner Hochzeit wurde meine Tochter geboren und ich verlor beinahe mein Leben. Die Geburt meines Kindes war für mich eine Quelle purer Freude und ich vergaß alle meine Sorgen und bitteren Enttäuschungen. Mein Glück währte jedoch nicht lange. Aus einem Grund, den ich nicht preisgeben und nicht einmal andeuten werde, entschloss ich mich zur Scheidung. Ich konsultierte in dieser Angelegenheit MB, den engsten Freund meines Mannes, einen berühmten Rechtsanwalt und Generalstaatsanwalt. Er riet mir, mit meinem Baby nach Beaucourt zu gehen und keine unwiderrufliche Entscheidung zu treffen. Während der vielen Monate, die ich mit meiner Mutter in Beaucourt verbrachte, erhielt ich zweimal wöchentlich Briefe vom Generalstaatsanwalt, und ihre Botschaft war immer dieselbe: „Kommen Sie zurück nach Paris und zu ihm. Verzeihen Sie ... Wir werden alle unser Bestes tun, um Ihr Leben glücklich zu machen. Lassen Sie sich nicht scheiden, Ihrem Kind zuliebe ...“ Meine Mutter, die die Verkörperung der Nachsicht war und eine heilige Angst vor Scheidungen hatte, gab mir einen ähnlichen Rat, und als ich eines Tages nach Hause kam, hatte ich ein langes und schmerzhaftes Gespräch mit meinem Mann, in dem wir vereinbarten, dass wir uns aus Liebe zur kleinen Marthe nicht scheiden lassen und fortan „Freunde“ sein würden, von denen jeder auf seine Weise leben würde. M. Steinheil sagte später zu einem engen Freund, der diese Bemerkung bei meinem Prozess wiederholte: „Meine Frau ist für mich nur eine Freundin; sie hat volle Freiheit, und ich kontrolliere ihr Handeln nicht ...“ Wir vereinbarten außerdem, dass wir, wenn wir eine wichtige Angelegenheit besprechen müssten, dies schriftlich tun würden. Dank dieser Methode hat niemand jemals geahnt, dass mein Mann und ich getrennt lebten, obwohl wir unter einem Dach lebten. Tatsächlich hatte diese Art der Diskussion per Brief viele Vorteile, und selbst die am stärksten vereinten Paare sollten sie anwenden. Sie hilft Ihnen, bittere, verletzende Worte zu vermeiden, verhindert Streit und die Bediensteten können nicht mithören... Außerdem kommt es oft vor, dass Sie beim Lesen eines gerade geschriebenen Briefes ruhig werden und die Sinnlosigkeit und Nutzlosigkeit Ihrer Worte erkennen. Der Brief wird in Stücke gerissen und der gesunde Menschenverstand kommt lächelnd zum Vorschein...

Trotz der Trennung tat ich weiterhin alles für meinen Mann, was ich konnte. Ich kümmerte mich um das Haus und half ihm bei der Arbeit, so wie ich es zuvor getan hatte. Aber muss ich sagen, dass mein Traum von Liebe und Glück hoffnungslos zerstört war und dass mein Leben ohne meine kleine Marthe fast unerträglich gewesen wäre.

Es wurde oft gesagt, dass eine unpassende Verbindung oder das Scheitern ihres ehelichen Glücks jede intelligente oder sensible Frau zu Abenteuern und neuen Interessen treibt und sie dazu bringt, in Illusionen zu leben. Ich glaube nicht, dass ich mich jemals mit Hirngespinsten getäuscht habe, außer vielleicht in den Tagen, als mein Vater um mich herum eine reale und doch märchenhafte Welt idealer Freuden aufbaute, aber es besteht kein Zweifel, dass ich, nachdem ich die Niedergeschlagenheit abgeschüttelt hatte, die wie ein schwerer und unerträglicher Mantel auf mir lastete, erkannte, dass ich, um überhaupt leben zu können, meinen Geist beschäftigen, ein Ventil für meine

Energie finden und überall nach neuen Interessen suchen musste. Ich war zu stummer Resignation völlig unfähig. Für mich war Streben und Leistung immer eine Notwendigkeit. Ich sah klar, dass ich nur leben würde, wenn ich intensiv, leidenschaftlich, sogar fieberhaft lebte und jeden Tag mehr zu tun hatte, als ich jemals tun konnte. Ich interessierte mich leidenschaftlich für Menschen, für Dinge, für Ereignisse; ich studierte Musik, Kunst, sogar Politik; und mein Leben gehörte von dieser Zeit an meiner Tochter und der Gesellschaft.

Ohne dass sie sich dessen bewusst waren, was in mir und in meinem Zuhause vorging, zeigten mir meine Freunde instinktiv erneut ihr Mitgefühl, vor allem MB, der Generalstaatsanwalt. Er rief mich fast jeden Tag an, las mir vor, erfüllte meinen Geist mit neuen Ideen, stellte mir alle möglichen interessanten Leute vor und schuf um mich herum eine Atmosphäre, die zwar künstlich wirkte, aber eine wunderbare Faszination ausübte und mich fast alles vergessen ließ, was ich so sehr vergessen wollte.

Mein Mann und ich verbrachten oft Abende in seinem Salon, wo sich Dutzende von Richtern und berühmten Rechtsanwälten versammelten. Dort traf ich eine äußerst schöne und elegante Frau, umgeben von einem Kreis eifriger Verehrer, und ihren Mann, der mir viele alltägliche Komplimente machte. Später traf ich sie in vielen Salons. Der Mann war M. Trouard Riolle und sollte Jahre später Staatsanwalt bei meinem Prozess werden. Er kam mir wie ein äußerst gepflegter und langweiliger *Angeber vor*, der zu glauben schien, dass sich jede Frau sofort in ihn verliebte und dass jeder Blick oder jede Bemerkung von ihm sie sofort faszinieren würde, wenn er vorgestellt würde. Ich erkannte bald, dass er ein ehrgeiziger und intriganter Mann war. Seine Frau, die Tochter des Chefs der Havas-Agentur, war ebenso reich wie schön.

Von einem Salon ging ich in den anderen und sehr bald kannte ich das, was man üblicherweise „ *Le Tout-Paris* " nennt.

Unter den vielen fähigen Männern, die ich traf und die mir ihre Aufmerksamkeit schenkten, war mir keiner sympathischer als MB, und allmählich wurde ich von der Beredsamkeit dieses Generalstaatsanwalts, seiner Kultiviertheit, die mich an M. Doriands exquisite Höflichkeit erinnerte, seiner Selbstbeherrschung und seiner fähigen und meisterhaften Art, Angelegenheiten zu regeln, erobert, die einen so eindrucksvollen Kontrast zu der Haltung zu vieler Männer bildete, die ich um mich herum sah und die träge und sorglos durchs Leben gingen. Er war groß und blond, trug einen Kotelettenbart und hatte kleine, kluge und sinnliche Augen; er war ein geistreicher *Causeur* , dessen Worten jeder gebannt folgte. Die Leute wollten unbedingt in seinen Salon eingelassen werden, und er war ein großer Liebling, besonders bei Frauen, denn obwohl er unvermeidlich *blasiert war* , besaß er immer noch diesen natürlichen und romantischen Charme, der eine Frau sehr schnell für sich gewinnt.

Ich unterhielt viel, gab Partys, Konzerte, Abendessen. Einmal in der Woche veranstaltete ich einen Empfang, und zwischen zwei- und siebenhundert, drei- bis vierhundert Personen kamen durch die Salons der Villa in der Impasse Ronsin. Es kamen Staatsmänner und Diplomaten, berühmte Autoren und berühmte Komponisten, Generäle und Admirale, Wissenschaftler und Beamte, Wirtschaftsmagnaten und große Finanziers, Staatsräte, Entdecker, Männer mit historischen Namen, Männer, die sich einen Namen machten, und Richter, eine ganze Gruppe von Richtern ...

Und dann waren da noch die Oper, Wohltätigkeitsbasare, Besuche bei den Armen in meinem Viertel, Kammermusik, Privattheater, die Jagd, die Salons, die *Grande Semaine* , Premieren, Konzerte, Empfänge in verschiedenen Botschaften und im Elysée... Und jedes Jahr kam ein Aufenthalt in Biarritz oder an der Riviera, ein oder zwei Monate am Meer... Und dann war da noch die Arbeit meines Mannes und die Arbeit, die ich mit ihm machte... und die Musik... und vor allem meine Tochter, meine kleine Marthe...

KAPITEL IV

MEIN SALON

Mein Salon war etwa 60 mal 80 Fuß groß und 18 Fuß hoch. Man betrat ihn von der Veranda aus durch Türen, die, wenn man sie zurückschob, aus zwei Räumen einen machten. Am anderen Ende befand sich ein monumentaler und alter Kamin aus geschnitztem Holz; zu beiden Seiten davon befanden sich Schränke voller Kameen, seltenem Porzellan und Silber. Die Möbel stammten hauptsächlich aus der Zeit Ludwigs XV. und XVI. Links standen eine Orgel und verschiedene Saiteninstrumente und rechts ein Flügel. An den Wänden hingen riesige Gobelins aus dem 17. Jahrhundert, die die Geschichte von Judith, Aschuerus und Holofernes illustrierten und mit der klassischen Obst- und Blumenbordüre eingerahmt waren. Ich muss wohl kaum erwähnen, dass überall Palmen und Blumen zu sehen waren. Der Salon war durch eine breite Öffnung mit dem Esszimmer verbunden, so dass mehrere hundert Personen problemlos bewirtet werden konnten.

Das Pariser Leben, brillant und erschöpfend, anstrengend und künstlich, war vor allem berauschend, und ich brauchte eine solche Berauschung … Der Witz, die Kultur, der Geschmack, die Höhenflüge der Fantasie so vieler Männer und Frauen um mich herum, ihre Begeisterung, ihre Sympathie, ihre Gespräche, ihre Qualitäten und sogar ihre Fehler wurden mir notwendig.

Mit diesen Gefährten kann das Leben nie langweilig sein, ganz gleich, welche Vorstellungen, Gewohnheiten oder Hobbys sie haben.

Da war zum Beispiel der alte MH, ein angesehener Autor und Mann von Welt, der unter drei Königen, einem Kaiser und zwei Republiken gelebt hatte und den meine Mutter „eine lebende Enzyklopädie" nannte. Er war klein, ein Dandy, dessen Liebe zum Detail in der Kleidung den Neid eines D'Orsay oder eines Brummell erregt hätte. Trotz seines Alters achtete er so sehr auf sein Äußeres wie ein professioneller Schönheitspfleger. Sein lockiges weißes Haar war äußerst gepflegt. Er trug das ganze Jahr über makellose weiße Gamaschen und hatte immer eine Blume im Knopfloch: Parma-Veilchen im Winter und eine blassrosa Nelke im Sommer. Er hatte eine merkwürdige Manie – er besuchte Friedhöfe. Wir gingen häufig zusammen zum Père Lachaise und zu seinem Lieblingsfriedhof in Montmartre.

„Der Père Lachaise", rief er aus, „besitzt die Gräber von Musset, Balzac, Chopin, La Fontaine, Bizet, Ihren ‚Freunden' Cuvier und Thiers und anderen, aber er ist zu vornehm, zu protzig … In Montmartre herrscht mehr Intimität: man scheint sich zu erinnern, die lieben Toten besser zu sehen. Wir haben hier Mürger und Offenbach, Renan und Gautier, Lannes – das heißt

Austerlitz, Jena, Friedland – und Berlioz und Greuze, Madame, den exquisiten Greuze, der eine elende Frau hatte, aber wie schön sie war ! … Und sie repräsentieren das Beste in Frankreich, diese Männer – Heldentum und Witz, subtile Kunst, tiefes Denken und klare Sprache, Logik und Methode, Inspiration und Rücksichtslosigkeit … Und das ist typisch französisch, Madame, sonst bin ich ein alter Narr!"

MH kannte Victor Hugo und Berlioz, „den Victor Hugo der Musik". Aber wen kannte er nicht, diesen künstlerischen und gelehrten alten Mann? Er hatte Madame Récamier ein oder zwei Jahre vor ihrem Tod kennengelernt. „Sie war krank, alt und schüttelte den Kopf. Der Vicomte de Chateaubriand – der nur noch wenige Wochen zu leben hatte – saß neben ihr in einem Sessel, seine Knie in eine riesige Decke gehüllt. Er sprach mit ihr über sich. Das war immer sein Lieblingsgesprächsthema. Gleichzeitig war er von allem und fast von sich selbst müde. Madame Récamier war immer noch gutaussehend und hatte eine edle Haltung. Das Oval ihres Gesichts war rein und ihre Schultern hatten ihre schöne Rundung behalten. Ich war damals zwanzig; sie war siebzig und fast blind, und obwohl sie sehr wenig sprach, hätte ich gerne viele Stunden in der Gesellschaft dieser Frau verbracht, die einst das Zepter der vollkommenen Schönheit in der Hand gehalten hatte."

Als Kind hatte er die Uraufführung von Victor Hugos *Hernani miterlebt* . „Wir waren alle ganz aus dem Häuschen … Mlle. Mars übernahm die Rolle der Doña Sol. Seitdem habe ich Dutzende von Schauspielerinnen in dieser *Rolle gesehen* , aber keine, außer Sarah Bernhardt, kam Mlle. Mars in dieser romantischen Rolle gleich …" Der alte MH hatte sich mit Mlle. Rachel bestens verstanden. „Es war eine wahnsinnige und … teure Freundschaft", erklärte er. „Rachel liebte die Liebe und liebte Gold."

Es hatte in MHs abenteuerlicher Karriere viele seltsame Romanzen gegeben, aber er war ein Optimist geblieben und pflegte liebevoll alle seine Erinnerungen. In seiner blumigen Sprache drückte er es manchmal nach einem guten Abendessen so aus: „Ich habe so viele Rosen wie möglich in den Gärten von Cypris gepflückt, Madame."

Da war der Comte de B., der wie MH das Leben liebte, aber dachte, dass Frankreich das Geheimnis der Lebenskunst verloren hatte. Er war in den Tagen Napoleons des Dritten jung gewesen und wurde nie müde, die schillernden Tage des Zweiten Kaiserreichs zu beschreiben. Er hatte sie alle gekannt: den Herzog von Morny, die Herzogin von Talleyrand, die Prinzessin von Metternich, den Bankier Lafitte, die Opernsängerin Marie Sasse, den Dandy D'Orsay, La Païva und andere schöne und zerbrechliche Damen. Er beschrieb fantastische Partys, Landsknechtsspiele, bei denen Vermögen gemacht und verloren wurden, die Expedition nach Rom, den Italienfeldzug, den Krieg in Mexiko; und er schwärmte entzückt von der Schönheit der

Kaiserin Eugénie, den Faszinationen ihres Hofes und den beispiellosen Festlichkeiten in Saint Cloud und im „Château", wie die Tuilerien damals hießen.

Unter den Leuten, die ich empfing, waren frivole und wertlose Männer, die zugleich witzig, kultiviert und hochgebildet waren. Paris ist die Heimat des Paradoxen. Da war zum Beispiel MX, ein scheinbar gesetzter und würdiger Staatsminister, der nicht ohne Geschick war und sich nicht scheute, sich zu verkleiden, sogar Perücken und falsche Schnurrbärte aufzusetzen, wenn er nächtliche Streifzüge zu billigen Orten des sogenannten Vergnügens unternahm; MT, ein berühmter Bankier, der sein Haus so gebaut hatte, dass er fünfzig Freunde zu einer Bacchanalie oder Orgie einladen konnte, ohne dass seine Frau davon erfuhr, obwohl sie sich nur auf der anderen Seite der Mauer befand.

Es gab Frauen, die faszinierend waren, ohne schön oder klug zu sein, und fähige Frauen, deren überlegene Natur, Talent oder gar Genialität man erst nach Wochen erkannte.

Einige der Männer interessierten sich nur für teure Dinge und extravagante Vergnügungen; andere, die ein feineres Gespür hatten, sahen tiefer in das Leben hinein, aber sie sprachen oft zu wenig. Und ab und zu kam ein Prophet ins Haus, ein selbsternannter Zauberer oder ein wahrer intellektueller Gigant.

Unter den vielen Frauen, die ich kannte, gab es viele, deren einziger Ehrgeiz darin zu bestehen schien, eine Königin der *Colifichets zu werden*, als wäre ihr ideales Vorbild Pauline Borghese. Ich kannte zum Beispiel zwei Damen, eine die ältere Frau eines bedeutenden Richters und die andere eine reiche Schönheit der Gesellschaft, die mindestens zehn der vierzehn Stunden, die sie wach waren, damit verbrachten, ihre Schönheit zu betonen ... und doch waren beide wirklich schön!

Eine bemerkenswerte Zahl derer, die zu mir nach Hause kamen, schütteten mir ihr Herz aus, ob ich es wollte oder nicht. Ich hörte schreckliche Geheimnisse von aufgeregten Damen und auch Geständnisse, die einfach nur lächerlich waren, obwohl die schönen Sünder anders dachten und die künstliche Atmosphäre von Gefahr, Abenteuer und Schrecken zu genießen schienen, in die sie sich mit erhabener Rücksichtslosigkeit gestürzt zu haben glaubten, um ihre Gier nach neuen Sensationen zu befriedigen.

Ein Mann von fünfzig Jahren, ansonsten geistig gesund, klug und vernünftig, belagerte einmal drei Monate lang mein Wohnzimmer in der Hoffnung, mich allein anzutreffen. Schließlich fragte er mich unter größter Geheimhaltung ... was er tun müsse, um Mitglied des *Cercle de l'Union zu werden*, des aristokratischen Clubs, der früher durch die Anwesenheit des großen Talleyrand geschmückt worden war. Ich gestand ihm im gleichen vertrauensvollen und geheimen Ton, dass ich mich nicht in erhabenen und exklusiven Kreisen bewegte! Er hatte damals keinen Sinn für Humor und fragte mich weiter, ob ich glaube, dass er Chancen hätte, Mitglied des „Jockey" zu werden. Und er teilte mir freundlich mit, dass de Morny, die „rechte Hand" von Napoleon III., diesem Club angehört hatte ... Er verließ verzweifelt mein Wohnzimmer, und einige Wochen später hörte ich, dass er Mitglied des *Nouveau Cercle* , des Lieblingstreffpunkts der *Jeunesse dorée* , und des Automobile Club de France geworden war. Vielleicht dachte er, dass zwei zugängliche Clubs genauso gut seien wie ein exklusiver Club.

Viele Ausländer kamen in die Impasse Ronsin, aber ich fand, dass die Franzosen die größte Begeisterung, Spontaneität und Originalität im Denken hatten. Meine Freunde sagten, was sie meinten, und meinten, was sie sagten, und was noch wichtiger ist: Sie hatten Ideen und wussten, wie man Dinge durchdenkt und sich ausdrückt. Ich ermutigte den Entdecker, von seinen Reisen zu sprechen, den Offizier der Armee oder seiner Männer, den Künstler von Kunstwerken, den Anwalt, von interessanten Fällen zu erzählen, den Wissenschaftler, seine neuesten Forschungen oder Entdeckungen zu beschreiben.

Eine weißhaarige Engländerin erklärte mir einmal etwas streng, was „Talking Shop" bedeutet. Sie war verblüfft, als ich zu bemerken wagte, dass ich es mochte, wenn die Leute über das redeten, was sie wussten, und sich möglichst von Allgemeinplätzen und Gemeinplätzen fernhielten. Ein junger *Attaché* der britischen Botschaft, der mir die Dame vorgestellt hatte, bemerkte: „Sie würden andere Ansichten vertreten, wenn Sie in England lebten, Madame. Die Atmosphäre dort ist so anders." Nur um ihn zu necken und das Gespräch auf eine andere Art zu lenken, bat ich ihn, mir eine Definition dieses praktischen Ausdrucks „Atmosphäre" zu geben. Er blieb still, und ich dachte, er hätte seine Niederlage eingestanden. Aber er bewies mir geschickt, dass ich mich irrte und dass die Engländer nicht so leicht nachgeben. Während seine Freundin und ich einige Drucke von Bartolozzi untersuchten, warf er einen Blick auf den Inhalt meines Musikschranks, fand ein Album mit Liedern, die mir ein Freund in London geschickt hatte, und bat mich, eines davon zu spielen, das er selbst ausgewählt hatte.

Er fragte mit so charmanter Beharrlichkeit, dass ich gerne einwilligte, zu spielen, während er den Text summte. Als es vorbei war, sagte er ruhig: „In diesem Lied steckt viel von der Atmosphäre Englands, Madame. Sie sehen, es braucht oft einen Dichter und einen Musiker, um bestimmte Definitionen zu geben ..."

Es kamen unbekannte Genies und berühmte Mittelmäßigkeiten zu mir nach Hause, und ich ermunterte die Ersteren sanft, die Letzteren auszunutzen; es kamen Leute, die aggressiv voreingenommen und voreingenommen waren, und ich führte sanft Krieg gegen sie, indem ich erklärte, dass Unparteilichkeit Blindheit oder Schwäche oder beides sei; und jenen, die hoffnungslos unparteiisch waren, deutete ich diskret an, dass eine Person ohne Meinung ein sehr langweiliges Leben führen muss.

Unter den Männern und Frauen, die meine Villa besuchten, gab es zwangsläufig ein paar Personen, die ein wenig *fêlé* („verrückt") waren. Ich kannte drei junge Männer, die eine neue Religion gründen wollten, und einen Chemieprofessor, der sagte, er würde die Vereinigten Staaten von Europa „innerhalb von zehn Jahren" gründen. Das war vor fünfzehn Jahren. Ich traf einen Mann, der mit der Herstellung von Kämmen ein riesiges Vermögen gemacht hatte und dessen palastartiges Landhaus den zierlichen Namen „Peignefin" trug, mit einem Wort (ein Kamm mit kleinen Zinken). Eines Tages sah er sehr nachdenklich aus, und ich fragte ihn, was ihm fehlte. Seine Antwort war großartig: „Madame, ich habe mich gerade entschlossen, den Rest meines Lebens und mein Vermögen der Suche nach dem Absoluten zu widmen."

Ich kannte einen Sportler, der in der Liebe einen Fehler gemacht hatte und sein Leben dem Studium gewisser Mineralien widmete, und einen ansonsten gesunden Herrn, der sein Haus vom Dach bis zum Keller mit den Schalen der Austern, die er gegessen hatte, und den Korken der Champagnerflaschen, die er geleert hatte, dekorierte, nachdem er auf diese kulinarischen Erinnerungsstücke gewissenhaft die Daten der fröhlichen Feste geschrieben hatte, an die sie ihn erinnerten!

Aus dieser gemischten Schar meiner Bekannten ragen drei Männer als meine treuen und vertrauten Freunde hervor – drei Männer, wunderbar begabt und doch wunderbar bescheiden, drei Männer mit goldenen Herzen und erhabenen Geistern: Bonnat, der Maler; Massenet, der Komponist; und Coppée, der Dichter.

Ich kannte Bonnat fast zwanzig Jahre lang. Er unterschrieb seine Briefe an mich immer mit „Ihr alter und ergebener Großvater" oder, kürzer, „ Ihr ... Methusalem". Der große Maler, dem die Welt unter anderem einen eindrucksvollen „Sankt Vinzenz von Paul" und jene Juwelen der Psychologie, das „Porträt von Renan" und das „Porträt meiner Mutter", verdankt, liebte klassische Musik und, was noch besser ist, verstand sie. Während der zwanzig Jahre unserer Freundschaft versäumte er es nur wenige Male, die Konzerte zu besuchen, die in meinem Haus stattfanden. Wie mein Vater hatte er eine besondere Schwäche für klassische Musik und ich glaube, er hätte gern jeden Tag seines Lebens Beethovens Septett gehört. Es war MB, der Generalstaatsanwalt, der ihn mir zum ersten Mal vorstellte. Ich besuchte M. Bonnat in seinem Haus, das von Bernier, dem Architekten der Opera

Comique, erbaut worden war. Im Erdgeschoss befanden sich die Wohnungen seiner Schwester und seiner Mutter. Eine monumentale Treppe, die mit Fresken von Puvis de Chavannes geschmückt war, führte zu den Gemächern des Künstlers und darüber hinaus zum Atelier, das mit alten Holzschnitzereien, prächtigen Bronzen von Barye und einer Reihe schöner Gemälde an den Wänden vollgestopft war – darunter eines von seinem geliebten Botticelli.

Bonnat – vor allem Porträtmaler – hatte eine eigentümliche Arbeitsweise. Er arbeitete kaum direkt an seinem Modell. Er zog es vor, es oder sie in einem runden Handspiegel zu beobachten, den er in seiner linken Hand hielt – der Hand, in der er auch die Palette hielt. Im hinteren Teil des Ateliers stand ein kleiner Standspiegel, der so platziert war, dass er das Porträt reflektierte. Er betrachtete beide Bilder und … arbeitete . Eine weitere eigentümliche Methode von ihm bestand darin, die Leinwand zu drehen, wenn er dieses oder jenes Detail retuschierte.

Bonnat arbeitete schweigend. Er hielt es nicht für nötig, sein Modell zum Sprechen zu bringen, um an seine oder ihre „Psychologie" heranzukommen, sondern war zufrieden damit, zu malen, was er sah. Dabei erinnerte er mich an Rodin, den größten Bildhauer seit Michel-Angelo, den ich einmal sagen hörte: „Der Künstler kann die Natur nicht verbessern, und das Leben ist Schönheit."

Bonnat, energisch und drahtig, glaubte an Arbeit, Arbeit, Arbeit – was übrigens auch Rodins Motto ist – und schuf wundervolle Porträts, obwohl mir bewusst ist, dass die Pointillisten, die Kubisten, die Postimpressionisten und die Post-Postimpressionisten anderer Ansicht sind!

Er hatte „seinen" Sessel in meinem Salon und saß stundenlang dort, hörte der Musik zu oder beobachtete meine Gäste und öffnete kaum den Mund. Er mochte Marthe, hatte seine Taschen immer voller „Überraschungen" für sie und nahm sie oft mit in sein Atelier, wo sie seine wunderschöne Schmetterlingssammlung bestaunte, mit der sie lange, geheimnisvolle Gespräche führte.

BONNAT, ALLEIN „Euer alter, ergebener ‚Großvater‘"

Eines Tages, als ich für mein Porträt Modell saß, setzte sich Marthe, die mit mir einen langen Spaziergang im Bois gemacht hatte und deren von der Luft rosige Wangen ihre dunkelbraunen Augen hervorhoben, auf das blaue Satinkleid, das ich auf dem Bild trug und das meine Zofe gerade gebracht hatte. Bonnat sah Marthe und sagte zu ihr: „Bleib liegen, Kleines, ich muss dich malen, so wie du bist." In wenigen Sekunden stand eine Leinwand auf seiner Staffelei, in seiner Hand hielt er den üblichen Spiegel und – er machte sich an die Arbeit. In weniger als einer Stunde hatte er Marthe gemalt und die Ähnlichkeit war so perfekt und sprechend, dass ich rief: „Halt! Fass dein Werk nicht an. Ändere oder füge nichts hinzu! Keinen Strich mehr!"

Leider ließ Bonnat nicht locker und vervollkommnete seine Arbeit nicht. Dann stellte er fest, dass die Leinwand nicht groß genug war... Marthe war in der Mitte ihres Rocks „aufgeschnitten"... Über dem Kopf war zu viel „Luft" und an den Seiten zu wenig... Er wollte die Leinwand vergrößern lassen.

Als er es jedoch zurückbekam, gefielen ihm die Nähte nicht und er übermalte das Bild hastig.

Ich kam mit meiner Mutter und Marthe, um das meisterhafte Porträt meines Kindes zu sehen und für meines Modell zu sitzen. Als wir feststellten, dass das Bild zerstört worden war, weinte meine Mutter vor Wut; ich vergoss Tränen der Enttäuschung. Und als ich meinem alten Freund sagte, er hätte nur die Büste behalten und das Bild in ein passendes Oval schneiden können, tat es ihm genauso leid wie uns allen. An diesem Tag brachte ich es nicht übers Herz, Modell zu sitzen, und Bonna brachte es nicht übers Herz, zu malen!

Ich habe viele schöne Stunden in diesem Atelier verbracht. Bonnat bat mich, es nach meinem Geschmack zu dekorieren und einzurichten, denn er wusste genau, wie viel Freude ich am Umgang mit schönen oder seltenen Dingen hatte und wie ausgeprägt meine Liebe zu Proportionen, Harmonie und Farbschemata war....

Der Maler, der sowohl der Freund meines Mannes als auch meiner war, war einer der wenigen Männer, die wussten, dass wir nicht so glücklich waren, wie wir aussahen oder vorgaben zu sein. Er wusste, dass Ehemänner und Ehefrauen in der Gesellschaft oft mehr oder weniger durchsichtige Masken tragen, und er tat sein Bestes, um uns diese Freuden und Interessen zu vermitteln, die das Leben so bereichern, besonders wenn die Antriebsfeder gebrochen ist und die Maschine so gut wie möglich am Laufen gehalten werden muss.

Bonnat war freundlich zu allen, besonders zu armen Künstlern. Ich sprach einmal mit ihm über einen jungen und erfolglosen Maler, der an sein Genie glaubte und, was noch schlimmer ist, einen anderen dazu gebracht hatte, seine Wahnvorstellungen zu teilen; ein armes kleines Mädchen, dem er seinen unbekannten Namen gab und das ihm ihre Liebe und – mehrere Kinder schenkte. Ich tat mein Möglichstes, um ihr Elend zu lindern, und schrieb dann an Bonnat und bat ihn, die Arbeit des jungen Mannes zu untersuchen.

Kurz darauf ging ich ins Studio in der Rue Bassano.

„Na, wie ist es denn?“, fragte ich.

„Bisher nichts“, antwortete Bonnat. „Warum um Himmels Willen malt der Kerl? Die einzige Möglichkeit, ihn zu retten, besteht darin, ihn dazu zu bringen, die Kunst aufzugeben und einen anderen Beruf zu ergreifen. Schicken Sie ihn mir eines Tages?“

„Er ist unten und wartet …“ Und ich rannte weg, bevor mein alter Freund sein übliches „Genau wie du!“ ausrufen konnte.

Bonnat befragte den jungen Maler über seine Eltern und erfuhr, dass diese Bauern waren. In seiner unterhaltsamen Art sprach er über die Natur, das Landleben, das einfache Leben... „Und glauben Sie wirklich“, rief er abschließend aus, „dass ich auch nur eine Stunde länger hier bleiben würde, wenn es das Institut, den Rat der Ehrenlegion, die Ecole des Beaux Arts, deren Direktor ich bin, und zwanzig andere Gesellschaften und Komitees, denen ich angehöre, nicht gäbe? Nein, Sir! Und Sie sollten sich als Glückspilz betrachten. Wenn ich frei wäre, wie Sie, würde ich in mein geliebtes Saint-Jean-de-Luz ziehen, in der Nähe des Meeres und der Pyrenäen, und atmen und arbeiten... Was die Malerei betrifft, sie ist eine wunderbare Sache, faszinierend, ideal, erhaben und all das, und ich selbst mag sie sehr, aber man kann nicht davon leben, wenn man sich nicht vor vierzig Jahren einen Namen gemacht hat, wie ich es tat, denn die Leute mochten damals gute und schöne Dinge und zahlten dafür... Wenn ich Sie wäre, würde ich malen, was mir gefällt – in meiner Freizeit, und einige einfacher Beruf, um meinen Lebensunterhalt zu verdienen. Bitten Sie Ihren Vater, Ihnen zu erlauben, ihm auf seiner Farm zu helfen, und wenn Sie mir jedes Jahr ein Bild schicken und es gut genug ist, werde ich versuchen, es im Salon anzunehmen... Übrigens, mögen Sie eine gute Zigarre?"

„Eher schon", sagte der junge Maler, der zwar auf dem Land geboren war, aber mehrere Jahre in Montmartre verbracht hatte.

„Also gut, mein Junge, nimm diese Kiste mit." Und Bonnat entließ ihn in der ruppigen Art, die er immer an den Tag legte, wenn er eine gute Tat vollbracht hatte.

Ich sah den jungen Mann einige Tage später wieder, vor seiner Abreise aufs Land, wo er ein wohlhabender Bauer werden sollte, obwohl er die Malerei nie aufgab, und er erzählte mir mit großen Tränen in den Augen, dass er in der Kiste außer den Zigarren zehn Hundertfranc-Scheine und Bonnats Karte mit den Worten „Viel Glück" gefunden hatte.

„Wie soll ich Monsieur Bonnat danken?", wiederholte er immer wieder, nachdem ich ihn mit Tee und Kuchen überhäuft hatte, damit er wieder gesund werden konnte.

„Das werde ich dir sagen", antwortete ich. „Indem ich ihm überhaupt nicht danke. Er verabscheut Dankbarkeit."

Massenet, der Komponist von *Manon* , *Thaïs* , *Sapho* , *Werther* und so vielen anderen wunderbaren Opern, hat mir viele Jahre lang die große Ehre erwiesen, sich selbst als meinen „respektvollen, gehorsamen und treuen Begleiter" zu bezeichnen. Ich habe ihn immer als launisch, enthusiastisch, schelmisch und witzig empfunden. Wenn er bei einem gut besuchten Empfang meinen Salon betrat, winkte er dem Diener, der gerade seinen Namen nennen wollte, zur Seite und rief mit stentorhafter Stimme: „Massenet!"... Einmal fügte er hinzu: „Großoffizier der Ehrenlegion, Autor von zwanzig Opern, Mitglied mehrerer Akademien!" Und sobald er mich begrüßt und einigen Freunden die Hand geschüttelt hatte, begann er mit seinem Lieblingssport: Wortspiele. Er hatte die Gabe, die ernstesten Diskussionen, sogar über Musik, mit einem *Bonmot zu beenden* , und ich bin der festen Überzeugung, dass er den Erfolg seiner Witzeleien ebenso sehr genoss wie den Erfolg seiner Opern. Er selbst sagte: „Ich bin Komponist, das stimmt, und ich kann nichts dafür, aber gleichzeitig liebe ich den Spaß und die Jugend, und Jungs von 60 Jahren sind unverbesserlich."

Einmal kamen einige Ausländer zu mir und Massenet bat mich, seinen Namen zu murmeln, wenn ich ihn vorstellen sollte. Etwas später sprach er mit den Neuankömmlingen über Musik und erwähnte beizeiten Massenet, dessen Musik er leicht herabwürdigte, mit dem Ergebnis, dass sie ihm zustimmten, da er alles über Musik zu wissen schien, und ging sogar noch weiter und erklärte Massenets Musik für völlig unerträglich. Daraufhin setzte sich der Komponist ans Klavier und spielte einige seiner eigenen Stücke, wie nur er sie spielen konnte, und Massenets Kritiker gerieten in Ekstase. „Ah, das ist das, was man echte Musik nennen kann", sagten sie. „Wer hat sie geschrieben?"

„Ein Freund von mir", antwortete Massenet leichthin und spielte weiter. Als er fertig war, sagte er: „Das war mein eigenes."

„Es ist absolut süß. Sie sollten Ihre Musik drucken lassen."

„Das tue ich gelegentlich."

„Wirklich! Würde es Ihnen etwas ausmachen, Ihren Namen zu wiederholen, wir haben ihn nicht ganz verstanden!"

„Massenet", und mit unendlicher Freundlichkeit überreichte der Komponist seine Karte und verließ den Raum, um draußen zu lachen.

Seine Briefe waren höchst amüsant. Sie waren mit Noten und „Skizzen" durchsetzt, um seine Aussage zu unterstreichen oder zu verdeutlichen. Und sie enthielten ausnahmslos eine willkommene Bemerkung über seine Arbeit: „Ich habe gerade die Opéra Comique verlassen. Ich bin ganz fertig, aber die Interpretation bei dieser Probe war großartig; Sänger, Orchester, alles. Und Calvé! Sie ist göttlich... Ah! Der vierte Akt, Sie werden sehen, was sie daraus macht !... " Aber lange bevor seine Briefe mich erreichten, kam Massenet selbst, obwohl „fertig", und spielte mir diesen vierten Akt vor und ließ mich ihn singen... unter den Augen meiner Mutter und Marthe, in Ekstase gehüllt! Massenet verehrte meine Tochter und setzte das Liebling immer auf das Klavier, wo er spielte.

Damit Marthe mich begleiten konnte, hatte er die reizende Idee, ein paar Lieder für mich zu komponieren, deren Begleitung sehr einfach und leicht war und keine Oktaven enthielt, die ihr noch nicht lagen. An dem Tag, als sie das erste dieser Lieder spielte, „Gib dein Herz nicht", gab sich Massenet einer Orgie von Wortspielen und Witzen hin, was ein Zeichen vollkommener Zufriedenheit war.

François Coppée, ein alter Kamerad meines Mannes und einer meiner „Getreuen", wie er sich selbst nannte, wohnte in unserer Nähe und kam oft vorbei, um mit mir zu plaudern, die Blumen in meinem „Wintergarten" anzuschauen oder Musik zu hören.

Eines Tages, als Reyer, der Komponist von *Sigurd,* anwesend war, bemerkte er, dass Musik nicht nur die soziologischste und populärste aller Künste sei, sondern auch die einfachste. „Ich konnte keinen Akkord spielen, aber ich bin überzeugt, dass es einfacher ist, sich in der Musik auszudrücken als in geschriebenen Worten ..."

Reyer erklärte: „Es ist genauso schwierig, eine Melodie zu formulieren wie ein Sonett." Aber Coppée wollte das nicht glauben, ging zum Klavier und schlug mit aller Kraft eine Note an. „Das ist ein Schlachtruf", rief er aus, dann berührte er dieselbe Note sanft, „Und das ist Melancholie", und spielte sie noch einmal so leise wie möglich, „Und das ist Träumerei: Musik ist vor allem deshalb so wunderbar, weil sie so einfach ist!" Es war nur ein kleiner Ausrutscher seinerseits, und Reyer lachte herzlich.

Coppée war freundlich, weichherzig und gesellig, der wahre Typ des volkstümlichen und sentimentalen *Parnassien* . Er sprach auf eine schlichte Art und Weise, ebenso sehr wie ein Christ wie ein Dichter, und die Bescheidenheit dieses *Akademikers* , dieses „Unsterblichen", der mit Ehren überhäuft war, war entzückend.

Eines Abends fand er mich beim Lesen einiger Verse von Heredia. „Du bist mir untreu, lieber Freund", sagte er.

„Ich mag alle guten Dichter", antwortete ich, „und dieser hier eröffnet mir weite Horizonte. Er scheint mir sehr weit weg..."

„Sie haben Recht. Ich versuche lediglich zu sehen, was in meiner Nähe ist", sagte Coppée lächelnd.

Die kleine Marthe war sehr stolz auf den Dichter, aber das hielt sie nicht davon ab, ihn zu nutzen. Eines Sommers ließ sie ihn an einem kleinen Strand in der Normandie Muscheln für sie sammeln und sagte ihm, er solle sie in seinem großen Filzhut verstauen. Dort führte er uns einmal zu einem riesigen Felsen in einem geheimen Loch, von dem er mir eine große Schachtel Zigaretten zeigte.

„Der Arzt verbietet mir streng das Rauchen", erklärte er, „und meine Schwester (Coppée war Junggeselle und lebte mit seiner Schwester zusammen, die der ergebenste Mensch war, den man sich vorstellen kann) sorgt dafür, dass die Anweisungen des Arztes befolgt werden. Deshalb komme ich heimlich hierher, um zu rauchen. Ein Leben ohne Tabak, wissen Sie ..." Dann führte er mich auf die andere Seite des Felsens, zeigte auf den Sand, der mit Hunderten von Zigarettenstummeln übersät war, und rief fröhlich aus: „Was für ein Friedhof!"

Marthe, die damals sieben Jahre alt war, hatte oft gehört, dass Coppée ein großer Mann war und dass alles, was von einem großen Mann stammte, es wert war, aufbewahrt zu werden. Während wir weitergingen, Coppée und ich, sammelte sie alle Zigarettenstummel ein, versteckte sie und legte sie am nächsten Tag in eine Schachtel, die sie nicht aus der Hand gab. Coppée befragte sie später über den wertvollen Inhalt der Schachtel ... Er glaubte wie ich, dass sie Muscheln enthielt, und er war sehr erfreut, als sie die Schachtel öffnete und mit ihrer kleinen Flötenstimme erklärte: „Ich möchte auch ein Andenken von dir haben, und ich habe es!"

In Paris sah ich Coppée oft, wenn ich am Café des Vosges vorbeikam, seinem Lieblingslokal, nur wenige hundert Meter von der Impasse Ronsin entfernt. Er grüßte mich, bezahlte schnell den Kellner, überholte mich und wir gingen zusammen zu meinem Haus und sprachen über Bücher.

Er selbst organisierte in meiner Villa eine Aufführung seines „ *Passant*", jenes bezaubernden Einakters, der ihn mit 27 Jahren berühmt gemacht hatte, als er noch als Angestellter im Kriegsministerium arbeitete.

Während der Dreyfus-Affäre, in der er als einer der Gründer der Liga Patrie Française eine führende Rolle spielte, sah ich ihn immer seltener. Als ich ihn eines Morgens im Garten des Luxembourg traf, fragte ich ihn, warum er mich vernachlässigte.

„Ach, mein Freund", sagte er zögernd, „ich würde Sie gern wie früher besuchen, aber das Problem ist, dass in Ihrem Salon zu viele Dreyfusards sind!"

Durch einen lustigen Zufall rief Zola noch am selben Tag an, blieb aber nur kurze Zeit.

„Zu meinem großen Bedauern muss ich gehen, Madame." Und er fügte mit leiser, vertraulicher Stimme hinzu: „Tatsache ist, dass es hier zu viele Anti-Dreyfusards gibt."

Der Autor der Roujon-Macquarts war männlich und mutig und außerdem ein fähiger, wenn auch unsympathischer Romanautor, aber er hatte meines Wissens einen kleinen Fehler: Er mochte das Talent anderer nicht und eine Schwäche: Er war ein Feinschmecker. Deshalb habe ich bei den zwei oder drei Gelegenheiten, bei denen er mit uns speiste, ein Menü zusammengestellt, das Brillat Savarin gebilligt hätte, und darauf geachtet, keinen anderen Schriftsteller einzuladen.

Zola fehlte in der Konversation, was ihm auch in seinen Schriften fehlte: Feingefühl, Raffinesse, Leichtigkeit. Er war schwerfällig, schwerfällig und ziemlich aggressiv.

Eines Tages neckte ich ihn: „Wie läuft die Jagd nach menschlichen Dokumenten?", fragte ich.

„Ganz gut, Madame. Ich jage meine Beute überall und den ganzen Tag lang. Menschliche Dokumente, Ausschnitte aus dem Leben, tiefgründige Charakterstudien, das ist alles, was es in der Literatur gibt."

„Aber was ist mit der Persönlichkeit des Autors? Spielt die überhaupt keine Rolle?"

„Das sollte es nicht sein. Ich versuche, meine Persönlichkeit aus meinen Büchern zu eliminieren ..."

„Und gelingt es Ihnen nicht?", fragte ich.

„Ich habe das Unglück, ein Temperament zu haben, das ich leider nicht ganz loswerde!", kam die pompöse Antwort.

Ein anderes Mal, nachdem ich „La Terre" noch einmal gelesen hatte, sagte ich ihm: „Sie sind ein Pessimist, Monsieur Zola! Sie sehen nur eine Seite des Lebens, die hässliche und animalische Seite, und nur eine Art von Menschen ... die bösen. Und zu allem Überfluss übertreiben Sie. Sie halten sich für einen ‚Realisten', aber in Wirklichkeit sind Sie ein Idealist ... mit einem hässlichen Ideal!"

Es war sehr offensichtlich, dass Zola nicht erfreut war. Ohne nachzugeben fuhr ich jedoch fort: „Ich habe viele, viele Jahre auf dem Land gelebt. Ich versichere Ihnen, dass unsere Bauern in der Gegend von Beaucourt und Belfort sehr wenig Ähnlichkeit mit den Bestien haben, die Sie beschreiben. Ich habe die Bauern geliebt ..."

„Und ich, Madame", erwiderte Zola streng, „ich habe sie beobachtet."

An diesem Abend, nachdem mein Gast gegangen war, beschäftigte ich mich nicht mit „La Terre", sondern erfrischte meinen Geist mit der Lektüre von „Le Crime de Sylvestre Bonnard ", zum zwanzigsten Mal, und empfand dabei äußerste Dankbarkeit gegenüber Anatole France.

Ich erinnere mich an einen argentinischen Minenbesitzer, dessen Ehrgeiz es war, Berühmtheiten kennenzulernen. Er sah Zola und sagte zu mir: „Was? Ist das der Mann, der ‚L'Assommoir', ‚Nana' und ‚Germinal' geschrieben hat ... dieser kleine, unbedeutende Mensch? Ich hatte mir vorgestellt, dass er ein bisschen wie Beethoven aussieht, glattrasiert, mit einem kraftvollen Gesicht, einer gewaltigen Stirn, glühenden Augen und einer Mähne ..."

Zola hörte die Bemerkung und lächelte. Er schätzte diese Art indirekter Komplimente zu Recht.

Ich traf Zola zufällig einen Tag nach einer seiner Niederlagen bei den Wahlen zur französischen Akademie. Ein junger Mann, bleich und sehr nervös, aber voller guter Absichten, sagte zu dem großen Schriftsteller, als wolle er ihn trösten: „Maître, was macht das schon ? ... Schließlich wurden nicht einmal Pascal, Molière oder Balzac in die Akademie aufgenommen."

Zola antwortete nicht, aber etwas später, als Tassen mit Tee und Petits Fours herumgereicht wurden, begann er, die Leichenhalle noch realistischer und erschütternder zu beschreiben als in „Thérèse Raquin" ! ... Und während er sprach, blieben seine Augen auf den taktlosen jungen Mann gerichtet, der fuchsteufelswild wurde und zitterte.

Hätte Zola die Bedeutung des politischen Einflusses bei den akademischen Wahlen berücksichtigt – wie bei allem anderen in Frankreich –, wäre er wahrscheinlich ein „Unsterblicher" geworden. Jedenfalls gab es nur wenige Schriftsteller, die einen Sitz unter der *Coupole mehr verdient hätten* .

Ich verbrachte angenehme Stunden im Institut. Ich war bei den Empfängen von Anatole France anwesend, der den Sitz von M. de Lesseps erhielt, und von Edmond Rostand, der von M. de Voguë übernommen wurde, sowie bei einigen weiteren dieser Zeremonien, die im literarischen und gesellschaftlichen Leben von Paris eine so wichtige Rolle spielen. Ich habe immer tiefe Sympathie für die *Preisträger empfunden* , ganz gleich, wie hoch ihr literarisches Verdienst war. Denn selbst wenn ein Mann Bücher geschrieben haben mag, die die Welt schnell vergessen wird, ist das kein Grund, warum er gezwungen sein sollte, sich in aller Öffentlichkeit und eine Stunde lang die Lobreden eines Kollegen anzuhören. Was für eine Tortur und maßlose Grausamkeit, wenn der *Preisträger* die Lobrede tatsächlich verdient ! ... Es ist geradezu schmerzhaft für den unempfindlichsten Zuschauer. Die Damen leiden jedoch am wenigsten, denn ihre Aufmerksamkeit ist natürlich zwischen den Reden und der Präsentation neuer Kleider und Hüte aufgeteilt ... ein akademischer Empfang ist seit langem eine anerkannte Gelegenheit für die Ausstellung der „neuesten Kreationen".

Pierre Loti beschrieb mir einmal die widersprüchlichen Gefühle eines *Rezipienten* auf eine Art und Weise, die jeden nervösen Schriftsteller bei dem Gedanken, die Akademie könnte ihn eines Tages gegen seinen Willen wählen, beinahe hätte erzittern lassen.

Unser Gespräch fand bei der Hochzeit einer meiner Cousinen statt; der Bräutigam war ein Verwandter von Loti. Der melancholische Autor so vieler Beschwörungen, so vieler exotischer Idyllen sprach gut, aber mit hohler, monotoner Stimme.

Nach der Hochzeit wurde ein Konzert gegeben und ein Bretone sang einige seiner Stücke: Seemannslieder, übermäßig stark und frei.

Loti, der Marineoffizier und Autor von „Pêcheurs d'Islande“, war hingerissen, wandte sich an mich und sagte: „Ist mein Freund nicht wunderbar? Wenn man ihm zuhört, kann man das wogende Meer sehen und die Meeresbrise im Gesicht spüren …“

„Ja, und man schmeckt sogar die Salzlake, riecht den modrigen Fisch und … wird seekrank!“, fügte ich hinzu, denn einige Einzelheiten des Liedes bereiteten einem echt Gänsehaut.

Loti war nicht erfreut, und um das wiedergutzumachen, sprach ich über seine Lieblingsbücher, den „Roman d'un Spahi“, „Mon Frère Yves“ und „Propos d'Exil“. Und während wir sprachen, reisten wir zusammen in den Fernen Osten und landeten auf einer Insel in der Südsee, woraufhin er mit jener Gabe, die vielleicht nur er unter den lebenden Menschen besitzt, begann, die Musik und Farben und sogar den Duft der tropischen Natur mit solch magischer Kraft und Subtilität zu beschreiben, dass meine Sinne geblendet und verzaubert waren …

KAPITEL V

MEIN SALON (*Fortsetzung*)

UNTER den „Gläubigen" darf ich nicht vergessen, Henner zu erwähnen, den „großen Maler des Fleisches", wie er sich selbst in einem seiner seltenen poetischen Momente nannte.

Henner war untersetzt, hatte grobe Gesichtszüge und war fast kahl; er hatte einen struppigen grauen Bart und ständig schmutzige Hände und trug die schäbigsten und schmierigsten Kleider. Und es war ein Schock, diesen alten Mann, unsagbar ungepflegt und schlampig, mit dem schlimmsten elsässischen Akzent über die Schönheit des Aktes und die Pracht der Frau reden zu hören, was er auf eine sehr sachliche und unpoetische Art tat. Aber abgesehen davon, dass er ein großer Künstler war, war er freundlich, ehrlich und einfachherzig, wie sein alter Freund Bonnat.

Der Maler der Romane „Die keusche Susanna", „Die Magdalena" und „Der Levit aus dem Stamm Ephraim" genoss nichts mehr als ein gutes Abendessen und alten Burgunder.

Ich war ein wenig besorgt, als er kam, denn das verwöhnte alte Kind konnte nicht anders, als seine Meinung offen zu sagen. Einmal bat mich ein Bekannter, meinen Einfluss zu nutzen, um den Maler dazu zu bewegen, eine Einladung anzunehmen, die ihm schon mehrmals ausgesprochen worden war. Der alte Junggeselle, der alle Veranstaltungen außer guten Abendessen in angenehmer und vertrauter Umgebung verabscheute, nahm nach langem Zureden an. Er kam wie üblich spät und ungepflegt wie üblich. Er hatte seinen Knopf zerbrochen, nachdem er lange daran herumgespielt hatte, denn in der Mitte seiner Hemdbrust waren deutliche Spuren eines Kampfes zu sehen. Er sah mich sofort und anstatt direkt zur Gastgeberin zu gehen, stürzte er auf mich zu und rief: „Warum haben Sie mir nicht gesagt, dass Sie auch kommen? Ich hätte nie gezögert, anzunehmen?" Dann wandte er sich an den Gastgeber und sagte: „So, so, und Sie sind also der berühmte MH … der vor Jahren sein Vermögen mit dem Verkauf von Hemden gemacht hat. Ich nehme an, wenn ich eine Skizze von Ihnen machen würde, würden Sie mich mit einem Dutzend Kragen bezahlen. Man hat mir gesagt, Sie besitzen hier eine Kunstgalerie. Ich vermute, Sie haben all diese modernen Bilder im Tausch gegen Hemden und Strümpfe bekommen, oder?" Und er brach in Gelächter aus.

Die taktlose Vermutung war zufällig richtig. Tatsächlich hatte MH einmal meinen Mann besucht und ihm unvermittelt angeboten, ihn lebenslang mit Hemden und Kragen zu versorgen, im Tausch gegen ein bestimmtes

Gemälde, das ihm gefiel. Ich versuchte, nicht wütend zu werden. „Mein Mann", sagte ich, „trägt nur die allerbesten Hemden …"

„Das verstehe ich durchaus."

„Und er gibt sie weg, wenn er sie einmal getragen hat…"

MH sah seinen Fehler ein und zog das Angebot zurück.

Ich habe Henner nie als verlegen erlebt. Wir behandelten ihn wie ein Familienmitglied, und eines Tages wollte ich ihm klarmachen, dass seine Nägel wirklich zu schmutzig waren, und fragte ihn, ob er sich vor dem Abendessen die Hände waschen wolle.

Er betrachtete seine Nägel, verstand und sagte leise: „Ich trauere um Elsass und Lothringen."

Aber auch wenn er nie in Verlegenheit geriet, hatte er doch peinliche Angewohnheiten, von denen die schlimmste darin bestand, die Schultern und Arme von Damen im *Dekolleté* mit unbeirrter Beharrlichkeit zu untersuchen. Und nicht selten sagte er: „Erlauben Sie mir nur eine Sekunde; ich möchte die Maserung, die Qualität Ihrer Haut fühlen." Und bevor das Opfer Zeit hatte, sich zu bewegen, drückte er seinen haarigen und schmutzigen Zeigefinger auf ihren nackten Arm oder sogar auf ihren Hals.

Während er seine Finger zurückzog, machte er eine Bemerkung wie diese: „Es ist wirklich wundervoll. Ich werde nie müde, Fleisch zu fühlen… Es besteht ganz aus kleinen Punkten – blau, weiß, grün, rosa, violett, gelb… das ist Fleisch."

Gräfin S., eine hübsche Dame der ungarischen Aristokratie, die auf ihrer Hochzeitsreise nach Paris gekommen war, schwärmte von Henners Kunst. Als sie ihn eines Tages in meinem Haus traf, bot sie dem Maler an, Modell zu sitzen. Ihr Französisch war nicht fließend, und sie meinte natürlich, dass Henner ihr Porträt malen sollte. Er nahm das Angebot bereitwillig an, denn ihr Teint war milchig und durchsichtig, und ihr Haar hatte jene leuchtende Kupfertönung, die er so sehr liebte.

Ein paar Tage später traf ich die schöne ungarische Gräfin.

"Wie ist das Porträt?"

„Sprich nicht darüber", antwortete sie. „Dein Henner ist ein elender Kerl. Ich ging mit meinem Mann in sein Atelier. Henner sagte schnell zu mir: ‚Bitte zieh dich aus.' Dann, als würde er mit sich selbst sprechen, fügte er hinzu: ‚Ihr Körper ausgestreckt auf dem schwarzen Samt dieser Couch, ihr Haar offen… und ein dunkler Hintergrund … Es wird ein Meisterwerk!' Mein Mann war außer sich vor Wut … Endlich sah M. Henner seinen Fehler ein. Er hatte nur mein Haar und meinen Teint gesehen und sich nicht die Zeit genommen, darüber nachzudenken, ob ich eine Dame oder ein Modell war. Er entschuldigte sich überschwänglich und bot an, mein Porträt in jedem Kleid zu malen, das ich wollte, aber mein Mann wollte nicht auf ihn hören ...“

Einmal machte er einen Witz, auf den er sehr stolz war. Als man ihn fragte, wer seine Lieblingskomponisten seien , antwortete er: „Es gibt zwei, und sie haben denselben Namen. Wenn ich ernste Musik will, frage ich nach Sebastian Bach, und wenn ich fröhliche Musik will, frage ich nach Offenbach!“

Henner liebte Musik. Zumindest sagte er das. Aber Musik wird normalerweise nach dem Abendessen gespielt, und nach dem Abendessen zog sich Henner bei einem Glas Brandy ins Raucherzimmer zurück und schlief bald ein. Der Lärm der gestimmten Instrumente weckte ihn, und er stürzte ins Wohnzimmer und rief: „Bravo, bravo; Ach... Was war das für ein schönes Stück.“ Und er fügte hinzu: „Und jetzt, da ich dieses Meisterwerk gehört habe, muss ich mich zurückziehen. Ich habe gut gegessen, ausgezeichnete Musik gehört, reizende Leute kennengelernt und gehe sehr zufrieden weg...“ Und der liebe alte Mann verschwand.

Ich vergleiche ihn oft mit meinem Freund Julius Oppert, dem weltberühmten Assyriologen, einem gebeugten, dünnen alten Mann mit einer endlosen Nase, der einen abgenutzten Mantel mit zahllosen Taschen trug, in denen sich jeweils ein oder mehrere Manuskripte oder Bücher befanden. Was für ein guter, lieber Mann er war und was für ein Charakter! Er war voller süßer kleiner Aufmerksamkeiten gegenüber meiner Tochter, obwohl sie nie eine Gelegenheit ausließ, dem alten Gelehrten Streiche zu spielen. Er hatte die seltsame Angewohnheit, die Hosentaschen seines Mantels mit Sandwiches zu füllen, und meine schelmische Marthe legte eines Tages einige Windbeutel zwischen einige Sandwiches auf einem Teller. Oppert schaute nicht hin, als er, seiner Gewohnheit gemäß, seine Tasche füllte, und die Windbeutel mit den Sandwiches hineingingen, mit dem Ergebnis, dass die Sahne bald aus seinen Mantelschößen herausquoll, sehr zu Marthes Freude.

Hat er erraten, wer für diesen kleinen Scherz verantwortlich war? Ich konnte es nicht sagen... Ich weiß nur, dass er Marthe zu Weihnachten in diesem Jahr statt einer Puppe oder eines Spielzeugs eine Sanskrit-Grammatik schickte und mir am Neujahrstag , den er vielleicht für die Komplizin meiner Tochter hielt, statt Blumen oder Marrons-glacés sein umfangreiches Werk über „Das Volk und die Sprache der Meder“.

Die Assyriologie bringt mich dazu, M. und Mme. Dieulafoy zu erwähnen, die für ihre Ausgrabungen in Suse und ihre Bücher bekannt sind. Jeder weiß, dass Mme. Dieulafoy eine der drei oder vier Frauen in Frankreich ist, die Männerkleidung tragen dürfen. Das erinnert mich an eine amüsante Begebenheit.

Eines Abends half mir Mme. Dieulafoy freundlicherweise beim Ankleiden für eine Theatervorstellung in ihren Salons. Meine Zofe, ein Mädchen vom Land, das noch ganz neu in Paris war, war nirgends zu finden. Als ich nach Hause kam, fragte ich sie, warum sie das Haus der Dieulafoys verlassen hatte, obwohl sie wusste, dass ich sie brauchte. Sie errötete, stammelte und sagte schließlich: „Verzeihen Sie mir, Madame, aber ich war zu spät, und als ich die Tür Ihres Ankleidezimmers öffnete, sah ich einen Herrn zu Ihren Füßen, der Ihr Kostüm zumachte... Also rannte ich weg, weil ich das Gefühl hatte, überhaupt nicht gebraucht zu werden!"

Ich lachte über den Vorfall, so wie ich vor ein paar Jahren gelacht hatte, als ich im Wald von Fontainebleau einen kleinen, weißhaarigen Mann sah, der einen Kittel trug und malte, und dem ich gratulierte. Der „Mann" war Rosa Bonheur, die berühmte Tiermalerin.

Als Frau eines bekannten Künstlers lernte ich nicht nur Bildhauer und Maler kennen, sondern auch Kunstliebhaber und -sammler, darunter Chauchard und Groult.

Über Chauchard, den millionenschweren Gründer der Louvre-Läden, den Philanthropen und Großkreuzträger der Ehrenlegion, gibt es wenig zu sagen. Camille Groult hingegen war interessant, weil er keinen falschen Stolz hatte und seine Bilder wirklich liebte. Er besaß ein Anwesen in der Nähe von Paris, ganz in der Nähe meiner Sommervilla, und ich traf ihn oft. Er hatte als Hersteller von *Pâtes alimentaires* (mehlhaltigen Lebensmitteln) ein Vermögen gemacht und war stolz darauf. Er war der einzige Mensch, den ich je traf, der romantisch über Tapioka, Reis, Gewürze oder Sago sprechen konnte. Ich erinnere mich, wie er einmal die Geschichte seines Sago-Geschäfts erzählte. Es war ein Epos. Er ließ uns – wir waren ein paar Freunde, die ihm zuhörten – nach Borneo, Ceram und zu anderen Inseln im Pazifik reisen, beschrieb die Sagopalme und ihre ausgewachsenen Stämme, die vollgestopft sind mit wertvoller Speisestärke, die sumpfigen und ungesunden Flussufer, an denen die Palme wächst, das Leben der einheimischen Packer, den Preis der Jutesäcke, in denen die Sagopflanze transportiert wird, den Wettbewerb zwischen europäischen, chinesischen und eurasischen Händlern und was nicht alles … Danach habe ich Groults Sagomehl wirklich sehr genossen und die romantische Seite dessen kennengelernt, was ich immer für ein prosaisches Geschäft gehalten hatte.

Einmal nahm Groult meinen Mann und mich mit in sein altes „Hotel" in der Avenue Malakoff, um uns seine berühmte Sammlung zu zeigen. Das war ein ziemlicher Gefallen, denn er hütete seine Bilder eifersüchtig und ließ sie nur selten zu Gesicht.

Er zeigte uns nicht nur seine Bilder, sondern auch seine Gobelinsammlung, und die Art, wie er beispielsweise von der Geburt des Bacchus sprach –

einem wundervollen Wandteppich, der von einem Karton von Boucher kopiert wurde – war ein reines Vergnügen. Er besaß exquisite „Aubussons" in den zartesten Pastelltönen, altes chinesisches Porzellan, eine Sammlung von Schnupftabakdosen, einzigartige antike Möbelstücke (die er streichelte, wie man einen Liebhaber streichelt), eine Reihe von Fächern, deren Falten so leicht waren wie die Flügel der seltenen Schmetterlinge im daneben liegenden Kabinett. Und die Gemälde...

Es gab einen Raum, dessen Wände mit Werken von Watteau bedeckt waren; ein anderer, dessen Juwel das Porträt von La Guimard von Fragonard, Bouchers Schüler und Freund, war. Und es gab Pastelle von La Tour, das Porträt einer Frau in Blau von Nattier, das von Chardin von ihm selbst, mehrere Goyas – ganz zu schweigen von einer ganzen Galerie von Hubert Roberts.

Groults Sammlung englischer Meister war fast ebenso wunderbar. Sie enthielt Meisterwerke von Gainsborough, Reynolds, Hoppner, Raeburn und Lawrence sowie eine Galerie von Turners, obwohl Turner einige von ihnen vielleicht verleugnet hätte. Groults Sammlung von Gemälden der britischen Schule war sehr sehenswert, und mein Mann bemerkte: „Von der Sammlung des Louvre kann man nicht so viel sagen, da die meisten Bilder nicht von dem Meister gemalt worden sein können, dem sie zugeschrieben werden. Gainsborough zum Beispiel ist im Louvre mit zwei Landschaften im italienischen Stil vertreten, deren Anblick den Maler von *Mrs. Siddons* , dem *Blue Boy* und *Little Miss Haverfield, empört hätte* , wenn er sie gesehen hätte."

Auf alle Politiker, Funktionäre und Diplomaten, die ich kannte, ausführlich einzugehen, würde den Rahmen dieses Buches mit „Erinnerungen" sprengen; der wesentliche Teil wird dem Geheimnis der Impasse Ronsin gewidmet sein - den Ereignissen vor und nach dem Verbrechen, meiner Verhaftung, meinem Leben im Gefängnis und meinem Prozess.

Außerdem waren nur sehr wenige der Inhaber wichtiger Ämter wirklich „wichtig" oder erreichten etwas, das über ihre Ambitionen hinausging - was natürlich Geld und Beförderungen waren -, bis sie in ihrem jeweiligen Tätigkeitsbereich nicht mehr weiterkamen und ihr einziger Gedanke darin bestand, „ihr Amt zu behalten"!

. . . .

Ich traf König Edward VII., den damaligen Prinzen von Wales, mehrere Male.

Eines Tages fragte er mich ganz unerwartet, was ich von seinem Französisch halte. „Eure Hoheit", antwortete ich, „spricht unsere Sprache ungewöhnlich gut ..."

„Für jemanden, der kein Franzose ist!"

„Für jemanden, der nicht ständig in Frankreich ist. Aber vielleicht spricht Eure Hoheit es grammatikalisch zu genau aus."

„Ich verstehe", sagte der Prinz fröhlich, „mein Französisch ist zu perfekt, um … perfekt zu sein."

Seine Beobachtungsgabe und sein Gedächtnis waren erstaunlich. Einmal erinnerte er sich an jedes Detail des Kleides, das ich bei einer bestimmten Vorstellung in der Oper getragen hatte, wo ich genau gegenüber seiner Loge gesessen hatte, und beschrieb dann das Diadem einer Freundin, die bei derselben Galavorstellung neben mir gesessen hatte. Er erklärte, dass er das Originaldesign so sehr bewunderte, dass er sich ein ähnliches als Hochzeitsgeschenk hatte anfertigen lassen. Dann sprach er über Musik, da er wusste, wie sehr ich Musik liebte, und verblüffte mich noch mehr, indem er im Laufe des Gesprächs fast alle Programmpunkte dieses Abends aufzählte.

Er hatte einen charmanten Sinn für Humor, und ich erinnere mich an seine Worte: „In Frankreich amüsiere ich mich, schaue mich um und rede; in Deutschland beobachte ich und lasse andere reden; in England ... werde ich Ihnen nicht erzählen, was ich in England mache. Ich würde Staatsgeheimnisse ausplaudern!" ...

Zu denen, die zeitweise häufig meinen Salon besuchten, muss ich Admiral Gervais nennen, dessen Besuch mit dem französischen Geschwader in Kronstadt die erste Etappe dessen markierte, was später das Bündnis mit Russland werden sollte, das Gegengewicht zum Dreibund; M. Sadi Carnot, Sohn des Präsidenten und Urenkel des großen Lazare Carnot, des „Organisators des Sieges"; M. Dujardin-Beaumetz, der sympathische, zuvorkommende und anscheinend *unerschütterliche* Staatssekretär für Schöne Künste, der nur einen Monat vor der tragischen Nacht bei mir zu Abend gegessen hatte, und mein alter Freund Poubelle, Präfekt der Seine und später Botschafter in Rom, der mir kurz bevor er die berühmte und weise Verordnung erließ, die es jedem Hausbesitzer vorschrieb, Mülleimer zu haben, deren Inhalt jeden Morgen von den Straßenkehrern der Stadt entfernt werden musste, eine Menge Orchideen in einem dieser Eimer schickte, die, wie er sie entworfen hatte, von den immer scherzhaften Parisern bis heute *Poubelles genannt werden* . Meine Zofe war wütend und sagte, es sei eine grobe Beleidigung für „Madame", ihr Blumen in einem Mülleimer geschickt zu haben!

MEINE TOCHTER UND ICH, IM JAHR 1901

Viele Ausländer kamen zu mir nach Hause ... Ich erinnere mich an eine spanische Familie – die PL –, die aus Angst vor den eisigen Winden, die vom Guadarrama herüberwehten, jedes Jahr Madrid verließ, um den Winter im Norden in Paris zu verbringen. Die Mutter hatte eine Leidenschaft für heiße Schokolade und den Nervenkitzel des „Grand Guignol" ... und ihre älteste Tochter wurde nie müde, die alten Wasserspeier an Notre Dame zu bewundern, die sie wie Victor Hugo eine „Symphonie in Stein" nannte. Sie war bitter enttäuscht, als ich ihr, nachdem ich sie M. Viollet-le-Duc vorgestellt hatte, erzählte, dass der Vater dieses Herrn für einen beträchtlichen Teil ihrer geliebten mittelalterlichen Chimären verantwortlich war.

Ich hatte mehrere holländische Freunde. Die Damen kleideten sich einfach, aber eindeutig, und waren etwas engstirnig; und anscheinend war ihnen eins sehr wichtig: deftig , das heißt, *comme il faut* , „gute Manieren" mit nur einem Hauch von Kultur. Sie sprachen ständig von ihren Häusern in Den Haag oder Amsterdam, mit solchem Stolz und sogar Feuer, dass ich mich fragte, wie sie Holland überhaupt verlassen konnten. Ich kannte einige Schweizer, die von Eugène Rambert als einem sehr großen Dichter und von Secrétan als dem letzten Metaphysiker sprachen. Ich kannte Roumaner, die alle über Öl und Weizen sprachen, die Sinaïa, Carmen Sylvas Sommerresidenz, als das schönste Berghaus der Welt bezeichneten und die mich mit den Liedern und Volksballaden ihres Landes bekannt machten, die entzückende Namen haben: *Stellele*, *Sarutatul*, *Doina*, und die nicht nur mich, sondern auch meine Mutter und meine kleine Marthe direkt aus der Welt entführten. Ich empfing mehrere Deutsche, die ich sofort kennenlernte, und viele Engländer, mit denen ich erst nach Monaten klarkam … aber oft hat es sich gelohnt.

Ich traf ein junges bolivianisches Paar, das mich vor meiner Abreise aus Paris freundlicherweise einlud, ein paar Tage bei ihnen in La Paz zu verbringen, wann immer ich wollte … nur eine Reise von fünf oder sechs Wochen. Und da war ein sehr angesehener Chinese, der mein Freund geworden war, weil, wie er es ausdrückte: „Sie sind eine der wenigen Frauen, die mich nie verwundert oder neugierig angestarrt haben, die mir nie indiskrete Fragen gestellt haben und die mich nie gebeten haben, meinen Namen und Titel in ein Autogrammbuch zu schreiben … und zwar auf Chinesisch, bitte.“

Tatsächlich habe ich nie ein Autogrammbuch besessen, und das ist wahrscheinlich der Grund, warum ich so viele Briefe von großen Männern und „Berühmtheiten“ habe.

Ich habe mich mit vielen Russinnen ausgezeichnet verstanden, darunter mit einer jungen Prinzessin, groß, grünäugig und weißhäutig, die sich wie eine Katze bewegte und von morgens bis abends Zigaretten rauchte, deren Kleider ständig von den Schultern zu rutschen schienen und deren Lieblingsdichter Baudelaire war … und die es trotz ihrer vielen merkwürdigen und krankhaften Eigenheiten schaffte, mir eine äußerst hingebungsvolle Ehefrau, eine äußerst liebevolle Mutter und eine äußerst treue Freundin zu sein.

Was für außergewöhnliche Menschen gibt es unter den Russen! Sie scheinen doppelt so viel Vitalität zu haben wie der Durchschnittsmensch, ihre Nerven sind immer auf Hochtouren und scheinen doch nie durchzudrehen; sie haben eine enorme Arbeitsfähigkeit und eine ebenso enorme Fähigkeit, Zeit zu verschwenden, und sind insgesamt größere „lebende Paradoxe“ als die Franzosen selbst!

Ich erinnere mich an einen hohen Moskauer Beamten, der eines Abends den Salon verließ und ins Esszimmer zurückkehrte, wo er nicht nur alle Flaschen und Karaffe, sondern auch die Gläser meiner vierzig Gäste schnell leerte, selbst die Gläser, die nur ein paar Tropfen Wein enthielten. Er war sturzbetrunken und musste in den Garten getragen werden, wo ein Eisenbahndirektor und der Minister für öffentliche Bildung ihm mit dem Schlauch über den Kopf spritzten.

Fünfzehn Minuten später war er wieder im Salon und fesselte uns alle mit seiner nüchternen, lebendigen und äußerst klarsichtigen Darstellung der politischen Lage Europas aus der Sicht der russischen Regierung!

Eines Nachmittags ereignete sich in meinem Haus ein netter Zwischenfall, in den ein anderer angesehener Russe verwickelt war. Es handelte sich um meinen Freund, General Eletz, den man als „den Tapfersten der Tapferen" bezeichnen könnte.

Mein Onkel, General Japy, sagte oft in seiner unverblümten Art zu ihm: „Schade, dass Sie Russe sind. Sie sind genau die Art von Offizier, die wir in der französischen Armee mögen!" General Eletz hatte ein Buch über die „Husaren der kaiserlichen Garde" geschrieben, und er war kaum ein paar Minuten im Zimmer, als der französische General de Chalandar hereinkam, der über die „Husaren von Chamboran" geschrieben hatte. Nun hatten sich beide gegenseitig ein Exemplar seines Buches geschickt, und so waren die beiden per Post gute Freunde geworden, aber dies war ihr erstes Treffen.

Die beiden Männer standen sich gegenüber, beide sehr groß und athletisch.

„General de Chalandar, General Eletz", sagte ich, um sie vorzustellen.

„Was... Husar der Garde?", fragte der eine.

„Was … Husar von Chamboran?", fragte der andere, und die beiden entzückten Riesen schüttelten sich volle zehn Minuten lang auf leidenschaftliche und energische Weise die Hände … Dann wurde General Eletz plötzlich blass, taumelte und brach zusammen. Meine Mutter und ich kümmerten uns um ihn, und als er sich ausreichend erholt hatte, fuhr er davon, ohne uns den Grund für seinen Zusammenbruch mitzuteilen.

Ich habe es später herausgefunden. Er hatte eine halbe Stunde, bevor er mich anrief, ein durchgegangenes Pferd angehalten und war ein Stück weit mitgeschleift worden. Seine Schultern und Knie waren schwer verletzt, aber er hatte versprochen zu kommen, und nachdem er sich den Staub abgeklopft hatte, kam er auch … Aber das zehnminütige Händeschütteln war zu viel für ihn gewesen.

Von all diesen Ausländern galt meine Sympathie vor allem den Russen, weil ich sie für mutig, intelligent und freundlich hielt; den Amerikanern wegen ihrer Geradlinigkeit und ihrer erfreulichen Missachtung von Konventionen; und den Engländern wegen ihres gesunden Geistes und ihrer Gleichgültigkeit, die für mich in meinem ruhelosen Leben oft erfrischend und beruhigend war.

Über fünfzehn Jahre lang, von meiner Heirat bis zu dem verhängnisvollen Datum vom 30. auf den 31. Mai 1908, hatte ich also jenes besondere Gefühl, auf das man nicht so leicht verzichten kann, wenn man es einmal gekannt hat: das Gefühl, das sich einstellt, wenn man ständig von vielen Menschen umgeben ist, wenn man Tag für Tag Dutzende von Freunden (und auch einige Feinde) um sich hat, bis Einsamkeit undenkbar wird – eine ebenso ferne und phantasievolle Vorstellung wie das Leben auf einer einsamen Insel –, wenn man jeden Tag etwas Neues oder Unerwartetes hört, wenn man seinen kleinen Wissensvorrat ständig erneuert, das Gefühl eines unendlichen Gebens und Nehmens.

Ob Sie es wollen oder nicht, Sie strapazieren Ihren Geist, Ihre Nerven, Ihr Herz und Ihre Vitalität und erhalten im Gegenzug Gedanken, Anregungen, Ideen und oft echtes Mitgefühl. Sie gehören immer weniger sich selbst und immer mehr anderen, dem, was man *le monde nennt* ... Manchmal erhalten Sie weniger, als Sie geben, und Sie kehren erschöpft von einer Soirée nach Hause zurück, bei der Sie geredet, gekämpft, gesiegt, beraten, überredet, getröstet – und auch gesungen, gespielt und zugehört haben; und wenn Sie nicht zu müde sind, um über all das nachzudenken, sagen Sie sich: Ich bin der Dumme, nicht nur des Lebens, sondern auch meines eigenen Herzens. Ich verausgabe mich für andere, und wenn ich zurückkomme und mein Herz um Einlass anflehe, stelle ich fest, dass ich nicht eintreten und mit mir allein sein kann. Man muss selbstsüchtig sein, um glücklich zu leben – oder überhaupt zu leben ...

Doch wie eifrig nimmst du am nächsten Tag, nach einer viel zu kurzen Nacht, die Briefe entgegen, öffnest sie, die dir das Zimmermädchen bringt – oft ein ganzes Tablett voll – und wie erbebt dein Herz beim Lesen wieder vor Freude über die Welt ...

Drei Einladungen zum Abendessen... und eine davon lautet: "Bitte bringen Sie ein paar Lieder mit, der große Sowieso wird Sie begleiten."... Eine Freundin bittet mich, noch am selben Nachmittag zum Tee zu kommen, sie braucht meinen Rat, etwas Schreckliches ist passiert... Ein Mitglied meiner Familie, ein Beamter, hat die Fassung verloren; soll ich seinen Minister aufsuchen und ihn retten?... Mme. Z. hat gespielt und viel verloren... was soll sie tun ?... Meine liebe Mutter fühlt sich einsam. Soll ich für ein paar Tage nach Beaucourt kommen ?... Marthes Gouvernante ist krank; soll ich jemanden finden, der sie für ein oder zwei Wochen vertritt ?... Ich werde daran erinnert, dass in der englischen Botschaft ein Empfang stattfindet, ich darf nicht vergessen zu kommen... Mein Freund Mustel verlässt sich darauf, dass ich komme und mir seine neue Orgel anhöre, ein Orchester, ein Wunder... Die Herzogin von Y. wartet ungeduldig auf die fünfzig Kinderkleider, die ich für ihr " *Ouvroir* " schicken wollte... Meine Schneiderin kommt um vier... Mme. C. schreibt, sie werde um zwei vorbeikommen, um mich zur Geographischen Gesellschaft zu bringen, wo ihr Mann, der vor kurzem von einer gefährlichen Expedition zurückgekehrt ist, einen Vortrag halten werde. Sie werde es mir nie verzeihen, wenn ich nicht komme... Und hier sind Briefe von armen Leuten, die ich kenne... Der Appell einer Mutter für ihre hungernden Kinder, ein alter Arbeiter, der seine Arbeit verloren hat... er stammt aus Beaucourt und hat vor Jahren auf dem Anwesen meines Vaters gearbeitet... Zwei arme Mädchen, denen ich oft Näharbeiten gebe, sind gefährlich krank... Und dann ist da noch die Probe eines Oratoriums im Temple und ein Verkauf von altem Silber, zu dem ich mit der frisch verheirateten Gräfin de M. zu gehen versprochen habe, die nichts über altes Silber weiß und es lernen möchte, weil ihr Mann sammelt... Und hier kommt meine geliebte Marthe: „Mutter, verbringe doch den ganzen Tag mit deinem kleinen Mädchen... bitte!“...

Wie gerne würde ich das tun!

Was für ein Leben! Ich fühle mich wie der Eigentümer und Kapitän eines Schiffes. Ich habe es gebaut, ich habe es auf unbekannten Meeren zu Wasser gelassen und bin zu einer Expedition ins Nirgendwo aufgebrochen ... Das gesellschaftliche Leben hat keinen Zweck, da es sich selbst zum Zweck hat ... Und doch habe ich das Gefühl, dass ich mein Schiff nicht verlassen kann, schon allein, weil ich manchmal eine schiffbrüchige Schwester oder einen ertrinkenden Bruder aufnehme und weil ich die Orientierung verloren habe ...

Was für ein Leben! Man seufzt, man beschwert sich, und dann kommt die Reaktion... Ich habe eine kostbare halbe Stunde mit Träumen und Klagen vergeudet. „Schnell! Clotilde! Mein maßgeschneidertes Kleid, das marineblaue, meine Mütze und ein Paar Handschuhe. Es ist schon zehn Uhr. Ich werde es nie schaffen, heute alles zu erledigen, was ich tun muss!“

Natürlich sind diese „Gesellschaftspflichten“ keine wirklichen Pflichten, aber Sie erfüllen sie mehr oder weniger gewissenhaft und immer mit Energie — denn Sie sind in Eile! Und in der Zwischenzeit vernachlässigen Sie die anderen Pflichten, die wirklichen, einschließlich der Pflichten gegenüber sich selbst ... Das ist das Pariser Leben. Und wenn Sie einmal sein exquisites Gift gekostet haben, können Sie nicht mehr darauf verzichten, ebenso wenig wie eine „Gesellschaftskönigin“ (oh! die Leere eines solchen Titels) auf Eleganz, Schokolade, Parfüm, Kosmetik, Komplimente und andere unverzichtbare Dinge verzichten kann!

Ich wurde kritisiert, weil ich manchmal Männer und Frauen empfing, deren moralischer Standard nicht der höchste war... Aber wenn man in Paris nur Musterbeispiele der Tugend empfangen würde, würde man tatsächlich nur sehr wenige Menschen empfangen... Ja, es kamen Männer zu mir nach Hause, deren Gespräche etwas weiter gingen, als ich es mir gewünscht hätte, und

Damen, deren Geist nicht so rein war wie die transparenten Edelsteine, die sie in Hülle und Fülle trugen... In die Villa in der Impasse Ronsin kamen Leute, die raffiniert romantisch, boshaft kindisch und rücksichtslos unkonventionell waren; aber was auch immer ihre moralischen Mängel waren, sie waren nie langweilig. Und das ist eine ganze Menge.

Und was für angenehme und brillante Gespräche, selbst wenn die *Causeurs* in ihren Ansichten zu kurzsichtig oder zu weitsichtig waren. So hatte ich Freunde, die wünschten, alle Musik würde zerstört und vergessen werden, außer den Werken von Richard Strauss, andere, die ihr Leben für Maeterlinck gegeben hätten, und eine ganze Reihe von Männern, die Frankreich *retten wollten* (es gibt in Frankreich eine erstaunliche Zahl von Menschen, die glauben, dass das Land unwiederbringlich verloren ist, wenn man ihrem Rat nicht folgt). All diese Leute mögen ziemlich dumm gewesen sein, aber sie langweilten sich nie; ihre Ideen waren oft falsch, aber nie absurd... Und es war immer jemand anwesend, der sie dazu brachte, zuzustimmen – mit sich selbst.

Ich wurde außerdem dafür kritisiert, dass ich „alles selbst mache". „Alles" ist übertrieben, aber ich habe sicherlich viel in meinem Haus gemacht, und ich bin stolz darauf. In Beaucourt ließ mich mein Vater, obwohl er reich war, so viele Dinge wie möglich in unserem Haus machen. Ich habe dann mindestens die Hälfte meiner Kleider und Hüte selbst gemacht und tausendundeine Hausarbeit erledigt. Ich dachte, mein Vater hatte recht, und die Heirat änderte meine Ansichten diesbezüglich nicht.

Hätte ich meine Salons und Empfänge aufgeben sollen, die angenehmen und interessanten Beziehungen zu Männern und Frauen von Welt, zu talentierten und genialen Männern, nur weil mein Mann und ich kein unbegrenztes Bankkonto hatten? Hätte ich mir diese intellektuellen und künstlerischen Freuden versagen sollen, die das Leben so bereichern, nur weil ich meine Gäste nicht so großzügig bewirten konnte wie einige meiner reicheren Freunde?

Ja, ich half morgens bei der Hausarbeit, und wenn ich dachte, dass ein Zimmer durch die Veränderung eines Möbelstücks aufgewertet werden könnte, half ich den Bediensteten, es zu verschieben... Ich darf hier erwähnen, dass all dies nach meiner Verhaftung sorgfältig zur Kenntnis genommen wurde, und der Untersuchungsrichter, M. André, brachte allen Ernstes folgendes Argument vor: „Eine Frau, die stark genug ist, beim Verschieben eines Schranks oder einer Anrichte zu helfen, ist stark genug, um ein oder zwei Personen mit ihren eigenen Händen zu erwürgen."...

Obwohl ich dieses „banale" Leben liebte, lag der Grund nicht in seinen „glänzenden" Seiten, sondern darin, dass ich dort geistige Befriedigung fand, die mein unglückliches Eheleben bis zu einem gewissen Grad wettmachte.

Und auch, weil ich meine zahllosen Bekannten – vor allem diejenigen, die hohe Ämter innehatten – dazu nutzen konnte, den Verwandten meines Mannes oder mir oder irgendeinem Freund bei ihrer Karriere zu helfen.

Aber es gab Stunden bitterer Niedergeschlagenheit, in denen es mir schien, als gäbe es unter den vielen Leuten, die ich kannte und die sich als meine ergebenen Freunde bezeichneten, nicht einmal zehn Männer und Frauen, auf die ich mich völlig verlassen konnte und die den schönen Namen „Freund" voll und ganz verdienten; Stunden, in denen die Komplimente, mit denen ich überschüttet wurde, förmlich und unwahr klangen, in denen Mitgefühl Heuchelei oder Berechnung war; Stunden, in denen ich die Künstlichkeit des Pariser Lebens verabscheute! …

Ich suchte dann Zuflucht in langen Gesprächen mit meinem Mann in seinem Atelier, wo ich ihm bei seiner Arbeit half, und in der zärtlichen Liebe meiner Mutter. Oder ich drückte meine kleine Marthe an mein Herz und eine wilde Sehnsucht packte mich, mit ihr nach Beaucourt zu fliehen, ins schöne Beaucourt, die Heimat meiner glücklichen Jugend, und dort mit meinem Kind ein bescheidenes, normales Leben zu führen! Aber Paris lässt seine Opfer nicht los...

KAPITEL VI

FÉLIX FAURE

Abgesehen von den Stunden der Depression und den alltäglichen Problemen, die jedem Menschen zustoßen – enttäuschte Träume, vereitelte Ambitionen, zerbrochene Illusionen, finanzielle Sorgen und familiäre Probleme – geschah in meinem Leben nichts besonders Ereignisreiches, bis zu dem Tag, an dem ich Freund und Vertrauter von Félix Faure wurde, der im Januar 1895 zum Präsidenten der Republik gewählt wurde.

Die politischen und sonstigen Ereignisse von allgemeinem Interesse, die sich in den Jahren unmittelbar vor diesem Datum in Frankreich zutrugen, können in wenigen Worten zusammengefasst werden.

Nach dem Panama-Skandal und dem Verschwinden der „zweihundertfünfzig Millionen Francs" wurden Kabinette gebildet, die mit symptomatischer und alarmierender Geschwindigkeit abgelöst wurden. So wird beispielsweise im Januar 1898 Ribot Ministerpräsident, aber schon im März folgt ihm Dupuy nach. Die Parlamentswahlen offenbaren nichts ... außer der Apathie der Nation. Die Wahl von fünfzig Sozialisten zu Abgeordneten ist jedoch bemerkenswert. Später wird Casimir Périer Ministerpräsident. Er hat einen ehrwürdigen Namen, ist fähig und reich, aber sein Ministerium hält keine sechs Monate, und im Mai 1894 kehrt Dupuy an die Macht zurück. Im nächsten Monat ermordet ein italienischer Anarchist Präsident Carnot, den edelsten aller Männer und fähigen Staatsmann, den würdigsten Enkel des Siegers von Wattignies, von Lazare Carnot, dem „Organisator des Sieges". Vier Tage später wählt der Kongress in Versailles Casimir Périer in das höchste Amt der Republik. Doch im Januar 1905 hat Casimir Périer genug von den Verleumdungen, Fesseln und Beleidigungen und auch aus privaten Gründen. Er tritt zurück und Félix Faure wird Präsident.

Er hatte rasch die höchste Regierungsebene erreicht. Von 1882 bis 1885 war er Unterstaatssekretär für die Kolonien im Kabinett von Jules Ferry, 1893 wurde er zum Vizepräsidenten der Kammer gewählt, 1894 wurde er Marineminister und 1895 Präsident der Republik.

Im selben Jahr empfing er den Lord Mayor von London, Sir Joseph Renals, und im Oktober des folgenden Jahres den Zaren und die Zarin. Ich besuchte die Galavorstellung in der Oper, die Grundsteinlegung der Alexander-III.-Brücke , die in Stein und Bronze das französisch-russische Bündnis veranschaulichen sollte, und fuhr sogar nach Châlons, um dort die Militärparade zu besuchen. Ich hatte Beaucourt verlassen, um in Begleitung eines hohen Beamten an diesen Feierlichkeiten teilzunehmen. Der Zar kam mir bescheidener vor als der Präsident, und die etwas mitleiderregende Schönheit der Kaiserin aller Russen machte einen tiefen Eindruck auf mich. Frankreich geriet in Russlandwahnsinn, und Félix Faure wurde äußerst populär.

Das Bündnis, das durch den Besuch eines französischen Geschwaders unter dem Kommando von Admiral Gervais in Kronstadt (1891), die Mission von General Boisdeffre nach St. Petersburg im darauf folgenden Jahr und den Besuch des russischen Admirals Avelan in Toulon und Paris im Jahr 1893 gekennzeichnet war, sollte beim Gegenbesuch von Félix Faure beim Zaren im August 1897 zu einer *vollendeten Tatsache werden.*

Drei Monate vor diesem bedeutsamen Besuch ereignete sich in Paris die schreckliche Katastrophe des *Bazar de la Charité* , der etwa hundertfünfzig Menschen zum Opfer fielen. Wie durch ein Wunder entkam ich an jenem Tag dem Tod. Ich war eine der Damen, die für das Büfett zuständig waren, und servierte gerade Tee, als ich mich plötzlich so unwohl fühlte, dass ich den Basar widerstrebend verlassen musste. Die Kutsche, in der ich nach Hause fuhr, war kaum um die Ecke der Rue Jean Goujon gebogen, als das Feuer ausbrach.

Meine Mutter kam in einem Zustand rasender Angst bei mir an, denn sie hatte mich ein paar Stunden zuvor bis vor die Türen des Basars begleitet und als sie von dem Feuer hörte, hatte sie befürchtet, ich sei eines der Opfer. Ich war in Sicherheit, verlor aber leider meine lieben Freunde bei der Katastrophe.

Einige Wochen später wurde das zweite Thronjubiläum von Königin Victoria gefeiert, und mit einigen in Paris weilenden englischen Freunden besuchte ich die große Gartenparty, die Sir Edmund Monson in der britischen Botschaft gab. Frau Faure und ihre Tochter, Außenministerin M. Hanotaux, sowie die gesamte literarische, künstlerische und politische *Elite* Frankreichs waren anwesend.

Ich gratulierte einer bedeutenden englischen Persönlichkeit herzlich zum großartigen Empfang und der Atmosphäre angenehmer Fröhlichkeit, die in der Botschaft herrschte.

„Natürlich, Madame", bemerkte er, „ist die Botschaft nicht immer so heiter! Aber Sie dürfen nicht glauben, dass wir Engländer so gesetzt, stur und düster sind, wie manche Leute behaupten. Und ich darf Ihnen nebenbei mitteilen, dass dieses Haus einst die Residenz der berüchtigten Pauline Borghese war, deren einziger Ehrgeiz darin bestand, hübsch zu sein und … geliebt zu werden." Dann erzählte er uns eine Reihe lebhafter Anekdoten über die hinreißende Schwester Napoleons – und schloss: „Finden Sie nicht, dass es etwas Pikantes hat, dass der Botschafter des strengen und feierlichen alten England in einem Haus lebt, das einst einer berühmten gekrönten Kurtisane gehörte?"

Am 14. Juli, dem Tag der *Fête Nationale* , fand in Longchamps die übliche Parade statt und ich nahm meine sechsjährige Tochter mit, um „die Soldaten" zu sehen. Doch statt sie zu beobachten, starrte sie den Raja von Kapurthala an, der in unserer Nähe stand, und stellte endlose Fragen, die allen, die ihr zuhörten, ein Lächeln auf die Lippen zauberten, mich jedoch in große Verlegenheit brachten.

Den Rest des Julis und den ganzen August verbrachte ich mit meinem Mann, der „vor Ort" arbeiten musste, in den Alpen für ein riesiges „Panorama des Alpenclubs ", das für die Ausstellung von 1900 bestimmt war. Die Alpenmanöver waren Anfang August im Gange, und Präsident Faure, der in Valence und Orange gewesen war, kam, um sie mitzuerleben. Kurz vor einem Scheinkampf der Chasseurs Alpins in der Nähe des Vanoise-Passes nahm mein Mann eine Position ein, von der aus er die kommende Szene überblicken konnte, und ich, weiter unten und mit der Kamera in der Hand, bereitete mich darauf vor, von der Spitze eines Felsens aus Schnappschüsse zu machen, als ich Stimmen hörte. Dort unter mir war eine Gruppe von Männern, und einer von ihnen, der ein rotes Hemd, einen braunen Anzug, gelbliche Gamaschen und ein weißes *Barett trug* , sah zu mir auf und sagte etwas, das ich nicht hören konnte. Ich glaube, er fragte, ob er anhalten sollte, um fotografiert zu werden. Ich erkannte den Präsidenten der Republik und sein Gefolge nicht. Doch kurz darauf kam ein Offizier und fragte, ob M. und Mme. Steinheil mit dem Präsidenten zu Mittag essen würden. Ich lehnte ab, da ich die Einladung für zu plötzlich und zu formell hielt, doch mein Mann nahm an und sagte mir, er werde den Präsidenten um Erlaubnis bitten, die bevorstehende „Verleihung der Auszeichnungen" in La Traversette zu malen.

Natürlich hatte ich den Präsidenten schon früher getroffen. Mehrere Jahre lang hatte ich regelmäßig an Veranstaltungen im Elysée teilgenommen und dort Félix Faure kennengelernt, ebenso wie ich die Bekanntschaft von Carnot und Casimir Périer gemacht hatte. Ich hatte sogar zwei- oder dreimal ausführlich mit ihm gesprochen, als er Marineminister war.

Am selben Tag sah ich den Präsidenten in dem Dorf, das damals das Hauptquartier meines Mannes war, noch einmal. Eine Gruppe kleiner Mädchen in den urigen alten Kleidern Savoyens boten ihm Blumen an... Felix Faure sah mich, verbeugte sich tief und erhielt anschließend eine Einladung zum Abendessen, die ich ablehnte. Am nächsten Morgen erhielt ich eine weitere Einladung, diesmal zum Mittagessen in der Nähe von Bourg Saint-Maurice, in der Redoute, die den Petit Saint Bernard überblickt. Mein Mann nahm an, aber ich lehnte erneut ab, unter dem ersten Vorwand, der mir einfiel... Die Wahrheit war, dass ich viel zu beschäftigt damit war, einheimische Schnallen, Armbänder und Kreuze, die Holzvögel, in denen die Savoyer Bauern Salz aufbewahren, und alle Kopfbedeckungen, die ich kaufen konnte, zu sammeln, als dass ich mich um ein Mittagessen mit dem „ersten Beamten" des Landes und seinem Gefolge kümmern konnte! Ich zog die Milch, den Käse und das Schwarzbrot der Bergbewohner allen Leckereien und Weinen der Präsidententafel vor. Als mein Mann abends mit seinen Begleitern – einem Richter und einem Bürgermeister – zurückkehrte, erfuhr ich, dass der Präsident wiederholt auf meine Abwesenheit angespielt hatte. Mein Mann fertigte seine Skizzen an, wie Präsident Faure in La Traversette „Orden" an die alpinen Soldaten verteilte, und schloss sich mir wieder an. Das Staatsoberhaupt reiste nach Annecy und Paris, und später, während mein Mann und ich ein einfaches Leben in den Bergen Savoyens führten, war der Präsident mit dem Zaren in Russland und genoss die Bankette, die zu seinen Ehren in Kronstadt, St. Petersburg und Peterhof veranstaltet wurden.

Das Gemälde meines Mannes von der Traversette-Szene enthielt natürlich auch Porträts der verschiedenen Mitglieder des Präsidentengefolges, und sie – Minister und Beamte – kamen im Herbst in das Atelier in der Impasse Ronsin, um für ihre Porträts Modell zu sitzen. Der Präsident gab M. Steinheil im Elysée eine Sitzung. Es folgte ein Briefwechsel. Félix Faure wollte das „historische" Gemälde unbedingt sehen, und man sagte mir, er wolle unser Haus besuchen, das ihm von seinem *Gefolge*, zu dem mehrere meiner Freunde zählten, beschrieben worden war. Ich wurde mit Einladungen ins Elysée überhäuft... Anfang 1898 war das Bild fertig, und eines Morgens kam der Präsident vorbei, um es zu sehen.

Mein Onkel, General Japy, war mit meinem Mann und mir da, um ihn zu empfangen. Mein Garten war ein einziger riesiger Blumenstrauß, und sobald er mit General Bailloud und einem jungen Offizier eingetreten war, drückte der Präsident seine Freude aus. Marthe bot ihm einen Blumenstrauß an, der fast so groß war wie sie selbst, weigerte sich aber absolut, geküsst zu werden. Ihre Hartnäckigkeit amüsierte Félix Faure, der fragte:

"Welches Spielzeug gefällt dir am besten?"

"Eine Puppe."

"Wie heißt du?"

„Marthe."

„Gut, kleine Marthe, ich werde Anweisungen geben, dass eine perfekte Puppe mit einer kompletten Aussteuer hergestellt und an Sie geschickt wird, genau dieselbe, die ich an die Tochter des Zaren schicke."

„Danke", sagte Marthe leise, lehnte aber dennoch einen Kuss ab.

PRÄSIDENT FELIX FAURE

Félix Faure bewunderte den Salon und den Wintergarten, untersuchte wie ein Kenner einige antike Möbelstücke und blieb dann beim Klavier stehen: „Ach! Es macht keinen Spaß, Präsident zu sein", seufzte er. „Ich habe keine Musik mehr ... Natürlich spielt die Band der Republikanischen Garde bei den Dinnerpartys im Elysée, und es gibt die Oper und ... die Marseillaise, wo immer ich hingehe, aber ich höre selten, wenn überhaupt, die Musik, die ich liebe, Kammermusik oder ein einfaches Lied, das am Klavier gesungen wird!"

Er erzählte mir, dass er von den Musikpartys in meinem Haus gehört hatte und dass sein Freund Massenet auch mein Freund war, und fragte mich schließlich, ob ich nur einmal im Elysée singen wollte.

„Nein, Herr Präsident", antwortete ich. „Ich glaube nicht, dass ich dort singen könnte ... Mir scheint, alles Offizielle ist zwangsläufig unkünstlerisch, und ich hätte keine Lust, in einer Umgebung zu singen, die mir nicht gefällt."

Er ging zum Atelier meines Mannes. Der Präsident war von dem Bild entzückt.

Barett singt, das ich beim Alpenmanöver getragen habe?"

„Ich nehme an, sie vergleichen es mit dem berühmten weißen Federbusch von Heinrich IV., Monsieur le President", meinte ein junger Offizier.

"Nein , ich wünschte, sie hätten es getan. Das Lied hat nichts Historisches an sich. Dennoch ist es Werbung, und selbst Präsidenten müssen *sich rächen* . Es ist ein sehr beißendes, aber dennoch sehr fröhliches Lied."

Marthe rief: „Sing es mir bitte vor!“

„Das werde ich, wenn du mir diesen Kuss gibst!“

Marthe ist weggelaufen.

Der Präsident betrachtete die Bilder im Atelier. Er blieb vor einem kleinen Gemälde meines Mannes stehen, das eine Frau aus Bourg Saint-Maurice zeigt, die die hübsche mittelalterliche Mütze trägt, die in gewissen Gegenden Savoyens noch immer getragen wird. Sie sieht aus wie ein runder Helm aus leuchtend buntem Material mit einer Spitze über der Stirn. Das eng geflochtene Haar ist mit schwarzem Band umwickelt, das einen Teil des Helms bildet (ein dreistündiger Vorgang, den die Frauen in Bourg Saint-Maurice mir erzählten, nur zweimal im Monat durchführten), und an dieser seltsamen, aber kleidsamen Kopfbedeckung hängt eine lose Kette aus schwarzen und goldenen Perlen.

Félix Faure war von diesem kleinen Porträt so entzückt, dass er darauf bestand, es zu kaufen ... Es versteht sich von selbst, dass es ihm gern als Andenken an seinen kurzen Aufenthalt in den Alpen angeboten wurde.

Dann bestand er darauf, meinen Mann und mich zum Mittagessen ins Elysée-Palast einzuladen... „Und lehnen Sie diesmal nicht ab“, fügte er hinzu und wandte sich mir zu.

Von diesem Tag an regnete es Blumen und Einladungen aus dem Elysée auf mich.

Ein oder zwei Monate später fand die *Vernissage* (Eröffnungstag) des Salons statt, an der der Präsident der Republik jedes Jahr teilnimmt, und Felix Faure war mit Méline, der Premierministerin, Hanotaux, dem Außenminister, und einer großen Anzahl prominenter Funktionäre anwesend. Mein Freund Bonnat, Direktor der Ecole des Beaux-Arts und „Maler der Präsidenten“, führte Felix Faure durch die Räume.

Plötzlich kam Bonnat zu mir und sagte fröhlich: „Der Präsident hat seit seiner Ankunft hier nach Ihnen gefragt. Ich glaube, er mag Sie, wie wir alle, sogar ich, Ihr lieber ‚Methuselah‘! Bitte kommen Sie und treffen Sie ihn; ich habe ihn mit Ihrem Mann zurückgelassen; sie erwarten Sie beide.“

Ich gab ihm einen leichten Klaps mit meinem Katalog, er rannte zurück, um seinen offiziellen Pflichten nachzukommen, und fünf Minuten später kam die Armee in Gestalt eines Obersts, um mich abzuholen.

„Ich freue mich“, sagte Félix Faure, „Ihnen endlich gratulieren zu können, Madame.“

„Sie vergessen, dass ich das Bild nicht gemalt habe“, sagte ich leise.

„Der Staat“, fuhr er fort, „möchte es erwerben.“

„Sie vergessen, dass das Bild meinem Mann gehört.“

„Sie kennen die meisten Maler, Madame. Sind Sie bereit, als mein Führer zu fungieren?“

„Ja, mit der unverzichtbaren Hilfe von M. Bonnat.“

Ich führte den Präsidenten rasch an den Werken berühmter Maler vorbei – jener, die mit Ehren und Reichtum beladen waren – und ließ ihn vor den Gemälden wenig bekannter und talentierter Künstler stehen bleiben, die Anerkennung brauchten – und verdienten. Und ich hatte die Genugtuung, zu sehen, wie Félix Faure und einige Mitglieder seines Gefolges sich die Namen gewisser junger, aber vielversprechender Maler notierten …

„Ich nutze Ihre Freundlichkeit aus, Madame, aber ich bin der Präsident der Republik, und ich bin sicher, Sie sind ein Patriot … Sie stammen von der Ostgrenze ? … “

„Mein Geburtsort liegt nur eine halbe Stunde vom Elsaß entfernt … aber man kann ein Patriot sein, ohne der Republik verbunden zu sein, Herr Präsident. Wer weiß, ob ich nicht ein Bonapartist bin?“

Félix Faure antwortete prompt: „Ich würde es verstehen, wenn es noch Bonaparte gäbe!“

Wir trennten uns, und ich ging mit einigen engen Freunden durch die verschiedenen Räume. Gerade als ich gehen wollte, eilte mir M. Roujon, Direktor des Ministeriums für Schöne Künste, entgegen ...

„Der Präsident“, begann er atemlos.

„Was? Schon wieder der Präsident.“

„Ja, immer noch der Präsident, Madame... Er hat mich gebeten, Ihnen mitzuteilen, dass er nicht möchte, dass der Staat das Bild Ihres Mannes kauft. Er hat es für sich selbst erworben.“

Verärgert ging ich zu Bonnat, der die Neuigkeiten bereits gehört hatte.

„Sie können nichts tun“, sagte er. „Wie können Sie verhindern, dass der Präsident in einer solchen Angelegenheit über dem Staat steht? “

Ich schätzte die freundlichen Absichten von Félix Faure, empfand seine Methoden jedoch als zu impulsiv und peinlich.

Mein Mann schrieb dem Präsidenten, um ihm zu danken. Wir besuchten ihn mehrere Male im Elysée und es entwickelte sich eine herzliche Freundschaft.

Eines Nachmittags hatte ich in seinem Arbeitszimmer ein langes Gespräch mit Félix Faure. Wir hatten oft über Kunst, Musik, Reisen und Politik gesprochen, aber nie über die Oberfläche der Dinge hinausgegangen... Diesmal war er äußerst ernst und sprach mit mir über die hoffnungslose politische Lage in Frankreich und die immer größer werdenden Schwierigkeiten, mit denen er konfrontiert war. Er sprach über die Parlamentswahlen, die gerade stattgefunden hatten... Die Sozialisten hatten eine außergewöhnliche Stimmenzahl erhalten; die Zahl der gewählten radikalen Abgeordneten übertraf die der Gemäßigten... Eine neue Partei war entstanden: die Nationalisten. Was diese meinten, war nicht ganz klar, aber sie hatten es auf jeden Fall auf Unheil abgesehen. Alle waren unzufrieden... Anarchie war weit verbreitet... Die *Chambre* war eine inkohärente Versammlung und die Dreyfus-Affäre musste angegangen werden... Gott sei Dank hatten die Wahlen gezeigt, dass die republikanische Mehrheit gegen Dreyfus und seine Anhänger war... Aber es braute sich Ärger zusammen.

„Das weiß ich alles", sagte ich, „aber wie kann ich Ihnen helfen? Ich bin kein Kabinettsminister!"

„Ganz genau … aber ich bin sicher, Sie könnten mir sehr helfen, und sei es nur, um die Wahrheit herauszufinden …", bemerkte er ernst, und dann fügte er in verändertem Tonfall launig hinzu: „Wissen Sie, dass ich in letzter Zeit viel über Sie gehört habe? Es scheint, dass Sie ungewöhnliche Überzeugungskraft haben. Wenn ich in den verschiedenen Ministerien diesen oder jenen Posten für einen *Protegé sichern möchte* , wird mir ausnahmslos gesagt, dass er bereits einem Ihrer Freunde versprochen wurde. Ihre Kandidaten kommen vor meinen …"

Wir sprachen über seine Karriere und über mein Leben.... Dann führte er mich durch das Gebäude. Er zeigte mir den Saal, in dem Napoleon Empfänge abgehalten hatte, und das Zimmer, in dem er nach der Schlacht von Waterloo zuletzt in Paris geschlafen hatte, den „Saal der Herrscher", in dem Napoleon abgedankt hatte und in dem Königin Victoria 1855 übernachtet hatte.

Nach einem Spaziergang durch die Gärten kehrten wir in das Arbeitszimmer des Präsidenten zurück.

Von da an traf ich ihn fast täglich, entweder im Bois de Boulogne, wo er morgens ritt, oder im Elysée. Er rief mich zu jeder Tageszeit an. Es gab immer etwas zu tun, jemanden zu erreichen. Felix Faure hatte vollstes Vertrauen zu mir, und wenn er selbst nicht hingehen konnte, ging ich für ihn zu den Sitzungen der Abgeordnetenkammer oder des Senats, zu gewissen

Empfängen und Partys. Er war von Feinden umgeben, und er wusste es. Er nutzte meine Intuition, meine Menschenkenntnis. Ich traf ihn nach allen Kabinettssitzungen, und er erzählte mir, was besprochen und beschlossen worden war.

Für mich begann ein neues Leben. Meine *Rolle* als Vertraute hatte ihre Schwierigkeiten und sogar ihre Gefahren, aber sie übte auch einen wunderbaren Reiz aus. Mein Salon war jetzt voller als je zuvor. Ich wurde mit Einladungen sowohl aus regierungsfreundlichen Kreisen als auch aus mit der Opposition verbündeten Kreisen überschüttet. Ich hatte unzählige „Freunde", und meine Feinde – man kann keinen Einfluss oder keine Macht haben, ohne sich Feinde zu machen – waren größere Schmeichler als die anderen.

Dann gab es Männer, die versuchten, mich von diesem oder jenem zu überzeugen, damit ich meinerseits den Präsidenten überrede. Und es gab solche, die mir Fallen stellten, Männer, deren Flehen als getarnte Drohungen dienten, die herauszufinden versuchten, was ich wusste, und die nicht zu begreifen schienen, dass ihr Verhalten selbst ihr schamloses Komplott ganz klar enthüllte ...

Wie oft konnte ich den Präsidenten rechtzeitig vor einem gefährlichen Fehler warnen. Wie oft habe ich ihn davon abgehalten, einen Mann auf eine verantwortungsvolle Position zu berufen, der vielleicht eine interessante Karriere hinter sich hatte und einen makellosen Ruf, hinter dessen Maske der Gleichgültigkeit ich aber einen Mann ohne Skrupel oder Prinzipien erkennen konnte, einen *Emporkömmling* , der bereit war, alles und sogar sich selbst zu verkaufen, um seine Ambitionen zu verwirklichen... Kein Mann ist für eine Frau unergründlich, besonders wenn diese Frau jemandem ergeben ist, dem sie zu helfen beschlossen hat, und wenn sie sich angeblich um nichts Wesentlicheres kümmert als Musik, Blumen, Kleidung oder Erfolg.

Und ich möchte schnell hinzufügen, dass ich ebenso wenig Partei für die eine wie für die andere Partei ergriff.

Zu einer Zeit, als die französische Nation in zwei Parteien gespalten war, gab es unter meinen besten Freunden, unter den Männern, die ich am meisten respektierte und bewunderte, überzeugte Dreyfusarden und auch überzeugte Dreyfusard-Gegner.

Ich glaubte damals, wie ich es heute tue, an Toleranz, Freiheit und Gesetzlichkeit. Ich nahm nie an einer einzigen politischen Diskussion teil, nicht einmal in meinem eigenen Salon. Was ich hörte, behielt ich im Gedächtnis, und wenn ich dachte, dass eine, wie ich es nennen würde, „psychologische Information" dem Präsidenten helfen könnte, erzählte ich sie ihm erneut.

Es versteht sich von selbst, dass ich sehr gefragt war, schon allein, weil ich in den meisten Ministerien und im Elysée-Palast einen gewissen Einfluss hatte. Und es war eine wahre Freude für mich, so vielen Menschen, die es zu brauchen schienen, Dienste erweisen zu können. Ich erinnere mich zum Beispiel an einen Minister, der nach einigen unglücklichen Spekulationen gerade zu der Zeit, als ein Kabinett stürzte, so viele Schulden hatte, dass er verloren war, wenn er nicht im nächsten Kabinett ein Ressort – und das damit verbundene Gehalt – erhielt. Seine Freunde flehten mich an, mich beim Präsidenten für ihn einzusetzen.

„Er hat als Minister schlechte Dienste geleistet", sagte Félix Faure, als ich ihn ansprach, „aber ich werde dafür sorgen, dass er auf einen Posten berufen wird, für den er besser geeignet ist, obwohl ich sicher bin, dass er es nicht wert ist, sich um ihn zu kümmern. Der Posten wird weniger auffällig sein, aber genauso lukrativ … und das scheint der springende Punkt zu sein."

Muss ich noch erwähnen, dass der ehemalige Minister später mein Feind wurde? Je größer die Verdienste, desto größer in der Regel auch die Undankbarkeit.

Die Zahl der Vorfälle aller Art – seltsam, tragisch, heroisch, grauenhaft, komisch oder abstoßend –, die ich im Jahr 1898 miterlebte, ist wirklich erstaunlich. Ich erinnere mich an eine führende Persönlichkeit der Gesellschaft, eine Adlige, die ihr Vermögen, ihren Ruf und ihr Glück für einen Mann opferte, der in die Dreyfus-Affäre verwickelt war, in den sie absolutes Vertrauen hatte, und der einen politischen Fehler beging, der ihn in eine Tragödie stürzte, für die er sicherlich nur indirekt verantwortlich war. Ich erinnere mich an einen prominenten und wirklich fähigen Bürger, der sich in einem Moment patriotischer Raserei so lächerlich machte, dass er und seine ganze Familie, für die er einen gewagten, aber absurden Schritt unternahm, von dieser allmächtigen und oft ungerechten Macht – dem Spott – zermalmt wurden. Ich erinnere mich an einen Zwerg von Größe und Verstand, der durch reines Glück und eine schlaue Nutzung seiner Gelegenheiten für eine Weile berühmt wurde und aus den Gedanken anderer Männer ein Vermögen machte. Und ich könnte die traurige Geschichte einer Persönlichkeit von sehr hohem Rang erzählen, zu der Felix Faure vollkommenes Vertrauen hatte. Irgendwie misstraute ich diesem Mann und es gelang mir, den Präsidenten davon abzuhalten, seine Aussagen als „evangelische" Wahrheit zu akzeptieren, und das zu einer Zeit, als aufgrund der Wahlatmosphäre in der politischen Welt die kleinsten Fehleinschätzungen zu unverzeihlichen Fehlern und sogar zu Verrat wurden … Nach dem Tod des Präsidenten und unter höchst unerwarteten Umständen fand ich heraus, dass die erhabene Persönlichkeit jahrelang eine Frau zur Geliebten gehabt hatte, die als Spionin im Dienst der deutschen Botschaft arbeitete. Er war das Werkzeug dieser Frau, aber sie liebte ihn, und als er sie verließ, brachte das Schicksal sie auf der Suche nach einem Lebensunterhalt zu mir. Ich entdeckte die ganze Wahrheit über sie und ihre Freundin und erkannte erst jetzt, wie gut ich inspiriert war, als ich Felix Faure vor diesem Mann warnte.

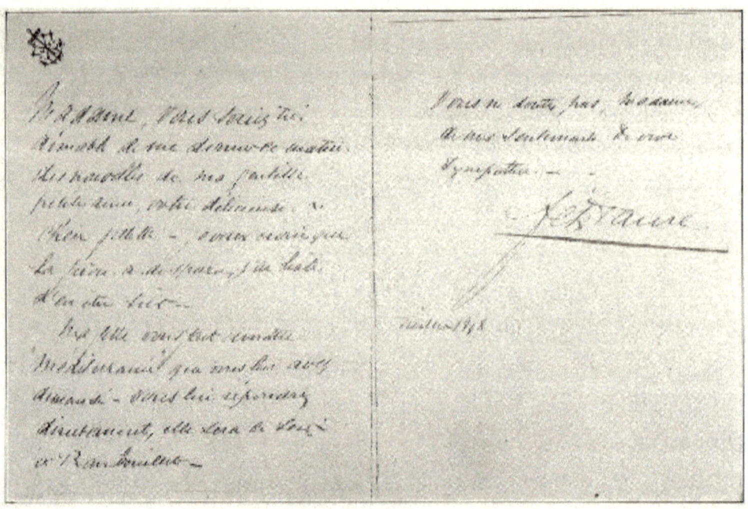

EIN BRIEF VON FELIX FAURE AN MME. STEINHEIL

Es wäre zu einfach, Dutzende solcher Fakten zu zitieren, aber die anderen, so vage ich sie auch beschreiben würde, wären immer noch zu offensichtlich, und ich schreibe diese Memoiren nicht aus Bosheit, aus Groll oder aus Rache an irgendjemandem. In diesem Kapitel möchte ich lediglich eine Vorstellung von der Rolle vermitteln, die ich im Leben von Präsident Faure gespielt habe.

Als Felix Faure bemerkte, dass ihn einige meiner Briefe nicht erreichten, vereinbarten wir, dass unsere Briefe in Zukunft, wenn wir uns nicht frei treffen könnten und einander wichtige Mitteilungen zu machen hätten, mit weißem Wachs versiegelt würden, wenn es sich um „dringende" Briefe handelte, und mit blauem Wachs in allen anderen Fällen. Auch sollte mein Diener meine Nachrichten dem Präsidenten überbringen, und seine Nachrichten würden demselben Mann übergeben, der durch einen privaten Telefonanruf herbeigerufen würde.

Ich betrat das Elysée – wohin mich stets ein vom Präsidenten persönlich ausgewählter Privatdetektiv begleitete – durch eine kleine Tür im Garten an der Ecke Rue du Colisée und Avenue des Champs Elysées und ging über das Gelände zum kleinen „blauen Salon", wo der Präsident mich für „unsere Aufgabe" erwartete.

Bei dieser Aufgabe handelte es sich, wie der Leser vielleicht schon erraten hat, um die „Memoiren" des Präsidenten.

Félix Faure, der trotz vieler Dinge, die sein Selbstwertgefühl befriedigten – die Brillanz seiner erhabenen Funktion, ihre relative Bedeutung und vor allem die Tatsache, dass sie ihn auf eine Stufe mit Königen und Kaisern stellte – dem Ende seines *Septennats entgegensah* und eines Tages sein Verhalten in den politischen und diplomatischen Ereignissen erklären wollte, in die er so eng verwickelt war und war. Diese „Memoiren" sollten eine geheime Geschichte Frankreichs seit dem Deutsch-Französischen Krieg bilden. Zu diesen „Memoiren" steuerte ich eine Menge Notizen und Kommentare bei, die Licht auf bestimmte Persönlichkeiten und bestimmte Fakten warfen. Manchmal arbeiteten wir getrennt, manchmal zusammen, und mehr als einmal verbrachte ich einen ganzen Nachmittag damit, Dokumente zu prüfen und zu klassifizieren, während der Präsident im Nebenzimmer Audienzen gewährte.

Wir schrieben die „Memoiren" auf Kanzleipapier, das ich selbst mitgebracht hatte, denn der Präsident wusste, dass sein Briefpapier gezählt wurde!

In diesen „Memoiren", die bereits umfangreiche Ausmaße annahmen, wurde alles beschrieben: die Entwicklung der Innen- und Außenpolitik Frankreichs, die französisch-russische Allianz, die geheime Geschichte der Dreyfus-Affäre, die Pläne der verschiedenen Thronprätendenten Frankreichs. Es gab Einzelheiten zu Finanzproblemen, kolonialer Expansion, Rüstung, Wahlsystemen , Verwaltung, Armee und Marine …

Wenn es sich gewiss lohnte, eine allgemeine und kritische Übersicht zu schreiben, die gewissenhaft, unparteiisch, nüchtern und vollgepackt mit Informationen aus erster Hand über alle Ereignisse ist, die die Geschichte der Dritten Republik ausmachten - und wie kann man das leugnen? -, dann tat Felix Faure gut daran, täglich viele Stunden seiner und meiner Zeit in das Schreiben seiner „Memoiren" zu investieren. Wären diese allerdings veröffentlicht worden, hätten innerhalb von etwa zehn oder fünfzehn Jahren zahlreiche sogenannte „prominente" Männer verschwinden müssen, um dem Spott der ganzen Welt und dem Fluch ihres eigenen Volkes zu entgehen.

Die „Erinnerungen" wurden in einer Eisenkiste eingeschlossen, die nur geöffnet wurde, wenn der bereits gesammelten großen Menge neues Material hinzugefügt werden musste. Dann bat mich der Präsident eines Tages, diese wichtigen und geheimen Dokumente zur Sicherheit mit nach Hause zu nehmen. Die Eisenkiste blieb in seinem Arbeitszimmer und war teilweise mit leeren Blättern gefüllt – denn die Kiste konnte erschüttert werden! Ich nahm den Inhalt nach und nach und Tag für Tag mit nach Hause, bis die Kiste leer war.

Oft kam es mir so vor, als würde ich beschattet, aber mein treuer „Agent" wachte über mich und ich konnte alle Papiere sicher in meinem Haus aufbewahren. Felix Faure hatte mir aufgetragen, sie aufzubewahren (und er hatte mir einen Brief gegeben, in dem er das sagte) und sie im Falle seines Todes veröffentlichen zu lassen, wenn ich es für angebracht hielte, denn, wie er mir mehr als einmal sagte: „Manchmal fürchte ich, ich werde wie Carnot enden ..."

Der Präsident hatte eine sehr hohe Meinung von seinem Amt, beklagte sich jedoch häufig über seine begrenzten Befugnisse.

„Und dennoch", sagte ich ihm einmal, „ernennen Sie Ihre Minister, die Ernennung aller Beamten liegt in Ihrer Verantwortung und Sie kontrollieren das Heer und die Marine ..."

„Ja, aber in welchem Ausmaß ? ... Sie sagen, ich kontrolliere die Marine! Aber ich weiß genau, dass fast das gesamte Pulver in den Magazinen unserer Schlachtschiffe defekt ist, dass die Panzerung dieser Schlachtschiffe nicht die vorgeschriebene Dicke hat – was für die Betrüger natürlich Tausende von Pfund bedeutet! – und dass die Kessel fast wertlos sind! ... Ich habe die Fassung verloren und bin mehr als einmal wie eine Tonne Ziegelsteine auf sie alle losgegangen, aber die Dinge haben sich nicht geändert. Ein Präsident ist nur eine Galionsfigur! Und doch wissen Sie, mit welcher Leidenschaft ich die Marine liebe. Ich bin in Le Hâvre geboren, habe immer alles geliebt, was mit dem Meer zu tun hat, und als ich ins Parlament kam, war mein größter Ehrgeiz, Marineminister zu werden ... Auch jetzt noch ist die Marine eines meiner Hauptinteressen – mein „Hobby", wenn Sie es so nennen wollen; und da ist mein Briefpapier mit den Initialen „FF", durch das ein symbolischer Anker gewunden ist ..."

Er sprach gern über Marineangelegenheiten. „Ich teile Delcassés Ansichten", sagte er einmal (das Gespräch fand an dem Tag statt, als er hörte, dass eines unserer Schiffe an der Küste Madagaskars Schiffbruch erlitten hatte). „England ist der große Feind, weil England die große Seemacht ist und so nah an unseren Küsten und Häfen liegt. Wenn wir uns nicht mit England anfreunden, müssen wir im Kriegsfall den besten Weg finden, es zu belästigen. Und ich sehe nichts Besseres, als das alte Recht der Kaperei wiederzubeleben und kleine, aber extrem schnelle Schiffe zu bauen, die groß genug sind, um viel Treibstoff zu transportieren, damit sie lange auf See bleiben können, ohne ihre Bunker auffüllen zu müssen. Wir müssen in der Lage sein, den Handel Englands zu zerstören, es auszuhungern. Wichtige Seegefechte zu vermeiden und den Feind in zahllosen Scharmützeln zu besiegen, das sollte unser Ziel sein. Wir haben weder die Mittel noch die Fähigkeit, die England besitzt, um in großem Umfang und schnell zu bauen."

„Aber die Kaperei", meinte ich und erinnerte mich an die lange Unterhaltung meines Vaters über das, was er zu Recht als „die faszinierendste Periode der französischen Geschichte" bezeichnete, „war während der Revolution und der Napoleonischen Kriege ein totaler Fehlschlag."

„Das ist richtig", sagte Felix Faure. „Aber wie mein Freund Admiral Fournier sagt, besteht die einzige Möglichkeit, Frankreich seetechnisch stark zu machen, darin, es mit einer Flotte von Torpedobooten, Zerstörern und U-Booten auszustatten, die sowohl hinsichtlich ihrer Leistungsfähigkeit als auch ihrer Anzahl einzigartig ist."

Der Präsident war von der Marine ganz begeistert. Er erklärte mir eine ganze Stunde lang, dass die Schiffe viel zu viel Zeit im Hafen verbrachten, dass die Schießübungen viel zu begrenzt seien; er zitierte aus dem Stegreif die Schießaufzeichnungen bestimmter britischer und amerikanischer Schlachtschiffe. Und am Ende seiner Rede rief er Lockroy, den Marineminister, an und bat ihn, diesen oder jenen Punkt zu untersuchen, oder schlug ihm oder einem Mitglied seines Stabs vor, diese oder jene Station oder Werft zu besuchen.

Félix Faure war weniger Staatsmann als Geschäftsmann. Er bewunderte die Art und Weise, wie die Engländer ihre Kolonien verwalteten: „Ihre Kolonien zahlen sich aus, unsere nicht. Wir lachen leider über die Ideen und Bräuche der Eingeborenen. Warum ahmen wir nicht die Engländer oder die Holländer nach? Aber dort hatten wir nie Respekt vor den Vorstellungen oder Überzeugungen anderer Leute."

Die verschiedenen Übel, über die er sich beklagte, hatten alle dieselbe Ursache: Die Politiker in Frankreich sind nicht die *Elite* der Nation. Die besten Köpfe, die fähigsten Männer interessieren sich nicht für Politik und haben keine Ambitionen, ein Amt zu übernehmen.

DER „TALISMAN" VON FELIX FAURE

Das Bündnis mit Russland, dessen erster Schritt unter Präsident Carnot erfolgt war, für das Faure jedoch so viel getan hatte, war ihm natürlich ein Grund zur großen Genugtuung. Er erklärte ausführlich den Nutzen des Bündnisses und tat dies mit der Begeisterung eines Geschäftsmannes, der ein großartiges Geschäft gemacht hat und der, um sein Selbstwertgefühl zu schmeicheln, immer wieder neue direkte oder indirekte Hinweise auf die Bedeutung seines Geschäfts findet.

„Napoleon", sagte er beispielsweise, „war nie so mächtig wie damals, als er mit Alexander dem Ersten verbündet war. Man kann mit Sicherheit behaupten, dass Frankreich 1815 zerstückelt worden wäre, wenn Alexander nicht gewesen wäre. Sechzig Jahre später war es sein Neffe Alexander II., der Frankreich fünf Jahre nach dem Deutsch-Französischen Krieg vor einer deutschen Invasion rettete.

"Und wer hätte gedacht, dass dieser verheerende Krieg nicht hätte vermieden werden können, wenn Napoleon III. die freundlichen Avancen Gortschakoffs nicht ignoriert hätte!" Mehr als einmal zeigte Präsident Faure starke Neigungen zu einer *Annäherung* an England ... vor der Faschoda-Affäre, und dies war hauptsächlich dem Einfluss des Prinzen von Wales (später König Edward VII.) zu verdanken, für den er die größte persönliche Wertschätzung empfand und dessen diplomatische Fähigkeiten er sehr bewunderte. Was hätte Präsident Faure gesagt, wenn er ein paar Jahre länger gelebt und gesehen hätte, dass es König Edward VII. trotz des Faschoda-Zwischenfalls und trotz der aggressiv anglophoben Haltung Frankreichs während des Burenkriegs gelang , durch sein charmantes Wesen, seine Diplomatie (so subtil und doch so einfach) und seine aufrichtige Liebe zu Frankreich, das gesamte französische Volk dazu zu bringen, England die warme Sympathie entgegenzubringen, die es für ihn empfand.

KAPITEL VII

DIE DREYFUS-AFFÄRE – FASHODA

Während der Präsidentschaft von Félix Faure ereigneten sich die Hauptphasen der Dreyfus-Affäre und auch der „Vorfall" um Faschoda.

Hauptmann Alfred Dreyfus wurde angeklagt, Militärgeheimnisse an Deutschland verkauft zu haben. Im Januar 1895 wurde er verurteilt und degradiert. Kurz darauf wurde der Offizier auf die Teufelsinsel nördlich der Küste Guyanas gebracht.

Im Jahr 1896 erklärte der Leiter der Geheimdienstabteilung des Kriegsministeriums, Oberst Picquart – den ich oft im Elysée-Palast getroffen hatte –, dass das *Bordereau* (das berühmte Begleitschreiben mit einer Liste von Dokumenten, die Dreyfus angeblich an Deutschland weitergegeben hatte) von Major Esterhazy geschrieben worden sei. Oberst Picquart wurde in seinem heiklen Posten durch Oberst Henry ersetzt. Im Jahr 1897 versuchte Senator Scheurer-Kestner, den Fall Dreyfus wieder aufzurollen, doch Präsident Faure erhob heftige Einwände, und Méline, der damalige Premierminister, erklärte, die Dreyfus-Affäre sei *classée* (ein für alle Mal beendet).

Von da an tobte ein erbitterter Krieg zwischen Dreyfusarden und Anti-Dreyfusarden, und die übelsten Verleumdungen und schlimmsten Beleidigungen wurden zu Waffen, die fast überall zum Einsatz kamen. Mein Salon war neutrales Terrain, aber ich konnte diese leidenschaftlichen Wortgefechte, in denen kaum ein Anzeichen von Toleranz oder menschlichem Mitgefühl zu erkennen war, bald nicht mehr verhindern. Und diese ständigen Duelle fanden zwischen Männern statt, die ihr Leben lang die engsten Freunde gewesen waren, zwischen Brüdern, zwischen Mann und Frau, zwischen Vater und Sohn ... Die schlimmsten Streithähne schob ich sanft ins Gewächshaus, aber der Lärm ihrer Streitereien – das Wort Diskussion wäre völlig unangemessen – drang bis ins Wohnzimmer, wo ich und ein paar Freunde als Gegenmittel gegen den tobenden Sturm eine Seite ruhiger und reiner Musik von Haydn oder Mozart zu spielen versuchten!

Als Beispiel für die merkwürdigen Ereignisse dieser unruhigen Zeit möchte ich den Fall von Madame Z. nennen, der Frau eines angesehenen Richters und Hohepriesterin eines berühmten Salons, in dem man jedermann traf, dem aristokratischen „Faubourg Saint-Germain", aber auch schönen und zerbrechlichen Damen wie einer gewissen Mademoiselle Chichette, deren Anspruch auf Unsterblichkeit auf der Tatsache beruhte, dass sie als erste

Pariserin an ihrem Mieder eine winzige, mit Edelsteinen besetzte und – lebendige – Schildkröte trug.

Frau Z., die eine fanatische Dreyfus-Anhängerin war – ihr Ehemann war natürlich ein fanatischer Anti-Dreyfus-Anhänger –, trug während der gesamten Zeit, in der Dreyfus gefangen war, tiefe Trauer und erschien am Tag seiner Freilassung in einem bunten blauen Kleid. Ihre Trauer hatte endlich ein Ende … Es ist nur fair hinzuzufügen, dass die Trauertracht zu ihrem blonden Haar passte. Auch der edelste Heldenmut hat Grenzen.

Der verhaftete Major Esterhazy wurde vom Kriegsgericht freigesprochen. Zola, dessen berühmter Brief „Ich klage an…" am 13. Januar 1898 in der von Clémenceau gegründeten Zeitschrift *Aurore erschienen war,* wurde im darauffolgenden Monat verurteilt, aber das Urteil wurde vom Kassationshof aufgehoben, der eine Neuverhandlung anordnete. Oberst Picquart wurde verhaftet, weil er sich eifrig für einen verurteilten Offizier eingesetzt hatte.

Zola ging nach England und kehrte nur nach Frankreich zurück, um Zeuge der relativen Sache zu werden , die er so leidenschaftlich unterstützt hatte. Zola starb im Jahr 1902.

Ich werde nun kurz darlegen, was ich über die Ereignisse weiß, die sich in Frankreich zwischen Juni 1898 (nach den Parlamentswahlen) und dem 16. Februar 1899, dem Todestag von Félix Faure, zugetragen haben. Während dieser stürmischen Zeit half ich Präsident Faure dabei, Dokumente zu sammeln und seine Memoiren zu schreiben. Wie ich bereits sagte, wurden all seine Papiere Woche für Woche sorgfältig in meinem Haus aufbewahrt, und der Leser wird mir vielleicht zustimmen, wenn ich auf den mysteriösen Mord in der Impasse Ronsin eingehe, dass diese Papiere in irgendeiner Verbindung zu dem Mord standen.

Im Juni fragte sich Félix Faure, ob Kapitän Marchand Faschoda erreicht hatte. Als Kolonialminister hatte Delcassé die Mission von M. Liotard nach Ober-Ubanghi beschlossen und organisiert. M. Liotard und M. Cureau hatten ihre Mission erfolgreich erfüllt und das westliche Ende von Bahr el-Ghazal erreicht. Anfang 1897 hatte Kapitän Marchand Brazzaville im französischen Kongo verlassen, um sich der Liotard-Mission anzuschließen, aber sein Befehl lautete, Bahr el-Ghazal zu erreichen und den Weißen Nil bis nach Faschoda hinaufzufahren, das er besetzen sollte. Das war ein umfangreicher und gut durchdachter Plan. Wenn er erfolgreich durchgeführt würde, hätte Frankreich ein transkontinentales afrikanisches Reich, das vom Senegal bis zum Golf von Aden, vom Atlantik bis zum Roten Meer reichte. Präsident Faure ging noch weiter; Er „sah" bereits eine transsaharische Eisenbahn, die dieses riesige Reich durchquerte, und eine Frankreich, die in der Region des

Oberen Nils so mächtig war, dass es einen Teil, vielleicht sogar den größten Teil des Einflusses zurückgewinnen konnte, den es 1882 mit der Besetzung Ägyptens durch die Engländer verloren hatte; Frankreich hatte sich geweigert, bei der Niederschlagung des antitürkischen und antieuropäischen Aufstands mitzuwirken.

Der Zeitpunkt war günstig. Die ägyptische Grenze war bis Wadi Halfa nach Norden zurückverlegt worden. Bahr el-Ghazal war in den Händen des Kalifen und der Derwische. Belgien begehrte diese reiche Provinz ebenso sehr wie Frankreich. Sie würde dem gehören, der sich zuerst dort niederließ. Und Marchand hatte Faschoda fast erreicht. Vielleicht war er mit seinen wenigen weißen Gefährten und seinen senegalesischen Soldaten schon dort. Jedenfalls hatte seine Familie *über* den Kongo von ihm etwas erhalten.

Der Kapitän hatte die Hälfte seiner Mission erfüllt und war mit dem Boot, das die „Mission" abschnittsweise mitten ins Herz Afrikas gebracht hatte, aufgebrochen, den Sueh, einen Nebenfluss des Weißen Nils, hinunter.

„Aber was ist, wenn Marchand während seiner langen und schwierigen Reise die meisten seiner Männer verloren hat?", frage ich den Präsidenten. Die Antwort kommt prompt: „In Faschoda wird eine französische Expedition, zu der auch eine Anzahl abessinischer Soldaten gehört, die Kaiser Menelik ausgeliehen hat, Marchand mit Munition und Proviant begleiten."

Am 15. Juni tritt das Kabinett Méline zurück. Der Präsident bittet Méline, ein neues Kabinett zu bilden... Méline versuchte es, scheiterte jedoch. Als nächstes wird Ribot, der fähige und gelehrte Staatsmann, der bereits zweimal Premierminister war, gebeten, ein Ministerium zu bilden. Er lehnt ab. Sarrien wiederum lehnt es ab, diese schwierige Aufgabe in Angriff zu nehmen... Der Präsident wendet sich nun an Peytral, der sich an die Arbeit macht... Die Tage vergehen. Méline und seine Kollegen traten am 15. zurück. Heute ist der 25.... und immer noch kein Kabinett. Der Horizont ist dunkel und von bedrohlichen Wolken bedeckt. Überall herrscht Chaos... Was benötigt wird, sagen einige, ist ein Konzentrationsministerium; andere ziehen ein Vermittlungskabinett vor... Etiketten haben in Frankreich eine große Bedeutung.

Am 26. informiert Peytral den Präsidenten über sein Versagen. Brisson, der düstere und gealterte Präsident der Abgeordnetenkammer (er wurde 1835 geboren), wird nun von Faure berufen. ... Am 28. hat Frankreich endlich wieder ein Kabinett. Brisson ist Premierminister und Innenminister; Cavaignac, der ebenso entschieden gegen eine Revision des Dreyfus-Falls ist wie der Präsident selbst, ist Kriegsminister, und der schlaue, verschwiegene und kühne Delcassé folgt Hanotaux im Außenministerium.

Inzwischen ist der Marquis de Beauchamp in Paris eingetroffen. Er ist aus Abessinien zurückgekehrt, wo er sich leider nicht mit Hauptmann Marchand treffen konnte. Seine Männer waren erschöpft und hatten nicht genug Vorräte. Wo genau ist Marchand? Wann werden wir von ihm hören?

Am 7. Juli nahm ich an der Sitzung der Abgeordnetenkammer teil. Cavaignac, den ich oft im Elysée und im Haus von M. Bw., einem engen Freund meines Mannes, traf, behauptet vehement, dass es über Dreyfus' Schuld keinerlei Zweifel gebe.

Am 12. verhaftet Hamard, Chef der Sûreté (Kriminalpolizei), Major Esterhazy und seine Freundin, Frau Pays.

Am 17. wird ein Brief von Zola an Brisson veröffentlicht. Der Brief kann mit diesen Worten zusammengefasst werden: Frankreich ist in einer hoffnungslosen Lage, und kein Ministerium wird bestehen können, solange die Dreyfus-Affäre nicht juristisch geklärt ist. Der Präsident sagt mir: „Wenn die Affäre wieder aufgerollt wird, werden wir nie ein Ende erleben; eine Revision würde Chaos und vielleicht sogar einen Bürgerkrieg nach sich ziehen. Dreyfus wurde für schuldig befunden . Wenn wir standhaft bleiben, wird all diese Aufregung zu seinen Gunsten nachlassen; die Ordnung wird wiederhergestellt und Frankreich wird wieder aufatmen."

Félix Faure meinte es gut, aber es fehlte ihm an Weitsicht.

27. Juli: Mein Freund Laferrière wird zum Generalgouverneur von Algerien ernannt und ersetzt Lépine... In Paris wütet eine Epidemie der Duelle... Monsieur de Pressensé von den *Temps* , der Dichter Bouchor und andere geben ihre Ehrenlegion an den Ordensrat zurück, weil Zola aus der Liste der Ordensmitglieder gestrichen wurde... Der Herzog von Orleans verkündet überall die Schuld von Dreyfus und seine Liebe zur Armee... Esterhazy und seine Freundin werden freigelassen !...

Am 14. August fährt der Präsident nach Le Havre, wo er einige Wochen verbringen will. Ich habe dort eine Villa, in der ich mit meiner Mutter und meiner jüngeren Schwester wohne. Eine Flottenparade wird abgehalten... mir zu Ehren, wie man mir sagt. Der Präsident ist mit seinem Gefolge und Lockroy, dem sehr aktiven Marineminister, an Bord der *Cassini* . Ich bin mit Mlle. Lucie Faure auf einem Dampfer. Wir alle verbringen sehr schöne Tage in Le Havre. Wir machen reizende Ausflüge; es gibt Partys, Konzerte, einen Ball im Rathaus... Es gibt jedoch einen Schatten... Clémenceau veröffentlicht einen Brief, den General Billot, Kriegsminister im Kabinett Méline, ihm vor einiger Zeit gesandt hat, in dem der General Dreyfus für schuldig erklärt, aber General Mercier - Präsident des Kriegsgerichts, das Dreyfus den Prozess machte - habe die Sache vermasselt...

"Clémenceau", sagt der Präsident, "ist der gefährlichste Mann im Land, und was noch schlimmer ist, er weiß es. Ich dachte, wir würden etwas Frieden haben, als er vor fünf Jahren aufhörte, Abgeordneter zu sein ... aber seitdem hat er sich zum Verfechter von Dreyfus gemacht und *l'Aurore gegründet* , und ich sehe, dass ich mich geirrt habe ... Seine Feder ist so scharf wie seine Zunge."

Ende des Monats kommt es zu einem Ereignis, das weitaus schwerwiegender und folgenreicher ist als der heftigste Angriff Clémenceaus: Zur Verhaftung von Oberst Henry, der gesteht, die neuen Beweise für Dreyfus' Schuld gefälscht zu haben, die Cavaignac im Juli der Kammer vorlegte.

Die Nachricht von der Verhaftung und Inhaftierung von Oberst Henry in der Festung auf dem Mont Valérien außerhalb von Paris erreichte den Präsidenten am Abend des 30. August. Am nächsten Tag erfahren wir, dass der Oberst Selbstmord begangen hat. Kriegsminister Cavaignac tritt zurück. Der Präsident führt in seiner „ *Villa de la Côte* “ ein langes Telefongespräch mit dem Premierminister....

Der Schlag ist schrecklich ... und trotz seiner Tapferkeit und seines Optimismus – Félix Faure war der glücklichste und vom Glück begünstigte Mensch – spürt der Präsident seine volle Wucht. Er ist beunruhigt und erdrückt ihn. Er wiederholt immer wieder: „Alles hat sich geändert!" Er ist angewidert und empört. „Wie kann ich die Wahrheit herausfinden, die wahre Wahrheit? Ich habe mehr als einmal eindeutige Beweise für Dreyfus' Schuld direkt vor meinen Augen gehabt. Und jetzt stellt sich heraus, dass zumindest einige dieser Beweise gefälscht waren. Ich kann niemandem vertrauen. Überall stoße ich auf Widersprüche, Verschwiegenheit, verdächtige Intrigen, Doppelzüngigkeit, Betrug ... Es ist unmöglich, in diesem Labyrinth, das täglich größer und komplizierter wird, die Wahrheit herauszufinden. Ich bin verzweifelt und beschämt. Ich kann nur eines tun: Ich muss von meinem Präsidentenamt zurücktreten."

Am nächsten Tag lädt er mich, meine Schwester und seinen großen Freund Prinz P. zu einer Seereise ein. Als wir weit vom Ufer entfernt sind, nimmt er mich beiseite: „Es ist alles vorbei, mein lieber Freund. Sogar nach Henrys Selbstmord werden mir widersprüchliche Berichte zugespielt. Es scheint unmöglich, die ganze Wahrheit herauszufinden. Ich stehe auf einem Sumpf. Jeder scheint jemand anderen oder sich selbst zu schützen!

„Auf diesem Schiff befinden sich Vorräte und Kohle für viele Tage. Wir werden etwa eine Woche unterwegs sein. Diejenigen, die für die gegenwärtige Lage verantwortlich sind, sollen sich so gut wie möglich aus der beschämenden Lage befreien, in die sie sich selbst – und mich – gebracht haben. Wenn ich zurückkomme, werde ich zurücktreten. Ehrliche Menschen werden mich verstehen!"

Der Präsident ist blind vor Wut und hört auf keinen Rat. Prinz P. und ich waren zutiefst beunruhigt und verbrachten zwei Stunden damit, ihn zu beruhigen und ihm zu zeigen, was für einen unsäglichen Skandal ein solcher Schritt bedeuten würde. Ein Präsident kann nicht für eine Woche *verschwinden* … Ich zeige ihm die schrecklichen Konsequenzen, die dies für die Regierung, für Ordnung und Autorität und für ihn selbst hätte; die Feigheit, die eine solche Aktion mit sich bringen würde... Schließlich gibt der Präsident nach und gibt den Befehl, in den Hafen zurückzukehren. Ich atme noch einmal, aber meine Angst war groß.

Am 3. September führt der Präsident ein weiteres langes Telefongespräch mit dem Premierminister und bricht am frühen Morgen des 4. September nach Paris auf, wo ihn am Bahnhof der stets kühle Delcassé und General Zurlinden, Gouverneur von Paris, erwarten. Im Elysée gesellt sich Brisson zu ihm; Präsident und Premierminister besprechen gemeinsam die schwierige Situation, die durch das Geständnis und den Selbstmord von Oberst Henry entstanden ist.

5., 6., 7. September. Bedeutende Nachrichten aus dem Sudan. Der Sieg von Omdurman! Kitcheners Armee (25.000 Mann – ein Drittel davon Engländer) hat einen entscheidenden Sieg über den Kalifen errungen; die britische Flagge weht in Khartum … und Khartum ist nur wenige hundert Meilen von Faschoda entfernt, wo Marchand zweifellos verschanzt ist! Wie schnell sich die Ereignisse aufeinander folgten. Im April hatte der Sirdar in der Nähe des Atbara die Derwische in die Flucht geschlagen … Dann wurden die Eisenbahnen, die ständig Verstärkung aus Kairo brachten, über den Atbara weitergeführt … Am 1. September wurde Omdurman bombardiert; am 2. wurde die Armee des Kalifen in Stücke geschlagen, die meisten seiner Feinde getötet … Am 4. hatte der Sirdar Khartum erreicht … Und jetzt rückt die Krise näher . Was sind Kitcheners Befehle? Wenn Captain Marchand in Faschoda ist und Kitchener davon erfährt, was wird er tun ? …

7. September: Felix Faure teilt mir mit, dass er General Zurlinden gebeten hat, Kriegsminister zu werden. Der Posten ist zweifellos der schwierigste im Kabinett, aber der General nimmt ihn tapfer an. Er ist von Dreyfus' Schuld überzeugt und sagt: „Das Geständnis von Oberst Henry und all die Verdächtigungen und zweideutigen Manöver einer Reihe von Anti-Dreyfusards beweisen nicht, dass das Kriegsgericht 1895 einen Unschuldigen verurteilt hat." Felix Faure ist sich jedoch darüber im Klaren, dass die Regierung sich bald für oder gegen die „Revision" entscheiden muss, und ich drücke zu seiner großen Überraschung die Hoffnung aus, dass sie sich dafür entscheiden wird. Es scheint der einzige legale Weg zu sein, die Frage zu klären.

Am 10. September wurde die Kaiserin von Österreich ermordet! Nachdem ich Kaiser Franz Joseph eine Beileidsbotschaft geschickt hatte, sprachen der Präsident und ich lange über das Faschoda-Problem. Neulich fragten wir uns: Würde Kitchener weiter südlich liegen als Khartum? Jetzt wissen wir es.

Er hat Khartum verlassen und ist mit vier Kanonenbooten, etwas Artillerie, sudanesischen Truppen und Hochlandbewohnern den Weißen Nil hinaufgefahren.

12. September, es besteht kein Zweifel mehr; Marchand ist in Faschoda! Es scheint, dass der Kalif kurz vor der Schlacht von Omdurman von der Anwesenheit „weißer Männer" in Faschoda hörte. Das Boot, das er dorthin schickte, wurde von Kugeln durchsiebt und kehrte nach Norden zurück. Der Präsident ist hocherfreut. Die Besetzung von Faschoda gibt Frankreich eine Grundlage, auf der es die ägyptische Frage behandeln kann. Dennoch ist der Sirdar stark und Marchand ist nicht erreichbar …

Heute hat sechs Stunden Kabinettsrat stattgefunden. Die internen Angelegenheiten verschlechtern sich von Tag zu Tag, und es kommt zu heftigen Meinungsverschiedenheiten zwischen den verschiedenen Ministern.

Brisson und Sarrien sind für die „Revision", doch allein die Erwähnung des Wortes „Revision" treibt General Zurlinden in den Wahnsinn.

Unterdessen wird der Krieg zwischen den verschiedenen Parteien, für die die Verteidigung von Dreyfus oder der Kampf gegen ihn und seine Anhänger nur ein politischer Vorwand, ein Mittel und kein Zweck ist, von Tag zu Tag heftiger. Was für ein Albtraum!

14. und 15. September. Eine kurze Pause. Ich bin dem Präsidenten nach Moulins gefolgt. Meine Mutter ist bei mir. Sie hat noch nie zuvor Militärmanöver miterlebt. Ich lerne mehrere ausländische Offiziere kennen. General de Négrier leitet die Manöver. Der Herzog von Connaught ist anwesend.

16. September. Die Presse in Frankreich und England widmet Faschoda bereits lange Artikel. Der Präsident hat mehrere Konsultationen mit Delcassé geführt und ist sehr zuversichtlich.

"Und warum nicht?", fragt er. "Im britisch-italienischen Abkommen von 1991 wird das Obere Niltal nicht einmal erwähnt, der Khedive hatte mit dem britisch-belgischen Abkommen von 1994 nichts zu tun; Nubar Pascha gab den Sudan auf; England erklärte, es habe dort nichts zu tun; außerdem versprach England nicht, Ägypten zu räumen, nachdem der Khedive wieder an die Macht gekommen war! … Wenn wir Faschoda eingenommen haben, haben wir es nicht England oder Ägypten genommen, sondern den Derwischen. Die britische Regierung ist vernünftig und nicht impulsiv …

Lord Salisbury, der zugleich Premierminister und Außenminister ist, ist ein Staatsmann, der, wie ich glaube, nicht willkürlich handeln würde ... Sir Herbert Kitchener diente während des Krieges mit Deutschland in der französischen Armee; er ist für seine große Selbstbeherrschung bekannt und wird nichts Unüberlegtes tun ... Und dann war der Herzog von Connaught bei den Manövern äußerst höflich und angenehm, und die Menge jubelte dem Sohn von Königin Victoria enthusiastisch zu ... Alles wird gut."

17. September. General Zurlinden hat heute Morgen seinen Rücktritt an Brisson übermittelt. Er ist bereits ersetzt. General Chanoine wird Kriegsminister.

In der Nachmittagssitzung des Kabinettsrats wird die Einsetzung einer „Commission de Révision" beschlossen. Während mir Felix Faure das alles erklärt, hören wir vor dem Elysée Geschrei... Ich habe eine Reihe Gäste zum Abendessen zu Hause und muss los. Ich verlasse das Elysée nicht wie sonst durch den Garten und „meine" kleine Tür, sondern durch den Haupteingang, um zu sehen, was los ist. Nur eine Menschenmenge, die „Vive Brisson" oder „A bas Brisson" ruft.

Am 19. klingelt zu früher Stunde das Telefon. Es ist der Präsident.

gestern Abend die *Temps* gelesen ?", fragt er.

„Nein. Ich hatte Urlaub... Ich habe mit Marthe Verstecken gespielt, die nicht ins Bett gehen wollte, sehr zur Belustigung meiner Mutter, die gerade aus Beaucourt gekommen ist, um ein paar Tage mit meiner Schwester und mir zu verbringen. Was war da in den *Temps* ?"

„Hören Sie. Da stand genau das, was ich über Faschoda denke. Wir werden jede Handlung, die Marchand bedroht – das heißt die Flagge, die er bewacht – als mit allen Konsequenzen behaftet betrachten, die bei solchen Vorfällen üblich sind."

"Prächtig!"

„Nein, haben Sie das Manifest des Prätendenten gelesen?"

"Welcher?"

„Der Herzog von Orleans."

„Nein, aber ich nehme an, er erzählt allen Franzosen, dass ihre heiligsten Rechte mit Füßen getreten werden, dass die Armee ruiniert wird und dass Frankreich sich auf ihn verlassen kann. Ist es das?"

„Ja.... Du nimmst ihn nicht ernst ?... "

"Tust du?"

21. September. Die „Commission de Révision" tritt zusammen. Oberst Picquart erscheint wegen Urkundenfälschung angeklagt – ausgerechnet er! – vor seinen Richtern.

25. September. Endlich! Nachrichten aus dem Sudan. Der Sirdar ist aus Faschoda, wo er Marchand traf, nach Khartum zurückgekehrt. Offenbar hat es keinen Konflikt gegeben. Die Diplomatie wird sich nun der Sache annehmen. „Wir haben keinen Talleyrand", sagt der Präsident, „aber wir haben Delcassé, und er besitzt sowohl Scharfsinn als auch Kühnheit, außerdem eine gehörige Portion nützlichen Zynismus und gesundes Urteilsvermögen. Und er ist ebenso kühl wie vorsichtig."

27. September. Nach der Kabinettssitzung teilt mir der Präsident mit, dass Sir Edmund Monson, der britische Botschafter, Delcassé gestern eine Nachricht des Sirdar vorgelesen hat. Offenbar hat dieser Faschoda vor acht Tagen erreicht. Marchand ist seit dem 10. Juli mit einigen Gefährten und etwa 120 Senegalesen dort. Aus anderen Quellen stammen weitere Einzelheiten. Kitchener gratulierte Kapitän Marchand zu seiner großartigen Reise und forderte ihn dann auf, die französische Flagge einzuholen. Marchand weigerte sich natürlich, einer solchen Aufforderung ohne Anweisungen seiner Regierung nachzukommen. Der Sirdar verließ ihn in aller Stille und hisste die britische und die ägyptische Flagge nebeneinander südlich von Marchands befestigtem Lager. Dann kehrte er nach Khartum zurück und ließ eine starke Garnison in Faschoda unter dem Kommando eines Obersten zurück.

"Alles, was wir jetzt tun können", sagt der Präsident, "ist, Marchands Bericht abzuwarten... Das Problem ist, wenn er über Bahr el-Ghazal und den Kongo kommt, wird es Monate dauern, bis er uns erreicht. Inzwischen steht Delcassé mit Sir Edmund Monson in Verbindung. Wir bleiben standhaft. Wir werden Faschoda nicht räumen, komme, was wolle!"

1.-7. Oktober. Mehrere englische Zeitungen haben Frankreich bereits ein Ultimatum gestellt, aber die englische Regierung ist bisher ruhiger. Ein höchst erstaunliches Ereignis ist die Veröffentlichung eines Blaubuchs zur Faschoda-Frage in England, zu einem Zeitpunkt, als die Verhandlungen bereits begonnen haben. Der Präsident teilt mir jedoch mit, dass „Delcassé einen sehr einfachen Gegenzug gefunden hat; wir werden als Antwort ein Gelbbuch veröffentlichen", und er fügt hinzu: „Die Briefe, die Delcassé und der britische Botschafter austauschen, zeigen bereits, dass sich ein Krieg zusammenbraut ... Aber wie feindselig England auch sein mag – und es ist klar, dass England nicht verhandeln möchte, bis Marchand Faschoda geräumt hat – wir werden nicht nachgeben."

„Und was ist mit Marchand?"

„Delcassé hat vorgeschlagen, Marchands Bericht *über* Khartum und Kairo zu schicken. Auf diesem Weg wird er bald Paris erreichen... Übrigens esse ich morgen, am 8., mit Graf Witte in Rambouillet zu Abend...“

10. Oktober. „Na, gibt es schon ein Ergebnis?“, frage ich den Präsidenten.

„Nein. Witte sprach wenig über Russland. Aber er sagte, Frankreich solle im Augenblick alle Kriege vermeiden, vor allem einen Krieg mit England. Und ich wusste, was er meinte. Wir werden jedoch sehen, ob Russland uns helfen wird oder nicht …“

Baratier, Marchands Begleiter, ist mit dem berühmten Bericht auf dem Weg nach Kairo.

Faschoda zieht nicht die ganze Aufmerksamkeit der Öffentlichkeit auf sich. Der Dreyfus-Streit heizt sich mehr denn je auf. Die meisten Zeitungen enthalten nichts als Gemeinheiten und Beschimpfungen. Einige verwechseln absichtlich die Faschoda-Affäre mit der Dreyfus-Affäre... Rochefort schreibt im *Intransigeant* : „Es würde mich nicht überraschen, wenn die Engländer die Feigheit unserer Regierung ausnutzten, um die Teufelsinsel einzunehmen und den Verräter Dreyfus, den sie so sehr lieben, freizulassen!“

Die Luft in Paris ist erfüllt von bedrohlichen Symptomen. Die verschiedenen „Parteien“, die gemeinsam kämpfen, wenden dieselben verabscheuungswürdigen Methoden an und verwenden dasselbe Vokabular, ein Vokabular, in dem das Wort „Verräter“ im Vergleich zu einigen der verwendeten Ausdrücke fast milde und höflich klingt. Es herrscht eine allgemeine Orgie abscheulicher Beschimpfungen, an der sich Dreyfusards und Anti-Dreyfusards gleichermaßen hysterisch beteiligen. Ach, dass ehrenwerte Männer – die sogenannten „Intellektuellen“ und jene gerechten und klar denkenden Personen, die eine Revision befürworten, weil das Gesetz übertreten wurde – so rar gesät sind.

16. Oktober. Félix Faure hat sich in der letzten Woche ungewöhnlich geheimnisvoll verhalten. Ich weiß, was er seinen „großen Plan“ nennt, aber ich habe kaum geglaubt, dass er es damit wirklich ernst meint. Seinem Charakter nach zu urteilen, dachte ich, er würde erst einmal auf Entdeckungsreise gehen, bevor er versucht, sein Ziel zu erreichen. Er ist von Anfang an völlig gescheitert und gibt es jetzt zu. Überzeugt davon, dass die französische Nation als Ganzes die Dreyfus-Agitation gründlich satt hat und dass der hoffnungslos gestörte Zustand des Landes eine nationale Katastrophe ist, dachte er, das einzige Heilmittel sei eine Art *Staatsstreich* . Sein Plan ist oder war vielmehr folgender: Mit Hilfe der Armee - denn er wollte die Unterstützung vieler prominenter Generäle erhalten oder sich auf sie verlassen - wollte Felix Faure die Präsidentschaft vom Parlament unabhängig machen und eine Militärregierung einsetzen ... Ein kühner Plan, der jedoch

zum Scheitern verurteilt war, denn Felix Faure verfügt nicht über die erforderlichen Qualitäten und unter seinen militärischen Freunden gibt es keinen Augereau. Das gegenwärtige Parlament ist ganz anders als das Corps Legislatif von 1797, und die Armee ist in keiner Weise mit der allmächtigen Soldateska aus Bonapartes Tagen vergleichbar.

Es kam zu Indiskretionen und gewisse Zeitungen im In- und Ausland erwähnen den *Putsch* , tun ihn jedoch als eine weitere Geschichte ab, die zu der abnormalen Masse politischer Legenden, Übertreibungen und Gerüchte hinzukommt, die sich seit einem Jahr in der überhitzten Atmosphäre ansammelt, die Frankreich erdrückt.

Und das ist vielleicht das Beste, was passieren konnte. Ein *Staatsstreich* ist nur dann entschuldbar, wenn er erfolgreich ist.

Ein alter und enger Freund kommt zum Präsidenten und tröstet ihn: „Sie sind ein tollkühner Patriot; Sie meinen es ernst und Sie haben es gut gemeint, und Ihr Plan war nicht so selbstsüchtig wie die Komplotte, die die ‚Prätendenten' täglich aushecken. Es gibt zumindest einen Trost für Sie: Es gibt im Moment keinen Mann, der zu einem *Staatsstreich fähig wäre* . Der Herzog von Orleans hat die schlechtesten Berater, und Prinz Victor hat kein Vertrauen in sich selbst!"

20. Oktober. Graf Muravieff war in den letzten Tagen in Paris. Der Graf hatte vor drei Tagen ein langes Gespräch mit Delcassé und hat gestern Abend mit dem Präsidenten zu Abend gegessen. Russland scheint zu glauben, dass ein Krieg gegen die Interessen Frankreichs wäre. „Wenn es zu einem Krieg zwischen Frankreich und England kommt, können wir uns nicht auf Russland verlassen. Die Regierung in St. Petersburg ist der Meinung, dass wir nicht gut beraten wären, uns in einen absurden Krieg mit England hineinziehen zu lassen, insbesondere wegen des sudanesischen Sumpfes Faschoda ..." Darüber hinaus wies Graf Muravieff taktvoll auf die Lauheit Frankreichs gegenüber Russland hin. „Heute", bemerkte er fröhlich und gleichzeitig spitz, „hat Russland in Frankreich nur zwei eifrige Freunde: Sie und M. Delcassé."

Und es waren Muravieff, der russische Außenminister, und Hanotaux, der französische Außenminister, die vor Félix Faure am 24. August letzten Jahres in St. Petersburg das französisch-russische Bündnis unterzeichneten!

„Und wie verlaufen die Verhandlungen mit England?" frage ich.

"Sie sind praktisch zum Stillstand gekommen. England wird nichts mehr diskutieren, bis Marchand Faschoda verlassen hat... Inzwischen herrscht in unseren Werften fieberhafte Betriebsamkeit; unsere Flotte wird mit Kohle betankt und mit allem Notwendigen versorgt. Unsere Admirale haben geheime Anweisungen. Wir bereiten uns auf alle Eventualitäten vor. Lockroy, der Marineminister, ist wunderbar beschäftigt..."

Auf dem Tisch des Präsidenten liegt eine große Weltkarte ausgebreitet. Er wischt gereizt den Bleistiftstrich aus, den er vor ein paar Tagen an der Stelle an der indischen Grenze gemacht hat, wo Russland seiner Meinung nach Indien möglicherweise angreifen könnte. Es gibt weitere blaue Markierungen auf beiden Seiten des Kanals, im Mittelmeer, in Afrika ... Lange Zeit beugen wir uns über die Karte und reden. Doch als die Wahrscheinlichkeiten klarer und greifbarer werden, wird mir klar, dass wir Faschoda und Marchand, auf die unsere Aufmerksamkeit eigentlich gerichtet sein sollte, fast vergessen. Was kann für ihn getan werden? Wie kann Frankreich ihm zu Hilfe kommen? Und wäre ein Krieg wegen dieses Ortes in Afrika lohnend? Ist ein Krieg überhaupt lohnend? Welchen Nutzen würde Frankreich aus einem Krieg mit England ziehen? Und würde Frankreich gewinnen? Wo? Wie ? ...

Ich bitte den Präsidenten, die Dinge im richtigen Verhältnis zu sehen, und rate ihm, einen Krieg zu vermeiden. Natürlich hängt es nicht von ihm ab, ob es Krieg gibt oder nicht, aber es gibt so viele Möglichkeiten, Ereignisse herbeizuführen, die öffentliche Meinung zu wecken ... und so viele Möglichkeiten, die Lage zu glätten und eine Nation zu beruhigen ...

21. Oktober. Delcassé hat einen Kurzbericht von Marchand erhalten, der von Captain Baratier, seinem tapferen Gefährten durch Afrika, der von Khartum aus Kairo erreicht hat, telegrafiert wurde....

23. Oktober. Ein berittener Stadtgardist bringt mir einen großen Umschlag vom Präsidenten. Es ist eine Ausgabe von *Punch* , der berühmten Londoner Satirezeitschrift. Auf die Titelseite hat Félix Faure geschrieben: „ *Ma chère amie* , bitte sehen Sie sich diese schändliche Beleidigung Frankreichs in der Faschoda-Frage an." Ich schlage die Zeitung auf und sehe eine Karikatur von Sir John Tenniel. Ja, das bringt einem das Blut in Wallung. Ich antworte dem Präsidenten: „Sie haben recht. Es ist vulgär und verachtenswert. Die Franzosen sind kultiviert und witzig; die Engländer sind unverblümt und haben lediglich das, was sie einen ‚Sinn für Humor' nennen. Graf Muravieff hat Ihnen gesagt, dass ein afrikanischer Sumpf keinen Krieg wert ist; ich möchte hinzufügen: ‚Noch weniger eine Karikatur.'"

Die Karikatur war in der Tat unerträglich unverschämt und einer aufgeklärten Nation unwürdig... Aber ein Jahr später, als England mit den Buren im Krieg war, denen die Franzosen spontan – und nachdrücklich – ihre Sympathie bekundeten, fertigten unsere Künstler Karikaturen an, in denen Königin Victoria ebenso ungehörig behandelt wurde. Dies beweist nur, dass die zivilisierteste und kultivierteste Nation der Welt manchmal die elementarsten Begriffe der Erziehung vergisst und nicht erkennt, dass man sich selbst erniedrigt, wenn man versucht, seine Feinde zu erniedrigen.

25. Oktober. Delcassés Gelbes Buch ist erschienen. Es enthält die meisten Dokumente zum Faschoda-Problem, oder besser gesagt zum „Weißen Nil"-Problem, von Dezember 1897 bis Oktober 1898. Es offenbart unbestreitbar die wirklich bemerkenswerten Fähigkeiten Delcassés als kluger und doch „direkter" Diplomat.

Die Spannungen zwischen England und Frankreich sind am Rande des Abgrunds. Sir Edmund hat im Namen der britischen Regierung ein Ultimatum gestellt. Der Präsident sagt: „Wir können Faschoda aufgeben, aber wir brauchen einen Zugang zum Nil. Wenn von Eroberung keine Rede mehr sein kann, müssen wir zumindest in die Lage versetzt werden, unsere ‚ *pénétration commerciale* ' zu erleichtern . ... Sicherlich ist eine Art Kompromiss möglich."

Am Nachmittag gehe ich in die *Chambre des Députés* . Ein Sturm zieht auf. Als ich über den Boulevard Saint Germain den Palais Bourbon erreiche, sehe und höre ich auf dem Place de la Concorde eine riesige, johlende Menschenmenge.

Die Sitzung kann nicht als historisch betrachtet werden, aber sie ist sicherlich laut und sensationell. Déroulède eröffnet das Feuer. Déroulède, der mehr als einmal als moderner Don Quijote bezeichnet wurde, ist eine überaus sympathische Figur. Man mag ihn, weil er vor allem ... ein typischer Franzose ist – ein tapferer Soldat, ein Dichter, ein glühender Patriot und noch dazu ein entzückender Verrückter. Von Natur aus kann er nichts leise tun. Er wäre ein Anführer, wenn er nicht darauf erpicht wäre, ein patriotisches und volkstümliches Epos zu schreiben, und er wäre ein großer Dichter, wenn es ihm nicht so sehr darum ginge, das Land zu retten. Er war einer der allerersten Befürworter eines Bündnisses mit Russland, er hat die Sache Boulangers unterstützt; bei den Wahlen im vergangenen Mai wurde er zum Abgeordneten gewählt. Es scheint kaum nötig hinzuzufügen, dass er ein Nationalist und ein überzeugter Anti-Dreyfusard ist.

Déroulède spricht, und was er sagt, lässt sich auf diese Worte reduzieren: „Die Regierung ist ... verdorben."

Und nun ist Chanoine an der Reihe, der Kriegsminister. Er mag ein erstklassiger General sein, aber er ist ganz sicher ein drittklassiger Redner und Politiker. In strengem Ton, mit gerunzelter Stirn und ausladender Geste behauptet er, er sei derselben Meinung wie sein Vorgänger im Fall Dreyfus. Das Haus applaudiert... Dann fügt er mit einem wunderbaren Instinkt für das Falsche hinzu: „Ich trete zurück!"

Der Premierminister, der unglückliche und erschöpfte Brisson, erklärt, dass die „Regierung beraten möchte...". Er kehrt mit seinen Kollegen zurück – natürlich ohne Chanoine – und teilt der Kammer mit, dass ein provisorischer

Kriegsminister ernannt wird. Es folgt eine allgemeine Diskussion... Zwei Drittel des Hauses sind der Regierung gegenüber offensichtlich feindlich eingestellt. Brisson bittet um das übliche, aber oft gefährliche Vertrauensvotum. Die Mehrheit ist dagegen und... das Kabinett stürzt.

Ich eile zum Elysée und berichte Felix Faure von meinen Eindrücken einer ereignisreichen Sitzung... Er erzählt mir, dass General Chanoine, nachdem er in der Chambre seinen Rücktritt angekündigt hatte, gekommen sei, um ihm seinen Rücktritt zu überreichen.

"Natürlich habe ich mich geweigert, ihn zu empfangen. Er hätte zumindest wissen müssen, dass er seinen Rücktritt beim Premierminister hätte einreichen sollen... Unter uns, ich bin ziemlich froh, Brisson los zu sein. Er ist ein ausgezeichneter Präsident der Kammer, denn er ist unparteiisch, beeindruckend und ehrwürdig, aber als Premierminister oder sogar als Minister ist er trotz seiner Integrität und seiner allgemeinen politischen Kenntnisse völlig hoffnungslos... Also bin ich hier und suche wieder einmal nach einem Mann, der in der Lage ist, ein Kabinett zu bilden. Vor vier Monaten habe ich dasselbe getan. Morgen werde ich den Präsidenten und die Vizepräsidenten der Kammer und des Senats einberufen. Auf jeden Fall werde ich Delcassé für das Ressort für auswärtige Angelegenheiten behalten. Wir müssen zumindest *einen* Mann im Kabinett haben, der sein Geschäft versteht."

Die Erwähnung von Delcassé führt unweigerlich zurück zu Faschoda.

„Die *Sénégal* hat Marseille erreicht, teilte mir der Präsident mit. Sir Herbert Kitchener und Kapitän Baratier sind an Bord!“

27. Oktober. „Was ist mit Baratier ... und Marchand?“, frage ich Félix Faure.

„Baratier hat sich mit Delcassé eingeschlossen. Marchand wird Faschoda verlassen und nach Kairo fahren, wo er auf die Anweisungen der Regierung warten wird. England ist ungeduldiger denn je.“

28.-30. Oktober. Das Spiel ist aus... Monsons Haltung und Worte lassen keinen Raum für Hoffnung auf eine versöhnliche Lösung... Es sei denn natürlich, wir räumen Faschoda...

Ich habe Félix Faure noch nie so niedergeschlagen gesehen. Dieses riesige afrikanische Reich war einer seiner größten Träume...

Frankreich wird nichts von seinem Prestige verlieren, aber es ist klar, dass es nachgeben wird... In aller Stille stellen wir verschiedene Dokumente zusammen und arbeiten an den „Memoiren“.

Dupuy, einst Professor der Philosophie und bereits zweimal Premierminister, hat sich bereit erklärt, ein Kabinett zu bilden. De Freycinet, ein Zivilist, wird

Kriegsminister. Dupuy ist ein entschiedener Befürworter der „Revision". Und Dupuy war Premierminister, als Dreyfus verurteilt wurde! Das Schicksal hat seltsame Launen.

1.-4. November. Marchand hat Kairo von Faschoda aus erreicht, Baratier hat Kairo von Paris aus erreicht. Frankreich hat Faschoda „offiziell" aufgegeben. Die langwierige Krise, während der ein Krieg mit England so nahe war, ist zu Ende … Die Demütigung treibt Félix Faure Tränen in die Augen … „Und doch war es unvermeidlich, dass wir nachgeben. Unsere Flotte ist zu ineffizient, der Weiße Nil ist zu weit weg, unsere Position in Faschoda war leider unhaltbar … Delcassé hat klug gehandelt. Der Krieg ist abgewendet … sind Sie zufrieden?"

„Das wissen Sie, aber ich muss an Marchand und seine tapferen Gefährten denken. Was müssen sie empfinden? "

12. November. Marchand und Baratier verlassen Kairo in Richtung Faschoda. Von dort aus fahren sie nach Süden nach Sobat und dann nach Osten durch Abessinien nach Dschibuti, von wo aus sie nach Frankreich segeln. Zumindest bleibt ihnen die Demütigung eines Rückzugs durch Ägypten erspart. Die Beziehungen zwischen England und Frankreich normalisieren sich allmählich. Monson und Delcassé haben sich vor drei Tagen getroffen … nach einer Trennung, die fast zwei Wochen gedauert hatte!

15.-30. November. Die Aufmerksamkeit Frankreichs richtet sich ganz auf die Dreyfus-Affäre und den Picquart-Prozess. Wie General Zurlinden den Oberst ernsthaft als Fälscher und Verräter beschuldigen kann, ist mir schleierhaft.

7. Dezember. Gestern Abend sprach Sir Edmund Monson beim Jahresbankett der Britischen Handelskammer, das im Hotel Continental stattfand .

Während ich gerade einen Bericht über die Rede lese, deren Unverschämtheit geradezu riesengroß ist, ruft der Präsident an:

„Haben Sie jemals etwas Arroganteres und Unangemesseneres gehört als Monsons Rede? Der Faschoda-Zwischenfall ist abgeschlossen, aber weil die Regierung beabsichtigt, im Sudan einige Schulen zu gründen, erteilt Monson ihr eine unverschämte Lektion und sagt unseren Ministern, was sie tun müssen … Und das … auf französischem Boden, in Paris! Und er ist Botschafter ! … "

„Ja, der Marquis von Dufferin war ein anderer Mann."

Wir sprachen dann über die politische Situation. Felix Faure lehnt den Gedanken der „Revision" noch immer ab, wenn auch weit weniger stark als vor der Heinrich-Tragödie.

Am Abend treffen wir uns in der Opéra Comique. Es wird ein *Galaspektakel* gegeben, da dies die Eröffnungsnacht des neuen Gebäudes war (die frühere Opéra Comique war mehrere Jahre zuvor niedergebrannt). Das Programm ist ganz der französischen Musik gewidmet und umfasst einen Akt von Gounods „Mireille", einen von „Carmen" und einen von Massenets „Manon".

15.-31. Dezember. Es ist die Nachricht eingetroffen, dass Marchand Faschoda am 11. verlassen hat. Die letzte Szene dieses ergreifenden Dramas hat sich also abgespielt ...

Die „Revision" wird in der Kammer diskutiert. Der Kassationshof hat einem Richter in Cayenne eine Liste von Fragen telegrafiert, die er an Dreyfus richten soll.

1. Januar 1899 – 10. Februar. Der Präsident ordnet eine Reihe von Dokumenten und Notizen zu den Angelegenheiten Dreyfus und Faschoda und schickt sie mir. Ich liege wegen einer Bauchfellentzündung im Bett. Meine Mutter wohnt bei mir. Das Anwesen in Beaucourt wurde vor fast zwei Jahren verkauft und sie zog nach Paris, aber ich habe für meine Mutter eine Villa in der Nähe ihres alten Hauses bauen lassen, und wenn es mir besser geht, wird sie dorthin zurückkehren und wieder in ihrem geliebten Beaucourt leben. Der Präsident ruft mich zwei- oder dreimal täglich an.

Delcassé hält am 23. Januar in der Kammer eine bemerkenswerte Rede zur Faschoda-Affäre, in der er die volle Verantwortung für alles Geschehene übernimmt und erklärt, dass die Marchand-"Mission" das direkte Ergebnis der Liotard-Expedition war, die er selbst als Kolonialminister organisiert hatte. Die Hauptpunkte der Rede sind: Marchand begann seine Mission lange bevor die anglo-ägyptische Armee mit der Eroberung des Sudan begann - Frankreich hatte Jahre zuvor klargestellt, dass es das Tal des "Weißen Nils" nicht als in britischer Einflusssphäre stehend anerkennt - Frankreich konnte seine Flotte, Armee und sein Ansehen nicht in etwas gefährden, das den meisten Nationen als "unerklärliches Abenteuer" erscheinen würde.

Anfang Februar heiratet meine jüngere Schwester. Ich bin noch sehr schwach, schaffe es aber, der Hochzeit beizuwohnen. Ein oder zwei Tage später fahre ich zum Elysée, wo ich einige Minuten bei Felix Faure bleibe. Er zeigt mir einen Brief des Zaren, den ihm Prinz Urusoff vor einer Stunde überreicht hat, und zwei Gemälde, die die Ankunft des Präsidenten in Kronstadt darstellen und die ebenfalls vom russischen Kaiser geschickt wurden.

Die Dreyfus-Affäre verläuft auf dieselbe mehr oder weniger illegale Weise. Der große Kampf findet jedoch nicht mehr zwischen Dreyfusards und Anti-Dreyfusards statt, sondern zwischen der Republik und den Feinden der Republik, zwischen Radikalen und Sozialisten auf der einen Seite und den „Reaktionären, Royalisten" und „Antisemiten" auf der anderen. Alle möglichen Bündnisse entstehen. Anfang Januar gründete François Coppée zusammen mit Brunetière, dem Herausgeber von *La Revue des Deux Mondes*, und anderen die Liga *Patrie Française*, die die Armee entschieden gegen alle Dreyfusards unterstützt ... Es gibt ständig Gerüchte über militärische Verschwörungen ...

Hier sei kurz das Ende der Dreyfus-Affäre geschildert. Brisson hatte den Fall an den Kassationshof zurückverwiesen, der aus drei Kammern besteht (Strafgericht, Zivilgericht und Petitionsgericht). Als jedoch bekannt wurde, dass die für die Berufung zuständige Strafkammer einen groben Justizirrtum festgestellt hatte und zugunsten einer Revision entscheiden würde, schlug Dupuy ein Gesetz vor und brachte die Kammer dazu, es anzunehmen, wonach die entscheidende Entscheidung den drei Kammern überlassen werden sollte. Dies geschah natürlich in der Hoffnung, dass sich im gesamten Gericht eine Mehrheit gegen Dreyfus finden würde.

10. Februar 1899. (Präsident Faure starb am 16. Februar). Der Kassationshof entschied sich für eine Neuverhandlung durch ein Kriegsgericht. Dupuy trat zurück (Juni). Dreyfus wurde von der Teufelsinsel zurückgeholt, in Rennes vor Gericht gestellt, für schuldig befunden, allerdings mit „mildernden Umständen", zu zehn Jahren Gefängnis verurteilt und auf Begnadigung hingewiesen. Ein fantastisches Urteil. Kapitän Dreyfus wurde begnadigt, freigelassen und endlich vollständig rehabilitiert, nachdem er so lange für Verbrechen gelitten hatte, die offensichtlich von anderen begangen worden waren.

Die *Dreyfus-Affäre* wurde von allen Parteien genutzt, um ihre jeweiligen Ziele zu erreichen. Einige nutzten sie, um gegen den Semitismus zu kämpfen, andere gegen die Republik, andere gegen den Sozialismus, andere gegen die Armee und wieder andere gegen den Klerikalismus.... Hunderte von Männern fanden darin eine Möglichkeit, Berühmtheit zu erlangen oder ihre privaten Ambitionen zu befriedigen. Tausende fischten im Trüben. Der Herzog von Orleans, Erbe von König Louis-Philippe, überschwemmte das Land mit Manifesten, und Prinz Victor Napoleon versuchte mit dem treuen Marquis de Girardin, etwas bonapartistische Begeisterung zu wecken. Das vielleicht seltsamste Phänomen in dieser seltsamen Zeit war die anti-dreyfusardische Haltung der jüdischen *Elite* ... Was Präsident Faure betrifft, so kann man nur sagen, dass er absolut aufrichtig von Dreyfus' Schuld überzeugt war, dass das Kriegsgericht, das den Kapitän verurteilte, nach seinem Gewissen geurteilt und seine Rechte nicht überschritten hatte, und dass Frankreich schließlich durch eine „Revision" des Falles noch viel schlechter dastehen würde. Die Ereignisse haben gezeigt, dass er Unrecht hatte und dass Frankreich sich von Schlägen und Unruhen erholen kann, die andere Nationen, die weniger mit Vitalität, Elastizität und Idealismus ausgestattet sind, lähmen würden.

Die Dreyfus-Affäre war Präsident Faures „Alptraum", der Faschoda-Zwischenfall sein „zerplatzter Traum". Bevor ich dieses Kapitel abschließe, das einzige in diesem Buch, das sich mit Politik beschäftigt, muss ich den Vertrag mit Lord Salisbury erwähnen, in dem die englische und die französische „Einflusssphäre" in der Niger-Region festgelegt wurden und in dem Frankreich den Nil aufgab (März 1899).

Nachdem ich nun die wichtigsten Episoden der Faschoda-Affäre Revue passieren lassen habe, erscheinen mir einige Worte über den Mann angebracht, der während dieser gefährlichen Krise das Schiff der französischen Außenpolitik steuerte und der sich seither bei vielen anderen Gelegenheiten als äußerst fähiger Diplomat und Organisator erwiesen hat.

Delcassé war sieben Jahre lang Außenminister, von 1898 bis 1905 – eine bedeutsame Zeit in der Geschichte des modernen Frankreichs. Selbst unter schwierigsten und gefährlichsten Umständen blieb Delcassé immer kühl und gelassen, und niemand konnte diesen kleinen, dunklen Mann mit den runden Augen und dem Schnurrbart, der sich wie die Schnurrhaare einer Katze auf beiden Seiten sträubte, der kaum gestikulierte, nie die Fassung verlor, seine Vernehmer dazu zwang, ihre Fragen zweimal zu stellen, und nur sprach, wenn er wollte ... was selten vorkommt. Félix Faure, der seine großen Verdienste voll und ganz zu schätzen wusste, pflegte zu sagen: „Er ist zu scharfsinnig und zu geheimnisvoll für meinen Geschmack. Seine Kühle ist höchst provozierend. Ich mag ihn aufrichtig nicht und weiß, dass er mich nicht sehr mag; aber ich habe das größte Vertrauen in sein Urteilsvermögen, obwohl dieser geheimnisvolle Mann zu sehr ein autokratischer Herrscher ist. Wenn er in der Kammer spricht, hören ihm die Abgeordneten in religiöser Stille zu, und er ist der Minister, der am wenigsten befragt wird. Es ist ihm gelungen, allgemein verständlich zu machen, dass er auf seine Weise das Richtige tut und dass man ihn in Ruhe lassen muss. Er lenkt das Schicksal des Landes und ist – fast – der Einzige, der weiß, wann Frankreich am Rande eines Krieges steht ... Aber ich kann nicht leugnen, dass er ein geborener Diplomat ist. Hätte Talleyrand oder Metternich ihn erzogen, wäre er zweifellos etwas raffinierter in seinen Manieren und Methoden und hätte ein wenig mehr Feinsinn gelernt, aber ich glaube nicht, dass er viel mehr Autorität oder Fähigkeiten erworben hätte."

Als er 1905 fiel, weil der deutsche Kaiser, der gerade Tanger mit kaiserlichem Pomp geblendet und Frankreich wegen des marokkanischen Problems beunruhigt hatte, den Rücktritt des einzigen Mannes forderte, den er in Frankreich fürchtete – des einzigen Mannes, der ihn nicht fürchtete –, blieb Delcassé, der dem Land so viele Dienste erwiesen, sich für die Entwicklung unserer Kolonien und die Verbesserung unserer Marine eingesetzt und Frankreich seinen rechtmäßigen Platz in der europäischen Diplomatie zurückgegeben hatte, keine Beleidigung erspart. Delcassé galt nun als kriegerischer Wahnsinniger, der die Nation zweimal gedemütigt hatte, in Faschoda und in Marokko.

Als Delcassé jedoch Marineminister wurde, wurde seine Rückkehr an die Macht mit ebenso großer Genugtuung begrüßt wie sein Sturz. Seine Freude, wieder im Amt zu sein, muss durch seinen großartigen Sinn für Humor noch verstärkt worden sein.

Kapitel VIII

Die geheimnisvolle Perlenkette – Der Tod
von Felix Fauré

Präsident Faure schenkte mir im Sommer 1898 eine Perlenkette, die später in meinem Leben eine so seltsame Rolle spielte, dass ich die Geschichte des Geschenks und ihrer weiteren Entwicklung mit so vielen Einzelheiten erzählen werde, wie mein Gedächtnis hergibt, denn wahrscheinlich hatten die Kette sowie die Papiere des Präsidenten etwas mit der mysteriösen Tragödie der Impasse Ronsin zu tun.

Der Präsident äußerte mehrmals den Wunsch, dass ich ein Zeichen seiner herzlichen Freundschaft annehmen sollte. Er hatte mir bereits eine Brosche von Lalique in den drei französischen Farben – Kornblume, Margerite und Mohnblume – und einen Kamm von Lalique geschenkt, der ein Kunstwerk war, aber so schwer, dass ich ihn selten trug. Eines Tages sagte Félix Faure: „Da dieser Kamm für Sie nutzlos ist, müssen Sie mir gestatten, Ihnen einige Perlen anzubieten. Ich kenne eine bestimmte Perlenkette, die einzigartig ist, und mit dem Kauf erweise ich einem Freund einen sehr großen Dienst. Sie müssen mir versprechen, sie anzunehmen, schon allein aus diesem Grund!"

Der Präsident gab mir keine weiteren Informationen über die Halskette oder seinen Freund. Zwei oder drei Tage später speiste ich im Elysée. Bonnat war unter den Gästen des Präsidenten, auch M. Le Gall, „Generalsekretär des Elysée", und Major Lamy, ein angesehener Offizier, der im Begriff war, eine gefährliche Mission in Afrika anzutreten. Nach dem Essen sang ich eine Reihe von Liedern und begleitete mich selbst am Klavier. Während ich die Notenblätter umblätterte, erwähnte Félix Faure erneut die „Überraschung", die er für mich bereithielt. Am nächsten Tag kam Major Lamy, den ich gut kannte und der mich oft besucht hatte, um sich von mir zu verabschieden. Er verließ Frankreich... Er trug einen großen Blumenstrauß, den der Präsident mich seiner Aussage nach gebeten hatte, anzunehmen. Ich öffnete die weiße Verpackung und fand zwischen den Orchideen ein grünes, mit weißem Satin ausgekleidetes Schmuckkästchen, das eine große goldene Schachtel enthielt. Ich hatte einige Mühe, den Deckel zu öffnen, und als er sich schließlich öffnete, fiel die „Überraschung" auf den Boden; Es war eine wundervolle Halskette aus fünf Perlenreihen.

Nach Lamys Abreise schrieb ich dem Präsidenten, dass ich ein solch kostbares Geschenk auf keinen Fall annehmen könne, und obwohl er mich am nächsten Tag, als ich ihn im Elysée besuchte, mit fast schmerzhafter Beharrlichkeit anflehte, die Perlen aufzubewahren, sagte ich, dass ich die Halskette bei meinem nächsten Besuch im Elysée zurückgeben würde.

Zwei Tage später ließ mich der Präsident rufen. Er war blass und beunruhigt und ging ruhelos in seinem Arbeitszimmer auf und ab. Es war klar, dass er mir etwas von höchster Wichtigkeit mitzuteilen hatte, sich aber nicht dazu entschließen konnte. Schließlich begann er: „Ich bin verzweifelter, als Sie sich vorstellen können … Es ist etwas Schreckliches passiert … Es geht um diese Halskette. Ich habe sie einem Freund abgekauft, einem Mann von höchstem Rang. Ich wollte ihm aus einer schwierigen Lage helfen, und nun höre ich, dass ich gegen meinen Willen in einen Skandal verwickelt bin, der mich, wenn er ans Licht käme, völlig ruinieren würde … Ich müsste sofort zurücktreten und sogar das Land verlassen. Es ist eine höchst komplizierte und unerhörte Angelegenheit. Und doch habe ich die Perlen gekauft, um diesem Freund einen Gefallen zu tun, der natürlich ebenso wenig von den plötzlich aufgetretenen Komplikationen wusste wie ich. Er wurde getäuscht … und ich bin verloren, wenn etwas durchsickert. Mehr kann ich Ihnen nicht sagen. Ich habe nicht das Recht, diese schreckliche Angelegenheit zu besprechen. Niemand darf davon erfahren … Ich bitte Sie, die Halskette in Ihrem Haus aufzubewahren. Niemand darf jemals vermuten, dass Sie sie besitzen. Aber Sie dürfen sie derzeit nicht tragen oder jemandem zeigen … Hat einer Ihrer Freunde oder ein Mitglied Ihrer Familie sie gesehen?“

„Nein... denn wie Sie wissen, habe ich beschlossen, es Ihnen zurückzugeben. Ich konnte es nicht tragen. Es ist zu wertvoll. Die Leute würden sich fragen, woher es kam... Außerdem gibt es nicht viele solcher Halsketten auf der Welt. Die Perlen sind so perfekt und groß...“

„Hat Ihnen irgendjemand Fragen gestellt?“

"Ja... Nach einem gestrigen Abendessen fragte mich MB, der Generalstaatsanwalt, beiläufig, ob es wahr sei, dass man mir eine Halskette im Wert von 20.000 Pfund geschenkt habe.... Die Zahl erschreckte mich, ebenso die Tatsache, dass MB von den Perlen gehört haben soll. Aber ich antwortete, dass ich nicht jung genug sei, um Märchen zuzuhören, und der Generalstaatsanwalt bemerkte: "Ich dachte, die Geschichte sei nicht wahr."... Und jetzt", fügte ich hinzu, "werde ich nach Hause fahren und Ihnen die Perlen zurückgeben. Ich hatte es ohnehin vor, das zu tun, aber nach dem, was Sie mir gerade erzählt haben, ist es mir unmöglich, sie auch nur eine Stunde länger zu behalten. Ich wünschte nur, ich hätte sie mitgebracht."

Félix Faure wurde leichenblass: „Wollen Sie mich ruinieren? Soll ich in einen Skandal hineingezogen werden, der zu Katastrophen führen kann, an die ich nicht einmal zu denken wagte? Ich flehe Sie an, sie aufzubewahren. Sie riskieren absolut nichts. Wenn ich nicht mehr Präsident bin, können sich die Dinge mit der Zeit ändern, und ich kann einen Ausweg aus der Schwierigkeit finden... Die Perlen gehören Ihnen, behalten Sie sie, aber wenn Sie sie jemals loswerden wollen, verkaufen Sie sie eine nach der anderen..."

„Du machst mir Angst … Darf ich die Geschichte der Halskette nicht erfahren?“

„Das ist unmöglich. Stellen Sie mir keine Fragen…“

Ich war wütend. Ich wollte unbedingt die Wahrheit wissen. Ich wollte wissen, wer dem Präsidenten und seinem Freund „höchsten Ranges“ eine Falle gestellt hatte. Ich vermutete, dass die Kette einer Dame gehört hatte, die sie verkauft hatte, weil sie viel Geld brauchte, und dass ihr Mann, eine wichtige Persönlichkeit, als er das Verschwinden der Perlen bemerkte, damit gedroht hatte, einen Skandal zu veranstalten …

Der Präsident lächelte bitter…: „Wenn das doch die Wahrheit wäre! Denn in diesem Fall hätte ich Ihnen sofort alles erzählt, Sie um die Perlen gebeten und sie der Dame zurückgegeben… Und Sie hätten mir erlaubt, die Halskette durch ein anderes Juwel zu ersetzen… Nein, leider ist das nicht der Fall. Der betreffende Freund ist ein Mann… Und das Geheimnis gehört eher ihm als mir.“

„Vielleicht“, fuhr ich fort, „wurde die Kette gestohlen! Die wichtige Persönlichkeit, Ihr Freund, hat sie erworben, ohne es zu wissen. Dann hat er gespielt, viel verloren und Ihnen die Perlen verkauft? Vielleicht erpressen sie ihn…!“

„Nein, nein... Auch in diesem Fall wäre es das Einfachste, die Perlen zurückzugeben…“

„Ist es ein königliches Juwel?“, fragte ich. „Ist der Skandal diplomatischer Natur ? … “

Félix Faure antwortete: „Sie liegen völlig falsch, und ich schwöre, dass ich Ihnen die Wahrheit nicht sagen kann und darf … Ich bin ein Mann von Welt, und seit ich herausgefunden habe, was ich getan habe, suche ich nach einem Ausweg aus dieser unaussprechlichen Katastrophe, die meinen Freund, mich und … andere , vielleicht noch andere bedroht, wenn die Geschichte der Halskette bekannt wird. Es gibt nur einen Weg, allen Ärger zu vermeiden: Sie müssen diese Perlen behalten.“

„Und wenn ich ablehne?“

Der Präsident sah mir direkt in die Augen. Seine Lippen zitterten und sein Gesicht war verzerrt. „Um Gottes Willen, tun Sie das nicht!“, sagte er.

Seine Verzweiflung war so offensichtlich, dass ich aufhörte, ihn zu befragen. Eine Stunde lang versuchte ich, die Halskette zu vergessen, und sortierte verschiedene Papiere, die für die „Erinnerungen“ nützlich sein könnten. Bevor ich das Elysée verließ, konnte ich es mir jedoch nicht verkneifen, noch einmal über die Perlen zu sprechen.

„Ich kann dieses Problem nicht lösen und es ärgert mich unsagbar. Ich weiß, dass Sie zu nichts Unehrlichem fähig sind und ich bin sicher, dass Sie mich nie in etwas hineinziehen würden, das mir schaden könnte. Aber warum konnten Sie die Halskette nicht jemand anderem anvertrauen?“

„Weil ich niemandem so sehr vertraue wie dir.“

„Warum versteckst du es nicht hier?“

„Vielleicht wird es gefunden.“

„Warum zerstören wir es nicht, vergraben es, werfen es in die Seine?“ ...

„Ich könnte gesehen werden. Jeder, der so etwas tut, könnte gesehen werden. Außerdem, warum sollte man ein kleines Vermögen wegwerfen, wenn in ein paar Monaten der Sturm vorüber sein könnte, die Dinge sich auf wundersame Weise geklärt haben könnten und Sie die Halskette tragen oder verkaufen können. Ich habe dafür bezahlt; sie gehört jetzt Ihnen. Es ist nichts Ungewöhnliches... Nur wäre es so, dass es einen großen Skandal geben würde – sogar etwas Schlimmeres als einen Skandal –, wenn bekannt würde, dass ich, Präsident der Republik, und die ‚Persönlichkeit‘, von der ich Ihnen erzählt habe, in diese Halskettenaffäre verwickelt waren, wenn auch nur auf vollkommen unschuldige Weise. Und jetzt bitte ich Sie, lassen Sie die Perlen bitte in Sicherheit in Ihrem Haus ruhen, und wenn Sie können, erwähnen Sie sie mir gegenüber nie wieder, bis ich Ihnen sagen kann, dass alle Gefahr vorüber ist.“

All dies wurde mit einer solchen Ernsthaftigkeit und Ernsthaftigkeit gesagt, dass ich es an diesem Tag aufgab, zu versuchen, das Geheimnis zu lösen.

Viele Male danach fragte ich den Präsidenten, ob er mir die Halskette abnehmen würde. Ich erzählte ihm, wie sehr sie mich beunruhigte, nicht so sehr wegen ihres Wertes, sondern wegen des Mysteriums, das damit verbunden war... Aber seine Antwort war immer dieselbe: „Vergessen Sie diese Halskette. Sie gehört Ihnen. Wenn Sie auch nur eine Freundschaft mit mir haben, sprechen Sie nicht mit mir darüber... Sie gehen keinerlei Risiken ein... Alles wird bald gut sein...“

Kurz nach dem Tod des Präsidenten erfuhr ich, dass dies nicht stimmte.

Am Morgen des 16. Februar 1899 rief mich M. Le Gall, „Generalsekretär“ des Elysée, an und sagte mir, dass der Präsident mich unbedingt sehen wolle. Ich antwortete, dass ich am nächsten Tag vorbeikommen würde, da es mir nicht sehr gut ginge und ich Bonnat außerdem versprochen hatte, am Nachmittag für mein Porträt Modell zu sitzen. Bonnat hatte alle seine Termine abgesagt, um mit dem Porträt fortzufahren, das aufgrund meiner

Krankheit seit vielen Wochen nicht mehr angefertigt worden war. Ich hatte nicht vor, danach noch einmal im Elysée vorbeizuschauen, da es ziemlich ermüdend ist, einem Maler Modell zu sitzen, besonders wenn man sich gerade erst von einer schweren Krankheit erholt hat.

Die goldene Schachtel, in der mir Präsident Faure die Perlenkette schickte

Ich aß zu Hause zu Mittag. Gerade als ich mich an den Tisch setzen wollte, klingelte das Telefon und man sagte mir, der Präsident persönlich wolle mit mir sprechen. Ob ich bitte dranbleiben könnte? Ein paar Sekunden später hörte ich die Stimme von Félix Faure: „Ich muss Sie heute unbedingt sehen. Ich möchte Ihnen etwas überreichen... Ich fühle mich nicht ganz wie ich selbst... Übrigens habe ich in den letzten Tagen bemerkt, dass Sie mit Ihrem Verdacht völlig richtig lagen. Jemand hat in meinen privaten Papieren herumgestöbert. Es ist unbedingt notwendig, dass Sie die Papiere holen, die ich in letzter Zeit ohne Sie schreiben musste."

Er hielt inne, um Luft zu holen, und fuhr dann fort: „Ich fand, dass Sie sehr blass aussahen, als Sie das letzte Mal hier waren ... Aber wenn Sie es schaffen, bei Bonnat für Ihr Porträt Modell zu sitzen, sollten Sie versuchen, mir ein paar Minuten zu widmen."

Ich antwortete: „Wenn ich nicht zu müde bin, komme ich kurz vorbei, um die Papiere entgegenzunehmen, von denen Sie sprechen, und Sie zu bitten, sich ernsthafter um Ihre Gesundheit zu kümmern. Auch Sie sahen im Elysée ganz verstört aus ..."

Seine Stimme klang anders als sonst; sie war schwach und unscharf. Ich sagte ihm das, und er bemerkte: „Sie haben recht; diese *Sache* bringt mich um. Ich habe mehr Feinde als je zuvor, und während Ihrer Abwesenheit habe ich vielleicht zu gut gelebt ..."

Er schien zu zögern und wiederholte schließlich: „Kommen Sie doch heute Nachmittag, ich bitte Sie ..."

Nach dem Mittagessen ging ich zu Bonnat. Am Nachmittag klingelte das Telefon und man sagte mir, der Präsident bestehe unbedingt darauf, dass ich ihn unbedingt bald aufsuchen solle... Ich bin sicher, er muss zu dieser Zeit im Elysée gewesen sein, und ich kann mir daher nicht vorstellen, wie der Präsident an diesem Nachmittag im Haus eines Freundes plötzlich krank geworden sein und in einem Landauer eilig ins Elysée zurückgefahren worden sein könnte, wie bestimmte Zeitungen später berichteten. Wenn Felix Faure an diesem Nachmittag ausging, hat er es mir jedenfalls nie erzählt, als ich ihn traf...

Nach der Sitzung war ich müde und beschloss, nicht ins Elysée zu gehen. Draußen erinnerte ich mich jedoch an die Beharrlichkeit des Präsidenten und fuhr zum Palast. Ich betrat ihn durch die Tür in der Rue du Colisée. Ich sah den Präsidenten am offenen Fenster neben dem kleinen Wartezimmer stehen. Blondel, sein Privatsekretär, war bei ihm. Die Blässe des Präsidenten beeindruckte mich sehr. Es war noch nicht dunkel; es musste etwa fünf Uhr sein.

Sobald ich eintrat, sagte er zu mir, während Blondel sich höflich zurückzog: „Mit mir stimmt etwas nicht. Ach! Warum waren Sie die ganzen Tage nicht bei mir? Ich habe die Kontrolle über mich selbst verloren... Ich bin all diese Intrigen und hoffnungslosen Komplikationen im Fall Dreyfus so leid. Ich habe versucht, meine Sorgen zu vergessen, und habe eine Menge von diesem Medikament genommen... das ich niemals anrühren sollte. Das habe ich sogar heute Nachmittag getan."

Er schien etwas vor mir zu verheimlichen, wahrscheinlich einen Besuch, den er mir nicht zu gestehen wagte.

Der blaue *Petit Salon* , in dem er mich normalerweise empfing und wo wir immer seine Memoiren schrieben, war in den Händen der Innenarchitekten.

Also führte er mich in ein Zimmer, in dem ich noch nie zuvor gewesen war, in der Nähe von Monsieur Le Galls Arbeitszimmer. Zu meiner großen Überraschung war Monsieur Le Gall nicht da, aber der treue Blondel saß im Arbeitszimmer. Die Tür dorthin war offen, denn der Präsident klagte, er könne nicht gut atmen und brauche so viel Luft wie möglich. Ich war nicht allzu beunruhigt, denn obwohl der Präsident ungewöhnlich blass war, sah er nicht schlimmer aus, als ich ihn bei anderen Gelegenheiten gesehen hatte, ein paar Stunden nachdem er sich seiner Lieblingsdroge – und gefährlichen – hingegeben hatte.

„Ich muss wirklich auf meine Gesundheit achten", sagte er, „und dieses ‚Gift' aufgeben. ... Und dann muss ich versuchen, für den großen Ball, den wir hier bald haben, fit zu sein."

Ich fragte ihn, wie er seine Zeit an diesem Tag verbracht hatte, und er erzählte mir, dass er einige wichtige Persönlichkeiten empfangen hatte ... und auch eine Freundin, die ihr Möglichstes getan hatte, um ihn in Bezug auf die Dreyfus-Affäre zu beeinflussen. Ich kannte sie gut, und der Präsident hatte mir mehr als einmal erzählt, dass diese Dame sehr darauf bedacht war, dass ihr Mann Minister würde.

Plötzlich rief der Präsident: „Mir ist schwindlig... Mir ist schwindlig." Ich rief Blondel. Nach einer Weile sagte der Präsident: „Es wird alles gut... Ich werde mich gleich wieder erholen."

Blondel und ich halfen ihm, zur Tür seines Arbeitszimmers zu gehen. Der Präsident sah jetzt etwas besser aus. Er wandte sich mir zu und sagte: „Der Ärger ist vorbei; ich werde mich ein wenig ausruhen... Ich werde dieses elende Rauschmittel nicht mehr nehmen, das verspreche ich Ihnen – das schwöre ich... Machen Sie sich schön für den Ball; ich habe Ihnen die Karten geschickt, die Sie bestellt haben. Ich rufe Sie morgen früh an. Versprechen Sie mir, morgen früh mit Marthe ins Bois zu kommen, wenn das Wetter so herrlich ist wie heute." Dann, als er sah, dass ich das Bündel Dokumente nicht bei mir hatte, das er mich gebeten hatte, mit nach Hause zu nehmen, fügte er hinzu: „Vergessen Sie das Paket nicht... *au revoir* ..."

Daraufhin betrat er ohne Hilfe sein Arbeitszimmer.

Ich ging mit Blondel in das kleine Wartezimmer und nahm das Paket mit den Papieren entgegen. Blondel begleitete mich bis zur Tür. Da ich aber nicht wollte, dass der Präsident wegen seines schlechten Gesundheitszustands allein blieb, und da M. Le Gall nicht da war, sagte ich zu Blondel: „Machen Sie sich nicht die Mühe, mich hinauszulassen. Ich werde das Elysée durch den Haupteingang verlassen. Bitte beeilen Sie sich, zum Präsidenten zurückzukehren, denn er scheint alles andere als gesund zu sein. Es wäre vielleicht ratsam, einen Arzt zu rufen..."

Ich verließ den Palast durch das Haupttor in der Rue Saint Honoré. Sobald ich draußen war, merkte ich, dass ich wie so oft beschattet wurde. Aber mein treuer „Agent" war da. Ich ging die Avenue Marigny entlang, erreichte die Champs Elysée und rief einen *Fiaker*. Es war etwa sechs Uhr, als ich die Impasse Ronsin erreichte.

Gegen Mitternacht (ich lag schon seit einiger Zeit im Bett) wurde ich durch das Klingeln des Telefons in meinem Zimmer geweckt. Es war Monsieur Bordelongue, Direktor im Ministerium für *Post und Telegrafie* und ein alter Freund.

„Was ist los?", fragte ich.

Und dann hörte ich die Nachricht, die schreckliche Nachricht: „Der Präsident ist tot."

Ich konnte nicht glauben, was ich hörte. „Das ist unmöglich", rief ich aus. „Ich habe ihn heute gesehen. Er war müde, schwach, verstört, aber gesundheitlich schien er in Ordnung zu sein." Ich stellte Bordelongue alle möglichen Fragen, aber er antwortete nur: „Nichts ist bekannt. Man sagt, der Präsident sei an einem Schlaganfall gestorben ."

Am nächsten Morgen um sechs Uhr wurde mir gesagt, dass mein treuer „Agent" mich in einer wichtigen Angelegenheit sprechen wollte. Dieser „Agent" gehörte nicht der *Sûreté* oder dem Innenministerium an, sondern war ein Privatdetektiv, der von Félix Faure speziell ausgewählt und beauftragt worden war, mich überall zu bewachen und dafür zu sorgen, dass mir kein Leid zustieß. (Man sollte bedenken, dass Paris während der Dreyfus-Affäre in einem Zustand derart blinder Aufregung und wahnsinniger Leidenschaft war, dass überall Detektive eingesetzt wurden, um die Taten bestimmter Personen aufzudecken. Tatsächlich herrschten in Frankreich vor Félix Faures mysteriösem Tod Verhältnisse, die in gewissem Maße an jene erinnerten, die in Venedig in den gefürchteten Tagen des Konzils der Zehn herrschten.)

Ich ahnte, was der Mann vorhatte, also zog ich mich hastig an und traf ihn.

"Ah! Madame, ich sehe, Sie kennen die Neuigkeiten... Der Tod des Präsidenten ist ein Rätsel. Man sagt, er sei an einer Hirnblutung gestorben, aber ich habe gehört, sein Todeskampf dauerte mehrere Stunden. Madame Faure und ihre Tochter kamen erst im letzten Moment... Ich selbst werde beschattet, und es ist besser, wenn ich nicht noch einmal vorbeikomme... Aber Sie kennen meine Adresse, und wenn ich Ihnen irgendwann von Nutzen sein kann, bitte ich Sie, sich an mich zu wenden."

Der Mann war tief bewegt, und ich auch. Ich hatte meinen besten Freund verloren; er hatte einen guten Meister verloren... Ich sah ihn nie wieder, außer bei einer einzigen Gelegenheit. Das war zehn Jahre später, ein paar Tage nach der Ermordung meines Mannes und meiner Mutter. Ich lag todkrank im Bett des Grafen von Arlon, als man mir eine Karte mit einem Namen brachte, den ich nicht kannte, und ich wollte gerade den Empfang der Person ablehnen, die mir die Karte geschickt hatte, als ich die Handschrift einiger hastig hingekritzelter Worte erkannte, die mich baten, den Schreiber zu empfangen. Der „Agent" aus Félix Faures Tagen betrat mein Zimmer, aber ich hätte ihn beinahe nicht erkannt, so geschickt hatte er sich verkleidet.

„Verzeihen Sie, dass ich Sie störe, Madame", murmelte er, „aber ich hielt es für meine Pflicht, Ihnen Folgendes zu sagen. Sobald Sie wieder reisefähig sind, verlassen Sie Paris. Gehen Sie irgendwohin im Land und versuchen Sie, die schreckliche Tragödie zu vergessen. Auf jeden Fall dürfen Sie keinen Finger rühren, was auch immer geschieht. Ich glaube, die Mörder werden nie gefunden werden. Ich vermute, Sie werden keine Ruhe haben, bis sie verhaftet sind. Aber ich bitte Sie, nichts zu unternehmen … denn was auch immer Sie tun, die Mörder Ihrer Mutter und Ihres Mannes werden nicht verhaftet. Der Tod von Monsieur Steinheil und Mme. Japy wird ebenso mysteriös bleiben wie der von Präsident Faure."

KAPITEL IX

NACH DEM TOD VON PRÄSIDENT FAURE: DIE DOKUMENTE – DIE HALSKETTE

Ich war sechs Wochen lang schwer krank und hatte mich gerade erst erholt, als Félix Faure starb. Der Schock verursachte einen Rückfall und ich konnte nicht an der Beerdigung des Präsidenten teilnehmen, die am Donnerstag, dem 23. Februar, stattfand.

Ich hatte einen großen Freund verloren und Frankreich einen großen Patrioten. Es hieß, Präsident Faure sei ein unbeschwerter Optimist gewesen, er habe keine nennenswerte Kontrolle über die verschiedenen politischen Parteien, die um ihn herum kämpften, und schließlich sei er nur eine Galionsfigur, ein Staatsoberhaupt, aber kein Staatsmann – eher ein dekorativer Präsident als ein Mann mit großen Ideen oder ein Mann der Tat.

Es lässt sich nicht leugnen, dass Félix Faure erstaunlich viel Glück hatte und dass er, als er sah, dass es ihm immer „gut ging", fast irritierend selbstbewusst wurde und vielleicht dazu neigte, bei der Ausübung seiner Präsidentschaftspflichten sehr anspruchsvoll zu sein. Er liebte Pomp und schwelgte in der Pracht und dem Prunk seines Amtes, besonders wenn er in engem Wettbewerb mit einem König oder Kaiser stand. Er sah perfekt aus wie der „erste Beamte des Landes", denn er war groß, gutaussehend, hatte ein kultiviertes Auftreten und war würdevoll bis an die Grenze der Zurückhaltung. Aber er hatte viele wertvolle Eigenschaften: Er war mit viel gesundem Menschenverstand ausgestattet – eine Eigenschaft, die in Frankreich während der Zeit der *Dreyfus-Affäre zu vielen fehlte* – und er war ein leidenschaftlicher – ein eifriger – Patriot. Er besaß eine seltene Gabe der Sympathie, und es besteht kein Zweifel, dass er das Ansehen Frankreichs während seiner Präsidentschaft beträchtlich steigerte, trotz seiner unerklärlichen Haltung in der Dreyfus-Affäre, trotz der Demütigung Faschodas und trotz Zolas Brief „Ich klage an" und der heftigen Angriffe von Clémenceau, Reinach, Jaurès und vielen anderen. Er hatte mehr Feinde als jeder Präsident je, darunter Declassé, selbst ein überzeugter Dreyfus-Anhänger, in dessen diplomatisches Talent er so viel Vertrauen hatte. Félix Faure hatte erbitterte Feinde nicht nur in den Kabinetten, die während seiner Präsidentschaft mit so „beredter" Schnelligkeit aufeinander folgten, sondern sogar in seinem eigenen *Gefolge* im Elysée.

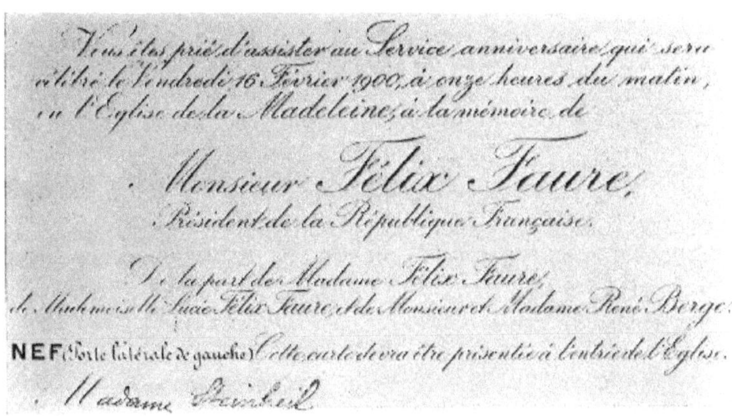

EINLADUNG ZUM FELIX FAURE „IN MEMORIAM"-
GOTTESDIENST

Er liebte die Armee. Er hatte im Krieg gegen Deutschland tapfer gekämpft; er glaubte an die absolute Rechtmäßigkeit des Kriegsgerichts, das Dreyfus vor Gericht stellte, und tat sein Möglichstes, um eine „Revision" des Prozesses zu verhindern. Er war ein durch und durch ehrlicher und aufrichtiger Mann und glaubte, er arbeite für die Größe des Landes, das er so leidenschaftlich liebte.

Die menschliche Bösartigkeit kennt keine Grenzen und kein Mitleid. Weniger als vierundzwanzig Stunden nach dem Tod des Präsidenten behaupteten mehrere Zeitungen kühl, Felix Faure sei von einer gewissen protestantischen Freundin, einer gewissen Frau S., vergiftet worden. Andere sagten, es sei eine Schauspielerin gewesen, deren Name mit S begann, und wieder andere eine jüdische Dame. Aber sie bezeichneten mich vor allem als Mörder Felix Faures, wenn auch in sehr vorsichtiger und verschleierter Form und ohne jemals meinen Namen zu nennen. Ich hatte am Nachmittag des 16. Februar im Elysée vorgesprochen. Die ganze Tragödie schien einigen Leuten völlig klar. Ich war von einem geheimen Komitee der Dreyfus-Anhänger aufgrund der Sympathie des Präsidenten für mich damit beauftragt worden, den Mann zu „unterdrücken", der angeblich das große Hindernis für die „Revision" darstellte. Da ich krank und erschöpft war, hatte ich in jenen Tagen keine Lust, Zeitungen zu lesen, und hätte diese schamlosen Gerüchte wohl nie gehört, aber Hunderte von guten Seelen schickten mir die Ausschnitte mit den giftigen Anspielungen, und gleichzeitig erreichten mich Unmengen anonymer Briefe, in denen Mörder, Giftmörder, Lucretia und Brinvilliers vielleicht die am wenigsten grausamen und beleidigenden Schimpfwörter waren, die man mir an den Kopf schleuderte. Einige Schreiber erklärten, wenn ich den Präsidenten nicht getötet hätte, wüsste ich zumindest, wann er

gestorben sei und wer ihn getötet habe, und dass mir schreckliche Katastrophen widerfahren würden, wenn ich den Namen nicht preisgäbe. In einigen Briefen erwähnte man die Papiere von Félix Faure und schrieb, wenn ich wüsste, wo sie seien, und sie mir besorgen könnte, sollte ich sie veröffentlichen, denn ihre Veröffentlichung würde den Anti-Dreyfusards dienen, zu denen ich zweifellos gehörte, da mein großer Freund, der Präsident, nie Sympathie für die Verfechter des „Verräters" gezeigt hatte. In anderen Briefen bat ich mich, den Dreyfusards zu dienen und alle Dokumente zu verbrennen, die ihre Sache kompromittieren könnten. Wieder andere, ebenfalls von den Dreyfusards, schlugen mir vor, die Papiere „dem und dem" zu übergeben, der sie prüfen und entscheiden würde, welche veröffentlicht werden sollten … Und jeder Brief endete mit üblen Drohungen, falls ich dem Rat des anonymen Schreibers nicht folgen sollte !
…

In diesen schmerzlichen Stunden halfen mir das Vertrauen und die Anteilnahme einer Reihe von Freunden, allen voran Bonnat, die Scham zu überwinden, die mich bedrückte. Ich erhielt taktvolle Beileidsbekundungen von Hunderten von Menschen, die sich über diese schändliche Pressekampagne empört hatten. Außerdem kam ein reizender Brief von Mlle. Lucie Faure, der ich zum Tod ihres geliebten Vaters mein Beileid ausgesprochen und ihr gleichzeitig versprochen hatte, sie wie in der Vergangenheit bei ihren karitativen Werken zu unterstützen, insbesondere bei der „Bruderlichen Legion der Kinder Frankreichs".

Doch all diese Beileidsbekundungen setzten den Unterstellungen in gewissen Zeitungen kein Ende. Allein der Schrecken darüber gab mir Kraft. Ich vergaß meine körperlichen Leiden und ging von einem Richter zum anderen unter meinen Bekannten. Alle sagten mir, da mein Name nicht erwähnt wurde, sei es unmöglich, die anstößigen Zeitungen strafrechtlich zu verfolgen, und da die Briefe, die ich erhielt, anonym und entweder in Großbuchstaben oder mit der linken Hand geschrieben waren, sei es äußerst schwierig, die Absender ausfindig zu machen. Zwar hatte eine Zeitung die „Frau eines Malers" erwähnt, aber es gab Dutzende verheirateter Maler, deren Namen mit dem Buchstaben S begannen. Die einzig kluge Vorgehensweise für mich war, alle Beleidigungen und Drohungen zu ignorieren. Die absurden Gerüchte würden bald verstummen, und die anonymen Briefe würden mich bald nicht mehr erreichen. Außerdem war all dies lediglich eine indirekte Folge der Dreyfus-Agitation, die die schlimmsten Leidenschaften entfachte und manche Männer vor nichts zurückschrecken ließ.

Ich habe mich mit einem Abgeordneten, einem „Staatsrat" und einem alten Freund von mir über die Dokumente beraten. Sollte ich sie behalten, an Frau Faure schicken oder vernichten?

MP zögerte und antwortete schließlich: „Wenn die Papiere in meinem Besitz wären und mir vom verstorbenen Präsidenten anvertraut worden wären, würde ich es wohl nicht wagen, sie zu vernichten. Sie könnten nützlich sein... Aber ich würde sie auf jeden Fall an einem sicheren Ort zu Hause verstecken... Übrigens, wer außer mir weiß, dass Sie diese Memoiren gemeinsam mit dem Präsidenten geschrieben haben und dass sie sich in Ihrem Besitz befinden?"

„Das ist schwer zu beantworten. Es gibt ein paar Leute, die Félix Faure mit mir im Elysée schreiben sahen, und ein paar Mal wurde ich verfolgt, als ich den Palast mit einem Bündel Papiere unter dem Arm verließ ..."

"Offensichtlich ist eine gewisse Indiskretion begangen worden. Aber ich würde davon keine Notiz nehmen. Der Präsident hatte völlige Freiheit, die mehr oder weniger ‚geheime' Geschichte der Dritten Republik zu schreiben, und zwar mit wem auch immer er wollte. Es stand ihm frei, diese Papiere Ihrer Obhut anzuvertrauen oder sie Ihnen zu geben, und Sie haben das volle Recht, sie aufzubewahren... Jedenfalls würde ich sie an Ihrer Stelle aufbewahren."

Am nächsten Morgen kam mein Diener und sagte, dass M. Blondel (Félix Faures Privatsekretär) mich sprechen wolle. Ich hatte gerade einen weiteren Stapel anonymer Briefe erhalten und war sehr deprimiert. M. Blondel, der dem Präsidenten so ergeben und so freundlich zu mir gewesen war, versuchte mich zu beruhigen und sagte dann: „Lassen Sie mich Ihnen erzählen, was nach Ihrer Abreise aus dem Elysée an dem verhängnisvollen Tag geschah, und Ihnen die letzte Botschaft des Präsidenten überbringen... Der Präsident saß in seinem Arbeitszimmer und fühlte sich viel besser. Ich ließ jedoch, wie ich Ihnen versprochen hatte, nach einem Arzt schicken... Es gab einen im Elysée. Er kam und fand den Präsidenten sehr schwach vor, aber seiner Meinung nach nicht in Gefahr. Nachdem der Arzt das Zimmer verlassen hatte, sagte der Präsident zu meiner großen Überraschung: ‚Wenn es mir schlechter geht oder wenn ich, wie Dr. Potain mich oft gewarnt hat, plötzlich sterbe, möchte ich, dass Sie dafür sorgen, dass der Talisman, den sie mir gab und den ich immer trage, an Mme. Steinheil zurückgegeben wird.' Kurz darauf ging es ihm wieder schlecht, und man ließ einen Priester rufen. Es war damals, glaube ich, etwa sieben Uhr. Nachdem er den Priester empfangen hatte, reichte er mir den Talisman und flüsterte: ‚Ich glaube, ich bin verloren ... Alle, die sich um mich gekümmert haben, mögen meinen Feinden vergeben, so wie ich ihnen selbst vergebe ...' Andere Ärzte kamen, dann Mme. Faure und ihre Töchter ... Verzeihen Sie mir, wenn ich Ihnen keine weiteren Einzelheiten erzähle. Es wäre zu schmerzhaft für Sie – und für mich."

Ich hatte den Talisman auf Wunsch von Félix Faure selbst entworfen. Es war ein goldenes Medaillon mit den Initialen FF auf einem Diamantanker und mit winzigen Perlen, Rubinen und Saphiren besetzt, um an die Trikolore zu erinnern. Das in den Anker eingravierte Wort, ein freundlicher Ausdruck, war auf Russisch, denn dem Präsidenten gefiel alles, was an seinen Besuch in St. Petersburg und das Bündnis mit Russland erinnerte.

Nachdem ich das Medaillon in eine Schublade gelegt hatte, kehrte ich zu Monsieur Blondel zurück und sagte: „Sagen Sie mir die Wahrheit. Sie wissen, welche tragischen Gerüchte kurz nach dem Tod des Präsidenten in Paris wie ein Lauffeuer um sich griffen. Wie kommt es dann, dass trotz des Verdachts auf ein Verbrechen keine Autopsie durchgeführt wurde? Im *Journal Officiel* stand: ‚Der Präsident der Republik starb gestern um 22 Uhr an einem *Schlaganfall*.‘ Wie können Sie diese offizielle Erklärung über einen plötzlichen Tod mit dem in Einklang bringen, was Sie mir gerade erzählt haben? Um sieben Uhr glaubte der Präsident bereits, er liege im Sterben und ließ einen Priester rufen. Warum wurde keine Autopsie durchgeführt ? … “

„Weil es der Wunsch von Frau Faure war und der Premier selbst damit einverstanden war.“

M. Blondel war tief bewegt und ich teilte seine Gefühle. Ich erkannte, dass er nichts mehr sagen konnte oder nichts mehr zu sagen hatte… Und wir trennten uns…

Das Rätsel um Félix Faures Tod blieb also ungelöst. Ich habe mehr als einmal versucht, es zu lösen, aber vergebens. Meine Meinung ist jedoch folgende: Der Präsident hatte, wie er selbst bei unserem letzten Treffen zugab, an diesem Nachmittag und lange vor meinem Kurzbesuch bei ihm eine große Dosis seines gefährlichen „Heilmittels“ eingenommen oder erhalten. Er war oft gewarnt worden, dass es eines Tages tödlich sein könnte – und das tat es auch.

Es ist schrecklich, das sagen zu müssen, aber als ich einige Monate nach der Ermordung meines Mannes und meiner Mutter verhaftet und eingesperrt wurde, wurden die schändlichen Anschuldigungen gegen mich im Zusammenhang mit dem Tod des Präsidenten erneut in Umlauf gebracht. Als mein Anwalt mir dies mitteilte, bestand ich auf einer umfassenden Untersuchung der Angelegenheit, und der Richter M. Albanel wurde ernannt. Er führte die umfassendsten Untersuchungen durch, und ich muss wohl kaum hinzufügen, dass ich vollständig entlastet wurde.

Am Abend des Tages nach der Beerdigung von Präsident Faure kam mein Mann in mein Zimmer und schloss die Tür sorgfältig. Er zitterte und war blass. „Wissen Sie“, begann er, „dass wir vor Jahren vereinbart haben, dass wir, obwohl wir unter demselben Dach leben, völlig frei sein sollten, zu handeln, wie es uns beliebt. Wir haben außerdem vereinbart, alle wichtigen Angelegenheiten per Brief zu besprechen... Aber dieses Mal muss ich mit Ihnen sprechen. Heute ist etwas Schreckliches passiert, und wir müssen darüber reden und sehen, wie wir uns vor einer Katastrophe retten können... Ein Mann besuchte mich und war zwei Stunden mit mir im Atelier... Nun sagen Sie mir, ist es wahr, dass Sie eine Menge wichtiger Dokumente besitzen, die der verstorbene Präsident geschrieben hat, und ist es wahr, dass Sie eine äußerst wertvolle Perlenkette besitzen? Ich weiß, dass Felix Faure Ihnen einen Kamm und eine Brosche geschenkt hat, aber was ist mit diesen Perlen? Und was ist die Wahrheit über die Dokumente?"

Ich schwieg. Mein Mann fuhr fort:

„Der Mann, der Französisch mit starkem deutschen Akzent spricht, gibt an, dass er Sie mehrmals mit einem Bündel Papiere in der Hand das Elysée-Palast verlassen sah. Einmal begleitete Sie der Präsident bis zur Gartentür und sagte, bevor er diese schloss, zu Ihnen: ‚Seien Sie vorsichtig mit den Dokumenten.‘ Was die Halskette betrifft, so hat er sie mir genau beschrieben, er hat mir die Anzahl der Perlen, ihre Größe und ihr Gewicht genannt... Er sagt, er müsse und werde die Dokumente und die Halskette haben, aber zuerst wolle er die Halskette haben. Er kenne ihre Herkunft und Geschichte. Wenn Sie sie behalten, seien Sie, ich und Marthe ruiniert, sagt er. Uns drohen alle möglichen Gefahren. Er kennt den Skandal, in den Félix Faure unwissentlich verwickelt war, und sagt, Sie müssten wissen, dass die Angelegenheit von größter Bedeutung sei. Wenn Sie die Halskette herausgeben, wird uns kein Schaden zugefügt, und die schrecklichen Unterstellungen in den Zeitungen würden sofort aufhören. Andernfalls wäre unsere Lage unhaltbar... Er hat genug gesagt, um mir klar zu machen, dass er die Wahrheit spricht. Der Mann ist kein Betrüger. Tatsächlich ist die ganze Angelegenheit so schrecklich, dass ich Ihnen mein Ehrenwort gebe, Selbstmord zu begehen, wenn Sie mir die Perlen nicht übergeben !

Ich war sprachlos. Trotzdem brachte ich es fertig zu sagen: „Dieser Deutsche ist ein Schurke. Er hat einige Fakten über die Freundschaft zwischen dem verstorbenen Präsidenten und mir herausgefunden und will uns erpressen ... und die Halskette, die Dokumente, die man in Geld umwandeln kann, und alles, was wir besitzen, bekommen."

„Nein", antwortete mein Mann, „er ist nicht darauf erpicht, uns zu erpressen, wenn er auf andere Weise erreichen kann, was er will. Tatsächlich ist er bereit, die Perlen Reihe für Reihe oder sogar Perle für Perle zu kaufen. Aber er verlangt, dass die Kette niemals gezeigt oder erwähnt wird. Er möchte nicht, dass sie erkannt wird, und wird daher sofort eine Anzahl der Perlen und den Verschluss kaufen. Aber die Kette muss aufgefädelt werden."

„Das ist alles sehr merkwürdig", sagte ich. „Die ganze Angelegenheit klingt nach Erpressung, und gleichzeitig scheint der Mann darauf erpicht zu sein, jemanden zu schützen …"

„Ja, es ist seltsam... Aber wenn Sie ihm morgen nicht nachgeben und ihm wenigstens einige der Perlen geben und schwören, dass er mit der Zeit auch die anderen bekommt, wird er das Schlimmste tun, und ich weiß genug, um zu wissen, was das Schlimmste wäre... Nun, was entscheiden Sie?"

Ich zögerte nicht lange. Ich erinnerte mich an die Angst des Präsidenten, als er mich bat, die Kette aufzubewahren. Außerdem hatte ich kaum Ruhe, seit diese verhängnisvollen Perlen in meinem Besitz waren …

„Ich werde persönlich mit dem Mann sprechen und ihm einige der Perlen geben …"

MEIN EHEMANN, M. STEINHEIL, IM JAHR 1898

„Sie werden ihn nicht sehen. Er kam heute Morgen nur, weil er wusste, dass Sie krank im Bett liegen; sonst hätte er eine Verabredung mit mir vereinbart... Er wird morgen hier sein. Was soll ich ihm sagen?"

Ich holte die Kette, fädelte die Perlen auf – wählte die zehn größten aus – und reichte meinem Mann die übrigen.

„Machen Sie damit, was Sie wollen", sagte ich. „Und sagen Sie diesem Deutschen, dass ich diese zehn Perlen behalten werde … Eines Tages brauche ich vielleicht das Geld, das sie einbringen."

Am nächsten Tag hörte ich, dass der Mann mir „erlaubt" hatte, die zehn Perlen zu behalten, aber zuerst musste mein Mann in meinem Namen schwören, dass ich, wenn ich sie jemals verkaufen würde, dies an ihn, den Deutschen, tun sollte. Eine der fünf Perlenreihen wurde an diesen geheimnisvollen Mann „verkauft", und die verschleierten Verleumdungen in den Zeitungen hörten wie durch Zauberei auf!

War es reiner Zufall oder hatte der Mann tatsächlich Macht? Oder war diese skandalöse Pressekampagne mehr oder weniger direkt sein eigenes Werk gewesen? Hatte er sie benutzt, um mich einzuschüchtern?

Jedenfalls hielt der geheimnisvolle Deutsche seine Versprechen. Mein Mann, der eine furchtbare Angst vor ihm hatte, bewahrte die Perlen in seinem Atelier auf, und der Deutsche, der alle drei oder vier Monate kam, bestand darauf, die Perlen zu sehen, und kaufte dann einige davon. Er schaffte es immer, vorbeizukommen, wenn ich nicht zu Hause war, aber ein- oder zweimal sah ich ihn die Villa in der Sackgasse verlassen, gerade als ich sie betrat. Er war klein und dunkel und hatte eine sehr jüdische Nase. Es war Winter, als ich ihn sah, und der Kragen seines Mantels war bis zu seinen Ohren hochgeschlagen. Es war ganz offensichtlich, dass er nicht wollte, dass man sein Gesicht sah.

Mein Mann korrespondierte heimlich mit dem Mann und verkaufte über dessen Agentur eine Reihe von Bildern an verschiedene Personen in Deutschland. Die ganze Angelegenheit war so seltsam, dass ich wiederholt versuchte, meinem Mann alles zu entlocken, was er wusste. Ich hatte den Eindruck, dass er die Herkunft der Halskette kannte und dass es in seinem Vertrag mit dem Mann einige Klauseln gab, von denen er mich nicht informiert hatte. Aber wann immer ich den Deutschen erwähnte, rannte er sofort weg und schloss sich in seinem Atelier ein.

Zwei oder drei Jahre nach dem Tod von Félix Faure schaute ich in die Schublade, in der die Perlen aufbewahrt wurden, und stellte fest, dass sie alle verschwunden waren, bis auf die zehn, die ich beiseite gelegt hatte.

Ein paar Tage später sagte mein Mann zu mir: „Der ‚Deutsche' ist wieder da. Seine Haltung hat sich zum Schlechteren verändert. Er verlangt jetzt die zehn großen Perlen, die Sie aufbewahrt haben, und auch die Papiere von Präsident Faure."

Ich lehnte das rundweg ab. Die Perlen behielt ich für unvorhergesehene Notfälle in Reserve. Und die Dokumente hätte ich trotz ihrer Bedeutung und der damit verbundenen Erinnerungen lieber verbrannt, als sie jenem Deutschen zu übergeben, der sie für weiß Gott welchen gefährlichen Zweck hätte verwenden können.

„Was hat er gesagt, als Sie ihm meine Antwort gaben?", fragte ich meinen Mann, nachdem der Mann angerufen hatte.

„Er sagte, er könne es sich leisten zu warten … aber er würde seine Ziele ‚mit der Zeit‘ erreichen.“

Ein paar Wochen später, nachdem ich einige Arbeiten an einem historischen Kostüm beendet hatte, das mein Mann für ein Gemälde brauchte, das einen Edelmann aus dem 16. Jahrhundert darstellte, der an einem Fenster liest – das Bild war für den Salon bestimmt –, ging ich ins Atelier. Ein altes italienisches Modell, ein Mann namens Giganti, war dort.

„Monsieur ging für eine Weile hinaus und sagte mir, ich solle auf ihn warten, Madame … Er schien ziemlich aufgeregt …“

"Wie wäre es mit?"

„Oh! Er sagte, er hätte eine ‚politische Zeitung‘ verloren …“

Dann fiel mir auf, dass mein Mann sich in den letzten Tagen etwas seltsam und verlegen benommen hatte. Wir unterhielten uns über die „politische Zeitung“, und schließlich gab er zu, dass er „einen Brief von Präsident Faure verlegt hatte …“

„Ich kann mir denken, was passiert ist“, sagte ich. „Der Mann kam wieder und verlangte von Ihnen einen Nachweis, dass die Dokumente noch in unserem Besitz waren. Sie mussten sie ihm zeigen, und eines fiel herunter… das der Mann zweifellos sofort aufgriff, und da die Briefe nummeriert sind, stellten Sie bei der Untersuchung fest, dass eines verschwunden war. Diese Papiere sind in Ihrem Atelier nicht sicher. Geben Sie sie mir zurück.“

Er willigte bereitwillig ein, und ich versteckte es in der „geheimen“ Schublade meines Schreibtisches, nachdem ich die Dokumente sorgfältig durchgesehen und festgestellt hatte, dass keines fehlte, mit Ausnahme des „verlorenen“ Briefes, der jedoch in einer nur dem Präsidenten und mir bekannten Chiffre verfasst war.

In den folgenden Jahren besuchte uns der geheimnisvolle Ausländer weiterhin, und wie der Leser erfahren wird, tat er dies bis wenige Wochen vor der Ermordung meines Mannes und meiner Mutter im Jahr 1908. Ich neige zu der Annahme, dass es sich bei der Halskette um ein Kronjuwel handelte, das durch eine Reihe seltsamer Ereignisse in den Besitz von Präsident Faure gelangte. Dass der „Deutsche“ so viel Zeit darauf verwendet haben soll, die Perlen zu erpressen, erscheint seltsam, aber mir ist aufgefallen, dass der Mann ein doppeltes Spiel spielte und nicht nur uns erpresste – ich bezweifle, dass M. Steinheil jemals für die Perlen bezahlt wurde –, sondern auch die Person, die so erpicht darauf war, sie zurückzubekommen. Indem er sie nach und nach herausgab, behielt er diese Person natürlich länger in seiner Macht.

Was die Art und Weise angeht, wie die Kette in den Besitz des Präsidenten gelangte, so nehme ich an, dass irgendein ausländischer Prinz, mit dem er vielleicht aus politischen Gründen keine intimen Beziehungen hätte pflegen sollen, bei einem geheimen Glücksspiel höchstwahrscheinlich viel Geld gegen ihn verloren hatte. Félix Faure wurde mit der Kette statt mit Bargeld bezahlt, da sein berühmter Freund vorübergehend in finanzieller Verlegenheit war. Dieser erfuhr dann zu seinem Entsetzen, woher die Kette stammte und dass sie gestohlen worden war – denn es schien mir, dass es sich wahrscheinlich um einen Raubüberfall gehandelt hatte. Wäre die Wahrheit durchgesickert, wären sowohl der Präsident als auch sein Freund in einen Skandal mit so weitreichenden politischen Folgen verwickelt gewesen, dass möglicherweise ein Krieg daraus hätte resultieren können. In ihrer Bestürzung einigten sie sich darauf, jede Kenntnis von der Kette abzustreiten, daher die Aufregung des Präsidenten, der mir die Perlen bereits gegeben hatte und mich zwei Tage später bat, sie zu verstecken und sie auf keinen Fall zu tragen.

Der „Ausländer" war wahrscheinlich ein professioneller Erpresser, und als er feststellte, dass mit den Perlen nichts mehr anzufangen war und er damit seinen Lebensunterhalt nicht mehr bestreiten konnte, versuchte er, die Informationen über die Dokumente von Félix Faure, die er von meinem Mann erhalten hatte (der immer bereit war, jedem, der sich als sein Freund ausgab, sein Vertrauen zu schenken), zu seinem Vorteil auszunutzen.

Ich hoffe aufrichtig, dass das Rätsel eines Tages gelöst wird. Meine Theorie wird dann vielleicht in einigen Einzelheiten mangelhaft sein, aber ich glaube, dass sie dem Leser insgesamt am plausibelsten erscheinen wird.

KAPITEL X

1899-1908

M. ÉMILE LOUBET, Präsident des Senats, folgte Félix Faure am 18. Februar 1899 als Präsident der Republik. Wie jeder weiß, wurde der neue Präsident mit Steinen beworfen, als er von Versailles, wo ihn der „Kongress" gewählt hatte, zu dem Bahnhof ging, von dem aus er nach Paris reiste. Er wurde „Panama der Erste" genannt – obwohl er nichts mit den Betrügereien in Panama zu tun hatte – und beleidigt und beschmutzt wie nur wenige Menschen. Ich war beim Hindernisrennen in Auteuil (Juni) nur wenige Meter von M. Loubet entfernt, als der junge Baron Christiani den Zylinder des Präsidenten zerschmetterte und mit seinem Stock beinahe die Frau des italienischen Botschafters, Gräfin Tornielli, traf. Aber M. Loubet zuckte nicht zusammen und überstand den Sturm, bis er nachließ. Manche haben dies Feigheit genannt; ich würde es eher Heldentum nennen – gewissermaßen.

Außer den höchst wichtigen und abschließenden Entwicklungen in der Dreyfus-Affäre - die in einem anderen Kapitel zusammengefasst wurden - und ihrem wahrhaft erstaunlichen Epilog, d. h. der vollständigen und schnellen Art und Weise, in der sich Frankreich von der furchtbaren Krise erholte und heiter und kraftvoll daraus hervorging, geschah im Jahr 1899 wenig Erwähnenswertes. Es gab jedoch ein paar erstaunliche Zwischenspiele. Am Tag der Beerdigung von Präsident Faure ergriff der Dichter Déroulède den Zügel des Pferdes von General Roget, einem überzeugten Dreyfus-Gegner, und befahl ihm, mit seinen Truppen zum Elysée zu marschieren - ein weiterer *Putsch* , der fehlschlug. Déroulède wurde verhaftet, aber das Schwurgericht sprach ihn am 31. Mai frei. Es gab viele komische Verschwörungen und viele komische Prozesse gegen Verschwörer; in Paris und anderswo kam es ständig zu Unruhen, die alle eher laut als beunruhigend waren; Tausende Sozialisten mit roten Knopflöchern suchten Royalisten mit weißen Knopflöchern ... und sie trafen sich nie. Und dann war da noch die Farce des „Forts" Chabrol (ein Haus in der Rue Chabrol, in dem die Antisemitische Liga Büros hatte), das von Jules Guérin, dem Sekretär der Liga, und einigen Freunden besetzt war und fast zwei Monate lang fünftausend Soldaten in Schach hielt. Guérin und andere Helden des Forts sowie Déroulède wurden vom Senat, der in ein „Obergericht" umgewandelt wurde, vor Gericht gestellt und zu zehn Jahren Verbannung verurteilt ...

Danach beruhigte sich die Lage allmählich. Dupuy war gestürzt und Waldeck-Rousseau war sein Nachfolger als Ministerpräsident. Er war ein fähiger Anwalt und autoritärer Staatsmann, der auch in den anstrengenden Zeiten Gambettas und Jules Ferrys im Amt gewesen war.

Im Mai 1900 kam es jedoch zu einem weiteren amüsanten Vorfall. Bei den Pariser Kommunalwahlen wurden Nationalisten und „Antisemiten" mit überwältigender Mehrheit gewählt.... Aber Paris war schon immer „in der Opposition", und die Pariser waren schon immer *Frondeure* .

Die Weltausstellung von 1900 beendete das Jahrhundert auf glänzende Weise. Das schöne Frankreich, das die Aufstände, „Bünde" und Unruhen gründlich satt hatte, war wieder ganz friedlich und „anständig" geworden, wie es sich für eine Dame gehörte, die eine Reihe von Herrschern empfangen sollte (darunter den Zaren und seine Kaiserin, die 1901 kamen).

Frankreich ist logisch, wenn auch paradox, und praktisch, wenn auch hastig, gewalttätig, weltfremd und immer auf der Suche nach der Wahrheit. ... Und Frankreich respektiert Autoritäten, obwohl es versucht, sich als sozialistisch darzustellen, während es lediglich demokratisch ist.

König Edward VII. kam Anfang Mai 1908, also ein knappes Jahr nach dem Ende des Burenkrieges, nach Frankreich und wurde dort auf eine Art und Weise begrüßt, die ihn zu der Aussage berechtigt hätte: „Ich bin der beliebteste Mann in Frankreich."

Dies lag zum Teil an seiner fast schon ungewöhnlichen Gabe der Sympathie und zum Teil an der wohlbekannten französischen Bereitschaft, zu einer neuen Meinung überzuwechseln. Burische Siege wurden mit wahnsinnigem Jubelgeschrei und englische Erfolge mit qualvollem und wütendem Stöhnen begrüßt, aber die Franzosen wurden pro-englisch, sobald König Edward in Frankreich landete. Es gab ein Abendessen in der britischen Botschaft, an dem Präsident Loubet und mehrere Prominente, darunter mein Freund Bonnat, teilnahmen. Die Entente Cordiale war bereits im Gespräch.

König Edward kam genau zwei Jahre später, im Mai 1905, nach Frankreich und zum ersten Mal erklangen in Paris Rufe wie „Vive l'Angleterre" und „Vive le Roi". „Lang lebe der König" zu rufen ist genau das, was die Republikaner Frankreichs so gerne tun!

Im März 1906 kam König Edward noch einmal nach Frankreich, diesmal inkognito und als Herzog von Lancaster. Fallières war damals Loubets Nachfolger als Präsident der Republik geworden. In diesem Jahr erhielt Paris Besuch von zahlreichen Parlamentsabgeordneten, von Mitgliedern des London County Council und vom Lord Mayor, dessen vergoldete Kutsche und stämmiger Kutscher die Pariser im Sturm eroberten ... Und die Entente Cordiale gewann allmählich an Vitalität und Aufrichtigkeit, bis sie zu einem wichtigen Faktor im Gleichgewicht Europas wurde.

In diesen Jahren wurde die „Trennung" von Kirche und Staat vollzogen und danach ließ der Antiklerikalismus nach. Erwähnenswert ist auch die „Confédération Générale du Travail" – eine Art Gewerkschaftsbund –, die im Januar 1908 gegründet wurde. Diese CGT, ein Kind des Sozialismus, löste sich sehr bald von der Mutterorganisation, förderte Streiks und zeigte von Anfang an, dass ihr Ziel die soziale Revolution ist, obwohl nicht klar ist, was die CGT-Diktatoren nach der sozialen Revolution tun würden . Bislang kann man den Syndikalismus kaum als „populär" bezeichnen.

Im Januar 1906 folgte M. Fallières – einfach, solide und sicher – Loubet als Präsident der Republik nach, und im selben Jahr wurde Clémenceau, skrupellos, aber äußerst fähig und so unglaublich malerisch, Premierminister. Was auch immer man von ihm als Staatsmann halten mag, er hat auf jeden Fall eine großartige Sache getan. Er gab Frankreich in einem kritischen Moment Selbstvertrauen. Das war im November 1908. 1905 musste Declassé gehen, weil der deutsche Kaiser es wünschte. Das war nach der „kaiserlichen" Landung in Marokko. Im November 1908 weigerte sich Clémenceau, Deutschland zu gehorchen, das eine Entschuldigung in Bezug auf den Vorfall von Casablanca verlangt hatte. Seitdem scheint Frankreich sich seiner Stärke wieder sicher zu sein und hat, ohne sich auf ein sehr großes Abenteuer einzulassen, in seiner Außenpolitik viel Festigkeit und Zielstrebigkeit gezeigt.

Sobald es mir nach meiner Krankheit und dem Schock wieder gut genug ging, öffnete ich die Türen meines Salons.

Ich habe eine schwere Zeit durchgemacht. Die große Mehrheit meiner Bekannten hatte gelesen, was in den Zeitungen stand, und da sie wussten, dass mein Mann und ich häufig ins Elysée gingen, hatten sie keine Schwierigkeiten zu erraten, wer mit „Madame S." oder „der Frau des bekannten Malers" gemeint war. ... Natürlich war keiner von ihnen so taktlos, die Sache anzusprechen ... aber meine Freunde hatten Freunde, die darauf bestanden, mir vorgestellt zu werden. Und so kamen zu meinen Empfängen Dutzende liebenswürdiger Personen beiderlei Geschlechts, die mich anstarrten, von oben bis unten musterten und mich studierten, als wäre ich ein Objekt großer Neugier. Ich hatte den Mut, davon überhaupt keine Notiz zu nehmen, und ertrug es unerschrocken, obwohl die Tortur schmerzhaft war; denn ich wusste genau, dass diese guten Leute nicht mit Wohlwollen mir gegenüber im Herzen gekommen waren, sondern eher, um jemanden zu sehen, den sie als die neueste „verhängnisvolle Frau", als eine Delilah oder Judith auf dem neuesten Stand betrachteten. Ich lächelte sie alle an, wie ich es in der Vergangenheit getan hatte, und sang und spielte für sie auf die alte Art.

Die Tortur wurde noch schlimmer, als ich andere Häuser besuchte. Als ich einen überfüllten Salon betrat, richteten sich alle Augen auf mich , und plötzlich wurde es still, als wäre ich in meinen Mantel gehüllt. Dann, als Gastgeber und Gastgeberin mich begrüßten, erhob sich ein seltsames Gemurmel, das in kleinen Böen durch den Raum ging, das mal von dieser brillanten Gruppe von Männern und Frauen kam, mal von jener, und ich hatte das Gefühl, dass sich all dieses Geflüster um mich drehte. Es gab viele Frauen mit gesundem Verstand und ehrliche Männer, die auf meiner Seite standen und mich verteidigten, aber ich erkannte bald, dass sie meine Feinde nicht überzeugen konnten, und noch weniger die Skeptiker und Zyniker ... In Paris sind Skeptizismus und Zynismus eine modische Pose, hinter der die Leute zu oft die edlen Prinzipien und großzügigen Gedanken verbergen, die ihre Natur und ihren wahren Charakter besser zum Ausdruck bringen würden. Ich beschloss daher, nicht nur meine Feinde, sondern auch diejenigen, in deren Augen ich eine schlechte Meinung von mir lesen konnte, einen nach dem anderen zu besiegen. Es war eine leidenschaftliche, fast titanische Aufgabe, aber mit der Zeit gelang es mir. Und viele von denen, die leichtfertig über mich gesprochen oder mich für eine „fatale" Person gehalten hatten, wurden meine ergebensten Freunde... Es war eine schwere Zeit, aber ich habe sie überstanden und am Ende gewonnen – natürlich dank der Tatsache, dass kein Wort dieser Verleumdungen wahr war, und auch dank der Hingabe meiner Mutter und der zärtlichen Liebe meiner kleinen Marthe. Meine Mutter kümmerte sich auf diese liebevolle Art um mich, wie es Kinder oft tun; und andererseits war meine kleine Tochter, jetzt ein winziges Wichtchen von acht Jahren, in ihrer Fürsorge um mich fast mütterlich.

Warum wollte ich unbedingt meine alte Position unter den Männern und Frauen von Paris wieder einnehmen ? ... Weil mein Ruf auf dem Spiel stand. Ob es mir gefiel oder nicht, ob die Aufgabe machbar oder fast unmöglich war, ich musste kämpfen und siegen. Und ich habe siegt. Die Verleumdung, der schwer zu fassende und gefährlichste Feind, dem eine Frau gegenüberstehen kann, wurde besiegt ... und etwa sechs Monate nach dem Tod von Präsident Faure waren meine Empfänge besser besucht als je zuvor. Ich hatte alle geprüft, die behaupteten, meine Freunde zu sein, und festgestellt, dass sie aufrichtig waren. In offiziellen Kreisen hatte mein Einfluss nicht nachgelassen, und ich konnte vielen wie in der Vergangenheit gute Dienste leisten.

Meine Mutter hatte sich endgültig in ihrem hübschen Chalet in Beaucourt niedergelassen, kam aber häufig nach Paris und wohnte entweder im Haus meiner jüngeren Schwester oder bei mir in der Impasse Ronsin.

Meine Beziehung zu meinem Mann war dieselbe, die sie schon seit Jahren war. Wir waren gute Kameraden, und ich tat mein Möglichstes, um ihm ein angenehmes und angenehmes Leben zu ermöglichen. Ich verbrachte viel Zeit im Atelier. Er fühlte sich viel älter als seine fünfzig Jahre und brauchte viel Überredung und Ermutigung, um zu arbeiten. Seine Maltechnik hatte sich wunderbar verbessert, aber es mangelte ihm immer mehr an Vorstellungskraft, und immer wieder schlug ich ihm Motive für seine Bilder vor und beriet ihn in Sachen „Komposition" und „Gruppierung", in Bezug auf Hintergründe und Atmosphäre. Unser Leben war schließlich nicht ungewöhnlich. Es gibt Tausende von Ehepaaren in Paris, die getrennt leben und dennoch die besten Partner und Freunde bleiben …

Von 1899 bis 1908 malte mein Mann viele Porträts – feine Miniaturen in Öl, die nicht nur Kunstwerke waren, sondern auch subtile, psychologische Studien; obwohl ich glaube, dass er das selbst nie erkannte. Mehrere Personen kamen aus Deutschland, um die Ateliers zu besuchen und Bilder zu kaufen, und mein Mann erzählte mir, dass sie von dem geheimnisvollen Ausländer geschickt worden waren.

Aber sie kamen immer, wenn ich nicht zu Hause war. Die Bilder verschwanden jedoch aus dem Atelier, und ich weiß, dass mein Mann dafür bezahlt worden war. Er wollte offensichtlich nicht über diese Kunden sprechen, und ich war nicht im Geringsten daran interessiert, Einzelheiten über sie herauszufinden. Ich hatte viele Monate lang keine Mühen gescheut, um das Geheimnis der Perlenkette und des „Deutschen" zu lösen, aber meine Bemühungen waren vergebens gewesen.

1906 mietete ich eine Villa in Bellevue, einem entzückenden Walddorf oberhalb der Seine in der Nähe von Paris. Es war M. Ch., mein guter Freund, der diese bezaubernde Sommerresidenz entdeckt hatte, eingebettet unter dem dichten Laub wunderschöner alter Bäume....

Wir nähern uns nun der tragischen Zeit meines Lebens, doch bevor ich auf diese lange Geschichte des Grauens und der Qual eingehe – die Ermordung meines Mannes und meiner Mutter, mein Kampf, die Mörder zu finden, die furchtbaren Szenen in der Impasse Ronsin, meine Verhaftung, mein Leben im Gefängnis und mein Prozess – möchte ich an einen netten Vorfall erinnern, der sich in Bellevue zugetragen hat... Er ist weder wunderbar noch ungewöhnlich amüsant, aber vielleicht wird der Leser ihn als einen stärkenden Luftzug reiner und wohlriechender Luft begrüßen, bevor er in den dunklen Abgrund der Trauer und des Schreckens stürzt, in dem ich so lange gelitten und gekämpft habe.

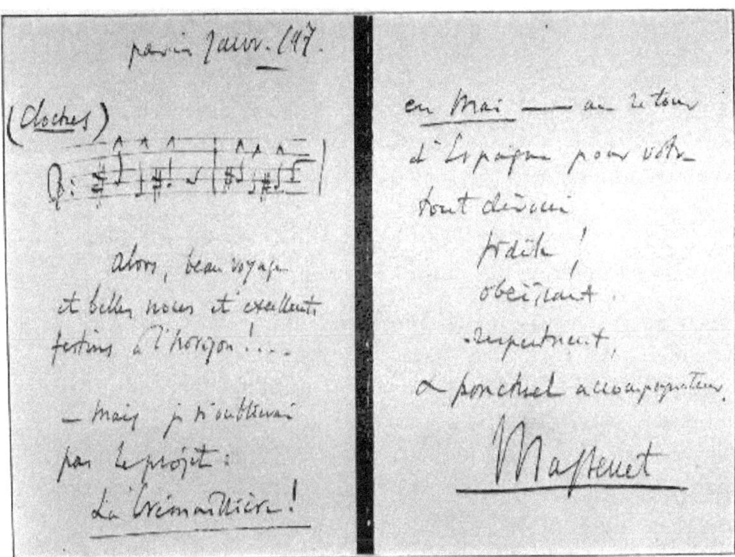

Ein Brief, der mir 1907 von Massenet zugeschickt wurde und mit den Worten
„... Ihr ergebener, treuer, gehorsamer, respektvoller und pünktlicher Begleiter" unterzeichnet war.

„Vert-Logis" (grünes Häuschen), meine Villa in Bellevue, stand nicht weit vom Observatorium von Meudon entfernt, dessen Direktor der berühmte Astronom M. Janssen war. Das Observatorium war von einem riesigen, herrlichen Park umgeben, der überall eingezäunt war. Durch die Gitterstäbe eines der Tore sahen Marthe und ich an einem schönen Sommertag ein großes Feld, das eine einzige Masse von Margeriten war. Marthe sehnte sich danach, große Sträuße davon zu pflücken. Wir riefen einen vorbeikommenden Wärter an und fragten ihn, ob er einige der Blumen für uns pflücken und sie durch das Tor bringen würde ... Oder ob er uns vielleicht das Tor für ein paar Minuten öffnen würde?

„Oh! Madame, das alles ist streng verboten", sagte der Mann.

"Was für eine Schande!"

Ich muss sehr enttäuscht ausgesehen haben, denn zögernd sagte er: „Na ja, vielleicht kannst du morgen früh kommen, sagen wir um acht, bevor noch Leute unterwegs sind. Ich öffne das Tor und du kannst ein paar Blumen pflücken."

Am nächsten Tag kamen Marthe und ich mit so vielen Blumen aus dem Garten des Observatoriums zurück, dass wir sie kaum tragen konnten.

Der alte Wärter kratzte sich am Kopf und bemerkte: „Ich dachte, Sie wollten nur ein paar! Sie müssen Blumen wirklich gern haben, Madame."

Bald darauf traf ich M. Janssen. Wir hatten viele gemeinsame Freunde, und der Gelehrte ordnete an, dass die Tore des Parks immer für mich geöffnet sein sollten, damit ich so viele Blumen pflücken konnte, wie ich wollte. Dann sagte der betagte Astronom – er war damals über achtzig Jahre alt – mit der ihm eigenen Höflichkeit zu mir: „Madame, da Sie Blumen so sehr lieben, möchten Sie die Blumen des Himmels sehen?"

Ich nahm natürlich an und erlebte in einer klaren Nacht die einzigartige Freude, einen Stern durch ein starkes Teleskop zu beobachten. Mit einem für mich völlig neuen Gefühl der Verzückung und Bezauberung sah ich, wie der Stern funkelte, seine Farbe änderte und in allen erlesenen Farbtönen des Regenbogens erstrahlte ... Und Gedanken an das Unendliche wirbelten durch mein geblendetes Gehirn ... Ich wollte diesen Stern umklammern, ich sehnte mich danach, ihn zu ergreifen; Ich wollte wissen und verstehen, was Raum und Materie, Ewigkeit und Unendlichkeit – und Leben – bedeuten. Und als ich auf dem Heimweg zum sternenübersäten Himmel aufblickte, war ich so begeistert wie nie zuvor. Ich vergaß, was mir der alte Gelehrte über die endlosen und komplizierten Berechnungen erzählt hatte, die die Hauptbeschäftigung des Sternguckers sind („eine lebende algebraische Maschine"). Ich hatte das Gefühl, dass der Astronom, der ständig geheimnisvolle und unvorstellbar weit entfernte Welten in den Tiefen des Weltraums beobachtet, sein Leben der großartigsten, erhabensten und erhabensten Wissenschaft von allen widmet. Und ich dachte an meinen Vater, der in Beaucourt so oft mit mir über die Sterne, die Mondwelt, die Kometen, die Milchstraße gesprochen hatte ... Und ich erinnerte mich an jene Worte von Kant, die er mir mehr als einmal zitierte: „Es gibt zwei Dinge, die mich immer mit neuer und wachsender Bewunderung erfüllen: das moralische Gesetz in mir und der Sternenhimmel über mir."

KAPITEL XI

EREIGNISSE, DIE DEM VERBRECHEN VORHERGEHEN

Anfang 1908 verlobte sich meine kleine Marthe mit dem jungen Pierre Buisson, dem Sohn eines engen Freundes von mir. Kurz darauf gab sie den protestantischen Glauben auf und trat der katholischen Kirche bei. Das entsprach ihrer etwas mystischen Natur. Sie liebte die Unermesslichkeit der Kathedralen, das Licht durch die Buntglasfenster, die schönen Gottesdienste, den Weihrauch und die kleinen Glocken, den Choral und die Gewänder der Priester. Sie ließ sich gern führen; sie scheute Verantwortung; sie mochte es, „ihre" Kirche zu jeder Tageszeit und an jedem Tag betreten zu können. Sie fand es „erholsam", Katholikin zu sein. Vielleicht war Religion für sie eher eine Sache der Empfindungen und Gefühle als des Verstandes; vielleicht mehr eine Frage der Kunst, Poesie und tröstlichen Illusion als des Denkens. Dogma bedeutete ihr nichts, Atmosphäre sehr viel … Sie dachte, sie könne im Halbdunkel und in der Unermesslichkeit einer alten Kathedrale besser beten als innerhalb der schlichten weißen Mauern eines kleinen protestantischen Tempels. Sie betete für den Mann, den sie liebte, und er war Katholik …

Ich war weder gegen diesen Religionswechsel, noch ermutigte ich ihn. Marthe war siebzehn, für ihr Alter äußerst „weise" und handelte nie voreilig. Ich fragte sie nicht, ob sie Recht hatte oder nicht; ich bat sie lediglich, sorgfältig ihr Herz zu untersuchen und ihr Gewissen zu erforschen, und als sie mir später sagte: „Mutter, ich glaube, ich werde glücklicher sein, wenn ich Katholikin werde", erhob ich keine weiteren Einwände.

Im März 1908, etwa zwei Monate vor der Tragödie, wäre ich eines Nachmittags im „Metropolitan" (der Pariser U-Bahn) beinahe ohnmächtig geworden. Ich hatte mich noch nicht ganz von einer gefährlichen Krankheit erholt, und dies war mein erster Ausflug. Ich muss sehr blass und krank ausgesehen haben, denn mehrere Personen eilten mir zu Hilfe. Ein Herr half mir freundlicherweise die Treppe hinauf, die zur Straße führte, und bot mir an, mich bis zu meinem Haus zu begleiten, das nicht weit entfernt war. Ich nahm das Angebot gerne an. Die frische Luft tat mir sehr gut. Als wir uns der Impasse Ronsin näherten, fragte er: „Kennen Sie zufällig den Maler M. Steinheil? Er wohnt hier in der Nähe."

„Ich bin Frau Steinheil", antwortete ich.

Der Herr bat um Erlaubnis, vorbeikommen und sich nach meinem Befinden erkundigen zu dürfen. Er gab mir seine Karte und ich las „Comte de Balincourt".

. . . .

Bevor ich alles erzähle, was ich über Monsieur de Balincourt zu sagen habe, möchte ich klarstellen, dass ich keineswegs die Absicht habe, ihn einer Mittäterschaft zu beschuldigen.

Ich werde lediglich die Rolle beschreiben, die er in meinem und meinem Leben einige Wochen vor dem Verbrechen spielte, und warum mein Verdacht gegen ihn damals geweckt wurde. Und auch als ich im Gefängnis in den *Akten* zu meinem Fall eine Reihe von Dokumenten über das Leben von Monsieur de Balincourt fand, sprach ich über meinen Verdacht nur mit meinem Anwalt und zwei oder drei Personen, die mich besuchten, als ich in Saint-Lazare inhaftiert war.

Rémy Couillard – mein Diener – und Alexandra Wolff – der Sohn meiner Köchin – habe ich des Mordes angeklagt, unter Umständen und aus Gründen, die ich zu gegebener Zeit ausführlich erläutern werde. Das Gesetz befand Couillard und Wolff für absolut unschuldig, und ich habe mich dem Gesetz gebeugt – und beuge mich noch immer.

Da ich jedoch zeitweise die schwersten Verdächtigungen gegen sie beide und gegen Monsieur de Balincourt hegte, muss und werde ich in aller Aufrichtigkeit erklären, warum ich das getan habe. Allerdings sei hier ausdrücklich darauf hingewiesen, dass ich ihnen schon lange nicht mehr vorwerfe, sie seien in irgendeiner Weise direkt oder indirekt an dem Geheimnis um die Impasse Ronsin beteiligt gewesen.

Ich habe schwere Fehler gemacht und teuer dafür bezahlt. Aber da ich in diesen „Erinnerungen" den Leser ins Vertrauen ziehe und mein Leben und meine Gedanken offenlege, ist es nur richtig, dass ich ohne Zögern, aber ohne Hintergedanken *die* Gründe erkläre, die mich für kurze Zeit glauben ließen, mein Diener, der Sohn meiner Köchin und Herr de Balincourt seien an der Tragödie vom 30.-31. Mai 1908 beteiligt gewesen.

Am Tag nach unserer ersten Begegnung kam Herr de Balincourt zu Besuch. Nach einigen höflichen Fragen bat er um ein Treffen mit Herrn Steinheil. Im Atelier betrachtete er die Bilder, war sehr freundlich, gratulierte meinem Mann zu seinem Talent und fragte ihn, ob er sein Porträt im Jagdkostüm malen würde.

Als Herr de Balincourt erfuhr, dass mein Mann demnächst eine bedeutende Ausstellung seiner Bilder veranstalten wollte, sagte er, er habe einige Erfahrung mit der Organisation derartiger Ausstellungen.

„Meine Bilder werden wahrscheinlich in der ‚Georges Petit Gallery‘ ausgestellt“, sagte M. Steinheil.

„Das wird teuer“, schlug M. de Balincourt vor. „Warum veranstalten wir die Ausstellung nicht hier, in diesem riesigen Atelier? Als ich vor einiger Zeit eine Ausstellung organisierte, machte ich mir einige Notizen über Kunstsammler und Adressenlisten von Leuten, die wahrscheinlich Gemälde kaufen würden. Ich könnte Ihnen sehr helfen. Wir könnten das Atelier speziell für diese Ausstellung einrichten. Ich bin sicher, es wäre ein großer Erfolg.“

Drei Tage später kam er wieder und bot uns erneut seine Hilfe an: „Ich verlange kein Geld …“, fügte er hinzu, „aber vielleicht verlangt Herr Steinheil weniger für mein Porträt.“

Kurz darauf kam der Graf, um sich zu setzen. Er erwies sich als voller Leben und Energie – „der richtige Mann, um den Verkauf meiner Bilder voranzutreiben, wenn die Ausstellung stattfindet“, sagte mein Mann. Zuerst kam M. de Balincourt nur, um für sein Porträt Modell zu sitzen, aber bald kam er rechtzeitig zum Mittagessen und blieb bis nach der Teezeit. Ich begann, ein wenig misstrauisch zu werden, aber mein Mann, der viel mit ihm sprach, nahm herzlich seine Seite ein.

Eines Tages belauschte ich ein paar Worte eines Gesprächs zwischen ihnen, in dem zu meiner großen Überraschung das Wort „Dokumente“ und der Name „Félix Faure“ mehrmals auftauchten.

Ich war ziemlich beunruhigt, denn vor etwa einem Monat war der geheimnisvolle und gefürchtete „Deutsche“ wieder aufgetaucht, und mein Mann hatte mir später erzählt, dass er wieder die zehn großen Perlen und auch die berühmten Papiere und Memoiren verlangte. Ich weigerte mich, sie herzugeben und sagte: „Sagen Sie dem Mann, dass ich sie verbrannt habe.“

Dieses seltsame Gespräch zwischen meinem Mann und Monsieur de Balincourt, der uns erst seit wenigen Tagen kannte, verwirrte und ärgerte mich sehr, und nach der Abreise des Grafen bat ich Adolphe um eine Erklärung. Er antwortete nur, dass ich mich geirrt hätte...

Monsieur de Balincourt kam immer häufiger und schmeichelte sich bei der Familie Buisson ein, die fast ständig bei uns war. Vor allem stand er auf gutem Fuß mit meinem Mann. Ich brauche wohl kaum zu sagen, dass er mir gegenüber äußerst aufmerksam war, und da ich unbedingt wissen wollte, was in seinen Gedanken vorging und worüber er mit meinem Mann sprach, tat ich so, als freute ich mich über sein Lob und seine Schmeicheleien.

Eines Abends besuchte mich Herr de Balincourt in Bellevue. Vor seiner Ankunft hatte ich ein kurzes Gespräch mit Mariette Wolff geführt, meiner alten Köchin, die mir zunächst als Aushilfe und später als Köchin viele Jahre lang gedient hatte.

Mir war aufgefallen, dass der Graf in Paris oft in die Küche ging … Mariette schien sehr viel über ihn zu wissen, und ich fragte sie, wie es war.

„Nun, Madame", sagte sie, „Herr de Balincourt kommt oft in die Küche, um seine Stiefel reinigen zu lassen, und auch das Jagdmesser, das er für das Porträt trägt, das Herr malt. Er ist sehr gesprächig und mitteilsam. Ich habe gehört, dass er sich vor zwei Jahren von seiner Frau scheiden ließ und dass er sich sehr für Pferderennen interessiert. Sie wissen, dass mein Sohn Alexandre oft zu Pferderennen geht. Der Graf und Alexandre kennen sich …"

M. de Balincourt kam und ich ermutigte ihn, mir alles über sich zu erzählen. Er beschrieb mir sein abenteuerliches Leben, seine Sorgen, die verschiedenen „Krisen", die er durchgemacht hatte, seine Familienangelegenheiten. Er erzählte mir, dass er 1899 aktiv an der Renovierung des berühmten Fort Chabrol teilgenommen hatte und dass er oft spielte und verlor …

Er trank reichlich Wein und redete und redete …

„Wenn Sie so oft in finanziellen Schwierigkeiten stecken", fragte ich, „wie können Sie dann meinem Mann einen Porträtauftrag erteilen?"

„Oh! Ich schaffe es immer, aus der Patsche zu kommen. Nichts macht mir Sorgen … Ich habe mich an vielen Spielen versucht, darunter auch an kleinen politischen Nebenspielchen …"

Jetzt war der Moment, herauszufinden, worum es in seinem Gespräch mit meinem Mann gegangen war. M. de Balincourt erzählte mir, dass M. Steinheil mit ihm über Félix Faure und den Talisman gesprochen hatte. „Er zeigte mir sogar einen sehr interessanten Brief des verstorbenen Präsidenten, an dessen Rand sich mehrere Notizen in Ihrer Handschrift befanden …"

„Sie lügen", rief ich kühn, denn ich wollte ihn zwingen, mir mehr zu erzählen …

Einen Moment lang war Herr de Balincourt verblüfft, aber bald riss er sich zusammen und begann mir solche Einzelheiten zu erzählen, dass man seinen Worten nicht zweifeln konnte. „Ihr Mann", schloss er, „erzählt mir alles… Zum Beispiel hat er mir erst gestern gesagt, dass er das Haus nicht gern verlasse, weil er Angst vor Einbrechern habe; er habe viele Briefe erhalten, deren Inhalt er geheim halte… Er sagte auch, dass einmal in das Haus eingebrochen worden sei…" (Das war völlig richtig.)

Es wurde immer klarer, dass mein Mann etwas vor mir verbarg. Einen weiteren Beweis dafür erhielt ich mehrere Monate nach der Tragödie, als Couillard dem Untersuchungsrichter gestand, dass sein Herr eine geheime Korrespondenz geführt hatte und dass er, Couillard, sogar am 30. Mai (das heißt wenige Stunden vor den Morden) von M. Steinheil den Befehl erhalten hatte, alle Briefe, die ihn erreichen könnten, unter dem Tuch auf dem Flurtisch zu verstecken, und dass Madame vor allem nichts davon wissen dürfe. Zwei geheimnisvolle Botschaften kamen tatsächlich per Eilbotschaft, und Couillard versteckte sie, wie ihm gesagt worden war. Diese beiden Briefe wurden nie gefunden. Wer weiß, ob sie, wenn sie gefunden worden wären, nicht einen nützlichen Hinweis auf die Urheber der Morde gegeben hätten?

Nach meinem Gespräch mit M. de Balincourt blieb ich noch ein paar Tage in Bellevue. Ein noch ungelöstes Rätsel ist einfach nur ärgerlich, aber ein Rätsel, bei dem man das Gefühl hat, andere würden einen daran hindern, es zu lösen – obwohl man weiß, dass man es muss –, hat eine verheerende Wirkung auf die Seele. Man kann offener Gefahr ohne zurückzuschrecken ins Auge sehen, aber das tapferste Herz schreckt vor einer unbestimmten Gefahr zurück, die im Dunkeln lauert und sich wahrscheinlich zu erkennen gibt, ohne dass man es weiß. Die Vorstellungskraft geht unweigerlich mit ihr durch und malt sich die schlimmsten Schrecken mit einer ablenkenden Leichtigkeit aus.

Ich verbrachte elende Tage in Bellevue und überlegte, was ich tun sollte. Manchmal dachte ich, meine Ängste seien kindisch und unbegründet, aber in anderen Momenten schien die Gefahr so nah und real, dass ich fast glaubte, ich würde sie berühren, wenn ich meine Hand ausstreckte. Sie war vor meinen Augen, obwohl ich sie nicht sehen und ihr keinen Namen geben konnte. Ich dachte an Präsident Faures Halskette, an die Dokumente, an den mysteriösen „Deutschen", an die Zurückhaltung meines Mannes und auch an seine plötzlichen und unfassbaren Vertrauensbekundungen gegenüber völlig Fremden ... Er war jetzt fast sechzig, und bei mehreren Gelegenheiten hatte ich ihn mit einigen seiner Vorbilder sprechen hören, wie er es mit alten und engen Freunden getan hätte. Er war sowohl unvorsichtig als auch nervös, gelassen und misstrauisch ... Was steckte hinter dieser Beziehung zu diesem Deutschen? Warum waren diese geheimen Treffen mit meinem Mann so sorgfältig arrangiert, dass ich ihm nicht ein einziges Mal persönlich gegenübertreten konnte! Warum wurde mir kein einziger Brief von ihm gezeigt? Und warum wollte mir mein Mann nie Einzelheiten über seine Transaktionen und Gespräche mit dem Mann verraten?

Und nun hatte Herr de Balincourt das Vertrauen von Herrn Steinheil gewonnen. Und meines auch, aber nicht für lange, denn nachdem ich ihn zwei- oder dreimal gesehen hatte, las ich ihn durch!

Ich hatte so wenig Anhaltspunkte, dass ich trotz aller Bemühungen, mich ganz darauf zu konzentrieren, das Problem nicht lösen konnte und schließlich jede Hoffnung aufgab, es zu lösen. Ich war verzweifelt. Vor Jahren hatte ich die ganze Angelegenheit aus meinen Gedanken verbannt, aber jetzt war das Geheimnis mit neuen Gefahren zurückgekehrt. Es hielt mich in seinen Tentakeln und ich fühlte, dass nicht nur ich davon bedroht war, sondern auch meine Mutter, mein Mann und mein einziges Kind, deren Leben so eng mit meinem verbunden war.

Gott sei Dank war meine kleine Marthe bei mir und wir machten lange Spaziergänge mit ihrem *Verlobten* und seinen Eltern im Meudon-Park. Und abends spielten und sangen wir zusammen...

Eines Morgens rief mich mein Mann, den ich gebeten hatte, mich nach Bellevue zu begleiten, aus Paris an, wo er geblieben war, um einigen Gemälden für die geplante Ausstellung seiner Werke den letzten Schliff zu geben. Er teilte mir mit, dass ein sehr reicher Ausländer angerufen hatte, um ein kleines Porträt von Präsident Fallières zu bestellen, das er für ein prachtvolles Album mit Zeichnungen großer Maler und auch ein paar Takten Musik berühmter Komponisten haben wollte. Er kenne eine große Anzahl prominenter Deutscher, die zur Pferdeshow nach Paris kämen und die er ins Atelier einladen würde.

„Ich kann nicht nach Bellevue kommen", schloss mein Mann, „denn ich muss dieses Porträt sofort malen. Der ausländische Herr sagt, er werde sehr bald im Elysée empfangen und möchte den Präsidenten bitten, seinen Namen unter mein Bild zu setzen ... Ich sollte das Porträt natürlich nach einer Fotografie malen, die der Herr mitgebracht hat..."

Das alles kam mir verdächtig vor, und das sagte ich auch meinem Mann. „Die Idee, Präsident Fallières' Autogramm unter Ihrer Zeichnung zu haben, gefällt mir nicht ... Warum sagen Sie diesem reichen Sammler nicht, er solle sich an unseren Freund Bonnat wenden?"

Das Telefon funktionierte an diesem Tag nicht richtig und ich konnte die Bedeutung der Antwort meines Mannes nicht ganz verstehen, also sagte ich: „Bitte weigern Sie sich, dieses Porträt zu zeichnen. Lassen Sie die Sache jedenfalls noch ein oder zwei Tage ruhen. Suchen Sie sich einen Vorwand und kommen Sie hierher, um mich zu besuchen."

Er kam... Die Familie Buisson war anwesend, als er mir erklärte, dass der Ausländer sehr zuverlässig sei und versprochen habe, zwei deutsche Prinzen ins Studio mitzubringen...

Ich fragte ihn, ob der reiche Ausländer ein Deutscher sei, und er bejahte dies. Dann las er eine Frage in meinen Augen und sagte hastig: „Nein, nein ... er ist nicht derselbe Mann wie der Deutsche, an den Sie denken!"

Mein Mann sprach so gut über den Fremden, dass ich mich fast schämte, so misstrauisch zu sein.

Er kehrte nach Paris zurück und ich blieb mit meiner Tochter und den Buissons in Bellevue. Doch so sehr ich mich auch bemühte, ich konnte den geheimnisvollen Deutschen nicht aus meinen Gedanken verbannen. Da ich mir Sorgen um die Sicherheit der Dokumente von Félix Faure machte, kehrte ich vierundzwanzig Stunden, nachdem mein Mann Bellevue verlassen hatte, nach Paris zurück.

Beim Mittagessen sagte mein Mann: „Ich muss dieses Porträt heute unbedingt fertigstellen, denn heute Abend wird ein Bote vom ‚Grand Hotel‘ kommen, um es abzuholen. Achten Sie also bitte darauf, dass mich heute Nachmittag niemand stört. Der Herr, der das Fallières-Porträt bestellt hat, speist heute Abend mit den deutschen Fürsten, von denen ich Ihnen erzählt habe, und mehreren anderen Persönlichkeiten, und er möchte ihnen allen das Bild zeigen.“

Er fragte mich dann mehrmals, ob ich ausgehen oder zu Hause bleiben wolle, und es war ganz klar, dass er aus irgendeinem Grund, den ich nicht erraten konnte, sehr darauf bedacht war, dass ich an diesem Nachmittag nicht zu Hause sein würde. Ich hatte eine Vorahnung, dass es besser für mich wäre, zu Hause zu bleiben, und dass ich dadurch vielleicht etwas über diesen seltsamen Auftrag herausfinden könnte.

Außerdem war meine Schneiderin da und ich erwartete ein paar Freunde. Ich war also zeitlich völlig ausgefüllt und ging nicht ins Atelier meines Mannes.

Abends, etwa um halb acht, sagte ich Rémy Couillard, er solle das Abendessen servieren. Er sagte: „... Monsieur ist noch nicht fertig... Er ist oben bei dem Herrn, der ein großes Foto des Präsidenten mitgebracht hat. (Couillard hatte das Paket persönlich für seinen Herrn geöffnet.) Der Herr hat heute Nachmittag angerufen und ist noch im Studio.“

"Wann ist er gekommen?"

„Zur Teezeit, Madame.“

Ich ging zur Schneiderin, die noch immer bei der Arbeit war.

„Oh! Monsieur Steinheil hat Sie vor kurzem aufgesucht, um Ihnen das Porträt von M. Fallières zu zeigen. Ich habe es gesehen – es ist sehr schön ...“

Es war offensichtlich, dass mein Mann heruntergekommen war, um herauszufinden, wo ich war, damit er den „Ausländer“ aus dem Haus lassen konnte, ohne dass ich ihn sah.

Ich wollte gerade die Treppe zum Atelier hinaufgehen, als ich im Dunkeln Schritte herunterkommen hörte. Ich stand an der Tür des Nähzimmers im Korridor im ersten Stock. Zu meiner großen Überraschung sah ich, wie ein Mann den Wandteppich hochhob, der den Korridor vom Treppenabsatz aus abtrennte. Der Mann ging geradeaus weiter, mein Mann folgte ihm. Als er mich sah, rief der Mann auf Französisch, aber mit ausgeprägtem deutschen Akzent: „Oh! Entschuldigen Sie, Mademoiselle.“

„Nein, nein“, sagte mein Mann, „das ist nicht meine Tochter, sondern meine Frau.“

„Sie sind nicht im Erdgeschoss, Sir“, sagte ich kalt, „sondern im ersten Stock, wo sich die Privatgemächer befinden.“

(Mir war aufgefallen, dass er den Weg zum Korridor und vielleicht auch zum Boudoir zu kennen schien, wo die Dokumente aufbewahrt wurden. Der Wandteppich verbarg den Eingang zum Gang so gut, dass es niemandem, der mit der Topographie des Hauses nicht vertraut war, einfallen konnte, den schweren Vorhang hochzuziehen – in dem Glauben, er führe in die Diele –, denn es sah aus, als ob er an der Wand des Treppenabsatzes hing.)

"Ach!", sagte der Deutsche entschuldigend... "Ich habe einen Fehler gemacht. Tatsächlich bin ich heute Morgen hier vorbeigekommen, als M. Steinheil mir in einem kleinen Wohnzimmer, das Sie hier oben haben, einige alte Nippes und Drucke zeigen wollte... Ich bin ganz zufällig hierher gekommen, und wir gingen hinunter, Ihr Mann und ich..."

Er stammelte und sah sehr verlegen aus. „Es ist wirklich sehr ungewöhnlich“, sagte ich auf Deutsch zu ihm, „dass Sie den Weg hierher gefunden haben, besonders im Dunkeln. Im Flur brennt Licht, während im Treppenhaus derzeit keins brennt.“ Dann, da ich diese Person gern im vollen Licht sehen wollte, denn der Gang, in dem wir standen, war nur schwach vom Licht aus dem Nähzimmer erhellt, fügte ich hinzu: „Wenn Sie alte Drucke mögen, kann ich Ihnen unten einige zeigen.“

Ich rannte los und sagte Couillard, er solle das Licht im Salon anmachen.

Als ich den Mann endlich deutlich sehen konnte, war ich erstaunt und angewidert. Der „reiche Ausländer“ war ein kleiner Mann von etwa fünfzig Jahren mit einer langen jüdischen Nase, spärlichem Haar und schwarz gefärbtem Schnurrbart, kleinen Knopfaugen, schlau und verschlagen und einem fahlen Teint. Sein Anzug war schäbig und sogar fettig. Die Vorderseite seines Hemdes war nicht sauber und mit zwei großen Strassnieten verziert. Die unförmigen Hände des Mannes mussten gewaschen werden und waren ganz sicher nicht die Hände eines Gentlemans. Seine ganze Gestalt flößte mir Abscheu, ja sogar Angst ein.

„Es scheint", sagte ich ihm, „dass Sie heute Abend an einem wichtigen Abendessen mit einigen Prinzen teilnehmen, denen Sie das Porträt von Fallières zeigen möchten, das mein Mann für Sie angefertigt hat … Könnte ich das Porträt sehen?"

Der Jude holte ein mittelgroßes Album hervor und nahm ein Porträt heraus, das mein Mann von Fallières gezeichnet hatte. Als er es wieder in das Album legte, sah ich, dass es noch andere Zeichnungen gab, die er mir offensichtlich nicht zeigen wollte. Die Eile, mit der er das Album zuklappte, weckte meinen Verdacht erneut.

„Trotzdem", bemerkte ich, „verstehe ich nicht, warum Sie Monsieur Steinheil um ein Porträt des Präsidenten gebeten haben. Monsieur Steinheil malt selten Porträts. Wie sein Meister Meissonier sind Miniaturen in Öl, die historische Szenen und Genrebilder darstellen, seine Spezialität . Sie hätten zu Monsieur Bonnat gehen sollen, dem offiziellen Präsidentenmaler."

Der Blick des Mannes wurde beinahe bedrohlich, und seine Stimme klang fast knurrend: „Sie vergessen, Madame, dass Ihr Mann Präsident Faure gemalt hat!"

„Das stimmt, aber das Bild, auf das Sie sich beziehen, kann man kaum als Porträt bezeichnen. Wenn Sie M. Steinheil um Ihr Berühmtheitenalbum gebeten hätten, wäre das Richtige gewesen, eine Skizze für ein Buntglasfenster zu erhalten, eine Studie einer mittelalterlichen Persönlichkeit oder eines *Edelmanns* aus der Renaissance …"

Der Deutsche fasste sich. „Vielleicht haben Sie recht, Madame… Jedenfalls bin ich Herrn Steinheil sehr dankbar und werde versuchen, ihm für dieses Porträt zu danken, indem ich ihm einige reiche Kunden bringe."

„Aber", rief ich aus, „ich nehme an, Sie haben das Porträt von Monsieur Fallières bezahlt?"

Ein schneller, fragender Blick tauschte sich mit dem Juden. „Es ist schon in Ordnung", sagte der erstere. „Ich habe diesem Herrn versprochen, die Zeichnung kostenlos anzufertigen, denn er wird eine Reihe meiner Bilder an seine Freunde verkaufen und uns bei der bevorstehenden Ausstellung meiner Werke helfen. Er hat ein ganzes Paket Einladungskarten mitgenommen und wird sie an die richtigen Leute schicken."

Auf dem Klavier stand die Schachtel mit dem Kamm, den mir Präsident Faure geschenkt hatte. Ich wollte wissen, ob dieser seltsame Mann ihn kannte, und fragte: „Da Sie schöne Dinge lieben, was halten Sie davon?"

Der Mann nahm den Kamm und sagte: „Ja, dies ist eines der schönsten Kunstwerke, die Lalique je geschaffen hat … Diesen Kamm haben Sie in vergangenen Jahren manchmal getragen, als Félix Faure Präsident war!"

Der Ton, in dem die letzten Worte gesprochen wurden, sagte mir mehr als die Worte selbst. Ich verließ das Wohnzimmer, gefolgt vom Juden, der hastig das Haus verließ.

„Dieser Mann", sagte ich zu meinem Mann, als wir allein waren, „ist der geheimnisvolle Deutsche, von dem Sie so oft mit mir gesprochen haben, der Mann, den Sie in den letzten neun Jahren alle paar Monate getroffen haben, der Mann, der kurz nach dem Tod von Präsident Faure zum ersten Mal hierher kam, der Mann, der die Perlen ‚gekauft' hat und die Dokumente haben wollte! …"

Mein Mann versuchte zunächst, alles abzustreiten, gab aber bald zu, dass meine Aussage wahr war. Er schwieg jedoch vollkommen, als ich ihn bat, mir einige Einzelheiten über den Mann zu erzählen, mir endlich die Wahrheit zu sagen und das Geheimnis dieses Fallières-Porträts und dieses „reichen Ausländers" zu erklären, der nicht bezahlte, was er bestellte, der sich auch im Dunkeln in unserem Haus auskannte und der in einem schäbigen Schrotmantel mit Fürsten speiste!

Und hier gestatten Sie mir, dem Leser zu sagen, dass ich mir völlig darüber im Klaren war – und immer noch bin –, dass all diese Schwierigkeiten wahrscheinlich nie eingetreten wären, wenn ich nicht zugestimmt hätte, die Halskette für Félix Faure aufzubewahren. Aber welche Frau hätte nach den Worten des Präsidenten anders gehandelt als ich? Und ist es andererseits nicht offensichtlich, dass die Dinge einen anderen Lauf genommen hätten und uns viele schreckliche Sorgen erspart geblieben wären, wenn mein Mann mich in Bezug auf diese rätselhafte Person, die er „den deutschen Juden" nannte (seine Nationalität mochte alles Mögliche gewesen sein, aber er war zweifellos ein Jude und sprach fließend Deutsch), völlig ins Vertrauen gezogen hätte?

Aus Angst um die Sicherheit der Dokumente nahm ich sie noch am selben Abend vom Schreibtisch in meinem Boudoir und machte aus einer Zeitung und großen Umschlägen ein Päckchen mit Papieren, das dem echten so ähnlich wie möglich war. Oben schrieb ich, wie ich es auf das echte Päckchen geschrieben hatte, meinen Namen und die Worte: „Private Papiere. Werden nach meinem Tod verbrannt." Das Päckchen wurde auf genau dieselbe Weise befestigt und versiegelt, und wie beim Modell konnte man hier und da, wenn die Hülle zerrissen wurde, Ecken großer Umschläge sehen, Duplikate jener Umschläge, in die ich Félix Faures Papiere und die Memoiren gelegt hatte, die wir teilweise gemeinsam geschrieben hatten. Das Päckchen legte ich in die Schublade, in der die echten Dokumente gewesen waren, und diese versteckte ich am nächsten Tag an einem sicheren Ort.

Der Leser mag sich fragen, warum ich diese Papiere so gern aufbewahrt habe. Ich kann nur sagen, dass sie mich an einen höchst interessanten Abschnitt meines Lebens erinnerten und höchst aufschlussreiche Informationen über viele Ereignisse von nationaler und internationaler Bedeutung enthielten … Und vielleicht gab es in mir dieses vage, fast unbewusste und doch unbesiegbare Gefühl, das einen ungern von etwas trennt, das man lange aufbewahrt hat, denn wenn man lange genug mit Dingen lebt, werden sie sozusagen zu einem festen Bestandteil der eigenen Existenz.

Der Eröffnungstermin der Ausstellung meines Mannes rückte näher. Im Laufe der Tage sahen wir Monsieur de Balincourt immer seltener, obwohl er so treu versprochen hatte, zu kommen und bei der Organisation mitzuhelfen. Mehrere Telegramme, die mein Mann ihm schickte, blieben unbeantwortet. Dann kam mir die Idee, ihn zum Abendessen einzuladen, zusammen mit den Buissons und dem Grafen und der Gräfin von Arlon . Wir erhielten eine Nachricht von Monsieur de Balincourt, in der er erklärte, er sei krank und auf Reisen gewesen, aber er habe die Einladung angenommen. Er kam um 20.30 Uhr – eine Stunde zu spät. „Sie nehmen sich viele Freiheiten mit der alten französischen Höflichkeit heraus", sagte ich zu ihm. „Weder meine Gäste noch ich sind an eine solche Behandlung gewöhnt. Wie kommt es, dass die drei Nachrichten, die mein Mann Ihnen an die drei verschiedenen Adressen geschickt hat, die Sie ihm gegeben haben, alle unbeantwortet geblieben sind ? … "

„Da muss ein Fehler vorliegen …"

„Ich stimme Ihnen zu. Nein, hören Sie, M. de Balincourt. Letzten Sonntag kamen ein paar Freunde, um mich zu einer Motorfahrt und einem Mittagessen auf dem Land mitzunehmen. Es waren MV – der Motorhersteller – und seine Frau, die Sie hier einmal kennengelernt haben. Man sagte mir, dass Sie die Vs danach besuchten. Sie schrieben Ihnen, aber der Brief kam mit dem Vermerk ‚Name unbekannt unter dieser Adresse' zurück. Ihr Leben geht uns nichts an, aber Sie könnten uns wenigstens Ihre richtige Adresse geben! Als ich dies von den Vs hörte, schlug ich vor, dass wir zu den verschiedenen Adressen fahren sollten, die Sie meinem Mann gegeben hatten. Wir hatten die größten Schwierigkeiten, die erste herauszufinden. Wir fuhren nach Boulogne (in der Nähe von Paris) und wurden zu einem engen, übelriechenden, mörderischen Ort geleitet, wo Lumpen- und Knochensammler lebten. Ich dachte, wir hätten einen Fehler gemacht, und wir wollten gerade umkehren, als MV an die wurmstichige Tür des Hauses klopfte. Ein böse aussehender Mann erschien und beantwortete unsere Fragen: „M. de Balincourt ? … Ich kenne ihn nicht, aber ich glaube, er schickt manchmal Briefe hierher, und ein Freund von ihm, ein gewisser M. Delpit, hat uns gebeten, seine Briefe an eine Adresse weiterzuschicken, die ich Ihnen geben werde, wenn Sie möchten."

"Herr und Frau V., die ebenso verblüfft waren wie ich, was schon viel heißen will, schlugen vor, dass wir zu dieser Adresse fahren sollten . Dort wurde unser Verdacht noch größer als je zuvor, denn wir fanden uns an einem noch schlimmeren Ort wieder als am ersten. Eine alte Frau sagte: ‚Herr von Balincourt? Er wohnt dort, in diesem Haus.' Wir gingen dorthin und stellten neue Fragen. Schließlich rief ein zerlumpter Mann aus einem Fenster: ‚Er ist gerade gegangen' ... Ich brauche Ihnen wohl kaum zu sagen, dass wir alle den Eindruck hatten, Sie seien dort."

M. de Balincourt wurde sehr blass und stammelte: „Das war nicht meine Adresse ... ein Freund von mir, ein sehr armer Künstler, lebt dort ... Er leitet mir meine Briefe weiter."

Nach dem Abendessen entschuldigte er sich vielmals, gab mir alle möglichen Erklärungen, sprach vor mir mit meinem Mann über die „Ausstellung" und adressierte später eine große Zahl von Einladungskarten ... um sein Wohlwollen zu zeigen.

Eine Woche verging, und Herr de Balincourt erschien nicht. Ich organisierte alles selbst. Ich beschloss, die Ausstellung im riesigen „Wintergarten" abzuhalten.

Am Eröffnungstag, dem 7. April 1908, kamen etwa fünfhundert Personen, darunter mehrere Minister und Dutzende prominenter Beamter. Am Nachmittag traf Herr de Balincourt ein. Er kam jeden Tag, solange die Ausstellung dauerte, und unterhielt sich lange mit Herrn Steinheil, durch den er, wie ich bemerkte, es schaffte, möglichst vielen wichtigen Personen vorgestellt zu werden. Er hatte ein kleines Notizbuch, in das er die verkauften Bilder und die Preise notierte. Mehrmals sah ich verdächtig aussehende Gestalten das Haus betreten. Sie hatten Einladungskarten. Ein- oder zweimal, um zu prüfen, ob mein Verdacht begründet war oder nicht, ging ich direkt auf diese seltsamen Eindringlinge zu und sagte streng: „Es tut mir leid, der Raum ist voll. Wir können keine weiteren Personen einlassen." Und sie zogen sich sofort wortlos zurück.

Am letzten Tag der Show sagte ich Herrn de Balincourt meine Meinung. Und ich sah ihn nie wieder, außer bei meinem Prozess, bei dem er aussagte.

KAPITEL XII

MAI 1908

Im April lernte ich Herrn Bdl... durch einen gemeinsamen Freund kennen, den Direktor des Mont de Piété in Paris. Herr Bdl. war Witwer mit mehreren Kindern, und obwohl er in den Ardennen wohnte, kam er häufig nach Paris. Wir trafen uns zu einer Zeit, als ich sehr deprimiert und auch leicht beunruhigt war. Ich fühlte mich von unsichtbaren Gefahren umgeben, und das Leben war fast unerträglich geworden. Herr Bdl. war ein starker, aufrichtiger, sehr intelligenter und sehr kultivierter Mann. Er hatte große Achtung vor mir, und wir wurden enge Freunde. Später erwies er sich jedoch als so gewalttätig und herrschsüchtig, dass unsere Bekanntschaft sehr bald zu Ende ging, obwohl wir uns im Guten trennten und uns gelegentlich schrieben. Ich hätte diese Episode meines Lebens nicht einmal erwähnt, wenn Herr Bdl. nicht gewesen wäre. spielte in dem langen und komplexen Drama der „Affäre Steinheil" eine relativ wichtige Rolle, und zwar aufgrund gewisser Erklärungen, die ich in der sogenannten „Nacht des Geständnisses" (26. November 1908) abgegeben haben soll, eines „Geständnisses", das in hohem Maße zu meiner Verhaftung beitrug.

Am 18. Mai ging ich nach Bellevue, um mich dort niederzulassen, wie ich es jedes Frühjahr tat. Meine Mutter, die in Beaucourt war, schrieb mir, dass sie nach Paris kommen würde. Ich habe diesen Brief nicht mehr, aber der Brief, den ich meiner Mutter als Antwort schickte, wurde gefunden und ist hier wiedergegeben. Seine Bedeutung wird dem Leser nicht entgehen, nachdem ich erkläre, dass ich beschuldigt wurde, meine Mutter in mein Haus in Paris gelockt zu haben, um sie zusammen mit meinem Mann zu ermorden! Der Grund, der mich angeblich dazu gebracht hatte, meine Mutter zu ermorden, war folgender: Wenn ich nur meinen Mann getötet hätte, könnte ich des Verbrechens verdächtigt werden, denn ich stand nicht sehr gut mit ihm und wollte wahrscheinlich frei sein, einen wohlhabenderen und sympathischeren Mann zu heiraten. Aber wenn ich auch meine Mutter getötet hätte, dann (gemäß der Logik, die mir die Anklage freundlicherweise zuschrieb) würde ich nicht verdächtigt werden, denn die Leute würden sagen: Sie könnte ihren Mann ermordet haben, aber sie würde niemals ihre Mutter ermordet haben. Da also beide ermordet wurden, kann sie nicht schuldig sein.

Mein Brief an meine Mutter vom 21. Mai 1908 lautet wie folgt:

„ LIEBLING , ich werde dich *dann* am Dienstag am Bahnhof erwarten. Teile mir deine Ankunftszeit mit, denn ich komme direkt vom Land (Bellevue) zum Bahnhof (in Paris). Ich habe Ju (meine ältere Schwester, Mme. Herr) und Madon (eine ihrer Töchter) für Dienstagabend zum Abendessen eingeladen, und wir werden alle unser Bestes tun, um dir deinen Aufenthalt in Paris (womit ich natürlich Paris und Bellevue meine) so angenehm wie möglich zu machen, damit wir alle die Gesellschaft des anderen so gut wie möglich genießen können! Ermüde dich nicht zu sehr in dieser schrecklichen Hitze ! Wie viele Dinge werden wir uns gegenseitig zu erzählen haben! Ich habe Dennery geschrieben, um ihn zu bitten, etwas für Jules (meinen Bruder) zu tun. Ich schließe dich an mein Herz.

Deine kleine ,
MEG ."

Meine Mutter änderte ihre Meinung – weil sie sich nicht wohl fühlte – und telegraphierte, dass sie am Freitagabend (29. Mai) statt am Dienstag (26. Mai) kommen würde.

Die Ereignisse, die sich vom Moment der Ankunft meiner Mutter in Paris bis zu der verhängnisvollen Nacht zugetragen haben – also vom Freitagabend, dem 29. Mai, bis zur Nacht vom 30. auf den 31. Mai (1908) – müssen hier ausführlich geschildert werden. Wenn sie auch nicht viel Licht auf das Verbrechen selbst werfen, so werden sie dem Leser doch zumindest die Möglichkeit geben, zu beurteilen, ob ein vernünftiger Mensch in ihnen Gründe gefunden haben könnte, mich als den Täter zu verdächtigen!

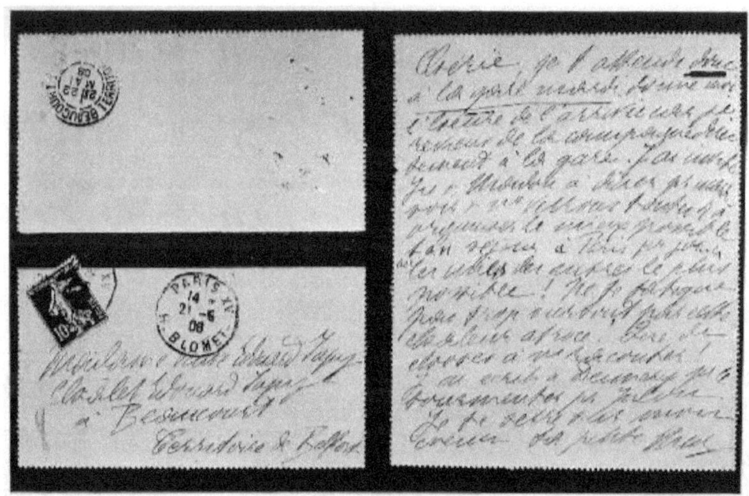

FAKSIMILE DES BRIEFES, DEN ICH EINIGE TAGE VOR DEM VERBRECHEN AN MEINE MUTTER IN BEAUCOURT GESCHICKT HABE

Ich zitiere aus der *Akte* zu meinem Fall, aus den Fragen des Untersuchungsrichters Herrn André (im Dezember 1908 und von Januar bis März 1909) und aus meinen Antworten.

... „Meine Mutter teilte mir mit, dass sie am Freitag, dem 29. Mai, kommen würde, da sie stark unter Gelenkrheumatismus in den Beinen litt. Jedenfalls waren wir uns einig, dass sie bei mir wohnen und von der ersten Nacht an dort schlafen sollte."

Frage. „Oh! Diese Punkte stehen im völligen Widerspruch zu der Erklärung von Mme. Herr [meiner älteren Schwester, die seit vielen Jahren in Paris lebte] vom 22. Juni 1908. Daraus geht hervor, dass Mme. Herr Ende Mai zwei Briefe von Ihrer Mutter erhielt; einen, in dem Ihre Mutter ihr ihre Ankunft mitteilte und hinzufügte, dass sie die Nacht bei ihr (bei Mme. Herr) verbringen würde, und den anderen, in dem sie sagte, dass Sie Ihre Mutter ‚beansprucht' hätten und dass sie aus diesem Grund bei ihrer Ankunft bei Ihnen übernachten würde."

Antwort: „Das überrascht mich überhaupt nicht. Meine Mutter hat das vielleicht geschrieben ... Sie wollte vielleicht, dass meine Schwester glaubte, ich hätte sie ‚beansprucht', damit meine Schwester ihr nicht vorwarf, dass sie mich duldete und mir so den Vorzug gab ... Ich hatte damals keinen Anspruch auf meine Mutter und hatte auch keinen Grund dazu, da bereits Anfang Mai vereinbart worden war, dass sie bei *mir bleiben würde* ... Meine Mutter sollte bis Sonntag, den 31., oder Montag, den 1. Juni, bleiben. Sie kam herüber, um mir zu helfen, im Namen meines Bruders Anträge zu stellen ... Sie verbrachte die Nacht vom Freitag (29.) auf Samstag (30.) in der Impasse Ronsin, denn wir hatten vor, am nächsten Morgen gemeinsam zu einer Besuchsrunde aufzubrechen, um meinem Bruder zu helfen. In dieser Nacht schlief meine Mutter, wie immer, in meinem Zimmer. Im Haus schliefen auch mein Mann und Rémy Couillard."

Als Antwort auf eine Frage. "Es gab drei Schlüssel für das Tor, das den kleinen Garten von der Sackgasse Ronsin trennte. Einer war in den Händen meines Mannes; Mariette (die Köchin) hatte den zweiten und Rémy Couillard (der Diener) hatte den dritten. Drei Monate vor dem Mord verlor Couillard seinen Schlüssel. Zwei Monate vor dem Mord bat ich meinen Mann, das Schloss des Tores austauschen zu lassen, denn ich befürchtete, dass nachts jemand eindringen könnte. Nach dem Mord hatte ich wegen des verlorenen Schlüssels Zweifel an Couillard ... Ich bat meinen Mann mehrmals, das Schloss austauschen zu lassen, und Mariette tat dasselbe, aber er wollte nicht zustimmen. Er sagte, es bedeute überhaupt nichts, dass Diebe, die eindringen wollten, dies trotz eines verschlossenen Tores täten ... Ich erinnere mich sogar, dass ich am 21. Mai in Bellevue in Anwesenheit des Grafen und der Gräfin von Arlon, Herrn Maillard und Herrn Boeswilwald meinen Mann erneut nach dem Schloss fragte, ihn auf seine Nachlässigkeit hinwies und ihn an meine Ängste erinnerte."

Frage: „Wie kommt es, dass Sie, obwohl Sie so nervös waren und die mangelnde Initiative von Herrn Steinheil wussten, das Schloss nicht selbst austauschen ließen?"

Antwort: „Das habe ich nicht – ich habe mich der Bemerkung meines Mannes angeschlossen, dass ein verschlossenes Tor Diebe nicht aufhält …"

Als Antwort auf eine Frage. „Am 18. Mai ging ich nach Bellevue mit der Absicht, mindestens einen Monat dort zu bleiben. 1906 und 1907 verbrachte ich ähnliche Zeit dort. Im Mai 1908 ließ ich mich mit den beiden jüngsten der sechs Kinder der Buissons und mit Marthe in Bellevue nieder. Die einzige Dienerin dort war Mariette. M. Buisson und sein Sohn Pierre (Marthes *Verlobter*) waren in Paris, kamen aber natürlich häufig. Mein Mann verbrachte einen Teil seiner Zeit in Paris und einen Teil seiner Zeit in Bellevue. Er schlief manchmal in Paris, aber wenn er zum Übernachten nach ‚Vert-Logis' (so hieß unsere Villa in Bellevue) kam, teilte er mir dies normalerweise telefonisch mit … Bevor wir uns in Vert-Logis niederließen, versteckten wir an einem geheimen Ort im Esszimmer (ein Loch in der Wand, das von Möbeln verdeckt war) das Silbergeschirr und auch bestimmte Juwelen …"

Als Antwort auf eine Frage. „Um das Haus vom Garten aus zu betreten, gibt es zwei Türen, eine führt zur Speisekammer des Butlers, die andere zur Veranda. Beide Türen waren nachts immer verschlossen, aber um jedem von uns, der spät nach Hause kam, den Eintritt zu ermöglichen, steckte der Schlüssel der einen Tür nicht im Schloss. Der Schlüssel der Speisekammertür wurde dann auf einem kleinen Ständer hinterlassen und der der Haupttür auf einem Tisch auf der Veranda. Derjenige, der als Letzter hineinging, wenn er – oder sie – wusste, dass alle zu Hause waren, ließ den Schlüssel in der Tür."

Als Antwort auf eine Frage. „Nach dem 18. Mai schlief mein Mann je nach seiner Arbeit in Bellevue oder in Paris. Er verbrachte zwei oder drei Nächte pro Woche in der Impasse Ronsin. Bei solchen Gelegenheiten schlief Rémy Couillard in seinem üblichen Zimmer, in der Nähe des Eingangs zum Dachgeschoss, über dem Studio (dritter Stock). Aber wenn mein Mann in Vert-Logis schlief, schlief der Diener auf der Veranda auf einem Sofa. Er hatte einen Revolver, den mein Mann ihm bei solchen Gelegenheiten reichte. Wenn mein Mann in die Impasse zurückkehrte, gab Couillard ihm den Revolver zurück – ich kann nicht behaupten, dass er regelmäßig zurückgegeben wurde, denn ich war zu der Zeit in Bellevue, aber ich habe allen Grund zu der Annahme, dass dies der Fall war, denn ich habe immer einen Revolver auf dem Tisch meines Mannes gesehen, wann immer er in Paris schlief."

Als Antwort auf eine Frage. „Zwischen dem 18. Mai und Freitag, dem 29. Mai, war ich nicht ein einziges Mal in Paris. Ich wurde in Bellevue festgehalten, um auf die kleinen Buissons aufzupassen, denen es nicht gut ging und die ich pflegte. Ich bin am Freitag, dem 29. Mai, nur wegen der Ankunft meiner Mutter nach Paris gefahren. Am Vortag hatte mein Mann mit uns in Bellevue zu Mittag gegessen und den Rest des Tages und die Nacht dort verbracht. Er erzählte uns an diesem Tag, dass Couillard, der äußerst nervös war, ‚Dick‘, unseren Wachhund, der wie in anderen Jahren mit uns nach Bellevue gekommen war, durch einen Hund namens ‚Turk‘ ersetzt hatte, der M. und Mme. Geoffroy gehörte (Tochter und Schwiegersohn von Mariette, meiner Köchin). Mein Mann sagte, er sei wütend darüber, weil der Hund mit seinen Pfoten die Skizze für ein Buntglasfenster ruiniert hatte, das er gerade fertiggestellt hatte. Und er fügte hinzu: ‚Morgen früh werde ich diesen Hund zurückschicken!‘ Am Freitag, dem 29. Mai, kehrte mein Mann frühmorgens zusammen mit Marthe nach Paris zurück, die an diesem Morgen eine Vorlesung besuchen musste und mit ihrem Vater und, wie ich glaube, mit Pierre Buisson in der Impasse Ronsin zu Mittag essen sollte. Es wurde vereinbart, dass ich auf Marthes Rückkehr warten sollte, bevor ich Bellevue verließ, um meine Mutter am Bahnhof in Paris abzuholen. Während meiner Abwesenheit würde Marthe auf die kleinen Buissons aufpassen, die ich nicht allein lassen wollte. Am Nachmittag, nachdem ich den Kindern ihren Tee gegeben hatte, kehrte Marthe nach Vert-Logis zurück. Wie vereinbart war Pierre Buisson mitgekommen und sollte dort übernachten, damit die Kinder nachts weniger einsam waren. Mein Mann sollte die Nacht in Paris verbringen, da er meine Mutter und mich nicht allein in der Stadt lassen wollte. An diesem Freitag kam ich gegen 17 Uhr in Paris (Bahnhof Montparnasse) an und fuhr mit der U-Bahn direkt zum Gare de l'Est, wo meine Mutter um 18 Uhr erwartet wurde. Als ich Bellevue verließ (die Bahnfahrt nach Paris dauert zwanzig Minuten), trug ich drei Ringe... (Später werde ich ausführlich auf das sogenannte „Geheimnis der Juwelen“ eingehen, das so viel gegen mich vorgebracht wurde.)

Das Programm für diesen Abend und den folgenden Tag war folgendes: Meine Mutter sollte die Nacht im Impasse Ronsin verbringen. Meine Schwester, Mme. Herr, würde mit uns zu Abend essen – aber sie kam nicht zum Bahnhof, und später hörte ich, dass sie nicht kommen konnte. Am Bahnhof war ich also allein, um meine Mutter zu empfangen. Es war vereinbart worden, dass meine Mutter, mein Mann und ich, selbst wenn meine Schwester und ihre Familie am Samstagabend mit uns zu Abend essen würden, anschließend nach Bellevue fahren würden, um Marthe und ihre Freunde zu treffen; es sei denn natürlich, der Gesundheitszustand meiner Mutter ließe es nicht zu. Am Freitagabend – oder Samstagmorgen – erhielt ich eine Nachricht von meiner Schwester, in der sie mir mitteilte, dass sie nicht zum Mittag- oder Abendessen kommen könne, dass sie am

Samstagabend zu einem Konzert gehe, aber dass sie darauf vertraue, dass meine Mutter sie am Nachmittag besuchen werde.

„Am Freitag, dem 29. Mai, als meine Mutter und ich nach Hause kamen, sagte ich Couillard, er solle den Geoffreys ihren Hund zurückgeben, und schalt ihn, weil er ihn ohne Erlaubnis ausgeliehen hatte, und auch, weil der Hund eine von M. Steinheils Zeichnungen ruiniert hatte, wodurch dieser die Arbeit einer ganzen Woche verloren hatte."

Frage: „Warum so schnell den Hund zurückgeben?"

(Die Idee des Richters war ganz offensichtlich. Schon bevor er mich verhört hatte, war er von meiner Schuld überzeugt und betrachtete die Tatsache, dass ich den Hund losgeworden war, als Beweis meiner Schuld. Ich hatte es „natürlich" getan, damit der Hund weder meine Komplizen anbellte noch während der Morde bellte!)

Antwort: „Mein Mann hatte mir am Tag zuvor gesagt, dass der Hund weg müsse, sobald er nach Hause käme, und Couillard hatte den Hund noch nicht an seine Besitzer zurückgegeben."

Frage: „Welche Zeugen haben Sie, die beweisen, dass Ihr Mann den Hund sofort loswerden wollte ?"

Antwort: „Ich glaube, Marthe und Mariette, die Köchin, haben die Bemerkung meines Mannes gehört."

Frage: „Warum berauben Sie Ihr Haus so schnell eines Wachhundes, wenn es bereits seines üblichen Wächters beraubt war – des Hundes, Dick?"

Antwort: „Welche Bedeutung hatte das ? ... Tatsächlich bellte Turk kaum und war nutzlos; außerdem trieb der Hund, da er nicht zum Haus gehörte, allerlei Unfug."

Frage: „Wie kann man zugeben, dass Couillard, um geschützt zu sein, einen Hund ausleihen musste, der nicht bellte?"

Antwort: „Ich weiß es nicht ... Ich kann nur sagen, dass Couillard mir, als er den Hund zu den Geoffroys zurückbringen wollte, erzählte, dass er sich mit dem Hund weniger einsam und sicherer fühlen würde, wenn ‚etwas Lebendiges' in seiner Nähe wäre."

Frage: „Woher wussten Sie, dass der Hund nicht bellte?"

Antwort: „Madame Geoffroy, die Tochter meiner Köchin, kam oft in Begleitung ihres Hundes ins Haus, und mir fiel auf, dass er nie bellte."

Frage: „Einige Ihrer Aussagen zu diesem Punkt widersprechen denen, die Sie am 20. Juni (weniger als einen Monat nach dem Mord) machten. Aus letzterer geht hervor, dass Couillard den Hund mit der Erlaubnis von M. Steinheil auslieh und dass der Diener den Hund am Freitagabend an seine Besitzer zurückgab, nachdem M. Steinheil ihm selbst befohlen hatte.“

Antwort: „Die Erklärung, die Sie mir gerade vorgelesen haben, habe ich abgegeben, als ich noch schwer krank war, so krank, dass ich nicht die Kraft hatte, mir die Verlesung meiner Erklärungen anzuhören, nachdem ich sie abgegeben hatte. Außerdem, welcher Widerspruch besteht zwischen den Erklärungen, die ich gerade abgegeben habe, und denen, die ich damals abgegeben habe?“

Frage: „Aus den Aussagen von Rémy Couillard am 31. Mai (wenige Stunden nach dem Mord) gegenüber dem Polizeikommissar geht hervor, dass der Hund den Geoffroys nicht an dem von Ihnen genannten Tag (Freitag), sondern erst am darauffolgenden Tag, Samstag, dem 30. Mai, zurückgegeben wurde.“

Antwort: „Ich kann nur sagen, dass ich Couillard am Freitagabend gesagt habe, er solle den Hund zurückgeben.“

Als Antwort auf eine Frage. „Später, nach den Ermittlungen, erfuhr ich, dass mein Mann am Samstag, dem 30. Mai, 40 £ vom Crédit Lyonnais abgehoben hatte. Ich erfuhr damals nichts davon, aber ich bin sicher, dass mein Mann am Nachmittag weggegangen sein muss [Banken schließen in Frankreich nicht um 13 Uhr, wie in England, an Samstagen], denn als ich die Impasse Ronsin gegen 11.30 Uhr verließ, um mit Marthe und den Buissons in Bellevue zu Mittag zu essen, hatte mein Mann das Haus nicht verlassen. Ich hörte auch, nachdem die polizeilichen Ermittlungen abgeschlossen waren, dass mein Mann einige Rechnungen bezahlt hatte, darunter die Rechnung des Zimmermanns.“

Frage: „Abgesehen von dem, was von den 40 £ übrig war, wie viel Geld war Ihrer Meinung nach im Haus?“

Antwort: „An diesem Tag müssen etwa 300 Pfund auf dem Schreibtisch des Boudoirs gelegen haben.“ (Hier habe ich erklärt, wie das Geld dorthin gekommen war und woher es kam.)

Frage: „Aber Sie sagten, am 26. November 1908 seien etwa 120 Pfund in diesem Schreibtisch gewesen?“

Antwort: „Am 26. November 1908“ (ich bitte den Leser, sich dieses Datum gut zu merken, denn es ist eines der dramatischsten in meinem ereignisreichen Leben) „war ich von Sinnen und war nicht verantwortlich für das, was ich tat oder sagte, und vergaß für einen Moment die 200 Pfund in einem separaten Umschlag.“

Frage: „Sind Sie sicher, dass der Umschlag mit den 200 £ jemals existiert hat?“

Antwort: „Es existierte tatsächlich. Mein Mann war Vorsitzender der ‚Boulogne Ceramics Co.‘. Anfang 1908 teilte er mir mit, dass die Firma in Kürze eine Kapitalerhöhung beantragen würde – ich wusste, dass er , M. Buisson und sein Bruder diesem Antrag nachkommen würden. Ich weiß nicht, wann mein Mann das Geld einzahlen wollte, aber er hatte mir gesagt, er würde 200 Pfund beisteuern. Ich hatte jedenfalls noch nicht zugestimmt, denn ich hatte meine Zweifel an den Aussichten der Firma.“ (Hier möchte ich hinzufügen, dass der Untersuchungsrichter mir selbst mitteilte, dass M. Buisson und sein Bruder ihre Zahlungen an die Firma im Juni geleistet hatten.)

Als Antwort auf eine Frage. „Am Samstagmorgen (Samstag, 30. Mai 1908) fand ich meine Mutter sehr müde vor und war etwas besorgt um ihre Gesundheit. Ich ließ Dr. Acheray kommen, der ihr Medikamente verschrieb, sie im Bett bleiben ließ und ihr strengstens verbot, auszugehen. Nachdem der Arzt gegangen war, bestand meine Mutter unbedingt darauf, am Nachmittag bei Frau Herr vorbeizuschauen und einen weiteren Besuch zu machen, wofür sie mir keine Erklärungen gab. Wir einigten uns darauf, dass ich in Bellevue zu Mittag essen sollte und dass wir bei meiner Rückkehr um 17 oder 18 Uhr sehen würden, ob ihr Gesundheitszustand es ihr erlauben würde, nach Bellevue zu reisen, oder ob sie in der Impasse Ronsin bleiben müsste. Ich verließ das Haus gegen 11.30 Uhr, um den Zug nach Bellevue zu nehmen.“

Frage: „Dann haben Sie den oder die Anrufe, die Sie im Interesse Ihres Bruders machen wollten, nicht getätigt?“

Antwort: „Nein. Der schlechte Gesundheitszustand meiner Mutter erlaubte es ihr nicht, mitzukommen, und wir hatten diese Besuche auf den folgenden Montag verschoben.“

Frage: „Welche Schritte mussten Sie unternehmen?“

Antwort: „M. Dennery, Sekretär des Staatssekretärs für ‚Post und Telegraf‘, beschützte meinen Bruder, und ihn wollten meine Mutter und ich besuchen.“

Als Antwort auf eine Frage. „Da meine Mutter gesagt hatte, sie würde den größten Teil des Nachmittags mit Frau Herr verbringen, kehrte ich erst gegen 17.30 Uhr in die Impasse Ronsin zurück. Meine Mutter war zu Hause und mein Mann auch. Meine Mutter lag auf dem Sofa auf der Veranda; ihre Beine schmerzten sehr. Sie erzählte mir, sie sei bei meiner Schwester gewesen und das Treppensteigen und Treppensteigen sei sehr anstrengend gewesen … Meine Mutter hoffte jedoch immer noch, mit uns nach Bellevue fahren zu können. ‚Wir werden unsere Entscheidung bis nach dem Abendessen verschieben‘, sagte sie, ‚ich werde sehen, wie ich mich dann fühle und ob ich nach Bellevue fahren kann oder nicht.‘ Hätte es meiner Mutter später besser gegangen, hätten wir den Zug um 20.30 Uhr genommen. Meine Mutter erzählte mir einige Einzelheiten über ihren Besuch bei meiner Schwester. Sie sagte, sie hätten gemeinsam über eine geplante Hochzeit meines Bruders Julien gesprochen."

Als Antwort auf eine Frage. „Ich war an diesem Tag gegen Mittag in Bellevue angekommen. Ich aß mit den Kindern im Vert-Logis zu Mittag und machte dann mit ihnen eine Spazierfahrt durch den Wald. Nach dem Tee der Kinder ging ich mit Marthe zum Bahnhof Bellevue. Ich erreichte den Gare Montparnasse gegen 17.30 Uhr und ging zu Fuß direkt nach Hause (zehn Minuten zu Fuß). Unterwegs besuchte ich die Apotheke, um die Medizin für meine Mutter zu holen, und auch Potin (Lebensmittelgeschäft)."

Frage. „*Um wie viel Uhr haben Sie an diesem Tag Herrn* Bdl. angerufen ? "

Antwort. „Um zehn Uhr morgens rief ich ihn von meinem Zimmer aus an, wo meine Mutter im Bett lag, und sie hörte, was ich sagte. M. Bdl. und ich hatten uns Mitte Mai getrennt, aber ich schrieb oder telefonierte gelegentlich mit ihm. Ich begann damit, M. Bdl. zu sagen, dass es mir ganz gut ging, aber dass meine Mutter (die er kannte) krank war. Ich erinnere mich, dass ich kein Wort von dem verstehen konnte, was M. Bdl. sagte, und schließlich brach ich in Gelächter aus und legte den Hörer wieder auf seinen Platz."

Als Antwort auf eine Frage. „Erst nach dem Abendessen, gegen 20 Uhr, fragte ich meine Mutter, ob sie sich gut genug fühlte, um nach Bellevue zu gehen … Ich musste sie fragen, um zu wissen, ob ich M. Buisson bitten sollte, dort zu übernachten oder nicht."

Frage: „Sie hatten Herrn Buisson also gewarnt, dass er möglicherweise nach Bellevue fahren und dort übernachten müsse?"

Antwort. „Ja. Das ist passiert. Während ich in Vert-Logis war, rief mich M. Buisson nach dem Mittagessen gegen 13.30 oder 14.00 Uhr an, gerade als ich mit den Kindern eine Fahrt machen wollte. Er wollte mich fragen, wie es seinen Kindern ginge. Danach erzählte ich ihm, dass es meiner Mutter – von deren Ankunft er am Vortag gehört hatte – nicht gut ging und er nicht wüsste, ob sie nach Bellevue kommen könnte, um zu schlafen; und ich fragte ihn, ob es ihm, falls sie nicht käme, etwas ausmachen würde, nach Bellevue zu fahren und die Nacht bei seinen kleinen Kindern zu verbringen. Er antwortete, er würde auf jeden Fall gegen 22.30 Uhr nach Bellevue kommen, ob wir selbst dort sein könnten oder nicht. Ich hatte meiner Tochter am Nachmittag gesagt, dass ich sie telefonisch warnen würde, wenn wir abends nach Bellevue kämen. Tatsächlich hielt ich das aufgrund des Gesundheitszustands meiner Mutter für unwahrscheinlich."

(Zitat aus *Dossier* , Cote 3213-3218.)

KAPITEL XIII

DIE VERHÄNGLICHE NACHT

Ich werde meine Geschichte fortsetzen und die wichtigsten Passagen aus meiner Aussage gegenüber Herrn André über die verhängnisvolle Nacht vom 30. auf den 31. Mai 1908 und verschiedene Tatsachen, die mehr oder weniger mit dem Mord zusammenhängen, zitieren. Dadurch wird der Leser klar erkennen, wie alles passiert ist, und nebenbei auch eine Vorstellung von den Methoden eines französischen Untersuchungsrichters bekommen.

Frage. „Seit Ihrer letzten Befragung wurden uns eine Reihe von Briefen übergeben: 24 Briefe Ihrer Mutter an Ihren Bruder Julien, datiert vom 4. Januar 1908 bis zum 30. Mai 1908. Diese Briefe stimmen *im Großen und Ganzen* mit Ihren Angaben überein, insbesondere was Ihre Krankheit zu Beginn des Jahres 1908, die Pläne für die Hochzeit Ihres Bruders und die Absicht, ihm durch einen Besuch bei Herrn Dennery zu helfen, sowie die Tatsache betrifft, dass Sie am Morgen des 30. Mai Dr. Acheray zu Ihrer Mutter riefen. Andererseits enthalten sie Bemerkungen, die einigen Ihrer Angaben widersprechen. So schrieb Ihre Mutter beispielsweise am 19. Mai an Ihren Bruder, dass sie während ihres bevorstehenden Aufenthalts in Paris bei Herrn Herr übernachten würde, erwähnte aber am nächsten Tag, dass Sie ihr geschrieben und angerufen hätten, mit dem Ergebnis, dass sie zumindest für eine Nacht bei Ihnen übernachten würde. Das beweist, dass Ihre Mutter sich erst entschieden hat, in dem Haus in der Impasse Ronsin zu übernachten, nachdem Sie sie dazu gedrängt hatten?"

Antwort: „Ich kann Ihnen nur sagen, dass wir, als meine Mutter Anfang Mai bei mir war, vereinbart hatten, dass sie bei mir wohnen würde, wenn sie später nach Paris zurückkehrte. Gegen den 20. Mai schrieb sie mir, dass sie sich sehr krank fühle, und gab mir gleichzeitig zu verstehen, dass sie, um den Wünschen von Frau Herr nachzukommen, bei ihr wohnen würde. Ich sagte ihr, dass ich sie pflegen würde, wenn sie zu mir käme, und dass sie von einem ausgezeichneten Arzt betreut würde – M. Acheray, der fast neben uns wohnte. Ich fügte hinzu, dass es einfacher wäre, wenn sie bei mir wohnte, was den Besuch bei M. Dennery betraf. Ich wollte meine Mutter unbedingt zu Hause haben, weil sie im Haus meiner Schwester fünf Treppen steigen müsste, und außerdem, weil ich wollte, dass Dr. Acheray sie untersuchte, da er sie gut kannte, da er bei anderen Gelegenheiten als ihr Arzt gewirkt hatte."

Frage. „Jedenfalls gibt es hier einen höchst auffallenden Zufall. Ungefähr am 18. Mai – also zu der Zeit, als Sie sich mit den jungen Buissons in Bellevue niederließen, die Ihre ständige Anwesenheit zu brauchen scheinen, da Ihr

Pariser Heim unorganisiert ist – zwangen Sie Ihre Mutter, Ihnen zu versprechen, während des bevorstehenden Besuchs bei Ihnen zu bleiben!"

Antwort: „Die Buisson-Kinder waren nicht so krank, dass ich in Vert-Logis ständig in ihrer Nähe sein musste. Der Hauptgrund, warum ich sie in Bellevue untergebracht hatte, war, dass sie die frische Landluft genießen konnten; und wenn ich weg war, konnte meine Tochter sich perfekt um sie kümmern. Und was mein Pariser Zuhause angeht, wie konnte es ‚desorganisiert' sein, wenn mein Mann, meine Tochter und ich häufig dort waren!"

Als Antwort auf eine Frage. „Als ich am Samstag, dem 30. Mai, aus Bellevue zurückkam, hielt ich, wie gesagt, in der Apotheke an, um die verschiedenen Medikamente zu holen, die Dr. Acheray meiner Mutter verschrieben hatte. Bei Potin kaufte ich einen Hummer, ein Töpfchen Mayonnaise, einige Kuchen und etwas Obst. Dann ging ich direkt nach Hause. Mein Mann und ich aßen Hummer, aber meine Mutter aß nur ein bisschen davon; sie bevorzugte Kaffee und Milch und eine Scheibe gebutterten Toast. An diesem Abend war meine Tochter Marthe in Vert-Logis allein mit den beiden kleinen Buissons und Mariette, der alten Köchin. Die Kinder gingen normalerweise um neun ins Bett, und Mariette zog sich in der Regel danach zurück. Aber an diesem Abend musste sie natürlich auf M. Buissons Ankunft warten.

"Im Impasse Ronsin aßen wir an diesem Tag um 19.30 Uhr zu Abend. Vor dem Abendessen hatten meine Mutter und ich lange über Familienangelegenheiten und Pläne gesprochen, während mein Mann in seinem Atelier blieb. Das Abendessen war fröhlich. Mein Mann war ungewöhnlich fröhlich und zufrieden. Er sprach über verschiedene Pläne zur Verbesserung der Lage bei der Boulogne Ceramics Company und sagte, er würde nach Italien fahren, um alte *Fayencen zu kopieren* . Mein Mann trank etwas Wein und Wasser. Nach dem Abendessen trank keiner von uns Liköre. Ich ging mit meinem Mann durch den Garten, und dann gesellten wir uns zu meiner Mutter, die sich auf der Veranda ausruhte. Ihre Beine schmerzten immer mehr; ich zog ihr Schuhe und Strümpfe aus und rieb sie mit etwas Vaseline ein. Gegen 21 Uhr gingen wir alle drei nach oben ins Bett. Zuvor hatte mein Mann die Türen abgeschlossen – oder besser gesagt die Tür, denn er musste nur die Verandatür schließen. Die Tür zur Speisekammer, die der Diener schließen musste, muss, nehme ich an, von Couillard geschlossen worden sein, nachdem wir im Ruhestand. Als wir nach oben gingen, war Couillard gerade beim Abwaschen.

"Gemäß der Regel, die immer galt, wenn wir zu Hause waren, und die er in der vergangenen Nacht beachtet hatte, sollte Couillard in seinem Zimmer im dritten Stock in der Nähe des Dachbodens schlafen. Ich nahm an, dass er, ebenfalls gemäß der Gewohnheit, meinem Mann den Revolver bereits am Vortag (29. Mai) zurückgegeben hatte. Doch nach dem Drama, während der gerichtlichen Untersuchung, stellte ich fest, dass Couillard den Revolver nicht zurückgegeben hatte, denn als er von M. Hamard (Chef der Kriminalpolizei) nach dem Revolver gefragt wurde, nahm er ihn vor meinen Augen aus der Tasche seiner blauen Schürze. Ich hatte M. Hamard erzählt, dass mein Mann seinen Revolver normalerweise in seinem Zimmer in der Schublade seines Nachttischs aufbewahrte, und weil M. Hamard ihn nicht finden konnte, sah er sich veranlasst, Couillard einige Fragen dazu zu stellen."

Als Antwort auf eine Frage. „Ich weiß nicht, wann Rémy Couillard am 30. Mai zu Bett ging. In dieser Nacht schlief mein Mann in seinem eigenen Schlafzimmer. Ich war im Zimmer meiner Tochter, denn ich hatte mein Schlafzimmer meiner Mutter überlassen, damit sie es bequemer hatte, da das Bett meiner Tochter kleiner als meines und meine Mutter etwas stämmig war. Außerdem schlief meine Mutter immer in meinem Schlafzimmer, wenn sie bei uns war. Sie schlief nur im Zimmer meiner Tochter, wenn ich ernsthaft krank im Bett lag – 1907 und 1908."

BLICK AUF DIE VERANDA DES HAUSES IN DER IMPASSE RONSIN

Als Antwort auf eine Frage. „Am 30. Mai legte meine Mutter meine Ringe persönlich in ihr Zimmer (mein Schlafzimmer), als wir zu Bett gingen. Ich hatte sie unten auf der Veranda abgelegt, als ich meine Mutter mit Vaseline eingerieben hatte . Gerade als wir nach oben gingen, sagte mein Mann zu Couillard, er solle ein paar Grogs heraufbringen."

Frage: „War es bei Ihnen zu Hause üblich, abends Grogs zu trinken?"

Antwort. "Nein, das war keine Gewohnheit. Wenn ich müde war, trank ich heißes Wasser mit Rum, und am Abend des 30. Mai war ich sehr müde. Nach dem Abendessen, als wir auf der Veranda plauderten, hatte ich gesagt, ich würde vor dem Schlafengehen einen heißen Grog trinken, und mein Mann und meine Mutter sagten, sie würden dasselbe tun. Deshalb sagten mein Mann oder ich Couillard, er solle heißes Wasser, Zucker, die Flasche Rum und drei Gläser heraufbringen. Warum tranken wir die Grogs nicht unten? Weil ich wollte, dass meine Mutter ihren im Bett trank. Rémy Couillard kam mit einem Tablett, das er auf einen kleinen Tisch im Badezimmer stellte, und zog sich dann zurück. Als Rémy das Tablett brachte, war ich im Badezimmer; meine Mutter war in ihrem Zimmer und bereits im Bett. Mein Mann war in seinem Zimmer , aber noch nicht im Bett. Ich rief ihn. Er füllte Wasser und Zucker in zwei Gläser und ich goss den Rum ein. Dann gingen mein Mann und ich zusammen zu meiner Mutter. Sie trank ein wenig und stellte das Glas wieder auf ihren Nachttisch. Bevor ich den Grog zu meiner Mutter brachte, probierte ich den, den mein Mann für sich zubereitet hatte. Ich fand ihn zu stark, und mein Mann fügte etwas heißes Wasser hinzu."

Frage: „Sie wollten einen Grog, und nun stelle ich fest, dass Ihnen kein Grog zubereitet wurde und Sie vom Grog Ihres Mannes nur einen Schluck getrunken haben!"

(Mein Anwalt erklärte mir später, dass der Richter der Meinung war, ich hätte Gift oder ein Schlafmittel in die beiden Grogs gemischt!)

Antwort: „Ich wollte meinen Grog etwas später zubereiten, wenn ich gerade ins Bett gehen wollte, um ihn ganz heiß zu trinken. Tatsächlich rief ich, als ich im Bett war, meinen Mann und er brachte mir meinen Grog. Er ließ mich trinken und stellte dann das Glas hin – ich weiß nicht mehr, wohin.

"Nachdem meine Mutter ihr Glas geleert hatte, setzte ich mich auf ihr Bett und wir plauderten eine Viertelstunde lang. Da sie und ich aber sehr müde und schläfrig waren, ging ich in mein Zimmer und lag schon im Bett, als mir mein Mann den Grog brachte."

Frage: „Couillard hat erklärt, Ihr Mann sei bereits im Bett gewesen, als er das Tablett heraufbrachte. Er sah das durch die Zimmertür Ihres Mannes, die offen stand."

Antwort: „Couillard hat einen Fehler gemacht. Außerdem, wie hätte er meinen Mann im Bett sehen können? In seinem Zimmer brannte kein Licht."

Frage: „Im Badezimmer, wo der Diener das Tablett abgestellt hatte, brannte Licht, und da die Schlafzimmertür offen stand, musste es in diesem Schlafzimmer hell genug gewesen sein."

Antwort: „Nein, denn das Gas im Badezimmer war nur halb aufgedreht."

Als Antwort auf eine Frage. „Am Ende meines Gesprächs mit meiner Mutter küsste ich sie und sagte: ‚Bis morgen!‘ Und als mein Mann mir den Grog brachte, wünschte ich ihm gute Nacht und bat ihn, die Tür offen zu lassen, damit wir meine Mutter gut hören könnten, wenn sie sich in der Nacht unwohl fühlte. Ich war todmüde und schlief fast sofort ein."

Frage. „Beschreiben Sie, was Sie über das Verbrechen wissen."

Antwort. „Ich schreckte aus dem Schlaf hoch und spürte etwas auf meinem Gesicht. Dann hörte ich eine Männerstimme sagen: ‚Sag uns, wo das Geld deiner Eltern ist …‘ Bevor ich nun weitermache, möchte ich sagen, dass ich Ihnen nicht versprechen kann, diese schreckliche Nacht mit genau denselben Worten zu beschreiben, die ich benutzte, als ich sie am 31. Mai, wenige Stunden nach dem Verbrechen, beschrieb … Ich zog mir das Tuch von Kopf und Gesicht. Im Zimmer brannte Licht und ich sah drei Männer und eine Frau: einen dunkelhaarigen Mann, der neben mir stand; einen dunkelhaarigen Mann an der Tür des Boudoirs; einen rotbärtigen Mann auf der anderen Seite, das heißt neben dem Kaminsims, und eine rothaarige Frau neben meinem Bett.

"Sie wiederholten: ' Wo ist das Geld deiner Eltern?' Erschrocken und zitternd, als ich sah, dass die Frau einen Revolver auf meine rechte Schläfe richtete, sagte ich 'Da'... und deutete auf das Boudoir; die Frau blieb neben mir, hielt den Revolver immer noch an meinen Kopf und mit der anderen Hand hielt sie meinen Arm fest... Ich war entsetzt... Ich hörte meine Mutter zu mir rufen: 'Meg, Meg!'... Das gab mir ein wenig Mut. Dann sagte die Frau: 'Komm, Mädchen, sei brav. Sag uns, wo die Juwelen sind.' Ich hatte Angst zu sagen, dass sie im Zimmer meiner Mutter (eigentlich in meinem Zimmer) in der Schublade des Kleiderschranks waren... Ich sagte zu ihnen allen: 'Tötet mich nicht! Sagt, dass ihr niemanden töten werdet...' Dann fesselten sie mich und legten mir ein Tuch aufs Gesicht... Und das ist alles. An mehr erinnere ich mich nicht..."

Frage: „Haben Sie wirklich keine anderen Erinnerungen?"

Antwort: „Ich erinnere mich an das Aussehen dieser Leute. Sie hatten Laternen … Der Mann neben dem Kamin hatte eine, ebenso der Mann neben meinem Bett. Der Mann neben der Tür des Boudoirs hielt einen Revolver … Nachdem sie mich ans Bett gefesselt hatten, kletterte ein Mann auf mich, stellte sich auf meinen Körper und verletzte mich schrecklich. Ich konnte nicht weinen, weil ich bereits geknebelt war. Sie fesselten meine Hände … In einem bestimmten Moment, ich weiß nicht mehr wann, hörte ich die zwölf Schläge der Mitternacht … Ich sage Mitternacht, aber es war vielleicht elf Uhr. Es waren viele, viele Schläge, das ist alles, was ich sagen kann. Es war die große Standuhr im Flur … im Erdgeschoss."

Frage. „Und das ist alles?“

Antwort: „Ich kann Ihnen sagen, wie diese Leute waren. Der Mann neben mir hatte einen langen schwarzen Bart. Er war sehr blass, hatte dunkle Augen und eine große Nase. Der Mann neben dem Boudoir war auch sehr dunkel und seine Augen waren schrecklich. Der mit dem roten Bart sah ziemlich dumm, verwirrt und verängstigt aus … Und die rothaarige Frau war furchtbar hässlich, hatte schwarze Augen, krauses Haar und einen bösen Mund.“

Frage. "Ist das alles?"

Antwort: „Das ist alles, woran ich mich jetzt erinnere.“

Frage. "Was noch?"

Antwort. „Oh! Ihre Kleidung natürlich! Sie trugen alle lange schwarze Gewänder, sogar die Frau. M. Hamard fragte mich, ob sie Kittel oder kirchliche Gewänder, Gabardinen, trügen. Ich sagte, die Ärmel seien flach und die Gewänder lang, gerade, sozusagen aus einem Stück. Ich sah keine Kragen, keine Hände, nur diese schwarzen Gabardinen … und dann blendete mich das Licht ihrer Laternen, und da waren all diese Spiegel im Zimmer, Marthes Zimmer … und alles ging so schnell … Ich bekam auch einen Schlag auf den Kopf. Er kam von der Seite, wo die Frau stand, aber ich konnte nicht sagen, ob es die Frau war, die den Schlag ausführte … Ich hörte auch eine Stimme sagen: ‚Mach sie fertig!‘ Sie sprachen … Ein Mann sagte: ‚Nein, lass das Mädchen (*la petite*) in Ruhe. Es war die Frau, die mich töten wollte.‘“

Frage: „Welcher der Männer hat Sie verschont?“

Antwort: „Ich weiß es nicht. Mein Kopf war zu der Zeit bedeckt. Der Mann hatte einen ausländischen Akzent. Er hatte schon früher gesprochen… Es war der Mann, der gesagt hatte: ‚Sag uns, wo das Geld deiner Eltern ist.‘“

Als Antwort auf eine Frage. „Ich fühlte, wie sie meine beiden Hände packten. Sie befestigten sie über und hinter meinem Kopf an den Gitterstäben des Bettes … Sie fesselten meine Hände einzeln, das heißt, meine Arme auseinander … Ich fühlte ein Seil um meinen Hals und ein Tuch auf meinem Kopf. Sie fesselten auch meine Füße. Ich fühlte nicht, wie sie mich um den Körper fesselten; erst später hörte ich, dass ich um den Körper gefesselt worden war.“

Frage. „Haben Ihnen die Seile, mit denen Ihre Hände gefesselt waren, wehgetan?“

Antwort : „ Meine Hände waren nicht fest gefesselt. Sie haben mir nicht sehr weh getan.“

Frage: „Hat das Seil um den Hals wehgetan?“

Antwort. „Nein... ich weiß nicht. Ich hatte schreckliche Angst. Ich dachte, ich wäre geblendet, ich wäre tot, es wäre alles vorbei...“

Frage: „Haben Ihnen die Seile um Ihre Füße wehgetan?“

Antwort. „Ja, sehr. Aber ich habe es damals nicht gespürt. Erst als ich mehrmals wieder zu Bewusstsein kam, war das schrecklich.“

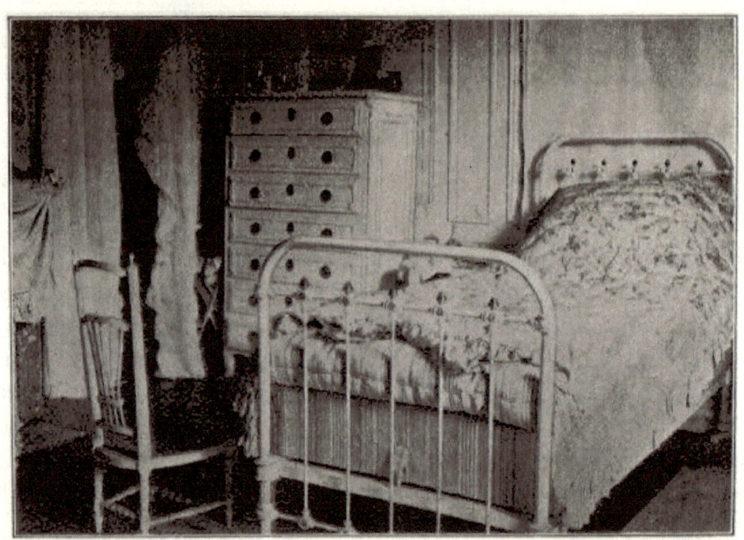

DAS BETT, AN DAS ICH WÄHREND DER „VERHÄNGNISVOLLEN NACHT“ GEFESSELT WAR.

Als Antwort auf eine Frage. „Sie knebelten mich mit Watte, aber ich weiß nicht mehr, wann genau. Die Watte wurde mir in den Mund gestopft. Ich hätte fast erstickt und dachte, ich würde sterben. Als ich wieder zu mir kam, hatte ich ein furchtbares Gefühl der Qual. Ich erstickte... Ich bewegte meine Arme, aber ich hatte das Gefühl, mich dabei zu erwürgen; ich fühlte, dass, wenn ich meine Arme nach rechts oder links bewegte, sie auf das Seil um meinen Hals einwirkten und ich dann einen furchtbaren Druck auf meinem Hals spürte... Aber wenn ich mich überhaupt nicht bewegte, tat das Seil um meinen Hals nicht weh. Die Watte machte das Atmen fast unmöglich. Also begann ich, sie mit meiner Zunge nach vorne zu schieben. Es war sehr schwierig, den Knebel zu entfernen... Ich bewegte meine Zunge, ich bewegte meinen Kiefer... Ich drehte und verdrehte die Watte in meinem Mund und es dauerte lange, bis ich sie entfernen konnte. Ich glaube sogar, dass ich sie noch nicht vollständig losgeworden war, als die Seile durchgeschnitten wurden. Die Seile um meine Hände wurden, glaube ich, von Rémy Couillard durchgeschnitten. Während ich mich bewegte, die Watte mit der Zunge, mein Mund war ganz trocken... Ich atmete, so gut ich konnte... Nein, ich weiß nicht, ob ich nur durch die Nase atmete. Ich kann mich nicht mehr genau erinnern. Ich kam mehrmals wieder zu mir, aber erst im Morgengrauen, als ich mich etwas erholt hatte, konnte ich den Knebel abnehmen..."

Frage: „Als Sie Ihren Kopf bewegten, sagten Sie, dass diese Bewegungen das Seil um Ihren Hals enger machten?"

Antwort: „Ich hatte das Gefühl, mich selbst zu erwürgen, aber ich versuchte, tapfer zu sein … Ich versuchte auch, meine Hände zu befreien, aber es war unmöglich, denn als ich sie bewegte, zogen sich die Seile um meinen Hals zusammen … Ich wusste nicht, ob die Männer noch da waren … Mir schwirrte der Kopf … Aber ich hatte Mut, denn sie hatten gesagt, sie würden niemanden töten."

Frage. "In welchem Moment?"

Antwort: „Als sie fragten, wo die Juwelen seien, habe ich sie angefleht, niemanden zu töten."

Frage: „Und sie sagten, sie würden niemanden töten?"

Antwort. „Nein, sie antworteten nicht. Aber da sie mich nicht töteten, dachte ich, sie hätten das Leben der anderen verschont. Ich hatte keinen Lärm gehört und dachte nicht, dass mein Mann oder meine Mutter tot waren. Ich dachte, sie wären geknebelt und gefesselt wie ich … Ich weiß nicht, wie oft ich sie rief. Sie antworteten nicht, und ich wartete, dass jemand kam, und war fast verrückt … Wann rief ich sie? Ich weiß nicht … Sobald ich wieder atmen konnte, sobald mir klar wurde, dass ich da war, dass ich am Leben war … hatte ich keine Kraft mehr … rief ich, so gut ich konnte …"

Frage. „Wie kam Rémy Couillard morgens zu Ihnen?"

Antwort: „Ich kann mich nicht erinnern, ihn gerufen zu haben … Als ich ihn sah, hatte ich Angst vor ihm … Als ich ihn an mein Bett kommen sah, dachte ich, er würde mich erwürgen, und ich kann mich nicht erinnern, mit ihm gesprochen zu haben … Ich weiß nur noch, dass ich ihn ans Fenster gehen und ‚*Au voleur!*' (‚Dieb, Dieb!') rufen sah."

Frage: „Auf welche Weise könnten Ihrer Meinung nach in der Nacht vom 30. auf den 31. Mai 1908 Leute in Ihr Haus eingedrungen sein?"

Antwort: „Ich nehme an, sie sind durch das Tor in der Sackgasse eingetreten, vielleicht mit dem Schlüssel, den Couillard verloren hatte. Dann müssen sie durch die Tür zur Speisekammer gegangen sein. Ich nehme das an, denn mir wurde später gesagt, dass diese Tür in dieser Nacht nicht verschlossen war (denn als M. Lecoq, ein Nachbar, am Morgen Couillards Schreie hörte und zu Hilfe kam, musste er nur diese Tür aufstoßen, um ins Haus zu gelangen!); oder vielleicht sind sie durch das kleine Küchenfenster gegangen, denn Couillard gab an – und das habe ich später auch gehört –, dass er das Fenster nur zugezogen und nicht geschlossen habe, was er niemals hätte tun sollen … Mir fiel auch auf, dass man an der Küche eine Leiter sah. Keiner von uns hatte diese Leiter am 30. Mai dort gesehen."

Frage: „Erklären Sie uns, warum an den Leichen der Opfer – also Ihrer Mutter und Ihres Mannes – kaum Spuren von Gewalttaten zu finden sind?"

Antwort: „Ich kann es nicht sagen … Ich habe in dieser Nacht keinen Kampf, keinen Lärm gehört …"

Frage: „Wie erklären Sie sich, dass Ihr Mann mit angewinkelten Beinen in kniender Stellung und ausgestreckten Armen aufgefunden wurde und dass Ihre Mutter die Arme auf der Brust ruhen hatte, also in einer Haltung, die einer Verteidigungshaltung völlig entgegengesetzt war?"

Antwort: „Wie kann ich das alles erklären ? ... Umso besser, wenn sie nicht zu sehr gelitten haben ..."

Frage: „Wie erklären Sie sich, dass Sie nicht dazu bestimmt waren, das Schicksal Ihrer Mutter und Ihres Mannes zu teilen?"

Antwort: „Ach! Das kann ich nicht verstehen. Jedenfalls bedauere ich von ganzem Herzen, dass ich nicht getötet wurde... Meine Mutter hat anscheinend nicht viel gelitten... Aber ich habe ständige Qualen durchgemacht; und dann war da diese schreckliche Nacht der Tragödie, in der ich das Gefühl hatte, zu sterben... Und die ganze Zeit habe ich mich gefragt, was mit meiner Mutter und meinem Mann passiert war... Vielleicht dachten diese Leute, ich würde an den Seilen ziehen und mich erwürgen... Ich weiß es nicht..."

Frage: „Wie erklären Sie sich die Tatsache, dass man Sie verschonen konnte, obwohl Sie doch eine gefährliche Zeugin waren – eine, die umso furchterregender, unerbittlicher und unerbittlicher war, weil die Opfer Ihre eigene Mutter und Ihr Ehemann waren?"

Antwort: „Ich weiß nicht, ob sie wollten, dass ich lebe … Die Art, wie sie mich gefesselt hatten, bedeutete für mich den Tod bei der geringsten Bewegung. Ich brauchte eine Frau mit meinem starken Willen – ich dachte an meine Marthe – und auch mit meiner guten Gesundheit, um das, was ich durchgemacht habe, zu ertragen und zu überleben …"

Frage: „Am 31. Mai um 6 Uhr morgens sah Rémy Couillard, dass Sie gefesselt waren. Die Seile waren jedoch so nachlässig befestigt, dass sie an Ihren Handgelenken und Knöcheln nur oberflächliche Spuren hinterließen, die nicht von Dauer waren. Außerdem stellte man fest, dass das Seil um Ihren Hals ziemlich locker war."

Antwort: „Das ist nichts Außergewöhnliches, da ich mich nicht bewegt habe …“

zitiert aus *Dossier*, Cote 3239.)

Als Antwort auf eine Frage. „Marthe wollte Lucie Ch. ein kleines Geschenk schicken – anlässlich ihrer Hochzeit, die Anfang Juni (1908) stattfand (Lucie war die Tochter von M. Ch., der mehrere Jahre lang mein engster Freund gewesen war). Am Abend des 30. Mai (ein paar Stunden vor dem Verbrechen) schickte ich entweder vor oder nach dem Abendessen Couillard zu M. Cher. mit einer Karte von Marthe und einer kleinen Sèvres-Vase, die ich im Schrank des Salons hatte. Ich ging nach oben in mein Zimmer und packte die Vase in etwas Watte ein. Normalerweise bewahrte ich Watte in einem kleinen Schrank gegenüber dem Bett auf. Ich verwendete die ganze Watte und als ich dann feststellte, dass sie nicht ausreichte, um die Vase richtig einzuwickeln, holte ich mir noch etwas, das sich in einer großen Abstellkammer im selben ersten Stock befand. Ich hatte zu Hause viel Watte, wegen der Bastelarbeiten, die ich machte, vor allem kleine Kissen …“

Frage: „Was war das für eine Watte, die am 31. Mai auf dem Boden des Zimmers gefunden wurde, in dem Sie im Bett lagen?“

Antwort. „Ich weiß nicht... Ich habe an diesem Morgen keine Watte gesehen. Ich habe nur viele Leute um mich herum gesehen. Jedenfalls war keine Watte in meinem Zimmer, als ich ins Bett ging...“

Als Antwort auf eine Frage: „Am Abend des 30. Mai weiß ich nicht mehr, wer die Suppe serviert hat, ob Couillard oder ich … Normalerweise war es Couillard, der das getan hat.“

Frage: „In seinem Bericht hat Dr. Balthazard (der medizinische Experte des Innenministeriums) nachgewiesen, dass der Knebel aus dem Wattestück stammt, das in der Nähe des Kaminsimses in dem Zimmer gefunden wurde, in dem Sie die Nacht verbracht haben!“

Antwort: „Dazu habe ich nichts zu sagen. Erst viel später erfuhr ich, dass man im Zimmer Watte gefunden hatte.“

Frage. „Dr. Balthazard hat außerdem durch ‚physikalische‘ und chemische Prozesse nachgewiesen, dass der Knebel nicht einmal für ein paar Sekunden in Ihrem Mund gewesen sein kann, da er keine Spuren von Speichel enthielt!“

Antwort: „Dann war der Knebel, den Dr. Balthazard untersuchte, nicht der, der so lange in meinem Mund war.“

(Zitat aus *Dossier*, Cotes 3308-3310.)

(Und hier möchte ich eine Passage aus der Rede meines Anwalts, Maître Antony Aubin, bei meinem Prozess zitieren):

„Um zu beweisen, dass Frau Steinheil nie geknebelt war und dass sie lügt, wird folgendes Argument angeführt: In Frau Steinheils Zimmer gab es nie mehr als ein Stück Watte, das als Knebel hätte dienen können, nämlich das Stück, das sich auf der rechten Seite des Kissens befand. Dieser Knebel wurde sofort und ohne jeden Fehler an Ort und Stelle versiegelt. Als er ihn später Dr. Balthazard übergab, stellte er fest, dass er nie mit Speichel benetzt worden war; daher war der ‚Knebel‘ auf dem Kissen nie in Frau Steinheils Mund gewesen.

„Aber jetzt stellt sich eine wichtige Frage. Wie viele Wattestücke wurden am Sonntagmorgen (31. Mai) versiegelt? Vier. Überall war Watte, so viel, dass einer der Anwesenden bemerkte: ‚Man scheint auf Watte zu laufen.‘

„Siegel Nummer eins, *das den Knebel enthielt, ‚den die Verbrecher in Frau Steinheils Mund zwangen‘*, denn das waren die Worte auf dem daran befestigten Etikett – wurde zusammengesetzt, ohne dass bekannt war, von wem er (der Knebel) abgeholt wurde, wer ihn dem Polizeikommissar übergab, ohne dass seine Identität allein durch eine Frage an Frau Steinheil festgestellt werden konnte. Es wurden keine Vorsichtsmaßnahmen getroffen, es gab keine Aufsicht – so dass es unmöglich ist zu sagen, ob das Stück Watte, das unter dem Siegel platziert wurde und , in Frau *Steinheils Mund gezwungen wurde* ‘, wirklich dasjenige ist, das auf ihrem Kopfkissen gesehen wurde und auf das sie selbst hingewiesen hat.

„Es ist recht einfach nachzuweisen, dass das Stück Watte vom Kissen und das von Dr. Balthazard untersuchte Stück nicht dasselbe sind.

„Der Knebel, der von einem oder zwei Zeugen neben dem Kissen gesehen wurde, wurde auch von drei oder vier anderen Zeugen an verschiedenen Orten gesehen – auf dem Boden, auf einem Chiffonnier, auf einem kleinen Tisch! Der Knebel wandert umher. Aber wie kann man sich wundern, dass in der Aufregung, die alle – und alles – aufgewühlt hat, ein Irrtum bezüglich all dieser Wattestücke passiert ist?

"Es gibt noch einen weiteren Punkt. Wie beschreiben die Zeugen den herumwandernden Knebel? Als *einen Knebel aus einem einzigen Stück (birnenförmig), so groß wie eine Faust* . Wenn also der vom Sachverständigen untersuchte Knebel aus *einem einzigen Stück besteht* und der gegebenen Beschreibung entspricht, kann man davon ausgehen, dass dieser *birnenförmige Knebel aus einem Stück* tatsächlich das Stück Watte ist, das auf dem Kissen gefunden wurde. Aber Doktor Balthazard selbst beschrieb das Stück Watte, das er untersuchte, folgendermaßen: ‚Dieser Knebel besteht aus zwei

Stücken, von denen eines *rechteckig* , das andere *dreieckig* und fast gleichseitig
ist.'

"Das ist ein Desaster für die Anklage... Außerdem, meine Herren, wenn die
ganze Sache eine Täuschung gewesen wäre, hätte Frau Steinheil, die natürlich
den Unterschied zwischen trockener und angefeuchteter Watte kannte, es
nicht versäumt, sie zumindest für ein paar Sekunden anzufeuchten, zumal sie
es war, die auf den Knebel aufmerksam machte!"

KAPITEL XIV

NACH DEM MORD

Ich muss wohl kaum erwähnen, dass ich am Sonntag, dem 31. Mai, in einer schrecklichen Geistesverfassung war und mich sogar am Rande eines völligen Zusammenbruchs befand.

Um 6 Uhr morgens, so scheint es, kam Rémy Couillard herunter, sah, was geschehen war, ging zum Fenster und schrie um Hilfe, und M. Lecoq, ein Nachbar, gesellte sich zu ihm. Dann kamen die Polizei, auch Dr. Acheray und viele andere …

Ich lag im Bett, nach dieser Nacht des Grauens und allem, was ich durchgemacht hatte. Ich konnte mich kaum bewegen oder atmen. Alles schien sich um mich zu drehen, und doch hatte ich zwei Gedanken. Einer war: „Was ist mit meiner Mutter und meinem Mann passiert, und wie geht es ihnen?" (Ich wusste natürlich nicht, dass sie beide erwürgt worden waren.) Couillard – so hörte ich später – war, nachdem er die Seile gelöst hatte, die mich ans Bett fesselten, mit M. Lecoq in die anderen Räume gegangen und hatte die Leichen meines Mannes und meiner Mutter gesehen, aber sie hatten mir nichts davon gesagt.

. . . .

Ich zitiere im Folgenden die von Herrn Lecoq vorgelegten Beweise, damit der Leser sozusagen bei der Entdeckung des Verbrechens dabei sein kann.

Heute, am 23. Juni 1908, ist vor uns, dem Untersuchungsrichter Leydet, Maurice Lecoq erschienen, 26 Jahre alt, ein Ingenieur, wohnhaft in der Impasse Ronsin Nr. 6, und hat erklärt:

Am Sonntag, dem 31. Mai, hörte ich kurz vor 6 Uhr morgens Rufe: „Dieb! Dieb ! ... Meine Herrin ist krank ..." Ich verließ hastig mein Zimmer, das auf den Hof von M. Bonnots Haus hinausgeht. Rasch ging ich durch ein Tor, das nie geschlossen ist (und das die Grundstücke von Bonnot und Steinheil trennt) und betrat den Garten der Villa Steinheil. Ich lief über den Rasen und stellte mich unter das Fenster, aus dem Couillard um Hilfe schrie. Er rief: „Komm, beeil dich!" Ich versuchte vergeblich, die Türen der Veranda und des Salons zu öffnen, die auf den Garten hinausgingen. Als ich feststellte, dass ich nicht hineinkam, kehrte ich an den Platz unter dem Fenster zurück, und Couillard sagte zu mir: „Öffne die Haustür und geh durch die Küche." Ich ging zur Tür in der Sackgasse Ronsin und öffnete sie, indem ich den unteren Riegel anhob. Dann ging ich zur Tür der Speisekammer, die ich öffnete, indem ich einfach den Knauf drehte. Ich ging durch den Flur, wo mir nichts Ungewöhnliches auffiel, und ging dann in den ersten Stock hinauf. Am Ende der Treppe sah ich die Tür zu Madame Steinheils Zimmer, die ich noch nie gesehen hatte, obwohl sie meine Nachbarin ist. Sie lag auf ihrem Bett. Im selben Moment verließ Couillard das Fenster und ging zum Bett.

Dann rief Frau Steinheil: „Wir sind gerettet, mein armer Rémy!", und dieser sagte: „Sehen Sie sich meine arme Herrin an …" Frau Steinheil war in einem Zustand äußerster Erregung und schwang ihre Arme hin und her. Ihre Handgelenke und ihr Kopf waren frei … Um ihren Hals und über ihrem Nachthemd waren Schnüre, die nicht fest saßen. Ihre Füße waren noch fest an den Bettgittern festgebunden, aber die Schnüre drückten nicht sehr fest auf die Gelenke. Rémy und ich lösten die Schnüre (Couillard hatte zuvor die anderen Schnüre gelöst), und dann sagte Frau Steinheil, keuchend und mit abgehärmten Augen, in gebrochenen Worten – und sie hatte mehrmals die Vision der Szenen, die sie beschrieb –, dass sie von drei Männern und einer schrecklichen Frau angegriffen und misshandelt worden sei, die sie für ihre Tochter gehalten und ihr Geld verlangt hätten. Sie sagte auch, dass die Frau wollte, dass sie getötet werde. Sie sagte, sie habe Schmerzen am Kopf und jammerte: „Mein Kopf, mein Kopf, sie haben mich geschlagen." Ich berührte ihr Haar, fand aber keine Wunde. Frau Steinheil sagte auch: „Mein Mann … warum kommt er nicht?" Ich antwortete, um sie zu beruhigen: „Er ist im Nebenzimmer." Später fragte sie nach ihrer Tochter. Sie war ständiger Angst ausgesetzt und durchlebte die ganze Zeit die Szene der Nacht. Mehrmals rief sie: „Ich habe Angst, ich habe Angst …" Und als ich ihr sagte: „Fürchte dich nicht, ich bin hier; ich werde Hilfe holen", sagte sie immer wieder: „Ich fürchte dich nicht, aber oh! Diese wilde Frau und diese Männer und diese beiden Laternen." Ich verließ sie für kurze Zeit, um herauszufinden, was im Haus passiert war. Die Tür zu Frau Steinheils Zimmer stand offen und ich sah den Körper eines Mannes, der nur mit einem Hemd bekleidet war, im Raum zwischen zwei Zimmern (Frau Steinheils Zimmer und dem Badezimmer). Ich kehrte zu Frau zurück. Ich ging in Steinheils Zimmer, nahm den Diener beiseite und sagte zu ihm: „Da liegt ein Toter, wer ist er?" Überwältigt antwortete Couillard: „Vielleicht ist es mein Herr." Couillard hat mir später erzählt, dass er beim Durchqueren der Zimmer an der Leiche seines Herrn vorbeigegangen sei, ohne zu bemerken, dass es eine Leiche war. Ich kehrte dann zu dieser Leiche zurück, und Couillard folgte mir in einiger Entfernung. Ich beugte mich vor und legte meine Hand auf seinen Oberschenkel. Ich stellte fest, dass er eiskalt war. Ich löste jedoch sofort die Kordel um seinen Hals und erkannte, dass M. Steinheil nicht mehr lebte. Dann kehrte ich zu Mme. Steinheil zurück, die während dieser kurzen Augenblicke allein geblieben war. Etwas später nahm ich Couillard beiseite. Er ging die ganze Zeit wie verrückt im Zimmer auf und ab und tat nichts, obwohl seine Herrin mit großer Beharrlichkeit nach Dr. Acheray fragte.

Ich fragte Rémy: „Wie viele sind Sie im Haus?" Er antwortete: „Drei, mich nicht mitgezählt." Dann fragte ich: „Wo ist die dritte Person?" Er zeigte auf die Tür gegenüber von M. Steinheils Zimmer und sagte: „Da!" Ich stellte fest, dass die Tür verschlossen war und ich sie nicht öffnen konnte. Als ich nach dem Weg ins Zimmer gefragt hatte, zeigte Couillard mit einer vagen Geste auf das Ende des Korridors; er war völlig abgelenkt, und ein plötzlicher Verdacht schoss mir durch den Kopf. Ich nahm ihn bei den Armen, sah ihm direkt in die Augen und sagte: „Sie müssen mitkommen." Couillard, der meinen Verdacht nicht bemerkte, zeigte, dass er durchaus bereit war, mir zu folgen, und mein Verdacht verschwand vollständig. In diesem Moment kamen oben auf der Treppe der erste Polizist und M. Geoffroy (Schwiegersohn von Mariette Wolff, meiner Köchin – und Nachbarin) an. Ich erzählte dem Polizisten schnell alles, was ich wusste, und zusammen gingen wir zum Ende des Korridors. Der Polizist öffnete die von Couillard gezeigte Tür, und von der Schwelle aus sahen wir die Leiche von Frau Japy quer über ihrem Bett liegen, in der Position, in der Sie (Herr Leydet) sie gefunden hatten.

Dann trafen weitere Personen ein. Ich blieb einige Zeit bei Frau Steinheil, die noch immer in großer Aufregung war, deren Angst aber allmählich nachließ. Doktor Puech traf ein, aber Frau Steinheil fragte nach ihrem eigenen Arzt, Herrn Acheray, den Couillard inzwischen abholen wollte.

Frage: „Welchen Eindruck machte Frau Steinheil, die Sie vorher noch nie gesehen hatten, hinsichtlich ihres Alters auf Sie?"

Antwort: „Ich hatte zwei starke Eindrücke. *Als ich das Zimmer betrat, in dem Frau Steinheil lag, glaubte ich, vor einer jungen Dame von etwa zwanzig Jahren zu stehen. Aber als sie von ihrem Mann und ihrer Tochter sprach und ich sie genauer beobachtete, erschien sie mir als eine Frau von sechsundzwanzig Jahren.* Ich kenne die Steinheils nicht und kannte nicht einmal ihre Namen."

Signiert von LECOQ
LEYDET.

(*Dossier*, Cote 71.)

Trotz dieser Aussage - und obwohl es jedem klar sein muss, dass, wenn M. Lecoq mich nach einer solchen Nacht des Schreckens und der Qual für ein zwanzigjähriges Mädchen hielt, die Mörder, die mich bei gedämpfterem Licht und als ich ruhig ruhte, sahen, mich leicht für meine Tochter gehalten haben könnten - erklärte die Anklage (ich zitiere aus der Anklageschrift selbst): „Sie dachte, sie sei verschont geblieben, weil die Mörder, die sie für Marthe hielten, Mitleid mit ihrer Jugend hatten. Eine solche Verwechslung ist höchst unwahrscheinlich, denn Mme. Steinheil konnte nicht für eine junge Dame von kaum siebzehn Jahren gehalten werden."

Solange die Einzelheiten des Verbrechens dem Leser noch frisch im Gedächtnis sind, werde ich zur Frage der „Fesselung" dieselben Erklärungen abgeben, wie ich sie zum „Knebel" gegeben habe.

In der Anklageschrift heißt es: „Die Untersuchungen medizinischer Experten haben schon früh die Widersprüche und Lügen von Frau Steinheil aufgedeckt. Sie behauptete, dass eine Schnur um ihren Hals gelegt worden sei – aber es gab keine Spuren davon." An anderer Stelle in derselben außergewöhnlichen Anklageschrift heißt es: „Frau Steinheil tat ihr Bestes, um die Justiz glauben zu lassen, dass sie wirklich gefesselt worden war; aber die Spuren der Fesseln verschwanden zu schnell, als dass irgendjemand ihrer Aussage Glauben schenken konnte."

Wie war ich gefesselt?

M. Lecoq erklärte, dass die Schnüre um meine Füße „fest am Bett befestigt" waren. Couillard erklärte, dass „die Schnur sieben oder acht Mal um die Füße gewickelt war" und dass „die Handgelenke übereinander an den Bettgittern festgebunden waren, während die Arme über und hinter dem Kopf lagen". (*Dossier* , Cote 3257.) Couillard erklärte weiter, dass „der Kopf von einer Schnur gehalten wurde, die am Bettgitter befestigt war". Bei einer anderen Gelegenheit erklärte Couillard allerdings, er habe „die Schnüre gelöst, indem er an einem Ende zog, so wie man den Knoten von Schnürsenkeln löst". Am Morgen des 31. Mai machte er jedoch einige Aussagen gegenüber einem der Polizisten, M. Debacq, der später erklärte: „Der Diener sagte mir und meinen Kollegen, er habe seine Herrin *vollständig* mit Stricken gefesselt vorgefunden und die Stricke, mit denen sie gefesselt war, *durchgeschnitten* ." Der Sachverständige, Doktor Balthazard, fertigte ein spezielles Gutachten an, in dem er behauptete, dass eine der Stricke einen Knoten einer Art namens „Galeerenknoten" (*nœud de galère*) aufwies, der äußerst schwierig herzustellen ist und nur in bestimmten Berufen (Seeleute, Pferdehändler usw.) verwendet wird. Dr. Courtois-Suffit erwähnte „Rillen an Füßen und Händen, die dem Durchmesser der Stricke entsprechen". Dr. Lefevre, der die für meine Sache so gefährliche Bemerkung gemacht hatte: „Es ist alles eine Täuschung" (*c'est de la frime*), erklärte bei meinem Prozess, was er genau gemeint hatte. Seiner Ansicht nach konnte die Art, wie ich gefesselt war, für mich keine große Schmerzquelle sein. Dr. Acheray fand an meinen Handgelenken und Knöcheln „sehr klare und deutliche Spuren". In seinem Gutachten vom 23. Juni 1908 stellte Dr. Lefevre fest: „Ich fand an den Handgelenken und Knöcheln parallele lineare Ekchymosen."

Was schließlich die Schnur um meinen Hals betrifft, die laut Anklage keine Spuren hinterlassen hat und völlig locker war, möchte ich nur sagen, dass ich selbst ausgesagt habe, dass „die Schnur nicht weh tat, wenn ich meinen Kopf nicht bewegte", und dass sie *über* dem Tuch, das meinen Kopf bedeckte, um meinen Hals gewickelt war. Als dieses Tuch, das eine Art Polster am Hals bildete, entfernt wurde, rutschte die Schnur natürlich nach unten und wurde locker.

Wie ich bereits sagte, galten meine ersten Gedanken an diesem schrecklichen Morgen des 31. Mai 1908 meiner Mutter und meinem Mann.

Mein nächster Gedanke war: Was wurde in der Nacht gestohlen? – denn, ich wiederhole es, ich konnte nicht ahnen, dass ein Mord begangen worden war.

An dieser Stelle muss ich mich beeilen, einen äußerst wichtigen Punkt zu den Ereignissen jener verhängnisvollen Nacht darzulegen ...

Einer der Männer in den schwarzen Roben, der große, dunkle Mann, der neben meinem Bett stand, als ich aus dem Schlaf gerissen wurde, der einzige Mann, der sprach – er hatte oder gab vor, einen ausländischen Akzent zu haben –, der Mann, der nach dem Geld gefragt hatte, als er sich mir ein zweites Mal näherte (denn einmal war ich mit der schrecklichen rothaarigen Frau allein gewesen, die mir einen Revolver auf den Kopf hielt), *dieser Mann fragte mich in gebieterischem Ton, nachdem die Frau gesagt hatte: „Nun, Mädchen, sag uns, wo die Juwelen sind." „* UND WO SIND DIE PERLEN UND DIE PAPIERE? " Und ich dachte, der Mann *wüsste* , wer ich war, obwohl schon seine erste Frage („Wo ist das Geld deiner Eltern?") klar machte, dass er mich für meine Tochter hielt. Ich war verängstigter denn je. Ich dachte an den mysteriösen Deutschen, an die Schweigsamkeit meines Mannes und auch an seine Indiskretionen ... Der Mann *wusste,* dass ich diese Perlen hatte, und er kannte die Dokumente!

Auf die Frage, wo das Geld sei, hatte ich auf das Boudoir in der Nähe des Zimmers gezeigt, in dem meine Mutter schlief. Danach fragte mich die rothaarige Frau, wo die Juwelen seien. Wie ich bereits sagte, zitierte ich aus der Aussage, die ich sieben Monate nach dem Mord dem Untersuchungsrichter Herrn André machte: „Ich hatte Angst zu sagen, dass die Juwelen im Zimmer meiner Mutter waren (das heißt in *meinem* Schlafzimmer, in dem meine Mutter schlief) und dass sie in der Schublade des Kleiderschranks waren ..." Aber aus Angst, getötet zu werden, sagte ich es und fügte hinzu: „Töten Sie mich nicht und versprechen Sie, niemanden zu töten." Als der große, dunkle Mann mit dem ausländischen Akzent mich nach „den Perlen und den Papieren" fragte, sagte ich, die Perlen seien bei den anderen Juwelen und die Papiere in der Geheimschublade des Schreibtischs ...

Später wurde mir erzählt, dass die Schubladen am 31. Mai in einem Zustand großer Unordnung aufgefunden wurden und dass alle Schmuckkästchen leer waren. Drei Ringe waren gestohlen worden, ein Diamanthalbmond und einige andere Juwelen. Auch die Perlen waren aus dem Kästchen verschwunden, in dem ich sie aufbewahrte. Das fand ich heraus, als mir alle Kästchen gezeigt wurden.

(Was den Talisman betrifft, das goldene Medaillon, das der Präsident getragen hatte, so befand es sich in einer Schublade eines Schranks im Studio und wurde nicht gestohlen.)

Wie ich bereits sagte, hatte ich nach dem Gespräch mit Monsieur de Balincourt über die Indiskretion meines Mannes die „Papiere" aus der Schublade des Schreibtisches im Boudoir genommen, wo ich sie so lange aufbewahrt hatte, und sie an einen sicheren Ort gebracht.

Das Geld, die Juwelen und die Perlen verschwanden in dieser Nacht, und auch die Dokumente. Natürlich nicht das echte Bündel, sondern die Attrappe, auf die ich geschrieben hatte: „Private Papiere. Werden nach meinem Tod verbrannt."

Frühmorgens stellte mir der Polizeikommissar des Bezirks, Herr Bouchotte, allerlei Fragen. Ich beantwortete sie alle, sagte aber nicht die ganze Wahrheit: Ich sagte, man habe mich nach dem Geld und den Juwelen gefragt, fügte aber nicht hinzu, dass man mich außerdem nach den Perlen und den Papieren gefragt hatte.

Dem Leser dürfte bereits klar geworden sein, warum ich das nicht getan habe.

Ich wusste, dass meine wahren Freunde sich immer geweigert hatten, irgendetwas zu glauben, was über mein früheres Leben und meine privaten Angelegenheiten gegen mich gesagt wurde. Und ich wollte nicht, dass sie ihre Meinung über mich änderten und erfuhren, dass ich meinem Mann nicht treu gewesen war. Und vor allem war da Marthe, mein einziges Kind, meine geliebte Tochter! Sie war mit Pierre Buisson verlobt. Wenn ich die Perlen und die Dokumente erwähnte, würde die Wahrheit über meine „Freundschaft" mit dem verstorbenen Präsidenten Félix Faure mit Sicherheit entdeckt und enthüllt werden, nicht nur meinen Freunden, die immer auf meiner Seite gestanden hatten, sondern sogar meinem eigenen Kind und ihrem Verlobten. Es würde einen schrecklichen Skandal geben, die Ehe meiner Tochter würde geplatzt werden... Obwohl ich zu diesem Zeitpunkt fast den Verstand verloren hatte, war ich mir nach dem erlittenen Schmerz und dem Schrecken der Nacht der Gefahr bewusst, die mit der Erwähnung der Perlen und der Dokumente verbunden war, und so hielt ich den Mund.

An diesem Morgen kamen nicht nur der Polizeikommissar, sondern auch der Untersuchungsrichter Herr Leydet und andere Beamte und stellten eine Reihe von Fragen.

Ich war erfreut – wenn man sich unter solch tragischen Umständen überhaupt freuen kann –, dass Herr Leydet der zuständige Richter war. Ich kannte ihn seit mehreren Jahren; er war ein guter Freund meines Mannes und mir und kam häufig zu uns nach Hause. Ich beschloss, ihm die ganze Wahrheit zu sagen, wenn die drei Männer und die rothaarige Frau nicht aufzuspüren waren.

Aber im Moment quälten mich die Gedanken an meine Mutter und meinen Mann, und obwohl ich krank war, wollte ich zu ihnen gehen und mich um sie kümmern. Ich hatte wiederholt gefragt, wie es ihnen ging, und man hatte mir gesagt, es ginge ihnen „besser".

Im Laufe des Nachmittags wurde mir allmählich die schreckliche Nachricht mitgeteilt, dass sie beide ermordet worden waren. Mein ganzes Wesen taumelte unter diesem überwältigenden Schlag. Ich wollte zu meinen lieben Toten eilen, sie ansehen, sie beschützen, ihnen die Augen schließen – aber sie ließen mich nicht ... Sie sagten, ich sei zu schwach, zu krank ... Sie sagten, es sei unmöglich ... (Einige Wochen später hörte ich, dass die beiden Leichen am Morgen des 31. Mai zur Autopsie in die Leichenhalle gebracht worden waren) ... Und die ganze Zeit musste ich endlose Fragen beantworten ... Sie wollten wissen, was mitgenommen worden war, und so bat ich darum, dass man mir die Schubladen und alle Schmuckkästchen bringen sollte. Kriminalbeamte brachten sie herein und legten sie auf mein Bett. Dann sah ich, dass der gesamte Schmuck, den mir Präsident Faure gegeben hatte, gestohlen worden war, und auch die Perlen... Als M. Leydet sah, wie aufgeregt ich war, tat er sein Bestes, um mich zu beruhigen... Ich sagte zu ihm: „In der Wand des Salons, hinter der Kommode, befindet sich eine geheime Nische... Wenn Sie mir bringen, was Sie dort finden, kann ich Ihnen besser sagen, was in der Nacht gestohlen wurde..."

Ich bat Monsieur Leydet, nach meiner Tochter zu schicken, die in Bellevue war. Ich dachte: „Da das nicht wichtig ist, was macht es dann schon, ob die Juwelen gefunden werden oder nicht? Ich brauche meine Tochter, und sie braucht mich, um ihr nach dem schrecklichen Schock, ihren Vater und ihre Großmutter verloren zu haben, Mut zu machen. Sie hat sie beide angebetet ..." Ach! Wie krank sah das arme Mädchen aus, als sie abends mit den Buissons ankam. (Mariette war am Morgen aus Bellevue gekommen, nachdem sie von Dr. Acheray gerufen worden war. Sie hatte Marthe bei den Buissons gelassen, und sie waren es, die dem Kind am Nachmittag die schreckliche Nachricht überbrachten.)

Es war Dr. Acheray, der mir sagte, dass Marthe gekommen sei, und gleichzeitig sagte er, dass unten ein Krankenwagen sei, der mich abholen würde... Er wollte nicht, dass ich in dem Haus blieb, in dem die grausigen

Morde begangen worden waren. „Sie müssen gehen", sagte er, „und bei den Buissons bleiben" (in Paris).

„Wenn Sie mich meine Mutter und meinen Mann nicht sehen lassen", antwortete ich, „dann gestatten Sie mir wenigstens den Trost, in ihrer Nähe zu bleiben" … Ich bestand so sehr darauf, dass der Krankenwagen zurückgeschickt wurde und meine arme kleine Marthe, nachdem sie einige Zeit mit mir verbracht hatte, wegfuhr – mit M. Buisson, glaube ich.

Ich verbrachte eine schreckliche Nacht. Ich wollte schlafen und das grauenhafte Drama vergessen, und sei es auch nur für eine Stunde, aber ich konnte nicht. Und Minute für Minute schossen mir Hunderte von Gedanken durch den Kopf. Ich durchlebte die verhängnisvolle Nacht immer wieder; ich dachte an die Toten, an meine Tochter, an die Zukunft. Und dann fragte ich mich, wer die drei Männer in den schwarzen Gabardinen und den weichen Filzhüten waren ? Wer war die rothaarige Frau? Warum hatten sie meine Mutter und meinen Mann getötet? Warum war ich verschont geblieben ? Ich dachte an den geheimnisvollen „Deutschen", an seinen bedrohlichen Blick. Er kannte sich im Haus aus. Und ein Schlüssel war verloren gegangen. Ich dachte an viele Beamte, die mich hassten, weil ich ihre Geheimnisse kannte. Ich dachte an die Dokumente, die einer der Männer verlangt hatte. Vielleicht hatten sie meinen Mann getötet, bevor sie mich weckten ? Nicht meine Mutter, denn sie hatte „Meg, Meg!" gerufen. Ich hatte sie gehört. Manchmal kam es mir so vor, als sei die verhängnisvolle Nacht nur ein Albtraum gewesen? Nichts war passiert. Ich war verrückt und bildete mir Dinge ein … Natürlich schlief mein Mann jetzt ruhig in seinem Zimmer, und wenn ich meine Mutter rief, würde sie es hören und sofort zu mir kommen … Und dann dieser stechende Schmerz von dem Schlag auf den Kopf und das Gefühl, als wären Seile um meinen Hals, meine Füße und meine Hände gewickelt und ich hätte Watte im Mund, als wäre ich gefesselt und geknebelt … Und noch einmal durchlebte ich die Nacht des Schreckens, und es war schlimmer als zuvor, denn ich wusste jetzt, dass mein Mann und meine Mutter getötet worden waren …

Später wurde mir erzählt, dass Dr. Acheray, M. Buisson und seine Frau sowie der ältere M. Boeswilwald mich in dieser qualvollen Nacht betreut hatten. Ich hörte, dass der Arzt mir zwei- oder dreimal Morphium spritzen musste und dass ich dem Tode sehr nahe war....

Dank der Fürsorge und Hingabe meines Arztes bin ich am Montag sozusagen wieder zum Leben erwacht... Und ich kann ehrlich sagen, dass ich es seitdem mehr als einmal bereut habe.

Viele Leute besuchten das Haus. Ein Richter kam, um „die Siegel anzubringen". Kriminalbeamte und Polizisten kamen … und Journalisten … Ich war jedoch immer noch so krank, dass der Arzt darauf bestand, mich in ein Pflegeheim oder zu Freunden zu bringen. Graf und Gräfin d'Arlon boten mir ihre Gastfreundschaft an, ebenso M. und Mme. Buisson. Ich nahm das Angebot der d'Arlons an, die im Gegensatz zu den Buissons keine Kinder hatten.

Es trafen stapelweise Beileidsbriefe und -telegramme ein, aus allen Teilen Frankreichs und von Menschen aus allen Gesellschaftsschichten. Das wusste ich nur, weil man es mir sagte. Ich hatte nicht die Kraft, die Nachrichten zu lesen.

Am 2. Juni wurde mir gesagt, dass die Leiche meiner Mutter in eine protestantische und die meines Mannes in eine katholische Kirche überführt worden sei. (Sie wagten nicht, mir zu sagen, dass die Leichen im Leichenschauhaus waren.) Erst dann gab ich den dringenden Bitten der d'Arlons nach. Ich wurde mit einem Krankenwagen zu ihrem Haus gebracht. Es war schrecklich für mich, dieses Haus zu verlassen, in dem ich noch vor weniger als 48 Stunden mit meinem Mann über unseren Sommer geplaudert hatte... Im Garten sah ich die Rosensträucher voller weißer Rosen, die meine Mutter noch vor zwei Tagen so sehr bewundert hatte!...

Der mit Siegeln versehene Schreibtisch im Boudoir, aus dem am 30. und 31. Mai 1906 das Geld und das Scheinpaket mit Dokumenten gestohlen wurden

In der Sackgasse war eine riesige Menschenmenge, und eine weitere in der Nähe der *Ecole Militaire* , in deren Nähe die d'Arlons wohnten. Die Menge war feindselig. Was hatte das zu bedeuten ? ... Ich verstand es nicht ... Wieder musste ich an die Dokumente denken, an die Perlen ... Mme. Buisson, die

mit mir im Krankenwagen war, zitterte vor Angst ... Später erfuhr ich, dass
wir von Detektiven begleitet worden waren, um mich zu schützen ! ...

Endlich kam ich in d'Arlons an. Marthe war dort. Sie war so zärtlich und
liebevoll, und ich erkannte, dass sie nichts über mein Leben, über Félix Faure
wusste... In ihrem reinen kleinen Gesicht war kein Anflug von Vorwurf, in
ihren großen braunen Augen keine Frage... Ich atmete wieder auf.

Am Mittwoch (3. Juni) stellte Dr. Acheray fest, dass es mir schlechter ging,
und bestellte eine Krankenschwester. Er teilte mir auch mit, dass ich bald
von M. Hamard und M. Leydet verhört werden würde. „Erzählen Sie ihnen
alles, was Sie wissen", empfahl er; „die Öffentlichkeit scheint Sie zu
verdächtigen ..."

Ich verbrachte Stunden der Qual. Ich überlegte, was ich sagen sollte. Ich war
bereits nach den Juwelen gefragt worden, die in der Nacht vom 30. auf den
31. Mai verschwunden waren. Sollte ich über die Juwelen sprechen, die mir
MB, der Generalstaatsanwalt, und Jahre später Präsident Faure gegeben
hatten (die gestohlen worden waren) und von denen die meisten genau denen
nachempfunden waren, die mir mein Mann gegeben hatte, aber mit
wertvolleren Steinen besetzt waren? ... Aber wenn ich es täte, wäre mein Ruf
in den Augen meiner Tochter, die ihre Mutter anbetete und verlobt war, und
in den Augen vieler Freunde, die blind an mich glaubten, ruiniert ... Nein,
nein, da die Juwelen gestohlen worden waren, würde ich sie beschreiben,
ohne zu sagen, woher sie kamen, und ich würde die Duplikate, die ich in
Bellevue hatte, verändern.

Hier ist eine klare Erklärung notwendig, da die Anklage zu beweisen
versuchte, dass *keine Juwelen gestohlen worden waren* und dass ich der Mörder war.
Das Juwelenproblem (*la question des bijoux*) war vielleicht das komplizierteste
in dieser mysteriösen Angelegenheit; und obwohl ich Herrn André, der nach
Herrn Leydet mein Untersuchungsrichter wurde, die ganze Wahrheit sagte,
glaubte man mir nicht, und es gab unvermeidlich solche Widersprüche
zwischen den Aussagen, die ich zu verschiedenen Zeiten zu dieser
Angelegenheit machte, dass mein Fall benachteiligt wurde. Und doch war
dieses Juwelenproblem überhaupt kein Problem, wie der Leser nach der
folgenden Erklärung zweifellos zustimmen wird:

Außer dem Geld, den zehn großen Perlen und dem Schmuck meiner Mutter
wurden in der Nacht des Doppelmordes eine Diamantmondsichel, ein paar
kleinere Juwelen ohne großen Wert, eine Goldkette und drei wertvolle Ringe
gestohlen.

Die gestohlene Diamantsichel hatte ich von Präsident Faure bekommen, aber
ich hatte eine ähnliche in Bellevue, die mir mein Mann geschenkt hatte und
von der sie kopiert worden war (nur mit besseren Steinen, wie ich bereits

sagte). So konnte ich in den Tagen von Félix Faure seine Sichel tragen (als Brosche oder im Haar), ohne dass mein Mann Bemerkungen machen konnte. Der Präsident hatte mir zwar eine Brosche mit den drei Farben Frankreichs und einen Lalique-Kamm geschenkt, aber das hatte er zu Beginn unserer Bekanntschaft und in Anwesenheit meines Mannes getan. Ich kann gleich sagen, dass der Kamm in einem Schrank im Salon lag und nicht gestohlen wurde. Die Kornblumen-Margeriten-Mohn-Brosche wurde gestohlen, aber ich erwähnte sie nicht, weil es zu Fragen über meine Freundschaft mit Félix Faure geführt hätte.

Die drei Ringe besaß ich in dreifacher Ausfertigung: Erstens die drei, die ich von meinem Mann bekommen hatte; zweitens drei exakte Kopien davon – zwei vom Generalstaatsanwalt, einen vom Präsidenten – und drittens drei exakte Kopien aus Kleister.

Warum dieses letzte Set? Weil mein Mann mich in einer Zeit finanzieller Schwierigkeiten gebeten hatte, die drei Ringe, die er mir geschenkt hatte, als Pfand zu nehmen, und ich willigte ein, nachdem er diese Ringe billig mit Kleister nachmachen ließ, damit unsere Freunde nicht bemerkten, dass meine Ringe weg waren. Denn wie hätte ich damals die anderen drei echten Ringe tragen können, ohne dass mein Mann es sofort bemerkte? Später wurden die verpfändeten Ringe eingelöst, und so kam es, dass ich vor der Nacht vom 30. auf den 31. Mai drei Sets ähnlicher Ringe besaß.

Ich möchte hier hinzufügen, dass es in Paris Hunderte von Damen gibt – sogar unter den sehr wohlhabenden –, die Kopien ihres Schmucks besitzen, und sei es nur aus Sicherheitsgründen.

Bei Bellevue hatte ich immer die echten Ringe, die ich von meinem Mann bekommen hatte, und die *aus Kunstleder*. Die echten trug ich zu Hause und die aus Kunstleder, wenn ich im Wald spazieren ging oder geschäftlich unterwegs war.

Wo waren all diese Ringe zur Zeit des Verbrechens? Die drei *echten* Ringe (die ich von MB und Félix Faure bekommen hatte) befanden sich in der Schublade des Kleiderschranks in meinem Haus in der Impasse Ronsin. Die drei *echten Ringe (die ich von meinem Mann bekommen hatte) waren in Vert-Logis. Als ich Bellevue verließ, um nach Paris zu kommen und meine Mutter am Bahnhof abzuholen, hatte ich die drei falschen Ringe* angelegt und die drei Ringe (die ich von meinem Mann bekommen hatte) in Vert-Logis zurückgelassen. Als ich meine Mutter massierte, nahm ich diese Ringe ab und nahm sie mit nach oben, als wir uns zurückzogen. Diese drei falschen Ringe wurden also von den Mördern gestohlen, zusammen mit den drei *echten* Ringen (die ich von Freunden bekommen hatte), der Diamant-Mondsichel (die des Präsidenten), einer Goldkette und der dreifarbigen Brosche.

Aus Angst vor den Konsequenzen – für die Zukunft meiner Tochter und für meinen Ruf – die sich ergeben würden, wenn herauskäme, dass ich Juwelen von „Freunden" erhalten hatte, erwähnte ich diese nicht, und als ich die Liste der gestohlenen Gegenstände vorlegte, beschrieb ich lediglich die Ringe, ohne hinzuzufügen, dass ich drei Paar davon besessen hatte.

Die drei Ringe, die ich von meinem Mann bekommen habe, wollte ich ändern lassen. Einige der Steine wollte ich von M. Souloy für Marthe neu anfertigen lassen. Mit ihr hatte ich, wie ich hinzufügen möchte, die Angelegenheit mehrere Male besprochen und Entwürfe diskutiert. Aus offensichtlichen Gründen der elementaren Feinheit wollte ich für diese Geschenke an meine Tochter keine Steine verwenden, die ich von den Ringen bekommen hatte, die ich von „Freunden" bekommen hatte.

Ich erwähnte auch, dass mir ein „New Art"-Ring (Gold und Perle) gestohlen worden sei. Das war am Morgen des 31. Mai, als mir nach allem, was ich durchgemacht hatte, meine Gedanken sicher nicht mehr ganz klar und meine Aussagen nicht mehr ganz richtig sein würden. Ich glaubte, dass ich diesen Ring am Vortag getragen hatte und dass er gestohlen worden war. Ich sagte das M. Bouchotte, der es notierte. Später fiel mir plötzlich ein, dass ich den „New Art"-Ring in Bellevue liegen gelassen hatte und er folglich nicht gestohlen worden sein konnte. Aber ich dachte, es sei eine Angelegenheit von unbedeutender Bedeutung und erwähnte es nicht. Dann sagte mir Doktor Acheray im d'Arlons, dass die Öffentlichkeit mich verdächtigte! Das war ein neues Dilemma. Was sollte ich tun? Wenn ich meinen Fehler mit dem „New Art"-Ring erwähnte, würden die Leute sagen: „Sie ändert ihre Aussagen, sie lügt …" Aus Angst, dass eine so einfache Erklärung zu weiteren Untersuchungen führen könnte, die bestimmte Kapitel meines Lebens ans Licht bringen würden, die ich lieber nicht preisgeben wollte, und da ich mich auch daran erinnerte, dass ich diesen „New Art"-Ring von einem Verehrer geschenkt bekommen hatte, dessen Name natürlich bekannt werden würde, wenn ich auf diesen Ring aufmerksam machte, wagte ich es nicht, ihn jetzt zu erwähnen. Es war ein trauriger Fehler, und ich musste einen hohen Preis dafür zahlen, genauso wie es ein trauriger Fehler war, nicht zu sagen, dass ich Duplikate der drei wertvollen Ringe besaß.

Als ich jedoch sagte, ich besäße nicht noch ein weiteres Set *echter* Ringe, sondern die drei Ringe aus Schmuckstein, die mir gestohlen worden seien (was absolut der Wahrheit entsprach), bestritt die Staatsanwaltschaft dies. Ihrer Ansicht nach hatte ich nie Duplikate aus Schmuckstein von den drei wertvollen Ringen, die mir mein Mann geschenkt hatte. Ich gab die Adressen der Firmen an, bei denen ich sie gekauft hatte, und sogar die Daten, aber meine Aussagen in dieser Angelegenheit wurden nicht einmal überprüft. Und doch bedeutete es lediglich, einen Detektiv zu einem Juwelier am Boulevard des Italiens, zu einem anderen am Boulevard des Capucines und zu einem

Geschäft in der Rue de la Paix zu schicken... also im Herzen von Paris. Doch die Staatsanwaltschaft versäumte es nicht, jemanden nach Briançon in die Alpen zu schicken (wo mein Mann und ich, wie ich erzählte, im Jahr 1897 gewesen waren), um einen Alpenstockhändler zu suchen, denn am 31. Mai 1908 war in der Nähe der Leiche meines Mannes ein Alpenstock mit der eingravierten Bezeichnung „Briançon" gefunden worden!

Noch eine Tatsache, bevor wir dieses wichtige „Juwelenproblem" vorläufig beiseite lassen. Ich hatte erklärt, eine massive Goldkette sei gestohlen worden, eine „matte Goldkette mit großen Gliedern". Nun hatte M. Hamard unter anderem in der geheimen Nische hinter der Kommode in der Wand des Esszimmers – einer Nische, in der ich die Polizei selbst angewiesen hatte, nachzusehen – „eine Kette aus gelbem Metall" gefunden. Die Staatsanwaltschaft hoffte nachweisen zu können, dass diese Kette diejenige war, von der ich gesagt hatte, sie sei gestohlen worden. Das wäre ein wesentlicher und eindeutiger Beweis dafür gewesen, dass ich gelogen hatte, ein Beweis meiner Schuld!

Am 11. März 1909 verbrachte ich eine Stunde damit, dem Untersuchungsrichter zu erklären, dass ich zwei Ketten besessen hatte, eine, die gestohlen worden war, und eine, die in der Nische gefunden worden war. Ich verlor die Geduld... Der zur Unterstützung des Gesetzes bestellte Sachverständige war anwesend und hielt die Kette in der Hand. Ich sagte zu ihm:

„Da Sie meinen, dass die in der Nische gefundene Kette aus gelbem Metall dieselbe ist wie die ‚matte Goldkette mit großen Gliedern‘, die in der Liste der gestohlenen Juwelen aufgeführt ist, die ich Ihnen gegeben habe, beantworten Sie bitte diese beiden Fragen: Erstens: Hat die Kette, die Sie in den Händen halten, ‚große Glieder‘?" …

„Nein", sagte der Experte.

"Ist es aus Gold?"

„Das kann ich nicht sagen."

Ich war fast außer mir vor Wut, als ich diese Antwort hörte. Der Experte hatte einen langen Bericht geschrieben, sich aber nicht einmal die Mühe gemacht, festzustellen, ob die von M. Hamard in der Nische gefundene Kette aus „massivem Gold" bestand oder nicht.

Der anwesende M. Souloy wurde losgeschickt, um das „gelbe Metall" an einem Prüfstein zu testen. Ich brauche wohl kaum zu sagen, dass die Überraschung aller – außer mir – riesengroß war. Wenn die Kette aus Gold war, dann war ich verloren, und das war natürlich, was der Richter wollte … Eine Stunde verging. Dann kam M. Souloy zurück.

„Nun?", fragte Herr André, der Richter.

„Die Kette ist nicht aus Gold. Sie ist lediglich vergoldet."

Der Richter und der Sachverständige sahen sich bestürzt an, und dann wurde mit meiner Befragung fortgefahren …

M. Leydet kam wenige Tage nach meiner Überführung nach Arlon. Er war sehr blass. Er ergriff meine Hand und sagte: „Hamard kommt … Vor Ihnen steht nicht der Richter, der den Fall Impasse Ronsin verhandelt hat, sondern Ihr alter Freund … Es ist furchtbar. Die ganze Bevölkerung ist gegen Sie … Sie müssen sich zusammenreißen, Sie müssen ruhig bleiben … und uns helfen, die Mörder zu finden."

Ich lag krank im Bett und seine Worte erschreckten mich. „Dann", sagte ich, „muss ich Ihnen alles erzählen – alles über die Juwelen, die Papiere … Ich muss Ihnen von Félix Faure erzählen …"

„Nein, nein…", sagte M. Leydet, „sprechen Sie nicht darüber… Wir werden die Mörder finden… aber kein Wort darüber…"

Die Tür öffnete sich und Herr Hamard, Leiter der Kriminalpolizei, trat ein. Er war nach dem Mord in die Impasse Ronsin gekommen, aber ich wusste damals nicht, wer er war, so viele Leute waren damals in meinem Zimmer gewesen. Ich sagte zu ihm, was ich zu Herrn Leydet gesagt hatte: „Ich muss Ihnen von meinem früheren Leben erzählen, vom Präsidenten …"

Auch er unterbrach mich und sagte: „Sprich nicht darüber… Wir wissen es… Wir wissen es… Wir versprechen, die Mörder zu finden… Hab Mut, wir werden sie finden…"

Ich fühlte mich ungemein erleichtert. Es war, als ob eine große Last von meiner Brust gefallen wäre. Ich hatte volles Vertrauen zu diesen beiden Männern. Ich dachte: Sie werden die Mörder finden und sie werden nicht über die Dokumente und die Perlen sprechen, über mein früheres Leben; und Marthe wird nicht auf ihre Mutter herabsehen… Ich hatte das Gefühl, dass sie alles wussten. M. Leydet war ein Freund von MB, dem Generalstaatsanwalt, und es schien mir offensichtlich, dass M. Hamard aufgrund seines Amtes alles über das Leben des verstorbenen Präsidenten wusste…

M. Leydet sagte: „Verlieren wir keine Zeit. Ich muss Ihnen noch Folgendes sagen: Beauftragen Sie einen Anwalt, das ist immer klüger … Nehmen Sie meinen Freund Aubin mit, er weiß alles über den Fall, er wird Ihnen von Nutzen sein …" (Ich kannte Maître Antony Aubin, und er war bei einigen meiner Empfänge gewesen.)

Daraufhin wurde ein Detektiv ins Zimmer geführt. Er trug einen schwarzen Gabardine und einen großen Hut mit heruntergeklappter Krempe. Der Mann ging vor mir auf und ab, und ich wurde gefragt, ob seine Kleidung der der Mörder ähnlich sei. Dann legte er sich einen falschen Bart an, und ich wurde erneut gefragt, welche Bemerkungen mir dieser Auftritt nahelege.

Ich sagte, dass zwischen der Kleidung des Detektivs und der der Mörder große Ähnlichkeit bestehe, und machte verschiedene Einzelheiten über die Kleider und Hüte dieser Mörder.

Nachdem M. Leydet und M. Hamard gegangen waren, erzählte mir meine Tochter, dass meine Freundin Mme. Darracq (die Frau des Automobilherstellers) mich zu sehen wünsche. Ich empfing sie natürlich, und sie sagte, sie sei gekommen, um mich zu bitten, Maître Aubin als Rat zu nehmen. Da M. Leydet mir gerade dasselbe gesagt hatte, sagte ich, ich würde es tun.

Gleichzeitig war ich völlig ratlos, warum ich einen Rat brauchte.

„Oh", sagte Frau Darracq, „das ist das Übliche. Es geht um die Zivilklage gegen die Kriminellen. Sie brauchen Hilfe, Rechtsberatung."

All das war ganz neu für mich... Bald darauf traf Maître Aubin ein, eifrig, voller Leben und Feuer und mit einem liebenswürdigen, einfachen Charakter – so wie ich ihn während meiner ganzen schweren Zeit kennenlernen sollte. Wir unterhielten uns nur kurz, denn ich fühlte mich sehr schwach, und M. Aubin schloss mit den Worten: „Leydet ist ein sehr fähiger Richter; alles wird gut werden." Und er fügte jene Worte hinzu, die ich Woche für Woche, monatelang hören sollte: „Wir werden die Mörder finden. Seien Sie geduldig... Wir werden sie finden!"

Ich blieb etwa vierzehn Tage beim Grafen und der Gräfin von Arlon. Journalisten kamen zu mir... Als Doktor Acheray hörte, dass die *Matin ein Interview „verlangte", und er die fast unbegrenzte Macht gewisser Zeitungen im Guten – oder im Bösen – kannte, überreichte er der Matin* hastig einen Brief, den ich ihm am Tag vor dem Mord geschrieben hatte und in dem ich ihn bat, meine Mutter vor ihrer Abreise nach Bellevue zu untersuchen...

Der Brief erschien ordnungsgemäß im *Matin* , der auf diese Weise einige exklusive Informationen erhalten hatte und so großzügig war, einen „positiven" Artikel zu veröffentlichen!

Ach, wäre mein geliebter Vater damals doch noch am Leben gewesen! Wie hätte er diese Armee von Männern hinweggefegt, die mir von da an auf Schritt und Tritt folgten, mir erbarmungslos auf den Fersen waren und mich verfolgten – und das nicht, weil sie mich für schuldig oder unschuldig hielten, nicht, weil sie mir bei der Suche nach den Mördern helfen wollten – wie sie alle in Wort und Schrift verkündeten (ich besitze alle ihre Briefe, denen ich in meiner Naivität zu glauben glaubte) –, sondern weil ich in diesem Zeitalter der Sensationen jenen unschätzbar wertvollen Vorteil darstellte, nämlich „gute Kopie". Sie dachten nicht darüber nach, ob sie mich ruinierten, meine Gesundheit und meinen Verstand untergruben; es war ihnen gleichgültig, dass sie, indem sie mich fast zwei Jahre lang zu dem machten, was sie mit höchster Freude „die meistbesprochene Frau der Welt" nannten, unvermeidlich den Weg für Übertreibungen und Falschdarstellungen ebneten und die öffentliche Meinung gegen mich aufhetzten, denn die Welt übertreibt das Schlechte mehr als das Gute, und Skandal und Mord haben einen aufregenden Beigeschmack und Geschmack, den edle Eigenschaften niemals haben können. Meine innige Liebe zu meiner Mutter, die Hilfe, die ich meinem Mann bei seiner Arbeit geleistet hatte, die langen Wochen, die ich damit verbracht hatte, ihn zu pflegen, die zahllosen Dienste, die ich nicht nur den Bedürftigen und Armen erwiesen hatte, nicht nur meiner Familie und der meines Mannes, sondern auch Freunden und sogar wichtigen Persönlichkeiten, die Schwierigkeiten, die ich durch reine Willenskraft und Hingabe überwunden hatte, die guten Seiten meines Lebens, kurz gesagt – all das wurde sorgfältig ignoriert. Wer wollte von solchen Kleinigkeiten hören ! ... Nein, nein, was jeder Mann und jede Frau in den Zeitungen lesen wollte, sobald er oder sie morgens aufstand und ihr Frühstück genoss, war: „Was hat *sie* gesagt? Was hat sie getan?" Und das Publikum musste nach seinem Geschmack bedient werden. Ob ich nichts von der geringsten Bedeutung gesagt oder getan hatte, spielte keine Rolle. Nichts war ohne Bedeutung. Ein Autor, der sein Handwerk versteht, kann aus der alltäglichsten Bemerkung einen sensationellen, exklusiven und langen Artikel machen ! ... Und als kein Journalist an mich herankam – nun ja ..., da fühlten sie sich durch eine solche Kleinigkeit nicht geschlagen: Sie drehten, verdrehten und zerrieben die Aussagen, die ich zuvor gemacht hatte – oder gemacht haben sollte –, bis sie neue Substanz, neue Sensationen daraus gewinnen konnten, die sie ihren hungrigen Lesern vorsetzen konnten.

Die Zeitungen, die sich als meine schlimmsten und ungerechtesten Feinde erwiesen, taten dies nicht immer; das gebe ich bereitwillig zu. Und es gab einige, sehr wenige Zeitungen, die bis zum Schluss unparteiisch und fair waren, darunter *Liberté* und *Temps*. Aber was soll man von einem Land halten, in dem Zeitungen fast alle Behauptungen aufstellen dürfen, ob sie nun nur teilweise oder gar nicht wahr sind, wenn sie *vor und sogar während* eines Mordprozesses ohne Eingriffe die öffentliche Meinung gegen den Angeklagten aufhetzen, ihn oder sie einen Mörder nennen, diskutieren, analysieren und kommentieren und es den Geschworenen, die nach jeder Sitzung den Gerichtssaal verlassen, um nach Hause zu gehen und die Zeitungen zu lesen, schwer machen können, nach ihrem Gewissen zu urteilen, wie ehrlich und klar sie auch sein mögen!

In diesen Tagen unsagbaren Kummers und Schmerzes, während ich mich im d'Arlons langsam erholte, war meine Tochter mit ihrer kleinen Freundin Marguerite Buisson bei mir; und dem Himmel sei Dank kamen mehrere Freunde, um mich zu besuchen und mich zu trösten!

Die Polizei kam ständig. M. Pouce, einer der Detektive, fragte mich insbesondere nach Einzelheiten zu den Juwelen. Es musste eine Liste der gestohlenen Juwelen erstellt werden, und ich schickte Marthe in die Impasse Ronsin, um alle Schmuckkästchen und den gesamten Schmuck zu holen, den sie in der geheimen Nische in der Esszimmerwand finden konnte, um die erforderliche Liste erstellen zu können. Ich hatte die gestohlenen Juwelen bereits am 31. Mai aufgezählt, aber natürlich nur ungefähr.

Am 10. Juni kam Mariette aus Bellevue mit einer Reihe von Dingen, die ich brauchte, und sie brachte auch eine kleine Schachtel mit den drei Ringen, die mir mein Mann geschenkt hatte, einem Diamanthalbmond und dem „New Art"-Ring. Ich wollte, dass diese Juwelen in meiner Obhut sicher waren, denn sonst hätte Marthe sie vielleicht gefunden, und da sie von den Ringen wusste, von denen ich sagte, sie seien gestohlen worden, hätte sie Fragen gestellt, die ich nur schwer hätte beantworten können, ohne ihren Verdacht über eine Seite meines früheren Lebens zu erregen.

Zwei Tage später (12. Juni) ließ ich M. Souloy kommen, den Juwelier, dem ich früher die Arbeit an der Herstellung des Talismans anvertraut hatte. Ich wollte die Ringe ändern lassen, natürlich nicht nur, weil ich meiner Tochter „neue" Juwelen schenken wollte, sondern vor allem, weil ich die Liste der Juwelen aus den oben genannten Gründen ohne Angabe, dass es Duplikate davon gab, übergeben hatte und es deshalb unabdingbar war, die gerade aus Bellevue mitgebrachten Ringe unkenntlich zu machen.

Damals war mir die Gefahr eines solchen Schrittes und die damit verbundenen schwerwiegenden Konsequenzen nicht klar. Man hatte mir gesagt, die öffentliche Meinung sei gegen mich; ich verstand nicht ganz, was das bedeutete. Es kam mir nicht in den Sinn, dass die Leute glauben könnten, ich hätte meine Mutter und meinen Mann erwürgt. Wie konnte mir nur eine so monströse Idee in den Kopf kommen ! ... Mein quälender Gedanke war die Liebe und Wertschätzung meiner Tochter, und deshalb war es dringend erforderlich, dass die Juwelen umgestaltet wurden.

Oh! Ich weiß, dass all die darauf folgenden Schwierigkeiten, all die Komplikationen und Anschuldigungen wegen „der Juwelen" vermieden worden wären, wenn ich am Morgen nach dem Verbrechen nur gesagt hätte: „Sie haben die Juwelen meiner Mutter gestohlen – elf an der Zahl." Aber nein, ich sagte die Wahrheit, ohne zu begreifen, wie kompliziert und sogar gefährlich die Angelegenheit werden würde – ich hatte die Wahrheit gesagt. Ich sagte, nachdem ich die leeren Kästen gesehen hatte: „Sie haben meine

Juwelen gestohlen ..." Wie ich bereits erklärt habe, wusste ich damals nicht, dass ein Mord begangen worden war. Ich dachte, die Männer in den schwarzen Gewändern und die rothaarige Frau wären nur gekommen, um zu stehlen; und es war keine angenehme Überraschung, festzustellen, dass diese neben den elf Juwelen meiner Mutter verschwunden waren, sieben Juwelen von mir, darunter drei Ringe im Wert von mindestens 60 Pfund pro Stück und eine prächtige Diamantmondsichel im Wert von fast 400 Pfund.

M. Souloy kam. Ich war krank, so krank, dass die Ärzte mir immer wieder Meerwasserspritzen gaben, aber es gab keine Zeit zu verlieren. Ich überreichte M. Souloy die Juwelen, die Mariette aus Bellevue mitgebracht hatte, und wies ihn an, aus den Steinen einige Ringe für meine Tochter anzufertigen.

„Das werde ich, Madame", sagte M. Souloy. „Aber verstehen Sie bitte, dass die Änderungen in meinen Büchern erscheinen werden."

„Aber natürlich", antwortete ich. „Wenn es mir besser geht, werde ich in meine Villa in Bellevue gehen, und wenn die Juwelen in ihrer neuen Form und fertig sind, können Sie sie mir dorthin schicken."

Ich sprach häufig mit den Menschen in meiner Umgebung über die mysteriöse Tragödie. Einige meinten, dass Monsieur de Balincourt möglicherweise wisse, wer die Täter seien; andere sagten mir, dass mein Diener wahrscheinlich viel mehr über die verhängnisvolle Nacht wisse, als ich dachte. Ich hörte alle möglichen Argumente ... Aber ich sagte nur: „Wenn Sie irgendwelche Beweise haben, wenn Sie von der Beteiligung dieses oder jenes an dem Verbrechen überzeugt sind, gehen Sie und sagen Sie es der Polizei ..." Wäre ich doch immer so umsichtig gewesen!

Pierre Buisson kam jeden Tag, durfte Marthe jedoch nicht sehen, und mein armes Kind war zutiefst betrübt ... Es war klar, dass die Buissons, so ergeben sie mir auch waren, über meine zunehmende Bekanntheit verärgert waren – und wie konnte ich es ihnen verdenken, obwohl ich sicherlich nicht für diese Bekanntheit verantwortlich war – und sie hielten es für klug, die Verlobung zwischen ihrem Sohn und meiner Tochter nicht durchzusetzen, bis die Mörder verhaftet und das „Mysterium um Impasse Ronsin" gelöst und vergessen wäre.

Diese Trennung, wenn auch nur vorübergehend, war für mich eine neue Quelle des Kummers. Ich hatte meine Mutter verloren, die ich vergötterte, meinen Mann, mit dem ich fast zwanzig Jahre lang befreundet gewesen war und für den Marthe eine tiefe Zuneigung empfand. Mehrere Zeitungen veröffentlichten Artikel über den „Krimi", die voller fast durchsichtiger Anschuldigungen gegen mich waren ... Und nun musste ich zusehen, wie mein einziges Kind, meine kleine Marthe, in ihrer Liebe litt, in ihrer reinen und bezaubernden Romanze, die mich an meine eigene kurzlebige Verlobung mit Leutnant Sheffer im lieben Beaucourt erinnerte, als ich in Marthes Alter war! …

Ich bat Dr. Acheray, mich nach Bellevue zu bringen. Ich hatte den Eindruck, dass ich dort, auf dem Land, weit weg von Paris und allein mit meiner Tochter, weniger leiden würde… Er willigte ein, und Mitte Juni, also vierzehn Tage nach dem Verbrechen, wurde ich in einem Krankenwagen nach Vert-Logis gebracht. Dort wohnte ich bei Marthe, einer Krankenschwester, und Mariette Wolff, der alten Köchin. Auf meine Bitte hin wohnten und schliefen zwei Detektive in Vert-Logis. Ich hatte nicht ohne Grund Angst und wollte mich beschützt fühlen. Außerdem wollte ich, dass diese Männer jeden beobachteten, der mich besuchte. Das könnte sich als nützlich erweisen...

Mariette verabscheute die Polizei und sagte das auch offen. Ich selbst wollte diese Männer nicht im Haus haben, aber ich dachte, Marthe und ich wären sicherer, wenn sie bei uns wohnten.

Inzwischen befand sich das Haus in der Sackgasse Ronsin in der Obhut der *Concierges* und zweier Detektive.

Obwohl es mir alles andere als gut ging und ich noch immer Injektionen mit Meerwasser brauchte, kamen die Detektive, die mit der Aufklärung des Falls beschäftigt waren, jeden Tag zu mir, um weitere Informationen zu erhalten.

Ich fühlte mich in Bellevue nicht glücklicher. Von Glück kann keine Rede sein, wenn man solche Tage durchlebt wie ich damals, aber ich war sehr hoffnungsvoll, und ich werde jetzt sagen, warum.

KAPITEL XV

DIE SCHWARZEN KLEIDER

„Es hat ein außergewöhnliches Ereignis stattgefunden, eine Reihe von Tatsachen wurden aufgedeckt, jede einzelne davon von solcher Bedeutung in der ‚Impasse Ronsin-Affäre‘, dass das Geheimnis sehr bald aufgeklärt werden wird und die drei Männer in den schwarzen Gewändern und die rothaarige Frau, die Sie in dieser Nacht gesehen haben, gefunden und verhaftet werden … Wir haben den Hinweis aller Hinweise!“

Diese Worte wurden mir am 19. Juni 1908, drei Wochen nach dem Verbrechen, in Bellevue von einem der Inspektoren gesagt, der mich fast täglich besuchte.

„Was haben Sie entdeckt, M. Pouce?“, fragte ich eifrig.

„Das kann und darf ich Ihnen jetzt nicht sagen. Ich kann nur sagen, dass es um die schwarzen Gewänder geht, die die Mörder trugen …“

„Wurden sie gefunden? Wurden ihre Besitzer ausfindig gemacht ? … “ Ich war außer mir vor Aufregung.

„Madam, ich darf mich zu diesem Thema nicht äußern. Aber eines kann ich Ihnen sagen: Ihre Probleme werden bald ein Ende haben und die Mörder werden in unseren Händen sein... Stellen Sie mir keine weiteren Fragen. Ich kann sie nicht beantworten. Und jetzt sehen Sie sich bitte dieses Foto an und sagen Sie mir, ob Sie dort jemanden sehen, der Sie an... jemanden erinnert.“

Das Foto stellte eine Gruppe von drei Personen dar: zwei Männer und eine Frau. Ich glaubte, einen der Männer wiederzuerkennen, eine bärtige Person mit scharfen Gesichtszügen und scharfen Augen.

„Es besteht eine auffallende Ähnlichkeit“, sagte ich, „zwischen diesem Mann und dem rotbärtigen Individuum, das in der Nacht vom 30. auf den 31. Mai in der Nähe der Korridortür im Zimmer stand und kein Wort sagte.“

M. Pouce zeigte sich erfreut: „Wir sind auf der richtigen Spur, Madame“, sagte er mit großer Genugtuung. „Ich dachte, das wäre einer der Männer.“ Und noch einmal wiederholte er: „Wir werden die Mörder zur Strecke bringen.“

Inspektor Pouce irrte sich, und ich auch – wie ich Monate später feststellte – der bärtige Mann auf dem Foto war keiner der Mörder. Es war Mr. Burlingham, ein amerikanischer Journalist, und ich werde mich in einem anderen Kapitel mit der Geschichte dieser falschen Fährte befassen.

Erst mehrere Wochen nach dem Tag, an dem Inspektor Pouce mir das Foto gezeigt hatte, erfuhr ich alles über die „außergewöhnlichen Tatsachen", die er mir zuvor nicht hatte verraten dürfen und die ihn zu der Behauptung veranlasst hatten, dass „das Geheimnis bald gelüftet werden würde".

Wenn der Leser diese Tatsachen kennt, wird er sicherlich zugeben, dass Inspektor Pouce Recht hatte, sie als „außergewöhnlich" zu bezeichnen. Sie waren tatsächlich mehr als das; sie waren schlüssig. Hier sind sie:

Am Sonntag, *dem 31. Mai* 1908, gegen 22 Uhr, nahm ein *Kontrôleur* der Pariser *Métropolitain* (U-Bahn) namens Villemant in einem Waggon dieser Eisenbahn zwei Dokumente mit, die in irgendeiner Verbindung zueinander standen.

Eine davon war eine Visitenkarte mit dem Namen von Mme. Mazeline, auf der die Adresse zweier Perückenmacher und eines *Kostümbildners namens Guilbert stand*, sowie eine Einladungskarte zur Ausstellung der Gemälde von M. Steinheil in der Impasse Ronsin. Beide Karten lagen zusammen auf dem Boden des Abteils und waren zweifellos von derselben Person verloren worden.

M. Villemant gab außerdem an, dass der Sitz, auf dem er die beiden Dokumente gefunden hatte, „soeben von einem jungen Mann im Kittel verlassen worden war. Er schien betrunken zu sein, spielte mit Goldstücken in seiner Börse und es handelte sich um einen Wagen der ‚Ersten Klasse'!"

Am 30. Mai 1908, sechs Stunden vor dem Mord, wurden aus dem „Hebräischen Theater" in Paris drei schwarze Kleider und ein langer schwarzer Umhang gestohlen, die in jeder Hinsicht denen ähnelten, die die drei Männer und die rothaarige Frau getragen hatten, die ich ausführlich beschrieben hatte. Und die drei schwarzen Kleider und der lange schwarze Umhang hatte das „Hebräische Theater" eben von M. Guilbert gemietet, dessen Name und Adresse auf der Karte standen, die man in der U-Bahn zusammen mit der Einladungskarte zu M. Steinheils Ausstellung gefunden hatte.

Warum wurden mir all diese wichtigen Tatsachen nicht sofort mitgeteilt? Warum erfuhr ich erst viele Wochen später davon? ... Das ist mir unbegreiflich.

Ich gebe zu, dass sie den Zeitungen nicht preisgegeben werden konnten, denn obwohl die Presse der Polizei oft sehr nützlich ist – zum Beispiel, wenn es darum geht, eine Beschreibung einer gesuchten Person zu liefern oder ihr Porträt zu veröffentlichen –, muss man zugeben, dass die Veröffentlichung einer Spur, die nur dann erfolgreich verfolgt werden kann, wenn die Verbrecher nicht wissen, was vor sich geht, die Ziele der Polizei wahrscheinlich vereiteln wird.

Warum diese sensationelle Entdeckung des Diebstahls der Gabardinen wenige Stunden vor dem Mord nicht den Zeitungen mitgeteilt wurde, obwohl viele – verschleierte und indirekte, aber dennoch durchsichtige – Angriffe gegen mich veröffentlicht wurden, hätte eine solche Enthüllung natürlich meine absolute Unschuld zweifelsfrei bewiesen. Es scheint mir ein unverzeihlicher Akt der Grausamkeit zu sein, mich nicht über diese äußerst wichtige Entwicklung im Geheimnis der Impasse Ronsin informiert zu haben. Es mag notwendig gewesen sein, mich zur Geheimhaltung zu verpflichten, aber war es nicht genug, mir zu sagen, dass der Hinweis jeden Wert verlieren würde, wenn ich auch nur die geringste Indiskretion beging, um meine absolute Diskretion zu gewährleisten? Man könnte einwenden, dass das Verhalten der Polizei mich nichts anginge. Aber meine Umstände waren ungewöhnlich. Viele Zeitungen veröffentlichten Artikel, die die öffentliche Meinung mehr oder weniger gegen mich aufbrachten. Meine Schilderung der verhängnisvollen Nacht ließ Tausende die Achseln zucken. Es war „unglaublich“, dass sich Männer auf die von mir beschriebene Weise verkleideten … ich hatte diese „phantastische Geschichte“ „erfunden“ … und so weiter. Nun, die Entdeckung des Diebstahls – wenige Stunden vor dem Verbrechen – von drei schwarzen Gewändern, die in jeder Hinsicht mit den von mir angegebenen Kostümen der Mörder übereinstimmten, gab mir vollkommen Recht. Und wenn die Polizei die Öffentlichkeit nicht über diese erschreckende Tatsache informieren wollte, hätte sie es zumindest *mir mitteilen* sollen, und sei es nur, um mir den Mut zu geben, den schrecklichen Unterstellungen gewisser Zeitungen zu widerstehen und die Tortur all dieser Verdächtigungen, von denen ich mich immer mehr umhüllt fühlte, mit Gleichmut zu ertragen. Denn dann hätte ich gespürt, dass bald die Zeit kommen würde, in der es nicht mehr gegen das Interesse der Öffentlichkeit wäre, der ganzen Welt mitzuteilen, dass ich die Wahrheit gesagt hatte, die Öffentlichkeit über die Entdeckung des Diebstahls im Hebrew Theatre zu informieren und so meine Unschuld zu bekunden und allen Angriffen und Verdächtigungen ein Ende zu setzen.

Bei den beiden Karten, die der Untergrundkontrolleur auf wundersame Weise fand *und* der Polizei übergab, handelte es sich bei einer, wie bereits erwähnt, um eine Einladungskarte zur Ausstellung meines Mannes, und auf der anderen stand der Name einer gewissen Madame Mazeline sowie die Adressen zweier Perückenmacher und von M. Guilbert, einem Kostümbildner fürs Theater.

Mme. Mazeline, eine renommierte Malerin, war damals 62 Jahre alt. Ich kannte sie gut aus der Zeit von Präsident Faure. Sie hatte viele Jahre in Le Hâvre, dem Geburtsort von Félix Faure, gelebt und war mit Félix Faure und seiner Familie befreundet. Kurz vor seinem Tod hatte sie begonnen, in seinem Atelier im Elysée ein Porträt des Präsidenten zu malen, und musste das Porträt aus dem Gedächtnis fertigstellen. Das Porträt wurde im Salon ausgestellt.

Frau Mazeline und ich haben uns seit dem Tod des Präsidenten nie wieder getroffen.

Als sie zu ihrer in einem U-Bahn-Waggon gefundenen Karte befragt wurde, meinte sie, dass es sich möglicherweise um eine Karte handeln könnte, die sie vor vielen Jahren einem Mann oder einer Frau als Modell gegeben hatte, das sie aufbewahrt hatte, um sie anderen Künstlern vorzustellen. (Sie hatte ihre Adresse selbst mit Bleistift auf die Karte geschrieben.)

Die anderen Adressen auf der Karte waren die der beiden Perückenmacher und die von Herrn Guilbert. Die Nachforschungen bei den Perückenmachern blieben ergebnislos. Als der Inspektor jedoch Herrn Guilbert aufsuchte, wurden seine Nachforschungen belohnt.

Ich hatte die geheimnisvollen Männer und die Frau zum ersten Mal am Morgen des 31. Mai 1908 beschrieben, wenige Stunden nachdem sie mein Haus verlassen hatten – am 1. Juni und dann wieder am 5. Juni, als mir ein Detektiv in schwarzer Robe und Hut im Grafen von Arlons vorgeführt wurde, und ich hatte ihre Kleidung wie folgt beschrieben: „Die drei Männer trugen lange schwarze Roben, und die Frau trug einen langen, dunklen Männermantel. Die langen schwarzen Roben mit ihren flachen, engen Ärmeln erinnerten mich an die *Soutanes* katholischer Priester; die Hüte waren Filzhüte mit hohen Kronen." Was diese Hüte betrifft – und der Leser wird etwas später die Bedeutung meiner Aussage erkennen – enthielt der Bericht der *Sûreté* (Kriminalpolizei) vom 5. Juni Folgendes:

„ Was die Hüte betrifft, ist es nützlich, sich daran zu erinnern, dass Frau Steinheil am Montag, dem 1. Juni, bei ihrer Beschreibung der Personen, die sie in der Nacht vom 30. auf den 31. Mai gesehen hatte, genau darauf hinwies, dass die Männer keine Hüte trugen, wie sie üblicherweise von Priestern getragen werden, sondern Hüte aus schwarzem Filz, deren heruntergebogene Krempe ihr ebenso breit und die Kronen höher und spitzer erschienen als die Hüte von Geistlichen. "

Und nachdem meine Beschreibung der Kleider und Hüte der Mörder nun ganz klar vor den Augen des Lesers steht, folgen wir Inspektor Pouce zu M. Guilbert, dem Kostümbildner am Boulevard St. Martin, wohin er in der Hoffnung gegangen war, eine Verbindung zwischen der Karte und dem Mord zu entdecken.

Der Inspektor fand Mlle. Rallet, eine von M. Guilberts Assistentinnen.

Was hatte Mlle. Rallet zu sagen, deren sorgfältige Buchführung und absolute Zuverlässigkeit ihr Arbeitgeber in höchsten Tönen lobte?

Ich kann nichts Besseres tun, als die Aussage zu zitieren, die sie nicht nur dem Inspektor, sondern auch Herrn Hamard selbst gegenüber machte.

„An diesem Mittwoch, dem 10. Juni 1908, haben wir, Gustave Hamard, Ritter der Ehrenlegion, Leiter der Kriminalpolizei, im Zuge unserer Ermittlungen unter Eid Mlle. Georgette Rallet vernommen …, die erklärt hat:

„Ich bin seit September 1907 bei M. Guilbert angestellt... Meine Aufgaben bestehen darin, Kunden zu empfangen und den Versand und die Rückgabe aller Waren zu erfassen. Es versteht sich von selbst, dass ich die Waren sowohl bei der Rückgabe als auch beim Verlassen unseres Geländes prüfe. Unsere Kunden sind hauptsächlich Schauspieler und Schauspielerinnen, und unter ihnen befindet sich eine russische Gesellschaft, die ihren Sitz im Eden Theatre (oder Hebrew Theatre), 133 Rue Saint Denis, hat. Die Bestellungen der Gesellschaft werden von M. Goldstein und Feinberg erteilt, die normalerweise von Mlle. Jankel begleitet werden...

„Das letzte Mal, dass M. Goldstein, M. Feinberg und Mlle. Jankel vorbeikamen, war am Mittwoch, dem 27. Mai, dem Tag vor Christi Himmelfahrt. Sie kamen zwischen 15 und 16 Uhr an. Goldstein war es, der mich wie üblich ansprach, denn Feinberg spricht nur Deutsch, Russisch und Englisch. Er bestellte für ein Theaterstück mit dem Titel *Le Vice- Roi* , das am nächsten Tag aufgeführt werden sollte, einige römische und spanische Kostüme und zwei Priestergewänder.

„Zwischen 19 und 20 Uhr lieferte der Bote die Kostüme ab... Normalerweise hole ich die Kostüme, die wir ausgeliehen haben, am Tag nach der Vorstellung ab, aber am 29. Mai war ich dafür zu beschäftigt. Außerdem wollte ich die Kostüme am Montag, dem 1. Juni, zusammen mit anderen, die für die Vorstellung am Sonntag, dem 31. Mai, gemietet worden waren, zurückholen lassen. Denn M. Goldstein hatte, nachdem er seine Bestellung für den *Vice-Roi aufgegeben hatte, der am folgenden Tag aufgeführt werden sollte, vier Kostüme für jüdische Priester für ein Stück mit dem Titel Kain und Abel* bestellt , das am Sonntag, dem 31. Mai, aufgeführt werden sollte.

„Am Samstag, dem 30. Mai, um 17.30 Uhr brachte der Bote nur drei Roben für jüdische Priester ins Eden Theatre, denn Goldstein hatte zuvor bereits zwei erhalten …

„Zusammenfassend hatte das Eden Theatre am Abend des 30. Mai in zwei Lieferungen fünf schwarze Kleider von uns erhalten, darunter ein weiteres schwarzes Kleid, das ein Schauspieler speziell bestellt hatte, und die anderen fünf waren für Statisten. Ich muss hinzufügen, dass Mlle. Jankel und ein Schauspieler namens Hamburger am 30. Mai um 16 Uhr kamen, um eine schwarze *Soutane* und eine schwarze *Redingote zu bestellen* , die für die

Vorstellung am selben Abend benötigt wurden ... Nach fünf Anfragen gelang es mir, am folgenden Mittwoch nicht alle Kostüme, die wir gemietet hatten, zurück zu bekommen, sondern nur drei der Kleider, die *Soutane* und die *Redingote* .

„Daher verbleiben in den Händen der Russischen Gesellschaft drei schwarze Kleider, die uns gehören ...“

Signiert GEORGETTE RALLET.
O. HAMARD. “

(Auszug aus *Dossier*, Cote 662.)

Später gab Mlle. Rallet M. Hamard weitere Einzelheiten bekannt.

„... M. Goldstein, M. Feinberg und Mlle. Jankel probierten am 27. Mai einige der gerade bestellten Kostüme an...

„Es waren siebenundzwanzig Pakete ... Die Kostüme in diesen Paketen wurden mir von M. Guilbert und Riegel, einem Angestellten, zur Überprüfung übergeben, bevor sie verpackt wurden ... Fremat, der Bote, legte die Pakete in zwei große Körbe. In *einen anderen Korb* legte er die dreizehn Hüte, die einige der Kostüme vervollständigten. Nachdem er die Körbe gefüllt und mit Seilen gesichert hatte, mietete Fremat eine Schubkarre ... lud sie voll und verließ den Laden gegen 20 Uhr.

„Am 30. Mai packten M. Guilbert und Riegel achtzehn Kostüme ein, die für die Vorstellung am 31. Mai bestellt worden waren. Ich überprüfte die Kostüme, die vor mir auf dem Tresen ausgebreitet lagen ...

„Am darauffolgenden Mittwoch, dem 3. Juni, fand Fremat die am 27. bestellten Kostüme wieder. Als ich sie am Nachmittag zählte, stellte ich fest, dass vier *fehlten: der große schwarze Umhang und drei Kostüme jüdischer Priester ...*“

(Zitat aus *Dossier*, Cote 669.)

Als der Inspektor entdeckte, dass drei schwarze Kleider und ein schwarzer Mantel von M. Guilbert an das Hebrew Theatre verliehen und nicht zurückgegeben worden waren, ging er natürlich direkt dorthin. Ich kann mir vorstellen, was der Inspektor gefühlt und gedacht hat. Würde er die fehlenden Kleidungsstücke dort finden? Hatte er sie einfach verlegt? Oder waren sie gestohlen worden? *Und* wann ? Wenn sie am 30. gestohlen worden waren, wenige Stunden vor dem Doppelmord, dann hatte er, wie er gesagt hatte, den Hinweis aller Hinweise!

Was hörte er im Theater? – Dass die drei schwarzen Kleider und der schwarze Mantel *gestohlen* worden waren .

- 180 -

Auch hier kann ich nichts Besseres tun, als aus dem *Dossier zu zitieren, nämlich die Aussagen, die nach meiner Verhaftung* entweder Herrn Hamard, dem Chef der *Sûreté* , oder Herrn André, dem mit meinem Fall beauftragten Untersuchungsrichter, vorgelegt wurden.

Nachdem Herr Goldstein die Aussagen von Frau Rallet in allen Punkten bestätigt hatte, stellte er unter anderem fest:

„Keiner der Künstler wurde angewiesen, die Kostümlieferungen der Firma Guilbert zu überprüfen, und der Bote hatte die Angewohnheit, die Kostümkörbe im Vorraum in der Nähe der Kasse des Hebrew Theatre abzustellen. Jeder konnte leicht ins Theater gelangen, denn die nach innen öffnende Tür musste nur aufgestoßen werden und war nie geschlossen …

"Zur Vorstellung am 28. Mai waren alle Kostüme da... Am 31. Mai war es jedoch anders. An diesem Tag öffnete ich gegen 19 Uhr den Korb, den der Bote von Guilbert am Vortag in die Vorhalle gestellt hatte. *Die Seile des Korbes waren aufgerissen.* Außerdem stellte ich sofort fest, dass *die Kostüme entgegen der Sitte in Unordnung waren* . Feinberg, der neben mir stand, erzählte mir, dass ihm am Vorabend (30. Mai) dasselbe aufgefallen sei... Als jeder sein Kostüm anziehen musste, stellten wir fest, dass *die Gewänder der jüdischen Priester fehlten* … M. Feinberg schickte Gabriel, den Wächter des Theaters, zu Guilbert. Aber der Laden war geschlossen...

„… Trotz all unserer Suche im ganzen Theater war es unmöglich, die vier fehlenden Kostüme aufzuspüren …“

(Dossier , Seite 677.)

Und M. Goldstein fügte bei einer anderen Gelegenheit hinzu, als er um weitere Einzelheiten gebeten wurde:

„... Die Körbe waren offen und die Deckel waren ‚los‘. Die von Guilbert gelieferten Körbe waren immer mit Seilen befestigt...“

(Dossier , Seite 683.)

Schließlich sagte M. Goldstein bei einem erneuten Verhör am 2. März 1909 unter anderem:

„…Feinberg erzählte mir, dass er am Samstag, dem 30. Mai um 18.30 Uhr nach den verschiedenen Teilen des Hamlet-Kostüms suchte, das er am nächsten Tag bei der Matinee-Vorstellung im Stück *Königin Isabella tragen sollte* und das er in dem Korb zu finden glaubte. Er habe gefunden, was er suchte, aber bemerkt, dass der Korb nicht geöffnet war und der Inhalt umgestürzt und in großer Unordnung war.

"Es wäre für jeden ein Leichtes gewesen, die Kleider zu stehlen, da der Korb zu einer Zeit im Korridor des Theaters abgestellt wurde, als wir alle im *Café waren*, und da die Tür nur aufgestoßen werden musste..."

(*Dossier*, Seite 724.)

M. Feinberg hat alle diese Aussagen bestätigt. Aber die genauen Worte, die er bezüglich des Zustands des Korbes verwendete, aus dem die drei schwarzen Gewänder, die zweifellos von den drei Mördern getragen wurden, und der lange schwarze Mantel, den zweifellos von der rothaarigen Frau getragen wurde, wenige Stunden vor dem Verbrechen gestohlen wurden, sind es wert, zitiert zu werden:

„Ich stellte fest, dass der Inhalt des Korbes in Unordnung war; die Pakete, die normalerweise von M. Guilbert mit größter Sorgfalt verpackt werden, waren auseinandergerissen und die verschiedenen Teile der Kostüme waren alle durcheinander. Am 31. Mai konnten wir die Gewänder der drei jüdischen Priester und das Kleidungsstück, das Guilbert einen russischen Mantel nennt und das wir ein ‚Pastorkostüm‘ nennen, nicht finden.“

(*Dossier*, Seite 676.)

Die drei Kleider und der dunkle Mantel wurden nie wiedergefunden. Und Mlle. Rallet, die ihren Anspruch *auf die Einträge in ihren Büchern stützte*, schickte einen eingeschriebenen Brief (am 9. Juni 1908), in dem sie die Rückgabe dieser Kleidungsstücke oder die Zahlung eines Geldbetrags – den sie ordnungsgemäß nannte – verlangte, der ihren Wert darstellte.

So waren also tatsächlich am 30. Mai 1908 im Korridor des Hebrew Theatre drei schwarze Kleider und ein schwarzer Mantel gestohlen worden. Und die Zeiten, wann diese Kostüme gestohlen wurden, lassen sich leicht berechnen. Der Korb, in dem sie waren, wurde um 18 Uhr abgeliefert. Feinberg fand ihn um 20.30 Uhr „unaufgeräumt und in großer Unordnung“ vor. Als der Bote den Korb abstellte, war niemand da. Zwischen 18 und 20.30 Uhr war niemand im Korridor des Theaters gewesen – das gesamte Personal war „im *Café* “, plauderte oder speiste ... Und die Tür musste nur aufgestoßen werden!

Muss man besonders viel Vorstellungskraft aufbringen, um nicht an den Diebstahl zu glauben (denn es ist unmöglich, nicht daran zu glauben), und um zuzugeben, dass die Kleider, die die vier Personen trugen, die ich in jener verhängnisvollen Nacht in meinem Zimmer sah, dieselben waren, die aus dem Hebrew Theatre gestohlen worden waren?

Wenn der Zufall zur Erklärung herangezogen werden soll, sollten sich die Skeptiker meiner Beschreibung des Aussehens dieser Personen – der Verbrecher – zuwenden.

Nehmen wir zum Beispiel an, ich hätte gesagt, die Kleider hätten Kragen oder die Ärmel seien weit und locker... Dann hätte meine Beschreibung nicht genau mit der der gestohlenen Kleider übereingestimmt. Aber nein, ich habe keine Kragen erwähnt. Ich habe gesagt, *die* Ärmel seien eng anliegend, und meine Beschreibung entsprach in jeder Einzelheit der Beschreibung, die M. Guilbert selbst von dem Kleid und dem Mantel gegeben hätte, die er dem Hebrew Theatre für die Vorstellung am 31. Mai schickte. Besser noch: Als Mlle. Rallet am 26. Dezember 1908 erneut gebeten wurde, das gestohlene Kleid zu beschreiben, erklärte sie – wie ich es im Fall der Kleider getan hatte, die die Mörder trugen –, dass die von ihrer Firma gelieferten Kleider „flache und enge Ärmel" hätten!

Wenn ich diese unglaubliche Szene erfunden hätte, hätte ich vielleicht gesagt, dass es vier Männer in schwarzen Gewändern waren, aber nein. Ich erklärte, dass es drei Männer in schwarzen Gewändern und eine Frau in einem dunklen Umhang gewesen seien. Und drei Gewänder und ein Umhang waren gestohlen worden!

Ich werde noch weiter gehen, um den Zweifeln und Fragen der Skeptiker gerecht zu werden.

Hätte ich diese „Geschichte", wie M. André sie nannte, erfunden, wie hätte ich mir dann vorstellen können, dass die drei Männer in schwarzen Kirchengewändern *keine* schwarzen Kirchenhüte getragen hätten? Zufälle haben doch sicher Grenzen. Ich sagte, dass die Männer „Filzhüte mit hohen, spitzen Kronen" trugen – keine Kirchenhüte. Und die Kirchenhüte, die zu den gestohlenen Gewändern gehörten, wurden in ihren eigenen Körben gefunden – einem kleinen Korb; und M. Goldstein erklärte: „Wir legen die Hüte normalerweise beiseite; wir verstecken sie, um zu verhindern, dass die Darsteller nach Belieben unter ihnen auswählen."

Von einem Zufall kann keine Rede mehr sein. Es kann keinen einzigen Menschen geben, der auch nur über einen durchschnittlichen gesunden Menschenverstand verfügt und nach den Tatsachen, die ich aus den Aussagen gegenüber dem Leiter der *Sûreté* und dem mit meinem Fall betrauten Richter zitiert habe, leugnen könnte oder würde, dass man Verdächtigungen oder Angriffe gegen mich nicht hätte zulassen dürfen und dass es völlig unverzeihlich war, mich des Mordes an meinem Mann und meiner Mutter zu beschuldigen.

Unter den tausend und einem anonymen Brief, den ich später erhielt, befand sich einer, der von jemandem geschrieben worden war, der die ganze Bedeutung der gestohlenen Kleider als Beweis meiner völligen Unschuld erkannt hatte. Aber in seinem – oder ihrem – Wunsch, mir zu beweisen, dass ich eine Mörderin war, erklärte der anonyme Schreiber: „Sie haben die Kleider selbst gestohlen oder sie von jemandem stehlen lassen!" Die

Staatsanwaltschaft dachte möglicherweise dasselbe, äußerte den Gedanken jedoch nie, denn seine Absurdität war natürlich offensichtlich.

Die Staatsanwaltschaft wollte mich jedoch trotz der überwältigenden Beweise meiner Unschuld für schuldig befinden.

Will der Leser nun erfahren, wie die Staatsanwaltschaft mit dieser sogenannten *„Levitenaffäre"* umgegangen ist? *Hier sind die genauen Worte, die in der Anklageschrift zu diesem Thema verwendet wurden:*

„ Ein merkwürdiger Umstand, der vom Zeugen Villemant enthüllt wurde, ließ es für einen Moment möglich erscheinen, zu glauben, dass die Erzählung des ‚Angeklagten' über die Männer in den schwarzen Kitteln einen gewissen Charakter der Glaubwürdigkeit haben könnte ..."

Nach einer schnellen Sichtung der von Herrn Villemant, Frau Mazeline und Herrn Guilbert vorgelegten Beweise heißt es in der Anklageschrift:

„Die so gesammelten Beweise schienen Zweifel an der richterlichen *Anweisung aufkommen zu lassen* und der Darstellung von Frau Steinheil etwas Wahres zu verleihen. Aber ... erstens ist es sicher, dass das Verschwinden der kirchlichen Gewänder erst am Abend des 31. Mai bemerkt wurde, also mehrere Stunden nach dem Verbrechen. Zweitens waren die kirchlichen Hüte nie verloren gegangen und wurden gefunden. Nun hat Frau Steinheil erklärt, dass die Verbrecher Hüte trugen, die mit ihren Kostümen harmonierten ... Es ist daher notwendig, diese Fabel beiseite zu schieben und einen unwichtigen Zufall zwischen dem Diebstahl der Gewänder und dem Verbrechen vom 31. Mai festzustellen ..."

Könnte etwas in seinem absoluten Mangel an Treu und Glauben abstoßender sein? Denn die Staatsanwaltschaft hatte sicherlich die Aussagen der verschiedenen Zeugen gelesen und musste wissen, dass erstens die schwarzen Gewänder *nicht nach* dem Verbrechen, *sondern vor* dem Verbrechen, am 30. Mai, gestohlen wurden, wie die Aussagen von M. Feinberg und Goldstein eindeutig belegen; und zweitens, dass der Bericht der Kriminalpolizei selbst vom 5. Juni 1908 diesen Satz enthielt, den ich bereits zitiert habe:

„Bezüglich der Hüte ist es nützlich, sich daran zu erinnern, dass Frau Steinheil am Montag, dem 1. Juni, bei ihrer Beschreibung der Personen, die sie in der Nacht vom 30. auf den 31. Mai gesehen hatte, Folgendes angab:

„Die Männer trugen keine Hüte, wie sie üblicherweise von Priestern getragen werden, sondern Hüte aus schwarzem Filz, deren herabgebogene Krempe ihr ebenso breit und die Kronen höher und spitzer erschienen als die Hüte der Geistlichen.""

(Dossier, Seite 914.)

Trotz der Anklage und ihrer bewussten Blindheit gegenüber allen Beweisen meiner Unschuld erkannte die Jury des Pariser Schwurgerichts im November 1909, nachdem ich ein ganzes Jahr im Gefängnis verbracht hatte, die Wahrheit und sprach mich frei.

Mitarbeiter oft gesegnet, der der Polizei die Karten übergab, die er gefunden hatte. Es besteht kein Zweifel, dass die „gestohlenen schwarzen Gewänder" den Geschworenen halfen zu verstehen, dass ich die Wahrheit gesagt hatte und meinen Mann und meine Mutter nicht ermordet haben konnte. Und ich habe auch oft die Erinnerung an meinen Vater gesegnet. Denn hatte er mich nicht gelehrt, die Hauptmerkmale, die auffälligen oder wesentlichen Teile einer Person oder eines Gegenstandes auf einen Blick zu beobachten und zu erkennen? Und wie hätte ich ohne diese Schulung des Auges und des Geistes in dieser Nacht des Schreckens die Hauptmerkmale der Kleidung der Mörder erkennen und mir merken können?

KAPITEL XVI

UNTERSUCHUNGEN

Während ich in Bellevue war, geschah etwas Seltsames. Ich erhielt von meinem Notar, der es von den Justizbehörden erhalten hatte, ein Paket, das eine Reihe von Dingen enthielt, die ich bei mir zu Hause gefunden hatte: einige Briefe von Präsident Faure, einige Briefe von MB und den Talisman des Präsidenten! Wenn mir diese Gegenstände zurückgegeben werden, dachte ich, dann offensichtlich, weil nichts über den verstorbenen Präsidenten der Republik und den Generalstaatsanwalt in der „Affäre der Impasse Ronsin" zur Sprache kommen soll. Dieser Eindruck war richtig, wie sich später noch herausstellen wird. Jede Phase meines vergangenen Lebens, von meinen frühesten Jahren bis zum Datum des mysteriösen Mordes, wurde untersucht, mit *Ausnahme* meiner Beziehungen zu Richtern und zu Präsident Faure.

Der Kreis meiner Freunde wurde täglich kleiner, was vielleicht nur menschlich war, da ich in Schwierigkeiten steckte. Ich erhielt noch immer viele Briefe von Freunden und Bekannten, aber es wurden jeden Tag weniger. Und ihr Ton wurde weniger sympathisch, ihr Stil formeller ... Bald erreichte mich überhaupt kein Brief mehr. Niemand schien sich an mich zu erinnern, nicht einmal die wenigen Freunde, zu denen ich absolutes Vertrauen hatte, und ich wiederholte mir schmerzlich ein Sprichwort meiner Mutter: „Ein Freund, der aufhört, ein Freund zu sein, war nie ein Freund."

Dennoch strömten weiterhin Briefe in den Briefkasten von Vert-Logis. Aber es waren alles anonyme Briefe, einige drohten mir oder nannten mich einen Verbrecher, andere denunzierten als Täter des Doppelmordes meine Köchin Mariette, ihren Sohn Alexandre Wolff, meinen Diener Rémy Couillard und andere. Die Briefe gaben mir alle möglichen „Informationen" über ihr früheres Leben und ihre Taten, legten Theorien über das Verbrechen vor, die so voller Details waren, dass man hätte meinen können, die Schreiber seien bei der Tat dabei gewesen. Ich verbrannte sie alle, bis auf ein paar, die ich, wenn ich nicht zu krank war, mit fast krankhaftem Interesse immer wieder las ... Einige dieser Briefe verfolgten mich, und ich lebte in einer Atmosphäre des Misstrauens, die schmerzhaft und ablenkend war.

Couillard war in Bellevue. Natürlich hatte er nicht in dem Haus in der Impasse Ronsin bleiben wollen. Er war nervös, zitterte, hatte Angst vor allem und jedem und bot einen erbärmlichen Anblick ... Er tat mir leid ... und ich bemitleidete mich selbst.

Marthe war bei mir, und ihre Anwesenheit, ihre Fürsorge, ihre Liebe halfen mir, mein Kreuz zu tragen. Gleichzeitig erinnerte ich mich an die überraschenden Versprechen des Inspektors und an die Worte von M. Leydet und M. Hamard: „Haben Sie Geduld ... wir werden sie finden ...“

Doktor Regal – von den Behörden ernannt – kam am 26. Juni mit Inspektor Pouce, um zu sehen, ob ich stark genug war, die Reise von Bellevue nach Boulogne (an der Seine) zu überstehen. Es schien, dass Herr Leydet aufgrund der öffentlichen Stimmung gegen mich gezwungen war, mir weitere Fragen zu stellen, diesmal in Anwesenheit von Herrn Grandjean, dem *Stellvertreter* des *Staatsanwalts der Republik* . Die neue Untersuchung sollte im Haus von Herrn Brouard stattfinden, dem Ehemann von Herrn Steinheils Schwester Marguerite, an die sich der Leser vielleicht als die Dame erinnert, die mich in Paris empfing, als ich von meiner Hochzeitsreise zurückkehrte.

Ich wollte unbedingt die Ermittlungen der Justiz unterstützen und willigte ein, nach Boulogne zu fahren, wo ich von 13 Uhr bis spät abends festgehalten wurde! Die Krankenschwester, die uns begleitet hatte, musste mir natürlich gelegentlich Äther verabreichen, damit ich atmen und die Fragen beantworten konnte, die mir gestellt wurden. Marthe und M. Boeswilwald waren im Nebenzimmer, denn man befürchtete, ich könnte völlig zusammenbrechen. Ich lag mehrere lange Stunden lang ausgestreckt auf einer Bahre auf dem Boden. Die Krankenschwester blieb in meiner Nähe.

M. Leydet und M. Grandjean haben mir die phantastischsten Fragen gestellt... Aber auch hier werde ich die Fragen und meine Antworten noch einmal aus dem *Dossier zitieren.*

Ich übergehe die Fragen über das Tor und die Türen der Impasse Ronsin, die Geschichte des von Couillard verlorenen Schlüssels und der Rückgabe des Hundes, den er geliehen hatte, die Geschichte des Revolvers meines Mannes, den Couillard M. Steinheil nicht zurückgab und der in seiner Schürze gefunden wurde, und unsere verspätete Abreise nach Boulogne wegen der Krankheit meiner Mutter ... Diese Punkte wurden bereits behandelt. Ich hatte meinen ersten Aussagen nichts hinzuzufügen. Aber hier sind einige neue Fragen und meine Antworten.

Frage. „Nach dem, was Sie uns am Morgen nach dem Verbrechen erzählten, erschienen die Verbrecher plötzlich mitten in der Nacht vor Ihnen im Zimmer Ihrer Tochter, das Sie bewohnten, und hielten Sie für Ihre Tochter. Es besteht kein Zweifel, dass Sie sich damals in einem Zimmer befanden, das offensichtlich das eines jungen Mädchens war, und dass Sie im Bett Ihrer Tochter lagen, aber wir können Ihnen nicht verheimlichen, dass der Irrtum der Verbrecher zweifelhaft ist.“

Antwort. „Ich kann nur die Worte wiederholen, die zu mir gesprochen wurden und die diesen Fehler nahelegten. Ich möchte hinzufügen, dass mein Gesicht ruhig war, dass mein Haar offen war und nur von einem Band aus blauem Satin zusammengehalten und um meinen Kopf gelegt wurde. Ich trug keinen Schmuck, keine Ringe, keinen Ehering. All dies wurde im Ankleidezimmer zurückgelassen – und gestohlen. Ich trug ein einfaches Nachthemd aus hellblauem *Leinen* . Es ist in der Gesellschaft schon oft vorgekommen, dass man mich für die ältere Schwester meiner Tochter hielt. Glauben Sie mir, von Koketterie kann hier keine Rede sein. Wenn ich Ihnen das alles erzähle, dann nur, weil Sie von mir verlangen, den Skeptikern zu antworten. Ich bin schlank, ich habe im letzten Winter während meiner Krankheit – Magen-Darm-Entzündung – viel Gewicht verloren, etwa dreißig Pfund. Obwohl die Verbrecher zwei Dunkellampen hatten, dauerte die Szene so kurz, dass sie sicherlich nicht viel Zeit hatten, mich sorgfältig zu untersuchen. Alles geschah mit phantastischer Geschwindigkeit …“

Frage. „Unabhängig von den Gewalttaten, die Sie in dieser Nacht erleiden mussten (Schläge, Knebel und Seile um Hals, Hände und Füße), ist es möglich, dass die Verbrecher Ihr Leben verschont haben. Dies hat zu verschiedenen Gerüchten geführt. Es scheint schwer zu akzeptieren, dass die Verbrecher eine junge Dame – oder vielmehr die Person, die sie für eine siebzehnjährige junge Dame hielten – das heißt eine äußerst gefährliche Zeugin, überleben ließen. Wenn der Anführer der Bande nicht einem Gefühl des Mitleids nachgab, das übrigens manchmal bei hartgesottenen Kriminellen anzutreffen ist, muss eine andere Erklärung gefunden werden. Hier ist eine, die vorgeschlagen wurde – und sie zwingt mich, Ihnen eine „heikle“ Frage zu stellen. Nehmen wir an, Sie hätten in einem Moment der Schwäche Beziehungen zu einem Mann von zweifelhafter Moral gehabt, der irgendwann zu Einbruch und „Plünderung und Gewalt“ fähig sein könnte, um an Geld zu kommen. Nehmen wir an, dieser Mann betritt nachts Ihr Haus und findet es entgegen seiner Erwartungen bewohnt vor; nehmen wir an, dieser Mann befindet sich plötzlich in Ihrer Gegenwart und, soweit es Sie betrifft, nicht „Wenn jemand so weit gehen würde, wegen ‚der Vergangenheit‘, und es wagte, einen Mord zu begehen – hätten Sie nicht gezögert, ihn anzuzeigen?“

Antwort: „Ich schwöre Ihnen bei allem, was mir heilig ist, bei meiner armen verstorbenen Mutter und meinem Mann, beim Haupt meiner kleinen Marthe, dass ich nie die ‚Schwäche‘ hatte, auf die Sie sich in Ihrer schmerzlichsten Frage beziehen. Selbst wenn mich der Schein täuscht, würde ich nicht zögern, den Mann anzuzeigen, so schmerzlich es auch sein mag.“

Frage: „Der drei Meter lange Strick, mit dem Ihr Mann erwürgt wurde, wurde mit einem Strickknäuel verglichen, der in einem Korb im

Speisekammerschrank gefunden wurde, und erwies sich als ähnlich. Können Sie dazu interessante Bemerkungen machen?"

Antwort: „Ich kann nur sagen, dass es sich bei dem von Ihnen erwähnten Ball um eine Jalousieschnur handelte, die im Haus für verschiedene Zwecke verwendet wurde. Ein Teil davon wurde während der Gemäldeausstellung im Wintergarten verwendet. Ich kann mich an kein Stück Schnur erinnern, das irgendwo in den Räumen zurückgeblieben sein könnte."

(Dossier , Seite 79.)

Dieses *Cote* 79 umfasste nur sechzehn Seiten im Kanzleiformat und sie geben den Kern einer mehrere Stunden dauernden Befragung wieder! Es gab häufige Unterbrechungen, wenn ich mich so krank fühlte, dass die Frau kommen und mir Äther geben musste... Ein Teil der Befragung bestand aus dem, was ich nur als Konversation bezeichnen kann. Ich tat mein Bestes, um M. Leydet auf M. de Balincourt, den „mysteriösen Deutschen", und die verschiedenen Männer aufmerksam zu machen, die in den Wochen unmittelbar vor dem Verbrechen in das Leben meines Mannes getreten waren .

Ich weiß noch, wie der Richter zu mir sagte: „Sie erwähnen Couillard nicht. Es sieht so aus, als ob Sie ihn schützen wollten..." Und ich antwortete: „Einige sagen mir, Couillard ‚muss etwas wissen', andere behaupten, er sei absolut unschuldig... Ich habe nichts zu sagen. Lassen Sie die Justiz Ermittlungen durchführen, die Wahrheit herausfinden und die Mörder verhaften..."

Ich war sehr überrascht, als man nach Couillard schickte. Ich gebe zu, dass die anonymen Briefe einen gewissen Einfluss auf mich hatten und dass ich gewisse Verdächtigungen gegen Couillard hatte, die aber in letzter Zeit verschwunden waren. Ich dachte nur an den „Hinweis aller Hinweise", an den Mann, dessen Fotos man mir gezeigt hatte (Mr. Burlingham).

Als ich nach Bellevue zurückkehrte, war es schon sehr spät. Couillard war nach Boulogne aufgebrochen. Er kam um 1.30 Uhr zurück.

In den folgenden Tagen kamen die Detektive genauso oft wie zuvor. Sie schienen jedoch in dem „Fall" keine großen Fortschritte zu machen.

Mariette war noch bei mir und, gelinde gesagt, genauso ergeben wie immer. Ihr Sohn Alexandre, ein Pferdehändler, den ich schon kannte, als er noch ein kleiner Junge war, kam zweimal nach Bellevue. Er war besser gekleidet als sonst und schien im Geld zu schwimmen. Ich erwähne diese beiden Einzelheiten, weil sie auch in den anonymen Briefen erwähnt wurden, die ich erhielt, und weil ich fünf Monate später und unter Umständen, die ich ausführlich beschreiben werde, Alexandre Wolff beschuldigte.

Was Couillard angeht, so benötigte ich seine Dienste nicht mehr, da sich mein Leben inzwischen so völlig verändert hatte, und schickte ihn in eine Autowerkstatt, damit er eine Ausbildung zum Chauffeur machte.

M. Souloy brachte mir die veränderten Juwelen. Einen der „neuen" Ringe (Saphir und Diamanten) schenkte ich Marthe und behielt die anderen.

Der Inspektor versicherte weiterhin, dass sie die Mörder bald fassen würden. Sie hätten neue Hinweise, sie seien auf der richtigen Spur... Bald würde alles gut werden... Aber nichts geschah, und ich hoffte und wartete vergebens...

Gegen Ende Juli fühlte ich mich etwas stärker und konnte wieder herumlaufen. Ich bat einen Arzt, mir zu erlauben, mit Marthe nach Normandie zu fahren. Er sagte, eine Veränderung würde mir sehr gut tun. Ich verließ Bellevue und zog nach Louvières (Calvados), wo Freunde ihren eigenen Bauernhof betrieben. Ihre Tochter war eine enge Freundin von Marthe, die natürlich bei mir war. Einen ganzen Monat lang führten wir ein einfaches Leben. Es gab keine Detektive um mich herum. Ich vermied es, Zeitungen zu lesen. Die Landleute, die wussten, wer ich war, waren freundlich und mitfühlend, und Marthe und ich atmeten wieder auf. Es war, als ob wir endlich leben und wie alle anderen Menschen sein dürften, und wir segneten jene guten Freunde, die uns eingeladen hatten, ein paar Wochen mit ihnen in der glücklichen und schönen Normandie zu verbringen.

Doch nach einer Weile, als die Wiesen weniger grün, der Himmel weniger blau und die Luft weniger berauschend schienen als in den ersten Tagen nach unserer Ankunft in Louvières, befiel mich der Albtraum erneut ... Noch einmal dachte ich an die Nacht des Schreckens, an die Mörder ... die auf freiem Fuß waren. Ich wollte die Toten rächen und all den schrecklichen Verdächtigungen gegen mich ein für alle Mal ein Ende bereiten, die überall aufgekommen waren, weil ... die Mörder mich verschont hatten. Meine unverzeihliche Sünde war, am Leben zu sein! Wenn ich keine Mörderin war, warum hatte ich es dann nicht bewiesen ? ... Das hatte ich gehört und leider auch gelesen ! ...

Und ich fragte mich, fragte mich, fragte mich, was die Polizei tat! Ich erhielt Briefe, in denen mir mitgeteilt wurde, dass die *Affäre um die Impasse Ronsin „ classée "* (*beiseite gelegt, aufgegeben, aufgegeben*) werde ... Und gleichzeitig hörte ich, dass die öffentliche Meinung immer noch gegen mich war. In einem in vulgärem Slang verfassten und aus Paris weitergeleiteten Brief hieß es: „Sie sind der Mörder; nur, da Sie über sehr gute Beziehungen verfügen (*comme vous connaissez des gens de la haute*), tut die Polizei nicht das, was sie im Fall eines armen Kerls tun würde... Sie Feigling, Sie haben sich auf dem Land versteckt !... " Sogar die zwei oder drei „ehemaligen" Freunde, die mir gelegentlich schrieben, gaben mir zu verstehen, dass die angenehmen Beziehungen, die Freundschaft der alten Tage, unmöglich sein würden, „bis die Mörder verhaftet worden wären". Als ob ich wüsste, wo sie waren! Als ob ich sie nur anrufen oder auf sie zeigen müsste, und sie verhaften lassen würde! Als ob es mir nicht mehr als jedem anderen auf der Welt ein Anliegen wäre, zu erfahren, wer die Mörder meines Mannes und meiner Mutter waren ! …

Es gibt seelische Schmerzen, die fast unerträglich sind, und vielleicht ist keiner schlimmer, als das Wesen, das man am meisten auf der Welt liebt, neben sich leiden zu sehen… Marthe, das tapfere kleine Mädchen, das sie war, versuchte zu lächeln, um mir Lebensmut zu geben. Wir verbrachten viele Stunden unter einem Baum oder auf den Feldern… schweigend. Ich beobachtete sie, so erschöpft, so blass, ihre Blässe noch verstärkt durch ihr Trauerkleid, ihr Kopf gesenkt, ihre Augen voller Tränen, die sie nicht zu vergießen wagte. Sie kannte meine Gedanken, und ich kannte ihre. Ihre Gedanken waren in Paris… Sie dachte an ihren Vater, an ihre Großmutter… und an Pierre, ihren *Verlobten*, ihren Liebhaber, der ihr nicht mehr schrieb… der ihr nie wieder schreiben würde, bis die Mörder verhaftet waren. Nicht, dass er glaubte, ich sei schuldig, aber wahrscheinlich, weil er, wie seine Eltern, die öffentliche Meinung fürchtete…

Und während ich diese Gedanken in meinem zerstreuten Geist immer wieder durchging, wurde ich immer entschlossener… Die öffentliche Meinung, in der Tat! Nun, ich würde mich ihr stellen! Ich würde bis zum bitteren Ende gehen – und das Ende war bitter, mein Gott! – Ich würde nach diesen Mördern suchen, die, nachdem sie zwei Opfer gefordert hatten, nun zwei weitere forderten, mein Kind und mich. Ich würde sie jagen, und wenn das Gesetz zögerte oder entmutigt war, wenn das Gesetz sich weigerte, die Suche fortzusetzen, würde ich das Gesetz zwingen, seine Pflicht zu tun…

In diesem Moment kam ein Brief, ein Brief von Herrn Marcel Hutin, einem Journalisten der Redaktion des *Echès de Paris* und Freund eines Freundes von mir. Er teilte mir mit, dass die meisten Leute noch immer gegen mich seien und dass er sich mir voll und ganz zur Verfügung gestellt habe.

Ich schrieb einen langen Brief an Maître Antony Aubin und bat ihn, den Behörden ihre Apathie vorzuwerfen …

Etwas beruhigt versuchte ich, meine Prüfung zu vergessen, und da ich wusste, dass Arbeit das beste Gegenmittel gegen quälende Gedanken und fixe Ideen ist, begann ich mit Marthes Hilfe, das ganze Haus unseres Gastgebers und unserer Gastgeberin zu dekorieren… Wir malten Ornamente, riesige dekorative Blumen, veränderten das Aussehen der Räume und verschönerten sogar die Gärten…

Manchmal fuhren wir ans Meer oder machten einen Ausflug zu einem schönen Ort in der Normandie. Wieder einmal begann ich zu „vergessen". Dieses Landleben war schön und einfach. Ich dachte an Beaucourt, und während ich Marthe ansah, sagte ich mir: „Wie sehr hätte mein Vater sie geliebt!" Der Kummer, der in so ergreifenden Linien in ihr süßes Gesicht geschrieben stand – so jung und frisch, dass es noch keine Sorge oder Schmerz hätte zeigen sollen – ließ mich beschämt an meinen eigenen überwältigenden Kummer denken. Als unsere Freunde sahen, dass uns das einfache, gesunde Leben, das wir führten, sehr gut tat, schlugen sie vor, dass wir die Hälfte ihres Hauses nehmen und uns dauerhaft in der Normandie niederlassen sollten …

Aber Marthe schüttelte ihren kleinen Kopf. Sie sehnte sich danach, nach Paris zurückzukehren, Pierre um jeden Preis zu sehen, seine Stimme zu hören... Und ich war mehr als begierig darauf, die Angelegenheit Impasse Ronsin weiter zu verfolgen – Nachforschungen anzustellen, die Mörder aufzuspüren, dieses Geheimnis zu lösen, das das Glück meines Kindes zerstörte und mich zum elendesten und am meisten ungerecht behandelten Geschöpf der Welt machte...

Von ganzem Herzen dankte ich unseren Freunden. Der Aufenthalt bei ihnen hatte unseren Geist geheilt und unseren Körper gestärkt, und Marthe und ich hatten viele Stunden tröstlichen Friedens erfahren.

Ende August verließen wir Louvières und kehrten nach Bellevue zurück. In die Impasse Ronsin wollten wir noch nicht fahren, denn das Haus war in den Händen der Bauunternehmer, die es aufteilten, damit ich einen Teil davon sowie das große Atelier vermieten konnte.

M. und Mme. Buisson kamen nach Vert-Logis, aber nicht oft, und Marthe sah ihren Pierre …

Die Besuche der Inspektoren begannen wieder. Vor allem Inspektor Pouce besuchte mich. Ich war sehr an dem „Burlingham"-Hinweis interessiert und fragte, was in dem Monat, in dem ich weg war, entdeckt worden war. Der Inspektor antwortete, dass alles in Ordnung sei und dass die Dinge sehr hoffnungsvoll seien … und dann wurden mir die äußerst wichtigen Fakten über die beiden Karten in der U-Bahn und die gestohlenen Kleider offenbart.

Der Hinweis auf „Burlingham" war folgendermaßen entstanden:

Als M. Goldstein, M. Feinberg und Mlle. Jankel am 27. Mai bei Guilbert vorbeischauten, um eine Anzahl Kostüme für das Hebräische Theater zu bestellen, waren etwa fünfzehn bis zwanzig Personen im Laden anwesend, unter denen sich Mr. Burlingham mit einigen seiner Freunde befand. Es waren M. Goldstein und Mlle. Jankel, die dies sagten. Ich möchte hinzufügen, dass M. Goldstein auch sagte, er glaube, Burlingham später am *Gare du Nord aus der U-Bahn steigen gesehen zu haben*, und er sei dem rotbärtigen Mann Anfang Juni gefolgt, habe ihn aber aus den Augen verloren. „Der Mann trug eine Fußballtasche", fügte M. Goldstein hinzu.

Der Inspektor besorgte ein Foto, auf dem Mr. Burlingham, ein Freund von ihm und eine Frau abgebildet waren. Er zeigte es mir am 19. Juni in Bellevue, und ich bemerkte, dass der bärtige Mann auf dem Foto dem rotbärtigen Mann, den ich in der Nacht des Verbrechens gesehen hatte, sehr ähnlich sah.

Der Inspektor erzählte mir viele kuriose Einzelheiten über Mr. Burlingham und seine Freunde: Sie verkehrten mit allen möglichen merkwürdigen Leuten, liefen in Sandalen herum und benutzten lange Stöcke, die dem Alpenstock sehr ähnlich waren, der neben der Leiche meines Mannes gefunden wurde!

Der anscheinend sehr interessante Hinweis aus Burlingham hatte keinerlei Wert.

Ich möchte schnell hinzufügen, dass im Nachhinein zweifelsfrei festgestellt wurde, dass sich Mr. Burlingham, der am 22. Mai Paris mit einem Freund zu einer Wanderung in die Schweiz verlassen hatte, zur Zeit des Verbrechens in Montbard in Burgund aufhielt, einer kleinen Stadt, die er am nächsten Morgen in Richtung Dijon verließ.

Doch dieses völlig schlüssige Alibi war noch nicht erwiesen, als mir Inspektor Pouce – der, das gebe ich zu, in diesem Fall sein Möglichstes tat und keine Mühen scheute, um den Mördern auf die Spur zu kommen – die Bedeutung des Burlingham-Hinweises erklärte.

Ich habe diese Nachforschungen über Mr. Burlingham nicht selbst angestellt. Man zeigte mir ein Foto, auf dem er zu sehen war, und ich sagte lediglich: „Dieser bärtige Mann sieht dem rotbärtigen Mann, den ich in der verhängnisvollen Nacht gesehen habe, sehr ähnlich!" Man sagte mir, der Hinweis sei eindeutig, und ich war natürlich geneigt, ihm zu glauben.

in der *Sûreté* das Foto von Mr. Burlingham noch einmal gezeigt wurde und ich gefragt wurde: „Ist das der Mann?", antwortete ich (ich zitiere die genauen Worte, die ich benutzte): „Wenn meine Behauptung allein dazu dienen würde, die Verhaftung des Mannes herbeizuführen, dessen Foto Sie mir zeigen und den ich sonst nicht kenne, würde ich es sicherlich nie wagen, eine solche Behauptung aufzustellen ... Aber die Ähnlichkeit beeindruckt mich sehr."

Ich wurde gebeten, mich zu verkleiden und die Detektive zu begleiten, die mir Mr. Burlingham zeigen würden, ohne dass er mich erkannte. Einmal hüllte ich mich in einen weiten Umhang, ein anderes Mal musste ich einen kurzen Rock anziehen, der mein Aussehen erheblich veränderte. Wir folgten Mr. Burlingham zu Fuß und in einer Kutsche....

Wir fuhren mehrere Male nach Paris, damit ich ihn identifizieren konnte. Ich erinnere mich, wie ich ihn sein Haus in der Nähe des Gare Montparnasse verlassen sah, und ich fand, dass er dem rotbärtigen Mann sehr ähnlich war, den ich in der Nacht des Doppelmordes „in der Nähe der Tür, verängstigt und stumm" gesehen hatte. Bei einer anderen Gelegenheit sahen wir ihn von unserer Kutsche aus vor der Schule der Schönen Künste. Damals war ich noch bei vollem Verstand und konnte niemanden ohne absolute Beweise für seine Schuld anklagen …

Aber mein Verstand arbeitete.

Mr. Burlingham wurde mir erneut „vorgeführt"... Später vereinbarte die *Matin*, dass ich ihn in ihren Büros am Boulevard Poissonnière treffen sollte... Durch eine Tür, die zu diesem Zweck leicht geöffnet war, sah ich den „rotbärtigen" Mann. Ich „erkannte" ihn, aber nicht ganz.

Dann wurde ich erneut zur *Sûreté gerufen*, und dort sagte ich, nachdem ich den rotbärtigen Mann so oft getroffen hatte, dass ich ihn ohne zu zögern als einen der Männer wiedererkannte, die ich in jener verhängnisvollen Nacht gesehen hatte ... Ist es wirklich ein großes Wunder, dass ich ihn wiedererkannte ...?

Das Wunderbarste daran ist, wie mein fähiger Anwalt Maître Antony Aubin bei meinem Prozess ausrief, „nicht, dass Mme. Steinheil Herrn Burlingham *damals* ‚erkannte', sondern dass sie ihn vorher nicht ‚erkannte'."

Ich kehrte nach Bellevue zurück. Die Inspektoren und Kriminalbeamten sagten mir alle: „Nur Mut! Wir nähern uns dem Ziel!" Und ich glaubte ihnen. Wir sind immer so bereit, das zu glauben, wonach wir uns sehnen.

Obwohl ich fest an den Hinweis von Burlingham glaubte, war ich vom Inhalt der anonymen Briefe, die ich erhielt, völlig verblüfft. Die meisten erwähnten Couillard, Mariette und Wolff. Einige denunzierten M. de Balincourt, und, das muss ich wohl nicht hinzufügen, mehrere denunzierten ... mich. Ein großer Teil dieser Briefe wurde tatsächlich persönlich nach Bellevue gebracht und wahrscheinlich von den Schreibern selbst in meinen Briefkasten geworfen. Die durchschnittliche Zahl lag bei zwölf bis fünfzehn pro Tag ... In Paris stieg die Zahl einige Wochen später auf dreißig oder vierzig.

Ich habe jeden dieser Briefe gelesen. In jedem einzelnen konnte ich einen Hinweis, einen nützlichen Vorschlag, vielleicht die ganze Wahrheit finden, und ich konnte es mir nicht leisten, diese Korrespondenz zu ignorieren, so entmutigend sie auch war …

Tag für Tag kamen die Detektive und erzählten mir, was vor sich ging. Journalisten riefen an ... und jeder hatte seine eigene Theorie, die er mit der Zuversicht und Eloquenz derjenigen vortrug, die sich nur mit Theorien beschäftigen. Hätte ich auf alle gehört, hätte ich mindestens hundert

Personen als Mörder angezeigt! Die meisten erwähnten Couillard und Wolff, und im Lauf der Tage prägten sich diese beiden Namen immer tiefer in mein Gedächtnis ein. Leider hypnotisierten mich all diese Vorschläge einige Wochen später so sehr, dass ich, ohne mehr Beweise als bloße Indizien und die Denunziationen anonymer Schreiber, zuerst Couillard und dann Wolff beschuldigte, der Verbrecher zu sein.

Frau Buisson kam jetzt nur noch selten nach Bellevue. Pierre besuchte Marthe von Zeit zu Zeit heimlich und hielt mir eine Pistole an den Kopf, als er mir in seiner üblichen schwachen, schüchternen und mutlosen Art sagte, dass die Mörder gefunden werden müssten, sonst könne er Marthe nicht heiraten! Ein außerordentliches Dilemma !... Diese absurde Situation empörte meine Tochter so sehr, dass ihre Liebe zu Pierre einen entscheidenden Schlag erlitt. Sie vergrub ihren Kopf an meiner Brust und rief: „Ist das wahre Liebe?" und brach in Schluchzen aus.

In der Zwischenzeit lagen die Inspektoren miteinander im Krieg, wie es die meisten Inspektoren tun, zumindest wurde mir das inzwischen erzählt. Jeder hatte *seine* eigenen Hinweise und verspottete die Hinweise seiner Kollegen. Aber was noch schlimmer war: Einige waren für mich, andere gegen mich!

Sûreté vor sich ging , und zu dem ich das größte Vertrauen hatte, das Zimmer im Vert-Logis, in dem ich mit Marthe an meiner Seite saß. Er war weiß wie ein Laken... „Madame", stammelte er, „ich weiß nicht, was dieser Angelegenheit zugrunde liegt, aber es scheint völlig hoffnungslos, die Dinge sind in einem absoluten Stillstand... Der Burlingham-Fall ist aufgegeben. Es wurde festgestellt, dass sich Mr. Burlingham zur Zeit des Mordes weit weg von Paris befand. Die ‚gestohlenen Kleider‘ bleiben natürlich ein unwiderlegbarer Beweis Ihrer Unschuld, und ich glaube immer noch, dass die Mörder eines Tages verhaftet werden könnten, aber der Fall ist, soweit es die *Sûreté betrifft, abgeschlossen... Ach! Wenn doch nur der Hinweis auf die ‚gestohlenen Kleider‘ sofort* vollständig untersucht worden wäre !... Er ist so offensichtlich, dass er den einzigen Weg zur Lösung des Rätsels darstellte... Der Mordfall Impasse Ronsin ist *Klasse* !"

Ich hatte mich mehr als einmal über den offensichtlichen Mangel an Aktivität und Eifer seitens der Behörden beschwert, konnte aber nicht glauben, dass man beschlossen hatte, die ganze Angelegenheit aufzugeben... Ich war erstaunt und betrübt... Natürlich fragte ich nach dem Grund für diesen plötzlichen Abbruch der Ermittlungen. Zweifellos täuschte sich meine Vorstellungskraft, aber auf diesen Seiten beschreibe ich alle meine Gedanken, und es schien mir, als sei auf irgendeine Weise herausgefunden worden, dass das Hauptziel der Verbrecher darin bestand, in den Besitz der Dokumente zu gelangen. Vielleicht wusste nur einer der drei Männer in den schwarzen

Gewändern davon, und er hatte die anderen das Geld und die Juwelen stehlen lassen... Dass einer der Männer von den Dokumenten gewusst hatte, konnte nicht bezweifelt werden, denn er hatte sie verlangt, und ich glaube, dass die Behörden, nachdem sie schließlich irgendwie herausgefunden hatten, dass es eine Art politische Seite des Impasse Ronsin-Mysteriums gab, nicht erpicht darauf waren, die Ermittlungen fortzusetzen, die, wenn die ganze Angelegenheit aufgeklärt würde, sich schließlich als Quelle großer Unannehmlichkeiten und Verlegenheit für bestimmte Beamte erweisen könnten... Oder vielleicht - denn so weit ging ich in meinem Eifer, das Problem zu lösen - kannten die Behörden die ganze Zeit das Geheimnis der seltsamen Angelegenheit und hatten widerstrebend und nur des Scheins wegen einige Nachforschungen angestellt... Aber jetzt hatten sie genug und wollten die Sache ganz fallen lassen... Eine ziemlich wilde Vermutung... Vielleicht dachten sie ernsthaft, dass ich schuldig sei, aber da sie nicht in der Lage waren, einen ausreichend starken Beweis gegen mich zu erbringen, wollten sie die ganze Angelegenheit aufgeben, anstatt Zeit mit Ermittlungen zu verschwenden, die notwendigerweise vergeblich, denn in ihren Augen hatte ich den Mord begangen! (Das heißt, ich hatte meine Mutter und meinen Mann erwürgt, den Schmuck und das Geld versteckt, die Schubladen durchwühlt, alles durcheinandergebracht, Tinte auf den Boden gespritzt und mich dann geknebelt und an Händen, Füßen und Körper gefesselt!) ...

Ehrlich gesagt wusste ich nicht, was ich denken sollte … Aber eines wusste ich, und zwar Folgendes: Drei Männer in schwarzen Gewändern und eine rothaarige Frau waren in der Nacht vom 30. auf den 31. Mai 1908 in meinem Haus gewesen; sie hatten mein Geld und meinen Schmuck gestohlen und meinen Mann und meine Mutter ermordet.

Diese vier Personen waren irgendwo auf der Welt, und meiner Tochter und mir zuliebe sowie zur Wahrung des Gesetzes würde ich sie finden.

KAPITEL XVII

DER THRONSAAL

Ende Oktober – ich glaube, am 25. – verließen wir Bellevue, Marthe und ich, und kehrten nach Paris zurück, in das Haus in der Impasse Ronsin. Die wichtigsten Umbauarbeiten waren abgeschlossen, aber es gab noch viel zu tun, was die Dekoration, die Installation usw. anging, und die Handwerker kamen jeden Tag.

Man hatte mir gesagt, die einzige Möglichkeit, Ermittlungen anzustoßen, bestehe darin, die Sache der Presse zu überlassen … Doch bevor ich das tat, wollte ich noch einen letzten Versuch unternehmen, das Interesse der Justiz im Fall Impasse Ronsin zu wecken.

Ich besuchte den *Staatsanwalt der Republik* , damals Monnier, im Justizpalast. Marthe begleitete mich und war bei dem Gespräch anwesend, das ich hier *ganz* genau wiedergeben werde. Monnier, ein sehr kleiner Mann mit ausdruckslosem Gesicht und Augen, die den Blicken derjenigen, die ihn ansprachen, auszuweichen schienen, fragte mich, was ich wünsche.

„Ich bin gekommen", begann ich, „um Sie zu bitten, anzuordnen, dass die verschiedenen Hinweise nicht aufgegeben, sondern mit aller Kraft verfolgt werden …"

Der *Staatsanwalt* schien ziemlich überrascht. Dann antwortete er ohne Zögern und in einem herrschaftlichen und trägen Ton, der eindeutig bedeutete: „Diese Angelegenheit interessiert mich nicht im Geringsten",: „Madam, wir gehen einigen Hinweisen nach … Da ist zum Beispiel der Hinweis auf Noretti – einen Freund von Mr. Burlingham … Diese Person ist in Nizza … Wenn Sie möchten, dass wir diesen Hinweis weiterverfolgen, wäre es besser, wenn Sie selbst nach Nizza fahren … und natürlich Ihre Spesen bezahlen …"

Ich erschrak und sagte: „Wie! Ich soll dafür zahlen, der Polizei bei der Suche nach den Mördern zu helfen ! … Aber warum? Ich habe schon genug Geld ausgegeben … Sogar als ich gebeten wurde, zu dieser Untersuchung nach Boulogne zu fahren - was ich, wie Sie wissen, aufgrund meines Gesundheitszustands vielleicht abgelehnt hätte -, musste ich aus eigener Tasche etwa hundert Francs für den Krankenwagen bezahlen, der mich hinbrachte!" …

Der *Staatsanwalt* sagte dann: „Ich würde an Ihrer Stelle Boulogne nicht erwähnen … Wissen Sie, dass ich Ihre Verhaftung an diesem Tag verhindert habe?" …

Ich konnte kaum glauben, was ich da hörte. Seine kalten, harten Worte und sein Ton brachten mich zur Empörung und ich rief aus: „Ich wünschte, man hätte mich verhaftet. Es gab und gibt nichts gegen mich. Sie hätten mich fast sofort freilassen müssen. Ich wäre rehabilitiert worden und alle Angriffe hätten aufgehört ... Sie wissen, dass nichts gegen mich vorliegt!" ...

„Genau aus diesem Grund habe ich Ihre Verhaftung verhindert, Madame."

Was konnte ich darauf antworten? Ich zuckte mit den Schultern und wartete. Der *Staatsanwalt* fuhr fort: „Wirklich, warum halten Sie nicht den Mund... Ich verstehe nicht, was Sie vom Leben erwarten !... Sie haben Ihre Tochter, Sie haben noch ein paar Freunde... Was wollen Sie mehr !... Außerdem habe ich im *New York Herald gelesen*, dass Sie einen Teil Ihres Hauses vermieten wollen – an reiche Amerikaner, nehme ich an?"...

„Verschwenden Sie also Ihre Zeit mit dem Lesen von Wohnungsanzeigen, *Monsieur le Procureur* ?", bemerkte ich ... „Tatsächlich versuche ich, einen Teil meines Hauses zu vermieten, habe aber noch keinen Mieter gefunden ... Es gibt andere Leute, die ich dringender finden möchte: die Mörder ... Wie Sie wissen, kursieren in der Öffentlichkeit Gerüchte, dass ich der Schuldige bin, und das muss aufhören. Das Gesetz muss seine Pflicht tun ..."

Wieder einmal zog Monnier überrascht die Augenbrauen hoch. Er seufzte, und dann, nicht mich, sondern meine Tochter ansehend, antwortete er in demselben hoffnungslos langsamen und gelangweilten Ton: „Wir tun unser Bestes, Madame, das versichere ich Ihnen ... Ich kann nur sagen, Sie haben die Zuneigung Ihrer Tochter, ein paar Freunde, ein hübsches Haus, genug zum Leben ... Was wollen Sie mehr ? ... Wirklich, wirklich, man sollte nie zu viel vom Leben erwarten."

Empört stand ich auf und ging, von Marthe gefolgt, zur Tür. Dort drehte ich mich um und erwiderte: „Nein, ich bin nicht zufrieden. Ich erwarte mehr vom Leben – vor allem mehr Gerechtigkeit. Das Leben meiner Tochter und mein eigenes werden ruiniert, weil Sie die Mörder nicht finden wollen. Ich werde weiter versuchen, sie aufzuspüren, auch wenn das Gesetz aus irgendeinem Grund, den ich nicht kenne, nicht geneigt ist, nach ihnen zu suchen. Sie können nicht leugnen, Sir, dass bestimmten Hinweisen nicht so schnell und gründlich nachgegangen wurde, wie es hätte sein sollen."

Daraufhin verließ ich mit meiner Tochter das Zimmer.

Meine erste Bemerkung bezog sich, wie der Leser zweifellos erraten hat, auf die „gestohlenen Kleider". Wer könnte leugnen, dass, wenn *sofort etwas unternommen worden wäre*, eine große Chance bestanden hätte, die Verbrecher aufzuspüren und festzunehmen? Ich sage nicht, dass es eine leichte Sache gewesen wäre, jede Person zu beobachten, die mit dem Hebrew Theatre in Verbindung stand, oder alle zu finden, die sich ausreichend mit den

Gepflogenheiten des Theaters auskannten, um die drei Kleider und den Mantel zu stehlen, die wenige Stunden später von den drei Männern und der rothaarigen Frau getragen wurden! Aber ob es nun eine leichte oder eine schwierige Aufgabe war, man hätte es zumindest versuchen sollen – und *zwar sofort*. Das Verbrechen fand am 30. und 31. Mai 1908 statt; die beiden Karten, die zur Entdeckung führten, dass drei Kleider und ein Mantel aus dem Hebrew Theatre gestohlen worden waren, wurden am nächsten Tag, dem 31. Mai, in der U-Bahn gefunden. Erst am 10. Juni wurden M. Guilbert und Mlle. Rallet, M. Goldstein, M. Feinberg und andere, die mit dem Hebrew Theatre in Verbindung standen, wurden verhört... Danach wurde nichts mehr unternommen – außer den Hinweisen von Burlingham und Noretti nachzugehen, die eine indirekte Folge der Affäre mit den gestohlenen Kleidern waren – obwohl man meinen könnte, dass jeder normal denkende Mensch geglaubt hätte, dass diese gestohlenen Kleider der Schlüssel zu dem ganzen Mysterium waren! Erst *nach* meiner Verhaftung im Dezember 1908 und in den ersten Monaten des Jahres 1909 wurden die verschiedenen damit in Verbindung stehenden Zeugen erneut verhört, offensichtlich in der Hoffnung, die Bedeutung der Affäre mit den „gestohlenen Kleidern" zu zerstören!... Aber was nützten diese Untersuchungen sieben bis zehn Monate *nach* der Entdeckung des Diebstahls – einer Entdeckung, die zweifelsfrei bewies, dass mein Bericht über die Tragödie zutreffend war? Die drei Männer und die rothaarige Frau waren zu diesem Zeitpunkt natürlich außer Reichweite.

Hier möchte ich einige Bemerkungen von Maître Antony Aubin während des Prozesses zum Thema der unverzeihlichen mangelnden Initiative des Gesetzes in Bezug auf die gestohlenen Kleider zitieren: „Was ich bedaure, ist, dass die Polizei in den ersten Tagen nach dem Verbrechen auf Anordnung des mit dem Mordfall betrauten Richters keine umfassenden Ermittlungen unter den Chorsängern aller Nationalitäten dieser kosmopolitischen Gruppe durchgeführt hat. Was ich bedaure, ist, dass diese Gruppe, die internationalste, die man sich vorstellen kann – und daher die schwer zu fassende – nicht sorgfältig ‚durchsucht' wurde. Was ich bedaure, ist, dass diese Nomaden in den ersten Junitagen ungehindert in alle Welt hinausziehen durften. Was ich vor allem bedaure, ist, dass die unglückliche Frau nach einer so oberflächlichen Durchsuchung – nein, überhaupt keiner Durchsuchung, zu einem Zeitpunkt, als das Geheimnis hätte aufgeklärt werden können – gnadenlos gefoltert wurde ... Wie bedauerlich ist sie, diese arme Frau, die von der Last so vieler Verdächtigungen niedergedrückt wird, obwohl *gründliche* und *sofortige* Ermittlungen zur Entdeckung derjenigen hätten führen können, die sie ermordet haben. Mann und ihre Mutter. Hatte man damals vergessen, dass sie nicht nur eine genaue Beschreibung der gestohlenen Kostüme gegeben hatte, sondern dass sie sogar den ausländischen Akzent eines der Mörder und den italienischen Akzent der

Frau erwähnt hatte? Nun, geht und versucht, überall auf der Welt die Schurken aufzuspüren!"

Und Maître Aubin fügte mit unerbittlicher Logik hinzu: „Es wäre voreilig zu behaupten, dass man die Verbrecher nicht außerhalb des Personals des Hebräischen Theaters hätte suchen sollen. Könnten sie nicht zu der Gruppe von fünfzehn bis zwanzig Personen gehört haben – Künstlermodelle, Montmartre-Typen –, die sich laut Mlle. Rallet am Tag der Kostümmiete, am 27. Mai, bei Guilbert aufhielten? Könnte der an diesem Tag gegebene Befehl nicht abgehört worden sein, der Bote, der ihm am Samstag ins Theater folgte, wo, wie Sie (meine Herren Geschworenen) wissen, jedermann leicht einen Raub begehen konnte, der zweifellos die Vorgeschichte des Verbrechens darstellte. Und konnte dieser ‚jedermann' nicht unter der gemischten Menge gefunden werden, die hauptsächlich aus Ausländern bestand und die Aufführungen im Hebräischen Theater besuchte?"

EIN BLICK AUF DAS HAUS IN DER IMPASSE RONSIN
Die zehn Fuß großen Fenster des Studios sind nur sichtbar

Nach dem Gespräch mit Monnier, dem Generalstaatsanwalt, kehrte ich mit Marthe nach Hause in die Impasse Ronsin zurück. Viele Stunden lang dachte ich über das Problem nach und hörte die ganze Zeit die Worte des

Staatsanwalts : „Sie haben Ihre Tochter, ein paar Freunde, ein schönes Haus ... was wollen Sie mehr!" ... Oh, diese Haltung gelangweilter Überlegenheit und Gleichgültigkeit! Oh, diese herablassende, *blasierte* , hochmütige Art, in der man mir gesagt hatte: „Wir tun unser Bestes, das versichere ich Ihnen!" ...

Inzwischen wurde das Leben für Marthe und mich unerträglich. Tag für Tag erreichten mich beleidigende Briefe. Einige Zeitungen hatten begonnen, den fast durchsichtigen Schleier zu zerreißen, der ihre Angriffe gegen mich bisher verhüllt hatte, und die Mörder waren ungestört auf freiem Fuß! ... Ich wäre kaum würdig gewesen, als Mensch bezeichnet zu werden, wenn ich nicht gegen diese unerträgliche Lage rebelliert hätte.

Ich war von Bellevue zu Monsieur Hamard gefahren, aber der Besuch hatte nichts bewirkt, und nach meinem Gespräch mit Monsieur Monnier ging ich noch einmal zum Chef der Kriminalpolizei. Marthe war bei mir. Das kleine Mädchen bestand darauf, mir überallhin zu folgen, und zwar aus zwei Gründen, die widersprüchlich erscheinen mögen, aber dennoch oft zusammenhingen: Erstens, weil sie Angst davor hatte, allein zu sein, und sich zu Tode erschrocken fühlte, wenn ich nicht bei ihr war; und zweitens, weil sie mir Mut machen wollte .

M. Hamard schien sehr verärgert, mich zu sehen, obwohl er mich nicht warten ließ. M. Chabrier, ein Cousin meines Mannes, hatte sich zu meiner Tochter und mir gesellt, aber sie mussten beide in einem anderen Zimmer bleiben, denn M. Hamard empfing mich allein. Ich erklärte ihm den Grund meines Besuchs, drängte ihn, halbherzige Methoden aufzugeben und dafür zu sorgen, dass bei der Suche nach den Mördern keine Mühen gescheut würden. Und ich betonte die Bedeutung des Hinweises „Untergrundkarten".

M. Hamard sprach dieselben Worte wie der *Staatsanwalt* : „Madam, ich versichere Ihnen, dass wir unser Bestes tun ..." Er fügte einige vage, banale Bemerkungen hinzu, schloss jedoch in einem anderen Ton und mit echter Aufrichtigkeit. „Ich werde die Mörder suchen, bis ich sie gefunden habe!"

Trotz dieser letzten Bemerkung hatte ich den klaren Eindruck, dass es sich bei der *Affaire de l'Impasse Ronsin* , wie man mir gesagt hatte, *um eine Angelegenheit von geringer Bedeutung handelte* .

Auf dem Heimweg schwieg ich, aber als wir den Garten betraten, nahm ich meine Tochter in die Arme und sagte: „Marthe, ich werde bis zum Ende kämpfen, komme, was wolle. Das schulde ich dir, deinem Vater und deiner Großmutter und mir selbst." Sie gab mir einen langen Kuss und dicke Tränen rollten ihre Wangen hinab, als sie flüsterte: „Du hast recht, Maman, die Mörder werden gefunden und ... Pierre wird vielleicht zu mir zurückkommen!" Sie hatte ihn noch nicht ganz vergessen ...

In den letzten Oktobertagen traf ich Herrn Marcel Hutin, der mir oft gesagt hatte, die Presse sei allmächtig, und der sich mir zur Verfügung stellte. Wenn die Zeitungen meinen Fall aufgriffen, würden die Mörder bald der Polizei in die Hände fallen. Ich glaubte ihm. Ich hätte damals jedem geglaubt, der mir versprochen hätte, mir zu helfen, die Wahrheit herauszufinden. Marthe, meine wenigen verbliebenen Freunde, jedes Mitglied meiner Familie, Inspektoren – sie alle rieten mir, den Fall weiter zu verfolgen … Ich war unwiderruflich entschlossen.

Mit M. Hutins Hilfe schrieb ich einen Brief an seine Zeitung, das *Echo de Paris*. In diesem Brief, der am 31. Oktober 1908 veröffentlicht wurde, erwähnte ich die Lauheit und Lethargie der mit dem Fall Betrauten und bekräftigte feierlich meine Absicht, die Ermittlungen fortzusetzen und die Toten zu rächen. Der Brief erregte großes Aufsehen und wurde überall abgedruckt. Mein Haus wurde von Journalisten angegriffen; ich war in den Händen der Presse.

An dem Tag, als der Brief erschien, gingen Marthe und ich zum Friedhof von L'Hay, einem kleinen Dorf in der Nähe von Paris, wo M. Steinheil begraben war. Gemeinsam richteten wir das Grab her, schmückten es mit Blumen und beteten …

Als wir am Nachmittag die Sackgasse erreichten, wurde sie von einer Schar Journalisten überschwemmt, die auf uns zustürmten und mich mit Fragen überhäuften … Ich jedoch erklärte entschieden, dass ich dem, was ich in meinem Brief an das *Echo de Paris gesagt hatte, im Augenblick nichts hinzuzufügen hätte* .

Kurz darauf fuhren Marthe und ich mit dem Zug nach Breteuil, wo mein Bruder Julien lebte. Wir kamen abends dort an und unterhielten uns lange über das Geheimnis. Wie so viele andere dachte Julien, eine Kampagne in den Zeitungen sei die einzige Möglichkeit, die Wahrheit herauszufinden. „Sag ihnen, was du weißt, was du denkst. Lass sie dir bei der Suche nach den Mördern helfen … In weniger als einem Monat werden unsere Mutter und dein Mann gerächt sein, und du wirst triumphierend von all diesen abscheulichen Unterstellungen freigesprochen werden …"

Armer Julien – und armer ich. In weniger als einem Monat war ich … im Gefängnis!

Am nächsten Morgen – Allerheiligen – blätterten mein Bruder, Marthe und ich die Zeitungen durch … und waren verblüfft. In jeder einzelnen Zeitung waren ganze Spalten dem Mordrätsel und meinem im *Echo de Paris veröffentlichten Brief gewidmet*. Einige billigten ihn, andere kritisierten ihn. Einige lobten meinen Mut, andere machten deutlich, dass sie diesen waghalsigen, rücksichtslosen Schritt als Zeichen meiner Schuld betrachteten! Eine Zeitung – eine, die immer alles weiß – war wahrscheinlich verärgert, weil mein Brief, der den Fall sozusagen neu aufrollte, anderswo erschienen war, meinen Besuch auf dem Friedhof von L'Hay beschrieb und nicht zögerte zu sagen, dass ich wie ein Schuldiger in einer geschlossenen Kutsche mit heruntergelassenen Jalousien dorthin gefahren sei ... Tatsächlich waren wir, da das Wetter herrlich war und ich dachte, dass die Landluft sowohl Marthe als auch mir gut tun würde, in einer offenen Kutsche zum Friedhof gefahren.

Ist es schwer zu begreifen, welchen Schaden ein solch unwahrer Kommentar in einer Zeitung, die von Hunderttausenden Menschen gelesen wird, meinem Fall zugefügt hat?

Marthe schluchzte, mein Bruder war wütend und ich war zutiefst verletzt und überlegte, was ich tun sollte.

„Gehen Sie zu Maître Aubin", schlug Julien vor, „und je früher, desto besser …"

Marthe und ich kehrten nach Paris zurück. Ich besuchte Maître Aubin, der gerade Zeitung las.

„Ich bin verwirrt", begann er. „Warum haben Sie mir nicht gesagt, dass Sie an Herrn Hutin schreiben?" …

„Mir wurde gesagt, dass die Presse mir helfen würde... Mein Gewissen ist rein. Ich fürchte nichts und niemanden. Wir werden Erfolg haben...“

„Daran habe ich keinen Zweifel", sagte Maître Aubin.

"Bis jetzt habe ich es abgelehnt, mit Journalisten zu sprechen, aber in Zukunft werde ich alle ihre Fragen beantworten, wenn sie mir nur helfen. Und wenn bestimmte Zeitungen mich angreifen oder falsche Behauptungen veröffentlichen, müssen Sie dem ein Ende bereiten. Die Würfel sind gefallen; ich werde diesem Mysterium auf den Grund gehen und die Wahrheit herausfinden."

Maître Aubin war etwas verwirrt. Gleichzeitig konnte ich sehen, dass er froh war, mich so entschlossen zu finden.

Kurz darauf ging ich zum Justizpalast, um Herrn Leydet und Herrn Grandjean, den *Stellvertreter des Staatsanwalts, aufzusuchen. Maître Aubin hatte ihnen geschrieben, dass ich unzufrieden mit der offensichtlichen Trägheit und Gleichgültigkeit, mit der der Fall Impasse Ronsin behandelt worden war, beschlossen hatte, ihn, Aubin, als avocat-conseil* zu engagieren.

Ich bat Monsieur Grandjean, die Dinge so zu sehen, wie sie waren: „Versuchen Sie, meine Lage zu verstehen", sagte ich. „Sie sind ein Freund von Monsieur Buisson. Sie kennen meine Lage genau, und Sie, Monsieur Leydet, kennen mich seit Jahren … Ist Ihnen beiden nicht klar, dass die Ehe meiner Tochter mit Monsieur Buissons Sohn geplatzt ist, wenn wir nicht die Wahrheit herausfinden? Monsieur Buisson ist wie alle anderen davon überzeugt, dass die Affäre aufgegeben wurde … *Sie* können das abstreiten … wenn es falsch ist; Sie können behaupten, dass die Detektive am Werk sind … wenn es so ist! Sie wissen, dass ich unschuldig bin. Nun, sagen Sie es, tun Sie etwas … Es ist Ihre Pflicht."

Anstatt auf meine Frage zu antworten, stammelte M. Grandjean: „Aber, Madame, es ist entsetzlich... Sie haben die Zeitungen aufgegriffen; die Lage ist so schlimm, dass wir den Palast nicht verlassen können, ohne von einer Armee von Reportern belästigt und bedrängt zu werden. Das Leben ist für uns zu einem Inferno geworden..."

„Und was ist mit *meinem* Leben?" rief ich aus.

M. Grandjean schien nicht zuzuhören und fuhr fort: „Die Hinweise werden jetzt nicht nur von unseren Inspektoren, sondern auch von den Journalisten verfolgt, die es auf sich nehmen, als Detektive zu fungieren!" …

Ich unterbrach ihn erneut: „Das ist es, was Sie hassen, was Ihnen Angst macht … Sie sind sich durchaus bewusst, dass Sie vielen Informationen, die ich Ihnen über verschiedene verdächtige Personen gab, die einige Wochen vor dem Verbrechen in die Impasse Ronsin kamen, sowie über andere Fakten und Hinweise, keine Bedeutung beimaßen. Wenn Sie damals etwas in irgendeiner Weise unternahmen, dann nur, weil die Haltung der Zeitungen Sie dazu zwang … Aber jetzt, nach fünf oder sechs Monaten, ist es zu spät, von den Verdächtigen Alibis zu verlangen … Sie zucken mit den Schultern. Sie betrachten die Sache genauso wie Ihr Chef … Ich bin immer mehr davon überzeugt, dass der Fall aufgegeben wurde; ich bin sogar zu der Überzeugung gelangt, dass er kurz nach dem Verbrechen aufgegeben wurde! Also gut, Monsieur Grandjean, wenn Sie sich weigern, meiner Bitte nachzukommen, werde ich die Zeitungen ins Vertrauen ziehen, und sie werden mir helfen …"

Dann wandte ich mich an Monsieur Leydet und fügte hinzu: „Wären Sie so freundlich, ein Dokument aufzusetzen, mit dem Maître Aubin mein *Avocat-Conseil wird*?"

M. Leydet rief tief bewegt aus: „Ich bitte Sie, nachzudenken und abzuwarten … bevor Sie uns so beleidigen … Ich habe keine Mühen gescheut … Ich bin ein ehrlicher Mann …"

"Das weiß ich, Monsieur Leydet", antwortete ich. "Aber Sie haben einen großen Fehler: Sie sind mein Freund. Es wäre besser für die Öffentlichkeit gewesen, wenn der Richter, der diesen Fall verhandelt hätte, jemand gewesen wäre, den ich überhaupt nicht kannte. Man hat mir erzählt, dass man nach Ihrer Vernehmung in Boulogne daran dachte, mich zu verhaften. Wenn Sie etwas damit zu tun hatten, meine Verhaftung zu verhindern, tut mir das leid, denn Sie hätten mich sofort freilassen müssen, und dann hätte die öffentliche Meinung, die überzeugt gewesen wäre, dass es überhaupt keine Anklage gegen mich gab, auf meiner Seite gestanden, anstatt mich anzuklagen."

Das Dokument, das Maître Aubin zu meinem *Avocat-Conseil ernannte* , wurde ordnungsgemäß unterzeichnet.

Für mich begann ein neues Leben, ein Leben unbeschreiblicher Aktivität, fieberhaften, endlosen Hin- und Hers, ein nervenaufreibendes Leben voller Hoffnungen und Ängste, ständiger Überraschungen und Sorgen ... Jeden Tag erhielt ich zwischen fünfzig und achtzig Besuche von Journalisten nicht nur der Pariser, sondern auch der Provinz- und Auslandszeitungen. Jeder hatte seine eigene Idee und seine eigene Theorie; jeder hatte eine überraschende Entdeckung gemacht und wollte meine Meinung dazu hören, jeder sagte mir, dass seine Zeitung die einzige sei, die wirklich auf meiner Seite stehe, und jeder lechzte nach exklusiven Informationen ... Ich empfing sie in einem Haus voller Arbeiter, die alle paar Minuten kamen, um nach Anweisungen zu fragen! Unmengen von Briefen und Telegrammen erreichten mich, von Journalisten, die mir ihre Hingabe versicherten oder eine sofortige Antwort auf eine „überaus wichtige" Frage wollten. Anonyme Briefe kamen in größerer Zahl denn je, einige drohten mir mit dem Tod, andere denunzierten Couillard, Wolff oder Balincourt – wie üblich. Und es gab Briefe von Verwandten und Bekannten, die mich anspornten – als ob ich das nötig hätte! – und mir versicherten, dass die Mörder gefunden würden, dass die Zeitungen sie entdecken würden, egal, was es kostete. Andere Briefe, die ich über meine Gartenmauer warf und die natürlich anonym waren, lagen auf dem Rasen verteilt und hingen in den Bäumen ! ... Und ich las sie alle eifrig …

Journalisten kamen bereits um halb acht morgens ins Haus. Manche riefen drei- oder viermal am Tag an, und bevor sie spät abends nach Hause kamen, riefen sie noch einmal an, um zu hören, ob etwas passiert war, das sie noch anrufen konnten, bevor die Zeitungen in Druck gingen... Ich war ihnen allen sehr dankbar, denn sie arbeiteten für mich, und wahrscheinlich waren viele von ihnen nicht für die Angriffe gegen mich in den Zeitschriften verantwortlich, für die sie arbeiteten. „Ich liefere Fakten, Madame", gestand mir einer, „aber sie werden in alles verwandelt, was dem Herausgeber oder seinen Arbeitgebern passt."

Ich ging zu allen Pariser Zeitungsredaktionen und sagte ihnen meine Meinung. Ich glaubte, dass sich die Dinge danach bessern würden und dass in Zukunft faire und wahrheitsgetreue Stellungnahmen die Regel sein würden.

Als ich am Abend erschöpft nach Hause kam, war ich sprachlos, als mir M. Chabrier (ein Cousin meines Mannes und Postsortierer, dem ich eine Wohnung in meinem Haus vermietet hatte) sagte: „Seien Sie nicht zu böse auf die *Matin* . Zwei Journalisten der Redaktion, M. de Labruyère und M. Barby, warten auf Sie. Sie sind den ganzen Nachmittag hier gewesen. Bleiben Sie ruhig... Ich glaube, sie sind gut gesinnt, sie werden Ihnen helfen... Werfen Sie sie nicht hinaus...“

Ich betrat das Haus mit Marthe. Im Esszimmer war der Tisch für uns gedeckt. Ich fand diese beiden Männer sitzend und wartend vor. Ich sagte ihnen, da ich gesagt hatte, ich würde erst am Abend zurückkommen, hätten sie es nicht wagen sollen, den Nachmittag in meinem Haus zu verbringen, zumal die Zeitschrift, der sie angehörten, mein erbitterter Feind war. M. de Labruyère lobte die *Matin* und erklärte, es handele sich nur um ein Missverständnis, dass M. Bunau-Varilla (der Besitzer der *Matin*) äußerst bedauere... Er zeigte mir einen Brief von M. Marcel Hutin vom *Echo de Paris* , in dem dieser mich bat, seinen Freund aufzunehmen, und mir riet, die Hilfe der *Matin nicht abzulehnen* .

Ich war ziemlich überrascht, denn es ist ungewöhnlich, dass sich Pariser Journalisten konkurrierender Zeitungen gegenseitig bei einer sogenannten „großen Story“ helfen. Zwar waren M. de Labruyère und M. Hutin gute Freunde, aber ich hatte in den letzten Tagen so viele Fälle erbitterter Rivalität unter Journalisten erlebt, dass ich kaum glauben konnte, was ich da las.

Damals jedoch hatte ich volles Vertrauen zu Herrn Hutin, der mit einem meiner Bildhauerfreunde auf gutem Fuß stand, und sagte den beiden Journalisten gegenüber: „Ich bin durchaus bereit, an die Güte des *Matin zu glauben* . Ich werde weiterhin die Artikel über meinen Fall lesen, die in seinen Spalten erscheinen, und anhand dieser Artikel beurteilen, ob diese Güte echt ist.“

Daraufhin sagte Herr de Labruyère: „Madam, Herr Bunau-Varilla stellt Ihnen so viel Geld zur Verfügung, wie Sie benötigen, um allen Hinweisen nachzugehen, die Sie uns geben. Wenn Sie mir nicht glauben, bitten Sie Herrn Bunau-Varilla bitte um eine Audienz.“

Obwohl ich völlig erschöpft war und mir nicht nach Lachen zumute war, musste ich über den pompösen, aber dennoch gedämpften Ton von Monsieur de Labruyère lächeln, als er von einer „Audienz“ bei seinem allmächtigen Chef sprach.

„Ich werde später darüber nachdenken“, antwortete ich. „Zuerst möchte ich sehen, wie die *Matin* mit der Angelegenheit Impasse Ronsin und mit mir umgehen wird.“

M. de Labruyère wollte gerade gehen, als ich plötzlich durch das Aufblitzen und Klicken einer Taschenlampe aufgeschreckt wurde. M. Barby hatte mit einer Taschenlampe ein Foto von meiner Tochter und mir gemacht. Ich war wütend, aber der vorsichtige M. de Labruyère erklärte: „Glauben Sie mir, Madame, nichts könnte Ihrer Sache nützlicher sein, als die Veröffentlichung eines Fotos in unserer Zeitschrift, das Sie und Mlle. Steinheil beim gemeinsamen Abendessen in diesem Haus zeigt, in dem das Verbrechen stattgefunden hat. Die Leute werden denken: Wenn Mme. Steinheil an dem Ort essen kann, an dem ihr Mann und ihre Mutter ermordet wurden, dann muss sie unschuldig sein.“ Ich zuckte mit den Schultern und verabschiedete mich von den beiden Journalisten .

Matin eine Zeit lang eine energische Kampagne führte, was mir zugute kam, da sie auf die Wahrheit abzielte, auf die Lösung des Rätsels. Die Artikel von Monsieur de Labruyère hatten zweifellos viel mit der erneuten Aktivität der Polizei zu tun.

Inzwischen brachten mich die Belastungen meines anormalen Lebens, die ständige Aufregung und der Streit um mich herum, die unaufhörlichen Fragen der Journalisten und Besuche von Möchtegern-Beratern, die Anhäufung von Hinweisen, Argumenten und Vorschlägen, der Schlafmangel und der fast völlige Appetitverlust allmählich in einen Zustand körperlicher Erschöpfung und geistiger Erregung, der an Wahnsinn grenzte. Ich frage mich bis heute, ob mein verwirrter, gequälter Geist nicht schon früher durchgedreht ist als am 26. November (1908), dem Datum dessen, was in dieser erschütternden Angelegenheit die „Nacht der Beichte“ genannt wurde, so leicht war es für jeden, mich dazu zu überreden, irgendetwas zu glauben oder zu sagen, überall und zu jeder Zeit.

Als ich das Haus verließ, folgte mir eine Menschenmenge, und manchmal hörte ich einen Mann oder eine Frau rufen: „Da ist sie, die Mörderin ! ... “ Einige sagten: „Nein, nein, lasst sie in Ruhe!“ Mir machte das nichts aus, ich verstand nichts ... Nichts war wichtig. Ich hatte nur einen Gedanken im Kopf: „ *Sie* werden bald gefunden werden, und Marthe und ich werden wieder atmen; wir werden leben dürfen – wie alle anderen Menschen ...“

Journalisten folgten mir, wohin ich auch ging. Ich mochte sie, ich lächelte sie an, sie halfen mir, sie arbeiteten mit mir, für mich und Marthe. Ich tat jetzt immer mein Bestes, um meine Gedanken zu sammeln und ihre Fragen zu beantworten. M. de Labruyère bat mich täglich, ins *Matin*- Büro zu kommen, und ich ging halbherzig hin, um ihm zu erzählen, was er wissen wollte. Wenn ich nicht ging, holte er mich ab, begleitete mich im Auto, auf meinen

Besorgungen, zu meinem Notar, zu Maître Aubin, und unterwegs verhörte er mich und schrieb jedes Wort auf, das ich sagte, und wahrscheinlich noch vieles mehr... Manchmal war ich ganz normal, aber diese Momente der Klarheit wurden täglich seltener...

Eines Tages rief Herr de Labruyère in den Büros *von Matin* direkt den Justizminister an und bat ihn um eine „dringende Audienz" über mich. Ich war überrascht und sagte das auch, aber er antwortete leichthin: „Der Minister ist ein alter Freund von uns. Wir machen hier mit der Regierung, was wir wollen."

Ich hatte das Gefühl, dass hier etwas nicht ganz klar war, und ich darf sagen, dass ich seit der „Nacht der Beichte" davon überzeugt bin, dass der direkte Anruf beim Justizminister eine inszenierte Komödie war, um mir die Bedeutung der *Morgenmesse bewusst zu machen* – und ich sagte zu Monsieur de Labruyère: „Ich denke, es ist viel einfacher, wenn ich den Minister aufsuche. Unter diesen Umständen wird er mich sicher empfangen."

„Nein, nein", kam die hastige Antwort. „Lassen Sie es *uns* regeln. Lassen Sie Bunau-Varilla es regeln. Sie müssen verstehen, dass die Minister vor uns ihre Köpfe beugen müssen. Sie wissen doch sicher, dass wir Kabinette ebenso leicht auflösen, wie wir sie bilden …"

Daraufhin bat er mich noch einmal, Herrn Bunau-Varilla zu treffen. „Er war ziemlich verärgert, weil Sie sich geweigert haben, ihn zu empfangen... Aber ich bin sicher, er wird Ihnen sofort eine Audienz gewähren, wenn Sie es wünschen."

Ich stimmte zu. Schließlich konnte ich diesen Mann mit unbegrenzten Machtbefugnissen, diesen Bunau-Varilla, der „Audienzen gewährte" wie ein Herrscher oder ein Kabinettsminister, genauso gut sehen.

Ich ging drei Stufen hinunter, die von einem Vorraum zum „Audienzzimmer" führten. Ich befand mich in einem riesigen Raum, der als Möbel nur einen langen, scheinbar endlosen Tisch und die Stühle darum herum hatte. Am anderen Ende des Tisches stand ein weißhaariger Mann mit weißem Bart im Abendkleid (es war 17 Uhr), aufrecht, feierlich, düster – aber nicht furchteinflößend. Etwas in seiner Haltung erinnerte mich an die „Statue des Kommandanten" in Molières „Don Juan".

Wir waren allein. Einen langen Moment herrschte Schweigen. M. Bunau-Varilla beobachtete mich mit scharfen Augen, und dann fiel ihm ein, dass ich eine Dame war. Mit einer Geste, als wäre ich eine Königin, deutete er auf einen Stuhl und sprach in eisigem Ton ein paar Willkommensworte.

„Ich habe gerade von Monsieur de Labruyère gehört", sagte ich, „daß Sie bedauern, mich nicht früher gesehen zu haben, aber ich wurde von Ihrer

Zeitschrift angegriffen, verteidigt, erneut angegriffen und erneut verteidigt, und bevor ich zu Ihnen komme, wollte ich Ihre endgültige Haltung erfahren."

„Die *Matin*, Madame", antwortete er weniger eisig, „steht Ihnen völlig zur Verfügung. Wie Sie zweifellos wissen, bin ich der Herr der öffentlichen Meinung. Ich ändere sie, wie es mir gefällt, ich spiele mit ihr … Ihr Brief an das *Echo de Paris* hat mir bewiesen, dass Sie eine Frau mit Verstand und Charakter sind; er gefiel mir. Aber ich möchte Ihnen sagen, dass ich sehr viel über Sie und Ihr vergangenes Leben weiß – mehr, als Sie annehmen, und ich muss Ihnen gleich ganz offen sagen, dass ich von Ihnen größere Offenheit, ausführlichere Einzelheiten – sogar Geständnisse – über alles erwarte, was Sie wissen und was uns helfen könnte, die Mörder aufzuspüren, wenn Sie in mir einen echten Verteidiger finden wollen – und das möchte ich unbedingt sein."

Während er sprach, sah er mir eindringlich in die Augen, als wolle er mich einschüchtern. Ich dachte natürlich, er bezog sich auf Félix Faure, auf dessen Tod, auf alles, was ich über den Präsidenten und andere prominente Männer wusste, aber später fand ich heraus, dass ihm etwas anderes auf der Seele lag – die Rossignol-Affäre, mit der ich im nächsten Kapitel zu tun haben werde.

Ich wiederum sah ihm direkt in die Augen und antwortete fest: „Monsieur Bunau-Varilla, wenn Sie große Offenheit von mir erwarten, erwarte ich dasselbe von Ihnen. Sie haben gerade gesprochen, als wüssten Sie Dinge, die Sie in Wirklichkeit nicht wissen, aber unbedingt wissen möchten. Warum sind Sie nicht offen und aufrichtig, warum sagen Sie mir nicht, was Sie wissen oder zu wissen glauben?"

In dem Ton, den Napoleon verwendet haben muss, wenn er einem seiner Generäle nach einem brillanten Zug auf dem Schlachtfeld gratulierte, ließ sich M. Bunau-Varilla herab, zu sagen: „Ihre Entschlossenheit gefällt mir." Dann fügte er sehr sanft und beruhigend hinzu: „Aber Sie sind nur eine Frau und trotz Ihres Mutes brauchen Sie Führung. Lassen Sie sich von der *Matin* leiten. Wenn Sie sich in unsere Hände begeben, brauchen Sie nichts zu fürchten und Sie werden Ihr angestrebtes Ziel mit Sicherheit erreichen."

Als ich feststellte, dass das Gespräch lange genug gedauert hatte, stand ich auf, verbeugte mich leicht und verließ den Thronsaal.

KAPITEL XVIII

M. CHARLES SAUERWEIN UND DIE ROSSIGNOLA-AFFÄRE

Am nächsten Tag kam Monsieur de Labruyère mit einem Herrn, den ich noch nie zuvor gesehen hatte. „Das ist Monsieur Charles Sauerwein, ein Verwandter von Ihnen, der Sie sehr gut kennt ...“

Herr Sauerwein, den ich überhaupt nicht kannte, unterbrach seinen Kollegen: „Ich bin Ihnen oft in der Gesellschaft begegnet, Madame. Ich habe Fräulein K. geheiratet, eine Cousine von Ihnen.“ Er sprach in einem Ton, der mir sehr missfiel.

Ich sagte ihm, dass er sich irrte: „Mlle. K. ist nicht meine Cousine. Sie ist nur eine enge Freundin meiner Schwester, Mme. Seyrig.“

„Wäre ich nicht kürzlich krank gewesen“, sagte M. Sauerwein, „hätte ich Sie früher aufgesucht, um Ihnen alles zu erzählen, was ich über das sogenannte Geheimnis der Impasse Ronsin weiß.“

„Ich habe viele Journalisten gesehen“, sagte ich, „aber Sie habe ich noch nie gesehen. Sie haben also den Fürsten von Monaco verlassen, dessen Ordonnanzoffizier Sie waren, wie man mir sagte. Sie sind jetzt im Stab der *Matin* ... Wollen Sie mir sagen, inwiefern das Geheimnis um Impasse Ronsin Sie interessiert?“

Anfang an „leidenschaftlich an der Steinheil-Affäre interessiert“ gewesen sei und mit Herrn Bunau-Varilla über das Mysterium gesprochen habe ...

Zu meiner großen Überraschung sagte Herr de Labruyère zu mir: „Ich lasse Sie lieber allein. Was Herr Sauerwein Ihnen zu sagen hat, geht mich nichts an.“

Ich weigerte mich, ihn gehen zu lassen. „Ich bitte Sie, daran zu denken, Monsieur de Labruyère, dass ich nichts zu verbergen habe. Ob Monsieur Sauerwein eine überraschende Entdeckung gemacht hat oder nur eine interessante Tatsache zu offenbaren hat, lassen Sie ihn vor Ihnen sprechen.“

Ich hatte selten jemanden mit einem so verächtlichen Blick gesehen wie Herrn Sauerwein damals. Ich wies ihm einen Stuhl an, und als er sich hinsetzte, begann er in einem melodramatischen Ton, der mich vermutlich erschrecken sollte.

„Da Sie es wünschen, lassen Sie Monsieur de Labruyère im Zimmer bleiben, aber Sie werden es bereuen, wenn Sie gehört haben, was ich zu sagen habe, Madame.“

"Komm zum Punkt."

„Ganz wie Sie wollen. Was ich Ihnen sagen möchte, ist Folgendes: Ich kenne die Mörder Ihres Mannes und Ihrer Mutter." Dann sah er mir direkt in die Augen und fügte hinzu: „Und Sie kennen sie auch."

„Ich befinde mich in einer ziemlich misslichen Lage", sagte Herr de Labruyère, aber Herr Sauerwein brachte ihn mit einer Geste zum Schweigen und fuhr fort:

„Es tut mir leid, wenn ich Ihre Gefühle verletzt habe, aber ich muss Ihnen sagen, was ich zu sagen habe, ohne ein Blatt vor den Mund zu nehmen. Einer der Mörder hat mir alles gestanden. Er ist Ihr Liebhaber."

Ich war so empört und sprachlos, dass ich kein Wort herausbrachte. Herr Sauerwein fuhr fort: „Vor zwei oder drei Jahren gab es in genau diesem Haus einen Einbruchsversuch. Sie bestreiten das doch nicht, oder?"

„Nein ! Wäre ich ein Mann", rief ich wütend, „würde ich Sie so behandeln, wie Sie es verdienen, weil Sie es wagen, mir Dinge zu sagen, die falsch sind und von denen Sie wissen, dass sie falsch sind."

Verblüfft, aber immer noch unverschämt, sagte er: „Wir werden trotzdem die ganze Wahrheit aus Ihnen herausbekommen. Ihr Mann ging zum Polizeikommissariat dieses Bezirks, und ein Inspektor wurde hierher geschickt, um das Haus vierzehn Tage lang zu bewachen. Der Inspektor war ein großer, gutaussehender und intelligenter Mann. Sein Name ist Rossignol. Nach einem guten Essen hat er mir gestanden, dass er Beziehungen mit Ihnen hatte, die aber nur kurze Zeit dauerten. Er wurde aus verschiedenen Gründen aus dem Polizeidienst entlassen. Es hat keinen Sinn, zu leugnen, dass er Ihr Liebhaber war. Rossignol ist in unseren Händen. Wenn Sie die Wahrheit gestehen, werden wir es schaffen, die beiden Männer und die Frau, die ihm geholfen hat, festzunehmen. Sie sind alle in Paris, und ich kenne den Treffpunkt, an dem sie sich treffen. Kommen Sie jetzt, geben Sie die Wahrheit zu..."

Ich konnte mich nicht bewegen, ich konnte kaum atmen ... Ich klammerte mich an meinen Stuhl, um nicht zu fallen ... Ich konnte nur zuhören, aufmerksam zuhören. Und die Worte, die M. Sauerwein sprach, haben sich tief in mein Gedächtnis eingebrannt. Sie sind immer noch da, und ich wiederhole sie heute mit *absoluter* Genauigkeit. M. de Labruyère selbst wird mir nicht widersprechen.

Der Mann fuhr fort: „Gestehen Sie, das sage ich Ihnen ! ... Sie sind in Sicherheit ... Diese Männer werden Sie nie erwähnen. Wir werden alles arrangieren. Die beiden Männer und die Frau, die Sie nicht kannten, werden verurteilt. Rossignol wird ins Gefängnis gehen, aber als Belohnung für seine

Verschwiegenheit werden wir dafür sorgen, dass er nicht sehr lange dort bleibt."

Ich befahl dem Mann erneut, mein Haus zu verlassen.... Aber es war alles vergebens. Er widersetzte sich mir und blieb.

„Es hat keinen Zweck, dass Sie irgendetwas abstreiten", fuhr er unerbittlich fort. „Ich kenne Sie gut ... Ich weiß alles über den Mord, das sage ich Ihnen ... Versuchen Sie nicht, irgendetwas abzustreiten. Hören Sie: Ich bin Ihnen von Bellevue aus gefolgt; als Sie Ihren Geliebten Rossignol abholten, habe ich Sie gesehen. Sie nahmen den Zug und erreichten den Bahnhof Saint-Lazare. Ich war im selben Zug; ich verlor Sie nicht aus den Augen; ich beobachtete Sie am Bahnhof, als Sie in der ‚Halle der verlorenen Schritte' umhergingen.

„Rossignol kam, sah Sie, eilte zu Ihnen und Sie küssten ihn. Zusammen gingen Sie in ein Restaurant in der Rue du Hâvre, außerhalb des Bahnhofs. Sie sprachen sehr leise, aber ich saß am Tisch direkt hinter Ihnen und hörte das Gespräch mit. Sie beide sprachen über das Verbrechen. Dann verabredeten Sie sich ... Ist das genug? Erkennen Sie jetzt die Sinnlosigkeit einer Leugnung? Sprechen Sie, sprechen Sie ...!"

Ich nahm all meine verbliebenen Kräfte zusammen und sagte: „Ich habe Ihnen nichts zu sagen, Monsieur." Ich wandte mich an Monsieur de Labruyère: „Sie müssen Monsieur Bunau-Varilla sagen, dass ich darauf bestehe, dass er morgen früh einen seiner Männer hierher schickt, um mich zum Polizeikommissariat dieses Bezirks zu begleiten ... Und dann wird dieses schändliche Komplott auf die Köpfe derer zurückfallen, die es ersonnen haben."

M. de Labruyère tat sein Bestes, um mich zu beruhigen, und sagte immer wieder in äußerst entschuldigender und freundlicher Art und Weise: „Seien Sie nicht böse ... Ich weiß nichts von dieser phantastischen Angelegenheit ... Ich bin sicher, dass hier ein schrecklicher Irrtum vorliegen muss."

M. Sauerwein war noch nicht fertig: „Ich habe die Wahrheit gesagt. Die Tatsachen, die ich dargelegt habe, sind unbestreitbar." ... Dann änderte er abrupt seinen Ton und bemerkte mit heuchlerischer Anteilnahme: „Oh! Ich verstehe durchaus, wie schmerzhaft es für Sie ist, zu gestehen ... Es muss für eine Dame der Gesellschaft schwer sein, zuzugeben, dass sie einmal eine ‚Schwäche' für einen Mann niedriger Herkunft hatte."

Das war mehr, als ich ertragen konnte. Ich ging zu Herrn Sauerwein: „Wenn Sie dieses Haus nicht sofort verlassen, werde ich die Polizei rufen lassen."

Die beiden Journalisten zogen sich eilig zurück.

Kaum hörte ich, wie sich das Tor hinter ihnen schloss, kam Mariette und sagte mir, dass Herr de Labruyère zurückgekehrt sei. Bevor ich sagen konnte, dass ich ihn nicht mehr sehen wolle, kam er selbst herein.

„Madam", begann er, „ich bitte Sie, diesen schmerzlichen Vorfall niemandem gegenüber zu erwähnen; vor allem kein Wort gegenüber anderen Zeitungen. Sie wissen, dass ich immer mein Bestes für Sie getan habe. Sie haben doch sicher ein gewisses Vertrauen zu mir … Nun, sagen Sie *mir* die Wahrheit. Wollen Sie nicht zugeben, dass diese Sauerwein-Geschichte wahr ist?"

„Was, Sie auch!", rief ich zutiefst verletzt, denn ich vertraute Monsieur de Labruyère und hielt ihn für unfähig, eine Frau zu beleidigen, sei es mutwillig oder sonst wie. „Wie können Sie dieser abscheulichen Geschichte auch nur den geringsten Glauben schenken? "

M. de Labruyère murmelte widerstrebend: „Sauerwein hat, soviel ich weiß, *alle* Beweise. M. Bunau-Varilla weiß alles über diese Angelegenheit, aber er kann Ihnen vielleicht helfen, wenn Sie uns alles erzählen. Briand (der Justizminister) wird uns helfen … die ganze Angelegenheit wird geregelt. Diese Männer und die Frau werden Sie nicht erwähnen. Man wird ihnen gewisse Versprechungen machen … Denken Sie daran, die *Matin* ist allmächtig … "

Ich unterbrach Monsieur de Labruyère: „Ich habe genug gehört. Ich habe niemanden und nichts zu befürchten. Die *Matin* macht mir nicht die geringste Angst. Ich werde ins Büro kommen und Entschuldigungen für die gemeinen Beleidigungen Ihres Kollegen verlangen und, falls nötig, mit Monsieur Bunau-Varilla persönlich sprechen. Gehen Sie jetzt und denken Sie daran, dass mich morgen früh jemand aus der Redaktion Ihrer Zeitschrift zum Polizeikommissariat begleiten wird."

Muss ich erwähnen, dass ich nach diesem erneuten Schock eine derart qualvolle Nacht verbrachte, dass mein müdes, gequältes Gehirn einen Schritt weiter an den Rand des Wahnsinns taumelte.

Am nächsten Morgen rief uns Herr Barby vom *Matin schon recht früh* an und sagte: „Wir sind alle empört, Madame, über die Art und Weise, wie Herr Sauerwein Sie behandelt hat. Ich bin bereit, mit Ihnen hinzugehen, um die Absurdität dieser Anschuldigung zu beweisen."

Mit Marthe und M. Barby ging ich zum Polizeikommissar. Ich erzählte ihm, was geschehen war, und er sagte: „Diese Anschuldigung gegen Sie ist schändlich …" Er erinnerte sich an den versuchten Einbruch und daran, dass M. Steinheil ihn gebeten hatte, sein Haus von einem Inspektor bewachen zu lassen, seine Frau jedoch nichts davon wissen sollte. Der Inspektor hatte das Haus etwa vierzehn Tage lang von außen in der Sackgasse beobachtet.

Tatsächlich hatte ich von diesem Einbruchsversuch nur durch Zufall erfahren. Ein Mann von der Polizei kam und teilte mir mit, dass das Haus nicht mehr überwacht würde. Da ich nichts weiter über die Sache wusste, drückte ich meine Überraschung aus und stellte ein paar Fragen, und da erfuhr ich von dem Versuch. (Einige Schriftsetzer der Druckerei am Ende der Impasse Ronsin hatten Männer dabei beobachtet, wie sie über die Mauer unseres Gartens kletterten, und als Alarm ausgelöst wurde, flohen die Einbrecher eilig.) Ich sprach mit meinem Mann über die Sache und fragte ihn, warum er mich nicht gewarnt hatte. Etwas verlegen antwortete er: „Ich wollte Sie nicht beunruhigen und habe angeordnet, dass Sie nichts davon erfahren."

Inzwischen erschienen in den Zeitungen Artikel, in denen es hieß, ein ehemaliger Polizeiinspektor stehe im Verdacht, der Täter der Impasse-Ronsin-Morde zu sein, und es gebe Gerüchte, er sei mein Liebhaber gewesen! ... Der Leser kann sich vorstellen, welche Sensation solche „Enthüllungen" in der Öffentlichkeit auslösten und welchen Schaden sie mir zufügten! Ich erhielt mehr anonyme Briefe denn je, ich wurde in den Schmutz gezogen, und wenn ich die Impasse verließ oder betrat, hörte man laute Rufe wie „Tod ihr!" oder „Seht euch die Mörderin an!" Das hätte jeden in den Wahnsinn getrieben – und mich hat es tatsächlich in den Wahnsinn getrieben.

Ich ging ins *Matin*- Büro, und M. Sauerwein entschuldigte sich. Dann baten er und M. de Labruyère mich, sie beide mit einigen von der Zeitung bezahlten Detektiven um ein Uhr morgens an einen schrecklichen, gnadenlosen Ort zu begleiten, wo sie mir die beiden Männer und die Frau zeigen würden, die sie erwähnt hatten, damit ich feststellen könnte, ob sie den Personen ähnelten, die ich in der verhängnisvollen Nacht gesehen hatte.

Ich lehnte ab: „Da diese Männer, wie Sie sagten, ihre Schuld gestanden haben und Rossignol, der ‚Hauptmörder', in Ihren Händen ist, müssen Sie nur die Polizei informieren und sie verhaften lassen. Wenn sie vor M. Leydet oder M. Hamard stehen, werde ich kommen und sie identifizieren."

Ich hörte nichts mehr von dieser Sensationsgeschichte, und die *Matin* wandte sich anderen Hinweisen und Theorien zu. „Geben Sie zu", sagte man mir eines Tages, „geben Sie zu, dass es sich um ein politisches Verbrechen handelt ... Halten Sie uns nicht für Narren! Wenn der Hinweis Rossignol nichts wert ist, dann gibt es andere Hinweise ! ... Helfen Sie uns ..."

Ich hatte meinen Verstand noch nicht ganz verloren, aber ich war blind genug, nicht zu erkennen, dass ich für die *Matin* lediglich ein nützlicher, ja, ein großartiger Sensationslieferant war, eine Nachrichtenmaschine, die eine wertvolle Steigerung der Auflage der Zeitung bedeutete. Sie hatten nur eine

Idee: so viel wie möglich aus der „Affäre Steinheil" und ihrer elenden Heldin herauszuholen, ob sie ihnen nun Neuigkeiten zu erzählen hatte oder nicht!

Zwar betrachteten mich die meisten Zeitungen auf sehr ähnliche Weise, doch viele von ihnen waren fair und menschlich und zogen bei bestimmten „Methoden" eine Grenze.

Ich rief Maître Aubin an und erzählte ihm alles, was geschehen war. Er schüttelte den Kopf und sagte: „Seien Sie vorsichtig … Machen Sie sich die *Matin nicht zum Feind* … Gleichzeitig tut es mir leid, dass Sie die Presse um Hilfe gebeten haben … Die Zeitungen bringen die Behörden zur Verzweiflung."

Ich war sprachlos. Wem sollte ich vertrauen? Wem sollte ich glauben ? … Hier wurde ich zum Spielball jedes Windes, der wehte …

kein Wort über die Rossignol-Affäre verloren. Doch als man mir im Gefängnis endlich das *Dossier* zur „Steinheil-Affäre" überreichte, entdeckte ich unter den 4500 Dokumenten und den 15.000 Seiten, aus denen es bestand, etwa 60 Seiten, die sich mit dem Rossignol-Hinweis beschäftigten. Im Folgenden gebe ich die wesentlichen Teile dieser 60 Seiten wieder und zitiere genau aus dem *Dossier* :

[Bericht]

PARIS , 14. November 1908.

Gestern und heute wurde in einigen Zeitungen darauf hingewiesen, dass M. Rossignol, ein ehemaliger Polizeiinspektor, möglicherweise an dem Verbrechen der Impas se Ronsin beteiligt war. Es stimmt, dass ein gewisser M. Rossignol Inspektor im Bezirk Saint Lambert war und einen schlechten Ruf hatte. Ich glaube, er wurde im vergangenen Mai entlassen.... Mir wurde gesagt, dass Rossignol jetzt als Reisender für eine Firma arbeitet, die Kaffee verkauft.... Der Untersuchungsrichter kann frei entscheiden, ob es sinnvoll ist, eine Untersuchung durchzuführen, um festzustellen, wie der Mann seine Zeit in der Nacht vom 30. auf den 31. Mai 1908 verbracht hat.

Der Chef der Sûreté
(gez.) HAMARD .

(*Dossier* Cote 909)

[Offizieller Bericht.]

23. November 1908.

Wir, Octave Hamard, Chef der *Sûreté* usw., haben heute M. Rossignol, 38 Jahre alt, in unser Kabinett einbestellt, der folgende Aussagen machte:

"Es ist schwierig für mich, genau zu sagen, wie ich meine Zeit im vergangenen Mai verbrachte. Ich verließ die Polizei zu Beginn dieses Monats und blieb bis zum 1. Juni ohne Beschäftigung... Am 30. Mai traf ich abends meinen Freund Thiret, einen Chauffeur; mit ihm und einem anderen Chauffeur aßen wir bei Zimmer in der Rue Blondel zu Abend. Wir verließen das Restaurant gegen 22.30 Uhr und gingen in verschiedene Cafés... In einem der Lokale, in denen wir anhielten (die Adresse wurde angegeben), werden sich die Leute sicher an meine Anwesenheit in dieser Nacht erinnern. Um 2.30 Uhr waren wir im Faubourg Montmartre. Es war 4 Uhr morgens, als ich zu meiner Frau und meinen Kindern nach Hause kam... Am 1. Juni wurde ich als Makler von einer Kaffeefirma eingestellt. Später wurde ich nach Arras (im Norden) geschickt... Dann wurde ich plötzlich nach Paris zurückgerufen. Man zeigte mir bestimmte Zeitungen, vor allem den *Matin* ... Man sagte mir, dass ich verdächtigt werde, einer der Autoren oder der Anstifter der Steinheil-Affäre zu sein, und dass Da ich mich geweigert hatte, mit der Witwe des Malers konfrontiert zu werden, wurde ich daraufhin aus der Firma entlassen...

(Unterzeichnet) ROSSIGNOL
HAMARD."

(*Dossier* , Cote 910)

PARIS , *5. Dezember 1908* .

Bericht des Polizeikommissars, Chef der „Mobilen Brigade", an den Chef der *Sûreté* :

Auf Ihre Nachfrage nach Einzelheiten über einen gewissen Cavellier (einen Freund von Rossignol), der einst als Inspektor der „Mobilen Brigade" angehörte, habe ich die Ehre, Ihnen folgende Informationen zu geben:

„Cavellier wurde am 1. Januar 1906 zum Inspektor ernannt und am 31. August desselben Jahres zum Rücktritt aufgefordert ... (aufgrund verschiedener Raubüberfälle, die in diesem Dokument erwähnt werden).

Der Polizeikommissar.
(Unterzeichnet) VALLET .

(*Dossier* Cote 921)

[Bericht.]

PARIS , *15. Dezember 1908* .

...Die im *Gefolge* von Frau Steinheil durchgeführte Befragung zu Rossignol ergab, dass dieser *im Haus unbekannt ist und hier noch nie gesehen wurde, auch nicht zu der Zeit, als er Inspektor in diesem Bezirk war* ...

(Unterzeichnet) INSPEKTOR DECHET .

(*Dossier* Cote 911)

4. Januar 1909.

Vor uns, André, Untersuchungsrichter usw. , ... im Justizpalast ... ist erschienen ... M. Maurey, siebenunddreißig Jahre alt, Inspektor der *Sûreté* .

Frage: „Wir haben ein Gerücht gehört, wonach Sie von mehreren Treffen zwischen dem Ex-Inspektor Rossignol und Frau Steinheil vor und nach dem 31. Mai 1908 wissen sollen?"

Antwort: „Ich kann Ihnen eine Reihe von Tatsachen nennen, die den Mord erklären könnten. Rossignol, den ich nur unter Umständen kennenlernte, die ich beschreiben kann, war Inspektor und zunächst dem Polizeikommissariat Vaugirard und dann dem Polizeikommissariat Epinettes zugeteilt. Im März und April 1908 versuchte ich, eine Einbrecherbande aufzuspüren, aber es gelang mir nicht ... Im April 1908 war ich überzeugt, dass Rossignol höchst verdächtig mit dieser Einbrecherbande in Verbindung stand, und während ich nach ihnen suchte, stieß ich auf Rossignol. Mitte April 1908, eines Abends gegen sieben Uhr, sah ich, wie Rossignol, nachdem er eine Bar in der Avenue de Clichy besucht hatte, an einem Busbahnhof gegenüber dem Bahnhof Saint-Lazare eine elegant gekleidete Frau von etwa dreißig Jahren traf, groß und kräftig, mit einem langen Gesicht. Rossignol und die Frau gingen in einem Restaurant gegenüber diesem Bahnhof essen ... Sie trennten sich nach einem Kuss an der Ecke der Rue de Rome und des Boulevard des Batignolles, etwa 23 Uhr. Das war das einzige Mal, dass ich die Frau mit Rossignol sah.

„Später hörte Inspektor Dechet, dass Rossignol etwas mit der Affäre zu tun haben könnte, und so wurde vereinbart, dass mir Frau Steinheil nach ihrer Rückkehr – sie befand sich damals an der Küste (Louvières, Normandie) – gezeigt werden sollte, damit ich sagen konnte, ob sie die Frau war, die ich mit Rossignol beim Essen in der Nähe des Bahnhofs Saint-Lazare gesehen hatte, oder nicht. Dies wurde nicht nur mit Inspektor Dechet, sondern auch mit Chefinspektor Dol vereinbart.

„Zwischen diesem Zeitpunkt und dem Zeitpunkt, als ich Frau Steinheil sehen konnte, ist Folgendes passiert.

„Im August 1908 traf ich in Begleitung eines Kollegen mehrmals einen gewissen Cavellier, der vor einigen Jahren ein Jahr lang mein Kollege gewesen war, obwohl ich nicht wusste, dass er Inspektor war. Ich glaube, er ist, zumindest offiziell, der Kriminalabteilung des Innenministeriums zugeordnet.

„Im August, bei unseren ersten Treffen, sprach Cavellier mit mir über die Steinheil-Affäre... *Er erzählte mir, dass er in dieser Angelegenheit für Herrn Sauerwein arbeitete, und fügte hinzu, dass dieser Herr ein Sonderkommissar der Polizei im*

Innenministerium war. Er sagte auch, dass er Rossignol beschattete, dass er glaubte, Rossignol sei die Geliebte von Frau Steinheil, dass er dachte, sie könnte ‚die Tat begangen' haben (*fait le coup*), und dass er auf jeden Fall sicher war, dass Rossignol und Frau Steinheil sich einmal vor dem 30. Mai 1908 und einmal danach getroffen hatten, und beide Male in einem Restaurant oder einem Hotel in der Nähe des Bahnhofs Saint-Lazare... Cavellier erzählte mir das alles Ende August...

„Cavellier hat mich immer als ein Mann beeindruckt, der, nachdem er herausgefunden hatte – ich weiß nicht wie –, dass ich mit Rossignol zu tun hatte, versuchte, mich zu ‚ködern', um herauszufinden, was ich über Rossignol wusste. *Ich habe nie ein Wort von dem geglaubt, was er mir über Madame Steinheil und Rossignol erzählte.* Ich erzählte jedoch Chief-Inspector Dol von meinen Gesprächen mit Cavellier. Chief-Inspector Dol schenkte Cavelliers Aussagen ebenso wenig Glauben wie ich.

„Im September oder Oktober ging ich mit Inspektor Dechet nach Bellevue … Ich sah Mme. Steinheil. Ich stellte fest, dass Mme. Steinheil viel feinere Züge und ein viel runderes Gesicht hatte als die Frau, die ich im April 1908 mit Rossignol gesehen hatte, und außerdem war Mme. Steinheil viel schlanker und nicht so groß wie die andere Frau. Um meine absolute Überzeugung deutlich zu machen, dass Mme. Steinheil und die andere Frau nicht dieselbe Person waren, erzählte ich dies alles Inspektor Dechet, sobald wir Vert-Logis verließen.

„Zwei Wochen später erzählte ich Cavellier, den ich zufällig traf, von meiner Verurteilung. Er machte keine Bemerkung.

„Seitdem habe ich Cavellier ein- oder zweimal getroffen, aber wir haben nie wieder über die Steinheil-Affäre gesprochen.

(Unterzeichnet) MAIRET , der Inspektor.
ANDRÉ , der Untersuchungsrichter.
SIMON , sein Schreiber."

(*Dossier* Cote 918)

[Bericht.]

PARIS , *5. Januar 1909* .

In Abwesenheit von Herrn Cape, Stabschef der *Sûreté Générale* , erklärte Herr Sébille, Direktor der Ermittlungsabteilung, dass Herr Sauerwein als Sonderkommissar der Polizei unbekannt sei und nie in irgendeiner Funktion der *Sûreté Générale angehört habe* .

(Unterzeichnet) INSPEKTOR MAIREY .

(*Dossier* Cote 920)

Und hier ist der Bericht über die Vernehmung von „Cavellier, 31 Jahre alt, Privatdetektiv" durch M. André.

Frage: „Kennen Sie Frau Steinheil vom Sehen? Wenn ja, wann haben Sie sie zum ersten Mal gesehen?"

Antwort: „Ich kannte sie vom Sehen. Ich traf sie zum ersten Mal im August 1908 in Bellevue, in der Nähe von Vert-Logis. Ich erkannte sie anhand einer Beschreibung, die ich besaß. Ich habe nie mit ihr gesprochen."

Frage. „Kennen Sie Rossignol?"

Antwort: „Zwei oder drei Tage nach meiner Begegnung mit Frau Steinheil traf ich ihn am Bahnhof Saint-Lazare. Frau Steinheil (die ich damals zum zweiten Mal sah) war dort und sprach mit ihm und einem anderen Herrn. Sie aß bei Scossa zu Mittag. In den ersten Novembertagen 1908 brachte mich eine meiner Nachforschungen mit Rossignol in Kontakt, der sich damals in Avesnes-le-Comte (im Norden Frankreichs) aufhielt. Ich erkannte in Rossignol den unbekannten Mann, den ich im August gesehen hatte, als er mit Frau Steinheil am Bahnhof Saint-Lazare sprach und danach mit ihr bei Scossa zu Mittag aß. Ich konnte Rossignol nicht eindeutig identifizieren; aber ich hatte den Eindruck, dass er der unbekannte Mann war, den ich gesehen hatte, obwohl Rossignol mir etwa 20 Livres (sic) leichter vorkam."

Frage. „Erzählen Sie uns, unter welchen Umständen Sie gekommen sind, um Nachforschungen über Madame Steinheil und Rossignol anzustellen?"

Antwort: „Ich stelle persönliche Ermittlungen für Personen an.... Was diesen konkreten Fall betrifft, *möchte ich Ihnen den Namen der Person, für die ich die Ermittlungen durchgeführt habe, lieber nicht nennen* , da ich mich an die ‚berufliche Schweigepflicht' gebunden sehe." *Zunächst wollte ich alles herausfinden, was Madame Steinheil im August 1908 getan hatte.* So unternahm ich die notwendigen Schritte, um sie zu sehen, und sah sie tatsächlich in Bellevue. Unter diesen Umständen sah ich sie auch zwei oder drei Tage später am Bahnhof Saint-Lazare und sah sie mit dem Mann, von dem ich Ihnen erzählt habe, reden und dann zu Mittag essen. Über Madame Steinheils Aktivitäten habe ich nichts Besonderes herausgefunden. Im November erkundigte ich mich nach Rossignol. Dies geschah nach der Veröffentlichung im Petit Parisien, in der es hieß, Madame Steinheil habe besondere Beziehungen zu einem Inspektor – der später entlassen wurde –, der anlässlich eines Einbruchs, der, glaube ich, vor zwei Jahren stattgefunden hatte, in ihrem Haus Nachforschungen anstellen musste. Ich fand heraus, dass der einzige Inspektor im Bezirk Vaugirard, der kürzlich entlassen worden war, Rossignol hieß. Ich hörte,

Rossignol sei in Avesnes-le-Comte, und ging dorthin. Ich hatte Nachforschungen angestellt und herausgefunden, dass der Mann einen schlechten Ruf hatte und mit ihm in Verbindung stand Einbrecher. In Avesnes-le-Comte ... sprach ich mit Rossignol über den Artikel im *Petit Parisien* . Er sagte, er habe ihn nicht gesehen. Ich ließ ihn ihn lesen und er sagte hinterher: „Nein, ich glaube nicht, dass sie in diesem Artikel mich meinen, besonders da *ich Frau Steinheil nie gekannt, nie gesehen und nur aus den Zeitungen von ihr gehört habe* .“ Dann fragte ich ihn, ob er glaube, dass der Mord in der Impasse Ronsin von einem Mitglied der Vaugirard-Bande begangen worden sei. Darauf antwortete er: „Nein, es gibt heute in Vaugirard keine Köpfe, die stark genug sind, um ein solches Verbrechen zu begehen.“ Ich schloss unser Gespräch mit den Worten: „Ich kehre nach Paris zurück, um der Person, die mich geschickt hat, Bericht über meine Mission zu erstatten, und es ist möglich, dass diese Person dem Artikel im Petit Parisien widerspricht.“ Der Widerspruch erschien am 17. November im *Matin* , aber ich muss Ihnen sagen, dass ich nicht wegen dieser Zeitung nach Avesnes-le-Comte gegangen bin. Seit meinem Gespräch mit Rossignol in dieser Stadt habe ich ihn gesehen – das letzte Mal in Dijon, gegen 10. Dezember. Ich ging nach Dijon, um dieselbe Person zu holen, die mich nach Avesnes-le-Comte geschickt hatte. Dort bestätigte Rossignol lediglich, was er mir zuvor erzählt hatte ... Ich bin nicht sicher, ob die Frau, die ich am Bahnhof Saint-Lazare sah, wirklich Mme. Steinheil war. Zwei oder drei Tage zuvor hatte ich sie, oder vielmehr die Person, die ich für Mme. Steinheil hielt – denn ich hatte nur eine Beschreibung – in der Nähe von Vert-Logis gesehen, ohne Hut, in normaler Kleidung. Die Frau, die ich am Bahnhof sah, trug eine volle Trauerkleidung und einen dicken Schleier, und es ist durchaus möglich, dass ich mich geirrt habe. Auch als ich Rossignol in Avesnes-le-Comte sah, war ich mir nicht ganz sicher, ob ich vor dem Mann stand, den ich am Bahnhof mit der Dame gesehen hatte, die ich gerade erwähnt habe.“

Frage. „ Um Ihre Erklärungen zusammenzufassen: Es scheint, dass Sie nicht behaupten können, dass Sie im vergangenen August am Bahnhof Saint-Lazare und bei Scossa tatsächlich Rossignol und Frau Steinheil gesehen haben. “

Antwort: „ Nein, in diesem Punkt kann ich nichts mit Sicherheit sagen. Außerdem ist es genau das, was ich der Person, für die ich diese Untersuchungen durchgeführt habe, immer gesagt habe. “ ...

(*Dossier* Cote 923)

Und aufgrund solcher „Entdeckungen“ hielt es Herr Sauerwein für angebracht, eine unglückliche und unschuldige Frau zu beleidigen und sie ins eigene Gesicht eines grausamen Verbrechens zu beschuldigen!

KAPITEL XIX

DIE PERLE IM BRIEFBUCH

MAÎTRE AUBIN war von Tag zu Tag beunruhigter über die Wendung, die die Ereignisse nahmen. Er las eine Reihe der anonymen Briefe, die ich erhielt, durchsuchte sorgfältig jede Zeitung, fühlte den Puls der Öffentlichkeit und schüttelte bestürzt den Kopf. Eines Morgens sagte er zu mir: „Gehen Sie zu meinem Freund Goron, dem ehemaligen Chef der *Sûreté*. Er hat eine private Agentur gegründet und kann Ihnen vielleicht helfen. Ich habe das größte Vertrauen in seine Fähigkeiten und sein *Gespür*."

Ich befolgte diesen Rat. M. Goron, ein kleiner, schlauer Mann mit weißem Haar und Schnurrbart, forschenden Augen und einem scharfen, intelligenten Ausdruck, empfing mich sofort.

Ich möchte hier erwähnen, dass ich fest davon überzeugt bin, dass Herr Hamard, der Nachfolger von Herrn Goron bei der *Sûreté*, wie Herr Leydet immer an meine absolute Unschuld geglaubt hat, und ich gebe ohne weiteres zu, dass er mich nicht nur mit äußerster Fairness, sondern auch mit würdevoller Höflichkeit behandelt hat.... Aber ich hatte das Gefühl, dass er es nicht ganz aufrichtig meinte, wenn er versprach, bei der Suche nach den Mördern keine Mühen zu scheuen. Ich hatte immer den Eindruck, dass Herrn Hamard aus Gründen, die ich nie ganz ergründet habe, sozusagen die Hände gebunden waren...

M. Goron kam auf überzeugende, wenn auch sehr unverblümte Weise direkt zur Sache: „Ich habe meine Ansichten zu diesem Geheimnis, und ich werde Ihnen sagen, was sie sind … Ich verletze möglicherweise Ihre Gefühle, aber ich sage immer, was ich denke. Die Affäre ist mir völlig klar. Es ist *kein* ‚kleines Verbrechen' (*un crime crapuleux*). Der Hinweis auf Burlingham ? … Unsinn, Farce, Absurdität. Der Fall ist ernster. Unter uns – Sie haben nie über Ihre engen Beziehungen zu Félix Faure gesprochen … Sie haben klug gehandelt; das Gesetz will nichts über diesen Teil Ihres Lebens wissen, wie wichtig er im Zusammenhang mit dem Mord auch sein mag … Aber meine Meinung ist folgende: Der Mord ist eine direkte Folge Ihrer Freundschaft mit dem verstorbenen Präsidenten. Sie waren mutig und diskret, und ich gratuliere Ihnen. Tatsächlich wissen Sie zu viele Dinge, und diese Art von Wissen ist immer gefährlich … Ich weiß natürlich alles über Ihre Freundschaft mit Félix Faure; ich weiß auch, dass Sie nichts mit seinem seltsamen Tod zu tun hatten, und ich weiß außerdem, dass Sie nichts mit der Ermordung Ihrer Mutter und Ihres Mannes zu tun haben. Ihr Mann hatte zu viel Vertrauen in verschiedene Personen, die es nicht verdienten, und er bezahlte teuer für seinen schweren Fehler..."

Die offensichtliche Aufrichtigkeit und die sachliche Art von Herrn Goron beeindruckten mich, und ohne zu zögern erzählte ich ihm von der Perlenkette, den Dokumenten und dem „mysteriösen Deutschen".

Dann sagte er ganz einfach: „Genau. So etwas hatte ich schon vermutet. Die Impasse Ronsin-Affäre ist in ihrer Art nicht einzigartig. Sie ist nichts absolut Neues. Ich glaube, Folgendes ist passiert: Ein oder mehrere Männer – die es des Geldes wegen taten, das die Dokumente möglicherweise darstellen, oder aus *Fanfarengang* oder irgendeiner Art Morbidität – hörten, dass Sie höchst interessante Papiere besaßen. Sie schafften es, enge Freunde Ihres Mannes zu werden. Irgendwie fanden sie heraus, dass das Haus an diesem Tag leer sein würde, da Sie beschlossen hatten, nach Bellevue zu fahren. Den Rest kennen Sie."

Ich erzählte Herrn Goron von den Briefen, die ich ständig erhielt.

"Ja, ja", sagte er. "Das könnte alles interessant werden. Ich hätte große Lust, Ihnen einige meiner Leute zu leihen. Gerade jetzt sind Arbeiter in Ihrem Haus. Nun, meine Leute werden sich als Arbeiter verkleiden und alles und jeden beobachten. Ich habe Ihr Haus noch nie gesehen. Wollen Sie mich und meinen Sohn empfangen? Ich werde mir das Haus ansehen. Mein Sohn wird mir dabei helfen. Wir kommen als Ausländer, die das Atelier besuchen möchten..."

Ich willigte natürlich ein. M. Goron kam am nächsten Tag in die Impasse Ronsin und untersuchte alles mit seinem Sohn. Bevor er ging, sagte er zu mir: „Bemühen Sie sich weiterhin, das Problem zu lösen, aber passen Sie auf sich auf. Lassen Sie die Presse in Ruhe. Sagen Sie den Journalisten, Sie seien erschöpft, erledigt … Sie sind in einem schrecklichen Zustand; Sie werden Ihren Verstand verlieren, wenn Sie so weiterleben. Ich habe selbst die stärksten Männer in einen solchen Zustand geraten sehen, in ihrem Wunsch, einen Mordfall zu lösen, den das Gesetz aufgegeben hatte, dass sie in eine Anstalt eingewiesen werden mussten oder dass sie überall Mörder sahen. Ich könnte Ihnen das Beispiel von zwei Männern nennen, beide von überlegener Intelligenz, die zwei schreckliche Verbrechen begingen, überzeugt, dass sie die Mörder töteten, nach denen sie so lange gesucht hatten; einer von ihnen ist jetzt ein Sträfling; der andere starb im Gefängnis – er war einer meiner Freunde – und alle Mitglieder seiner Familie waren ruiniert und in Ungnade gefallen … Hören Sie, ich werde Ihnen einen guten Rat geben: Denken Sie an Ihre Tochter. Fahren Sie mit ihr nach Bellevue oder an die Riviera, wo es hell und sonnig ist. Versuchen Sie zu vergessen. Schicken Sie mir alle Briefe Sie erhalten, sogar die von den Menschen, denen Sie vertrauen, von Ihren Freunden … Jeder scheint Einfluss auf Sie zu haben … Das ist schlecht, schlecht." …

„Nein", sagte ich. „Ich muss bis zum Ende kämpfen. Du wirst sehen, dass ich noch gewinnen werde, und die ganze Welt wird es wissen …"

Er unterbrach mich: „Lassen Sie die Welt in Ruhe. Denken Sie an sich selbst, denken Sie an Ihr Kind, und lassen Sie mich für Sie handeln. Sie haben Fieber, Ihre Augen haben einen ungesunden Glanz, Sie sehen erschöpft aus. Wenn es so weitergeht, werden Sie in einer Woche ernsthaft krank sein. Wenn ich Ihr Arzt wäre, würde ich Sie für eine Weile in ein Pflegeheim sperren … In der Zwischenzeit werde ich Ihnen einige meiner Leute schicken, die meine Anweisungen ausführen werden. Aber versprechen Sie mir, nichts zu tun und bald, sehr bald wegzugehen und sich auszuruhen ! … "

Ich versprach es und schüttelte Herrn Goron herzlich die Hand. Dann ging ich nach Hause, sehr beruhigt und fest entschlossen, seinem ausgezeichneten Rat zu folgen.

Als ich nach Hause kam, wartete dort ein Journalist auf mich. Es war MD, ein achtzehnjähriger Reporter. Er kam häufig und hatte immer außergewöhnliche Dinge über Couillard zu sagen – Dinge, die seltsamerweise mit den Bemerkungen über meinen Diener übereinstimmten, die in vielen der anonymen Briefe standen, die ich erhielt. (Couillard stand jetzt wieder in meinen Diensten. Er hatte keine Stelle als Chauffeur gefunden und war zu mir zurückgekehrt.)

„Madam", erklärte der junge Journalist, „Sie können hingehen und Herrn Hamard von Couillard erzählen. Ich weiß alles über ihn!"

Ich war wirklich überrascht, wie viele Leute ich traf, die mir dramatisch erklärten, sie wüssten alles über mich und alle anderen ! … Trotzdem hörte ich MD aufmerksam zu, als er mir außergewöhnliche Informationen über Couillard, seine Familie, seine Vergangenheit, seine Gewohnheiten und so weiter gab.

„Um ganz sicher zu gehen", schloss MD, „würde ich gern den Namen von Couillards Geburtsort erfahren. Ich möchte wissen, warum er sein Dorf verließ, um nach Paris zu kommen … Wussten Sie, Madame, dass Ihr Diener, von dem Sie mir erzählten, er sei noch nie in Paris gewesen und könne sich nicht zurechtfinden, zwei Jahre lang als Bauarbeiter in Paris gearbeitet hat?"

Ich war verblüfft. „Sie müssen sich irren!", rief ich aus, aber der Journalist lieferte mir alle möglichen überzeugenden Einzelheiten, und ich begann mich an die Anschuldigungen in den anonymen Briefen zu erinnern … Einige Unwahrheiten, die mein Diener aussprach, bewiesen nicht, dass er ein Mörder war, aber ich war nicht bei klarem Verstand, und MD sprach mit solcher Leidenschaft, dass ich anfing zu glauben, er habe recht. Ich war in den vergangenen Monaten so oft von Hinweis zu Hinweis hin- und hergerissen worden, dass ich bereit war, fast alles zuzugeben. Er erzählte mir

vom Privatleben von Couillard, gab mir Einzelheiten über seine „Freunde"
... „Er besitzt wahrscheinlich einen ‚Ausweis', den würde ich sehr gern
sehen. Aber wenn wir ihn danach fragen, wird er eine Vermutung anstellen,
ob er schuldig ist oder ob er Dinge über den Mord weiß, die er nicht zu sagen
wagt ... Wie könnten wir es einrichten, an die Informationen zu kommen,
die ich brauche, ohne ihn zu beunruhigen?"

IM DE BALINCOURT II. REMY COUILLARD
Skizzen von Frau Steinheil

Ich ging zu Mariette und fragte sie nach Couillard. Die alte Köchin sagte in
ihrer üblichen rauhen, aber nicht unfreundlichen Art zu mir: „Madam, ich
weiß nichts. Er kommt aus einem Dorf... Werden sie Couillard jetzt
belästigen? Werden sie mir wieder Fragen stellen? Ich habe die Journalisten
satt und ich habe die Polizei satt."

„Mariette", sagte ich. „Kennen Sie den Namen von Couillards Dorf? Ja oder
nein. Man hat mir gesagt, es sei wichtig, ihn zu kennen."

„Ah! Nun, wenn das alles ist, was Sie verlangen, ist die Sache ganz einfach.
Sein Mantel ist hier. Sie werden den gewünschten Namen in einer seiner
Taschen finden, in seinem Taschenbuch."

Ich ging zu MD zurück und sagte: „Ich weiß nicht, was ich tun soll. Was Sie
wollen, ist in Couillards Mantel."

„Was macht das schon, Madame? Es kann nicht schaden, seine Brieftasche
zu untersuchen. Alles, was ich brauche, ist schließlich eine Adresse."

Mariette brachte das Notizbuch. MD öffnete es und fand darin die gewünschte Adresse. Plötzlich entdeckte ich darin einen Umschlag mit Marthes Handschrift, der an ihren Verlobten Pierre Buisson adressiert war. Meine Tochter, die zugegen war, nahm den Brief und rief: „Mutter , das ist der Brief, den ich am Vorabend von Allerheiligen an Pierre geschrieben habe !"

Zeit aufbewahrt ? "

MD rieb sich die Hände: „Sehen Sie, ich hatte recht mit Couillard. In der Brieftasche Ihres Dieners wurde ein Brief Ihrer Tochter gefunden , das ist höchst verdächtig. Er hat den Brief sicher nicht nur wegen der Briefmarke genommen, die übrigens abgeschnitten wurde. Er hätte den Brief vernichtet." Er zögerte, rief dann plötzlich aus: „Dieser Brief wurde genau zu dem Zeitpunkt geschrieben – und gestohlen –, als Sie beschlossen, die Affäre wieder aufzunehmen. Ich nehme an, Couillard wollte wissen, was Sie und Ihre Tochter vorhatten... Lassen Sie mich seine Tasche untersuchen. Vielleicht entdecken wir etwas Wichtigeres und Entscheidenderes." MD ging mit Marthe auf den Dachboden. Couillard war zu dieser Zeit nicht im Haus. Ich hatte ihn Ende Oktober erneut engagiert, um meiner Tochter einen Gefallen zu tun; sie dachte, sehr zu Recht, wenn Couillard keine Stelle gefunden hatte, dann wegen des Impasse-Ronsin-Dramas und weil es nach seiner Vernehmung in Boulogne Gerüchte über seine Verhaftung gegeben hatte. Couillard arbeitete den ganzen Tag im Haus, schlief dort aber nicht. Er hatte mich jedoch gebeten, seine Tasche auf dem Dachboden lassen zu dürfen, und er ging häufig dorthin.

MD kam zurück und sagte: „Die Tasche ist verschlossen und ich kann sie deshalb nicht öffnen. Aber wir nähern uns der Lösung des Rätsels!"

Als der junge Journalist gegangen war, unterhielt ich mich lange mit meiner Tochter. Marthe war erstaunt. Sie konnte nicht glauben, was sie gesehen hatte. Sie hatte immer das größte Vertrauen in Couillard gehabt. Wir versuchten beide herauszufinden, warum er diesen Brief gestohlen hatte. Es konnte nicht wegen einer Penny-Briefmarke gewesen sein! Was war also der wahre Grund ? ... (Später wurde ein weiterer gestohlener Brief gefunden, diesmal in Couillards Tasche, ein Brief, den ich an eine alte Freundin, Mlle. Lefèvre, geschrieben hatte.)

Seit jenem schrecklichen Monat November 1908 ist mir mein Fehler völlig klar. Wie ich bereits sagte, bat ich meinen ehemaligen Diener bei meinem Prozess um Verzeihung, und ich tue dies jetzt ohne Zögern in diesen Memoiren. Darüber hinaus habe ich ihm vor kurzem gerne eine finanzielle Entschädigung angeboten. Ich habe etwas Schreckliches getan, als ich ihn ohne Beweise für seine Schuld anklagte. Aber der Leser sollte versuchen, sich meinen Zustand vor Augen zu führen – einen Geisteszustand, der mich die

Unwahrheiten, die er mir über seine Vergangenheit erzählt hatte, und die Briefe, die er gestohlen hatte, als Beweise ansehen ließ.

Die ganze Nacht lag ich wach und ärgerte mich über Couillard ... Ich erinnerte mich an die anonymen Briefe und las sie noch einmal ... in denen er als der Mörder bezeichnet wurde oder jedenfalls als ein „Mann, der es wusste", und andere sagten mir: „Was die öffentliche Meinung nicht versteht, ist, warum Sie verschont wurden, während Ihr Mann und Ihre Mutter getötet wurden." Und er war noch am Leben, genau wie ich! Immer wieder wurde mir gesagt, dass der Mord von jemandem begangen worden sein musste, der in dem Haus lebte. Nun, außer den Opfern waren nur Couillard und ich im Haus. Da ich es nicht war, musste es Couillard sein ! ... Dann war da noch der Schlüssel, den er kurz vor der verhängnisvollen Nacht verloren hatte ... Dann hatte er den Revolver behalten, anstatt ihn meinem Mann zurückzugeben ... Ich dachte auch an ein anderes Verbrechen, den Mord an M. Rémy, einem Bankier, ungefähr eine Woche nach der Impasse-Tragödie. M. Rémy war von seinem Diener, einem jungen Mann, ermordet worden, der lange Zeit nicht verdächtigt wurde, und plötzlich fiel mir ein, dass Couillard am Samstagabend, dem 30. Mai, ausgegangen war. Ich hatte ihn losgeschickt, um ein Hochzeitsgeschenk – die Sèvres-Vase – für M. Ch.s Tochter zu bringen. Auf seinem Weg war Couillard vielleicht seinen Komplizen begegnet. In der Nacht hatte er sein Zimmer über dem Atelier verlassen und war hinuntergegangen, um die anderen Männer zu empfangen. Die rothaarige Frau war vielleicht seine Geliebte, und er hatte sie kommen lassen, damit sie einige der Juwelen holen konnte. Couillard war ziemlich schüchtern und nervös. Vielleicht war er der einzige Mann, der reglos in der Nähe der Tür meines Zimmers blieb und dessen Augen so verängstigt aussahen. Ich erkannte ihn nicht an dem schwarzen Kleid, dem langen Filzhut und dem falschen Bart. Es musste ein falscher Bart gewesen sein... Wie meine Fantasie mit mir durchging, wie die unbedeutendsten Tatsachen, die ich beobachtet hatte, mit der Theorie übereinstimmten, von der ich immer besessener wurde. Der Wahnsinn hatte begonnen. Von da an war ich fast unverantwortlich. Ich hatte in den letzten Wochen so viele Schocks erlebt, so viele Krisen durchgemacht, war so unerbittlich mit mir gespielt, beleidigt, bedroht, angeklagt und gefoltert worden, dass ich nicht mehr zwischen Recht und Unrecht, Gut und Böse, Kriminellem und Legitimem unterscheiden konnte... Ich war in den Händen mehrerer Journalisten, die meine Tür aufbrachen, als ich sie nicht empfangen wollte, die mein Haus wie ihr eigenes behandelten und fast alles über mich schrieben, was ihnen gefiel. So viele Hinweise waren aufgenommen und fallengelassen worden, dass ich mich verzweifelt an diesen klammerte. Ja, Couillard würde gestehen müssen, und dann wäre alles vorbei. Ich sollte das Recht haben zu leben, zu atmen, zu schlafen... Ich hatte keine Freunde... Meine geliebte Marthe war genauso krank wie ich und weinte Tag für Tag. Sie hatte ihren Vater verloren, ihre

Großmutter, ihren Verlobten... Der Winter war gekommen, mit heulenden Winden, Kälte, peitschendem Regen und düsteren Tagen... Es war dunkel und kalt... Eine Anstrengung, und ich sollte gewinnen. Ja, MD hatte recht; Couillard war der Mann. Natürlich war er der Verbrecher... natürlich...

Am nächsten Morgen kamen weitere Briefe, noch mehr Briefe, und in den meisten wurde Couillards Name erwähnt …

Ich ging zu Monsieur Goron, dem ehemaligen Chef der *Sûreté* , in dessen Urteil ich größtes Vertrauen hatte, und erzählte ihm alles über die Entdeckung des gestohlenen Briefes.

Er war sehr überrascht: „Natürlich", erklärte er, „es kann sein, dass nichts darin ist, aber es sieht auf jeden Fall verdächtig aus. Ihr Diener muss sorgfältig beobachtet werden. Und jetzt unternehmen Sie nichts ohne den Chef der *Sûreté* . Schreiben Sie Hamard über diese neue Entwicklung oder schicken Sie jemanden zu ihm. Fordern Sie zwei Inspektoren, die die Entdeckung des Briefes in der Brieftasche bezeugen. Erledigen Sie alles noch heute. Couillard könnte den Brief vernichten, wenn er etwas vermutet."

„Und wenn M. Hamard der Entdeckung keine Bedeutung beimisst und sie ablehnt?"

„Er wird nicht ablehnen."

Ich fuhr mit dem Taxi nach Hause. M. Chabrier – ein Cousin meines verstorbenen Mannes – war dort, und nach dem Mittagessen schickte ich ihn zu M. Hamard.

M. Chabrier kam bald zurück und teilte mir mit, dass M. Hamard geantwortet habe, dass „die gegen Couillard vorgebrachten Tatsachen zweifellos gegen die Ehrlichkeit verstoßen, jedoch kein strafbares Vergehen darstellen …"

(Dossier , Cote 1)

Meine Freundin, die Gräfin von Toulgoët, und ihr Sohn, Marthe und M. Barby vom *Matin* , waren bei mir, und wir alle begannen, die Situation zu besprechen.

Ich erinnerte mich an die Worte von M. Goron: „Erledigen Sie alles heute." Er hatte recht. Es gab keine Zeit zu verlieren. Couillard könnte entkommen. Ich war fest davon überzeugt, dass M. Hamard die Schwere des Vorfalls mit dem gestohlenen Brief erkennen würde, und jetzt wurde mir gesagt, dass er ihm keine Bedeutung beimaß! Es war notwendig, sofort zu handeln, Couillards Brieftasche vor Zeugen zu öffnen und zu sehen, wie er sich verhalten würde …

Ich werde M. Barbys eigene Schilderung der Szene (am Freitag, dem 20. November 1908) gegenüber M. Leydet, dem Untersuchungsrichter, zitieren.

"... Auf Ersuchen von Frau Steinheil erklärten sich die Gräfin von Toulgoët, ihr Sohn, Herr Chabrier und ich bereit, als Zeugen aufzutreten. Es wurde vereinbart, dass Couillard über die Stelle informiert würde, die ihm der Chauffeur angeboten hatte, und dass wir ihn bitten würden, seinen Führerschein vorzulegen. Wir gingen zuerst nachsehen, ob der Brief noch in seiner Brieftasche war: Couillards Mantel war in Mariettes Zimmer. Die Brieftasche wurde gefunden und untersucht; der Brief war noch da...

„Dann wurde Rémy Couillard hereingerufen. Ich fragte ihn, ob er eine Stelle als Chauffeur annehmen würde und ob er mir seinen Führerschein zeigen könne. Er antwortete, sein Führerschein sei in seiner Brieftasche. Doch wie vereinbart ging Mlle. Steinheil in Mariettes Zimmer, holte die Brieftasche und reichte sie Couillard. Ich stand auf und beobachtete den Diener, während er verschiedene Dokumente durchblätterte und nach dem Führerschein suchte. Als ich einen schwarz umrandeten Brief sah, sagte ich zu ihm: ‚Was ist das? Tragen Sie Trauer?‘ Ohne zu antworten, suchte Couillard weiter nach dem Führerschein … Madame Steinheil sagte dann: ‚Das ist einer unserer Briefe.‘ Sie nahm Couillard die Brieftasche aus der Hand, legte sie auf den Tisch und zog den schwarz umrandeten Brief ihrer Tochter heraus. Couillard, sichtlich beunruhigt, sagte (als Antwort auf eine Frage), er habe den Brief auf der Tischkante gefunden. Dann zog Frau Steinheil aus der Mappe den an Herrn Pierre Buisson adressierten Umschlag; dieser Umschlag war geöffnet und hatte seine Briefmarke verloren.

„Couillard verlor jegliche Selbstbeherrschung. Frau Steinheil fragte ihn, warum er den Brief gestohlen habe und welche Entschuldigung er vorbringe.

„Atemlos und mit verzerrtem Gesicht rief Rémy Couillard: ‚Ich bin ertappt ! … Ich werde erst reden, wenn ich vor M. Hamard stehe …‘

„Dann sagte ich Monsieur Chabrier, dass er nach dieser Szene nur noch mit der Brieftasche zu Monsieur Hamard zurückkehren könne. Ich sagte ihm auch, dass er zuerst zur *Morgendämmerung* Monsieur de Labruyère abholen solle, damit sie zusammen zur *Sûreté gehen könnten* …“

(*Dossier* Cote 43)

Für mich in meinem abnormen, fast krankhaften Geisteszustand waren diese Worte: „Ich bin ertappt ! … Ich werde nur vor M. Hamard sprechen!“ wie eine Offenbarung. Couillard war fuchsteufelswild und sank in seinen Stuhl wie ein Mann, der entdeckt worden ist oder der den Kampf aufgegeben hat … „Ich bin ertappt!“ Das war offensichtlich ein Geständnis! Endlich würde die Wahrheit ans Licht kommen. Ich hielt Couillard nicht für schuldig, war mir aber sicher, dass er eine Menge über den Mord wusste, und jetzt würde er sprechen müssen ... Dann kam mir plötzlich ein Gedanke: Würde Couillard sprechen? M. Hamard hatte M. Chabrier gegenüber erklärt, dass er den Diebstahl eines Briefes nicht als schweres Vergehen ansehe ... Wenn Couillard sprechen und gestehen sollte, was er wusste, brauchte es mehr als den gestohlenen Brief ... Während die anderen den „nächsten Schritt" besprachen, ging ich in mein Zimmer. Ich war außer mir vor Aufregung und dachte: Was soll ich tun, damit er spricht? Ich konnte mir damals nicht vorstellen, dass die Worte „Ich bin erwischt" vielleicht gar keine Bedeutung hatten und sich nur auf den Diebstahl der Briefmarke bezogen, und ich murmelte immer wieder: „Ich bin erwischt! Ich bin erwischt ! ... Was meint er damit ? " Und ich erinnerte mich an ein Gespräch zwischen Couillard und Alexandre Wolff ein paar Tage zuvor. Mariette war zu der Zeit weg, und ich konnte gerade die Speisekammer betreten, als ich die beiden Männer miteinander reden hörte. (Alexandre Wolff war gekommen, um seine Mutter zu besuchen, und war zum Abendessen geblieben.) Wolff sagte: „Du Narr, warum hast du nicht getan, was ich dir gesagt habe? Hast du es vom Dachboden weggebracht?" Und Couillard antwortete: „Sie will mir den Schlüssel nicht geben; es ist nicht schwer, hineinzukommen." Daraufhin hörte ich Mariette zurückkommen und zog mich zurück.

Als ich mich an diesen Dialog erinnerte, konnte ich mir nicht vorstellen, dass er sich lediglich auf Couillards Tasche bezog, sondern fand darin neue Gründe für meinen Verdacht.

Ich hatte Couillards Brieftasche in der Hand. Ich nahm aus einer Schublade eine Perle, die von dem bereits erwähnten „New-Art"-Ring stammte, wickelte sie in Seidenpapier und steckte sie in die Brieftasche.

Jetzt, dachte ich, werden sie ihn verhaften. Er wird Angst haben, und wenn er etwas weiß, und ich bin sicher, dass er es tut, wird er ein Geständnis ablegen. Wenn er wirklich ganz unschuldig ist, werde ich meinem Freund M. Leydet erzählen, dass ich die Perle in die Brieftasche gelegt habe, und ich werde erklären, warum. Danach kehrte ich ins Esszimmer zurück und gab M. Chabrier die Brieftasche, der sie in seine Tasche steckte und wegging.

Ich werde nun weiter aus den von M. Barby vorgelegten Beweisen zitieren.

„... Während Herr Chabrier seinen Auftrag ausführte, blieb Couillard im Esszimmer sitzen und sagte kein Wort. Nach einiger Zeit sagte er, er wolle einen Brief schreiben. Ich sagte Mariette, sie solle ein paar Briefpapier mitbringen, und er begann zu schreiben. Ich sah, dass sein Brief mit den Worten begann: ‚Meine liebe Mutter...' und die ersten Zeilen drückten sein Bedauern aus. Als er fertig war und gerade im Begriff war, seinen Brief in einen Umschlag zu stecken, sagte ich zu ihm: ‚Sie haben den Brief von Fräulein Steinheil gelesen, warum sollte ich Ihren nicht lesen?' Er steckte den Brief hastig in seine Tasche und bemerkte, ich sei kein Untersuchungsrichter, sondern nur ein Journalist.

„Couillard blieb im Speisezimmer, bis M. Chabrier zurückkam. Es war dann ungefähr 20 Uhr …"

(Dossier Cote 48)

Was Herr Chabrier getan hatte, lässt sich am besten mit seinen eigenen Worten beschreiben (Aussage vor Herrn Leydet und Herrn Hamard am 21. November 1908, einen Tag nach dem hier geschilderten Vorfall). „… Nachdem ich das Notizbuch in die Tasche meines Mantels gesteckt hatte, ging ich ins *Morgenbüro* .

„Herr von Labruyère begleitete mich und wir gingen gemeinsam zur *Sûreté* , wo wir beide von Herrn Hamard empfangen wurden. Ich legte ihm die Brieftasche auf den Tisch, aber er weigerte sich, sie in Besitz zu nehmen oder ohne formelle Anweisungen von Ihnen (Herr Leydet) irgendwelche Schritte gegen Couillard zu unternehmen.

„Ich legte das Taschenbuch – das noch nicht geöffnet war – wieder in meinen Mantel und ging zu Ihrem *Büro* . Sie waren nicht da, also hinterließ ich eine Nachricht und ging anschließend mit Monsieur de Labruyère ins *Matin* -*Büro*. *Dort wurde das Taschenbuch zum ersten Mal geöffnet; sein Inhalt wurde von Monsieur de Labruyère, mir und einer dritten Person (vom Personal des Matin)* untersucht , und das Seidenpapier mit der Perle wurde von Monsieur de Labruyère gefunden …

„Die dritte Person sagte, die Perle sei 16 £ wert, aber als sie sah, dass sie an beiden Enden durchbohrt war, meinte sie, der Wert könne bei etwa 10 £ liegen …

„Alles wurde wieder in die Brieftasche gesteckt und damit kehrte ich in die Impasse Ronsin zurück…"

(Dossier Cote 24 und 11)

M. Barbys Beschreibung der Szene an diesem Nachmittag (Aussage vor M. Leydet am 24. November 1908) endete wie folgt:

„Madame Steinheil wurde von Monsieur Chabrier aus dem Speisezimmer gerufen. Kurz darauf kam sie zurück und sagte: ‚Couillard, Sie können gehen. Sie können Monsieur Leydet morgen um Ihr Portemonnaie bitten.‘

„Couillard stand auf, und als Frau Steinheil ihn fragte, ob er sich entschuldigen wolle, antwortete er: ‚Wenn ich Ihnen etwas zu sagen habe, werde ich es nur vor Herrn Hamard oder Herrn Leydet sagen.‘

Matin in Couillards Brieftasche eine Perle im Wert von einigen hundert Francs gefunden .‘

- 230 -

„Dann wurde vor Frau Steinheil, vor Frau de Toulgoët und ihrem Sohn, vor Herrn Chabrier und mir die Brieftasche geöffnet und die Perle hervorgeholt. Ich nahm sie und reichte sie Frau Steinheil, die sagte: ‚Es ist eine Perle von einem meiner gestohlenen Ringe!‘

„Wir waren alle sehr aufgeregt. Ich riet Frau Steinheil, sofort zum Polizeikommissariat zu gehen … und in Begleitung von Mlle. Marthe und M. Chabrier fuhr sie mit mir in meinem Auto dorthin …“

(Dossier Cote 43.)

Der Polizeikommissar war nicht da und ich sagte: „Das Einfachste ist, direkt zu M. Hamard zu gehen.“

Noch in derselben Nacht wurde Couillard von Kriminalbeamten verhaftet.

Trotz des Durcheinanders und der Verwirrung meiner Gedanken wurde mir im Laufe der Nacht, als ich ein wenig geschlafen hatte, die Schwere meiner Tat einigermaßen bewusst. Ich beschloss, alle möglichen Beweise dafür zu sammeln, dass der Ring, aus dem die Perle stammte, *nicht* gestohlen worden war. Diese Beweise würde ich offenlegen, sobald Couillard ein Geständnis abgelegt hatte.

Am nächsten Morgen ging ich zur *Sûreté* und bat um einen Detektiv, der mich in die Rue de la Boëtie begleiten sollte. Es war Inspektor Dechet, der kam, und zusammen gingen wir zu Monsieur Gaillard, dem Juwelier, der nach einer Skizze des Schenkers und mit einer von Dufayel mitgebrachten Perle den „neuen“ Ring angefertigt hatte, den Monsieur Ch. mir geschenkt hatte. Monsieur Gaillard konnte in seinen Büchern die genaue Beschreibung des Rings, das Gewicht und die Form der Perle usw. finden. Ich sagte ihm, dass die Perle, die ich in der Brieftasche meines Dieners gefunden hatte (er hatte natürlich von diesem Vorfall gelesen, der in allen Zeitungen behandelt wurde), diejenige im „neuen“ Ring war.

Später traf ich M. Souloy. „Haben Sie noch die Fassung des ‚neuen‘ Rings in Ihrem Besitz“, fragte ich ihn, „den ich Sie im vergangenen Juni gebeten habe zu ändern? Sie haben die Perle auf einen neuen Ring gesetzt, aber haben Sie die alte Fassung behalten?“

„Nein, Madame, es wurde zusammen mit dem Gold der anderen Juwelen eingeschmolzen, die ich für Sie ändern lassen sollte.“

„Das tut mir leid“, sagte ich, „denn es hätte mir nützlich sein können. Sehen Sie, vielleicht müssen wir jeden Moment zu Monsieur Hamard gehen und ihm einige Erklärungen zu dem Ring geben.“

Ich wusste nun, dass ich jederzeit beweisen konnte, dass die Perle nicht in der Nacht vom 30. auf den 31. Mai 1908 gestohlen worden sein konnte. Jetzt musste ich nur noch die weiteren Ereignisse abwarten und erfahren, ob Couillard ein Geständnis abgelegt hatte.

In der *Matin* wurde ich um einen Entwurf für einen Ring im „neuen Stil" gebeten. Ich gab die Adresse von M. Gaillard an und der Entwurf wurde veröffentlicht.

Auf meine Bitte hin wurde eine Durchsuchung in Couillards Räumen und auch in meinem eigenen Haus durchgeführt. Ich wollte wissen, ob Couillard etwas auf dem Dachboden oder anderswo versteckt hatte. Die Presse und die öffentliche Meinung waren sehr gegen Couillard aufgebracht, und ich wartete gespannt auf die Berichte, die mir die Inspektoren über den Verlauf der Vernehmung meines ehemaligen Dieners brachten. Ich hörte, dass er von einer Frau gesprochen hatte, die meinen Mann am Freitag, dem 29. Mai, besucht hatte – zwei Tage vor dem Verbrechen. Couillard stand am Küchenfenster, als es klingelte, und wollte gerade die Tür öffnen, als er sah, wie M. Steinheil in den Garten eilte und am Tor ein kurzes Gespräch mit einer Frau führte. Mir wurde auch gesagt, dass Couillard diese seltsame Aussage gemacht hatte: „Alexandra Wolff weiß mehr über die ganze Angelegenheit als ich!" All dies schien mir von größter Bedeutung. Couillard würde bald reinen Tisch machen. Endlich war der Sieg nahe – und mit ihm der Frieden. Gleichzeitig dachte ich an Alexandre Wolff. Der Sohn meiner Köchin stand mit meinem Diener auf dem freundschaftlichsten Fuß. Ich erinnerte mich, dass Wolff kurz nach dem Verbrechen viel besser gekleidet war und, wie jemand bemerkte, „ im Geld schwamm ". Er war groß und sehr stark und kannte das Haus gut. War er einer dieser Männer in den schwarzen Gewändern? Durch seine Mutter konnte er alles über unsere Bewegungen wissen. Ich fragte mich.

Dann, eines Nachts, ein oder zwei Tage nach Couillards Verhaftung, ereignete sich ein Vorfall, der mich mit neuen Verdächtigungen und Ängsten erfüllte. Jede Stunde brachte tatsächlich ihre Schocks und Ängste mit sich, die meinen Verstand völlig aus den Fugen brachten, und als ob mich ein grausamer Dämon trieb, rannte ich blind und achtlos meinem Verderben entgegen.

Ich saß in meinem Zimmer (das sich nach den Umbauten im Haus im Erdgeschoss befand) und las noch einmal die Briefe gegen Couillard und Wolff.

Es war spät und ich nahm an, dass alle im Bett waren. Plötzlich sah ich einen Lichtpunkt durch den Flur zur Treppe wandern. (Mein Zimmer war vom Flur durch das Esszimmer getrennt, das große Fenster hatte, und da es noch keine Tür zu meinem Zimmer gab – die Arbeiter waren noch nicht fertig mit ihrer Arbeit – sondern nur ein Stück Klebeband , das gerade beiseite geschoben worden war, konnte ich von meinem Zimmer aus durch die

Esszimmerfenster jedes Licht sehen, das sich im Flur bewegte.) Ich war erstaunt: Ich schlich mich zum Esszimmerfenster und sah Mariette und ihren Sohn. Was machten sie dort zu so später Stunde? Es war etwa Mitternacht … Sie gingen so leise wie möglich die Treppe hinauf. Ich hatte mich noch nicht ausgezogen und folgte ihnen. Als ich den Fuß der Treppe erreichte, hörte ich, wie Mariette zu Alexandre sagte: „Mach nicht das geringste Geräusch." Ich versuchte, ihnen nach oben zu folgen, aber meine Beine zitterten unter mir und ich blieb auf den unteren Stufen.

ALEXANDRE WOLFF UND SEINE MUTTER, MARIETTE WOLFF
Skizzen von Mme. Steinheil

Die beiden gingen hinauf, hinauf... Ich hörte, wie sie die Tür zum Dachboden öffneten und hineingingen... Wie lange sie dort blieben, konnte ich nicht sagen... Ich zitterte vor Angst und Kälte; das Blut pochte schmerzhaft in meinen Schläfen... Ich hörte sie wieder und sprang auf. Sie kamen herunter, blieben im zweiten Stock vor dem Eingang des Ateliers stehen und gingen dort hinein... Ich rannte in den Garten, um zu sehen, ob es im Atelier Licht gab. Es gab keins. Sie hielten ihre Kerze offensichtlich sehr niedrig und von den Fenstern weg. Ich eilte zurück zum Fuß der Treppe. Sie kamen herunter. Gerade als ich in mein Zimmer zurückkehren wollte, um nicht gesehen zu werden, hörte ich Wolff übellaunig zu seiner Mutter sagen: „Ich sage dir, dass drei fehlen", und Mariette antwortete: „Nun, dafür kann ich nichts ! ... " Wolff sagte dann: „Jetzt, wo er eingesperrt ist, werden wir nichts erfahren. Ach! Warum konnte sie nicht alles in Ruhe lassen? Alles war ruhig. Warum konntest du ihr nicht den Mund halten ? ... Aber sei vorsichtig. Sie ist hellwach. Das habe ich neulich abends gesehen, als ich hier zu Abend gegessen habe. Sie war nett wie immer, aber ihre Augen waren nicht mehr dieselben ..." Sie hatten auf dem Treppenabsatz im ersten Stock angehalten ... Ich fürchtete, ich würde nicht die Kraft haben, mein Zimmer zu erreichen, aber irgendwie schaffte ich es. Marthe schlief friedlich. Das Nachtlicht fiel auf die auf dem Tisch verstreuten Briefe und warf einen sanften Schein auf das Gesicht meiner Tochter. Ihr Anblick machte mir Mut. Ich sah auf die Uhr. Es war 0.40 Uhr. Ich ging zurück zum Esszimmerfenster und sah Mariette und ihren Sohn geräuschlos durch den Flur schleichen. Ich rannte zur Tür und ging, da ich kein Geräusch hörte, zwei oder drei Schritte in den Flur. Dann hörte ich Mariettes Stimme sagen: „Gib mir Licht ... ich kann nichts sehen." Die Stimme kam von der Treppe, die in den Keller führte, und die Tür oben an der Treppe stand halb offen. Was machten sie dort ? ... Ich versteckte mich wieder, und bald kamen die beiden hoch.

Alexandre Wolff sah verstört aus... „Pst!", sagte Mariette, und sie gingen durch die Küche zum *Pförtnerhäuschen* . (Mariette war zu dieser Zeit Köchin und Türsteherin.) Die Türen waren geschlossen, und ich konnte nichts hören. Ich wartete. Da der Flur fast ganz aus Glas war, konnte ich nicht umhin, Wolff das Haus verlassen zu sehen. Meine Gefühle während dieser ganzen Zeit kann man sich vorstellen. Endlich sah ich, wie sich die Tür des Pförtnerhäuschens öffnete, und dann schlich Wolff verstohlen zum Tor, öffnete es und verschwand. Ich ging zurück in mein Zimmer, um Marthe zu sehen. Sie hatte tief geschlafen. Ich sah auf die Uhr; es war 1.30 *Uhr*. Ich überlegte, was ich tun sollte. Zum ersten Mal hatte ich Angst vor Mariette, die trotz ihrer ziemlich groben Art immer die ergebenste Dienerin gewesen war, die man sich wünschen konnte. Mme. Chabrier war oben in ihrem kleinen Apartment. Sollte ich hinaufgehen und sie um Hilfe bitten ?... Ich zögerte, fasste dann aber einen Entschluss. Ich zündete eine Kerze an und ging geradewegs zum Pförtnerhaus. Der Eingang zum Garten, neben dem Tor zur Straße, war noch offen. Ich fand Mariette, die benommen neben ihrem Bett saß. Sie erschrak, als sie mich sah, und schien sofort zu merken, dass meine Gefühle ihr gegenüber anders geworden waren.

„Was machst du hier zu dieser Nachtzeit?", fragte ich sie. „Ich habe gerade gehört, wie das Tor der Sackgasse geschlossen wurde. Ist denn jemand hinausgegangen? Und warum steht deine Tür weit offen? Was ist los ?... "

„Nichts, Madame, ich habe die Tür geöffnet, um Luft zu schnappen... Ich fühle mich nicht wohl... All diese Geschichten, diese neuen Ermittlungen... Ich mag sie nicht. Alles wird schiefgehen. Couillard wird uns vielleicht endlose Schwierigkeiten bereiten. Wer weiß !... Vielleicht wird er mich oder meinen Sohn beschuldigen... Ah! Ich kann Ihnen schwören, wenn sie meinen Sohn anfassen... Sie kennen mich... werde ich vor niemandem Angst haben!"

Sie sah furchterregend aus, die alte Mariette, mit ihren zornig blitzenden Augen, ihrem bedrohlichen Kinn und ihren großen geballten Fäusten. Sie stand auf, kam nah an mich heran und sagte: „Und du? Warum bist du um diese Zeit noch nicht im Bett?"

Ich hatte Angst, aber ich nahm die letzte Kraft zusammen und sagte: „Weil ich wach war …"

"Seit wann?"

„Seit über zwei Stunden, seit elf Uhr … Warum siehst du so verängstigt aus?"

Mariette kam noch näher an mich heran, bis ihr Gesicht fast meines berührte. Ich hatte nicht einmal angedeutet, dass ich sie und ihren Sohn gesehen hatte, und doch sagte sie argwöhnisch und drohend: „Und dann ?… "

„Und dann… Mariette? Du musst mir erklären, was du mit deinem Sohn auf dem Dachboden, im Atelier und dann im Keller gemacht hast… Antworte mir."

Sie starrte mich an, zögerte und antwortete dann: „Was habe ich auf dem Dachboden gemacht ? … Das geht Sie nichts an. Ich kann tun und lassen, was ich will. Auf dem Dachboden sind Sachen von mir. Wenn ich will, kann ich meinem Sohn doch Sachen mitgeben, oder?"

„Nein, Mariette, Ihr Sohn hat nichts mitgenommen. Er hatte kein Paket dabei, als ich ihn gehen sah … oder das, was er mitgenommen hat, muss sehr klein gewesen sein."

Sie ergriff meine Hände: „Hören Sie, Madame, ich habe genug von all dem. Lassen Sie mich in Ruhe. Ich bin nicht in der Stimmung, Erklärungen abzugeben. Sie sollten lieber zu Marthe zurückkehren und zu Bett gehen … Hören Sie?"

Ihr Verhalten und ihr Tonfall erschreckten mich so sehr, dass ich mich eilig davonmachte. Den Rest der Nacht verbrachte ich auf einem Stuhl, wachte über Marthe und lauschte auf jedes Geräusch. Ich dachte ernsthaft darüber nach, Monsieur Hamard auf die Ereignisse jener Nacht aufmerksam zu machen, aber Mariette war viele, viele Jahre lang eine vorbildliche Dienerin gewesen. Ich verdächtigte ihren Sohn, der, wie man mir erzählt hatte, extrem gewalttätig war und mehrere Begegnungen mit der Polizei gehabt hatte, aber ich konnte nicht glauben, dass die alte Mariette etwas mit dem Verbrechen zu tun gehabt hatte. Und ich dachte an ihre Tochter und ihren Schwiegersohn, Mme. und M. Geoffrey, die beide immer sehr ergeben gewesen waren. Die Frau kam ständig zu mir nach Hause, um Gelegenheitsarbeiten zu erledigen, und der Mann war immer bereit zu helfen. Sie hielten den Haushalt, wenn wir im Urlaub waren, und ich konnte mich blind auf sie verlassen… Wenn ich Mariette und ihren Sohn in irgendeiner

Weise beschuldigen würde, würden sie alle leiden, ach !... Ich dachte auch, dass dieser nächtliche Besuch auf dem Dachboden und im Keller möglicherweise nichts Böses war. Vielleicht hatte Mariette sich am Ende doch ein privates Gespräch mit ihrem Sohn gewünscht und ihm verschiedene Dinge von ihr zeigen oder geben wollen... Vielleicht ließ sich ihre wütende Haltung mir gegenüber damit erklären, dass sie befürchtete, ich könnte ihren Sohn verdächtigen, so wie ich es bei Couillard getan hatte. Vielleicht war sie genauso abgelenkt wie ich selbst und fast unverantwortlich für das, was sie tat oder sagte !...

Gleichzeitig zitterte ich vor Angst und fragte mich ... Bei Tagesanbruch schlief ich vor lauter Erschöpfung ein, wurde aber bald durch das Zuschlagen der Türen geweckt. Ich ging hinaus, um nachzusehen, was los war.

M. Hamard war mit einer ganzen Truppe von Detektiven gekommen, um in meinem ganzen Haus Nachforschungen anzustellen. Die Handwerker kamen wie üblich und auch eine kleine Gruppe von Journalisten. Mariette war wütend und fluchte wie ein Soldat.

Plötzlich stürzte ein Mann durch das Tor herein. Er kam auf mich zu und sagte: „Ich habe gehört, dass M. Hamard, der Chef der *Sûreté*, hier ist. Bitte, Mademoiselle, sagen Sie ihm, dass ich unbedingt mit ihm sprechen muss!“

„Nun, und was haben Sie ihm zu sagen?“, fragte M. Hamard. Er wandte sich mir zu und flüsterte: „Sehen Sie, die Leute halten Sie immer noch für Ihre Tochter!“ Dann wandte er sich an den Mann, dessen Name Wagner war, und fügte hinzu: „Sie können mit dieser Dame sprechen. Sie ist Mme. Steinheil selbst und ich bin M. Hamard.“

Er winkte die Journalisten weg, denn alle hatten sich natürlich eifrig um uns gedrängt. Dann erklärte der Mann atemlos, er könne äußerst wertvolle Informationen über Alexandre Wolff geben; Wolff habe am Tag nach dem Verbrechen eine Menge Geld in seinem Besitz gehabt ... M. Hamard bat mich, ihn mit dem Mann allein zu lassen, und ich zog mich zurück.

Fast den ganzen Tag durchsuchten die Detektive das Haus. Sie untersuchten alles in Mariettes Wohnung, durchsuchten den Keller und auch den Dachboden. Ich half ihnen. Ich war überzeugt, dass sie etwas finden würden, das zur vollständigen Lösung des Problems führen würde, das mich in den Wahnsinn trieb. Aber die Detektive fanden nichts, und ich geriet in Verzweiflung.

Der Dachboden war riesig und vollgestopft mit Kisten, Möbeln, Modelkostümen und was nicht alles ... Ich ging hinauf, um den Detektiven bei der Arbeit zuzusehen. Ich fragte mich, was in der Nacht passiert war, als Mariette und ihr Sohn dort gewesen waren! Diese Worte: „Es werden drei vermisst ...“ verfolgten mich. Ich war erschöpft und krank. Ich hatte 48

Stunden nicht geschlafen und tausend verrückte Ängste durchgemacht ... Ich wollte, dass die Männer etwas fanden ... Es schien mir, dass sie nicht aufmerksam genug waren, dass sie nicht so gründlich suchten, wie sie sollten ... Ich eilte in mein Zimmer, nahm einen winzigen Diamanten in einer Schachtel, eilte zurück auf den Dachboden und ließ ihn in den Staub fallen. Ja! Das war eine gute Idee. Sie würden ihre Bemühungen jetzt erneuern ... Ich lenkte ihre Aufmerksamkeit auf den glitzernden Fleck, und einer der Detektive hob den kleinen Diamanten auf. Der anwesende M. Hamard steckte den Stein schnell ein und bemerkte: „Wir müssen herausfinden, ob es ein echter Diamant oder nur eine Paste ist."

Die Detektive verließen das Haus am späten Nachmittag. Die Journalisten durften jetzt hereinkommen, und sie kamen auch! Fünfzig oder sechzig an der Zahl. Sie huschten herein wie wilde Tiere! Sie stellten jedem im Haus Fragen. Sogar diejenigen, die ich für schwerfällig und würdevoll gehalten hatte, verloren die Kontrolle über sich selbst ... Ein Hagel von Fragen prasselte auf mich nieder. „Schreiben Sie, was Sie wollen", sagte ich müde, „aber lassen Sie mich in Ruhe, ich muss schlafen, ich muss das alles vergessen ..." Ich schloss mich in einem Zimmer ein und schlief eine Stunde, und Marthe war an der Reihe, auf ihre Mutter aufzupassen ...

Ein Geräusch wie die Stimme eines wütenden Meeres weckte mich. Ich ging zum Gartentor und sah durch das kleine Pförtchen eine große Menge Männer und Frauen – vor allem Frauen –, die ängstlich heulten. Marthe hielt meine Hand und zitterte. „Mutter, Mutter, was ist los?", fragte sie immer wieder. Ein gesetzter englischer – oder amerikanischer – Journalist, der zu der Zeit bei uns war, sagte: „Achten Sie nicht darauf, Madame. Verlassen Sie dieses Tor. Manche stehen auf Ihrer Seite, andere verabscheuen Sie – und weder der eine noch der andere weiß, warum." Und er fügte murmelnd hinzu: „Der große Feind der Vernunft, die Menge ..." Worte, die in einem dramatischen Moment gesprochen werden, prägen sich oft ins Gedächtnis ein, und dieser letzte Satz kam mir oft in den Sinn. Ich habe später herausgefunden, dass der Journalist Sir Thomas Brown zitierte.

Frau Chabrier, die am frühen Nachmittag ausgegangen war, hatte die größten Schwierigkeiten, das Haus zu erreichen, ebenso wie die Boten und der Postbote, die Unmengen von Briefen brachten, die ich eifriger las als zuvor ... Endlich, spät am Abend, räumten Polizisten die Impasse Ronsin und der Sturm legte sich. Wir setzten uns zum Abendessen, Marthe und ich, konnten aber nicht essen ...

Mitten in der Nacht – es muss halb drei gewesen sein – klingelte es unaufhörlich an der Tür. Ich stand auf und zog mich hastig an, Mariette stand schon am Tor. „Wer ist da?", rief ich, „was ist los?" Draußen standen ein halbes Dutzend Journalisten, die wissen wollten, ob es wahr sei, dass ich

Selbstmord begangen hätte! Mariette schrie: „Nein, natürlich nicht! Geht weg!" und schlug die Tür zu. Auch in dieser Nacht konnte ich nicht schlafen. Ich dachte, ich könnte keinen weiteren Tag wie den, den ich gerade hinter mir hatte, keine weitere Nacht wie die, die sich jetzt langsam dahinschleppte, überleben. Ich war überzeugt, dass ich die Grenze menschlicher Belastbarkeit erreicht hatte, aber die Ereignisse sollten mir sehr bald – tatsächlich innerhalb der nächsten 24 Stunden! – beweisen, dass ich Unrecht hatte. Mein Leidensweg hatte gerade erst begonnen … Die menschliche Fähigkeit, körperlich und geistig zu leiden, kennt vielleicht keine Grenzen.

Ich dachte an Couillard. Was tat er? Sagte er etwas? Waren meine Vermutungen, waren all die anonymen Briefe völlig falsch? Würde er gestehen? Hatte er etwas zu gestehen?

Ein Inspektor hatte mich am Nachmittag besucht und mir erzählt, dass Couillard gesagt hatte, dass M. Steinheil ihm am Samstag, dem 30. Mai, weniger als zwölf Stunden vor dem Verbrechen, gesagt hatte, dass er einige wichtige Briefe erwarte und ihm befohlen hatte, sie unter der Tischdecke in der Halle zu verstecken, wenn sie kämen. Zwei Nachrichten waren gekommen, und Couillard hatte sie wie ihm gesagt versteckt... Das waren wichtige Tatsachen. Es war noch nicht an der Zeit, zu M. Hamard zu gehen und ihm die Wahrheit über die Perle zu sagen... Couillard machte neue und höchst interessante Aussagen und könnte noch viel mehr wissen und sagen... Wenn Couillard völlig unschuldig war und absolut nichts wusste, was Licht in das Verbrechen bringen könnte, war es niederträchtig von mir, ihn im Gefängnis zu lassen, wo er doch sofort freigelassen worden wäre, wenn ich behauptet hätte, ich hätte die Perle nur in seine Brieftasche gelegt, um den Diener zum Reden zu bringen. Aber damals glaubte ich aufrichtig, dass er nicht ganz unschuldig war, und war überzeugt, dass ich jeden Moment erfahren könnte, dass er das große Geheimnis und die Namen der Mörder preisgegeben hatte. Und deshalb wartete ich noch ein wenig länger ...

KAPITEL XX

DIE SOGENANNTE „NACHT DER BEICHTE" (25.-26. NOVEMBER 1908)

FRÜH am Morgen kamen wie üblich Journalisten, um „die Neuigkeiten zu erfahren", und wie üblich folgten sie den Arbeitern ins Haus.

Um 10 Uhr kamen die Detektive, um ihre Suche fortzusetzen, und wieder einmal hoffte ich, dass sie eine Entdeckung machen würden, die zur „Wahrheit" führen würde. Mariette war in einem Zustand der Raserei und sagte zu mir, als sie mich sah: „Die Menge ist gegen Sie. Couillard ist verhaftet. Als nächstes werden sie meinen Sohn und mich verhaften, wette ich. Sie werden der *Sûreté erzählen*, was neulich Nacht passiert ist, als Sie mich und Alexandre gesehen haben... Hören Sie mit diesem ganzen Aufruhr auf... Das Leben ist nicht lebenswert... Schicken Sie die Polizei von hier weg. Sie machen mich mit ihren endlosen Ermittlungen verrückt. Wenn das alles noch viel länger so weitergeht, weiß ich nicht, was passieren wird. Jedenfalls werde ich vor nichts Halt machen! Wenn es schließlich jemanden gibt, der etwas über den Mord weiß, dann muss es M. Bdl sein."

Mariette wusste von meiner kurzen Freundschaft mit Monsieur Bdl und war sich auch darüber im Klaren, dass die Beziehung zu ihm schon lange beendet war. Aus irgendeinem Grund wollte sie mich jedoch einschüchtern und schleuderte mir diesen Namen als Waffe entgegen, denn sie wusste, wie sehr es mir am Herzen lag, dass Marthe nichts von dieser Indiskretion erfuhr.

Mariette fuhr grimmiger denn je fort: „Wenn die Polizei dieses Haus nicht verlässt, wenn Sie ein Wort gegen Alexandre oder mich sagen, werde ich alles sagen, was ich über M. Ch. und M. Bdl. weiß, und dann werden wir sehen! Ah! Sie sagen, Sie lieben Ihre Tochter... Nun, ich liebe meinen Sohn... Wir werden sehen, wir werden sehen..." Dann änderte sich plötzlich ihr Tonfall und sie sagte verzweifelt: „Es gibt nur eine Sache für mich: Ich muss mich betrinken."...

Ich hatte ein ständiges Summen in den Ohren, mein ganzer Körper brannte, und mir war, als würde mein Herz, das so schrecklich schnell schlug, plötzlich stehen bleiben... Ich sah Mariette an und sagte mit aller Entschlossenheit, die ich aufbringen konnte, zu ihr: „Ich werde diese Angelegenheit bis zum Ende durchziehen. Ich werde die ganze Wahrheit sagen, ich werde alles sagen, was ich weiß."...

Mariette hörte nicht mehr zu. Sie hielt ihren armen Kopf und murmelte: „Ich muss mich betrinken, betrinken ... das ist das Einzige, was ich tun kann." Sie tat mir leid und ich ging weg.

M. Hamard kam an, sah seine Männer, kam dann zu mir und sagte: „Wir können nichts finden … Es ist zwar wahr, dass seit dem Mord viele Monate vergangen sind … Übrigens möchte M. Leydet Sie gern im Justizpalast sehen. Inspektor Pouce wird hierherkommen und Sie begleiten … Die Menge ist ziemlich feindselig."

„Sehr gut, M. Hamard", antwortete ich.

In diesem Moment stürmte buchstäblich eine ganze Gruppe Journalisten in das Haus... Einige von ihnen kamen tatsächlich durch die Fenster im Erdgeschoss. Sie umringten mich und ihr Gebrabbel war so laut, dass ich nur Bruchstücke von Sätzen hören konnte: „Haben Sie gehört... Ein Juwelier hat gesagt... es gibt einen Vorfall... Couillard... der Ring..." Blitzlichter erschreckten mich ständig... Tausend Fragen wurden auf mich einprasseln... Ein Journalist der Redaktion des *Gaulois* bat darum, meine Hand zu fotografieren, weil eine „Ring-Story" herausgekommen sei...

Ich war krank und verwirrt. Es gab viele Tage in meinem Leben, an denen Schock auf Schock und Erregung auf Erregung folgten, als ob ein erbarmungsloses Schicksal mich zu erdrücken versuchte, aber dieser Tag, der 25. November 1908, war zweifellos der schmerzhafteste und grauenhafteste meines ganzen Lebens.

Während ich versuchte, die Fragen der Journalisten zu beantworten, da sie mich nicht in Ruhe ließen, bis ich das tat, kamen verschiedene Leute, um die zu vermietenden Wohnungen zu besichtigen. (Ich hatte das riesige Atelier mit seinen antiken Möbeln bereits für 320 Pfund pro Jahr an einen ausländischen Künstler vermietet. Der Dreijahresvertrag wurde unterzeichnet, aber meine Verhaftung änderte alles und der Mietvertrag wurde für null und nichtig erklärt.)

Nachdem die Journalisten gegangen waren, versuchte ich, ein Inventar des Silbers, der Möbel und der Wäsche in den Wohnungen zu erstellen, die ich vermieten wollte, aber die Feder zitterte in meiner Hand und ich musste den Versuch aufgeben.

Die Mittagszeit kam. Ich konnte nichts mehr essen. Ich hatte allen Appetit verloren und außerdem drangen wieder Journalisten in mein Haus ein. Warum hatte ich meine Tür nicht verbarrikadiert? Aus dem einfachen Grund, dass die Arbeiter, die sich nun dem Ende ihrer Arbeit näherten, ständig kamen und gingen. Einige brachten Tapetenrollen, andere nahmen Bretter, Leitern, Werkzeuge mit … Und wann immer das Tor für einen Arbeiter geöffnet wurde, stürzten ein oder mehrere Reporter hinter ihm herein. Außerdem bin ich überzeugt, dass sie, wenn alles gegen sie verbarrikadiert gewesen wäre, über die Mauer gesprungen wären, wie ich es zumindest einen hatte tun sehen …

Inspektor Pouce kam und sagte zu mir: „Nehmen Sie Ihren Schmuck mit, er wird gebraucht."

Ich holte sie ab und fuhr mit dem Inspektor in einem Taxi zum Justizpalast. Unterwegs bemerkte ich, dass Inspektor Pouce sehr traurig aussah. Das sagte ich ihm.

„Oh, Madame", sagte er, „ wenn ich an Ihrer Stelle wäre, hätte ich wahrscheinlich schon vor langer Zeit den Verstand verloren. Wie sehr müssen diejenigen, die Sie in der Überzeugung, das Richtige zu tun, dazu drängten, die Presse um Hilfe zu bitten und neue Anstrengungen zu unternehmen , um die Mörder aufzuspüren, es jetzt bereuen, da sie erkennen, welches Martyrium Sie erlitten haben ... ein Martyrium, das noch nicht zu Ende ist."

Ich hörte Inspektor Pouce zu, verstand ihn aber nicht. Ich war zu taub und gebrochen. Wie gern hätte ich geschlafen... Das sagte ich zu meinem Begleiter. Mein Kopf fühlte sich so schwer an... Im Taxi wäre ich fast eingeschlafen.

Im Justizpalast wurde ich von Maître Aubin und seinem Sekretär M. Steinhardt empfangen. Ersterer sah sehr zufrieden aus: „Die Dinge laufen sehr gut", rief er aus. „Couillard hat bereits mehrere interessante Aussagen gemacht... Übrigens gibt es etwas, das mich Ihretwegen beunruhigt. Sind Sie sicher, dass Sie nicht zwei gleiche Perlen haben? Wenn ja, sollten Sie es besser sagen."

Ich antwortete nicht, sondern ging allein in M. Leydets *Kabinett* . Durch eine offene Tür sah ich ihn im Nebenzimmer auf und ab gehen.

Er kam herein und verbeugte sich wie üblich vor mir, aber mir fiel auf, dass er sehr blass war.

„Bringen Sie Couillard herein", befahl M. Leydet, „seinen Anwalt, M. Bouin, den Juwelenexperten, M. Gaillard und M. Souloy."

Als alle gekommen waren und sich gesetzt hatten, erklärte mir M. Leydet mit vor Erregung bebender Stimme, dass M. Souloy eine Erklärung abgegeben hatte ...

Ich war sprachlos. Es machte mir nichts aus, dass M. Souloy eine Aussage gemacht hatte, offensichtlich über die Perle. Was mich aufregte, war die Tatsache, dass er es zu früh getan hatte, bevor Couillard ein umfassendes Geständnis abgelegt hatte, in dem er alles preisgab, was er wusste. „Das haben Sie also getan, M. Souloy", rief ich aus. „Und das, nachdem ich Sie besucht und Ihnen gesagt hatte, dass wir eines Tages zu M. Hamard gehen müssten." ...

„Madam", sagte der Juwelier, „mein Gewissen ..."

Ich konnte plötzlich nicht mehr klar denken, konnte mir die Dinge nicht mehr klar machen ... M. Souloy hatte den *Talisman* vor Jahren hergestellt ... Er kannte mich gut. Er konnte mir doch nicht zutrauen, einer bösen Tat fähig zu sein. Warum war er spontan zu M. Leydet gekommen, um „eine Aussage zu machen "? Hielt er mich für einen Verbrecher? Was hatte das alles zu bedeuten ? ...

M. Leydet und die anderen gaben alle möglichen Erklärungen ab. Ich konnte ihnen nicht folgen... Dann sagte M. Leydet zu mir: „Sie hatten doch *zwei* Ringe der ‚neuen Kunst', nicht wahr? Einer wurde von Couillard gestohlen und der andere wurde M. Souloy übergeben?"

Ich hätte einfach mit „Ja" antworten können, und Couillard wäre verloren gewesen, doch obwohl ich alles verschwommen im Gedächtnis hatte, war mir klar, dass es kriminell wäre, so etwas zu tun, und dass ich, was auch immer Couillard getan haben mochte, kein Recht hatte, die Unwahrheit zu sagen, und so antwortete ich: „Nein, nur eine."

M. Leydet sah mich mit fast hageren Augen an und ich wiederholte: „Nur eine."

„Aber ist Ihnen die Schwere Ihrer Aussage bewusst?"

Daraufhin kam einer von Souloys Angestellten herein und sah mich starr und auf eine Weise an, die mich erschreckte. Und ich musste an gewisse Worte denken, die M. Sauerwein in der *Matin gesagt hatte* .

Nach Couillards Verhaftung kam Herr Sauerwein zu mir, zweifellos um mich seine Beleidigungen und seine phantastischen Anschuldigungen im Zusammenhang mit dem Rossignol-„Hinweis" vergessen zu lassen: „Ich kenne den Juwelier, der die in der Mordnacht gestohlenen Juwelen gekauft hat. Er ist Hehler... Ich darf Ihnen seinen Namen nicht nennen... Er hat Frau und Kinder. Er hat Angst, gelyncht zu werden, wenn er entdeckt wird... Aber er ist in meiner Gewalt..." Und ich war verrückt genug, Herrn Sauerwein zu glauben.

Als ich M. Souloys Angestellten sah, war ich überzeugt, dass er der Mann war, von dem M. Sauerwein gesprochen hatte. Ich dachte, er könnte angestellt und gleichzeitig „Empfänger" sein. Ich wurde mehrere Stunden lang befragt, aber meine Antworten waren vage ...

Später wurde mir so schwindlig, dass Maître Aubin gerufen wurde... M. Leydet beobachtete mich seltsam und sagte viele Dinge, die ich nicht verstand... Und dann verließ ich mit Maître Aubin das Zimmer. Er bat mich, ihn am nächsten Morgen zu treffen; er wollte ein ernstes Gespräch mit mir führen, und danach könnten wir gemeinsam M. Leydet besuchen.

„Warum besprechen wir die Sache nicht heute Abend?“, schlug ich vor.

„Nein, nein, ich bin jetzt nicht frei.“

Wäre Maître Aubin in dieser Nacht „frei“ gewesen, wäre ich am nächsten Tag wahrscheinlich nicht im Gefängnis gelandet. Dann fügte er hinzu: „Vor allem empfangen Sie keinen einzigen Journalisten.“

Aber als ich mit Marthe, die mich abholen gekommen war, nach Hause ging, war ich in Begleitung eines Journalisten, und im Haus traf ich zwei weitere, einen von den *Gaulois* und einen vom *Petit Journal* , die auf mich gewartet hatten!

Beide waren jedoch äußerst höflich, und als ich ihnen sagte, dass ich völlig erschöpft sei und sie vielleicht am nächsten Morgen wiedersehen würde, verbeugten sie sich und gingen weg.

ein Vertreter der *Temps* kam und fragte: „Was soll die ganze Aufregung mit Ihrem Schmuck, Ihren Ringen ? Können wir irgendwas für Sie tun?“ Er sprach leise und höflich, und ich war ihm dankbar, hatte aber nichts zu sagen.

Ich sank in einen Sessel. Marthe, die neben mir saß, schluchzte. Sie sagte, man habe ihr im Justizpalast gesagt, dass ich verhaftet würde... Es war herzzerreißend, ihre Tränen zu sehen.

Gegen neun Uhr, als ich gerade in mein Zimmer zurückkehren wollte – denn selbst am Tag nach dem Verbrechen hatte ich mich nicht so niedergeschlagen gefühlt –, kam Mariette und sagte, Monsieur Barby sei angekommen. Schon wieder *Morgen* ! Dann betrat Monsieur Hutin vom *Echès de Paris* das Zimmer.

Bevor ich ein einziges Wort sagen konnte, rief M. Hutin wütend, fast grob, als hätte er jedes Recht, in mein Haus einzudringen und mit mir zu reden, wie es ihm beliebte: „Ach, so machen Sie das! Und ich war dumm genug, Ihren Fall zu übernehmen! Sie haben mich also zum Narren gehalten! Was haben Sie denn getrieben ? ... Die schwarzen Kleider: das ist eine Fabel! Ihr Schmuck: keiner wurde gestohlen! Das Geld: es war keins da! Sie müssen mir die Wahrheit sagen ...“

„Verlasse dieses Haus“, sagte ich. „Ich habe nicht die Kraft, mit dir zu streiten.“ ...

Er lachte boshaft und fuhr fort: „Jetzt sind alle gegen Sie. Sie hätten nicht Couillard verhaften sollen. Es ist Ihr Liebhaber ...“

Mein Geliebter! Ich dachte an Herrn Bdl., den ich seit Monaten nicht gesehen hatte, und sagte mir: „Was? Sie werden ihn verhaften! Was ist los ? ... Was wollen sie?“ ...

Die Tür wurde aufgerissen. Herr de Labruyère stürzte herein. Er gestikulierte wild und sah noch wütender und bedrohlicher aus als Herr Hutin ...

„Sie sind ein Schurke, nichts als ein Schurke", begann er. „Es ist furchtbar. Couillard ist unschuldig; er hat die Perle nie gestohlen." ...

Ich unterbrach ihn. „Hab Mitleid mit mir. Ich habe seit vier Tagen nicht geschlafen. Lass mich in Ruhe. Ich habe keinem von euch etwas zu erzählen. Ich bin krank. Siehst du nicht, dass ich krank bin?"

Sie zuckten mit den Schultern. M. de Labruyère fuhr fort: „Ich habe gerade den Justizminister verlassen. Nur der *Matin* und das *Echo de Paris* können Sie retten. Sie werden tun, was man Ihnen sagt. Wenn Sie das nicht tun, werden Sie, Ihre Tochter, Ihr Bruder, Ihr Liebhaber, die Chabriers, Sie alle verhaftet ... Ihr Cousin Meissonier wurde bereits verhaftet. Eine ganze Schwadron Kürassiere hat sein Haus in Poissy umstellt, um ihn vor der Wut des Pöbels zu retten ... Die Sackgasse ist mit Menschen blockiert. Ihr Haus ist umstellt. Draußen hat sich eine riesige Menschenmenge versammelt, und sie wollen das Haus anzünden, wollen Sie lynchen." ...

Ich hörte mir das alles an, aber ich verstand nicht. Ich hörte so aufmerksam zu, dass jedes Wort, das in dieser Nacht gesprochen wurde, einen unauslöschlichen Eindruck in meinem Gedächtnis hinterließ. Hätte ich es verstanden, hätte ich begriffen, dass sie rücksichtslos logen, um mir ein Geständnis abzuringen, das ich nicht machen konnte, da ich unschuldig war, und dass ich, so krank und verwirrt ich auch war, irgendwie genug Autorität hätte aufbringen müssen, um sie dazu zu bewegen, das Haus zu verlassen.

Dann änderte sich die Melodie. Die Einschüchterung hatte ihr Ziel erreicht. Ich stand zitternd vor den beiden Männern und konnte mich nicht verteidigen. Sie konnten es jetzt mit einer anderen Methode versuchen: mit Sympathie. Nach starkem Drama kam Pathos.

„Arme Frau, sag uns die Wahrheit. Wir sind deine besten, deine einzigen Freunde ... Gestehe, wenn nicht um deinetwillen, dann um deiner Tochter willen, der unglücklichen kleinen Marthe, die dort in diesem Zimmer schluchzt. Sprich mit uns, und du bist gerettet. Wir sind die einzigen Menschen, die euch beide retten können! Sei schnell, sei schnell. Höre auf den Mob draußen. Kannst du ihn hören?" ...

Ich hörte ein wildes Dröhnen in meinen Ohren, aber ich hatte dieses Geräusch in letzter Zeit sehr oft gehört, wenn ich krank und erschöpft war... Diese Männer folterten mich. Was wollten sie von mir? Was hatte ich getan, um so behandelt zu werden? Hatten sie sich vorgenommen, mich völlig den Verstand zu verlieren ?...

Dann sah ich plötzlich durch das Fenster des Esszimmers ein Gesicht ... Es war das Gesicht einer hässlichen alten Frau mit wilden Augen, und die alte Frau drohte mir mit der Faust ...

Ich rief: „Pass auf! Pass auf! Mariette ist da!" ...

„Na gut ... egal", sagte M. Hutin. „Jetzt hören Sie uns zu. Sie sind verloren, und nicht nur Sie, sondern alle im Haus, wenn Sie nicht beichten."

"Bunau-Varilla ist reich", sagte Monsieur de Labruyère. "Er wird Sie retten. Sie werden kommen, um Sie alle zu verhaften, Sie und Marthe. Sie verstehen, vor allem Ihre kleine Marthe. Aber wir können Sie retten, wenn Sie sich beeilen ... Wir haben es eilig."

Ja, sie hatten es eilig: Ihr Sensationsexemplar musste rechtzeitig in Druck gehen. Ich hatte noch nichts gesagt, und sie mussten noch schreiben, was ich sagen würde, was sie *mich ihrer Meinung nach unbedingt sagen lassen würden* !

M. de Labruyère fuhr in schmeichelnder, mitleiderregender Art fort: „Wir wollen Sie nur retten, auch wenn Sie es nicht wollen! Ich sage Ihnen, Bunau-Varilla wird alles tun. Wir werden Sie ins Ausland schmuggeln und Sie werden all Ihre Sorgen vergessen." ...

Er kam ganz nah an mich heran und fügte hinzu: „Denk an deine arme tote Mutter. Sie hat dich an diesem Abend ‚Meg, Meg...' genannt... Also, Meg, Meg, erzähl uns alles."

Ich schwankte. Alles schien sich um mich zu drehen.

„Was möchtest du, dass ich sage?", fragte ich.

M. Hutin ergriff meine Hände: „Alles. Aber reden Sie nicht mit uns über schwarze Gewänder. Niemand glaubt daran; es hat keinen Sinn, noch länger darauf zu bestehen. Reden Sie auch nicht über die Juwelen, das ist auch ausgelutscht. Sie sollten uns lieber zuerst die Wahrheit über diese Perle erzählen und uns auch den Namen des Mannes nennen, der Ihr ‚Freund' war ..."

Ich antwortete: „Ich war es, der die Perle in Couillards Brieftasche gelegt hat, ich war es, der den Diamanten auf den Dachboden gelegt hat; der Name meines Freundes war Bdl."

Mariette machte wieder Zeichen am Fenster, und ich musste noch einmal an Alexandre Wolff denken ...

Die beiden Journalisten stellten mir immer wieder Fragen. Sie sprachen gleichzeitig. Ich war von meinem Stuhl auf den Boden gesunken. Ich wollte und konnte nicht antworten... Sie wurden wütend. *Ich fiel zu Boden.* Ich flehte sie an zu gehen; sie packten mich an den Handgelenken und schrien: „Gestehen Sie, gestehen Sie !... "

Als Herr de Labruyère sah, dass ich nichts sagte, flüsterte er: „Ich werde Ihnen die ganze Wahrheit sagen. Ich habe Briand heute Nachmittag gesehen. Sie müssen sprechen. Aber vor allem: Sagen Sie nicht, was Sie schon gesagt haben. Die öffentliche Meinung glaubt nicht an die Geschichte, die Sie erzählt haben. Erzählen Sie eine andere! Sagen Sie uns die Namen der Mörder."

Mir gefror das Blut in den Adern. Ich hatte keine Möglichkeit mehr, zu denken. Diese Männer hatten meinen Verstand, meine Vernunft getötet. Sie wollten Namen, egal welche Namen.

Ich nannte einen, zwei, drei Namen. Ich sagte „Salvator" (eines der Modelle meines verstorbenen Mannes). Sie waren nicht zufrieden! Dann sagte ich: „Das ist nicht Salvator, das ist sein Bruder!" Das ging auch nicht … Dann dachte ich an Alexandre Wolff, der mir in letzter Zeit so oft im Kopf herumgegangen war …

„Alexandre Wolff", rief ich. „Er ist der Mörder."

Das passte ihnen. Sie begannen zu kritzeln. Sie machten Vermutungen über Dinge, die geschehen waren... Sie hatten offensichtlich (wie ich später feststellte) anonyme Briefe erhalten, so wie ich... Ich antwortete: „Ja, ja."...

Dann hellten sich ihre Gesichter plötzlich auf. Sie hatten gewonnen! Der sensationellste Artikel seit vielen Jahren würde in wenigen Stunden unter ihrer Unterschrift erscheinen. Der größte Tag ihrer Karriere war gekommen!

Dann empfanden sie Dankbarkeit, obwohl sie in großer Eile waren, denn es war nach Mitternacht, und sie sprachen ein paar aufmunternde Worte.

„Alles wird gut. Wir schicken Ihnen ein Auto. Sie und Ihre Tochter werden in ein Hotel gehen, um nicht gelyncht zu werden. Und danach werden Sie ins Ausland gehen und alles vergessen." (Meine Tochter hörte sie diese Worte sprechen.)

Sie schüttelten mir herzlich die Hand und sagten: „Denken Sie daran, wir sind alle Ihre Freunde, Ihre besten, Ihre einzigen Freunde. Auf uns können Sie sich immer verlassen. Briand, Bunau-Varilla, werden Sie verteidigen. Mit solchen Beschützern sind Sie absolut sicher, und Ihre kleine Marthe auch. Unter diesen Umständen kann Ihnen das Gesetz nichts anhaben."..... .

Sie gingen zur Tür. Dann kam Herr Hutin zurück. Er hatte etwas von erheblicher Bedeutung vergessen:

„Was auch immer passiert, ändern Sie nichts an dem, was Sie uns gesagt haben … Wenn Sie das tun, sind Sie und Ihre Tochter verloren!" …

vier Stunden lang gefoltert worden ; ich war zerschunden, zerschmettert und blutete; und in der Qual meiner Schmerzen sank ich zu Boden und lag dort und wünschte mir von ganzem Herzen die Erlösung durch den Tod. Dann wurde alles gnädigerweise leer …

Ich könnte diese „Nacht der Beichte" nicht besser mit einem schrecklichen Albtraum vergleichen. In einem Albtraum erscheinen die Leute, die man in den vorangegangenen Stunden gesehen oder über die man gesprochen hat… Zweimal an diesem Tag wurde ich nach M. Bdl. gefragt ; zwanzigmal wurde ich nach Alexandre Wolff gefragt. Und dann waren da noch die anonymen Briefe. Ich zitierte meinen Peinigern wie in Trance eine ganze Passage aus einem dieser Briefe, und das war Teil meines „Geständnisses". „Wolff war gekommen, um zu stehlen… Er hatte gedroht, zu erklären, ich hätte ihm befohlen, meinen Mann und meine Mutter zu ermorden, wenn ich ihn denunzieren würde…" Diese Theorie des Verbrechens war mir in Briefen immer wieder nahegelegt worden. Und so sprach ich über M. Borderel und beschuldigte Wolff. Und als ich Mariette am Fenster sah, die mir Zeichen gab, war ich mir sicher, dass die Briefe richtig waren und dass Wolff der Mörder war…

Vielleicht war der armen Frau leider klar, dass diese Männer mir alles sagten, was sie wollten, und sie zitterte um den Sohn, den sie liebte.

Ein wahrer Albtraum ! … Aber nach einem Albtraum kehrt man ins Leben zurück, findet Frieden und sogar Glück und ruft aus: „Gott sei Dank, es ist nicht wahr; es war nur ein schrecklicher Traum! " … Aber nach meinem Albtraum erwachte ich zu noch schlimmeren Qualen: Ich erwachte und musste feststellen, dass ich von meinem Kind weggerissen, verhaftet und ins Gefängnis geworfen wurde. Das grausige Drama war noch nicht zu Ende; es hatte gerade erst begonnen.

Ich wünschte, ich könnte diesen Albtraum vergessen, aber leider! Ich erinnere mich an jedes schmerzhafte Detail, so wie ich es hier niedergeschrieben habe. Ich verstand kaum, was man mir sagte oder was ich sagte; ich war Lehm in den Händen der beiden Männer, die in ihrem beruflichen Eifer vor nichts zurückschreckten, um mir Stoff für eine Sensationskopie zu entlocken – aber Lehm bewahrt Eindrücke. Sie ließen mich eine Zeitlang meinen Verstand verlieren, aber nicht mein Gedächtnis, und nach drei Jahren sind die Einzelheiten dieser schrecklichen Nacht der Qual immer noch so grausam lebendig in meinem Gedächtnis, dass meine Hand beim Schreiben zittert. Mein ganzes Wesen schaudert, ich höre die rauen Stimmen der Männer, ich fühle, wie sich ihre Hände um meine Handgelenke schließen – und der Stift fällt aus meinen gefühllosen Fingern …

Ich werde nun - der Fairness halber - den Bericht über die "Nacht des Geständnisses" zitieren, wie ihn M. Hutin M. André - dem Richter, der M. Leydet ablöste - am 27. November 1908 (zwei Tage später) vortrug:

"Ich möchte zunächst klarstellen, dass ich in dieser Angelegenheit lediglich als Journalist tätig war und dass ich diese *Rolle niemals in irgendeiner Weise* mit der eines Anwalts verwechselt habe."

Dann, nach einigen Bemerkungen zu meinem an das *Echo de Paris gerichteten* und am 31. Oktober veröffentlichten Brief, fährt Herr Hutin fort: „Ich kam (in dem Haus in der Impasse Ronsin) gegen 21.30 Uhr an. Sobald Herr Chabrier mich sah, rief er aus: ‚Ah! Sie kommen als Retter‘, oder zumindest sagte er: ‚Gern geschehen.‘ (Die bittere Ironie dabei.)

„Frau Steinheil selbst empfing mich mit viel Mitgefühl. Ich bemerkte, dass sie *zutiefst niedergeschlagen* (affaissée) war. Sie empfing mich im Speisezimmer... Ich sagte ihr, dass meiner Meinung nach das Beste, was sie tun könne, sei, ihr Gewissen zu befreien, indem sie mir die ganze Wahrheit sage. Ich sagte ihr, dass das Gesetz am nächsten Tag mit seinen eigenen Methoden die Wahrheit aus ihr herauspressen würde und dass sie besser reinen Tisch machen sollte.

„Gegen 22 Uhr traf de Labruyère ein.

„Auch er bestand darauf, dass Frau Steinheil die Wahrheit sagen solle. In einem Moment rief Frau Steinheil aus: ‚Was wollen Sie von mir wissen?‘

„Wir sagten, dass sie die Perle ganz bestimmt selbst in Couillards Brieftasche gelegt hatte, sie gab es zu und wir fragten sie, warum sie das getan hatte. Sie zögerte lange ... und erklärte dann schließlich, dass sie die Ermittlungen des Gesetzes von einer anderen Person ablenken wollte. Es war ganz klar, dass Frau Steinheil versuchte, dem Interview zu entgehen. Als sie auf unsere Fragen antwortete, dass sie ihren Mann verabscheue, dass sie ‚arm‘ seien, dass sie ‚nichts hätten‘. *Ich begann, falsche Argumente vorzubringen, um an die Wahrheit zu kommen* ... Dann erklärte sie, dass der Verbrecher Salvator (eines von M. Steinheils Modellen) sei. Sie nahm ihre Worte zurück und sagte: ‚Nein, ich verliere den Kopf. Es ist nicht Salvator, es ist sein Bruder.‘ Dann erklärte sie, dass sie einen Mann, M. Bdl., mochte und dass sie in letzter Zeit nur versucht hatte, ihm zu beweisen, dass sie die Affäre noch aktiv verfolgte.

„Wir fragten sie erneut, warum sie den Verdacht gegen Rémy Couillard geäußert hatte. Sie antwortete: ‚Ich habe ihn schon immer verdächtigt.‘ Wir sagten ihr, dass sie auf jeden Fall wüsste, was in der Nacht vom 30. auf den 31. Mai geschehen war, dass sie wüsste, wer der wahre Verbrecher war. Und sowohl M. de Labruyère als auch ich erklärten ihr: ‚Wir werden nicht gehen, bis Sie uns den Namen nennen.‘ Sie rief aus: ‚Ich kann Ihnen seinen Namen nicht sagen, denn es gibt jemanden, den das töten würde.' Wir fragten sie: ‚Wer? Seine Frau? Eine Schwester?' Sie sagte: ‚Nein, seine Mutter ... seine Mutter würde vor Kummer sterben oder sich umbringen.'

"Wir fragten sie, ob sie jemanden aus dem *Gefolge meinte* , und schließlich sagte sie: ‚Es ist Alexandre Wolff, Mariettes Sohn.' Dann bat sie uns, Wolff sehr schnell Bescheid zu sagen, damit er entkommen könne. Wir fragten sie, ob Mariette von all dem wüsste, und sie antwortete: ‚Oh! Mariette ist da und beobachtet uns! Sie darf nichts wissen. Ja, Mariette weiß alles seit... wer weiß, wie lange ?... Mariette wird sich jetzt wahrscheinlich gegen mich wenden.' Dann erzählte sie uns das Verbrechen und sagte: ‚Ich habe Wolff nicht gebeten zu kommen. Er kam, um das Geld zu stehlen... Es gab keine Juwelen. Er terrorisierte mich. Er sagte mir, wenn ich rede, könne er behaupten, ich hätte ihn gerufen, damit er mich von meinem Mann befreien könne.' Sie fügte hinzu, dass Alexandre Wolff seitdem und sogar noch vor kurzem gedroht habe, sie und ihre Tochter zu töten.

„Ich fragte sie, ob sie ganz sicher sei, dass sie nicht wieder einen Unschuldigen beschuldige, wenn sie die Wahrheit spräche, und sie antwortete: ‚Oh! Der Moment ist zu tragisch, als dass ich nicht die Wahrheit sagen könnte.' Sie fügte hinzu: ‚Mein Leben ist vorbei' und sprach davon, Selbstmord zu begehen. Ich riet ihr, so etwas nicht zu tun, sondern am nächsten Morgen zum Untersuchungsrichter zu gehen und ihm die ganze Wahrheit zu sagen.

„In einem bestimmten Moment stand sie auf ... Sie ging wie ein Automat und hob die Arme ...

„M. de Labruyère und ich verließen die Wohnung gegen 0.50 Uhr in der Erwartung, dass sie am nächsten Morgen die ganze Wahrheit sagen würde, und drückten ihr unser Mitgefühl aus.

„Sie war damals sehr deprimiert.

„Den ganzen Abend waren wir mit Frau Steinheil allein. Die beiden Chabriers und die Tochter von Frau Steinheil befanden sich in einem Nebenzimmer." ...

(*Unterzeichnet*) ANDRÉ.
SIMON (*Angestellter*).
HUTIN.

(*Dossier* Cote 3260)

M. Barby vom *Matin* blieb bei Marthe und den Chabriers, offensichtlich um zu verhindern, dass mir jemand zu Hilfe kam. Die Pläne dieser Männer waren gut durchdacht.

Die Aussage von Herrn Barby gegenüber Herrn André vom 29. Dezember 1908 lautet wie folgt:

„Am 25. November kam ich gegen 20.30 Uhr in dem Haus in der Impasse Ronsin an. Ich fand Frau Steinheil sehr deprimiert vor. Sie beschwerte sich über Souloy, den Juwelier, und sagte, er schulde ihr viel und sie könne nicht verstehen, warum er ‚eine solche Aussage‘ gemacht habe. Um 21.30 Uhr traf Herr Hutin ein, bald gefolgt von Herrn de Labruyère. Zwischen ihnen und Frau Steinheil fand im Wohnzimmer ein langes Gespräch statt, während ich im *Nebenzimmer* mit den Chabriers und Frau Marthe Steinheil blieb.

„Mehrmals kam Herr de Labruyère zu mir, um mit mir zu sprechen, und erzählte mir kurz, was vor sich ging. Gegen Mitternacht kam er und sagte: ‚Frau Steinheil beichtet uns.‘

„Herr de Labruyère und Herr Hutin gingen gegen 1 Uhr morgens weg. Während sie gingen, erläuterte Herr de Labruyère rasch das Geständnis von Frau Steinheil … Er empfahl mir, zu bleiben und Frau Steinheil, soweit ich konnte, daran zu hindern, mit Mariette Wolff zu sprechen, und jegliche Gewalttat von Mariette gegenüber Frau Steinheil zu unterbinden.“

„Nachdem die beiden Männer gegangen waren, blieb ich noch etwa eine halbe Stunde mit Frau Steinheil im Speisezimmer. Sie war dann sehr deprimiert. Sie weinte, rang die Hände und rief: ‚Meine arme Mutter! Wie sehr wünschte ich, ich wäre wie sie gestorben!‘

„ Sie sagte zu mir: ‚Was habe ich getan? Was habe ich gestanden? Was wird mit mir geschehen?‘ …

„… Irgendwann sagte sie: ‚Ich bin nicht sicher, ob Alexandre Wolff allein gehandelt hat, denn ich hörte Geräusche im Flur und auf der Treppe… Ich habe ihn nur gesehen.‘ …

„Dann fügte sie hinzu: ‚Ich werde nicht beweisen können, was ich über Wolff gesagt habe… Ich muss sterben…‘

„Sie bat mich, sie zu töten. Sie flehte mich an, ihr die Mittel zum Selbstmord zu geben, sie bat um Strychnin und sagte mir, wenn ich nichts hätte, müsse ich den Arzt holen, der würde sicherlich etwas für sie finden.

„Ich habe mein Bestes getan, um sie zu beruhigen.

„Die Chabriers und ich drängten sie, ins Bett zu gehen, aber sie wollte nicht. Dann dachten wir daran, Tee zu trinken. Um Mariette davon abzuhalten, mit Mme. Steinheil zu sprechen, sagte ich ihr, sie solle das Tablett durch eines der Flurfenster reichen. Sie tat es, aber ich sah, wie sie einen langen Blick mit Mme. Steinheil austauschte. Dieser Blick dauerte etwa eine Minute. Mariette murmelte: ‚Was ist los?‘ Mme. Steinheil war stumm. Mariette ging dann herum und betrat das Esszimmer. Sie warf sich in Mme. Steinheils Arme … Ich hörte sie nichts sagen, und dann ging Mariette weg …

„Frau Steinheil sagte uns, sie wolle am nächsten Morgen zum Richter gehen. Sie war jetzt ruhig und bat Herrn Chabrier, ihren Anwalt, Maître Aubin, zu warnen, während sie zu Herrn Leydet ging. Sie sprach in ruhiger, präziser Art. Schließlich willigte sie ein, zu Bett zu gehen.

„Danach fragte sie nach Mariette. Sie sagte: ‚Ich kann nicht gehen, ohne Mariette zu sehen. Wenn ich das täte, würde sie etwas erraten.‘ Mariette kam. M. Chabrier und ich waren im Zimmer, ein paar Meter vom Bett entfernt.

„Die beiden Frauen sprachen flüsternd miteinander. Wir konnten nichts hören. Die Szene dauerte zwei oder drei Minuten. Als ich versuchte, ihr ein Ende zu bereiten, rief Mariette, die sonst höflich zu mir ist, wütend: ‚Lass mich in Ruhe‘ (*Foutez-moi la paix*).

„Schließlich ging Mariette zurück in ihre Hütte.

„Ich versuchte, Frau Steinheil dazu zu bringen, zu wiederholen, was sie Mariette gesagt hatte, und nach langem Zögern erzählte sie mir, sie habe Mariette gefragt: ‚Wenn sie mich verhaften und die Wahrheit ans Licht kommt, was werden Sie tun?‘ und dass Mariette geantwortet habe: ‚Ich werde alles abstreiten.‘

„Nach einer Weile – Mme. Chabrier war oben und ich war mit M. Chabrier im Esszimmer – hörten wir, wie im Erdgeschoss eine Tür geöffnet wurde, und M. Chabrier sah, dass ‚Champagne‘ – der Hund – im Garten war. Wir dachten, Mariette sei gegangen, um ihren Sohn zu warnen. Mme. Chabrier (die heruntergekommen war) war äußerst beunruhigt und sagte, dass Alexandre Wolff vielleicht kommen und sie töten würde. Mme. Chabrier ging dann nach oben, um einen Revolver zu holen. Der Hund war noch im Garten. Auf meinen Rat hin ging Mme. Chabrier in die Küche, um eine Karaffe mit Wasser zu füllen, um nachzusehen, ob Mariette in ihrem Zimmer war. Als er zurückkam, sagte er, sie sei dort.

„Bald darauf kam Mariette zu uns ins Esszimmer. In diesem Moment rief mich Frau Steinheil aus ihrem Zimmer. Ich ging zu ihr, und sie flehte mich erneut an, sie zu töten, weil sie nicht beweisen könne, was sie über Alexandre Wolff gesagt habe. Sie bat mich erneut, ihr Strychnin zu geben und den Arzt zu holen.

„Inzwischen war Mariette in ihr Haus zurückgekehrt. Frau Chabrier ging dorthin und erzählte uns bei ihrer Rückkehr: ‚Ich fand Mariette mit einem Revolver in der Hand und sagte: ‚Das ist meine letzte Hoffnung.“ Frau Chabrier fügte hinzu, Mariette habe erklärt, sie habe bereits versucht, mit dem Gasrohr Selbstmord zu begehen, und sie habe den Hund in den Garten gelassen, damit er nicht ersticke … Das sei ungefähr zu der Zeit geschehen, als Herr Chabrier Wasser holen gegangen sei.

„Frau Chabrier holte Mariette. Diese war wankend und ihr Gesicht war leichenblass.

„Mariette wandte sich an mich und sagte: ‚Erzähl mir, was passiert ist. Mir ist alles lieber, als so im Dunkeln zu tappen.‘ Wir sagten ihr, es sei nichts los, und sprachen ein paar nette Worte mit ihr.

„Es war dann etwa 4 Uhr morgens

„Zu dieser Zeit traf M. Bourse ein, ein Kollege von mir im Stab des *Matin* .

Er sagte zu Monsieur Chabrier: „ Die Zeitungen werden demnächst erscheinen und das Geständnis von Frau Steinheil öffentlich machen. Die Menge ist seit gestern sehr feindselig; es ist zu befürchten, dass der Mob zu Gewalttaten gegen Frau Steinheil und die Bewohner dieses Hauses übergehen könnte. Frau Steinheil sollte lieber den Ort verlassen und zu Freunden oder in ein Hotel gehen, um zu warten, bis sie Monsieur Leydet sehen kann.“

„Herr Chabrier stimmte dem zu, bemerkte jedoch, dass es besser wäre, direkt zur *Sûreté zu gehen* . Herr Chabrier teilte dies Frau Steinheil und Fräulein Marthe mit, und beide akzeptierten den Vorschlag.

„Frau Steinheil machte sich zum Aufbruch bereit. Sie war dann ganz ruhig, so ruhig, dass sie Anweisungen für das Haus gab, sagte, dass man auf den Hund aufpassen und die Möbel mit Decken bedecken solle. Dann überreichte sie Frau Chabrier einen Hundertfrankenschein ‚für den Haushalt‘.

„Gegen 4.15 Uhr fuhr sie mit ihrer Tochter und Monsieur Chabrier davon. Sie hatte alle geküsst, sogar Mariette, und ständig wiederholt: ‚Nur Mut, nur Mut‘ oder ähnliche Worte.

„M. Bourse und ich blieben auf Wunsch ihres Mannes bei Frau Chabrier. Mariette gesellte sich zu uns und befragte uns erneut, um herauszufinden, was geschehen war. Ich antwortete nur: ‚Wir haben Frau Steinheil geraten, ein paar Tage bei einigen ihrer Freunde zu verbringen, um der Feindseligkeit der Menge zu entgehen.‘“

(Unterzeichnet) BARBY.
SIMON.
ANDRÉ.

(*Dossier* Cote 3282)

Frau Chabrier, die am 16. Dezember 1908 vor Herrn André aussagen musste, machte fast dieselben Aussagen wie Herr Barby. Ihre Aussage enthielt jedoch einige zusätzliche Bemerkungen:

"Nach der Abreise der beiden Journalisten blieb Herr Barby bei uns. Frau Steinheil trank etwas Tee. Sie ging wie ein Automat. Ihre Augen waren hager und starrten ins Leere. Ich hatte sie noch nie in einem solchen Zustand gesehen. Sie sprach nicht. Marthe und ich brachten sie in ihr Zimmer und zogen sie aus... Um 3.30 Uhr morgens kam Herr Bourse vom *Matin* in einem Automobil... Mein Mann und ich gingen hin und sagten Frau Steinheil, sie solle aufstehen und gehen... Sie sagte ‚ja‘. Mein Mann fügte hinzu, er würde sie in die *Sûreté* zu Herrn Hamard bringen... Sie antwortete: ‚Ja, ich werde mich dort sicherer fühlen als anderswo.‘"...

(*Dossier* Cote 3251)

KAPITEL XXI

MEINE VERHAFTUNG

Um mein eigenes Konzert fortzusetzen.

Marthe ruhte in meinen Armen während der Stunde Schlaf, die wir uns aus dem wilden Durcheinander jener Nacht schnappten. Als ich aufwachte, fiel mir alles wieder ein. Es wurde beschlossen, dass ich zu Monsieur Hamard gehen sollte, und ich wiederholte mir immer wieder: „Ich muss ihm genau das sagen, was mir die Journalisten erzählt haben, ich darf kein Wort ändern. Sonst, so sagten sie, bin ich verloren und Marthe auch." Ich hatte so sehr gelitten, dass ich taub war und kaum noch etwas in meinem Körper spürte. Ich war ruhig. Nichts war wichtig … Aber ich hatte eine Angst: den schrecklichen Mob draußen, den Mob, der uns alle umbringen und das Haus anzünden wollte. Ich küsste Madame Chabrier und gab ihr etwas Geld, damit sie auf Marthe aufpassen konnte, falls mir etwas zustoßen sollte … Man hatte mir in der Nacht so oft gesagt, dass ich verhaftet werden würde ! … Ich sagte zu Mariette: „Jetzt musst du die Wahrheit sagen …" Sie antwortete: „Ich werde alles abstreiten." … Die frische Luft im Garten tat mir gut. Als ich mit Marthe und M. Chabrier in die Sackgasse hinaustrat, war ich überrascht, dass niemand da war, nicht einmal ein Polizist! Diese beiden Männer hatten also gelogen… Vor dem Tor wartete ein Taxi vom *Matin* .

„Wohin fahren wir?", fragte der Fahrer.

„An die *Sûreté* ", antwortete ich.

M. Hamard war natürlich noch nicht auf. Es war ungefähr 4.20 Uhr… Wir warteten eine Weile; dann kam er, hastig angezogen, mit ungekämmtem Haar, einem Nachthemd unter dem Mantel und schwarzen Pantoffeln. Auf seinem Gesicht war völlige Verwirrung zu sehen.

Jemand sagte mir: „M. Hamard wird alles aufschreiben, was Sie sagen."

Ich sagte oder wiederholte alles, was man mir in der Nacht hatte sagen müssen: keine Männer in schwarzen Gewändern, keine gestohlenen Juwelen, M. Bdl., mein Freund, Alexandre Wolff, der Mörder.

M. Hamard sagte zu mir: „Sie und Wolff werden konfrontiert werden."

M. Leydet kam. „Sie haben mich zum Gespött gemacht", rief er aus. „Warum haben Sie mir nicht die Wahrheit gesagt? " … Ich sagte: „Verzeihen Sie mir."

Warum weinte er ? … , fragte ich mich und sagte mir: „Wenn er hartnäckiger gewesen wäre, wenn er sorgfältiger gesucht hätte, hätte er die drei Männer und die Frau gefunden …"

Dann kam Maître Aubin. „Was höre ich da?", rief er außer sich. „Sie haben Wolff angeklagt!"

Dann wurde Wolff hereingebracht. (Er war um sieben Uhr morgens verhaftet worden.) Man las ihm meine Erklärung vor. Er wurde blass vor Wut und stritt alles vehement ab. Ich hatte sicherlich ernsthafte Verdächtigungen gegen Wolff, aber natürlich war meine Erklärung, die neue Geschichte des Verbrechens, direkt von den anonymen Briefen und auch von den beiden Journalisten inspiriert worden, die mir gesagt hatten, ich solle die Männer in den schwarzen Gewändern und die gestohlenen Juwelen „fallen lassen" – und etwas anderes finden. Ich wusste nicht, was ich sagen sollte, und dachte, das Einzige, was ich tun konnte, war, das sogenannte „Geständnis" zu wiederholen, das ich in der Nacht abgelegt hatte.

Mariette war anwesend und sprach von ihrer Hingabe zu mir. Wolff erklärte nun seine Aktivitäten in der Nacht des 30. Mai. Er hatte am Morgen eine Stute verkauft und sie am Nachmittag zum Ostbahnhof gebracht. Er hatte mit dem Käufer ein paar „Getränke" getrunken, mit seinem Partner zu Abend gegessen und den Abend mit ihm in einem Café verbracht. Die beiden Männer trennten sich um 23.30 Uhr. Auf dem Heimweg traf Wolff ein oder zwei Freunde und trank noch weitere „Getränke" und ging um 1.30 oder 2 Uhr morgens zu Bett. Am 31. hatte er in einem kleinen Ort außerhalb von Paris ein Pferd verkauft und hatte erst am 1. Juni von dem Mord erfahren.

Bei meinem ersten Verhör durch M. Hamard – in Anwesenheit von M. Leydet – hatte ich Mariette gegenüber entschieden erklärt: „Es ist Ihr Sohn Alexandre, den ich in der Nacht des Verbrechens mein Zimmer betreten sah. Er hat mich geknebelt und gefesselt..." Und jetzt, nach Wolffs Erklärungen, wiederholte ich: „Es war Wolff, der in mein Zimmer kam... *Oder es war jemand, dessen Figur und Gesicht genau wie seins sind.* "

Später am Tag sagte ich vor Monsieur Leydet und in Anwesenheit von Wolff: „Mehr als das, was ich Ihnen gesagt habe, kann ich Ihnen nicht sagen … Ich habe keine materiellen Beweise, die meine Aussagen untermauern", und fügte hinzu: „Alexandre, da Sie in der Nacht des Verbrechens in meinem Zimmer waren, *könnten Sie uns helfen, den Täter zu finden* ." Und ich entschuldigte mich bei ihm.

Ich zitiere diese drei verschiedenen Aussagen von mir, die ich in zeitlichem Abstand am 26. November aus dem *Dossier*, Cote 65 und Cote 70, machte.

Den ganzen Tag lang wurden mir Fragen gestellt und es kam zu Auseinandersetzungen... Und ich hatte in den letzten fünf Tagen weniger als zwei Stunden Ruhe gehabt.

Wolff nannte mich eine „verrückte und hysterische Frau …" Leider war er nicht weit von der Wahrheit entfernt. Aber ich erinnerte mich an die

Warnung: „Ändern Sie diesmal kein Wort von dem, was Sie uns erzählt haben, sonst sind Sie und Marthe verloren."

Ich dachte: Wenn ich verhaftet werde, werden auch Wolff und Couillard verhaftet. Und da sie etwas wissen, werden sie sprechen. Couillard hat bereits einiges enthüllt. Jetzt ist Wolff an der Reihe. Die ganze Wahrheit wird ans Licht kommen. Ich wusste nicht, dass Couillard noch am selben Tag freigelassen wird und dass Wolff nur wenige Stunden in Haft ist.

Maître Aubin führte mich ein- oder zweimal in ein anderes Zimmer und flehte mich an, Wolff nicht zu beschuldigen... Dann baten er und M. Hamard mich, nachzudenken: „Sie haben den Verstand verloren", sagten sie. „Ziehen Sie Ihre Anschuldigung gegen Wolff zurück..." Sie sprachen freundlich, und ich dachte: „Sie wollen die Dinge so einrichten, dass die ganze Angelegenheit wegen des politischen Mysteriums, das darin steckt, beendet wird. Aber ich muss bis zum Ende Widerstand leisten. Die drei Männer und die Frau müssen gefunden werden. Ich bin zu weit gegangen, habe zu viel gelitten, um den Kampf und die Suche aufzugeben."

Jemand sagte mir: „Wenn Sie auf Ihren Anschuldigungen beharren, werden sie sowohl Sie als auch Ihre Tochter verhaften!"

Wieder meine arme Marthe. Journalisten, das Gesetz ... alle dachten, sie könnten mich zum Schweigen bringen, indem sie meine Liebe zu meinem Kind ausnutzten! Ich war empört. Sollen sie mich doch verhaften! Was machte das schon! Was machte das schon, solange die Mörder gesucht – und gefunden – wurden! Sie war unschuldig; das konnten sie nur sofort erkennen. Und was ich anstellte, was hatte ich getan? Ich hatte Couillard angeklagt und ihm eine Perle in die Brieftasche gesteckt, um ihn verhaften zu lassen, um ihn zu zwingen, zu sagen, was er wusste ... Dafür verdiente ich eine Strafe. Aber da ich auf jede erdenkliche Weise gedrängt worden war, den Diener anzuzeigen, würden sie es verstehen und mir bald vergeben ... Außerdem würden er und Wolff vielleicht miteinander reden. Die Briefe waren einstimmig: Sie wussten es – und die Wahrheit würde endlich ans Licht kommen.

Und nun kam Marthe, begleitet von Monsieur Chabrier. Wie blass sie war! Wie tränenüberströmt und verängstigt ihre lieben Augen! Sie sank an meine Brust, umklammerte meine Arme und schluchzte. „Mutter, Mutter", rief sie, „ sie wollen uns ins Gefängnis werfen. ... Kann man nichts machen? Sag alles, was du weißt, wenn du alles weißt!" ...

Dann riss M. Grandjean, *der Stellvertreter* des *Staatsanwalts* , meine Tochter von mir los und sagte: „Ach, Sie lieben Ihre Tochter! Nun gut, wir werden sie leiden lassen, um Sie zum Reden zu bringen!"

Seitdem hat mir meine Tochter erzählt, dass derselbe Monsieur Grandjean ihr am Nachmittag jenes schrecklichen Tages mit Verhaftung gedroht hatte, ebenso Monsieur Chabrier, der in Tränen ausgebrochen war.

Von 4.30 Uhr bis 19.00 Uhr, mit kurzen Pausen und einer Stunde (14.00 Uhr), in der ich mit Marthe sprechen und Tee trinken durfte, wurde ich im *Kabinett von M. Hamard endlosen Untersuchungen* durch ihn, M. Grandjean und M. Leydet unterzogen.

Gegen 17 Uhr wurde entschieden, dass ich verhaftet werden sollte. Doch vorher wurde ich noch einmal von M. Leydet verhört. Wir gingen von der *Sûreté* durch eine lange Kette von Treppen und Gängen zum Justizpalast. Ich wurde von Inspektoren begleitet, dem Richter, dem Chef der *Sûreté*, Maître Aubin, seinen beiden Sekretären und anderen. Wir beeilten uns, denn überall wimmelte es von Journalisten, die die Inspektoren abwehren mussten.

Alexandre Wolff, der von zwei Stadtwachen herbeigeführt worden war, wurde erneut mit mir konfrontiert. Zu diesem Zeitpunkt hörte ich auf, ihn so heftig anzuklagen wie zuvor und bat ihn, mir „zu helfen, den Mörder zu finden".

„Nun, es wurde Zeit, dass du so sprichst", rief Wolff aus. „Ich würde mich nicht guillotinieren lassen, nur um dir zu gefallen!"

Viele Dinge wurden mir gesagt oder vor mir gesagt, aber ich hörte sie nicht. Ich hatte nicht mehr die Kraft oder den Willen, zuzuhören, oder die Fähigkeit, zu denken …

M. Leydet sagte zu mir: „Sie sind verhaftet." Mir machte das überhaupt nichts aus. Ich konnte die schreckliche Bedeutung dieser drei Worte nicht verstehen.

Ich verließ das Zimmer. Maître Aubin war mit Marthe draußen auf dem Flur. Ich sah, dass sie weinte.

„Wurden Sie auch verhaftet?", fragte ich sie.

„Nein, nein", sagte mein Anwalt. „Sie ist frei."

Ich trocknete Marthes Tränen und sagte zu ihr (das alles erzählte sie mir später, als sie mich im Gefängnis besuchte, und so kann ich diese Erzählung vervollständigen): „Du darfst nicht weinen. Du weißt ganz genau, dass ich nicht die Einzige bin... Marie Antoinette wurde verhaftet, und andere..."

Meine Tochter umarmte mich und wir trennten uns. Sie sagte mir, dass ich lächelte und dass meine Augen nicht mehr wie „lebendige" Augen aussahen.

Ich folgte Maître Aubin zurück zur *Sûreté*, wo wir das *Kabinett* von M. Hamard betraten, und mein Anwalt hat mir später erzählt, dass ich mich ruhig hingesetzt und gewartet habe. M. Hamard, so scheint es, fragte mich, ob ich etwas essen möchte. Es war damals nach neun Uhr. „Oh ja", antwortete ich. „Etwas Schinken und Tee, bitte." Als das Tablett hereingebracht wurde, ließ ich mich vor einem kleinen Tisch nieder und sagte zum Chef der *Sûreté*: „Sie werden mich doch nicht allein essen lassen? Wollen Sie nicht mit mir Tee trinken?" M. Hamard sagte sanft: „Ich habe zu viel zu tun ..."

Dann hörte ich hinter mir jemanden schluchzen. Es war ein Inspektor, ein guter Mann, der monatelang alles getan hatte, um mir zu helfen, die Mörder meines Mannes und meiner Mutter aufzuspüren.

Als ich mit dem Essen fertig war, sagte M. Hamard: „Madame, es ist jetzt Zeit zu gehen. *Bon courage !* ... "

Die letzten Worte meines Anwalts waren: „In einer Woche werden Sie wieder in den Armen Ihrer Tochter liegen."

Ich ging zwischen den Kommissaren, die ich so gut kannte, die Treppe hinunter.

„Wohin gehen wir?", fragte ich.

„Nach Saint-Lazare."

Ich hatte noch nie von Saint-Lazare gehört. Ich kannte nur den Bahnhof mit diesem Namen. Ich nahm an, dass es sich dabei um eine Art Frauenheim handelte, eine Art Krankenstation. Wir stiegen in ein Taxi und fuhren los. Wir kamen am Châtelet vorbei. Ich erkannte es wieder... Die Inspektoren sahen sehr traurig aus. Sie sprachen freundliche Worte zu mir...

„Ist es sehr weit, Saint-Lazare?", fragte ich.

Ich schaute aus dem Fenster. Paris schien eine neue, eine andere Stadt zu sein...

Wir erreichten Saint-Lazare. Ich warf einen Blick auf das große Gebäude; es erinnerte mich an ein Kloster... Und es gab so viele Türen. Wir gingen durch einen Hof, einen Durchgang. Dann kamen wir in einen kleinen Raum.

„Dein Name", sagte jemand.

"Warum?"

„Du musst es hier schreiben..."

„Ja, Madame", sagte einer der Inspektoren freundlich. „Schreiben Sie Ihren Namen, Ihr Alter ..."

Eine Glocke läutete. Die Inspektoren sagten tief bewegt: „Wir müssen uns von Ihnen verabschieden, Madame ..."

Sie begleiteten mich bis zur Tür. Ich schüttelte ihnen die Hand und sagte: „Nur Mut, Mut! Bald werden wir alle die Wahrheit erfahren.“

Dann wurde ich in ein anderes Zimmer geführt. Es war mit grünen Möbeln eingerichtet und die Decke war niedrig. Es war kein schönes Zimmer, aber es war sehr gemütlich. Ich sah einen kleinen Mann von etwa fünfundvierzig Jahren mit einem markanten Gesicht, blauen Augen, blondem Haar und einem Spitzbart, und jemand sagte: „Das ist *Monsieur le Directeur*.“

„Also bist du es, der mich hierher bringt?“, sagte ich. „Das ist ein schöner alter Sessel …“ Ich war überzeugt, dass man mir ein Zimmer wie dieses geben sollte.

Der Direktor sprach leise und in sanftem Ton. Er klingelte. Ein *Gardist* kam mit einer „Schwester“. Sie trug ein schwarzes Kleid und eine große weiße Cornette umgab ihr freundliches, starkes Gesicht. Sie sah aus wie etwa fünfzig. Später erfuhr ich ihren Namen: Sœur Léonide, und es war einer der Namen, die ich in Saint-Lazare lernte, die ich nie vergessen werde und die ich Tag für Tag segne.

Sie hat mir später erzählt, dass die ersten Worte, die ich zu ihr sagte, als sie das Zimmer der Direktorin betrat, waren: „Ich bin es, *ma sœur* ; es ist doch seltsam, nicht wahr, dass ich es bin?“ …

Ich folgte ihr und war überrascht, fast beunruhigt. Sie führte mich durch einen langen, langen Gang. Am Ende stand in einer Ecke ein Bett. Dort stand ein Mann, er nahm große Schlüssel und öffnete die Tür. Die Schwester nahm mich bei der Hand und sagte: „Es ist ein bisschen dunkel...“

„Wie hässlich und feucht es hier ist, *ma sœur* “ … Ich hielt das Geländer fest: „Es erinnert mich“, sagte ich, „an die in den alten Häusern in Montbéliard, in der Nähe meines lieben Beaucourt.“

Wir kamen zu einer anderen Tür. Dort sah ich eine Schwester an einem kleinen Schreibtisch in einem Raum sitzen, dessen Fenster große Eisengitter hatten. Ich hatte Angst. Wir gingen einen weiteren langen Gang entlang und kamen zu einem hohen Tor, das die Schwester öffnete.

„Wohin gehen wir, *ma sœur*? Alles ist so schmutzig und dunkel. Gehen wir in die richtige Richtung?“

„Ja. Du musst herkommen und deine Bettwäsche holen.“ Sie schloss das Tor hinter sich und zum ersten Mal fiel mir ein Bündel großer, schwerer Schlüssel auf, die an ihrer Hüfte hingen.

Sie öffnete die Tür mit einem der Schlüssel und sagte: „Ich werde ein paar schöne Laken aussuchen … du bist sicher sehr müde.“

„Oh nein, *ma sœur* , ich bin nicht müde... Ich hoffe, Marthe ist nicht unglücklich. Ich bin froh, dass sie nicht mit mir hierhergekommen ist...“

Die Schwester murmelte: „Psst! Du darfst hier nicht reden... Nimm diese Laken.“

Ich sah sie mir an. Ich hatte schon Laken von Soldaten gesehen, aber diese waren viel gröber.

Die Schwester sah mich an und sagte: „Ja... das bist du nicht gewohnt...“

Ich trug die Laken und folgte der Schwester durch einen schmutzigen, übelriechenden Korridor.

„Wohin gehst du danach?“, fragte ich.

„Mein armes Kind, ich bringe dich in deine Zelle.“

Eine andere Schwester kam, drehte einen großen Schlüssel zweimal im Schloss und zog einen Riegel vor. Eine schwere Tür öffnete sich vor mir. Die Schwester hielt eine Laterne und sagte mir, ich solle hineingehen.

Ich sah die Gesichter zweier Frauen, die mich aus zwei kleinen Betten vor den schwarzen Wänden, zwei vergitterten Fenstern und drei weiteren Betten, die leer waren, anschauten.

„Mach da dein Bett ...“

Das Fußende „meines“ Bettes berührte das eines Bettes, in dem ich eine dunkle, blasse, grimmig aussehende Frau sah, deren Anblick mich erschauern ließ ...

In der Mitte der Zelle stand ein kleiner, unbeleuchteter Ofen mit drei Beinen und einem langen Schornstein. Der Boden bestand aus Platten. Viele fehlten, die meisten waren zerbrochen, und in den Löchern befand sich schmutziges Wasser. Es war sehr kalt.

Eine der Schwestern zeigte auf ein Regal über dem Bett und sagte: „Dort kannst du deine Sachen hinlegen... Gib mir deinen Hut, deine Hutnadeln, deine Handschuhe. Nur dein Kleid darfst du behalten.“

Ich legte mich, fast vollständig angezogen, aufs Bett. Ich hörte eine Uhr Mitternacht schlagen. Ich fragte mich immer noch, wo ich war. Dies ist keine Krankenstation, dachte ich ... Und warum bin ich nicht allein in einem Zimmer ? ... Die Schwestern gingen schweigend weg. Ich hörte, wie der Schlüssel im Schloss gedreht und der Riegel zurückgeschoben wurde. Die Frauen begannen sofort eifrig mit mir zu reden ... Ich konnte sie nicht verstehen. Ich dachte an Marthe. Ich weinte, weinte ... und fiel dann plötzlich in die große Leere eines Schlafes, der fast so tief war wie der Tod.

KAPITEL XXII

DIE DREI ZELLEN

Ich wachte am nächsten Morgen auf – in einer Zelle. Die Frauen waren immer noch da. Ich fühlte mich, als hätte man mich am ganzen Körper und am Kopf geschlagen. Zuerst wusste ich nicht, wo ich war oder was ich hier tat ... Ich sah die Platten des Bodens, den Schmutz, die Tür mit dem Guckloch, durch das man von außen, wenn man einen kleinen Holzladen anhob, sehen konnte, was in der Zelle vor sich ging, das eiserne Bettgestell mit den groben Strohmatratzen, das mit getrocknetem Seetang gefüllte Kissen und die Laken aus einem gelblichen Material, das wie Segeltuch aussah. Ich sah die Bretter, die über jedem Bett in die Wand eingelassen waren, den kleinen Ofen, den Kohlenhaufen in einer Ecke, ein paar gelbliche Tonschüsseln und -krüge und stumpfe Messer auf einem wackligen Tisch. Ich sah die mit Teer bedeckten Wände, Ungeziefer, das in den Rissen und Vertiefungen der Platten um die kleinen Pfützen mit schlammigem, übel riechendem Wasser herumkrabbelte, die grob behauenen, unebenen Balken der dunklen Decke, von denen dicke Spinnweben herabhingen. (Saint-Lazare, so hörte ich später, ist eines der ältesten und verfallensten Gefängnisse Frankreichs.) Ich sah die beiden Fenster mit ihren schweren Eisenstäben und dem dicken Drahtgeflecht – durch das ich später nur schwer den vielen Spatzen und Tauben, die in den alten Dächern von Saint-Lazare nisten, etwas von meinem Brot geben konnte – und ich wusste, dass ich ein Gefangener war.

Aber was machte das schon! In weniger als einer Woche würde alles geregelt und endgültig erledigt sein, die wahren Mörder würden verhaftet werden und ich würde wieder bei meiner Tochter sein! In der Zwischenzeit war es schrecklich, hier im Gefängnis zu sein! Ich dachte an Marthe, an meinen Vater ... und ich weinte.

Die Frauen beobachteten mich gespannt. Sie sprachen mich mit meinem Namen an. Woher wussten sie, wer ich war?

"Oh!", sagte einer, "wir wissen alles, was wir wissen wollen. Zeitungen sind hier nicht erlaubt, aber wenn man einen guten Anwalt hat, gibt er einem heimlich welche ... Außerdem kommen jeden Tag neue Gruppen von Frauen an, Frauen, die gerade verhaftet wurden ... Sie kennen die neuesten Nachrichten, und wenn sie im Hof herumlaufen, kann man sie reden hören."

Das Geräusch von Schritten draußen, des zweimal umgedrehten Schlüssels und des vorgezogenen Riegels – ein Geräusch, das ich ein Jahr lang täglich so viele Male hören sollte, das mir aber jedes Mal schmerzlich auf die Nerven ging – unterbrach die Erklärungen der Frau.

Der Mann mit dem blonden Spitzbart und dem strengen Gesichtsausdruck, den ich bei meiner Ankunft in Saint-Lazare gesehen hatte, trat ein, gefolgt von der Schwester, die mir die Laken gegeben hatte und die ich von nun an bei ihrem Namen nennen werde, Schwester Léonide. Die beiden Frauen sprangen auf und sagten: „Guten Morgen, *Monsieur le Directeur*.“

Er wandte sich mir zu und fragte in sachlichem Ton: „Sind Sie zufrieden? Gibt es etwas, was Sie möchten, Madame?“

„Oh ja ! ... Ich möchte meine Tochter sehen.“

Er antwortete nicht darauf, sondern sagte: „Ihr Anwalt wird Sie heute bestimmt besuchen kommen“, und ging weg.

„Wie dumm von Ihnen“, sagte eine der Frauen zu mir. „Sie hätten alles erreichen können. Dass der Direktor Sie so früh am Morgen aufsucht, muss ein politisches Verbrechen sein.“ (Diese Bemerkung erstaunte mich.) „Sie hätten um einen anderen Ofen bitten sollen, dieser hier zieht schlecht, oder um eine zusätzliche Decke ...“ Und beide begannen mir zu erzählen, worum ich bitten sollte, wenn der Direktor das nächste Mal käme, damit unsere Zelle gemütlich wäre.

Die Tür öffnete sich erneut. Eine junge Schwester mit einem gesunden Glanz auf ihren runden Wangen kam herein.

„Was möchten Sie heute, Madame?“ fragte sie.

Ich verstand es nicht. „Sie ist Schwester Ange“, sagte man mir, „sie ist die Kantinenschwester.“ Ich verstand es immer noch nicht.

Eine der Frauen erklärte: „Schwester Ange holt, was der Gefangene in der Kantine bestellt ... Sie können um Brot, um einen Penny Milch oder um zwei Penny Kaffee bitten – um alles.“

„Womit soll ich den Kaffee zubereiten?“, fragte ich.

„Natürlich bringen sie es schon zubereitet mit!“, und meine beiden Begleiter brachen in endloses und lautes Gelächter aus.

„Entschuldigen Sie, verzeihen Sie mir“, sagte ich. „Ich wusste nicht ...“

Die Schwester erklärte sanft: „Ja, der Kaffee ist schon fertig... Er ist nicht sehr gut, aber Sie können ihn hier auf dem kleinen Herd aufwärmen...“

Ich gab ihr ein paar Kupfermünzen und bat um Kaffee und Milch.

„Willst du einen großen oder einen kleinen Krug?“ Ich antwortete nicht. Alles kam mir so fremd, so unnormal vor. Schwester Ange fuhr fort: „Ich bringe dir eine kleine Steinschüssel – darin kannst du alles essen – und einen Löffel … Nein, nein, Gabeln sind im Gefängnis nicht erlaubt. Aber du kannst ein kleines Messer haben, stumpf natürlich …"

Ich fragte, ob ich etwas Brot kaufen könnte.

„Sie haben Anspruch auf Brot, Madame. Sie erhalten jeden Tag eine halbe *Kugel* Schwarzbrot." Als ich an diesem Tag ein Stück des Gefängnisbrots probierte, fand ich zwei schwarze Käfer darin und stieß einen Schrei aus … sehr zur Belustigung der beiden Frauen. Sie sagten mir, das sei ganz normal.

Ich erhielt den Kaffee ordnungsgemäß, aber er war nahezu ungenießbar. Vier Monate später, nachdem M. André die *Instruktion abgeschlossen hatte* (Vernehmung des Angeklagten und aller Zeugen: M. André ersetzte M. Leydet als mit meinem Fall betrauten Richter, da dieser, krank und erschöpft, darum gebeten hatte, von der schmerzlichen Pflicht entbunden zu werden, eine Dame zu verhören, die er seit vielen Jahren kannte), bat ich darum, mir meinen eigenen Kaffee zubereiten zu dürfen, denn das war fast das Einzige, was ich zu mir nehmen konnte. Man brachte mir gemahlenen Kaffee und ich machte ein Sieb aus zwei Stücken Brennholz, etwas Draht von meinem Hut (von den Fahrten zum Justizpalast zur Instruktion *)* und einem Stück von einem meiner Taschentücher.

Meine Gefährten reinigten die Zelle und ich half ihnen dabei. Wir machten das Feuer an, richteten unsere Betten her und frühstückten. Dann begannen sie zu plaudern und ich hörte, wer sie waren.

Eine von ihnen war Alba Ghirelli, eine dunkelhaarige, stämmige Frau von etwa vierzig Jahren mit hervorquellenden Augen und dicken Lippen, die kurz zuvor in Versailles zu einer sechsmonatigen Haftstrafe verurteilt worden war, gegen das Urteil jedoch Berufung eingelegt hatte und bis zu einer Neuverhandlung nach Paris überstellt worden war.

Die andere hieß Rosselli. Sie war viel jünger und sah freundlicher aus, hatte blaue Augen und hellbraunes Haar. Sie war des Betrugs angeklagt und wartete auf ihren Prozess. (Ich möchte hinzufügen, dass sie drei Wochen später zu einem Jahr Gefängnis verurteilt wurde, aber fast sofort wieder freigelassen wurde.) Ende Dezember wurde die Berufung von Alba Ghirelli verhandelt und auch sie wurde freigelassen. – Ich erwähne diese Tatsachen, weil sie, wie der Leser später feststellen wird, einen wichtigen und bedauerlichen Zusammenhang mit meinem eigenen Fall haben.

Ein Gong ertönte dreimal. Ghirelli und Rosselli riefen: „Das ist Schwester Léonide… Sie ist für die ‚reservierten' Zellen zuständig" (*Pistoles*).

„Was sind sie?", fragte ich.

Sie lachten wieder. „Das ist doch eine reservierte Zelle. Man muss 7 Francs 50 (sechs Schilling) im Monat bezahlen, um in einer solchen Zelle zu sein. Das ist das Beste, was man bekommen kann. In jeder der anderen sind zwölf Gefangene. In dieser gibt es nur fünf Betten."

Schwester Léonide kam herein.

"Ihr Anwalt ist unten", verkündete sie. "Kommen Sie bitte." Unterwegs sagte sie: "In Zukunft werden Sie als 'Nummer 16170' bekannt sein, aber da es schwierig ist, sich diese Nummer zu merken, werden wir Sie '61' nennen. Wenn Sie einmal den Gong schlagen hören und jemanden '61' rufen hören, bedeutet das, dass Sie gebraucht werden; dann werde ich oder eine andere Schwester die Tür Ihrer Zelle öffnen und Sie zu Ihrem Anwalt oder zum Direktor bringen..."

Sie sprach mit sehr bestimmter Stimme, doch in ihren Augen lag ein Glanz der Wärme und Güte.

„ *Ma Sœur* ", sagte ich, „muss ich bei diesen Frauen bleiben? Es ist furchtbar für mich. Kann ich nicht allein in einer Zelle sein?"

„Mein armes Kind", antwortete sie mit ihrer großen, rauen Stimme, die genau wie die eines Mannes klang, „daran dürfen Sie nicht denken. Sie werden Sie nie allein lassen. Das ist gegen die Regeln... In einem Anfall von Verzweiflung könnten Sie... Also, also, sehen Sie nicht so enttäuscht aus. Ich werde die Angelegenheit mit der Oberin und dem Direktor besprechen und sehen, was getan werden kann."

Schwester Léonide ging neben mir. Sie war wahrscheinlich alt, hatte aber ein sehr junges Gesicht und rosige Wangen... Wir gingen durch die langen Gänge, die mir in der Nacht zuvor Angst gemacht hatten. Der Ort war schmutzig und verfallen. Bei Tageslicht sah er schlimmer aus als je zuvor... Frauen, denen wir hier und da begegneten, blieben stehen, um mich zu beobachten, und sie flüsterten: „Das ist die Steinheil-Frau!" Mein Herz schlug so schnell, dass es mir weh tat, und ich hatte einen Kloß im Hals. Oh! Der Schrecken, die Belastung, hier zu sein. Ich dachte an Marthe...

Oben an einer Treppe sagte Schwester Léonide: „Gehen Sie hinunter. Sie kommen zu einer Tür. Klopfen Sie an, und ein Gefängniswärter wird Ihnen öffnen."

Das Wort Gefängniswärter ließ mich erschauern. Ich dachte: „Ich bin ein Gefangener ... ein Gefangener! Aber Couillard und Wolff sind auch im Gefängnis. Vielleicht sind sie nicht schuldig, aber sie wissen etwas und sie werden gestehen müssen."

Der Gefängniswärter fragte unverblümt: „Wer sind Sie?"

Ich erinnerte mich an meine Lektion: „Ich bin 61“, antwortete ich.

Der Mann sah aus wie ein alter Soldat, mit seinem rauen, runzligen und gebräunten Gesicht und seinem kriegerischen Auftreten. „Ah! ja “ ... murmelte er, „ich weiß, ‚61‘. Es ist Ihr Anwalt, der gekommen ist.“

Ich betrat das Wohnzimmer. Was für ein trostloser Ort, dunkel und kalt ... Dort stand ein riesiger, breiter Tisch mit Stühlen drumherum. Auf der einen Seite sah ich Maître Aubin und M. Steinhardt, seinen Sekretär. Der Gefängniswärter zeigte mir einen Stuhl gegenüber meinem Anwalt und sagte: „Setzen Sie sich dort hin.“

Die beiden Anwälte waren sehr blass.

„Ach, warum sind Sie meinem Rat nicht gefolgt?“, begann Aubin. „Wenn Sie nur nicht diesen Brief an die Presse geschrieben hätten, wenn Sie den Fall nur nicht wieder aufgerollt hätten ! ... “ Jeder Satz begann mit dem Wort „wenn“.

„Haben Couillard und Wolff miteinander gesprochen? Ist die Wahrheit schon ans Licht gekommen?“, fragte ich.

„Gesprochen ! ... Sie tun nichts anderes als reden. Die Leute tragen sie auf Schulterhöhe; sie sind die Helden des Tages. Die Zeitungen singen ihr Lob ! ... “

Ich war sprachlos: „Was sagst du ? Das ist unmöglich. Sind sie nicht im Gefängnis?“

„Sie wurden beide gestern freigelassen…“

„Dann werden sie auch mich freilassen. Du hast gesagt, ich wäre in einer Woche bei Marthe. Sie wollen mich doch nicht mehr, oder ? ... Aber jetzt werden wir die Wahrheit nie erfahren ! ... Wann kann ich von hier weggehen?“

Die beiden Männer sahen sich an. Sie zögerten. Ich konnte in ihren Gesichtern lesen, dass sie schreckliche Neuigkeiten erwarteten.

Ich konnte nicht warten... „Was ist los? Sprechen Sie, Maître Aubin.“ Der arme Mann hielt inne und sagte dann schließlich: „Sie müssen tapfer sein... Sie müssen hier bleiben... Oh! Warum haben Sie diese Perle in die Brieftasche Ihres Dieners gesteckt? Sie wissen nicht, wie wütend das Publikum auf Sie ist... Sie würden in Stücke gerissen werden, wenn Sie durch die Straße gingen.“

„Wie lange muss ich im Gefängnis bleiben? Sie sagten eine Woche. Werden es zwei Wochen sein? Drei Wochen?“ ...

"Ich weiß nicht...."

„Was! Einen ganzen Monat?“

"Mehr."

„Sicher nicht! Zwei Monate ? … Ganze drei Monate?“

„Ich weiß es nicht. Ich schwöre Ihnen, dass ich es nicht weiß. Ich würde Ihnen lieber gleich das Schlimmste sagen, als Sie langsam zu foltern, aber das kann ich einfach nicht. Sie müssen von einem Richter verhört werden; das wird lange dauern. Es können Wochen, Monate vergehen … Aber Sie wollten unbedingt die Wahrheit erfahren … Nun, jetzt wird eine gründliche Untersuchung stattfinden; Sie werden alles wissen. Ich werde Ihnen helfen …“

Es war, als hätte ich einen betäubenden Schlag auf den Kopf bekommen... Ich taumelte. Mehrere Wochen, mehrere Monate, vielleicht !...

Mein Kopf fiel nach vorne und ich schluchzte.

Ich musste versprechen, dass ich versuchen würde, etwas zu essen. Sie riefen den Gefängniswärter und sagten: „Sie muss essen“, und der Mann ging in die Kantine und holte einen Teller Salzkartoffeln … Maître Aubins letzte Worte waren: „Wir werden noch viel miteinander reden und arbeiten müssen … aber Sie können sich darauf verlassen: Die Mörder werden gefunden werden.“

Ich kehrte in meine Zelle zurück. Dort überhäuften mich Ghirelli und Rosselli mit Fragen und zeigten sich sehr verärgert, als ich mich weigerte zu antworten... Ich hatte in der Kantine Papier und Tinte gekauft und begann, meinen Verwandten zu schreiben.

Der Gong! Einmal! Dann rief eine Stimme „Einundsechzig“. Das war für mich. Schwester Léonide kam herein und sagte: „Ihre Tochter ist hier.“

Meine Tochter !... Mein Gott! Marthe wollte mich sehen! Ich durfte nicht so unglücklich aussehen... „ *Ma Sœur* , sagen Sie mir, sieht man, dass ich geweint habe?“

Ich wurde in das Arbeitszimmer des Direktors geführt. Der Direktor war dort und saß neben einem Fenster... Dann sah ich Marthe mit Monsieur Chabrier... Sie stürzte sich in meine Arme, und wir weinten lange und konnten beide nicht sprechen. Der Direktor, Monsieur Pons, sagte: „Sie können nur eine Viertelstunde zusammen sein.“

Ich fragte Marthe, was seit dem Vorabend mit ihr passiert sei.

„Nachdem ich dich verlassen hatte, Mutter, fuhr ich nach Hause und traf dort einen Journalisten vom *Paris-Journal* , der mir, als ich ihm sagte, ich sei erschöpft und er solle Mitleid mit mir haben, die Hand schüttelte und ohne ein Wort wegging.

„Um zehn Uhr kamen drei *Matin-* Männer, de Labruyère, Barby und Bourse. Sie waren weniger rücksichtsvoll. Sie weigerten sich zu gehen und begannen, mir alle möglichen Angebote zu machen. Einer sagte zu mir: ,Der *Matin* gibt Ihnen 30.000 Francs (1200 £), sogar noch mehr, wenn Sie uns alles erzählen, was Sie wissen!' Ich sagte, ich wüsste nichts und hätte nichts zu sagen. Dann begannen sie, mir Fragen zu stellen: ,Gestehen Sie, dass Ihre Mutter den Doppelmord begangen hat! Kommen Sie, gestehen Sie es. Sie wissen alles; sagen Sie uns die Wahrheit'... Ich wurde so wütend, dass sie etwas anderes versuchten: ,Wer ist es denn?', fragten sie. ,M. Buisson? Mariette? Wolff? Geoffroy? Couillard also?' Sie nannten die Namen aller Personen, die wir kennen und die zu uns nach Hause kommen... Ich war allein mit de Labruyère und Barby. Bourse war im Nebenzimmer und hielt die Chabriers davon ab, sich mir anzuschließen. Ich beantwortete ihre idiotischen Fragen nicht. Ich wiederholte, dass ich nichts wüsste... Dann wurden sie unbekümmert und verrieten ihren hässlichen Plan: ,, Also , pass auf: Du wirst deine Mutter in Saint-Lazare besuchen; wir werden dort warten und dich in einem Auto an einen Ort auf dem Land bringen. Wir werden dich dort festhalten, bis du sprichst. Du wirst sehen... Morgen...'' Sie gingen weg und schlugen die Türen zu.

„Ich bin mit Monsieur Chabrier und Monsieur Hutin gekommen, Mutter. Er sagte, er würde mich beschützen. Ich habe niemanden gesehen, aber ich frage mich, wie ich nach Hause komme.''

In diesem Moment kam jemand und sagte, dass sich draußen eine große Menschenmenge befände und dass die Polizei machtlos sei und dass er nicht wüsste, wie sie Fräulein Steinheil wegbekommen sollten.

anwesende Gefängniskassenwart (*économe*) *sagte: „Sie muss das Gebäude durch die Tür verlassen, durch die sie gekommen ist. Es gibt keinen anderen Ausweg.''*

„Sie wollen doch nicht, dass dieses Kind gemobbt wird, oder?'', sagte der Direktor und gab einige Anweisungen.

(Später hörte ich, dass es zwischen Herrn Hutin und Herrn Barby vom *Matin zu einer ernsthaften Auseinandersetzung gekommen war, die von Worten zu Schlägen überging* , weil das Taxi des ersteren ins Gefängnis gelassen worden war, was den letzteren in unsägliche Wut versetzte, der das Auto *vom Matin* bereithielt und hoffte, Marthe zu entführen. Das Taxi von Herrn Hutin mit meiner Tochter darin wurde durch verschiedene Höfe im Gefängnis zu der Gasse gefahren, die zur sogenannten *porte des condamnés führte* (die Tür, durch die zum Tode Verurteilte zur Guillotine gebracht wurden). Das alte Tor war lange Zeit nicht geöffnet worden, und es war schwierig, es zu öffnen; aber schließlich wurde es aufgerissen, und das Taxi, das Marthe, Herrn Chabrier und Herrn Hutin beförderte, raste aus dem Gefängnis auf den Platz... Die Menge drängte sich vor dem Haupteingang. Als sie das Taxi sahen und merkten, dass Marthe darin saß, war es zu spät. Marthe erreichte die Impasse Ronsin sicher, dank Herrn Hutin, Als ich von seiner Freundlichkeit gegenüber meiner Tochter hörte, hätte ich ihm sein Verhalten mir gegenüber in der sogenannten „Nacht der Beichte" beinahe verziehen.)

Von diesem Tag an machte meiner Tochter die *Morgendämmerung* kaum noch Sorgen.

Ich dankte dem Direktor für das, was er für mein Kind getan hatte, und auch dafür, dass er mir erlaubt hatte, sie zu sehen, nicht im Salon, sondern in seinem Arbeitszimmer.

„Ja", sagte er in seiner üblichen ernsten Art, „Sie sollten zufrieden sein. Denken Sie an die unglücklichen Frauen hier, die ihre Kinder nicht einmal im Wohnzimmer an einem Tisch gegenüber sehen müssen, sondern durch zwei Tore, zwischen denen ein Gefängniswärter sitzt ! ... Übrigens, der Arzt wird Sie oft sehen, und Sie müssen ihm sagen, wenn Sie krank sind. In unserer Apotheke gibt es Heilmittel."

Ich habe M. Pons immer als einen sehr strengen, aber bewundernswert gerechten Direktor empfunden.

Ich wurde in meine Zelle zurückgeführt; ich konnte kaum laufen und als ich sie erreichte, sank ich auf mein Bett.

Der Gedanke, vielleicht drei Monate im Gefängnis bleiben zu müssen, machte mich wahnsinnig. Ghirelli und Rosselli sprachen mit mir. Sie wollten wissen, was geschehen war... Die armen Frauen! Nachrichten, egal, wie traurig sie auch sein mögen, unterbrechen die Monotonie des Lebens in einer Gefängniszelle... Aber ich war mehr tot als lebendig und blieb auf meinem Bett liegen, weinend und an Marthe denkend.

Gegen Abend kam jemand und sagte mir, dass ein Pfarrer zu mir gekommen sei. Ich zog meine Jacke an. Vor dem Boulevard des Pistoles – dem „Boulevard der Zellen" – berührte eine Hand meinen Arm und eine freundliche Stimme sagte: „Mein armer Freund. Ich kenne Sie nicht, aber ich kenne Ihre Familie. Ich habe die Zeitungen gelesen und gehört, dass Sie hier sind ... Ich bin Pfarrer Arboux. Ich besuche regelmäßig die protestantischen Gefangenen hier und in anderen Gefängnissen. Das tue ich seit zwanzig Jahren ... Wie müssen Sie gelitten haben. Kommen Sie mit mir! Wir werden miteinander reden und beten."

Ich folgte ihm ein paar Schritte hinauf zu einer kleinen Kapelle, in der es ein paar Stühle und eine Art Schreibtisch mit einer Bibel darauf gab. Ich sah den Pfarrer an und fand ihn als einen großen, starken Mann von etwa sechzig Jahren vor, mit einem kleinen grauen Bart, großen, freundlichen Augen und feinen Gesichtszügen.

„Sie haben Ihre Tochter gesehen", sagte M. Arboux. „Das muss Ihnen viel Mut gegeben haben. Was für ein tapferes kleines Mädchen sie sein muss … Ich hoffe, Sie haben einen guten Rat." … Dann stellte er mir ein paar Fragen. Ich beantwortete sie und er schloss mit den Worten: „Ich glaube, Sie sind unschuldig. Das habe ich immer geglaubt."

„Unschuldig woran?", sagte ich. „Ich bin nicht unschuldig. Wissen Sie nicht, dass ich die Perle in Couillards Brieftasche gesteckt habe?"

„Die Perle? Die Perle ? … " Er sah fast verängstigt aus … „Die Perle? Sie wollen damit sagen, Ihr Anwalt hat Ihnen gesagt, dass Sie deshalb hier sind!"

„Nein, Maître Aubin hat mir nichts gesagt. Er hat nur gesagt, dass ich zwei oder drei Monate hier festgehalten würde; er wusste es nicht."

Tief bewegt sagte M. Arboux dann: „Lasst uns beten! Knie nieder, meine arme Frau!"

Er kniete neben mir nieder und betete: „Oh Gott, der Du zugelassen hast, dass meine Schwester den Verstand verlor und Unrecht beging, vergib ihr und gib ihr den Mut, alles zu ertragen, auch die schreckliche Wahrheit …"

Er hielt inne und ich wartete auf eine schreckliche Offenbarung …

Der Pfarrer gab sich große Mühe und fügte dann mit gebrochener Stimme hinzu: „Gib ihr die Kraft zu hören … dass ihr ein schreckliches Verbrechen vorgeworfen wird."

„Ein Verbrechen! Was für ein Verbrechen ! … " Ich ergriff seine Hände. „ Erzähl mir alles. Ich bin angeklagt, …"

„Ja, davon, …"

Ich unterbrach ihn: „Sag es nicht! Großer Gott ! … " Und dann sagte ich es selbst: „Sie glauben, ich hätte meine Mutter und meinen Mann erwürgt …" Und ich fiel nach vorne, schaukelte und stöhnte vor Kummer und Entsetzen.

Der Pfarrer hob mich auf einen Stuhl: „Ja… deshalb bin ich heute Abend hierhergekommen. Ich dachte fast, Sie wüssten es vielleicht nicht, und ich dachte, Sie würden etwas weniger leiden, wenn Ihnen ein alter Pfarrer die schreckliche Nachricht überbringen würde… Ich habe so viel Elend gesehen."

Nach einer ganzen Weile, als keine Tränen mehr übrig waren, versuchte er mich erneut zu trösten: „Seien Sie tapfer, vielleicht werden die Verbrecher gefunden. Es wird eine gründliche, gründliche Belehrung geben . Früher oder später wird die Wahrheit ans Licht kommen … Es wird eine schreckliche Prüfung für Sie sein, in diesem Gefängnis auf die Entscheidung der Richter zu warten, aber Sie dürfen nicht den Mut verlieren. Sie müssen vergangene Fehler sühnen … Versuchen Sie, die brillante Welt zu vergessen, in der Sie all diese Jahre gelebt haben … Jede Woche werde ich zu Ihnen kommen, und wir werden zu Ihm beten, der alle Macht hat. Glauben Sie mir: Es sind nicht die Menschen, die Ihnen den Mut geben werden, hier zu bleiben und zu leben und zu hoffen.“

Er nahm die Bibel vom Schreibtisch, legte sie mir in die Hand und sagte: „Hier ist das alte, alte Buch; es hat selbst den am schlimmsten Leidenden Trost gespendet. Ich werde Sie jede Woche sehen, so oft es meine anderen Pflichten erlauben.“

Pastor Arboux hielt sein Versprechen auf erhabene Weise. Er gab mir den Mut zum Leben und versöhnte mich mit dieser Welt. Während des endlosen Jahres geistiger und körperlicher Qualen besuchte er mich zweimal pro Woche, jeden Donnerstag und jeden Sonntag, und blieb jedes Mal mindestens eine Stunde. Er kam sogar, wenn er krank oder mit Arbeit überlastet war. Im Sommer 1909 nahm er sich drei wohlverdiente Wochen Urlaub, aber selbst dann kam er nach Paris, um mir den Trost zu spenden, den ich, wie er wusste, so dringend brauchte.

M. Arboux fragte mich: „Was für Frauen sind die beiden in Ihrer Zelle?“

„Es ist schrecklich für mich, mit ihnen zusammen zu sein. Sie streiten sich ständig und stellen mir ständig Fragen. Ich weigere mich, mit ihnen zu sprechen, aber manchmal sind sie so drängend, dass ich antworte. Aber ich bin so krank, so müde, so elend …“

„Versuchen Sie, überhaupt nicht zu antworten“, sagte M. Arboux. „Ich werde mit dem Direktor sprechen.“

Trotz der freundlichen Worte des Pfarrers verbrachte ich die Nacht weinend und klagend. Ich, Marguerite Steinheil-Japy, des Mordes angeklagt, angeklagt, meinen Mann und meine Mutter erwürgt zu haben! Wie konnte man mir eine so ungeheuerliche Anklage vorwerfen! Es war zum Verrücktwerden...

Am nächsten Tag, Samstag, 26. November, kam niemand, um mich zu besuchen, und der Tag schien endlos.

Es folgte eine weitere schlaflose Nacht, und dann begann ein neuer Tag, ein Sonntag! Auf meinem Bett sitzend weinte ich bitterlich. Die beiden Frauen stellten mir wieder Fragen, aber am Nachmittag kam Schwester Léonide herein und sagte zu mir: „Nimm deine Sachen. Du gehst in eine andere Zelle." Später, im Januar, als die *Matin* Aussagen von Ghirelli und Rosselli über ein „umfassendes Geständnis" veröffentlichte, das ich in ihrer Zelle abgelegt haben soll, schickte der Direktor des Gefängnisses Saint-Lazare einen Bericht an Richter André, in dem er über meinen Zellenwechsel sagt:

„... Dass Frau Steinheil aus Zelle Nr. 15 geholt und in Zelle Nr. 11 gebracht wurde... am Sonntag, dem 29. November 1908, nachmittags, aufgrund eines Absatzes in der *Matin* vom 28. November, in dem die Nummer von Frau Steinheils Zelle und die Namen ihrer Begleiterinnen angegeben waren. Die Indiskretion, so scheint es aus den Zeitungen hervorzugehen, wurde von Maître Camille Dreyfus begangen, dem Anwalt des Gefangenen namens Rosselli."

(*Dossier* Cote 3021)

Sœur Léonide führte mich in eine Zelle, die viel größer und heller war als die andere, aber in demselben schmutzigen, baufälligen Zustand. Sie enthielt sieben Betten und hatte zwei Fenster, die nicht nur mit schweren Gittern vergittert, sondern auch mit einem eisernen Gitter versehen waren. Die Fenster waren aus Milchglas, so dass man nur dann nach draußen sehen konnte, wenn sie geöffnet waren. Wenn sie geschlossen waren, musste man auf den Regen hören und „raten", ob die Sonne schien.

Ich ließ mich auf einen alten Stuhl sinken. Sœur Léonide tröstete mich und versuchte, fröhlich zu sein: „Weißt du, dass dich alle verwöhnen?", sagte sie. „Schau dir diese schöne, große Zelle an, und du wirst hier fast allein sein."

Sie öffnete eines der Fenster. Es regnete, und der Himmel, den ich durch die Gitterstäbe und das Spalier sehen konnte, war trüb und grau. Die Schwester zeigte auf den Hof unten: „Schau", sagte sie, „da stehen ein paar Bäume. In der Mitte des Hofes kannst du das Becken sehen, in dem die Gefangenen ihre Wäsche waschen. Und sieh dir all die Tauben auf den Dächern an. Im Sommer ist es hier sehr schön, du wirst sehen..."

Ich sah die gute Schwester an. Sie verstand ... und fügte hastig hinzu: „Natürlich, natürlich, dann bist du nicht hier. Ich habe es dir nur gesagt ..."

Es war sehr kalt und ich fröstelte. Trotzdem war der Blick aus dem Fenster eine Abwechslung zum Anstarren der vier schwarzen Wände und dem müden, endlosen Zählen der Fliesen zu meinen Füßen.

Doch Sœur Léonide zog mich sanft zurück und schloss das Fenster: „Es ist nicht klug von dir, dort zu bleiben. Einige der Frauen unten könnten dich sehen und dich beleidigen. Jeder im Gefängnis weiß, dass du hier bist."

Eine Schwester betrat die Zelle und schob eine etwa fünfundzwanzigjährige Frau vor sich her, über deren eingefallene Wangen Tränen strömten.

„Sie wird Ihre Gefährtin sein", sagte Schwester Léonide, „sie ist eine viel nettere kleine Frau als die anderen, und sie ist sehr unglücklich; deshalb wird sie wissen, wie sie Sie trösten kann."

„Warum ist sie so unglücklich? Was hat sie getan ?... "

Das Mädchen selbst antwortete: „Ich bin hier, weil ich versucht habe, drei Blusen aus einem Laden zu stehlen. Ich wollte mich für meinen Liebsten schön machen. Aber, Madame, was glauben Sie, haben sie getan? Sie haben mir vier Monate gegeben! Vier Monate Gefängnis für drei Blusen. Ich werde hier keine vier Monate leben, und ‚er' wird weg sein."

Armes Mädchen! Sie war klein und zart; sie hatte große braune Augen. Sie erinnerte mich ein wenig an Marthe.

„Wie ist Ihr Name?", fragte ich sie.

„Firmin."

„Nun, Firmin, wir müssen versuchen, uns gegenseitig zu trösten."

Schwester Léonide ließ uns allein. Wieder das schreckliche Geräusch von Schlüssel und Riegel.

Firmin schluchzte, und als ich sie in diesem Zustand sah, vergaß ich für eine Weile meinen Kummer ... Sie erzählte mir all die schrecklichen Dinge, die die anderen weiblichen Gefangenen untereinander sagten, und sagte: „Ich bin Monsieur Desmoulin so dankbar, dass er mich in diese Zelle geschickt hat."

„Wer ist Monsieur Desmoulin?", fragte ich.

„Er ist ein Mann, der Gefangene besucht, aber kein Priester oder Pfarrer... Man sagt, er sei ein Maler... Er geht im Gefängnis umher, wie es ihm gefällt. Er ist heute hier. Ich wäre schon längst gestorben, wenn er nicht gewesen wäre. Ach, denk nur, ich bin im Gefängnis! Was werden meine Eltern sagen? Sie wissen noch nichts..." Und sie brach in Schluchzen aus. Armer Firmin!

Wir hörten ein Geräusch, Stimmen, und dann kam ein Herr herein, ziemlich groß, mit grauem Voll- und Schnurrbart und dem Aussehen eines Künstlers. Er musste etwa fünfundfünfzig Jahre alt sein.

Er plauderte eine Weile mit Firmin in der Nähe der Tür. Ich hörte ihn sagen: „Sie müssen alles für sie tun, was Sie können." Er sah in meine Richtung und sagte: „Haben Sie Mut, Madame", und ging dann weg.

„Das war M. Desmoulin", sagte Firmin.

Die Nacht brach früh herein.

„Ich werde das Feuer anzünden", sagte mein Begleiter. „Und dann sagte mir die Schwester, ich solle dir etwas zu essen geben."

Firmin machte Feuer, half mir beim Ausziehen, da ich furchtbar schwach war, brachte mich ins Bett und zwang mich, etwas Milch zu schlucken.

Aber ich konnte nicht schlafen. Dann rief Firmin: „Ich habe ein Stück Kerze!"

„Gibt es denn keine Lampen?"

„Nein, Madame, aber ich habe eine Kerze. Ich habe sie gekauft. Ich habe kein Geld, aber ich nähe, ich arbeite, um Geld zu verdienen. Sie müssen den ganzen Tag nähen, um sehr wenig zu verdienen, und natürlich brauchen Sie eine Kerze, um nachts zu arbeiten, nicht wahr?"

Sie begann neben meinem Bett zu nähen, und ich half ihr dabei ... Dann hörte ich plötzlich die männliche Stimme von Schwester Léonide rufen: „Werdet ihr alle ruhig sein? Ich werde die Wärter rufen ... Ich sage euch, sie ist nicht hier!"

Dutzende schwere Gegenstände wurden gegen die Tür meiner Zelle geworfen und ich wurde aufs abscheulichste beschimpft. Hysterische Schreie erschallten: „Mörderin! Mörderin ! Die Guillotine ist zu gut für dich! Wir wissen, dass du da bist! Tod für dich! Die Guillotine!"

Firmin hielt meine beiden Hände und zitterte wie Espenlaub. „Es ist furchtbar, Madame, hören Sie nicht zu!"

"Was werfen sie an die Tür?"

„Ihre Holzschuhe und alles, was sie in die Finger bekommen, nehme ich an ..."

Dann hörte der Lärm vor der Tür plötzlich auf, aber er begann fast sofort wieder hinter einer der Wände, wo offenbar eine ganze Bande von Gefangenen untergebracht war. Eine Weile lang brüllten sie Obszönitäten, und ich wurde erneut mit den übelsten Beschimpfungen überhäuft: „Mörderin! Du hast deine eigene Mutter erwürgt, du hast deinen eigenen Mann getötet... Wenn wir dich hier hätten, würden wir dir die Augen ausstechen und dich in Stücke reißen, du Mörderin!"...

Und die ganze Zeit schlugen diese Dämonen gegen die Wand und versuchten, sie Stück für Stück zu zertrümmern.

Kalter Schweiß lief mir über die Schläfen. Firmin war fuchsteufelswild und fiel neben mir auf mein Bett. Wir hielten uns an den Händen. Firmin sagte: „Achten Sie nicht darauf, Madame. Ich habe schon viel Schlimmeres gehört. Hier oben ist es fast ruhig; die Frauen warten auf ihren Prozess, aber unten, wo ich war, sind die verurteilten Frauen. Wenn Sie wüssten, wie sie mich beschimpft und geschlagen haben, als sie hörten, dass ich nach oben in diese Zelle gebracht werde, und als sie irgendwie herausfanden, dass ich bei Ihnen sein würde!"

Ich konnte kaum hören, was sie sagte, so schrecklich war der Lärm in der Nachbarzelle.

Dann hörte der Lärm auf ... Die Schwestern kamen ... Doch sobald die Runde vorbei war, begann der Lärm von neuem, und die Beleidigungen und Drohungen waren noch schlimmer als zuvor ... Firmin und ich stopften uns verzweifelt Papier in die Ohren, und als wir in unsere Betten gingen, bedeckten wir unsere Köpfe nicht nur mit unseren Decken, sondern auch mit unseren Kleidern. Immer noch konnte ich diese Frauen hören ... Eine weitere schlaflose Nacht, eine weitere Nacht voller Schrecken und Qualen!

Am nächsten Tag hörte ich den Gong, und dann rief eine Stimme die Zahl „Einundsechzig", an die ich mich bereits gewöhnt hatte. Es war Marthe. Eine halbe Stunde blieben wir zusammen, und mit jeder Sekunde kehrte neues Leben in meinen zerschundenen Körper und Hoffnung in mein schmerzendes Herz zurück. Wie tapfer die Kleine war, wie sie versuchte, ihre Tränen zurückzuhalten, um mich nicht noch unglücklicher zu machen, als ich es ohnehin schon war... Und dann kam mein Rat, und der Pfarrer...

Ich bat ihn, sich für mich einzusetzen. So konnte ich nicht weitermachen. Besonders nach all den Schocks, die ich in den letzten Monaten erlitten hatte, hatte ich das Gefühl, ich würde verrückt werden, wenn ich noch viele Nächte wie die letzte durchmachen müsste.

„Ich werde sehen", sagte M. Arboux. „Aber es wäre nicht fair, wenn zu Ihren Gunsten eine Ausnahme gemacht würde."

Ich verbrachte noch drei weitere Tage und drei weitere Nächte in Zelle Nr. 11 und hörte Tag und Nacht Beschimpfungen. Wenn die Frauen aus irgendeinem Grund durch den Korridor gingen, öffneten sie den Fensterladen des Gucklochs in meiner Tür und ließen einen Schwall von Beschimpfungen los. Dann stellten sich Firmin und ich an die Wand auf einer Seite der Tür, damit man uns nicht sehen konnte.

Abends gesellte sich eine weitere Gefangene zu uns. Es war Marie Jacq, eine Bretonin von vierzig Jahren, die vor kurzem zu zwei Jahren Haft verurteilt worden war und zuvor sieben Haftstrafen verbüßt hatte. Jacq war den ganzen Tag als eine Art Putzfrau beschäftigt; sie betrat die Zelle um 8 Uhr abends zum Schlafen und verließ sie um 6 Uhr morgens. Die arme Kreatur schien nur ein Verlangen zu haben – zu trinken.

Da an Schlaf in der Nacht nicht zu denken war, blieb mir nichts anderes übrig, als nachzudenken und nachzudenken. In den langen Stunden versuchte ich erschöpft, alle Einzelheiten des seltsamen und schrecklichen Dramas, das bereits zwei Opfer gefordert hatte und bald ein drittes fordern würde, zu verarbeiten und klar zu erkennen, denn ich fühlte, dass das Leben aus meinen Gliedern wich.

Dann kam eines Morgens die liebe Schwester Léonide und sagte mir: „Du wirst noch einmal deine Zelle wechseln. Ich habe die Anweisung, dich in die Nummer 12 zu bringen. Dort wirst du auf der einen Seite deine frühere Zelle haben und auf der anderen eine Rumpelkammer. Du wirst endlich atmen – und schlafen können."

Firmin teilte diese neue Zelle mit mir, und Jacq, die die Nächte in Zelle Nr. 13 und dann, als ich dort war, in Zelle Nr. 11 verbracht hatte, gesellte sich nachts zu uns in Zelle Nr. 12. Sie hatte die Anweisung, mir zu helfen – und auf mich aufzupassen.

KAPITEL XXIII

ALBA GHIRELLI, MARGUERITE ROSSELLI UND DIE „MATIN"

Die Unterweisung von Richter André begann im Dezember 1908. Doch bevor ich darauf eingehe, möchte ich den Leser mit einer Reihe erstaunlicher und schmerzlicher Vorfälle vertraut machen, bei denen die beiden Gefangenen Ghirelli und Rosselli, Marie Anne Jacq – deren Zelle ich zwei Tage und drei Nächte teilte – und M. Charles Sauerwein vom *Matin* die Hauptakteure waren, während ich, wie üblich, leider die machtlose Hauptfigur, das Opfer war.

Maître Aubin, mein Anwalt, kam zwei- oder dreimal in einem Zustand großer Bestürzung zu mir. Sein erster Satz war: „Was haben Sie getan?" und sein letzter Satz, nachdem er mir den neuen Vorfall erklärt hatte, war: „Alles, was in der *Matin gedruckt ist* ." Diese Zeitung dachte also, sie hätte mich noch nicht genug leiden lassen und setzte ihre bösartigen Angriffe fort, während ich im Gefängnis war!

Was stand in den Artikeln in der *Matin* ? Nur Kleinigkeiten dieser Art: Einer meiner Mitgefangenen zufolge hatte ich von Selbstmord gesprochen, Alexandre Wolff erneut beschuldigt und erklärt , dass ich die Perle, bevor ich sie in Couillards Brieftasche gelegt hatte, zuerst in die meines „Cousins" M. Chabrier gelegt hatte (den ich Cousin nannte, obwohl er kein Verwandter von mir, sondern ein Cousin meines Mannes war). Ich hatte Ghirelli eine geheime Mission anvertraut und nicht zuletzt hatte ich gestanden, den Mord begangen zu haben!

Diese verschiedenen „Aussagen", die von der *Matin lediglich dramatisiert und ausgeschmückt wurden* , um mehrere Kolumnen des aufsehenerregendsten Artikels zu produzieren, wurden im Januar 1909 in regelmäßigen Abständen veröffentlicht.

Ich werde nun einen Teil der schädlichsten und phantastischsten „Geschichte" zitieren, die *Le Matin* in seiner Ausgabe vom Sonntag, dem 17. Januar 1909, veröffentlichte (ich war zu dieser Zeit im Gefängnis und absolvierte meine *Einweisung, d. h.* die vorläufige Untersuchung durch einen Friedensrichter):

DIE AFFÄRE STEINHEIL:
ALLES
AUSSER DEM NAMEN DES KOMPLIZENTEN. MADAME
STEINHEIL ZEIGT SICH SELBST AN: „
MEINE MUTTER ... SIE WAR DAS ALIBI."

„... Wir konnten gestern eine Person sehen, die von Frau Steinheil neue Geständnisse erhalten hat. Zu einem Zeitpunkt, als die Witwe des Malers, die bereits seit einigen Tagen im Gefängnis saß und sich in den Maschen der Beweise verfing, die der Untersuchungsrichter langsam aber sicher um sie herum spann, fühlte sie sich unrettbar verloren.

„Im Laufe eines Abends, als sie von Verzweiflung übermannt wurde, unter Tränen, Schluchzen und Groll, und während sie aus tiefstem Herzen den Tod anrief, erzählte Frau Steinheil eine neue, noch tragischere Version des Verbrechens. WEIL SIE SICH DIESES MAL NICHT NUR ALS KOMPLIZITIN, SONDERN ALS SCHULDIGE PERSON ZUSAMMEN MIT EINER ANDEREN PERSON BEKLAGTE.

„SIE NENNT IHREN KOMPLIZENTEN...

„Er ist weder Rémy Couillard noch Alexandre Wolff, noch sonst einer der bisher genannten Namen. Dieser Komplize, einer ihrer Freunde (*Familienmitglieder*), unserer Gesprächspartnerin, würde nicht die Verantwortung übernehmen, seinen Namen der öffentlichen Meinung preiszugeben.

„Wenn Frau Steinheil erneut gelogen hat, ist es nicht recht, dass ein Unschuldiger die schwere Bürde dieses Doppelmordes mit ihr teilen muss. Wenn Frau Steinheil die Wahrheit gesagt hat, *wird er sich selbst wiedererkennen* .“

* * *

„Alles, was wir heute tun können, ist zu sagen, wie das Verbrechen nach den jüngsten Angaben der Witwe des Malers begangen wurde.

„In seinem tragischen Horror übertrifft es alles, was man sich bisher hätte vorstellen können.

„Der Doppelmord war beschlossen, geplant und vorsätzlich.

„In den letzten zwei Jahren ging es Frau Steinheil nicht mehr aus dem Kopf. Zwei Jahre lang hatte sie die Durchführung des Plans mehrmals aufgeschoben.

„Ich wollte frei sein“, sagte sie.

„Als sie sich nicht länger zurückhalten konnte und entschlossen war, alles zu tun, um ihren Mann loszuwerden und den reichen Mann zu heiraten, den sie begehrte, und ihre letzten Vorbereitungen traf, glaubte sie, dass sie allein eine so schreckliche Tat nicht erfolgreich durchführen könnte, und vertraute ihre Pläne einem ihrer Freunde (*Familienmitglieder*) an.

„ICH WOLLTE EINEN ASSISTENTEN, ICH HABE IHN GEFUNDEN!'

„Dieser akzeptierte ohne allzu große Einwände. Hatte sie ihm nicht eine goldene Zukunft versprochen?

„Dann wurden Pläne gemacht.

„Nur den Ehemann zu töten, hieße, sich sofort zu verraten, denn jeder wusste, wie sehr die Frau ihren Ehemann hasste. Und das öffentliche Gerücht, unversöhnlich und rachsüchtig, hätte den Schuldigen sofort benannt.

„Ein Alibi war notwendig.

„Und kalt und entschlossen telegrafierte Frau Steinheil ihrer Mutter und lud sie in die Impasse Ronsin ein.

„MEINE MUTTER, SIE WAR DAS ALIBI.'

„Niemand würde es wagen, eine Tochter zu beschuldigen, ihre Mutter getötet oder getötet zu haben.

* * *

„Ihre Tochter wird nach Bellevue geschickt, Mariette Wolff wird fortgeschickt, Rémy Couillard ist auf sein Zimmer gegangen. Frau Steinheil bleibt am Abend des 30. Mai mit den beiden beabsichtigten Opfern allein. Sie ist fröhlich; sie spricht mit ungewöhnlicher Zärtlichkeit zu ihrem Mann; sie kümmert sich sehr um ihre Mutter.

„Möchtest du einen Grog, Maman?", fragt sie Mme. Japy. Dann wendet sie sich zärtlich ihrem Mann zu: „Du willst doch auch welchen, oder? Es wird dir gut tun."

„Der Grog ist fertig, Mme. Steinheil fügt ein Narkotikum hinzu.

„Mit ihrer eigenen Hand gibt sie den Grog.

„Mme. Japy und Mme. Steinheil (gemeint ist offensichtlich *M.* Steinheil, aber der Autor dieser monströsen Geschichte hatte offensichtlich jegliche Selbstbeherrschung verloren und war nicht in der Lage, sie beim Schreiben sorgfältig durchzulesen) gingen eine halbe Stunde später in ihr Zimmer (gemeint ist offensichtlich *Zimmer*) und bald fesselte sie eine unüberwindliche Schläfrigkeit, ein todesähnlicher Schlaf (*sommeil de plomb*) an ihr Bett.

„Frau Steinheil lauscht aufmerksam und hört, wie das Tor leise in seinen Angeln schwingt. Es ist halb eins. Sie geht rasch hinunter, nimmt den Schlüssel zur Speisekammer, den Couillard dort hingelegt hat, und öffnet die Tür einen Spalt.

„Einen Moment später ist der Komplize im Haus.

„Verstohlen gehen Frau Steinheil und ihr Komplize, der seine Stiefel ausgezogen hat, in den ersten Stock und beraten dort in Marthes Zimmer zwei lange Stunden lang. Was war das für eine Beratung? Frau Steinheil, überwältigt von Scham und Trauer, hat es noch nicht gesagt...

„Um 3 Uhr morgens wurde ihr Entschluss gefasst. M. Steinheil und Mme. Japy würden sterben.

„Ich selbst habe meinem Mann die Schnur um den Hals gelegt und daran gezogen', sagte Frau Steinheil mit heiserer Stimme.

„'DANN WAR MEINE MUTTER AN DER REIHE.

„DENN ICH BIN ES, DER ALLES GETAN HAT, DER ALLES BESTIMMT HATTE. MEIN KOMPLIZE HILFT MIR NUR BEI DER ORGANISATION DES FOLGENDEN SCHEINEINBRUCHS.

„Ich war es, der die Uhr in dem Moment anhielt, als er hereinkam. Ich war es, der das Tintenfass umwarf.

„DIESE GANZE TRAGÖDIE HAT SICH OHNE EINEN SCHREI UND OHNE EIN UNGLAUBLICHES UNTERNEHMEN ERFOLGT. WENIGER ALS ZEHN MINUTEN HAT GENUG, UM DIESE GRAUENHAFTE AUFGABE DURCHZUFÜHREN.

„'Als ich dann wieder ins Bett gegangen war, fesselte mich mein Komplize.

„Der Tag brach an. Er ging.“

„Nach Abschluss der erschreckenden Erzählung schien die Witwe des Malers von einer großen Last befreit.

„Ein paar Minuten lang schien sie in Gedanken versunken zu sein, und plötzlich wurde ihr klar, was für ein schreckliches Geheimnis sie gerade in einem Moment der Verzweiflung und Verlassenheit preisgegeben hatte.

„Sie sah ihrem Gesprächspartner direkt ins Gesicht.

„ *Schwören Sie mir* “, sagte sie, „ *schwören Sie beim Haupt Ihrer Kinder, dass Sie kein einziges Wort von dem sagen werden, was ich Ihnen heute Abend erzählt habe.* “

„Der Eid wurde abgelegt, doch gestern Abend vertraute uns der Gesprächspartner von Frau Steinheil das Geheimnis an, da er an die unschuldigen Menschen dachte, die durch fatale Zufälle zugrunde gehen könnten, und weil er vor der schrecklichen Verantwortung zurückschreckte, die sie tragen musste, um zu schweigen.

„Wir haben die Erzählung des Gesprächspartners getreu wiedergegeben, ohne den Täter beim Namen zu nennen.

„Es war unsere Pflicht.

„Jetzt lassen wir das Gesetz seine Pflicht tun."

Kann es einen Leser nach all dem Wundern, dass die öffentliche Meinung sich furchtbar gegen mich aufregte?

Ich muss wohl kaum hinzufügen, dass keine dieser Aussagen wahr war, aber der Schaden, den sie mir zugefügt haben, kann durchaus eingesehen werden! Leider gibt es in Frankreich kein Gesetz gegen Missachtung des Gerichts... Und nun werde ich zur Erbauung des Lesers und in Übereinstimmung mit meinem Plan, die tatsächlichen Aussagen der Zeugen vorzulegen, aus dem Dossier die verschiedenen Fakten zu dieser skandalösen Ghirelli-Rosselli-Sauerwein-Affäre zitieren...

„19. Januar 1909; vor uns, André, Untersuchungsrichter usw. ... ist Frau Alphonsi erschienen, geborene Alba Ghirelli, 36 Jahre alt ...

Frage. „Wir haben Sie hierherbestellt aufgrund eines Briefes vom 12. Januar 1909, der uns zwei Tage später, am 14., erreichte und *am Tag zuvor in der Matin erschienen war*."

Antwort. „Mein Anwalt hat mir geraten, Ihnen den Brief zu schicken. Frau Steinheil betrat unsere Zelle (Ghirellis und Rossellis) am Donnerstag, dem 26. November 1908, spät in der Nacht.... Sie erklärte: ‚Ich bin hier, weil ich Unwahrheiten erzählt habe, aber es wird nichts sein. In ein paar Tagen wird alles geregelt sein.' Sie ging zu Bett. Die ganze Nacht schien sie sehr unruhig; sie weinte... Am nächsten Morgen schrieb sie Briefe. Um 10.30 Uhr sagte sie, sie sei verrückt geworden, weil sie die Schuld von jemandem beweisen musste, sie habe die Perle zuerst in die Brieftasche ihres Cousins gelegt, dann eine gewalttätige „Szene" mit der Frau ihres Cousins gehabt... und danach habe sie die Perle in die Brieftasche ihres Dieners gelegt... Sie sprach auch von einem Herrn Bdl., den sie mochte... In der folgenden Nacht war sie wieder sehr unruhig und weinte. Sie saß auf ihrem Bett und sprach unzusammenhängend. Sie erwähnte einen gewissen Wolff, und ich fragte sie, ob sie sicher sei, ihn erkannt zu haben. „Ja", antwortete sie, „ich dachte, ich hätte ihn erkannt!"... In der Nacht von Samstag auf Sonntag hörte ich sie jammern... Sie sagte: „Ich leide so sehr, ich verliere den Verstand." Sie seufzte und weinte... Am nächsten Morgen war sie sehr schwach. Um 11 Uhr ergriff sie meine Hände und sagte: „Das Einzige, was hilft, ist Selbstmord; dieser Selbstmord muss und wird stattfinden..." Am Nachmittag wurde sie in eine andere Zelle gebracht. Bevor sie ging, sagte sie zu mir: „Schwöre, dass wir uns wiedersehen werden." Ihre letzten Worte waren „ *à bientôt* " (bis bald)...

Ein paar Tage später traf ich sie auf dem Boulevard der Zellen und sie sagte: „Du fehlst mir so sehr. Ich habe den Direktor gebeten, uns zu erlauben, in derselben Zelle zu sein. Er kann mir diesen Gefallen gewähren…" (!)

Frage. „Wir befragen den Zeugen zu bestimmten Zeitungsartikeln vom 5. Januar, in denen entsprechende Aussagen des Zeugen enthalten sind."

Antwort: „Meine Aussagen wurden von der Presse oft falsch interpretiert. Ich erinnere mich, dass Frau Steinheil mich am Tag meiner Freilassung (28. Dezember 1908) bat, einem ihrer Freunde Grüße zu übermitteln.

Frage. „Sagen Sie uns seinen Namen."

Antwort: „Ich habe seinen Namen und seine Adresse zerrissen und sie vergessen … Mme. Steinheil hat mich nie gebeten, jemandem einen Brief zu überbringen … Den Zeitungen zufolge habe ich Mme. Prévost einen Brief mit dem Auto gebracht, und zwar unter größter Geheimhaltung. *Das ist wilde Romantik … Was das Geständnis ihrer Schuld betrifft, das Madame Steinheil laut der* Matin *vom Sonntag, dem 17. Januar, seit ihrer Inhaftierung abgelegt hat, so weiß ich überhaupt nichts davon. Ich habe in der Matin kein Wort darüber gesprochen … Ich habe selbst den Artikel in der Matin gelesen, auf den Sie sich beziehen, und fand ihn phantastisch …* "

(*Dossier* Cote 3010)

Marguerite Rosselli machte sehr ähnliche Aussagen wie Alba Ghirelli, aber bezüglich der Perle sagte sie lediglich: „Sie sprach von einer Cousine, die im Haus lebte, sie sagte etwas über diese Perle, entweder dass sie daran gedacht hatte, sie in die Brieftasche der Cousine zu stecken, oder dass sie es getan hatte…" Sie erklärte auch: „Am 15. oder 16. Januar kam Marie Jacq, die nachts die Zelle von Frau Steinheil teilt… und sagte mir, dass Frau Steinheil eine schreckliche Nacht verbracht hatte und dass sie dem Direktor geschrieben hatte, damit dieser mich rufen ließe und mir riet, nichts von dem zu wiederholen, was sie in ihren Momenten der Raserei gesagt hatte…"

(*Dossier* Cote 3011)

Marie Anne Jacq (*Dossier* Cote 3026) machte Aussagen im gleichen Sinne, allerdings mit weniger Details.

Und nun kommen wir zu zwei merkwürdigen Dokumenten, die den Leser zweifellos aufklären werden.

Am 23. Januar wurde Alba Ghirelli erneut vor M. André geladen.

„Ich bleibe bei meinen bisherigen Aussagen vom 19. Januar", sagte sie sofort, nachdem sie ihren Amtseid abgelegt hatte.

Frage: „Zwischen diesen Aussagen und dem Inhalt des Faksimiles eines Briefes, der offenbar in Ihrer Handschrift verfasst ist, vom 19. Januar datiert ist und am 20. im *Matin veröffentlicht wurde, besteht ein Widerspruch. Wir übergeben Ihnen das Faksimile.*"

Antwort. „Der Brief, von dem dies eine Faksimile ist, wurde von mir geschrieben, aber *er wurde mir abgenötigt* . Als ich am 19. Januar diesen Raum verließ, wurde ich buchstäblich von Journalisten belagert und dann in einem Auto in ein Café gebracht, wo sich zahlreiche Zeitungsleute versammelten, die von mir die Aussagen hören wollten, die ich Ihnen gegenüber gemacht hatte. Ich antwortete vage und erklärte, dass ich mich für moralisch nicht in der Lage halte, ihnen die gewünschten Informationen zu liefern.

„Dann wurde ich von M. Charles Sauerwein, dessen Karte ich Ihnen übergebe, zum Abendessen bei Maire eingeladen. M. Sauerwein bestand darauf, dass ich eine fiktive Mission – an Mme. Prévost – bestätigen sollte, die mir angeblich von Mme. Steinheil anvertraut worden war und die ich ausgeführt haben sollte; er bat mich auch, den Brief von Mme. Steinheil zu bestätigen, den ich angeblich Mme. Prévost übergeben hatte. Ich sagte ihm, dass an all dem nichts Wahres sei.

„Im Café und beim Abendessen bei Maire war Frau Sellier – die bei mir lebt – bei mir.

„Nach dem Abendessen überredete Herr Sauerwein die Dame, mich zu verlassen, und er bat mich, mit ihm ins *Matin* -Büro zu kommen. Dort gesellten sich Herr Vallier und Herr Bourse zu Herrn Sauerwein, und ich wurde buchstäblich belagert. Ich wollte mich zurückziehen, aber sie waren dagegen.

„Diese Herren erklärten mir dann, dass sie sich in einer falschen Lage gegenüber ihrem Direktor, Herrn Bunau-Varilla, befänden, da meine Mission bei Frau Prévost am nächsten Morgen von der gesamten Presse widerlegt werden würde. Sie wollten sich um jeden Preis mit dem Direktor versöhnen und ich könne sie leicht aus ihrer Verlegenheit befreien, indem ich ihnen einen Brief für ihn übergebe. Sie fügten hinzu, dass mich dies in keiner Weise kompromittieren würde, dass sie meinen Brief lediglich ihrem Direktor zeigen würden – der sich im Nebenzimmer befand – und dass sie mir den Brief unmittelbar danach zurückgeben würden.

„Ich glaubte nicht, dass ich ablehnen könnte, und schrieb den Brief unter dem Diktat von Herrn Sauerwein und Herrn Bourse.

„Als es geschrieben war, nahm Herr Sauerwein es, ging weg und sagte, er würde es Herrn Bunau-Varilla zeigen.

„Eine Stunde verging, ohne dass Herr Sauerwein wieder auftauchte. Herr Vallier und Herr Bourse waren noch bei mir.

„Als Herr Sauerwein zurückkam, hielt er ein paar Papierfetzen in den Händen und sagte: ‚Das ist alles, was von Ihrem Brief übrig ist. Wir haben ihn zerrissen, Sie können sich ganz sicher fühlen.‘

Matin das Faksimile des Briefes zu sehen, den Sie mir gezeigt haben.

„Mir wurde klar, dass Herr Sauerwein den Brief während seiner Abwesenheit fotografieren ließ.

„Am Morgen ging ich zum *Matin*- Büro und machte dort eine große Szene, um gegen diese Methoden zu protestieren.

„M. Sauerwein und dann M. Bourse versuchten mich zu beruhigen.

Mémoirs‘ in der *Matin* zu veröffentlichen und ich sollte dafür 200 £ erhalten. Doch während der Szene im *Matin*- Büro am Mittwoch, dem 20. Januar, verlangte ich, dass mir das Manuskript meiner Memoiren zurückgegeben wird, und nachdem Herr Sauerwein einige Einwände erhoben hatte, gab er mir das Manuskript zurück.

„Außerdem habe ich Ihnen mit einem Eilbrief (*pneumatique*) vom 21. Januar eine Dementierung der im *Matin* über mich veröffentlichten Artikel geschickt.“

Frage. „Seitdem wir die *Pneumatique erhalten haben* , hat der *Matin* in seiner Ausgabe vom 22. Januar einen weiteren Brief von Ihnen veröffentlicht, der noch das Datum vom 19. Januar 1909 trägt, und in seiner heutigen Ausgabe spricht dieselbe Zeitung von Personen, die einen gewissen Druck auf Sie ausüben. Geben Sie uns dazu eine Erklärung.“

Antwort. „Am Abend des 19. Januar ließen mich die Herren Sauerwein und Bourse im *Matin*- Büro in Anwesenheit von Herrn Vallier (immer noch unter dem Vorwand, mich mit ihrem Direktor, Herrn Bunau-Varilla, zu versöhnen) – neben dem am nächsten Morgen als Faksimile veröffentlichten Brief – noch zwei weitere Briefe schreiben:

Matin vom 22. Januar veröffentlichte Brief .

„Zweitens: ein Brief, in dem ich erklärte, dass ich am 31. Dezember 1908 einen Brief von Frau Steinheil an den Untersuchungsrichter Herrn Leydet mitgenommen hätte.

„Ich musste diese beiden letzten Briefe etwa eineinhalb bis zwei Stunden nach meinem ersten Brief schreiben. Auf jeden Fall, nachdem Herr

Sauerwein mit den sogenannten Fragmenten meines ersten Briefes zurückgekehrt war.

„Als ich die beiden anderen Briefe geschrieben hatte, teilte man mir mit, dass sie mir die Briefe erst am Morgen zurückgeben könnten, da Herr Bunau-Varilla die Büros des *Matin verlassen habe* , und dass Herr Sauerwein sie in der Zwischenzeit in seiner Brieftasche aufbewahren würde.

„Am nächsten Morgen, während der ‚Szene‘, die ich im *Matin* -Büro machen wollte, verlangte ich von Herrn Sauerwein die beiden Briefe, aber er weigerte sich, sie mir zurückzugeben. Herr Sauerwein sagte: ‚Sie werden nicht veröffentlicht, aber ich möchte sie behalten.‘ Ich erklärte Herrn Sauerwein, dass ich ihre Rückgabe durch einen Gerichtsvollzieher verlangen würde. Er erwiderte: ‚Das wird kein anderes Ergebnis haben, als dass die beiden Briefe beglaubigt werden.‘

„Ich versichere mit aller Deutlichkeit, dass Frau Steinheil mir nie einen Brief oder Auftrag anvertraut hat, weder für Herrn Leydet noch für irgendjemand anderen.

„Außerdem hatte ich Frau Steinheil zum Zeitpunkt meiner Freilassung am 28. Dezember 1908 mehrere Tage lang nicht auf dem Flur getroffen, und als ich am 28. Dezember nach meinem Freispruch nach Saint-Lazare zurückkehren musste, um die verschiedenen Formalitäten im Zusammenhang mit meiner Entlassung aus dem Gefängnis zu erledigen, wurde ich nicht in meine Zelle gebracht, sondern wartete unten im Büro, wo mir meine Sachen gebracht wurden. Es wäre daher für Frau Steinheil unmöglich gewesen, mir einen Brief zu geben oder mich zu bitten, etwas für sie zu tun.

„Der am 22. Januar vom *Matin veröffentlichte Brief* spielt auf einen gewissen Herrn Boune an, der im selben Restaurant wie ich speist. Als er dort mit mir sprach, riet er mir aus elementarer Vorsicht, mich in keiner Weise in die Steinheil-Affäre einzumischen ... In letzter Zeit haben mir mehrere Journalisten und Rechtsanwälte im Restaurant denselben Rat gegeben wie Herr Boune. Wahrscheinlich spielt der heutige *Matin darauf* an, wenn er von ‚Druck‘ spricht. Es ist sehr wahrscheinlich, dass sich jetzt ständig Reporter des *Matin* in diesem Restaurant aufhalten und alles beobachten, was ich tue.

„(Unterzeichnet) GHIRELLI .
REDMOND , Gerichtsschreiber.
ANDRÉ , Richter.“

(*Dossier* Cote 3029)

Dieser Widerruf war vollständig und absolut, aber der Schaden war leider bereits angerichtet, und die Öffentlichkeit glaubte all diese schrecklichen Lügen, die im *Matin veröffentlicht* und Ghirelli zugeschrieben wurden. Außerdem, wer hat von dem Widerruf gehört, außer dem Richter ... und mir , Monate später, als die Akte meinem Anwalt und mir übergeben wurde?

Und nun werde ich der Wahrheit halber aus den Aussagen von „M. Sauerwein, Charles, 32 Jahre alt, Journalist" ... gegenüber M. André, dem Untersuchungsrichter, am 4. Februar 1909 zitieren:

... „Ich möchte die Bedingungen spezifizieren, unter denen wir diese Interviews (mit Alba Ghirelli) erhielten. Ende Dezember 1908 ... fanden wir die Adresse von Ghirelli heraus. Sie war sehr verärgert, als wir sie besuchten, und sagte, dass sie, bevor sie irgendwelche Aussagen machte, einige Freunde konsultieren wolle. Sie versprach, mich am nächsten Tag zur *Matin* aufzusuchen . Ich erhielt einen Eilbrief von ihr und traf sie im Restaurant de la Feria. Ich wurde von einem anderen Mitglied des *Matin* -Personals begleitet. Es fand ein erstes Interview statt, das in der *Matin* vom 14. Januar erschien. Dieses Interview wurde vollständig unter ihrem Diktat geschrieben und von ihr unterschrieben ... Es betraf die Aussagen von Frau Steinheil, die von Ghirelli gesammelt wurden, über die Schuld von Alexandra Wolff, der Perle, die zuerst in M. Chabriers Brieftasche platziert wurde, aber nach Mme. Chabriers gewaltsamen Eingriffen daraus entfernt wurde, und über den „notwendigen" Selbstmord.

„Am nächsten Tag erfuhren wir von Ghirelli einige weitere Einzelheiten über den Besuch von Pastor Arboux und die Zukunftspläne von Frau Steinheil. Dieses zweite Interview erschien am 16. Januar im *Matin* .

"Zwischen dem ersten und dem zweiten Interview erzählte uns Ghirelli, dass Frau Steinheil ihr am Vorabend des Tages, an dem sie vor dem Berufungsgericht erscheinen sollte, wo sie mit einem Freispruch rechnete, zwei Briefe gegeben hatte, einen für Frau Prévost, den anderen für einen Richter, und sie gebeten hatte, mit einem ihrer ehemaligen Freunde zu telefonieren. Wir haben die letzten beiden Tatsachen in unseren Artikeln nie erwähnt, aber die Prévost-Geschichte interessierte uns. Ghirelli bat uns, ihr die Enthüllung der Prévost-Affäre nicht zuzuschreiben...

... (19. Januar) „Als Ghirelli Ihre Räumlichkeiten verließ, wurde sie von einem unserer Reporter ins Café Ducastaing begleitet, wo sich ihr zahlreiche Journalisten anschlossen. Daraufhin brachte einer unserer Kollegen eine Notiz (deren Quelle ich nicht kenne), in der es hieß, Ghirelli habe bestimmte von uns veröffentlichte Einzelheiten bestätigt, jedoch zwei oder drei andere Punkte bestritten, insbesondere den Brief an Frau Prévost.

"Ich war dort. Ich sagte Ghirelli, dass wir angesichts dieser offiziellen Dementis einfach die Notiz veröffentlichen würden, die der erwähnte Kollege mitgebracht hatte. Sie bat mich, bei ihr zu bleiben und eine dritte Person zu rufen, deren Namen ich aufgrund der 'Berufsgeheimnispflicht' nicht nennen kann. Ich bestellte die dritte Person telefonisch ein. Wir wollten bei Maire zu Abend essen, die 'Gräfin' (Ghirelli), eine ihrer Freundinnen namens 'La Générale' und ich. Das Abendessen war nicht gerade angenehm, denn ich befand mich in der Gegenwart einer Person, die gerade das bestritten hatte, was sie am Vortag behauptet hatte. Die dritte Person traf ein.

(„Persönlich habe ich keinen Zweifel, dass es sich um M. Camille Dreyfus handelte, den Berater von Rosselli, auf dessen ‚Indiskretion' der Direktor von Saint-Lazare in seinem Bericht vom 21. Januar 1909 [*Dossier* Cote 3021] anspielte.)

„Die dritte Person unterhielt sich lange mit der ‚Gräfin' im Nebenzimmer. Man ließ mich rufen, und die dritte Person sagte mir, dass die ‚Gräfin' mir ein Geständnis ablegen müsse. Sie erklärte dann: ‚Alles, was ich Ihnen vom ersten Augenblick an erzählt habe und was Sie veröffentlicht haben, ist falsch und beruht auf meiner Einbildungskraft, mit Ausnahme der Einzelheiten, die ich vor dem Untersuchungsrichter bestätigt habe.' Ich sagte der ‚Gräfin', wie sehr ich es bedauere, dass sie so viel Freude am Lügen hatte, und sie sagte, dass die *Matin* am nächsten Tag die Notiz veröffentlichen würde, die ich Ihnen gegenüber erwähnt habe.

„Ich wollte gerade gehen, aber die ‚Gräfin' hielt mich zurück. Die dritte Person war gerade gegangen, und die ‚Gräfin' sagte: ‚Ich schwöre Ihnen beim Haupt meiner Kinder, dass alles, was ich Ihnen vom ersten bis zum letzten Mal erzählt habe, die reine Wahrheit ist. Wenn ich es abgestritten habe, dann deshalb, weil acht oder neun Personen, die ich vorher nicht kannte, auf mich eingewirkt und mich eingeschüchtert haben. Die Leute gingen so weit, mir zu sagen, dass sie mich verhaften lassen würden!' …

"… Während die 'Gräfin' mir unter vier Augen die Aussagen machte, die ich gerade wiederholt habe, wartete die dritte Person im Gang. Ich gesellte mich zu ihm und erzählte ihm, was geschehen war... Dann verließ er mich und ging zurück zur 'Gräfin', während ich zur *Matin ging* und dem Herausgeber sofort alle diese Vorfälle erzählte. Fünf Minuten später kamen die 'Gräfin' und die dritte Person zur *Matin* . In Anwesenheit meines Kollegen, M. Bourse, wiederholte Ghirelli, dass sie die Wahrheit gesagt habe und dass sie einen Teil der Wahrheit nur aufgrund des Drucks, der auf ihr lastete, vor Ihnen verheimlicht habe . Ich sagte zu ihr: 'Ihr Wort hat für mich keinen Wert mehr. Sie müssen aufschreiben, was Sie sagen, und es unterschreiben!' Die 'Gräfin' zögerte ein wenig.

„Ich muss Ihnen sagen, dass ich ihr am selben Tag, als sie uns das Interview
gab, das wir veröffentlicht haben, 500 Francs (20 £) als Belohnung zahlte und
ihr weitere Geldsummen versprach – mit der Absicht, ihr nach und nach
2000 Francs (80 £) zu geben, wenn uns die Informationen, die sie uns liefern
könnte, interessant erschienen.

„Außerdem dachte ich, dass die 80 £ auch den Preis ihrer Memoiren
darstellen sollten …

"Um auf unser Gespräch mit der 'Gräfin' am 19. Januar zurückzukommen...
Sie schlug ein Dokument nach ihren Vorstellungen vor, das aber von mir
geschrieben und lediglich von ihr datiert und unterschrieben werden sollte.
Ich sagte, ich wolle, dass das Dokument von ihr geschrieben werde... Sie
willigte ein und schrieb genau vier Dokumente, ohne dass man ihr etwas
diktiert hätte, sondern nach den von uns vorgeschlagenen Regeln. (Sie
dachte, sie entsprächen der Wahrheit.) Das erste wurde am 20. Januar als
Faksimile im *Matin veröffentlicht* ; das zweite bezieht sich auf den Brief, den die
'Gräfin' an einen Richter mitnahm; das dritte berichtet davon, dass Rosselli
von Frau Steinheil gebeten wurde, dem Untersuchungsrichter die
Enthüllungen, die sie gemacht haben könnte, nicht zu wiederholen, und das
vierte betrifft die Einschüchterungen, denen 'Gräfin' Ghirelli von
verschiedenen Personen ausgesetzt war. Wir veröffentlichten auch diesen
letzten Brief. Als alles geschrieben und von ihr unterschrieben war, bat sie
mich um den Rest der 80 £, und ich sagte ihr, sie solle am nächsten Morgen
wiederkommen. Sie kam... und bat mich um das Geld. Ich konsultierte den
Direktor des *Matin* , und als ich zu Ghirelli zurückkam, sagte ich zu ihr:
„Madam, solange Sie Zeugin in der Affäre sind, wird Ihnen die *Matin* nichts
zahlen, denn ich möchte nicht, dass man sagt, die *Matin* hätte einer Zeugin
in der Affäre Geld gegeben, damit sie bestätigt, was sie zuvor ausgesagt hat
…"

"Wütend bat sie mich, ihr das Manuskript ihrer Memoiren zurückzugeben.
Am selben Abend rief sie an... und bat mich, mit ihr zu Abend zu essen. Ich
nahm an... M. Bourse und M. Vallier waren bei mir. Sie blieb bis 22.30 Uhr
bei einem der beiden anderen und ging danach in die Büros des *Eclair* . Und
ein oder zwei Tage später erzählte sie mir, dass sie Ihnen dort, im Büro von
M. Montorgueil... den Berichtigungsbrief geschrieben habe, den Sie von ihr
erhalten haben müssen. Seitdem hat Ghirelli mich oft um Geld gebeten...
Gestern Abend bat sie mich erneut um Geld, und wieder sagte ich ihr: ‚Nein,
da Sie Zeugin sind, können wir Ihnen kein Geld geben... Ich habe nur
ausgesagt, um die Realität der Tatsachen *in ihrer ganzen Genauigkeit
wiederherzustellen* .‘

„(Unterzeichnet) SAUERWEIN.
SIMON.
ANDRÉ.“

(*Dossier* Cote 3035)

Ein Kommentar ist unnötig.

In Bezug auf die Mission bei Madame Prévost, die ich angeblich Ghirelli anvertraut hatte, von dem in der *Matin beschrieben wurde* , dass er auf mysteriöse Weise mit dem Auto zu Madame Prévost gefahren war, wurden mehrere Personen, die in der Straße wohnten, in der das Auto angeblich angehalten hatte – von denen die Zeitung natürlich Aussagen erwähnt hatte, die zitiert wurden –, von der Polizei zu dieser Angelegenheit befragt:

"Frau Kaufman, 41 Jahre alt, Türsteherin in der Rue du Cher Nr. 11, die sich zum *Matin-* Artikel befragte ... erklärte: Die mir zugeschriebenen Aussagen stammen nicht von mir. Ich habe nie ein Auto an der Straßenecke bemerkt, noch habe ich Frau Prévost mit jemandem sprechen sehen, der sich in einem Auto versteckte. *Ich widerlege absolut alles, was ich im Matin zu sagen hatte* . Es ist nicht korrekt und, was noch wichtiger ist, es ist unwahr.'"

"Mlle. Leveque, 23 Jahre alt... Nr. 11 Rue du Cher..., die in derselben Angelegenheit konsultiert wurde, erklärte: Ich habe nichts von den im *Matin-* Artikel beschriebenen Tatsachen gesehen und habe auch *niemandem gegenüber die geringste Erklärung abgegeben* , aus dem einfachen Grund, dass ich (über die Angelegenheit) nichts weiß und dass ich zu der Zeit, als angeblich ein Auto in der Nähe meines Ladens anhielt, nicht dort war... Ich möchte auch erklären, dass ich Mme. Prévost überhaupt nicht kenne und es mir nicht gefällt, in diese Angelegenheit verwickelt worden zu sein."

Matin erwähnte Auto nicht gesehen , und fügten hinzu, ihre Mieterin Frau Prévost sei an diesem Tag – dem 31. Dezember – nicht aus ihrer Wohnung gekommen, da sie sich unwohl fühlte und ihr Zimmer nicht verlassen konnte.

„Frau Prévost selbst wurde gefragt, ob sie an diesem Tag einen Brief von Frau Steinheil erhalten habe, und erklärte unter den in der *Matin geschilderten Umständen* , dass sie seit dem letzten Sommer überhaupt nichts mehr von ihr erhalten habe.

„(Unterzeichnet) INSPEKTOR DECHET .“

(*Dossier* Cote 3017)

In den Interviews zwischen Ghirelli und Sauerwein bleibt noch ein Punkt zu klären: die Frage der Perle, die ich angeblich in die Brieftasche von Herrn Chabrier und dann in die von Couillard gelegt haben soll, und zwar erst nach einer gewalttätigen Szene mit Frau Chabrier.

Auch hier werde ich aus dem Dossier zitieren, und der Leser wird eine weitere Gelegenheit haben, einen Einblick in die Methoden der Zeitung zu erhalten, die so viel dazu beigetragen haben, mich in den Augen der öffentlichen Meinung zu ruinieren – sowohl während meiner Haft als auch vor meiner Verhaftung:

„Am 21. Januar 1909 erschien vor uns, André" usw. M. Chabrier …, der erklärt:

„… Ich wusste nicht, dass Frau Steinheil versucht hat, die Perle, die später in Couillards Brieftasche gefunden wurde, in mein Portemonnaie zu legen, oder dass sie es tatsächlich getan hat. Ich hatte diese Perle nie gesehen und nie davon gehört, bis zu dem Moment … als Herr de Labruyère in den *Matin*-Büros und vor mir Couillards Brieftasche öffnete und eine Bestandsaufnahme ihres Inhalts machte – was zur Entdeckung der Perle führte.

„Im Hinblick auf diese Entdeckung – und als *ein Beispiel für die Einschüchterungsmethoden, die Journalisten im November 1908 gegenüber den verschiedenen Bewohnern von Nr. 6 bis Impasse Ronsin anwandten* – möchte ich Ihre Aufmerksamkeit auf die folgende Tatsache lenken:

„Am 24. November (einen Tag vor der Nacht der Beichte) kam Monsieur de Labruyère ins Haus und sprach mit mir über einen Artikel im *Journal*, in dem behauptet wurde, er sei es gewesen, der Rémy Couillards Brieftasche geöffnet habe. Er fügte hinzu, da die Behauptung nicht zutreffe, wolle er Monsieur Bunau-Varilla beweisen, dass er, de Labruyère, die Brieftasche nicht geöffnet habe. Er bat mich daher, einen Brief zu schreiben, in dem ich bestätige, dass ich (Chabrier) die Brieftasche selbst geöffnet habe.

„Da es M. de Labruyère war, der es geöffnet hatte – wie ich bereits bei meiner Zeugenaussage am 21. November 1908 erklärte –, protestierte ich und meine Frau ebenfalls.

Matin) notwendiger sei und dass mein Eingreifen als Vertreter von Frau Steinheil leichter zu erklären sei als sein eigenes, und er fügte hinzu, dass ich, wenn ich diesen Brief nicht schriebe, möglicherweise die Sache von Frau Steinheil ruinieren würde, denn dann würde Herr Bunau-Varilla diese Sache aufgeben und sich *gegen sie wenden* . "

„Frau Steinheil war anwesend. Von diesem Argument beeindruckt, riet sie mir, den Brief zu schreiben. Und ich schrieb den Brief, nachdem ich Herrn de Labruyère eine Rohfassung davon vorgelegt hatte.

„,An Herrn de Labruyère, zur *Morgenzeitung*: Im Widerspruch zu einer in einer Morgenzeitung veröffentlichten Aussage waren nicht Sie es, der Couillards Brieftasche öffnete, sondern ich , in der Funktion als Vertreter von Frau Steinheil.'

„ Meine Frau nutzte einen Moment aus, als ich mich umdrehte, ergriff den Brief und zerriss ihn. Monsieur de Labruyère begann erneut, mich einzuschüchtern, und ich willigte ein, einen zweiten Brief zu schreiben, der dem ersten vollkommen entsprach …

"Ich halte es für meine Pflicht hinzuzufügen, dass ich am 24. November 1908 nicht nur das Argument, ich würde die Sache von Frau Steinheil ruinieren, wenn ich den Brief nicht schriebe, sondern auch die folgende Drohung dazu veranlasste: Herr de Labruyère sagte zu mir: *Wenn Sie sich weigern, den von mir verlangten Brief zu schreiben, werde ich im* Matin *einen halboffiziellen Bericht veröffentlichen, in dem Sie erklären, dass Sie es waren, der Couillards Brieftasche geöffnet hat. Der Bericht trägt die Unterschrift von Herrn Lecondimer, der als Zeuge aussagte, sowie meine eigene. Darin werden Ihr Familien- und Vornamen sowie Ihre Stellung als fahrender Postsortierer erwähnt .* Und er fügte hinzu: Sie können sich vorstellen, welche Auswirkungen das auf Ihre Verwaltung haben wird...

„(Unterzeichnet) CHABRIER.
ANDRÉ.
SIMON."

(*Dossier* Cote 3014)

Es erübrigt sich zu erwähnen, dass Frau Chabrier diese Aussagen durch ihren Mann vollständig bestätigte, der diese typische Bemerkung machte: „Sie war so erzürnt, als sie hörte, wie Herr de Labruyère erklärte, er würde Herrn Chabrier bei der Post Ärger machen, wenn er den Brief nicht schriebe, dass sie zu ihm sagte: ,Wenn mein Mann in Schwierigkeiten gerät, wirst du es mit mir zu tun bekommen. Ich werde dir das Hirn rausblasen!'"

(*Dossier* Cote 3025)

Zwei weitere Personen wurden aufgefordert, über die Enthüllungen von Ghirelli, Rosselli und Jacq auszusagen. Einer von ihnen war der arme Firmin, der am 22. Januar 1909 vor M. André geladen wurde und erklärte:

„Ich war Frau Steinheils Begleiterin, zuerst in Zelle 11, dann in Zelle 12, die wir uns immer noch teilen. Alles, was mir aufgefallen ist, ist, dass sie nachts in der Regel nicht schläft, sondern nach ihrer Tochter ruft und manchmal das Fenster öffnet und sagt, dass ihr der Kopf weh tut und sie erstickt.

„Tagsüber redet sie ständig mit mir über ihre Tochter…

„Sie hat mir mehrmals erzählt, dass ihr Haus seit ihrer Rückkehr aus Bellevue von Journalisten belagert wurde … Ich habe sie sagen hören, wie sehr es sie schmerzte, Wolff beschuldigt und ihrer alten Mariette geschadet zu haben. Sie wiederholt ständig ihre Unschuld … mir gegenüber … Monsieur Desmoulin gegenüber, gegenüber Pastor Arboux …“

Frage: „Ist Ihnen bekannt, dass Frau Steinheil Alba Ghirelli bei ihrer Freilassung möglicherweise einen Brief gegeben oder ihr eine Mission anvertraut hat?“

Antwort: „Von so etwas weiß ich nichts. Seitdem Frau Steinheil mit mir in derselben Zelle ist, habe ich sie keinen Augenblick allein gelassen. Außerdem erscheint mir so etwas umso unmöglicher, da Frau Steinheil und ich erst mehrere Tage nach der Freilassung von Alba Ghirelli erfahren haben.

„(Unterzeichnet) SIMON.
ANDRÉ.
FIRMIN.“

(*Dossier* Cote 3027)

Der andere Zeuge war Herr Desmoulin, der am 20. Januar vor Herrn André erklärte:

„Seit vielen Jahren besuche ich die Armen, die Patienten in den Krankenhäusern und auch die Gefangenen. Vor etwa einem Jahr erteilte mir der Innenminister die Erlaubnis, die Gefängnisse des Départements Seine zu besuchen, und gewährte mir freien Zugang zu meinen Schützlingen. Eine von ihnen, in Saint-Lazare, ist ein Mädchen namens Firmin. Ich besuchte sie Anfang Dezember 1908 und erfuhr, dass sie in Zelle 12 untergebracht war. Als ich diese Zelle betrat, sah ich neben Firmin eine Frau in Trauer und vermutete, dass es sich um Frau Steinheil handelte.... Seitdem habe ich beide mehrmals gesehen. Frau Steinheil habe ich immer gefragt: ‚ Und Sie, Madame, geht es Ihnen gut?‘ Und sie hat immer geantwortet: ‚Oh ja, Monsieur, mein Gewissen hält mich immer wach!‘ Jedes Mal hat sie in überzeugendem Ton ihre Unschuld betont. Sie hat immer ihre große Trauer darüber zum Ausdruck gebracht, von ihrer Tochter getrennt zu sein. Das schien mir durchweg der auffälligste Punkt ihres Geisteszustands zu sein.

Manchmal habe ich sie weinen sehen, besonders wenn sie über ihre Tochter sprach.

„(Unterzeichnet) SIMON.
DESMOULIN.
ANDRÉ.“

(*Dossier* Cote 3014)

Es gibt eine Seite dieser „Ghirelli-Affäre“, wie sie genannt wurde, die dem Leser wahrscheinlich nicht bewusst ist. Diese Enthüllungen, die im *Matin veröffentlicht wurden, haben nicht nur* die öffentliche Meinung gegen mich noch weiter aufgebracht, sondern sie haben meine Haftzeit auch um viele Tage, vielleicht sogar Wochen verlängert. Richter Andrés Untersuchungen zu dieser absurden Angelegenheit haben lange gedauert – sie stellen 112 Seiten dar, die dem bereits umfangreichen Dossier hinzugefügt wurden; ich habe sie gelesen, wieder gelesen ... und sie gezählt! – und in der Zwischenzeit wurde die *Anweisung* verzögert und meine Haftzeit dadurch verlängert ... Und ich habe die Tage, die Stunden in Saint-Lazare gezählt!

Um es zusammenzufassen: Ghirelli bestritt unter Eid alle ihre belastenden Aussagen, und andere Zeugen bewiesen, dass sie niemals getätigt worden sein konnten; Firmin und M. Desmoulin legten Aussagen vor, die mich vollständig rehabilitierten; übrig blieb Marie Anne Jacq, die gegen mich sprach und an ihren Aussagen festhielt.

Nun, ich werde das Ende von Jacqs Geschichte erzählen:

Sie blieb mehrere Wochen in Zelle Nr. 12. Eines Tages – die *Instruktion* war zu Ende – kam Jacq spontan zu mir, brach in Tränen aus und sagte: „Verzeihen Sie mir, Madame ... Sie sind zu nett zu mir. Zu denken, dass Sie alles wissen, was ich gegen Sie gesagt habe, und dass Sie mir nicht ein einziges Mal Vorwürfe gemacht haben. Sie geben mir Ihren Kaffee, die Eier, die Ihre Tochter bringt ... Ich kann es nicht mehr ertragen. Hören Sie. Ghirelli und Rosselli gaben mir Wein, und ich liebe Wein, denn das Leben hier ist hart, Madame, und sie sagten mir, was ich sagen sollte, wenn ich wegen Ihnen vor den Richter gerufen würde. Ich hasste Sie damals; diese beiden Frauen sagten, Sie hätten Ihre Mutter ermordet, dass sie es wüssten ... und ich versprach alles, was sie von mir verlangten ... Und dann dachte ich: Wenn ich vom Richter gerufen werde, bedeutet das, dass ich dieses elende Gefängnis für ein paar Stunden verlassen muss, und das ist eine Abwechslung ... Es war schrecklich von mir, so zu lügen, wie ich es getan habe ... Hören Sie, Sie müssen mich in Zukunft die Zelle für Sie schrubben lassen, ich werde Ihr Feuer anzünden, Ihnen in jeder Hinsicht helfen, nur verzeihen Sie ich, Madame....“

Natürlich habe ich ihr verziehen.

Als sie an diesem Tag aus der Zelle zurückkam, sah sie sehr deprimiert aus. Ich fragte sie, was geschehen sei: „Ah!“, seufzte sie, „ man schickt mich ins Gefängnis von Rennes... Bitte, bitte, tu etwas, sprich mit jemandem... Ich möchte in deiner Nähe bleiben, ich möchte hier bleiben...“

Aber der arme Jacq musste gehen. Als sie die Zelle verlassen wollte, sah sie sich langsam und traurig um. Dann kam sie zu mir und sagte: „Ich hörte Sie zu Schwester Léonide sagen: ‚Es muss schön sein, eine Blume zu sehen …‘ Nun, Madame, ich habe heute in der Kapelle eine gepflückt, als ich dort gekehrt habe.“ Und sie gab mir einen winzigen Mimosenzweig … „Sie werden doch nicht zu schlecht von mir denken, oder? Auf Wiedersehen, Madame …“

Wir weinten beide, sie küsste meine Hand und wankte davon.

Den kleinen Mimosenzweig behielt ich vier Monate lang. Er wurde immer kleiner, sah aber immer noch aus wie eine Blume, und die kleinen Goldperlen waren das einzig Schöne in dieser schrecklichen Zelle.

Die Mimose stand in einem leeren Tintenfass vor einem kleinen Rahmen mit einem Foto meiner Mutter und einem von Marthe als Baby.

KAPITEL XXIV

SAINT-LAZARE

Gegen Ende Dezember 1907, nachdem ich etwa einen Monat im Gefängnis verbracht hatte, hatte ich ein langes Gespräch mit Maître Aubin und auch mit Monsieur Desmoulin. Ich erzählte ihnen alles, was ich über das schreckliche Geheimnis wusste.

Als Monsieur Desmoulin alle Einzelheiten über die geheimnisvolle Persönlichkeit erfuhr, die mein verstorbener Mann und ich immer den „Deutschen" genannt hatten, über die Perlenkette, die mir Präsident Faure geschenkt hatte, und über die „Dokumente", sagte er eifrig zu mir: „Ich werde mit dem Premierminister darüber sprechen, und innerhalb weniger Tage werden Sie wieder eine freie Frau sein!"

Die Tage vergingen. Monsieur Desmoulin kam häufig, aber ach! Statt guter Nachrichten teilte er mir nach und nach mit, dass eine sofortige Freilassung nicht in Frage käme!

Ich habe meinen Anwalt in Frage gestellt. Auch er sah klar, dass die Perlen und die Dokumente die Schlüssel zu dem Geheimnis waren, oder jedenfalls einer der Schlüssel, aber er zögerte, ob es ratsam sei, auf diese Tatsachen aufmerksam zu machen... „Die ganze Angelegenheit ist bereits so kompliziert", erklärte er, „es wäre vielleicht unklug, ihr neue Schwierigkeiten hinzuzufügen... Sie haben nicht mit Monsieur Leydet über die Halskette und Faures Memoiren gesprochen – jedenfalls nicht explizit – Sie haben sie Monsieur André gegenüber bisher nicht erwähnt... Es ist immer gefährlich und sogar verdächtig, mit neuen Aussagen hervorzutreten... Und dann müssen Sie sich darüber im Klaren sein, dass die Regierung, das Gesetz, ziemlich unzufrieden sein wird, wenn diese Tatsachen ans Licht kommen, wenn das Privatleben eines ehemaligen Präsidenten der Republik durchsucht und diskutiert werden muss... Und es ist nie klug, die Regierung zu verärgern oder das Gesetz zu verärgern... Schließlich werde ich tun, was Sie entscheiden, aber ich bin hier, um Sie zu beraten; ich bin vor allem hier, um Sie aus dem Gefängnis zu holen, Ihnen Ihre Marthe zurückzugeben... Auch haben Sie nicht genügend Beweise für diese Perlen. Sie kennen ihre genaue Herkunft nicht, es gibt ein Geheimnis um sie, der Präsident hat es Ihnen selbst gesagt. Es wird wahrscheinlich eine Menge Unannehmlichkeiten verursachen und wahrscheinlich zu keinem eindeutigen Ergebnis führen... *A quoi bon!*"

„Ich hatte geglaubt, ein Anwalt sei ein Mann, der nichts und niemanden fürchtet, der mit starkem Gewissen, unbezwingbarem Willen und unbesiegbarer Logik alle Hindernisse aus dem Weg räumt und – koste es, was es wolle – am Ende die Wahrheit siegen lässt."

„Die Wahrheit ist ein zweischneidiges Schwert, Madame. Die erste Pflicht eines Anwalts ist es, seinen Mandanten zu retten, und ich werde Sie ohne weiteres retten, denn gegen Sie liegen keinerlei Anklagen vor. Aber Sie müssen alles mir überlassen und dürfen die Sache nicht unnötig verkomplizieren."

Während der zwölf Monate, die ich in Saint-Lazare verbrachte , habe ich mich immer wieder gegen diese halbherzigen, unbefriedigenden und sogar kompromittierenden Methoden aufgelehnt, die es der Anklage ermöglichten, zu behaupten, meine Beweise seien unvollständig oder unklar gewesen und ich hätte zu viel zurückgehalten. Doch Maître Aubin blieb hartnäckig, und ich bin überzeugt, dass er es gut meinte und das Richtige tat.

Dank seiner alles erobernden Logik und feurigen Beredsamkeit erkannte die Jury, dass ich nichts getan hatte, was eine Anklage wegen eines grausamen Doppelmordes verdient hätte, und ich wurde freigesprochen. Ich danke ihm und seinen beiden Sekretären – M. Steinhardt und M. Landowsky – von ganzem Herzen für ihre großartige Hingabe, aber ich weiß, sie werden mir verzeihen, wenn ich sage, dass ich es bedauere, dass bei meinem Prozess nicht die ganze Wahrheit ans Licht kam.

Außerdem hat mir Maître Aubin selbst immer wieder gesagt: „Ich werde dafür sorgen, dass Sie freigesprochen werden, Madame. Danach können und sollten Sie der ganzen Welt alles erzählen, was ich Ihrer eigenen Sicherheit zuliebe für klüger hielt, während des Prozesses nicht preiszugeben!"

Ich bin dem Rat von Maître Aubin gefolgt und tue dies jetzt.

Saint-Lazare! Wie oft wurde ich seit meinem Verlassen dieses Gefängnisses gebeten, es zu beschreiben, das Leben zu beschreiben, das ich dort geführt habe!

Für eine arme junge Frau „aus dem Volk" wie Firmin beispielsweise war es grauenhaft, in einer Zelle zu leben, aber meine Mitgefangene würde vielleicht selbst zustimmen, dass es für eine Führungspersönlichkeit der Gesellschaft, für eine Frau von Welt, fast noch schlimmer war. Sie war an ein kleines, schäbiges Zimmer oder sogar eine Dachkammer, an Elend gewöhnt … und ich an ein riesiges Haus, Dienstboten, Komfort, ja sogar Luxus. Geistige und künstlerische Freuden waren ihr unbekannt, aber sie waren der beste Teil meines Lebens gewesen. Sie war an Beleidigungen und vulgäre Sprache gewöhnt; sie machten mich krank. Ihr war es ziemlich egal, was sie aß … und mir auch nicht, wenn es nur sauber wäre, aber das Essen war nicht sauber und konnte es nicht sein in Saint-Lazare, wo elementare Sauberkeit und Hygiene völlig unbekannt waren.

Man kann sich kaum ein Gefängnis vorstellen, das hoffnungsloser und unhygienischer ist als Saint-Lazare. Die Wände sind rissig; die Gänge und Treppenhäuser stinken übel; überall wimmelt es von Ungeziefer; Licht und Luft sind mehr als dürftig; die Öfen in den Zellen sind ineffizient und sogar gefährlich, wie ich auf meine eigene Kosten erfahren musste, denn zweimal verlor ich fast mein Leben aufgrund austretender Dämpfe. Alle Wände sind feucht und klamm; Salpeter sickert aus ihnen; sie sind hastig mit einer Schicht schwarzer Farbe überzogen, aber der Salpeter kommt wieder durch und sie sehen aus, als wären sie mit einer abstoßenden, zähflüssigen Substanz überklebt worden; die Decken sind niedrig, außer im Erdgeschoss, wo sich die Wohnungen des Direktors und verschiedene Büros befinden. Es ist überall kalt... Die Treppenstufen sind größtenteils kaputt; jede Stufe hat eine morsche, bröckelnde Holzkante und in jeder Ecke ist Schmutz. Ich könnte andere – und schlimmere – Einzelheiten liefern, werde aber nur die Bäder erwähnen. Sie befinden sich in den Gewölben des Gefängnisses, und auf dem Weg dorthin kommt man an den furchteinflößenden Kerkern vorbei, in denen in alten Zeiten Staatsgefangene festgehalten wurden. Wasser läuft an den grob behauenen Wänden herab. Die Atmosphäre in dieser Höhle ist das ganze Jahr über eiskalt. Sie wird nur durch kleine Luftlöcher beleuchtet. Jeder „Baderaum" ist durch niedrige Mauern vom anderen getrennt, und man erhält Zutritt zu diesen „Ständen" – denn daran erinnern sie – indem man einen Vorhang hochhebt. Es gibt ungefähr zehn dieser Stände, und wenn ich badete, stand Firmin immer vor dem Vorhang, um zu verhindern, dass die anderen Frauen kamen, um mich zu sehen – und zu beleidigen. Die Bäder waren so unsagbar schmutzig, dass ich ein dickes Laken in und um das Bad legen durfte, um eine Ansteckung zu vermeiden …

Das Gefängnis ist in einem solchen Zustand, dass es seit Jahren Gerüchte gibt, es würde abgerissen werden. In ein paar Jahren wird es einstürzen. Es ist ein Ort des Schmutzes und der Trägheit, des bitteren Elends und der schändlichen und entwürdigenden Atmosphäre, eine Brutstätte für Infektionen sowohl für den Körper als auch für den Geist... So ist Saint-Lazare, wo ich ein ganzes Jahr verbrachte – wartend auf einen immer wieder verschobenen Prozess! – Saint-Lazare, das Frauengefängnis im Herzen von Paris, der Stadt des Lichts!

Firmin arbeitete, um ein paar Pence zu verdienen. Ich mochte sie, um beschäftigt zu sein, die Zeit totzuschlagen und auch um wie Firmin und die anderen Gefangenen zu leben. Wir machten Laken, Handtücher, Kissenbezüge, Servietten... Ein Teil davon war für den Gebrauch im

Gefängnis selbst bestimmt, der andere Teil – die feineren Arbeiten – wurde an große Pariser Geschäfte verkauft. Die Tage waren kurz und es war nie sehr hell in den Zellen mit den Milchglasfenstern, den Eisenstangen und dem Drahtgitter. Außerdem gingen die Fenster auf einen Hof mit hohen Mauern rundherum und wir waren im Winter... Also arbeiteten wir meistens im Licht einer Kerze, die in einem Flaschenhals steckte. Das war sehr anstrengend für die Augen. Die Fliesen waren so kalt, dass wir immer mit den Füßen auf den Stangen unserer Stühle saßen und unsere Knie zwangsläufig hoch angezogen hatten. Mehrmals am Tag versuchten wir mit einem alten Lappen etwas von dem Wasser loszuwerden, das sich in den Spalten zwischen den zerbrochenen Fliesen und an allen Stellen angesammelt hatte, wo die Fliesen gewesen *waren*. An regnerischen Tagen tropfte das Wasser irgendwie durch die morsche Decke und rann die Wände hinunter, und hier und da um uns herum bildeten sich kleine Wasserpfützen. Die Wände, die bis auf einen schmalen Streifen direkt unter der Decke schwarz gestrichen waren, waren so feucht, dass ich nach ein paar Nächten im Gefängnis beim Hinlegen auf der Seite meines Körpers, die der Wand am nächsten war, solche Schmerzen verspürte, dass ich um Erlaubnis bat, meine Pritsche ein Stück von der Wand wegzuziehen... So vermied ich die Feuchtigkeit der Wand und... das Ungeziefer, das darauf herumkrabbelte. Mäuse waren selten, aber pfui! die Kakerlaken!... Eines Abends töteten Firmin und ich mit vor Ekel zitternden Händen in kürzester Zeit jeweils über hundert Mäuse. Nachts liefen sie überall herum, kletterten auf unsere Tische und Betten ... Wenn eine auf meiner Haut herumkrabbelte, bekam ich Nervenanfälle und schrie ... Ich wickelte meinen Kopf in ein Handtuch und zog das Laken und die Decke darüber, aber ich konnte die Kakerlaken immer noch hören und fühlen, wie sie über mich krabbelten ... „Diese Frau wird verrückt werden", sagte der Gefängnisarzt eines Tages, und ich erhielt die Erlaubnis, mein Bett nachts in die Mitte der Zelle zu schieben. Jeden Tag rieb ich die Beine und den Rahmen meines elenden Bettes mit Paraffin ein, und dann konnte ich in relativer Ruhe ruhen ... besonders, weil Schwester Léonide mir auf Anweisung des Arztes jede Nacht – und bis zum letzten Tag meiner Haft – einen Schlaftrank gab, dank dem ich normalerweise zwei oder drei Stunden schlief ... Aber wenn man nachts aufstand, war es schrecklich. Man trat buchstäblich auf Kakerlaken, und das schreckliche, knisternde Geräusch, wenn ihre Körper unter den Füßen zerquetscht wurden, war genug, um jedem die Nerven zu zerreißen ...

Ich kann mir vorstellen, wie ein Leser sagt: „Wasserpfützen in einer Zelle, kaputte Fliesen, Mäuse, Hunderte von Kakerlaken ! ... Sie übertreibt ... Sie beschreibt eine Zelle in einem Gefängnis aus einem anderen Jahrhundert ..." Ich übertreibe *nicht*; „Saint-Lazare" gehört nicht in ein anderes Jahrhundert. Es ist so alt und heruntergekommen, dass ich mehr als einmal, wenn ich auf dem Weg zum Empfangszimmer oder zum Büro des Direktors in einen

dunklen Raum blickte, fast erwartete, die schweren Ketten, die
Daumenschrauben, die Streckbank, die Bilbos und andere Instrumente einer
Folterkammer zu sehen!

Jacq verließ unsere Zelle um halb sieben morgens und bald darauf standen
Firmin und ich auf. Zuerst heizten wir den kleinen Ofen an. Natürlich musste
ich für Holz und Kohle bezahlen. Die Kohle war in einer Ecke der Zelle
gestapelt und ich legte das Holz auf mein einziges Regal, um es möglichst
trocken zu halten. Dann fegten und putzten wir das Zimmer. Die Tür wurde
geöffnet, damit wir den Staub wegtragen und Wasser zum Waschen holen
konnten – und um Kaffee zu kochen. Wir mussten die Kohle mit den
Händen anfassen, denn eine Schaufel hätte als Waffe verwendet werden
können!

Das Anziehen war nicht einfach. Alles, was mir zur Verfügung stand, war ein
sehr kleines Steinbecken, ein Krug – den ich im Gefängnis für vier Pence
gekauft hatte –, eine Bürste und ein Kamm, eine Zahnbürste, ein Stück
gefleckte Seife, ein Spiegelglas mit einem Durchmesser von weniger als drei
Zoll und ein hartes, raues Handtuch. Es gab weder Eimer noch Kübel, und
wir mussten die Zelle verlassen – wenn die Tür zwei- oder dreimal für ein
paar Minuten geöffnet wurde –, um das Becken zu leeren. Ich musste meinen
Abwasch in demselben Becken machen, in dem ich mir auch immer das
Gesicht gewaschen hatte!

Meine Tochter brachte mir mehrmals richtige Seife und Zahnpasta, aber der
Wärter in der Nähe des Salons ordnete jedes Mal an: „Das dürfen Sie nicht
mit hineinnehmen. Das ist Luxus, und Luxus ist hier verboten."

Ich trug ein schlichtes schwarzes Kleid, das ich mir an einem Nachmittag im
Gefängnis selbst genäht hatte, und als ich meine Zelle verließ, warf ich mir
eine schwarze Kapuze über die Schultern. Ich trug mein Haar in der Mitte
gescheitelt und hinten mit einem Stück Band und ein paar Haarnadeln
festgesteckt. Das war die einfachste Frisur und die leichteste für meinen
ständig schmerzenden Kopf.

Ich trug das Kleid, in dem ich nach Saint-Lazare gekommen war, nur, als ich
zur *Anhörung* in den Justizpalast ging , und natürlich auch, als ich ein Jahr
später vor dem Schwurgericht angeklagt wurde.

Wegen meiner Krankheit und des völligen Bewegungsmangels – ich durfte
jeden Tag eine Stunde im Hof herumlaufen, aber als ich das tat, wurde ich
einmal von den anderen Häftlingen beschimpft und sogar geschlagen, und
ich musste auf diese Stunde Bewegung verzichten – wurde ich sehr schwach.
Die Schuhe taten mir weh, und ich machte mir aus Pappstücken, Samt und
Fell, die mir die Schwestern gaben, ein Paar Pantoffeln.

Ich habe auch einen Korb aus geflochtenem Papier gemacht, um mein Brot sauber zu halten.

Nach dem Frühstück – Kaffee und Brot – öffnete ich normalerweise das Fenster, um das Zimmer zu lüften und nach draußen zu schauen.

Unten war der Hof mit seinen wenigen Bäumen und seinem Becken. Ich sah Frauen waschen oder gehen. Viele dieser Gefangenen waren Mütter und hielten Babys in den Armen. Viele hatten zwei oder drei Kinder. Es gab kleine Jungen und Mädchen – das älteste war etwa fünf – und sie spielten mit dem Müll auf dem Boden, weinten, stritten oder hingen an den Röcken ihrer Mütter. Alle waren schrecklich ungepflegt und schlampig, und alle waren in Lumpen. Die meisten dieser Mütter misshandelten ihre Kinder und beschimpften sie in den übelsten Ausdrücken.

Tatsächlich ist eine üble und obszöne Sprache in Saint-Lazare an der Tagesordnung, wenn der Abschaum der weiblichen Bevölkerung von Paris, die niedrigsten und erniedrigendsten „Schwulenfrauen", die gemeinsten Weiber der Elendsviertel, Diebe und Vagabunden Tag für Tag hierhergebracht werden, die meisten davon nur für kurze Zeit.

Wie sie sich gegenseitig verabscheuten und wie sie kämpften ! ... Die Schwestern wagten es kaum, einzugreifen, und nur in seltenen Fällen wurden die männlichen Wärter gerufen, um heftigen Streitereien und wilden Kämpfen ein Ende zu setzen. Einmal sah ich durch die Gitterstäbe meines Fensters, wie sich zwei Frauen buchstäblich gegenseitig in Stücke rissen. Es waren Zigeunerinnen, in Saint-Lazare als „ *les noires* " („die Schwarzen") bekannt. Ihre Haare waren offen, ihre Kleider in Fetzen; sie zerpflügten sich gegenseitig mit ihren Nägeln ins Gesicht. Ihre Münder waren zerrissen und Blut strömte über ihre Wangen und Kinns, was ihnen das Aussehen von Dämonen gab. Eine hatte ein Stück scharfen Feuersteins aufgehoben und damit das Gesicht ihrer Feindin zerschlitzt. Andere Frauen beobachteten den Kampf und schrien vor Freude. Die Schwestern waren machtlos, und schließlich wurde ein Wärter gerufen ... Er kam, ruhig. Er war ein alter Mann, der Bescheid wusste ... In jeder Hand hielt er eine Schüssel voll dicker gelblicher Suppe. Wortlos reichte er jedem Kämpfer eins ... Wie wilde Tiere vergaßen sie augenblicklich ihren Kampf und begannen gierig, die Suppe hinunterzuschlingen und sie mit den Händen auszulöffeln.

Ich wagte es nie, sehr lange am Fenster zu bleiben, denn wenn die Gefangenen mich sahen, schleuderten sie mir unweigerlich Verwünschungsschreie entgegen.

Ich half Firmin beim Nähen und verdiente dadurch, dass ich den ganzen Tag und einen großen Teil der Nacht nähte, sieben oder acht Francs im *Monat* . Die Arbeit wurde mit einem halben Penny pro Handtuch, Serviette oder

Unterrock (ein Franc für zwei Dutzend), zwei Pence pro Tischdecke und drei Pence für große Laken bezahlt, aber man musste für die Baumwolle und die Nadeln bezahlen, und wenn die Arbeit nicht „perfekt" war, wurde sie abgelehnt oder man bekam keine weitere Arbeit! Mit dem, was ich verdiente, kaufte ich Essen aus der Kantine für Firmin, und meine arme Gefährtin dankte mir dafür mit solch echter Hingabe und solch rührender Aufmerksamkeit, wie ich sie von niemandem außer meiner Mutter und Marthe erfahren hatte.

Die Schwestern waren mit meiner Arbeit so zufrieden, dass sie mir die schwierigeren Näharbeiten übergaben: Stapel feiner Servietten und Tischdecken für den Frühjahrsausverkauf bei *Printemps* und *Bon Marché* ... Kein Wunder, dass diese riesigen Geschäfte wunderschöne Tischwäsche zu niedrigen Preisen verkaufen können, die die Käufer ausrufen lassen, wie ich es selbst so oft getan hatte: „Wie können sie das machen!"

Nach ein paar Monaten schmerzten meine Finger und bluteten ständig – denn außer dem Nähen musste ich die Zelle schrubben, das Feuer anheizen, abwaschen, meine eigenen Sachen bügeln (was ich tat, indem ich sie gegen das Ofenrohr presste!) und das alles ruinierte schnell meine Hände, die ich hauptsächlich zum Klavierspielen, Sticken oder Schreiben benutzt hatte... Firmin und später Jacq wollten die ganze grobe Arbeit für mich machen, aber das wäre nicht fair gewesen, und ich bestand darauf, an der Reihe zu sein.

Frivolité " *(Klöppelarbeit)* bei , für die keine Nadel erforderlich war, und eine Zeit lang verrichtete ich keine andere Arbeit.

Ich habe oft an die sarkastischen Bemerkungen gedacht, die gewisse Zeitungen und wahrscheinlich auch die Staatsanwaltschaft gemacht hätten, wenn sie gewusst hätten, dass ich im Gefängnis wochenlang „*frivole Dinge* " trieb. Hielten sie es nicht für ein äußerst komisches und beredtes Omen, dass ich in meiner Kindheit eine Stute namens „ *Cléopâtre* " ritt?

In Saint-Lazare gab es eine Bibliothek, aber ich konnte nicht lesen, denn davon bekam ich Neuralgie. Firmin las mir manchmal vor, natürlich sehr langsam und eintönig, aber ich war ihr sehr dankbar.

Marthe kam zweimal die Woche, und später, nachdem ich eine Zeit lang sehr krank gewesen war, durfte sie dreimal die Woche ins Gefängnis kommen. Muss ich das sagen, waren diese Besuche der einzige große Trost in meinem Elend. Die arme kleine Marthe, wie mutig war sie und wie gut fand sie die Worte, die mich trösteten und mir halfen, bis zu ihrem nächsten Besuch weiterzuleben... Und wenn man bedenkt, dass sie nach meinem Prozess, nachdem ich freigesprochen worden war, fast zwei Jahre lang von mir ferngehalten wurde, von gütigen Seelen, die dachten, ich hätte noch nicht genug gelitten, ihr so schreckliche Dinge über ihre Mutter erzählten und ihr mit so vielen Katastrophen drohten, wenn sie es wagen würde, zu mir zu kommen, dass das arme Kind, das leider genauso viel litt wie ich, es unmöglich fand, diesen strengen und unmenschlichen Befehlen nicht Folge zu leisten, bis sie, nachdem sie den Mann geheiratet hatte, den sie liebte, einen jungen italienischen Maler, zwar nicht , aber mit edlem Herzen, mich um Vergebung bat – als ob ich ihr etwas zu vergeben hätte! – und schließlich zu mir kam.

Auch Maître Aubin kam zwei- oder dreimal die Woche und gab mir nicht nur ausgezeichneten Rechtsrat, sondern tat sein Möglichstes, um mich in meiner schrecklichen Lage zu trösten. Seine Hingabe und die seiner beiden Sekretärinnen waren wirklich bewundernswert. Und dann waren da noch die Besuche von M. Desmoulin und von Pastor Arboux. Ich sah meinen Notar, Maître Jousselin, mehrere Male, denn ich musste meine Tochter „emanzipieren“, damit sie bestimmte Dokumente unterzeichnen und mich in verschiedenen Situationen „vertreten“ konnte.

Die Stunden, die ich am liebsten mochte, waren acht Uhr morgens und halb acht abends. Das waren die Stunden des Gottesdienstes der Schwestern in ihrer eigenen kleinen Kapelle, die genau gegenüber meinem Fenster lag. Diese Kapelle war die Zelle des hl. Vinzenz von Paul gewesen, und die Stelle, an der der Altar stand, war genau die Stelle, an der der große Mann 1660 gestorben war. Ich hörte den Schwestern gern zu, wenn sie ihre wunderschönen lateinischen Hymnen sangen, und Schwester Léonide, die das wusste und die hinten in der Kapelle stand, das heißt, nah am Fenster, öffnete das Fenster ein wenig, damit ich den Gesang besser hören konnte... Und Schwester Emmanuel, die 78 Jahre alt war und seit über 50 Jahren in Saint-Lazare war, flüsterte mir eines Tages ins Ohr: „Weißt du, ich habe seit Jahren nicht mehr in der Kapelle gesungen. Ich bin so alt, aber jetzt singe ich... für dich, mein armes Kind!“... Ich war so unglücklich und so empfindlich, dass diese einfache und erhabene Bemerkung mich vor Rührung und Dankbarkeit weinen ließ. Ich hätte vor ihr niederknien können. Ich fragte Schwester Léonide, was ich für Schwester Emmanuel tun könne, und sie sagte: „Mach ihr Pantoffeln. Ich gebe dir alles, um sie zu machen. Es ist so kalt in diesem Gefängnis.“ ... Noch nie in meinem Leben habe ich etwas mit so großer und strahlender Freude getan.

Was für eine wunderbare Person, diese alte, alte Schwester Emmanuel! Als eine Frau, die in eine Zwangsjacke gesteckt wurde, hysterisch schrie, genügte die Anwesenheit von Schwester Emmanuel, um sie zu beruhigen. Sie nannte alle Gefangenen „ *Mesdames* “ oder „ *Mes petites* “ („meine Kleinen“). Im Nähzimmer las sie den Gefangenen bei der Arbeit laut vor, aber oft verließen ihre Kräfte, das Buch fiel ihr aus den Händen und sie schlief ein. Dann herrschte absolute Stille in dem riesigen Raum, denn die Frauen respektierten ihren Schlaf. Als Schwester Emmanuel aufwachte, rief sie aus Gewohnheit: „Nun denn, *Mesdames*, bitte Ruhe!" Und alle lachten ...

Sie machte allen Mut, interessierte sich für jeden Gefangenen und riet ihnen ausnahmslos, Berufung einzulegen, ohne auch nur zu wissen, ob die Frau bereits vor Gericht stand! Nichts entmutigte oder ermüdete sie; sie war immer ausgeglichen. Sie war die Gelassenheit selbst, immer lächelnd und tröstend.

Sie war voller merkwürdiger Ausdrücke. Als ein Gefangener sie einmal anstarrte, sagte sie fröhlich: „Ich bin sehr unscheinbar, nicht wahr , mit meiner Nase wie eine Kartoffel! Nun, ich war schon immer so!" Ein anderes Mal, als ich gerade sah, wie sie eine Frau – eine Neuankömmling –, die sie übel beschimpft hatte, vor der Bestrafung bewahrte, konnte ich nicht umhin auszurufen: „Oh! *Ma Sœur* , Sie werden bestimmt direkt in den Himmel kommen!" Sie lachte und antwortete: „Nun, wenn ich dorthin komme, wird es wirklich nicht schwierig gewesen sein!"

„Ich liebe ‚meine Frauen'", sagte sie einmal mit zitternder Stimme zu mir, „und je schlimmer es ihnen geht, desto mehr brauchen sie Liebe und desto mehr liebe ich sie." Alle Gefangenen verehrten sie wie eine Heilige, und selbst die wildeste und erniedrigendste Frau gehorchte ihr, was auch immer der Befehl war, und zwar sofort. Schwester Emmanuel brauchte die Frau nur anzusehen ... Ich habe mich oft gefragt, wie es war, dass sich alle vor dieser alten, gebeugten Barmherzigen Schwester mit dem ausgezehrten und zitternden Körper verneigten und ihr freudig gehorchten, bis ich ihr eines Tages in die Augen sah ... In diesen Augen war der Heilige Geist.

Die Oberin, *Ma Mère* – meine Mutter – wie sie alle nannten, eine große, kräftige Frau von etwa fünfzig Jahren mit großen blauen Augen, die vor Güte strahlten, kam von Zeit zu Zeit, um mich zu besuchen – was eine sehr große Gunst war. Anfangs war sie kühl und fast distanziert, aber allmählich änderte sie sich und wurde immer liebevoller und blieb etwas länger in meiner Zelle.

Wenn sie in Paris waren, kamen Oberinnen aus allen Teilen Frankreichs zu ihr und sie besuchten mich immer, nicht aus Neugier, sondern aus Mitgefühl, denn meine Mutter hatte ihnen offensichtlich von mir erzählt.

Ich erinnere mich an die Oberin eines Gefängnisses in Rouen. Sie kam von Zeit zu Zeit nach Paris und verbrachte immer viel Zeit mit mir. Diese heilige Frau sprach mit so viel tiefem Mitgefühl zu mir, dass ich einmal zu ihr sagte: „Aber, Ma Mère, ich bin sicher, Sie müssen mich verachten ... Ich war keine treue Ehefrau; ich habe einen Mann angeklagt, ohne absolute Beweise für seine Schuld zu haben ..." Sie nahm meine Hände in ihre und antwortete: „Kein Geschöpf auf Erden ist verachtenswert; wir wissen nicht, was ein Wesen ist, war oder hätte sein können."

In unserer Zelle gab es vier kleine Tische - drei mal eineinhalb Fuß - und Schwester Léonide gab ihnen an einem Tag, an dem ich noch niedergeschlagener war als sonst, Namen, um mich zum Lachen zu bringen: der *Salontisch* (auch *Frisierkommode genannt*), auf dem die Mimose in ihrem Tintenfass und die Fotos meiner Tochter und meiner Mutter standen; der *Eßzimmertisch,* an dem wir unsere Mahlzeiten einnahmen; der *Bibliothekstisch,* an dem wir unsere Briefe schrieben, und der *Arbeitstisch* für unsere Näharbeiten. Marthe brachte mir einmal Stoff zum Ausbessern eines Unterrocks, aber es war mehr als nötig, und aus dem überschüssigen Stoff nähte ich eine Decke für den Salontisch; und Schwester Léonide gab uns gelegentlich einige Blätter weißes oder braunes Papier, die wir auf den "Esszimmertisch" legen konnten.

Nach jeder Mahlzeit öffneten wir bei jedem Wetter das Fenster und gaben den Spatzen und Tauben Brotkrümel. Wenn wir aus irgendeinem Grund zu spät damit kamen, klopften die Vögel mit ihren Schnäbeln durch das Drahtgitter an das Fenster.

Nachts störten neben den Kakerlaken auch die Katzen den Schlaf. Saint-Lazare ist so von Ratten befallen, dass Dutzende von Katzen gehalten werden, um sie zu vernichten. Außerdem hat fast jede Schwester eine Katze als Gefährtin.

Am Abend, bevor die Zellen für die Nacht verschlossen und verriegelt wurden – nachdem die Gefangenen ihre Becken geleert und ihre Krüge mit Wasser gefüllt hatten – kam eine oder andere der Schwestern, manchmal auch zwei oder drei, um höchstens fünf Minuten mit mir zu verbringen … Ich freute mich den ganzen Tag auf diese fünf Minuten.

Danach ging ich immer zum Ende des Boulevards der Zellen, um den Schwestern beim Abendgebet zuzusehen. Ich liebte diese Schwestern. Ihr Leben war wie das der Gefangenen; sie lebten in ähnlichen Zellen, aßen dasselbe Essen, wurden von den Frauen genauso beschimpft wie ich und andere, aber sie blieben ganz gelassen und geduldig... Ihr bloßer Anblick tat mir gut.

Ich beobachtete die nächtliche Prozession durch die Gitterstäbe des Tores... Der *Abbé* kam zuerst, gefolgt von der Oberin und dann allen Schwestern... Sie gingen hintereinander, mit gesenktem Kopf und herabhängenden Armen, langsam und lautlos. Das einzige Geräusch war das leise Klimpern der Schlüsselbunde , die an ihren Hüften hingen, ihrer großen Ebenholzkreuze und der Perlen ihrer Rosenkränze...

Im Schatten konnte ich ihre schwarzen Gewänder nicht sehen; ich sah nur ihre weißen Kornette, die wie die weißen Flügel von Vögeln aussahen, und unter jeder Kornette verbarg sich ein heiteres Gesicht, schön, weil die Augen rein waren und die Seele erfüllt war von Nächstenliebe und Gottesliebe.

Sechzig Schwestern gingen so vorbei, und als sie an dem schweren Eisentor vorbeikamen , durch das ich schaute, hob jede Schwester ihren Kopf und lächelte mich schwach und göttlich an, als wollte sie sagen: „Ich werde in der Kapelle für Sie beten ...“

Ich vergaß mein Elend; ich vergaß, dass ich des Mordes angeklagt war ; ... Ich kehrte in meine Zelle zurück und lauschte hinter den Gittern meines offenen Fensters den Liedern und Gebeten ... Dann zündete ich meine Kerze an, ging zu Bett und las eine Seite in der Bibel ...

Firmin sprach danach mit mir. Wir flüsterten... Aber manchmal vergaßen wir es und sprachen zu laut... und in der Nacht hörten wir die Stimme der diensthabenden Schwester im Boulevard der Zellen, die langsam und eintönig sagte: „Ruhe... Ruhe... Ruhe...“

KAPITEL XXV.

DIE „ANWEISUNG"

VOM 5. Dezember 1907 bis zum 13. März 1909 fand meine „Unterweisung" im Justizpalast statt, im Kabinett von Herrn André, dem Untersuchungsrichter ... Ich bin nicht abergläubig, aber für diejenigen, die an solchen Zufällen interessiert sind, stelle ich fest, dass die Zelle, in die ich nach meiner Verhaftung gebracht wurde, die Zelle Nr. 13 war, dass meine *Unterweisung* 13 Wochen dauerte, dass mein letztes Verhör am 13. März stattfand und dass die Jury am 13. November (1909) zurückkehrte, um über mein Schicksal zu entscheiden.

Wie ich bereits erläutert habe, handelt es sich bei der sogenannten „Instruktion" in Frankreich um eine vorläufige, aber umfassende und endgültige Untersuchung eines Verbrechens.

Vor meinem ersten Auftritt im Justizpalast kam Maître Aubin nach Saint-Lazare.

„Die *Unterrichtung* beginnt heute, Madame. Nehmen Sie all Ihren Mut zusammen. André ist kein Genie, aber er ist ein unerbittlicher, hartnäckiger Richter, der alles daran setzen wird, Sie dazu zu bringen, sich selbst zu widersprechen und aus diesen Widersprüchen schreckliche Schlussfolgerungen gegen Sie zu ziehen. Sie sind unschuldig, aber er wird Sie Ihre Schuld spüren lassen; jedes Zögern, jeder Ausrutscher, wie unbewusst oder unwichtig er auch sein mag, jede Zurückhaltung wird in seinen Händen zu furchtbaren Waffen. Beschuldigen Sie niemanden – Couillard oder Wolff oder Balincourt. Auch wenn er Ihr Privatleben untersucht – und das wird er ganz sicher tun –, erwähnen Sie nicht Ihre „Freundschaft" mit MB, dem Generalstaatsanwalt, oder Ihre Vertrautheit mit Präsident Faure. Sie würden ihn nur irritieren. Außerdem würde er, wenn Sie es täten, nur das „Gesprächsthema" wechseln. Sie müssen vergessen, dass Sie in Ihrem Salon Staatsminister und Diplomaten, bedeutende Politiker und bedeutende Richter empfangen haben, auch wenn Sie gefragt werden, wer zu Ihnen nach Hause gekommen ist. Antworten Sie einfach auf Andrés Frage und sonst nichts. Sagen Sie, wann immer möglich, nur „Ja" oder „Nein", denn er wird Ihre Antworten, so oft er es „legal" tun kann, in etwas verdrehen, das Ihrem Fall schadet. Ich weiß, dass er absolut davon überzeugt ist, dass Sie schuldig sind, und er wird sein Bestes tun, damit auch Sie das glauben! Es ist skandalös, schändlich und alles andere, was Sie es nennen möchten, Madame, aber ich kann nichts dagegen tun!"

Ich war verblüfft!

Marthe kam noch am selben Morgen, um mir Mut zu machen, und auch Pfarrer Arboux, Sœur Léonide und ein oder zwei andere Schwestern begleiteten mich auf meinem Weg zur Gefängnistür, so weit sie konnten, und auch sie sprachen viele freundliche Worte zu mir.

Unten unter der Veranda sah ich drei der mir so gut bekannten Inspektoren auf mich warten. Man sagte mir, ich solle in ein Taxi steigen. Einer der Inspektoren saß neben dem Fahrer und die beiden anderen saßen mit mir im Taxi. Sie waren mit Revolvern bewaffnet und schauten ängstlich durch die Fenster.... Sie fürchteten sich vor der Menschenmenge, aber unsere Fahrt verlief ereignislos.

„Haben Sie etwas entdeckt?", fragte ich sie. „Haben Sie neue Hinweise gefunden? Sind Sie den Mördern endlich auf der Spur ? ... "

„Leider nein, Madame."

„Wird die *Anleitung* sehr lang sein?"

„Das wird es höchstwahrscheinlich. Ah, dieser Richter! Er stellt alle möglichen Untersuchungen an. Er schickt uns an alle möglichen Orte. Wir kommen nicht zur Ruhe. M. André bringt uns um !... "

„Umso besser!", antwortete ich eifrig.

Die beiden Kontrolleure lachten... Das war das erste Lachen, das ich hörte, seit Ghirelli und Rosselli in endloses Gelächter ausgebrochen waren, weil ich nicht wusste, dass der Kaffee fertig zubereitet verkauft wurde.

Wir erreichten das *Depot* in der Nähe der Sainte Chapelle, deren Buntglasfenster ich von weitem sah; und ich dachte an den Tag, als ich Marthe zu diesem wunderbaren gotischen Juwel führte, um die Arbeit ihres Großvaters zu bewundern. Die Inspektoren wünschten mir „viel Glück" und vertrauten mich der Obhut des *Portiers* an, der mich wiederum zum Tor der Schwestern führte. Auch der *Portier* war freundlich und höflich. Er war ein Mann mittleren Alters mit klaren Gesichtszügen und grauem Haar und grüßte mich auf militärische Art ... Jedes Mal, wenn ich zum *Depot kam* , hatte er ein gutes Wort für mich übrig, und diese kleinen Aufmerksamkeiten waren eine Quelle großen Trostes für mich, da ich in Saint-Lazare Tag für Tag die übelsten und gemeinsten Beleidigungen zu hören bekam.

Eine Schwester brachte mich in eine kleine Zelle und schloss die Tür hinter mir ab. Doch bald wurde sie wieder geöffnet und ich hörte eine Stimme sagen: „Die Oberin." Ich blickte auf und war wie gebannt. Ich habe viele schöne Frauen gesehen, sowohl im Leben als auch in der Kunst, doch keine hätte sich an göttlicher Schönheit mit der Frau vergleichen können, die meine Zelle in diesem *Depot betrat* . Das Oval ihres Gesichts war perfekt, ihre Augen, die wie flüssige und transparente Türkise wirkten, weder blau noch grün, waren erlesen … Ihre Stimme war die melodischste, die ich je gehört hatte. Ihre feinen und wohlgeformten Hände waren Gedichte der Schönheit. Doch ihr höchster Charme war ihr Ausdruck. Er war nicht von dieser Welt; er war zu edel, zu erhaben und vor allem zu heiter …

Später, als wir oft miteinander gesprochen hatten, bat ich sie diskret und zögernd, mir von sich zu erzählen. Sie sagte nur: „Ich bin die Oberin des *Depots* … und ich habe in der Vergangenheit viel gelitten …" Ich wagte nie, ihr eine weitere Frage zu stellen, aber ich habe mich oft gefragt, was für eine großartige Frau sie war … und von welchem großen Kummer sie sprach …

Meine Zelle im *Depot* war noch schlimmer als meine Zelle in Saint-Lazare. Sie war klein und niedrig und hatte nur ein Luftloch als Fenster; es gab ein Bett, ein in die Wand eingelassenes Brett, das als Tisch diente, und einen dreibeinigen Hocker, der mit einer Kette am Boden befestigt war... Aber als die Oberin die Zelle betrat, schien alles strahlend und schön.

Sie überredete mich, etwas zu essen, stellte mir ein paar Fragen über meine Tochter und tröstete mich.

Dann trat der Direktor des *Depots* ein, ein großer, gut gekleideter Mann mit strengem Gesicht und dem Aussehen eines Offiziers. Auch er zwang mich zum Essen: „Der *Unterricht* wird Sie erschöpfen. Sie werden viel körperliche und moralische Kraft brauchen." Nachdem er gegangen war, riet mir die Oberin, mich auf das Bett zu legen, bis man nach mir schickte, und ich tat, was sie mir sagte.

Eine Schwester holte mich ab und führte mich zu einer Tür, wo zwei Soldaten der Stadtwache auf mich warteten. Das war ein furchtbarer Schlag für mich. Die Inspektoren störten mich nicht. Ich kannte und mochte sie, und sie hatten lange mit und für mich gearbeitet … aber auf beiden Seiten von mir ein Soldat ! ...

Sie grüßten mich jedoch, und als ich einen von ihnen später fragte, warum er mich, einen des Mordes angeklagten Häftling, immer wie einen Offizier grüßte, antwortete er: „Das weiß ich selbst nicht, Madame … aber ich kann einfach nicht anders."

Die beiden Wachen führten mich durch einen Gang. Wir kamen an einer Reihe von Käfigen vorbei, in denen Männer mit schrecklichen Gesichtern saßen. Sie schrien mich durch die Gitterstäbe an, und die Wachen forderten mich auf, mich zu beeilen... Später erfuhr ich, dass der offizielle Name dieses mit Käfigen gesäumten Ganges „ *La Souricière* " lautet – die „Mausefalle".

Wir erreichten ein anderes Gebäude. Die Behörden hatten solche Angst vor unternehmungslustigen Journalisten, dass an jeder Tür Wachen postiert waren. Diese Vorsichtsmaßnahme hinderte jedoch einen Fotografen –

natürlich von der *Matin* -Belegschaft –, der auf einen in Stein gemeißelten Sims über einer Tür am oberen Ende einer Treppe geklettert war, nicht daran, ein Foto von mir zu machen, als ich zwischen den Wachen die Stufen hinaufging! ... Ich muss allerdings gestehen, dass ich so große Angst um die Sicherheit des Mannes in seiner gefährlichen Lage hatte, dass ich vergaß, wütend zu sein.

Ich betrat einen Raum, in dem ich meine drei Anwälte fand. Nach einigen aufmunternden Worten führte mich Maître Aubin in das Büro von Richter André.

Ich fühlte mich elend, beschämt und empört.

Ich sah M. André. Er trug einen Gehrock und eine schwarze Krawatte. Er schien ein Mann von etwa fünfzig zu sein, war sehr kräftig, hatte ein rotes, gedrungenes Gesicht und einen gräulichen Bart. Sein Haar war dunkel und spärlich. Seine Augen schienen hinter dem Kneifer hin und her zu springen, und sie sahen selten jemanden direkt an.

„Setz dich!", befahl er. Seine Stimme war noch vulgärer und aggressiver als sein Aussehen.

Er saß an einem langen Tisch, hinter ihm mein Anwalt; ihm gegenüber saß sein Schreiber, M. Simon, der die wichtigsten Fragen und Antworten aufschrieb. Ich saß an einem Ende des Tisches, hinter mir die beiden Stadtwachen, und gegenüber, am anderen Ende des Tisches, war das Fenster, so dass mir das Licht direkt ins Gesicht fiel.

M. Simon, der *Greffier* , war mittleren Alters, schlank und hatte ein kluges, angenehmes Gesicht. Er war ruhig, methodisch und freundlich. Wie oft hat er mir während dieser verwirrenden und schmerzhaften *Unterweisung* einen mitfühlenden Blick zugeworfen! Wie oft hat er sich heimlich eine Träne abgewischt ! ... Wie oft hat er mir, wenn ich eine triumphierende Antwort gab, halb schelmisch zugezwinkert, wie ein *Gamin de Paris* , als wollte er sagen: „Diesmal bist du gut nach Hause gekommen."

Hinter mir flüsterten die Wachen manchmal, nach einem heftigen Wortgefecht zwischen M. André und mir: „Gut gemacht!" ... und fügten auf ihre eigene einfache, spontane Art hinzu: ... „ kleine Frau!"

Das „Gut gemacht, kleine Frau" der Wachen und die aufmunternden Blicke des Angestellten gaben mir mehr als einmal neue Kraft in Momenten, in denen ich, erschöpft von meinen unaufhörlichen Anstrengungen, kurz davor war, den schrecklichen Kampf aufzugeben, nicht aus Verzweiflung, sondern aus purer körperlicher und geistiger Erschöpfung.

M. Andrés erster Schritt war dramatisch und er dachte offensichtlich, dass er mich damit völlig vernichten würde. Er überreichte mir einen Brief – den ich selbst in ziemlich wütendem Ton an meinen Mann geschrieben hatte – und fragte eindringlich: „Haben Sie den geschrieben?"

„Ja, Monsieur."

"An wen war dieser Brief gerichtet?"

"An meinen Ehemann."

„Zu welchem Datum?"

„Ich erinnere mich nicht ! ... " Ich erklärte dann, dass M. Steinheil und ich uns immer geschrieben hätten, wenn wir in einem Punkt nicht einer Meinung waren, „um Diskussionen und Szenen zu vermeiden ..." Und M. André brachte mich so dazu, ihm zu erklären, dass mein Mann und ich uns nicht besonders gut verstanden und dass ich ihn nicht liebte.

Ich meinte natürlich, dass von Leidenschaft zwischen uns keine Rede sein konnte, aber der Satz stand ... „Ich habe meinen Mann nicht geliebt", und diese Worte wurden zu einem der stärksten Argumente gegen mich, zu einem der Beweise meiner Schuld ... „Du hast deinen Mann nicht geliebt, deshalb hast du ihn getötet!"

Nachdem dieser bedeutsame Sieg errungen war, begann M. André, mich in aggressivstem Ton über meine „Freunde" auszufragen, achtete jedoch sorgfältig darauf, mich nicht über den Generalstaatsanwalt oder Präsident Faure zu befragen. Und da Maître Aubin mir durch Gesten seine Warnungen in Erinnerung rief, erwähnte ich sie nicht.

Danach stellte mir der Untersuchungsrichter endlose Fragen zu meinen Juwelen ... Ich habe dem Leser alles ausführlich darüber erklärt und muss nicht noch einmal darauf eingehen. Auch muss ich hier nicht die gesamte Anweisung wiedergeben . Mehrere Teile davon wurden bereits zitiert, und ich beabsichtige, die letzte Episode dieses grausamen Martyriums vollständig zu zitieren.

Von Zeit zu Zeit unterbrach M. André seine Fragen und versuchte, mich durch kleine dramatische Einlagen aus dem Gleichgewicht zu bringen.

Schon während der ersten Stunde der ersten *Unterweisung* wandte er sich plötzlich zu mir um und rief grimmig: „Dein Schleier ist unten; warum ist dein Schleier unten ? ... Er ist unten, weil du dein Gesicht verbergen willst, er ist unten, weil du schuldig bist ! ... Lüften Sie sofort den Schleier, heben Sie ihn, sage ich ! ... "

Ein anderes Mal stand er auf, beugte sich nach vorne zu mir und schrie: „Sie sind der Mörder!" ... Ich stand ebenfalls auf, verlor völlig die Kontrolle über mich und schrie zurück: „Sie sind der Mörder! Sie ermorden meine Tochter und mich!"

Er war außer sich. „Ich werde Sie verhaften lassen!", schrie er.

„Ich bin bereits verhaftet", war meine offensichtliche Antwort. Er machte eine heftige Geste, ging ins Nebenzimmer und schlug die Tür zu.

Wenn ich ihm überlegen war, suchte M. André stets Zuflucht im Nebenzimmer.

Unterweisung rauchte er eine Zigarette nach der anderen und blies den Rauch in meine Richtung. Das war eine so offensichtliche Unverschämtheit, und er zeigte sich so zufrieden mit meiner Ungeduld, dass ich eines Tages nicht auf seine Frage antwortete.

„Warum antworten Sie nicht?", rief er triumphierend. „Ist Ihnen klar, dass es keinen Sinn mehr hat, sich gegen alle Beweise zu wehren, die Ihre Schuld offenbaren?"

Ich antwortete lediglich: „Wegen des Rauchs kann ich nicht sprechen, *Monsieur*."

Herr André rauchte weiter, blies den Rauch jedoch fortan in eine andere Richtung.

„Das ist wirklich unglaublich ...", sagte er eines Tages zu mir . „ Verstehst du denn nicht, dass du, wenn du nicht schuldig wärst, deine ganze Familie und deine Freunde bitten würdest, dich in Saint-Lazare zu besuchen? Du schämst dich, denn du bist ein Verbrecher!"

Solche Worte schmerzten unbeschreiblich, aber ich schaffte es zu antworten:

„Monsieur, Marguerite Japy empfängt ihre Freunde nicht im Gefängnissalon."

M. Simon, meine drei Anwälte und die Wachen hätten beinahe in die Hände geklatscht.

Ein anderes Mal hielt er mir plötzlich Fotos der Leichen meines Mannes und meiner Mutter vor Augen, wie man sie am Morgen nach dem Verbrechen aufgefunden hatte... Man erzählte mir, ich hätte nur gesagt: „Arme Mutter, armer Adolphe; jedenfalls haben sie wahrscheinlich nicht viel gelitten, sie müssen sehr schnell gestorben sein... auf ihren Gesichtern ist kein Ausdruck von Qual zu erkennen. Ich wünschte, ich wäre in dieser Nacht auch gestorben."

M. André riss mir die Fotos aus den Händen; sein dramatischer Schachzug hatte nicht das erwartete Ergebnis gebracht.

Der außergewöhnlichste Vorfall – ich könnte sagen komisch, wären die Umstände nicht so tragisch gewesen – während dieser ereignisreichen und erschütternden Zeit ereignete sich gegen Ende der *Anweisung*.

M. André, den der Gedanke an meine Schuld oder vielmehr der Gedanke, dass er mich für schuldig befinden müsse, verfolgte, stand auf und rief plötzlich mit seiner üblichen heiseren und wütenden Stimme, wobei er jedes seiner Worte sozusagen mit drohenden Gesten unterstrich: „Ja, Sie sind schuldig! Ich sage Ihnen, dass Sie Ihren eigenen Mann und Ihre eigene Mutter erwürgt haben, mit Ihren eigenen Händen, den Händen Ihres mächtigen Mörders!"

M. ANDRÉ, MEIN UNTERSUCHUNGSRICHTER
„Sie sind der Assassine!"

Nun habe ich ungewöhnlich kleine Hände, und Bonnat und Henner haben sie unzählige Male skizziert oder gemalt und dabei amüsante Bemerkungen über „diese lächerlich kleinen Hände" gemacht. Ich streckte die Arme aus und legte sie direkt unter die Augen des Untersuchungsrichters.

Trotz seiner blinden Wut war er sich ihrer Größe bewusst, doch er ließ es nicht zu, dass ihn eine so unbedeutende Angelegenheit davon abhielt.

Er hielt den Atem an, kam näher und rief: „Ja, alle Mörder haben lange Arme und riesige Hände ... Nun, Sie sind anders, Sie sind eine Ausnahme, das ist alles ... Und die Kleinheit Ihrer Hände beweist, dass Sie schuldig sind. Sogar mit Ihrem Körperbau täuschen Sie, Sie lügen ... Und diese kleinen Hände, die so unschuldig aussehen, sind umso verbrecherischer, weil sie so unschuldig aussehen. So!"

Und er beendete seinen Wutausbruch mit einem gewaltigen Schlag mit der geballten Faust auf den Tisch.

Ich sah ihn an, ich beobachtete *seine* Hände ...

„Was ist los! Warum siehst du mich so an! "

Ich blickte starr auf die Hände des Untersuchungsrichters, riesige, rote, behaarte Hände, und ließ dann meinen Blick über seine langen Arme schweifen, bis meine Augen auf die seinen trafen....

Ich zitterte vor Schmerz und Wut. Dieser Mann hatte mich von der ersten Minute der Belehrung an wie eine Mörderin behandelt *und* mich gefoltert, wie es diese beiden Journalisten eines Nachts getan hatten, nur unerbittlicher und hartnäckiger ... Sie hatten eine Entschuldigung – sie wollten eine Kopie –, aber dieser Richter hatte keine. Er sollte Licht, Wahrheit und Gerechtigkeit suchen. Und kein Richter sollte es als selbstverständlich ansehen, dass die Person, die er verhört, das Verbrechen begangen hat, dessen er – oder sie – verdächtigt wird.

„Was guckst du?", fragte M. André.

„Ich habe Ihre Hände untersucht, *Monsieur le Juge* ." ...

"Also...?"

„... Und ich dachte, was für ein Glück es für Sie ist, dass Sie nicht des Mordes angeklagt sind, denn obwohl Sie ebenso unschuldig wären wie ich, würden die Größe und das Aussehen Ihrer Hände Sie zweifelsfrei als Mörder entlarven – wenn Sie es mit einem Richter zu tun hätten, der Ihren Vorstellungen entspricht!"

Monsieur Simon, der *Greffier* , hatte aufgehört zu schreiben, Maître Aubin lächelte. Ich hörte die beiden Wachen kichern, und Monsieur André verließ völlig bestürzt das Kabinett. Lange Zeit hörten wir ihn im Nebenzimmer auf und ab gehen.

Jeder *Unterricht* dauerte von Mittag bis sieben oder acht Uhr abends. Dann wurde ich zurück ins *Depot gebracht* , wo ich eine Stunde und oft auch viel länger wartete, bevor ich von zwei oder drei Inspektoren nach Saint-Lazare eskortiert wurde. Manchmal war es zehn oder elf, wenn ich völlig erschöpft und nachdem ich etwa zwölf Stunden lang nichts gegessen hatte, meine Zelle betrat, wo Firmin und Jacq auf mich warteten. Firmin ging erst zu Bett, wenn ich zurück war.

Auch Schwester Léonide erwartete mich ... Nach der dritten oder vierten *Unterweisung* war sie über mein Erscheinen so erschrocken, dass sie von da an immer eine Überraschung für mich bereithielt, wenn ich aus dem Justizpalast zurückkam. Einmal gab sie mir einen kleinen Teller, einen gewöhnlichen, groben, steinweißen Teller, aber was für ein Luxus ! ... Dann überreichte sie mir drei in Seidenpapier eingewickelte Päckchen, und darin fand ich ein wenig Salz, ein kleines Stück Butter und ... drei heiße Pellkartoffeln. Ich hatte das Gefühl, hungrig zu sein, hungrig zu sein, nach diesen *Unterweisungen* , aber irgendwie konnte ich nicht essen. Bei dieser Gelegenheit jedoch war ich überglücklich, Essen *auf einem Teller zu sehen* , und Schwester Léonide fütterte mich mit einem Löffel, wie man ein Kind füttert. Von da an brachte sie mir jeden Abend drei Ofenkartoffeln.

Sie fragte mich eines Tages, wie es käme, dass ich sie so gern aß, und ich sagte ihr, es sei das Lieblingsgericht meines Vaters. Kartoffeln „in der Schale" heißen auf Französisch *pommes de terre „en robe de chambre"* (im Morgenmantel), aber mein Vater sagte viel hübscher: „ *en robe des champs* ", was ähnlich klingt, aber „in ihrer Landkleidung, im Gewand der Natur" bedeutet.

Trotz der Fürsorge von Schwester Léonide, der Fürsorge meiner Tochter und der Hingabe meiner drei Berater verbrauchte dieser *Unterricht die wenigen Lebenskräfte und Kräfte, die ich noch besaß. Es war schrecklich, sieben oder acht Stunden lang alle möglichen heimtückischen und perfiden Fragen beantworten zu müssen, zumal der Fragesteller nicht ein einziges Mal ganz deutlich machte* , dass er mich für eine Mörderin hielt, eine Mörderin ohne Komplizen ... bis ganz zum Schluss, als er nach der Lektüre der verschiedenen Expertenberichte zugab, dass mir wahrscheinlich geholfen worden war.

M. André war überzeugt, dass ich schuldig war, aber im Hinblick auf den langen Bericht, den er am Ende der *Instruktion verfassen und an die Chambre des Mises en Accusations* senden musste , musste er so viele Beweise wie möglich für meine Schuld sammeln, und da es keine gab, war seine Aufgabe mühsam! Und gerade die Schwierigkeit seiner Aufgabe machte ihn so aggressiv, bedrohlich und offensichtlich ungerecht.

Es gab keine Methode, keinen Trick, den er nicht für zulässig hielt. Um mich sozusagen aus der Fassung zu bringen, sprang er von einer Frage zur nächsten, befragte mich zum Beispiel über ein Detail meines Lebens in Bellevue und fragte mich dann plötzlich nach den genauen Zahlen der verschiedenen Geldbeträge, die ich in der Nacht des Verbrechens in der Schublade des Schreibtischs meines Boudoirs gefunden hatte. Nachdem er mich mit Fragen über die genaue Herkunft dieser Beträge (sechs Monate nach dem Diebstahl des Geldes) in Verlegenheit gebracht hatte, verlangte er von mir eine Liste des Inhalts unseres Medikamentenschranks zur Zeit des Mordes!

Bei jeder *Anweisung* kümmerte er sich um alles – sofort ...

Und wenn ich zögerte, ins Stocken geriet, einen kleinen Fehler machte oder nicht ganz die Antworten wiedergab, die ich bei anderen Gelegenheiten auf die gleichen Fragen gegeben hatte, sprang er fröhlich auf: „Ich hab dich!" …

Eine weitere beliebte Methode des Untersuchungsrichters bestand darin, mir eine Frage zu stellen, die so lang war, dass sie, wenn man sie aufschrieb, zwei dicke Seiten füllte… Und wehe mir, wenn ich auch nur einen einzigen der zahllosen Punkte dieser einen Frage übersah! Als ich es ein paar Mal wagte, zu verlangen, dass mir ein Teil der endlosen Fragen wiederholt werde, wurde mir in melodramatischem Ton erklärt, ich bräuchte Zeit zum Nachdenken, und wenn ich unschuldig wäre, bräuchte ich nicht nachzudenken, denn die Wahrheit zögere nie, sondern breche sofort hervor.

Als ich mich mit einer wahrhaft übermenschlichen Anstrengung fasste und ruhig erschien, verbarg ich geschickt meine Hand und war daher schuldig.

Wenn meine Nerven mich im Stich ließen und ich zusammenbrach oder schluchzte, waren meine Schwäche und mein Kummer auf Reue zurückzuführen und deshalb war ich schuldig.

Als ich meine Unschuld schrie, spielte ich eine Komödie, aber er ließ sich durch meine Grimassen nicht täuschen! Ich spielte Theater, also war ich schuldig.

Als ich meine Unschuld verschwieg, überwältigte mich die Scham und ich wagte nicht einmal zu sagen, dass ich nicht schuldig war; also war ich schuldig!

Während ich so langsam gefoltert wurde, waren die drei Männer und die Frau, die in dieser Nacht in mein Haus in der Impasse Ronsin eingedrungen waren, die den Doppelmord begingen, die mich beraubten, die mich fesselten und knebelten … auf freiem Fuß, irgendwo auf der Welt, vielleicht in Paris, und lasen möglicherweise die neuesten Einzelheiten meiner *Unterweisung* in den Zeitungen, denn nach jeder „Sitzung" wurde der Presse eine Zusammenfassung der Vorgänge übergeben, in der ich, wie der Leser sich vorstellen kann, immer schuldiger erschien!

Acht Monate nach dem Ende der *Anweisung* sollte der Richter, Herr de Valles, bei meinem Prozess erklären: „Ich spüre die Angst vor einem Justizirrtum", und die Jury sprach mich frei. Acht Monate! Warum empfand Herr André diese „Angst vor einem Justizirrtum" nicht? Weil er, und das ist seine einzige Entschuldigung, von der festen Überzeugung besessen war, dass ich schuldig war, und er mehr oder weniger unbewusst fast alles in diese Überzeugung hineinpasste und gleichzeitig fast alles, was er nicht konnte, ignorierte oder schnell überging. Einige Beispiele aus dem Dossier der *Anweisung* – unterzeichnet von Herrn André, Herrn Simon und mir – werden meine Behauptungen illustrieren:

(M. André hatte mich nach endlosen Einzelheiten zu einem Ring und einer Perle gefragt, als er mich auf einige Widersprüche in meinen früheren Aussagen hinwies.)

Antwort. „Sie sprechen mit mir über Aussagen, die ich zu einer Zeit machte, als ich halb verrückt war. Damals war mir die Frage meines Schmucks völlig gleichgültig. Ich hatte nur einen quälenden Gedanken, den Verlust meiner Mutter."...

(M. André unterbrach mich mit folgendem triumphierenden Ausruf:)

Frage: „Dann haben Sie den Verlust Ihres Mannes nicht bedauert!"

Antwort. „Aber ja, natürlich."...

Ein anderer Fall:

Frage. „Es lässt sich kaum annehmen, dass Raub das Motiv des Verbrechens war, denn man kann sich kaum vorstellen, dass die Diebe, *nachdem sie ein doppeltes Verbrechen begangen hatten, um in Ruhe handeln zu können* , es versäumten zu rauben und an Ort und Stelle die folgende Beute zurückließen: (1) Im Zimmer Ihrer Mutter drei Ringe auf einem Tablett; (2) Eine Diamantbrosche, zwei wertvolle Anhänger, zwei Nadeln mit kleinen Steinen - die Ihre Mutter in Ihr Haus gebracht hatte, als sie im Mai dort übernachtete... (3) Im Zimmer Ihres Mannes wurden die Kleider des letzteren nicht durchsucht, und doch lagen sie auffällig auf einem Stuhl und enthielten eine goldene Uhr sowie eine Geldbörse mit achtzig Francs (3 £ 4 S.); (4) Im Boudoir wurde eine Banknote von fünfzig Francs (2 £) zurückgelassen, obwohl sie auffällig war; (5) Aus den Aussagen, die Sie gerade gemacht haben, geht hervor, dass einige der Juwelen Ihrer Tochter, die sich damals in ihrem Zimmer befanden, wo Sie schliefen, nicht gestohlen wurden!"

Antwort. „Was soll ich Ihnen antworten... alles kann merkwürdig erscheinen... Leute, die gerade einen Mord begangen haben, wären vielleicht nicht so ruhig, wie Sie denken, und würden deshalb nicht alles stehlen."

(Ich erklärte dann, dass die Tasche meiner Mutter in dieser Nacht in einer Abstellkammer auf dem Boden lag.)

Frage: „Diese Erklärung ist kaum zufriedenstellend."

Antwort: „Ich kann nur sagen, dass die Leute, nachdem sie zwei so grausame Morde begangen hatten und glaubten, sie hätten mich als drittes Opfer hingestellt, den Kopf verloren haben und nur einen Gedanken hatten: so schnell wie möglich zu verschwinden."

(*Dossier* Cote 3239)

Wie wahrscheinlich war es, dass die Männer gekommen waren, um zu töten? M. André hielt das für selbstverständlich und machte die außergewöhnliche Bemerkung, sie hätten „getötet", *um in Ruhe handeln zu können*! Ich persönlich und alle anderen, die ich getroffen habe und die den Fall sorgfältig untersucht haben, sind der Meinung, dass die Männer gekommen waren, um zu stehlen, und bei ihrer Arbeit durch das plötzliche Auftauchen meines Mannes, bewaffnet mit einem Bergstock, und durch die Schreie meiner Mutter gestört wurden, und dass die Morde genau dann stattfanden?

Und was den Raub betrifft: Haben die Männer nicht mehrere Hundert Pfund und etwa zwanzig Schmuckstücke gestohlen, die mir und meiner Mutter gehörten?

Frage. „Seit Ihrer letzten Vernehmung haben wir die Schilderung des Dramas, wie Sie es damals vornahmen, mit derjenigen verglichen, die Sie zu Beginn der Untersuchungen (31. Mai und Juni 1908) vornahmen. Wir stellen fest, dass Sie, während Sie uns gegenüber als Gewalttaten, die Sie durch die Verbrecher erlitten, nur einen Schlag auf den Kopf und das Trampeln auf Ihrem Bauch erwähnten, zuvor andere Gewalttaten erwähnt hatten: Am 31. Mai 1908 sagten Sie dem Polizeikommissar, Sie hätten Schläge mit einem Stock auf den Kopf erhalten; am 31. Mai sagten Sie dem Polizeikommissar und dann Herrn Leydet, Sie seien zu Beginn der Szene an der Kehle gepackt worden; am 31. Mai und am 5. Juni sagten Sie Herrn Leydet gegenüber, einer der Männer habe Ihr Handgelenk gepackt, und schließlich erklärten Sie am 26. Juni Herrn Leydet gegenüber – dem Sie nie mehr als ‚einen Schlag auf den Kopf' erwähnten – mit Präzision, dass der Schlag wie ein Schlag mit einer Keule oder einem harten Körper ausgefallen war und dass die Verbrecher ihn offensichtlich als letzten Schlag gedacht hatten. Wie erklären Sie sich so viele *Variationen* in Ihren aufeinanderfolgenden Erzählungen?"

Antwort: „Sie sollten meine Aussagen vom 31. Mai (kurz nach der verhängnisvollen Nacht) nicht berücksichtigen. Ich wusste damals nicht, was ich sagte, ich war von Sinnen, ich hatte vor allem Angst. Einer der Männer packte mich am Handgelenk ... Wenn ich am 26. Juni genauer über den Schlag auf meinen Kopf sprach, dann deshalb, weil ich seit dem Drama versucht hatte, mich an jedes Detail zu erinnern."

Frage: „Am 26. November (1908) erklärten Sie, Sie hätten die ganze Geschichte mit den Männern mit den Bärten usw. und der rothaarigen Frau und den schwarzen Gewändern erfunden."

Antwort. „Das war das Ergebnis der Arbeit der Journalisten. Sie haben mich in den Wahnsinn getrieben."

Frage: „Jedenfalls ist *die Geschichte mit den schwarzen Gewändern* voller materieller Unmöglichkeiten. Warum hätten die Verbrecher Ihnen zu Beginn der Szene ein Tuch auf den Kopf werfen sollen, wenn sie es nicht dort aufbewahrten und Sie es gleich danach wieder loswerden konnten? Wie können Sie das erklären: Diese dunklen Laternen warfen ein helles Licht auf Sie, und dennoch machten die Verbrecher den Fehler und beharrten darauf, zu glauben, sie seien in der Gegenwart einer jungen Dame, eines Kindes? Sie standen im Schatten, und dennoch konnten Sie sie so perfekt unterscheiden, dass Sie jeden einzelnen Schauspieler dieser Szene genau beobachten konnten, das Fehlen eines Kragens an ihren Spezialkostümen und die Hässlichkeit der rothaarigen Frau bemerkten und den Gesichtsausdruck dieser rothaarigen Frau deutlich lesen konnten. Wie kann man erklären, dass Sie, obwohl alle Türen offen waren, nicht hörten, wie Ihr Mann sein Bett verließ und seinen Bergstock nahm, noch hörten Sie Ihren Mann oder Ihre Mutter schreien, während sie erwürgt wurden?"

Antwort: „Ein Tuch *wurde* über meinen Kopf geworfen. Ich weiß nicht, ob es dunkle Laternen waren oder nicht. Ich weiß nur, dass ihr Licht heller war, weil es von den fünf Spiegeln im Zimmer reflektiert wurde … Es ist nichts Außergewöhnliches daran, dass die Verbrecher mich für meine Tochter hielten. Ich sehe jetzt älter aus, aber damals sah ich ziemlich jugendlich aus, so sehr, dass man mich die meiste Zeit nicht für die Frau meines Mannes, sondern für seine Tochter hielt. Was die Türen betrifft – die offen standen, als wir alle zu Bett gingen –, weiß ich nicht, ob die Verbrecher sie offen gelassen haben. Ich wiederhole, ich hörte nur das Wort ‚Meg‘, das meine Mutter in dem Moment aussprach, als ich es sagte."

(Die nächste Frage, die ohne Übergang gestellt wurde, war):

„Haben Sie am 20. November eine Perle in Couillards Brieftasche gelegt?"

(*Dossier* Cote 3249)

(Der Leser wird wahrscheinlich zustimmen, dass meine Antworten, insbesondere für eine Frau, die so viele Monate lang gefoltert wurde, ziemlich klar, präzise und zufriedenstellend waren. Der Untersuchungsrichter war anderer Meinung :)

Frage. „... Ihre Geschicklichkeit, sich vor dem Gesetz zu verstellen, ist so groß geworden, dass wir im Laufe unserer Verhöre nur selten eine klare und überzeugende Erklärung von Ihnen erhalten haben, so dass Sie jedes Mal, wenn wir Sie gebeten haben, unsere Fragen zu den entscheidenden Tatsachen des Falles präzise zu beantworten, in der Regel versucht haben, einer Antwort auszuweichen, oft indem Sie sagten, Sie erinnerten sich nicht oder sogar, Sie hätten nicht verstanden. *Sie sind sogar so weit gegangen, sich aus Angst, Ihr Gesicht könnte Sie in unserer Gegenwart verraten, hinter dem schwarzen Schleier mit dem breiten dicken Saum zu verstecken, den Sie immer noch tragen und den Sie trotz der*

Ermahnungen, die wir Ihnen bei einem unserer ersten Verhöre zuteil werden ließen, nie über die Stirn gehoben haben. Ihr Gesicht hat sich ebenso wenig offenbart, wie Sie freiwillig den Grund Ihrer Gedanken offenbart haben. "

(*Dossier* Cote 3240)

(Man hatte mir gesagt, ich solle nicht über Präsident Faure sprechen, nicht einmal, wenn ich nach meinen Freunden gefragt wurde, und auch nicht über die berühmte Perlenkette, nicht einmal, wenn ich nach den gestohlenen Juwelen gefragt wurde. Die Kette wurde zwar erwähnt, aber nicht von mir. Und da wurde mir die Wahrheit von Maître Aubins Worten klar, als er sagte, weder die Regierung noch das Gesetz wollten etwas mit meinen Beziehungen zu Félix Faure und der mysteriösen Halskettenaffäre zu tun haben. M. André, der mich, als ich zögerte, zwang, nicht halbherzig zu antworten, machte bei dieser Gelegenheit eine bemerkenswerte Ausnahme, wie der Leser aus den folgenden Zitaten aus dem Dossier ersehen kann.)

(Anscheinend hatte M. André vor kurzem unter anderem einen Mann namens Brun verhört, einen Dekorateur, der seit langem ein Bekannter meines Mannes war und der vor Jahren auf Ersuchen von M. Steinheil einige unserer Juwelen auf dem Mont-de-Piété verpfändete. Die Angelegenheit mit der „Perlenkette" kam ganz zufällig ans Licht. M. André fragte mich nach Brun und den verpfändeten Juwelen, und ich antwortete, dass ich mich nur daran erinnere, dass Brun einmal für meinen Mann auf dem Mont-de-Piété gewesen sei, und zwar vor zehn Jahren.)

Der Richter fragte: „Wissen Sie nicht, dass es eine Perlenkette war, die Brun verpfändet hat?"

Ich zögerte mit einer Antwort und sagte schließlich (ich zitiere aus dem Dossier):

„Erlauben Sie mir, nicht darüber zu sprechen. Es war eine Halskette, die ich geschenkt bekam; sie hatte fünf Reihen Perlen. Ich gab sie meinem Mann und sagte ihm, er könne damit machen, was er wolle, und sie verkaufen, wann immer es ihm beliebt." …

(*Dossier* Cote 8308)

Ich erklärte, dass mein Mann und ich getrennt lebten, dass ich ihm aber erlaubte, meinen Schmuck zu benutzen, wenn er knapp bei Kasse war. Als ich fertig war, machte M. André keinerlei Bemerkung über die Perlenkette und fuhr mit seinem Verhör fort, als ob dieser Schmuck überhaupt keine Bedeutung gehabt hätte.

Zwei Tage später jedoch, während der nächsten *Instruktion* , fragte mich M. André, der sich vielleicht vergewissern wollte, dass es sich bei der Halskette, von der Brun gesprochen hatte, wirklich um die geheimnisvolle und überaus wichtige Halskette handelte, die Präsident Faure geschenkt hatte, ein paar Einzelheiten dazu. Ich antwortete:

„Die fünfreihige Perlenkette, von der ich Ihnen vorgestern erzählte, wurde in den letzten zehn Jahren nach und nach, das heißt Perle für Perle oder in Perlenreihen, von meinem Mann verkauft. Ich hatte mit diesen Verkäufen nichts zu tun... Ich weiß nur, dass zur Zeit des Dramas noch einige Perlen von dieser Kette übrig waren... Diese Perlen befanden sich damals in der unteren Schublade des Kleiderschranks, wo ich normalerweise meine Schmuckkästchen aufbewahrte. Ich hatte gegen den 5. oder 6. Mai etwa zehn Perlen gesehen. Ich hatte sie nicht nach Bellevue mitgenommen und seit dem Drama habe ich sie nicht mehr gesehen. Sie wurden also gestohlen, es sei denn, mein Mann hätte sie zwischen dem 5. und 30. Mai verkauft, aber das würde mich überraschen...“

Frage: „Warum hast du nicht über diese Perlen gesprochen?“ ...

Antwort: „Meiner Tochter zuliebe. Über die Herkunft, das heißt den Geber dieser Perlen, wollte ich Stillschweigen bewahren.“

Frage: „Durch die Erwähnung ihres Verschwindens waren Sie nicht gezwungen, ihre Herkunft anzugeben?“

Antwort: „Ich wollte nicht über diese Halskette sprechen.“

(*Dossier* Cote 3310)

Auch hier bestand Herr André nicht darauf.

Bei einer weiteren *Anweisung* einen Monat später (*Dossier* Cote 3389) versuchte M. André, mir bezüglich der Halskette einen Widerspruch zuzumuten, indem er behauptete, einer meiner Berichte über die Gelegenheit, als M. Brun sich bereit erklärte, Juwelen für meinen Mann zu verpfänden, stimme nicht mit einem anderen überein; er bemerkte auch, mein Freund M. Mustel, der Klavier- und Orgelbauer, der die berühmten Perlen gesehen hatte, habe eine Familienszene in meinem Haus, bei der es um gewisse Schulden meiner Mutter ging, die ich durch den Verkauf der Perlen, die ich noch besaß, zu begleichen bereit war, ganz anders geschildert als ich. Aber all dies hatte nur einen sehr vagen Bezug zu der Halskette selbst. Ich darf noch erwähnen, dass M. Brun erklärte, er habe für die Halskette, die er verpfändete, nur etwa 6 £ erhalten, sodass er sich entweder auf eine Halskette bezog, von der ich nichts weiß, oder er hat einen großen Fehler gemacht. Jedenfalls kenne ich keine Halsketten mit fünf Perlenreihen, die als Verpfändung lediglich 6 £ einbringen würden!

Ich möchte einige Zeilen aus der Aussage von Herrn Brun zitieren:

„Herr Steinheil bat mich ..., auf dem Mont-de-Piété eine mehrreihige Perlenkette zu verpfänden ... Am selben Tag verpfändete ich im Büro in der Rue des Blancs-Manteaux die Kette in meinem Namen und erhielt, glaube ich, 150 Francs (6 £).“

(*Dossier* Cote 1929)

Wie jeder weiß, ist Mont-de-Piété eine staatliche Institution und seine Bücher werden genauso gründlich und methodisch geführt wie die aller anderen staatlichen „Verwaltungen“. Mont-de-Piété antwortete auf die von Herrn André angeordneten Anfragen:

„...Die Verpfändung einer Perlenkette (weder durch die Steinheils noch durch M. Brun) wurde in ihren Büchern nicht erwähnt...“

(*Dossier* Cote 1919)

Die Perlen wurden weder im Abschlussbericht von Herrn André noch in der Anklageschrift erwähnt, noch wurden sie bei meinem Prozess erwähnt. Kann mir jemand einen Vorwurf machen, wenn ich sage, dass ich immer dachte, „die Behörden“ *wüssten* von der Halskette, *wollten aber nicht,* dass dieses Geheimnis gelüftet wird, ebenso wenig wie sie wissen wollten, dass einige der in der Nacht des Verbrechens gestohlenen Juwelen von einem Präsidenten stammten und mindestens zwei von einem Generalstaatsanwalt. Ich habe auch immer gedacht, dass „die Behörden“ wussten, dass ich wichtige Dokumente und die Memoiren von Félix Faure besaß. Es stimmt, dass ich auf Befehl nie darüber sprach, außer mit Herrn Desmoulin, dem Direktor des Gefängnisses, meinem Anwalt und Pastor Arboux – und ich habe das Wort „Dokumente“ gerade vor Herrn Leydet und Herrn Hamard ausgesprochen –, aber ob die Behörden davon wussten oder nicht, ich kann nur sagen, dass sie mir gegenüber nicht erwähnt wurden.

Eines Tages – während dieser langen und nervenaufreibenden *Unterrichtsstunde* – kamen in Saint-Lazare zwei Stadtwächter, um mich zum Justizpalast zu bringen.

Ich sagte zum Gefängniswärter: „Wo sind ‚meine‘ Inspektoren?“

„Madam“, antwortete der Mann, „es ist nicht mehr M. Hamard, der nach Ihnen schickt, sondern M. André, der Richter, und M. André hat, wie es scheint, neue Anweisungen gegeben.“

Der Unteroffizier ließ mich sehr höflich in einen *Fiaker* (eine vierrädrige Droschke) einsteigen. Dann setzte er sich neben mich, und der andere Soldat setzte sich mir gegenüber. Beide hatten Revolver an ihrer Seite. Die Kutsche setzte sich auf die Reise.

„Warum sind die Inspektoren nicht wie üblich gekommen?“, fragte ich.

„Ah! Madame, wir wissen es nicht... Ihr Richter scheint Sie nicht zu mögen.“...

„Das hoffe ich nicht, das kann ich nicht glauben.“ …

Als wir uns dem Justizpalast näherten, bemerkte ich, dass der Fahrer uns nicht auf dem üblichen Weg brachte. Der Unteroffizier sagte: „Wir fahren um den Boulevard du Palais herum“, und als ich ihn fragte, wohin er mich bringen wolle, da er sah, dass er mich nicht zum *Dépôt* fuhr, antwortete er nach langem Zögern: „Zur *Souricière* (zur Mausefalle)“.

„Was!“, rief ich in furchtbarer Bestürzung, „Sie wollen damit sagen, dass man mich wie ein Tier in einen dieser Käfige sperren wird ? ... Ist die *Souricière* der Frauen wie die der Männer?“

„Ja, Madame... Sie müssen dort warten, bis der Richter bereit ist, Sie zu empfangen.“ Und mit großer Sanftheit fügte der Mann hinzu: „Wir haben auf dem Weg nach Saint-Lazare viel Zeit verloren und haben Sie so spät wie möglich abgeholt, damit Sie nicht lange warten müssen.“

Ich dankte dem Offizier, ging durch die „neue“ Tür hinein und wurde durch niedrige, feuchte, kalte Gänge zur *Souricière geführt* . Saint-Lazare ist schon schlimm genug, weiß der Himmel; das *Dépôt* noch schlimmer, aber die *Souricière* ist eine Abscheulichkeit. Der Leser stelle sich zwei Reihen von Käfigen vor, eine über der anderen, und mit Stufen, um die obere Reihe zu erreichen. Gegenüber, auf einer Art Plattform, sitzt eine Schwester, die durch die Eisenstäbe jedes Käfigs die Gefangenen beider Käfigreihen sehen kann.

Als sie mich sah, torkelte die diensthabende Schwester, Sœur Berthe, eine sehr alte Schwester mit süßen Augen, auf mich zu und führte mich zu einem der leeren Käfige.

Wenn ich Käfige sage, übertreibe ich nicht. Jeder Käfig, unsagbar schmutzig und übelriechend, ist etwa sieben Fuß hoch, fünf Fuß lang und drei Fuß breit. Die Tür bildet sozusagen eine Wand; die obere Hälfte ist ein quadratisches Loch, das von Seite zu Seite und von oben nach unten vergittert ist. Luft strömt durch dieses Loch ein, das kein Glas hat. Die Tür öffnet sich von außen.

Ich war noch keine Minute in „meinem" Käfig, bevor ich krank wurde, und ich musste dort von neun Uhr morgens bis zum Mittag bleiben, durchgefroren, niedergeschlagen und krank – denn in einer raffinierten Grausamkeit hatte M. André mich schon früh in Saint-Lazare abholen lassen. Frauen in anderen Käfigen, neben mir und über mir, schrien mich an. Sie konnten einander nicht sehen, aber sie hatten alle meine Ankunft durch die Gitterstäbe ihrer „Fenster" miterlebt; irgendwie wussten sie, wer ich war, und die Beleidigungen, die ich in Saint-Lazare gehört hatte, wurden mir erneut entgegengeschleudert! Manchmal ergriff eine Frau, nur um den anderen zu widersprechen, meine Seite und schrie lauthals: „Ich sage euch, sie ist ein Kind (*une gosse*), und Kinder haben nicht das Zeug, einen Mann und eine Frau zu erwürgen! Halt den Mund, ihr Narren!" Es kam zu heftigen Streitereien von Käfig zu Käfig. Jede Frau schrie und klopfte gegen „ihre" Wände. Die ganze schwache Konstruktion der „Mausefalle" wackelte bedrohlich ... und Schwester Berthe strickte auf ihrer Plattform ruhig weiter, ohne den Kopf zu heben. Sie hatte solche Szenen schon immer miterlebt, seit sie in der *Souricière Dienst hatte* , und nahm nicht einmal Notiz davon. Nach einer Weile beruhigten sich die Frauen, und ich hörte sie zur Schwester sagen: „Ich habe Hunger ... Geben Sie mir eine Zigarette. Das täuscht den Hunger ... Wir wissen alle, dass Sie Zigaretten haben!" Und die freundliche alte Schwester reichte ihnen manchmal Zigaretten durch die Gitterstäbe!

Ich habe später gehört, dass diese elenden Frauen oft acht oder neun Stunden in diesen schmutzigen Käfigen auf den Untersuchungsrichter oder den Gefängniswagen warten mussten, der bei ihnen „ *panier à salade* " (Salatkorb) genannt wird.

Acht oder neun Stunden in einem Käfig ! ... Ich dachte an einen Untersuchungsrichter, ML, den ich vor Jahren gekannt hatte. Er war ein großer Bewunderer von mir und versäumte oft seine Pflichten, um mir Komplimente zu machen oder in meinem Salon Musik zu hören ... Und ich fand ihn einen charmanten Mann!

Jetzt wurde mir klar, dass jedes Mal, wenn er Zeit in meinem Haus verschwendete, die Frau, vielleicht sogar mehrere Frauen, stundenlang in einem Käfig auf seine Rückkehr warten mussten, und ich schämte mich zutiefst, nicht darauf gekommen zu sein, dass ein Richter, genau wie ein Arzt, Patienten hat, die nicht warten können und dürfen.

Ich habe nur drei Stunden in meinem Käfig gewartet! Aber als ich M. Andrés Kabinett betrat, fühlte ich mich mehr tot als lebendig und sagte zu ihm: „Sie werden mich nie wiedersehen. Sie haben mich zu früh aus Saint-Lazare holen lassen. Ich habe drei Stunden in der *Souricière verbracht* und ich verstehe, dass dies auf einen Befehl von Ihnen geschah. Wie können Sie von mir erwarten, dass ich Ihre Fragen beantworte, nach dem, was ich gerade durchgemacht habe?"

Dreimal wurde ich vor *den Anweisungen* in einen Käfig in der „Mausefalle" gesperrt und musste von neun Uhr morgens bis sieben oder acht Uhr abends ohne jegliche Nahrung auskommen. Aber nach diesen drei Malen sah ich so schwach und abgekämpft aus, dass M. André, wie man mir sagte, seine Anordnung widerrief und ich erneut in eine Zelle im *Depot gesteckt wurde* , bis die *Anweisungen* erteilt waren, und erneut umhüllte mich die Oberin mit dem Madonnengesicht mit ihrer strahlenden Güte und tröstete mich mit ihren süßen, weisen Worten und dem göttlichen Licht, das in ihren Augen leuchtete.

KAPITEL XXVI

DIE LETZTE „ANWEISUNG"

Unterrichtung , die am 13. März 1909 stattfand, fast vollständig zitieren. Ich kann mir kein ergreifenderes und dramatischeres Dokument vorstellen, und wenn ich es nach über zwei Jahren noch einmal lese, kann ich kaum glauben, dass mir diese *Fragen* gestellt wurden und dass ich die *Antworten* im Zimmer eines Untersuchungsrichters gegeben habe, der mich des Mordes an meinem Mann und meiner Mutter beschuldigte.

„Am 13. März 1909 wurde uns, André, die Witwe Steinheil vorgeführt."

Frage. „Unter Berücksichtigung der Vorbehalte und Einschränkungen, die wir Ihnen bei Ihrem vorherigen Verhör mitgeteilt haben, hat Dr. Balthazard die Meinung geäußert, dass das *Verbrechen nicht von einer einzelnen Person begangen worden sein kann* . Auf jeden Fall scheinen die Beweise insgesamt die Tatsache Ihrer persönlichen Beteiligung an dem Verbrechen zu belegen, und wir müssen Ihnen heute in einem Verhör, das wir als das letzte betrachten, die verschiedenen Vermutungen und Anklagen ins Gedächtnis rufen, die gegen Sie erhoben wurden."

Antwort: „Ich bezeuge Ihnen aus tiefster Seele, dass ich unschuldig bin und dass Sie in Ihrer Akte den Beweis meiner Unschuld haben."

Frage: „Wofür können Sie einwenden, dass wir irgendwelche Beweise haben?"

Antwort: „Die Leute töten nicht ohne zwingenden Grund. Sie wissen ja, dass ich meine Mutter angebetet habe und dass ich achtzehn Jahre lang in recht gutem Einvernehmen mit meinem Mann gelebt habe."

Frage: „Am 26. November, während des Verfahrens gegen Rémy Couillard, haben Sie Alexandre Wolff das Verbrechen zugeschrieben, während Sie am selben Tag bei der Beschreibung der Umstände, unter denen Wolff gehandelt hat, andere und widersprüchliche Aussagen gemacht und dann einen Rückzieher gemacht haben. Außerdem haben die Ermittlungen, die gegen Alexandre Wolff durchgeführt wurden, die gegen ihn erhobenen Verdächtigungen nicht gerechtfertigt."

Antwort: „Wie ich bereits erklärt habe, habe ich mir alles, was ich über Wolff gesagt habe, unter dem Einfluss von Journalisten, die mich verwirrt haben, eingebildet. Ich wiederhole noch einmal, dass Wolff unschuldig ist."

Frage: „Von Anfang an bis zum 26. November und seitdem ständig haben Sie das Verbrechen vier Personen zugeschrieben – drei Männern und einer rothaarigen Frau – alle vier trugen lange schwarze Gewänder und die Männer trugen Hüte mit hohen Kronen und breiten Krempen."

Antwort: „An meinen Aussagen in diesem Punkt ändere ich nichts."

Frage: „Zu Beginn der Ermittlungen schienen zwei verschiedene Tatsachen Ihre Aussage zu bestätigen. Am 2. Juni wurde ein Brief mit der Unterschrift eines gewissen ‚Arthur Rewer', dessen Identität nicht festgestellt werden konnte, an die *Sûreté gesandt*. Darin wurde behauptet, dass in der Nacht vom 30. auf den 31. Mai gegen 0.45 Uhr vier Männer und eine rothaarige Frau die Impasse Ronsin verließen. Auch die Entdeckung einer Einladungskarte zur jüngsten Ausstellung der Gemälde Ihres Mannes zusammen mit einer in zwei Teile zerrissenen Visitenkarte mit mehreren Adressen in einem Wagen der *Metropolitan am Abend des 31. Mai führte die Sûreté* zu Guilbert, dem Kostümbildner, und ließ vermuten, dass die schwarzen Kleider, die Ihrer Aussage nach von den Mördern getragen wurden, aus einem Korb mit Kostümen gestohlen worden sein könnten, den dieser Guilbert am Nachmittag des 30. Mai an das Hebrew Theatre geliefert hatte.

„Aber der Rewer-Brief hat aufgrund eines zweiten Briefes, der offensichtlich von derselben Person geschrieben und vom 6. Januar 1909 datiert ist, an Bedeutung verloren. Darin wird erklärt, dass die fünf Personen, die im Brief vom 2. Juni erwähnt werden, genauso gut aus einem Haus in der Nähe der Impasse Ronsin gekommen sein könnten. Außerdem hat nichts jemals bewiesen, dass Arthur Rewer nicht nur einige friedliche Passanten vorbeikommen sah. Was nun die im Hebrew Theatre gestohlenen Kleider betrifft, so ist dies die letzte Phase der Ermittlungen: Das Verschwinden der schwarzen Kleider wurde mit Sicherheit erst am 31. Mai entdeckt, denn es gibt Widersprüche zwischen den Aussagen von Finberg am 28. Dezember und denen von Sumart am 2. März hinsichtlich des Zustands des Kostümkorbs, und *es wurde überhaupt nicht bewiesen, dass der Diebstahl am 30. November* (!) stattgefunden hat. Außerdem wurden, selbst wenn der Diebstahl am selben Tag stattgefunden hätte, nur zwei schwarze Kleider gestohlen – laut Riegels Aussage vom 25. Februar, und es ist sicher, dass keine Hüte gestohlen wurden. mit breiter Krempe wurden gestohlen (!). Schließlich kann man den Vorfall auch *eher als bloßen Zufall ohne Zusammenhang mit dem Verbrechen betrachten*, *da es* im Hebrew Theatre offenbar häufig zum Verschwinden von Kostümen kam, insbesondere im Jahr 1908.

"Im Laufe unserer Ermittlungen haben wir uns jedoch - unter dem Eindruck der sehr schwerwiegenden Anzeichen Ihrer persönlichen Schuld - gefragt, ob der Diebstahl im Hebrew Theatre - wobei wir seine Realität vom 31. Mai zugeben - und das Zurücklassen der erwähnten Dokumente in der U-Bahn nicht *auf Ihre Veranlassung* oder auf die eines anderen Komplizen des

Verbrechens hin arrangiert worden war , *um der von Ihnen beabsichtigten Beschreibung des Verbrechens eine gewisse Glaubwürdigkeit zu verleihen* ." (!)

Antwort: „Ich bleibe bei all meinen Aussagen. Ich habe immer – und schöpfe immer noch – die Kraft, dieses ganze Geheimnis zu ertragen, aus meinem Gewissen. Es kam mir immer so vor, als ob mein Mann mir dank dieser Einladungskarte zur Ausstellung seiner Werke selbst von seinem Grab aus sagte: ‚Alles, was Sie gesagt haben, ist wahr. Haben Sie den Mut, die Mörder zu finden.'"

Frage. „Ihre Geschichte von den vier Personen in den schwarzen Gewändern behält all ihre *romantische Unwahrscheinlichkeit und Unglaubwürdigkeit,* unterstrichen durch die *phantastische* Vorstellung von Kriminellen, die in ihrem unerklärlichen Plan, ihre Kleidung und nicht ihre Gesichter zu verbergen, beschlossen, sich bei der Durchführung der heikelsten kriminellen Operationen in den verwöhnenden Falten von Gewändern zu verheddern, deren Ärmel ihnen über die Hände fielen (!). Wir haben dennoch ständig und bis zum Schluss freie Hand für Ihre Ermittlungen gelassen, auch was die Realität und die Identität der vier von Ihnen beschriebenen Personen betrifft. Alle *Ihre* Bemühungen in dieser Richtung waren nicht erfolgreicher als diejenigen, die während der ersten Monate der Ermittlungen unternommen wurden."

(Was im Wesentlichen darauf hinauslief, mir zu sagen: Es ist *Ihnen nicht gelungen* , *die Identität dieser Mörder* herauszufinden , also sind Sie der Mörder.)

Antwort: „Ich kann nur in aller Aufrichtigkeit wiederholen, was ich M. Hamard gleich zu Beginn über die Männer und die rothaarige Frau gesagt habe, die ich unter den beschriebenen Umständen um mein Bett herum gesehen habe, und zwar deutlich.

„Sie halten es für unwahrscheinlich, dass die Männer zum Stehlen schwarze Kittel angezogen haben. Doch bei dem Mord an M. Remi, der acht Tage nach dem Doppelmord in der Impasse Ronsin geschah, waren die Mörder völlig nackt. Das ist nicht außergewöhnlicher als die Männer in den schwarzen Kitteln. Hätte ich jedoch gesagt, die Mörder seien völlig nackt gewesen, hätten Sie mich zweifellos eine verrückte und hysterische Frau genannt!"

Frage. „Vor allem müssen wir den folgenden Punkt untersuchen: Gibt es einen echten Grund zu der Annahme, dass es sich um ein *banales* , alltägliches Verbrechen handelte, das von gewöhnlichen Einbrechern begangen wurde? Die Antwort auf diese Frage sollte unserer Ansicht nach verneinend sein, und wir werden sagen, warum. Wäre das Verbrechen das Werk gewöhnlicher Übeltäter gewesen, hätte es logischerweise keinen anderen Zweck als Raub gehabt. Nun – selbst wenn man die *Realität* eines Diebstahls in Ihrem Haus in dieser Nacht annimmt – hätten die Übeltäter in den Räumen, die sie besuchten, keine reichliche und auffällige Beute hinterlassen ... (Hier wiederholte M. André die Liste der Wertsachen, die die Mörder an ihren Plätzen zurückgelassen hatten.) Es ist absolut unannehmbar, dass Übeltäter, die gekommen waren, um zu stehlen, eine Summe von 130 Francs (£5 4s.) und so viele Juwelen zurückgelassen hätten. Außerdem scheint es, dass der Einbruch nur ein Schein war, wie man noch anhand der Fotos in der Akte erkennen kann, auf denen man die verschiedenen Gegenstände auf dem Boden sehen kann, die zu gut verstreut waren. Ordnung – was nicht zu der großen Eile passt, die jedem Einbruch innewohnt …

„Außerdem wurde am 16. Juni von dem Seilerexperten M. Chafaroux festgestellt, dass die Schnur, mit der Ihr Mann erwürgt wurde, aus dem Strickknäuel im Schrank Ihrer Küche stammte; und es ist ganz offensichtlich, dass der Watteknebel, mit dem Ihre Mutter erstickt wurde, und der, der Ihren Angaben zufolge zum Knebeln Sie verwendet wurde, aus den Wattepaketen stammten , die sich Ihrer Aussage nach am 14. und 16. Januar in den Räumen im ersten Stock Ihres Hauses befanden.

„Wie kann man glauben, dass gewöhnliche Kriminelle sich auf den Zufall verlassen hätten, um (in Ihrem Haus) die Instrumente für ihren Doppelmord und ihren Anschlag auf Ihr Leben zu finden! Und schließlich, welchen Grund hätten sie haben können, Sie zu verschonen? Sie überleben zu lassen, hieß, einen gefährlichen Zeugen überleben zu lassen!"

Antwort: „Es ist mir unmöglich, Ihnen das alles zu erklären. Ich kann nur und einfach wiederholen, was ich gehört und gesehen habe. Dass ich für meine Tochter gehalten wurde, ist nicht überraschend, obwohl es so viele Leute zum Lächeln gebracht hat, da ich damals jung aussah und das Zimmer meiner Tochter bewohnte. Außerdem, kann man sagen, dass diese Mörder mich wirklich verschont haben, wenn man daran denkt, wie sie mich gefesselt und wie sie mir auf den Kopf geschlagen haben? Unschuldig, ja, ich bin unschuldig. Ich hatte überhaupt keinen Grund, meinen Mann und meine Mutter zu töten. Ich bin unschuldig."

Frage: „Die verschiedenen Gründe, die dazu führen, die Version von Mördern, die zum Rauben gekommen sind, auszuschließen, sind ebenso viele Gründe zu glauben, dass es sich um ein ‚häusliches' Verbrechen handelte. Und *da Sie das Verbrechen unter sehr besonderen Umständen überlebt haben; da Sie hinsichtlich aller mit dem Verbrechen verbundenen Einzelheiten ‚Unwahrscheinlichkeiten', Widersprüche und Lügen angehäuft haben; da Sie ein persönliches Interesse an dem Verbrechen hatten, wurde nach und nach klar, dass Sie direkt an dem Verbrechen beteiligt waren* ."

Antwort: „Ich habe an dem Verbrechen in keiner Weise teilgenommen. Warum, warum hätte ich es tun sollen?"

Frage. „Sie haben nicht nur überlebt, sondern sahen auch nur wie ein Opfer aus. Die Art, wie Sie gefesselt waren, war völlig harmlos und ganz *nachgiebig*. Die Stricke hinterließen keine Spuren um Ihren Hals und nur flüchtige Spuren an Ihren Handgelenken und Knöcheln. Übeltäter, die einen Doppelmord begehen könnten, hätten Sie sicherlich nicht mit einer solchen Milde an Ihr Bett gefesselt."

Antwort: „Es ist mir unmöglich, Ihnen zu erklären, was in den Köpfen dieser Ungeheuer vorging. Vielleicht dachten sie, ich sei fest genug gefesselt. Jedenfalls, wenn ich, wie Sie glauben, an dem Verbrechen beteiligt war und einen Komplizen hatte, hätte ich sicherlich genug Intelligenz und Geistesgegenwart gehabt, um mich strenger bestrafen zu lassen, da man mir vorwirft, dass ich am Leben geblieben bin!"

(Herr André erwähnte dann die verschiedenen Blutergüsse, die an meinem Körper gefunden wurden, und bemerkte, dass es sich dabei um sehr geringfügige Verletzungen handelte.)

Antwort: „Auf all das brauche ich nicht zu antworten. Auch wenn ich äußerlich keine Spuren davon trug, so litt ich doch innerlich so sehr, dass ich zwei Monate lang gefährlich krank war, wie Sie vielleicht in Ihrer eigenen Akte nachlesen können." …

Frage. „Neben dem sehr bezeichnenden Fehlen wirklicher Gewalttätigkeit spricht auch Ihr beharrliches Bemühen, Tatsachen zu verbergen, gegen Sie. Ganz am Anfang und während der gesamten Untersuchung erklärten Sie, Sie hätten den im Boudoir gefundenen Bergstock und Handschuh nie gesehen, aber unsere Untersuchungen haben ergeben, dass der Bergstock *wahrscheinlich* zu den Accessoires im Atelier Ihres Mannes gehörte. Und es wurde nachgewiesen, dass Ihnen der Handschuh (ein Herrenhandschuh) geschenkt worden war."…

Antwort: „Ich habe den Alpenstock weder im Atelier noch sonstwo im Haus gesehen, und vorausgesetzt, der Handschuh gehörte M. Ch., konnte ich mich nicht daran erinnern. (Manchmal fragte ich meine Freunde nach ihren alten Handschuhen, die ich trug, wenn ich Blumen schneiden, bestimmte Gegenstände bemalen oder grobe Arbeiten ausführen musste.) Hätte ich mich an diesen Alpenstock und diesen Handschuh erinnert, hätte ich es sofort gesagt; ich hatte keinen Grund, es nicht zu tun."

Frage. „Sie sagten, die Gewalt, die Sie durch die Mörder erlitten hatten, sei eine der Ursachen Ihrer Krankheit. Wir haben Sie daran erinnert, wie wenig überzeugend die äußeren Anzeichen dieser Gewalt waren. Was die nervöse Erregung angeht, die bei Ihnen nach und seit dem Drama offensichtlich war – diese Tatsache ist unbestreitbar –, würden *der moralische Schock Ihrer Beteiligung an dem Verbrechen, die Last einer zu schweren ‚strafrechtlichen'*

Verantwortung, die Angst wegen der Ermittlungen völlig ausreichen, um es zu erklären :" ...

(Herr André vergaß offensichtlich, dass ich diese „Ängste wegen der Ermittlungen" so wenig spürte, dass ich die Polizei Monat für Monat drängte, ihre Bemühungen zu erneuern, und sogar die Presse um Hilfe bat, als ich hörte, dass die Aufklärung des Impasse-Ronsin-Mordes aufgegeben wurde! Nachdem wir noch einmal die Frage des Knebels und des gestohlenen Geldes und der Juwelen erörtert hatten, musste ich noch einmal erklären, dass der Experte offensichtlich das Stück Watte, das in meinem Mund gewesen war, nicht untersucht hatte, und auch, warum ich fünf meiner Juwelen von Herrn Souloy habe verändern lassen. Aber Herr André bemerkte nur:)

„Sie haben immer und über alles gelogen... Für eine solche Haltung gibt es nur eine Erklärung: Sie versuchten, Verdacht abzuwehren, und waren deshalb direkt an dem Mord beteiligt."

Antwort: „Sie wollen in allem Lügen finden. Wenn ich Unwahrheiten gesagt habe, dann nur, um gewisse Tatsachen aus meinem Privatleben zu verheimlichen, gewisse ‚Freundschaften', die ich gehabt habe."

(Die nächste Bemerkung des Untersuchungsrichters war phantastisch :)

Frage. „Es ist interessant, jedenfalls merkwürdig, festzustellen, dass Ihre Geschichte des Verbrechens und der *Inszenierung* den Stempel Ihrer eigenen Fantasie zu tragen scheint. Denn die Geschichte der schwarzen Gewänder klingt sehr nach einer Reminiszenz an die Personen in mehreren Bildern Ihres verstorbenen Mannes. Andererseits weisen einige der Einzelheiten eine auffallende Ähnlichkeit mit den Vorfällen in einem berühmten Mordfall auf, der sich 1885 in Montbéliard ereignete, als Sie sechzehn Jahre alt waren, und der die Bevölkerung des Bezirks, in dem Sie damals lebten, faszinierte."

Antwort: „Ich hätte nicht so weit meinen Verstand verlieren können, zu sagen, ich hätte Männer in schwarzen Gewändern gesehen, wenn es nicht wahr gewesen wäre. Die Personen in den Gemälden meines Mannes, auf die Sie sich beziehen, tragen schwarze Gewänder, die in keiner Weise den kirchlichen Gewändern ähneln, schlicht, gerade und mit engen Ärmeln, die die Mörder trugen. Was den Mordfall von Montbéliard angeht, den Sie erwähnen, so erinnere ich mich nicht daran; ich habe noch nie davon gehört. Zu Hause haben wir [die jungen Mädchen] keine Zeitungen gelesen. Montbéliard ist eine Stunde von Beaucourt entfernt; ich bin dorthin gefahren, um Klavierunterricht zu nehmen … Ich habe in Montbéliard auch Malen gelernt … Ich bin mit dem Auto oder mit der Bahn dorthin gefahren … Ich habe nie von diesem Mord gehört."

(Herr André fuhr dann fort, meine Schuld zu „beweisen", indem er mir die Tatsache vorlegte, dass ich mich von „Turk", dem geliehenen Hund, getrennt und meine Mutter Ende Mai zu mir überredet und sie daran gehindert hätte, nach Bellevue zu fahren. Ich antwortete auf diese Anschuldigung, indem ich noch einmal die wahren Tatsachen darlegte, die von unserem Arzt vollständig bestätigt wurden.)

„…Am Samstag, dem 30. Mai, beschlossen wir im letzten Moment, als ich sah, dass meine Mutter nicht mehr auf den Beinen stehen konnte, nicht zum Schlafen nach Bellevue zu fahren."

Frage: „Was das Problem betrifft, herauszufinden, *warum* Sie den Mord nicht nur an Ihrem Mann, sondern auch an Ihrer Mutter vorsätzlich geplant haben, und ob Sie bei diesen Morden eine direkte *Rolle gespielt haben* : Die Lösung scheint in der ‚moralischen Sorge' zu liegen, die Sie damals hatten …"

(Und M. André versuchte zu beweisen, dass ich aufgrund meiner finanziellen Schwierigkeiten, meiner Abneigung gegen meinen Mann und meiner ständigen Streitereien mit ihm und meiner Mutter daran gedacht hatte, die Frau von M. Bdl. zu werden. Da eine Scheidung aufgrund der Ansichten von M. Bdl. und auch aufgrund der Ansichten von M. Buisson zu dieser Angelegenheit nicht in Frage kam, schien mir das „Verschwinden" meines Mannes und meiner Mutter alle Schwierigkeiten zu lösen und all meine Ambitionen zu befriedigen …)

Antwort. „Sie verfolgen eine unglückliche Frau auf grausame Weise! Weder mit meinem Mann noch mit meiner Mutter habe ich je Streit oder Meinungsverschiedenheiten gehabt. Mein Mann und ich hatten die letzten fünfzehn Jahre nicht als Mann und Frau zusammengelebt, und ich genoss an seiner Seite eine Freiheit, die eine Scheidung nicht hätte vergrößern können. M. Bdl. wollte nicht wieder heiraten. Außerdem glaube ich nicht, dass ich ihn geheiratet hätte, denn er war furchtbar eifersüchtig. Außerdem hat er, glaube ich, in seiner Aussage selbst gesagt, dass er bereits Anfang Mai 1908 beschlossen hatte, uns [meinen Mann und mich] nicht mehr zu sehen... Ich hatte überhaupt keinen Grund, meinen Mann und meine Mutter zu töten... Niemand wird das jemals glauben, wenn er aus den Briefen, die ‚unter Verschluss' sind, erfährt, was ich für meine Mutter war und was sie für mich war. Sie sagen, wir waren 1908 finanziell in Verlegenheit, aber das war genau das Jahr, in dem mein Mann am meisten verdiente... Mein Mann war mit allem, was ich tat, völlig zufrieden, und was mich betrifft, mischte ich mich nicht in sein Leben ein, aber ließ ihn völlig frei. Wir standen seit zehn Jahren in engem Kontakt mit den Buissons, und sowohl M. Buisson als auch seine Frau konnten versichern, dass es zwischen meinem Mann und mir nie irgendeine Art von Streit gegeben habe... Zur Zeit des Dramas war ich glücklich, wie ich es lange Zeit nicht gewesen war, bevor mein Mann wieder gesund war, wegen des Glücks meiner Tochter aufgrund ihrer Verlobung mit Pierre Buisson, und ich wegen des Glücks ihres Vaters..."

Frage: „In den drei Monaten nach dem Drama haben die Ereignisse Ihre Pläne zweimal durchkreuzt. Beunruhigt durch die Verdächtigungen, die in so vielen Köpfen gegen Sie bestanden, zogen Herr Bdl. und auch die Familie Buisson weg und hielten sich von Ihnen fern. Unter diesen Umständen liefen nicht nur Marthes Zukunft, wie Sie sie sich vorstellten, sondern auch Ihre Ambitionen in Bezug auf Herrn Bdl. ernsthaft Gefahr, unwiederbringlich kompromittiert zu werden. Daher besteht, sofern Sie nicht einen großen Teil der Vorteile des Doppelmordes entgehen lassen wollten, die dringende Notwendigkeit einer Rechtfertigung vor der öffentlichen Meinung. Daher der gewagte Schritt Ihres Briefes an das *Echo de Paris vom 30. Oktober* , d. h. Ihr öffentlich erhobener Anspruch auf eine Verlängerung der Ermittlungen und der Suche nach den Mördern Ihres Mannes und Ihrer Mutter. Und da diese Verlängerung zur Enthüllung Ihrer Schuld geführt hat, *zeigt Ihre Haltung einfach, dass Sie die Kühnheit hatten, so weit zu gehen, wie Sie konnten, um auf die eine oder andere Weise und um jeden Preis die Früchte Ihres Doppelverbrechens zu gewinnen und zu genießen* .“

Antwort: „Nein! Im Gegenteil, Sie haben hier einen Beweis meiner Unschuld! Wenn ich etwas auf dem Gewissen hätte, hätte ich den Fall nicht mutig und ohne Furcht vor irgendjemandem wieder aufgenommen. Nein! Wenn ich schuldig gewesen wäre, hätte ich nicht so dreist gewesen! Ein Mann hätte es nicht gewagt, weil Männer Feiglinge sind, und eine Frau hätte es nicht gewagt, weil Frauen zu schwach sind.“

Frage. „ *Das Ergebnis des Verfahrens ist, dass Ihnen vorgeworfen wird* :

Erstens: *Dass er in der Nacht vom 30. auf den 31. Mai 1908 in Paris freiwillig Herrn Steinheil getötet habe* ;

Und das mit Vorsatz.

Zweitens: *Dass Sie unter denselben Umständen, zur selben Zeit und am selben Ort freiwillig Madame Edouard Japy, Ihre legitime Mutter, getötet haben* .“

Antwort: „Es ist eine abscheuliche und ungeheuerliche Anschuldigung, gegen die ich aus tiefster Seele protestiere, und ich bitte aus tiefstem Herzen diejenigen, die aufgefordert werden, Ihre Akte zu prüfen und zu beurteilen, ich bitte sie im Namen meines Kindes, zu erkennen, dass ich weder meinen Mann noch meine Mutter ermordet haben kann. Nein, ich kann eines so infamen, abscheulichen Verbrechens nicht angeklagt werden . Es gibt nichts in meinem Leben, das eine solche Tat meinerseits erklären könnte.“ …

"Der Angeklagte weint und schluchzt."

(Dieses Dokument wurde) „Gelesen— Unterzeichnet :
„ WITWE STEINHEIL .
„ SIMON .
„ ANDRÉ ."

(*Dossier* Cote 3433)

... „Sie weint, sie schluchzt", heißt es im Bericht der Abschlussinstruktion .
Nur vier kleine Worte, aber welch tiefe Trauer und Leid sie ausdrücken!

In diesen Berichten werden die Worte des Gefangenen nur sehr selten genau
wiedergegeben, und zwar aus folgendem Grund: Der Richter hat eine Liste
von Fragen vor sich, die er im Voraus sorgfältig vorbereitet hat; er stellt die
Fragen eine nach der anderen und notiert rasch die Antworten des
Gefangenen oder zumindest das, was er für den wesentlichen Teil dieser
Antworten hält. Anschließend diktiert er anhand seiner Notizen sowohl seine
Frage als auch die Antwort des Gefangenen seinem *Greffier* ... mit dem
Ergebnis, dass es sehr oft so aussieht, als sei der gesamte Bericht von
derselben Person geschrieben worden, so ähnlich sind die Fragen und
Antworten im Stil. In der Regel hörte ich auf meine *Anweisung* hin nicht
einmal zu, wenn der Richter M. Simon diktierte. Während dieser wenigen
Minuten der Ruhe, die alle zehn oder fünfzehn Minuten stattfanden, ruhte
ich mich aus und sammelte meine Gedanken ... Bei der letzten und
bedeutsamen *Anweisung* jedoch, als alle *Anweisungen* durchgegangen wurden,
versuchte ich, obwohl es die erschütterndste von allen war und ich
erschöpfter war als je zuvor, den Worten zuzuhören, die M. André M. Simon
diktierte, und erklärte immer wieder, dass er nicht die genauen Worte diktiert
hatte, die ich verwendet hatte, oder dass er meine Antworten abgekürzt hatte.
Ich wiederholte, was ich gesagt hatte, und der Untersuchungsrichter willigte
großzügig ein, diese „unbedeutenden Details", wie er es nannte, zu ändern.

Trotzdem kann ein solcher Bericht weder das Pathos noch die tragische
Bedeutung des Vorgangs wiedergeben.

Trotz allem, was ich gesagt und getan hatte, trotz aller Tatsachen, die meine
Unschuld bewiesen – jene Unschuld, die die Jury *acht Monate später feststellen
und verkünden sollte* – weigerte sich Herr André, der mich von Anfang an für
schuldig gehalten hatte, seine Meinung zu ändern und erklärte mir kühl und
mit einem leichten Lächeln der Selbstzufriedenheit, dass ich angeklagt sei,
meinen Mann und meine Mutter ermordet zu haben!

M. Simon hatte Tränen in den Augen. Mein Anwalt stand neben mir und
fürchtete, ich könnte ohnmächtig werden. Ich machte eine übermenschliche
Anstrengung und stand auf.

Ich unterschrieb meinen Namen am Fuß der letzten Seite dieser
schrecklichen *Anweisung* ; ich reichte die Feder an M. Simon, und dann

unterschrieb M. André. Als ich vor ihm auf dem Weg zurück zum *Depot* und von dort nach Saint-Lazare vorbeiging, sagte der Richter, gegen den ich so viele Tage lang um mein Leben gekämpft hatte, ruhig zu mir: „Au revoir, Madame." Er zündete sich eine Zigarette an und verließ munter und höchst zufrieden den Raum.

Als Richter wusste er offenbar nicht, dass „Treu und Glauben die Grundlage der Gerechtigkeit ist".

Er hatte Großartiges geleistet. Obwohl es keinerlei Beweise für meine Schuld gab, war es ihm – so dachte er zumindest – gelungen, aus dürftigen Indizienfragmenten, aus vagen Behauptungen und vagen Annahmen, aus kindischen Widersprüchen und vor allem aus seinen eigenen Vorurteilen eine solide, unumstößliche Anklage wegen Doppelmordes gegen eine unglückliche, wehrlose, nervengeplagte und unschuldige Frau aufzubauen.

Er war überzeugt, dass das Leben etwas Großartiges sei, die *Schule* eine erhabene Institution und ein Untersuchungsrichter ein Retter der Gesellschaft ... Und Monsieur André konnte sich nun einer Beförderung sicher sein!

Wie so viele Richter, die ich kannte – und allein mein Adressbuch, das bei meiner Verhaftung beschlagnahmt wurde, mir aber trotz zahlreicher Bitten nie zurückgegeben wurde, könnte die Zahl aller Richter angeben, die eifrig meine Empfänge besuchten und mir Anekdoten über ihre Karriere und ihre Arbeit erzählten! – litt M. André an jener Krankheit, die Brieux in „La Robe Rouge" (Der rote Mantel) treffend als „das Beförderungsfieber, das so viele ehrliche Männer in schlechte Richter verwandelt" bezeichnet hat.

Herr André *wurde* befördert.

Kapitel XXVII

Dreihundertdreiundfünfzig Tage Gefängnis

AUS DEM GEFÄNGNIS

Der Himmel ist über der Mauer graue Höhe

So blau, so sauber;

Ein Baum über der grauen Mauerhöhe,

Grüne Zweige wogen;

Aus dem Blauen, das meinen Blick begrüßt,

Eine schwache Glocke läutet;

Auf dem Baum, der meinen Blick begrüßt,

Ein süßer Vogel singt.

O Gott! O Gott! Liebes Leben ist da

Ruhig und süß,

Dieses friedliche, beruhigende Murmeln dort

Kommt von der Straße.

Was hast du in deiner Verzweiflung getan

Weinend getrennt,

Was hast du in deiner Verzweiflung getan

Mit deinem jungen Herzen?

> „D'une Prison", Verlaine; übersetzt
> von *Touchstone* .

Als ich in „meine" Zelle im Gefängnis Saint-Lazare zurückkehrte, hatte ich noch nicht alle Hoffnung aufgegeben. Als ich mich auf den Weg zum *Dépôt machte* , erklärte mir Maître Aubin: „Es liegt absolut nichts gegen Sie vor. Sie können jetzt jederzeit freigelassen werden. Kümmern Sie sich nicht darum, Monsieur André! Wenn die Akte der *Anweisung* von denen gelesen wird, die

die Macht haben, darüber zu entscheiden, ob Sie freigelassen oder vor das Schwurgericht gestellt werden, werden sie Ihre Unschuld erkennen. Die Tatsache, dass Sie keine positive Antwort auf Ihre jüngste Petition erhalten haben, beweist gar nichts."

Bei der Petition handelte es sich um eine „ *demande de liberté provisoire* " (vorläufige Freiheit), die ich Richter André am Ende der vorletzten *Anweisung* *überreichte* .

Der genaue Inhalt dieser Petition dürfte für den Leser von Interesse sein, da sie verschiedene Tatsachen im Zusammenhang mit dem Verbrechen ans Licht bringt, die ich bisher kaum erwähnt habe:

(Nr. 342) 8. März 1909. *Monsieur le Juge d'Instruction.*

„Sie haben mich, der öffentlichen Meinung folgend, die so schrecklich gegen mich ist, die aber, wenn sie besser informiert ist, zwangsläufig wieder großzügig und gerecht werden wird, für einen monströsen Verbrecher gehalten. Ich habe Ihre zehn Verhöre, Ihre sechzig Stunden der Befragung ohne mit der Wimper zu zucken ertragen und immer meine Unschuld beteuert. Sie haben mir nicht geglaubt – konnten mir nicht glauben nach all den dummen oder extravaganten Dingen, die ich gesagt und getan habe und die ich sagen und tun musste – (diesen letzten Satz diktiert mir mein Anwalt, der meinte, es wäre nicht klug, zu aggressiv zu sein). Meine Schilderung des Verbrechens erschien Ihnen wie anderen Leuten phantastisch und inakzeptabel; ich war der einzige Täter oder ich hatte einen Komplizen, den ich beeinflusst hatte oder von dem ich beeinflusst worden war! Die Mörder, *Herr Richter* , waren diejenigen, die ich genannt habe, und ihre Zahl war die Zahl, die ich genannt habe. Und es sind Ihre eigenen Experten in ihren Berichten, Ihre Akte in ihrem endgültigen Zustand, die das beweisen. Ich, der einzige Verbrecher! Zu denken, dass solch eine grobe und abscheuliche Idee auch nur einen Augenblick lang aufrecht erhalten werden kann! Warum? Um sie zusammenzuhalten, war es notwendig, die Theorie eines Schlafmittels oder irgendeines Giftes einzuführen! Nachdem nun der Experte Dr. Ogier erklärt hatte, dass die Körper der Opfer keine Spur von Narkotikum oder Gift enthielten, kommt Dr. Balthazard und liefert dieses unwiderlegbare Argument: dass mein Mann und meine Mutter so wenig vergiftet waren, so wenig unter dem Einfluss eines Narkotikums standen, dass letztere aus ihrem Bett stieg und erstere aufstand und ins Badezimmer ging, wobei beide Opfer unwiderlegbar an der Stelle und in der Position getötet wurden, in der ihre Körper gefunden wurden. Damit ist die abscheuliche Hypothese der „Tragischen Witwe" zerstört, die Gift oder Narkotikum verabreichte und ihren Mann und ihre Mutter mit ihren eigenen Händen und ohne Hilfe tötete.

„Es bleibt die Hypothese, dass ich immer noch schuldig bin, aber die Hilfe eines Komplizen hatte. Ohne auf der Unvorsichtigkeit zu beharren, die die

Wahl eines Komplizen mit sich bringt – eine unzulässige Unvorsichtigkeit, wie Sie erkannt haben, da Sie mich ständig und beharrlich als den einzigen Schuldigen betrachtet haben –, welche Fakten hat die *Instruktion in Bezug auf diese Theorie* ans Licht gebracht? Keine. Und doch liegt es nicht an einem Mangel an Untersuchungen und Hinweisen; Ihre Akten sind voll von Anfragen zu allen Personen, die mich kannten, von meinen entferntesten Bekannten bis zu meinem eigenen Bruder. Das ist nicht alles, und auch hier liefern Vernunft und Wissenschaft einige Informationen. M. Bertillon und Dr. Balthazard konnten die folgenden Fakten feststellen: Die kleine Uhr, die sicherlich von einem der Mörder angefasst und in einen Schrank geworfen wurde, weist Fingerabdrücke auf, die nicht identifiziert wurden; die Brandyflasche, die einige Stunden vor den Verbrechen für den Grog verwendet wurde, am Abend fast voll hochgebracht und am Morgen nach dem Verbrechen fast leer aufgefunden wurde, trägt zahlreiche nicht identifizierte Fingerabdrücke, vor allem um den Hals, als hätten die Mörder aus der Flasche getrunken. Auf dem Teppich wurden eine Reihe Tintenflecken gefunden, die aus der Tintenpfütze im *Boudoir stammten* (wo die Mörder das Tintenfaß auf dem Schreibtisch umgeworfen hatten, in dem sich das Geld und das leere Bündel Dokumente befanden); diese Flecken waren vom Saum eines wallenden Kleidungsstücks herabgefallen, das nicht von mir gewesen sein konnte, da ich mich am Samstagabend im Badezimmer ausgezogen hatte und da meine Kleider am Sonntagmorgen dort ohne Tintenflecken darauf oder unter dem Saum gefunden wurden. Wem gehörte dieses lange, lose Kleidungsstück, wem gehörte dieses Kleid, das seine Spuren auf dem Teppich hinterließ? War es nicht der Frau, die ich angezeigt hatte, oder einem der Mörder, die so gekleidet waren, wie ich es beschrieben habe? Auf meinem Knie wurde ein Tintenfleck gefunden – war er nicht von einem der Männer gemacht worden, als sie mich ans Bett fesselten?"...

(Dann zeigte ich, dass es sich bei den im Hebrew Theatre gestohlenen Kleidern um die Kleider der Mörder gehandelt haben muss, und erwähnte die außergewöhnliche und überaus wichtige Entdeckung der Karten in der U-Bahn am Tag nach dem Verbrechen, Karten, die auf das Hebrew Theatre und die „gestohlenen Kleider" verwiesen.)

... „Erlauben Sie mir hinzuzufügen, dass vier Briefe, die sich im Dossier befinden, meine Schilderung bestätigen: Zwei Briefe von einem gewissen Arthur Rewer, von denen einer auf den 2. Juni datiert ist, drei Tage nach dem Verbrechen, ein Brief, der in Boulogne-sur-Seine aufgegeben wurde, und der vierte, geschrieben von einer Italienerin und abgeschickt aus Porto (Portugal). Sie haben ihnen sicherlich eine gewisse Bedeutung beigemessen, insbesondere den beiden Rewer-Briefen, da Sie einen Experten für Handschriften beauftragt und alle möglichen Untersuchungen und Ermittlungen angeordnet haben. Nun erklärte Arthur Rewer in seinem Brief vom 2. Juni, dass er in der Nacht des Verbrechens vier Männer (ich sah in der verhängnisvollen Nacht nur drei Männer, aber der vierte hielt offensichtlich unten Wache) und eine Frau gesehen und sogar verfolgt habe (gegen 0.30 Uhr), die die Impasse Ronsin mit Taschen verließen. Und der Schreiber gab eine Beschreibung dieser Personen, die mit meiner eigenen übereinstimmte! Ich bemühe mich, Ihrem hohen Gewissen Beweise meiner eigenen Unschuld vorzulegen, die ich Ihrem Dossier entnommen habe, und wie viele andere Beweise gibt es sind es, die meine Schuld unmöglich machen! Und indem ich Sie daran erinnere, wie sehr ich meinen Mann für mein eigenes Leben und für das meiner Tochter brauchte, indem ich Sie an meine Liebe zu meiner Mutter erinnere, bezeuge ich Ihnen noch einmal: Ich bin unschuldig!

"Überdies, welches Motiv könnte mich dazu gebracht haben, ein so grausames Verbrechen zu begehen? Es war nicht der Wunsch, frei heiraten zu können, da die Person, die Sie kennen, acht Jahre lang nicht wieder heiraten wollte und konnte! (Herr Bdl. hat oft gesagt, und auch zu anderen außer mir, dass er seinen Kindern niemals eine Stiefmutter geben würde und dass er mit einer erneuten Heirat warten würde, bis sie alle erwachsen wären, was ungefähr acht Jahre bedeutete.) Aus finanziellen Gründen? Wie könnte man das zugeben, da mir der Tod meiner Mutter zwar ein kleines Einkommen bescherte, mir der Tod meines Mannes jedoch ein weitaus größeres vorenthielt! Was die Juwelen betrifft, von denen ich erkläre, dass sie gestohlen wurden, so wissen Sie, dass es entgegen der im Ausland verbreiteten Nachrichten unmöglich war, ein einziges davon zu finden, abgesehen von den vier Juwelen, die ich Herrn Souloy am 12. Juni selbst übergeben habe, wie ich Herrn Leydet bereits erzählt habe, und auch, dass kein einziger der Juwelen meiner Mutter, die von den Mördern gestohlen wurden, entdeckt wurde.

„Deshalb bitte ich Sie, *Herr Richter*, in der gegenwärtigen Phase der *Anweisung* , mir mein Kind zurückzugeben und dieser Folter ein Ende zu bereiten, die jetzt mehr als nutzlos ist und für die Sie eines Tages Ihr Gewissen quälen könnten. Ich habe die Ehre, Sie zu bitten, mir ‚vorläufige Freiheit' zu gewähren, und verspreche Ihnen, weiterhin zu Ihrer Verfügung zu stehen und Ihnen mit all meinen Kräften bei der Suche nach der Wahrheit zu helfen.

„(Unterzeichnet) MARGUERITE STEINHEIL JAPY.“

Vier Tage später, am 12. März, also am Vorabend der Abschlussinstruktion , wurde mir mein Gesuch zurückgeschickt – und zwar mit der „einfachen und eindeutigen“ Ablehnung.

Maître Aubin hatte mir gesagt, dass ich nach sorgfältiger Prüfung der Akte wahrscheinlich freigelassen würde. Ich glaubte ihm und versuchte zu warten – geduldig …

Ich habe die Beschreibung meines Lebens im Gefängnis unterbrochen, um mich mit der *Instruktion zu befassen* , aber jetzt kann ich meine Schilderung des qualvollen Jahres, das ich in Saint-Lazare verbrachte, fortsetzen. Diese Qual wurde nur durch die Hingabe einiger Personen gelindert, von denen ich einige bereits erwähnt habe. Die anderen werde ich im Laufe dieses Kapitels erwähnen.

Am 1. Januar 1909 kamen mehrere Schwestern, um mir ihre guten Wünsche zu überbringen, aber das traditionelle „Ein frohes neues Jahr" klang für mich leider bitter und ironisch!

Pastor Arboux besuchte mich an diesem Tag und schenkte mir eine Bibel. M. Desmoulin brachte mir ein paar Mandarinen, die Firmin und ich für die wunderbarsten Früchte hielten, die wir je gegessen hatten. Schwester Léonide schenkte mir ihre eigene Lampe, eine sehr kleine und alte Lampe, die sie viele, viele Jahre lang in Ehren gehalten hatte. Kein Geschenk hätte mich mehr berühren oder nützlicher sein können. Sie spendete kaum mehr Licht als eine Kerze, aber die Flamme flackerte nicht, und das bedeutete meinen von Handarbeiten – und Tränen – erschöpften Augen so viel. Aus dem Seidenpapier und dem Silberpapier, das um die Mandarinen gewickelt war, bastelte ich einen kleinen Lampenschirm für „meine" Lampe – meine unbezahlbare Lampe! Wer hätte gedacht, dass ich, die ich mich immer mit einer Orgie aus Licht umgeben hatte und trotzdem nie einen Raum ausreichend beleuchtet fand, vor Freude überwältigt sein würde, eine Spielzeug-Öllampe zu besitzen!

Am selben Tag wurden dank der Güte einer Wohltätigkeitsorganisation Brötchen unter den Gefangenen verteilt, und es war ergreifend, ihre Freude zu beobachten … und herzzerreißend zu sehen, wie einige Mütter die Brötchen, die sie ihren Kindern gaben, nahmen und sie verschlangen, während die Kleinen vor Enttäuschung schrien. Manche Frauen im Gefängnis geraten in einen derart erniedrigenden Zustand, dass sie sogar ihre mütterlichen Instinkte verlieren ! …

Nach Abschluss der *Unterweisung* kam Schwester Léonide eines Tages in meine Zelle und sagte: „Der Direktor möchte, dass ich Sie um einen Ihrer Stiefel bitte … M. Hamard hat darum gebeten." Ich kam dieser seltsamen Bitte nach, schickte aber meinem Anwalt eine Nachricht mit der Bitte, gegen diese willkürliche Behandlung Beschwerde einzulegen. Die *Unterweisung* war beendet. Ich hatte ein Recht darauf, in Ruhe gelassen zu werden.

Ein paar Tage später kam Maître Aubin ins Gefängnis. Ich hatte ihn noch nie so fröhlich und strahlend gesehen. Er lachte so sehr, dass er kaum sprechen konnte. Schließlich stammelte er: „Es ist wirklich zu komisch ! ... Der *Substitut*, der *Staatsanwalt* und andere Richter studieren alle die Akte Ihres Falles. Ich nehme an, sie sind sehr verärgert, da sie Ihre Unschuld eindeutig beweist. Sie wissen wahrscheinlich nicht, wie sie mit dem ihnen zur Verfügung stehenden Material eine Anklage verfassen sollen ... Sie wunderten sich und riefen plötzlich: , Der Stiefel: Wir werden sie beim Stiefel fangen!' ...

„Sie verstehen das nicht? Ich auch nicht , zuerst! Nun , es scheint, dass man auf einem der Fotos, die nach dem Verbrechen von den Böden in Ihren Wohnungen gemacht wurden, einen Absatzabdruck sehen kann. Die Stiefel aller, die verdächtigt wurden, mit dem Verbrechen in Verbindung zu stehen, wurden untersucht – vergeblich. Dann schickten sie nach einem Ihrer Stiefel. Es war sofort klar, dass der alles entscheidende Absatzabdruck nicht von Ihnen stammen konnte. Aber warten Sie! Das Ende der Geschichte ist der humorvollste Teil daran: Sie haben zweifelsfrei herausgefunden, dass der Abdruck vom Absatz des Fotografen stammte, der den Boden fotografiert hat!“

Maître Aubin unterdrückte seine Heiterkeit und fügte in ernstem Ton hinzu: „Ach, Madame, ich hoffe fast, dass Ihnen das von Ihnen erwartete *Non-Lieu (keine Anklage) nicht gewährt wird. Ich weiß, es klingt schrecklich ... denn es würde für Sie mehrere weitere Wochen in diesem Gefängnis bedeuten. Aber glauben Sie mir, ein Non-Lieu* in Ihrem Fall würde Ihr Leben und das von Marthe völlig ruinieren. Wenn Sie plötzlich freigelassen würden, würde die Öffentlichkeit denken, es gäbe eine Art Pakt zwischen Ihnen und den Behörden. Der Verdacht würde tiefer und allgemeiner werden als je zuvor. Ihr Leben würde zu einer Qual werden, während die Leute bei einem Prozess die Untersuchung und die Beweise verfolgen würden, und nach Ihrem Freispruch, der der unvermeidliche Abschluss des Prozesses wäre, wenn es einen gäbe, wären Sie in den Augen der ganzen Welt vollständig rehabilitiert.“

Maître Aubin meinte es aufrichtig. Ich weiß, dass er nicht an die große Rede dachte, die er bei der Verhandlung halten würde, und wenn doch, wäre es verzeihlich gewesen. *Er* dachte nur daran, was das Beste für mich war.... Leider hielten viele Leute mich trotz meines Freispruchs weiterhin für schuldig, und weniger als einen Monat nach meiner Ankunft in England hörte ich in einem Salon mehrere Leute über die Steinheil-Affäre und meine Persönlichkeit sprechen, und die meisten stimmten darin überein, dass ich eine gefährliche und verhängnisvolle Frau und „sehr wahrscheinlich eine Mörderin“ sei. Niemand wusste, wer ich war; ich war von einem Bekannten zu dieser *Soirée eingeladen worden* , der mir riet, inkognito zu bleiben, und der mich unter einem anderen Namen vorstellte. Ich nahm an der Diskussion über Mme. Steinheil teil. Männer und Frauen umringten mich, weil ich „den

Fall anscheinend gründlicher studiert hatte als sie", wie eine Dame es ausdrückte, und ich ging so weit, ihnen zu erzählen, dass ich Mme. Steinheil getroffen hatte. Steinheil hatte in ihr eine typische Pariserin gefunden, als Frau vielleicht ein wenig „schwach", aber gutherzig, künstlerisch begabt, eine hingebungsvolle Mutter und insgesamt ein Mensch, der zu einer feigen oder niederträchtigen Tat absolut unfähig war – und erst recht natürlich zu einem Verbrechen.

„Vielleicht sind Sie ihr begegnet, Madame", sagte ein alter Herr, „aber Sie kennen sie nicht! Bestimmte Frauen, besonders in Ihrem Land, das auch das Land der elenden Mörderin ist, von der wir sprechen, neigen dazu, ‚schwach‘ zu sein, wie Sie es nennen. Aber solche Schwächen sind unter bestimmten Umständen verzeihlich, während der Mord an der eigenen Mutter und dem eigenen Ehemann unbeschreiblich monströs ist."

„Natürlich ist es das", sagte ich. „Aber woher wissen Sie, dass sie ihren Mann und ihre Mutter ermordet *hat* ?"

„Warum? Das haben die französischen Zeitungen gesagt. Außerdem hätte man sie nicht vor Gericht gestellt, wenn sie unschuldig gewesen wäre."

„Aber sie wurde freigesprochen…"

„Ja, ja… ganz genau !… Trotzdem, hüten Sie sich vor dieser Person, Madame, sollten Sie ihr noch einmal begegnen…"

Seitdem war ich oft in diesem Salon; der Gastgeber, die Gastgeberin und alle ihre Freunde wissen jetzt, wer ich bin, und ich glaube, dass sie, obwohl ich keine „verhängnisvolle" Frau bin, ihr eigenes Leben für mich geben würden. Um sie für mich zu gewinnen, musste ich nur ich selbst sein. Sie kannten mich, und doch habe ich ihnen nur einen sehr kleinen Teil meiner Lebensgeschichte erzählt. Ich hoffe und glaube, dass alle, die mich einst ohne Zögern verurteilten und dachten, ich sei schuldig, nur weil „die französischen Zeitungen es sagten", nach der Lektüre dieses schmerzhaften Berichts über mein Leben und meinen „Fall" endlich lernen werden, die „Tragische" oder „Rote Witwe" zu vergessen und eine Frau kennenzulernen und, wie ich hoffe, mit ihr zu sympathisieren, die zu Unrecht das schlimmste aller Märtyrertode erlitt.

Firmin verließ Saint-Lazare kurz nach meiner letzten *Anweisung* .

Als sie die große, wunderbare Neuigkeit hörte, rief Firmin aus: „Oh! Madame… Und ich habe so sehr gehofft, Sie würden lange vor mir frei sein!" Es tat ihr leid, sehr leid; natürlich nicht, das Gefängnis zu verlassen, sondern sich von mir zu trennen. Sie packte schweigend ihre wenigen Habseligkeiten zusammen, und als der Moment des Abschiednehmens gekommen war, kam Firmin zu mir und sagte: „Madame, sagen Sie mir, dass Sie mir etwas gewähren... etwas, worum ich Sie bitten möchte und doch nicht bitten möchte."

„Ja, Firmin, das verspreche ich."

Die arme junge Frau, mit der ich so viele Wochen in derselben Zelle gelebt, dieselbe Nahrung gegessen, dieselben Gedanken, dieselben Sorgen und dieselben Hoffnungen geteilt hatte, zögerte lange, und dann, ein wenig blasser werdend, murmelte sie schließlich: „Ich möchte Sie küssen, bevor ich gehe, Madame."... Sie küsste meine Wange, und ich küsste ihre, und dann eilte sie davon. Die schwere Tür, die geöffnet worden war, wurde geschlossen; ich war allein in dieser schrecklichen Zelle, und ich fiel auf die Knie, schluchzte und schrie jenes Wort, das ich Tag für Tag wiederholte: Warum?... warum?...

Eine andere Gefangene nahm Firmins Platz ein. Sie war eine Frau, die durch Elend und eine schreckliche Krankheit verbittert, heuchlerisch und verräterisch geworden war. Sie blieb nur ein paar Wochen bei mir, aber als sie Saint-Lazare verließ, hörte ich, dass sie herumging und Beispiele meiner Arbeit verkaufte – die ich ihr nicht gegeben hatte – und auch versucht hatte, „Geschichten" über mich zu verkaufen …

Wenige Stunden nach der Abreise der armen Frau betrat Schwester Léonide meine Zelle.

„Ich habe gute Neuigkeiten für Sie", begann sie. "Ihre zukünftige Gefährtin, die Juliette heißt, ist eine freundliche, fähige und aktive Frau. Sie wird heute Nachmittag hier bei Ihnen sein. Ich kenne Juliette gut. Sie ist eine gute Frau mit hervorragenden Eigenschaften, aber sie ist eine Diebin. Ich nehme an, das liegt ihr im Blut. Sie war schon sehr oft hier und ich kann Ihnen versichern, dass Sie noch nie so gut versorgt worden sind wie von Juliette. Sie war einmal Lehrerin. Sie kann reden, ist belesen und hat gute Manieren. Und dann hat sie jede Menge Mut. Sie wird nicht Tag und Nacht über ihr Schicksal klagen wie unser armer kleiner Firmin, sondern wird versuchen, Sie aufzumuntern und zu trösten. Juliette wurde kürzlich zu mehreren Jahren Gefängnis verurteilt. Sie wurde nach unten gesteckt, aber die anderen Frauen hassten sie und drohten sogar, sie umzubringen, weil sie sagte, sie sei von Ihrer Unschuld überzeugt. Das hielt sie nicht auf. Tag für Tag seit ihrer Ankunft hier hat sie darum gebeten, Ihre Zelle zu teilen, und ihre Bitte wurde erfüllt. Und jetzt danken Sie bitte Schwester Léonide, Madame!"

Sie sprach diese letzten Worte mit dieser lauten, tiefen Stimme, die sie annahm, wenn sie mich zum Lachen bringen wollte.

Juliette kam herein. Ich war ziemlich überrascht. Jacq und Firmin waren klein und schlank; Juliette war sehr groß und kräftig. Man konnte auf den ersten Blick erkennen, dass sie eine saubere Frau war. Sie sah aus wie etwa sechsunddreißig Jahre alt. Ihr dichtes dunkles Haar war perfekt gepflegt, ihre Nägel gut gepflegt. Ihr Teint war frisch und gesund. Sie war nicht schön, aber ihr Gesichtsausdruck war angenehm und gewinnend. Sie wechselte ein paar Bemerkungen mit Schwester Léonide, und mir wurde sofort klar, dass Juliette gebildet und sogar kultiviert war. Wie konnte eine solche Frau eine Diebin werden !...

MEINE ZELLE
(Juliette, meine Mitgefangene, auf ihrem Bett sitzend)
Eine Skizze von Mme. Steinheil

Sie las die Frage in meinen Augen und sagte, nachdem die Schwester die Zelle verlassen hatte, zu mir: „Madam, denken Sie nicht zu schlecht von mir. Sie wissen es nicht … Sie können es sich nicht vorstellen … Ich bin bei Eltern aufgewachsen, die mich verehrten. Sie waren nicht reich, aber sie konnten mir eine gute, solide Ausbildung geben, und ich wurde Lehrerin." … Sie nannte mir die Namen einiger Familien, bei denen sie angestellt gewesen war, und unter ihnen war die eines Direktors im Finanzministerium, den ich sehr gut kannte … Sie hatte eine fünfzehnjährige Tochter, die ihr Ein und Alles war.

"Als ich als junge Gouvernante im Kontakt mit reichen Leuten lebte",
erklärte Juliette naiv, "und selbst einer guten Familie angehörte, gewöhnte ich
mich an Komfort und Luxus, und ich wollte Komfort und Luxus nicht nur
für mich, sondern auch für meinen Mann und meine Tochter. Dann sah ich
eines Tages beim Einkaufen eine gut gekleidete Frau, die Spitze in eine
Tasche steckte, die in ihren weiten Ärmeln versteckt war... Diese Spitze muss
mehrere Pfund pro Yard wert gewesen sein... Ich erzählte das einer Frau, die
ich kannte und der ich Dinge verkaufte, wenn ich Geld brauchte... Sie sagte
sofort zu mir: 'Ich werde Ihnen für alles, was Sie mir bringen, einen guten
Preis zahlen.' Ich versuchte es und hatte Erfolg. In einer Woche hatte ich
zwanzigmal so viel verdient, wie ich in einem Jahr als Lehrerin hätte
verdienen können... Dann war da noch die Freude, meine Tochter mit
hübschen Dingen zu überhäufen, und die schreckliche und wunderbare
Faszination des Stehlens."...

Juliette konnte die Bestürzung in meinem Gesicht erkennen, fuhr aber fort:
„Ich versichere Ihnen, Madame, ich bin keine schlechte Frau ... Und denken
Sie an die schrecklichen Risiken, die ich eingehen muss! Ich bin erwischt
worden. Ich bin von denen getrennt, die ich liebe, und ich werde jahrelang
hier sein!"

Schwester Léonide hatte recht, als sie sagte, Juliette würde sich als eine
äußerst ergebene Gefährtin erweisen. Die *Unterweisung* hatte mich erschöpft,
und der Gefängnisarzt war ernsthaft besorgt über meinen
Gesundheitszustand... Juliette sah sofort, dass es mir schlecht ging, und als
ich am nächsten Morgen anfing, unsere Zelle zu waschen, riss sie mir das
Tuch aus der Hand, trug mich zu meinem Bett, krempelte ihre Ärmel über
ihre mächtigen Arme und begann wortlos, die Fliesen zu schrubben. Dann
schrubbte sie die Tische und reinigte die Regale an der Wand. Danach trug
sie mich zu einem anderen Bett, sah sich meine Laken an und sagte: „In
diesen kannst du nicht schlafen!"

„Es sind keine anderen im Gefängnis, Juliette."

doch ! Das gibt es! Ich muss nur alles regeln. Ich bin schon so oft hier
gewesen... Ich kenne den Ort leider nur zu gut!"

Beim nächsten Besuch von Schwester Léonide fragte Juliette, ob sie in der
Wäschekammer meine Bettwäsche wechseln könnte.

„Aber die Gefängnislaken sind doch alle gleich!", sagte die Schwester.

„Das weiß ich, *ma sœur*. Nur sind manche neu und manche alt. Ich möchte
das älteste Paar finden, das es gibt. Je älter die Laken sind, desto dünner und
glatter sind sie." Und sie fügte schelmisch hinzu: „Ich weiß alles über Laken,
ich habe in meinem Leben so viele gestohlen!"...

Juliette kam bald mit einem Paar Laken zurück, die voller Löcher waren. Sie flickte sie und als ich später ins Bett ging, sagte sie triumphierend: „Na, wie fühlt es sich jetzt an, Madame?"

Die Veränderung war wirklich wunderbar; das sagte ich Juliette und sie klatschte entzückt in die Hände.

Juliette war intelligent, aber durch ihr Leben mit etwas verdächtigen Charakteren hatte sie eine seltsame Persönlichkeit entwickelt: Manchmal sprach sie wie eine Dame mit hohen intellektuellen Fähigkeiten, aber in der Regel waren ihre Bemerkungen die einer Frau ohne viel Bildung oder Ausbildung. Sie las ein Kapitel aus einem Buch vor – gelb und schmutzig mit den Spuren von Hunderten von Händen, denn es war aus der Gefängnisbibliothek ausgeliehen – Victor Hugos „Notre Dame" zum Beispiel und äußerte originelle Ansichten über das Leben im Mittelalter; dann, den Rest des Tages, sagte sie mit Karten die Zukunft voraus. Sie schwärmte von Karten und war erstaunlich abergläubisch ... Mit Papierfetzen und einem Bleistift hatte sie sich ein Kartenspiel gemacht und verbrachte Stunden damit, ihre Zukunft daraus zu lesen! Sie wurde so fieberhaft über diese Karten, dass ich manchmal lächeln musste.

"Ach, Madame", rief sie aus, "lachen Sie nicht! Die Karten wissen alles und erzählen alles... Sehen Sie! Ich fange noch mal von vorne an. Gerade eben hat man gesagt, dass eine schöne Frau in der Nähe meines Mannes ist und dass er verreisen wird... Nun, sehen Sie... Sehen Sie, das ist mein Mann... Da ist diese schöne Frau wieder bei ihm !... Ich frage mich, wer dieser Schurke ist!"...

Sie ging sonntags nicht gern zur Messe, hörte aber gern Pastor Arboux zu, wenn er mich in meiner Zelle besuchte.

Sie erzählte mir von ihrer Tochter, und ich erzählte ihr von meiner Marthe, die ich zweimal wöchentlich sah. Ich brachte Juliette alle Arten von Handarbeiten bei, damit sie ihre Tochter später mit hübschen Dingen verwöhnen konnte, ohne sie zu stehlen. Sie war flink und geschickt und lernte bald nicht nur, schöne Arbeiten zu machen, sondern sie auch schnell zu erledigen.

In der Zwischenzeit habe ich „Klöppeln" gemacht oder gemalt. Die Schwestern hatten mir einige Farben und Pinsel zur Verfügung gestellt, und ich habe für sie Blumen und Landschaften auf Dutzende von Taschentuchhüllen, Kissen, Handschuhhüllen und Lampenschirmen gemalt.... Das war für meine Augen weit weniger anstrengend, aber es kam mir seltsam vor, im Gefängnis Blumen zu malen, wo ich nie welche sah.

Der Gefängniskaplan (Katholik) kam oft, um Juliette zu besuchen, die er ebenfalls seit vielen Jahren kannte. Ich hatte ihn schon einmal gesehen, ein- oder zweimal, als er Firmin besuchte.

Er war ein Mann von etwa 75 Jahren, groß und gutaussehend, immer noch aufrecht, und er sprach mit sanfter, freundlicher Stimme. „Es ist nicht so sehr das, was er sagt, was mir gefällt", bemerkte Juliette einmal, „sondern die Art und Weise, wie er es sagt." Aber was der Kaplan, M. Doumergue, sagte, war durchaus hörenswert.

Er war im Nahen Osten gereist und kannte Palästina gut. Manchmal beschrieb er, nachdem er Juliette – und mir, denn ich hörte gespannt zu – eines der Gleichnisse erzählt hatte, den Ort, an dem der Menschensohn es wahrscheinlich gesagt hatte.

Ich sprach mit ihm über Musik, denn er hatte mir erzählt, dass er geistliche und klassische Musik liebte. Er nannte J.S. Bach den „Vater der Musik" und schien jedes Oratorium zu kennen, das diesen Namen verdiente. Ich erzählte ihm, wie sehr ich den Gesang der Schwestern liebte, und machte ihm einmal ganz unbewusst ein Kompliment: Ich bemerkte, dass die Orgelmusik am Sonntagmorgen in der großen katholischen Kapelle des Gefängnisses zwar angenehm war, sich aber von der herrlichen, inspirierenden Musik unterschied, die ich jeden Sonntagnachmittag nach der Vesper hörte. Es konnte doch nicht derselbe Organist sein.

Der alte Kaplan antwortete ganz einfach: „Die Organistin, Madame, ist die Schwester des *Orgelpfortes*. Sie spielt, während ich die Messe lese, aber am Ende des Nachmittags gehe ich in die Kapelle und spiele dort ganz allein, improvisiere und lasse mich an der Orgel gehen."

Von diesem Tag an spielte der freundliche alte Kaplan in der Kapelle, wann immer er einen freien Augenblick hatte, und gab mir so zumindest eine der Freuden zurück, die mir im Gefängnis verwehrt geblieben waren – die intensive Freude, gute Musik zu hören.

Manchmal sprach er mit mir über den katholischen Glauben. Er wusste, dass meine Tochter Katholikin geworden war, und erzählte mir aufgeschlossen von der Größe, der Einheit und der moralischen Kraft des katholischen Glaubens ...

Unter seinem und M. Arbouxs Einfluss fand ich allmählich etwas Seelenfrieden. Nichts konnte meinen Kummer betäuben, aber diese beiden Männer töteten jede Bitterkeit in mir. Ich konnte mich nicht mit dem schrecklichen Gedanken abfinden, des Mordes angeklagt zu sein, aber ich hielt es für richtig, für meine vergangenen Schwächen zu leiden und dafür, dass ich Menschen angezeigt hatte, ohne wirkliche Beweise gegen sie zu haben.

Das wunderbare Beispiel der Schwestern verwandelte das Mitleid, das ich für die elenden Frauen empfand, die mich so lange beleidigt hatten, in Sympathie und beinahe Zuneigung... Und ein Wunder - oder zumindest betrachte ich es als ein Wunder - geschah: Die Frauen hörten bald auf, mich eine Mörderin zu nennen und mir "Guillotine, Guillotine!" nachzurufen... Sie spürten, dass ich ihre Beleidigungen nie erwiderte, und begannen allmählich, mich zu respektieren. Eines Tages rief eine von ihnen, als sie im Hof herumgingen: "Ich hoffe, Sie werden bald frei sein - Sie da oben!" Dann machte eine andere eine freundliche Bemerkung, dann eine dritte... An einem anderen Tag rief eine Zigeunerin: "Warum kommen Sie nicht in den Hof, wir werden Ihnen nichts tun! Warum sollten Sie in Ihrer Zelle verrotten, arme Frau!" Und eine andere fügte hinzu: "Wir haben uns in Ihnen geirrt, das ist alles!"...

IM GEFÄNGNISHOF VON SAINT LAZARE

Die Bäume trieben Knospen, die Spatzen und Tauben waren fröhlicher; manchmal schien die Sonne in meine Zelle. Noch nie war mir so deutlich bewusst gewesen, wie außerordentlich behaglich Licht ist. In der Zelle war es nicht mehr so kalt, die Tage waren länger ... Die Frauen unten im Hof kamen häufiger, um ihre Wäsche im Becken zu waschen, und es gab kein Eis mehr, das zerschlagen werden musste.

Die Kinder hatten mich kennengelernt. Durch die Eisengitter meines Fensters schickte ich diesen kleinen Zigeunern kleine Papierpäckchen mit winzigen Schokoladenstückchen, die Marthe mir brachte, und sie riefen: „Morgen, Madame", und warfen mir dann Küsse zu. Manchmal, auf dem Weg in das Zimmer, in dem ich Marthe oder meinen Anwalt traf, begegnete ich einigen dieser kleinen, braungebrannten, dunkelhaarigen Kinder ... ihre großen Augen sahen noch größer aus als je zuvor, als sie mich ansahen. Sie folgten mir, berührten mein Kleid und sagten: „Wir lieben Sie, Madame."

Der Arzt verordnete mir, jeden Tag eine Stunde im Hof zu joggen. Ich zitterte ein wenig, als ich hinunterging. Die frische Luft berauschte mich und ich geriet ins Wanken, aber zwei oder drei Gefangene eilten mir zu Hilfe. Sie sprachen freundlich mit mir und ließen mich auf dem Rand des Beckens sitzen... Und das waren die Frauen, die mich noch vor ein paar Wochen verflucht angeschrien hatten, wenn sie mich sahen! Nach ein paar Tagen kannte ich die Geschichte jeder einzelnen von ihnen. Eine hatte ohne Erlaubnis auf der Straße gesungen und gebettelt, eine andere hatte Brot für ihre Kinder gestohlen, eine dritte hatte gestohlen, weil man es ihr befohlen hatte, eine vierte hatte einen Polizisten niedergestochen, um ihren „Mann" zu retten und ihm eine Chance zur Flucht zu geben...

Manchmal begann eine Frau, die erst einen oder zwei Tage zuvor verhaftet worden war, mich zu beleidigen, als man ihr sagte, wer ich sei. Aber die anderen hielten sie sofort davon ab, und bald darauf kam die neue Gefangene zu mir, entschuldigte sich schüchtern und begann mir zu meiner großen Überraschung die neuesten Nachrichten über meinen Fall zu erzählen. Sie hatte die Zeitungen gelesen, sie wusste, was gesagt und gemunkelt wurde ... Und ausnahmslos stellte die Frau die Dinge schöner dar, als sie wirklich waren, nur um mir Hoffnung und Mut zu machen!

Ich darf nicht vergessen, „ *Blanc* " (weiß-weiß) zu erwähnen, die Katze von Schwester Léonide. Sie war ganz schwarz, bis auf einen weißen Fleck zwischen den Augen. Sie folgte der Schwester überall hin, und als sie meine Zelle betrat, schlich sie unter mein Bett. Nachdem Schwester Léonide gegangen war, erschien *Blanc-Blanc* und berührte mich mit seiner Pfote. Ich wusste, was das bedeutete. Juliette nahm unseren einzigen Teller – „unser Sèvres-Geschirr", wie sie es nannte – und wir gaben der Katze etwas Milch. Als sie hörte, wie die Tür geöffnet wurde, setzte sie sich an die Wand. Dann, bevor die Tür wieder geschlossen wurde, schlüpfte sie hindurch und verschwand. Schwester Léonide wusste genau, wo die Katze gewesen war, aber sie rief aus: „Ich frage mich, wo Blanc-Blanc den Nachmittag verbracht hat!"...

Juliette war vom Aussehen unserer Zelle verärgert. Eines Morgens erklärte sie plötzlich, sie habe einen Weg gefunden, sie unbeschreiblich zu verbessern.

"Wir werden ein schönes Sofa bauen!", rief sie und zog sofort die Strohmatratzen von den Ersatzbetten - jede Matratze war nur ein Bündel Stroh in einem Sack - und auch die drei Strohkissen (denn in unserer Zelle gab es fünf Betten). Sie legte die Matratzen in der Mitte der Zelle übereinander und bedeckte das "Sofa" mit einem Ersatzlaken, und davor stellten wir den "Ankleidezimmer"-Tisch, den jetzt nicht nur das Foto meiner Mutter und meines Kindes, sondern auch eines von Juliettes Tochter schmückte. Wir setzten uns, fast heiter, auf die improvisierte " *Bergère* ", und dann ... hörten wir, wie der Türriegel vorgeschoben und der Schlüssel umgedreht wurde. Schwester Léonide trat ein, gefolgt von "unserer Mutter". Erstere sah sofort das Möbelstück, das wir zu unserem kleinen Vorrat hinzugefügt hatten, und konnte sich kaum beherrschen, nicht zu lachen. Dann sah es auch „Unsere Mutter" ... Ich kam den kommenden Vorwürfen zuvor, indem ich die Oberin an die Hand nahm und sie auf die *Bergère setzte* . Sie musste zugeben, dass es dort wesentlich bequemer war als auf den harten Betten und den Binsenstühlen in der Zelle ... Aber Gefängnisregeln waren Gefängnisregeln, und düster begannen Juliette und ich, unsere großartige Arbeit zunichte zu machen.

Sowohl „Unsere Mutter" als auch Schwester Léonide sahen uns mutlos an, und Erstere sagte plötzlich: „Tu es noch nicht ... Ruh dich erst einmal ein wenig auf der Couch aus."

Am Karfreitag kam Pfarrer Arboux zu mir und ich empfing die heilige Kommunion. Er hatte das Brot und den Wein aus seiner kleinen Kapelle mitgebracht und wir knieten anschließend gemeinsam auf den Fliesen der Zelle nieder.

Am Ostertag war ich ungewöhnlich deprimiert. Es war so ein toller Tag zu Hause. Meine Mutter und ich versteckten im Garten Eier in allen Größen und Farben. Jedes davon enthielt Überraschungen, und Marthe verbrachte den größten Teil des Tages damit, sie zu suchen. Als Kind schenkte ich ihr bei dieser Gelegenheit Küken und Entenküken. Sie lernte sie sehr schnell kennen und gab ihnen Namen. An einem Ostertag kam sie ins Wohnzimmer, gefolgt von all ihren *Schützlingen* , und ihr Lieblingshahn, L'Effronté (Bold-face), ein Vogel, den ich ihr im Jahr zuvor geschenkt hatte, flog auf den Flügel und krähte!

Ich sang am Ostersonntag im Temple of *l'Etoile* , und am Abend gaben Marthe, ein oder zwei Musikerfreunde und ich ein Konzert. Die ganze Familie war versammelt, und alle kleinen Härten des Lebens waren vergessen. Mein Mann gab das Malen auf, kam aus seinem geliebten Atelier herunter und spielte mit Marthe, die er anbetete.

Monsieur Arboux kam frühmorgens nach Saint-Lazare, und obwohl es für ihn einer der arbeitsreichsten Tage des Jahres war, blieb er länger bei mir als beabsichtigt, denn er sah, wie elend ich mich fühlte.

Nach der Vesper – Juliette hatte an diesem Gottesdienst teilgenommen und war dann ins „Wohnzimmer" gegangen – betrat die Oberin meine Zelle. Ich sprang von meinem Bett, auf dem ich schluchzte, und entschuldigte mich. Sanft schalt mich „Unsere Mutter" und sagte: „Du wirst deine Augen ausbeulen; du darfst nicht weinen … Ich habe dir Besuch mitgebracht." …

Mehrere Schwestern kamen nacheinander herein, und meine Zelle wurde von all den lächelnden Gesichtern und den weißen *Kornettes erhellt*.

Schwester Léonide schenkte mir einige Primeln. „Sie werden", sagte sie, „die verwelkte Mimose auf deinem kleinen Tisch ersetzen. Diese Primeln wurden uns von einem armen Mädchen geschickt, das nicht vergessen hat, wie wenig wir für sie tun konnten, als sie hier gefangen war … ,Unsere Mutter' hat mir die Erlaubnis gegeben, dir diese paar Blumen anzubieten."

In meiner Zelle waren jetzt neun oder zehn Schwestern; sie sprachen alle freundlich mit mir und jede machte mir ein kleines Geschenk. „Unsere Mutter" reichte mir ein kleines Foto einer Madonna von Raffael; eine andere zwei frisch gelegte Eier, die ihr ihre Eltern, Bauern aus der Nähe von Paris, geschickt hatten… Eine Schwester, jung und mit schelmischen Augen, gab mir einen sehr verwelkten Zweig mit „Schneebällen" und sagte: „Schwester Léonide hat mir erzählt, dass man fast verwelkte Blumen wiederbeleben kann… Wann kann ich kommen, um das Wunder zu sehen?"

„In einem Tag", antwortete ich. Unsere Mutter fragte mich, was mein „Geheimnis" sei, und ich sagte ihr, es bestehe lediglich darin, die Enden der Stiele abzuknipsen und sie eine Weile in warmes Wasser zu tauchen, aber man müsse instinktiv erraten, wie lange man sie im Wasser lassen müsse und wie warm das Wasser sein müsse. Zwei oder drei „Bäder" könnten notwendig sein.

Am nächsten Tag sahen die „Schneebälle" frisch und schön aus und die Oberin sprach von „Auferstehung".

An diesem Sonntagabend vergaß ich fast, dass ich im Gefängnis war, und als die Schwestern meine Zelle verließen, kam es mir vor, als sei ein großer Teil meines Kummers von mir genommen worden und auf den großen weißen Flügeln der *Kornette der Schwestern davongeflogen*.

Ich war nicht mehr allein in meiner Zelle. Ich hatte die Primeln und die „Schneebälle" und legte sie wie auf ein Grab vor das Porträt meiner Mutter.

Gegen Mitte Mai kam Maître Aubin eines Morgens, aufgeregt, da ich ihn noch nie zuvor gesehen hatte.

Er ergriff meine beiden Hände und rief: „Sie sind gerettet. Die Mörder wurden gefunden. Zumindest ist es fast sicher. Sie können jeden Moment freigelassen werden. Ich war selten so glücklich!"

Ich war so oft enttäuscht worden, dass ich es nicht wagte, die Begeisterung meines Anwalts zu teilen.

„Aber, Madame, Sie dürfen nicht skeptisch sein … Hören Sie!" Und er erzählte mir, dass ein Mann namens Allaire, der bereits in einem anonymen Brief, den M. Hamard erhalten hatte, als einer der Mörder von Impasse Ronsin denunziert worden war, in Versailles verhaftet worden war, wo man ihn beim Stehlen auf einem Jahrmarkt erwischt hatte. Ermittlungen hatten ergeben, dass Allaire zusammen mit einem Freund namens Tardivel und einer rothaarigen Frau namens Batifolier an einem Einbruch beteiligt gewesen war. Allaire hatte seine Beteiligung am Steinheil-Mord abgestritten, aber zugegeben, dass Tardivel ihm alles über diesen Mord erzählt hatte, bei dem er, Tardivel, eine führende Rolle gespielt hatte!

Ich war voller Hoffnung, und doch befürchtete ich, dass diese neue Wendung der Ereignisse wie bei so vielen anderen zu nichts führen und lediglich eine Verschiebung meiner Freilassung oder meines Prozesses oder einen längeren Gefängnisaufenthalt bedeuten könnte …

Leider hatte ich recht! Die Ermittlungen von Tardivel dauerten fast *zwei Monate* und führten lediglich zu der Entdeckung, dass Allaire Epileptiker war, Tardivel ein Geisteskranker und dass beide zwar Einbrecher waren, aber nichts mit dem Impasse-Ronsin-Drama zu tun hatten. Um Allaire zu beeindrucken, hatte Tardivel damit *geprahlt*, er sei der Mörder von Monsieur Steinheil und Madame Japy!

Das Tardivel-Dossier umfasst 234 Seiten und 36.000 Wörter. Dass mein Anwalt guten Grund zu der Annahme hatte, dass die Mörder endlich aufgespürt worden waren, kann aus den folgenden Auszügen aus dem Tardivel-Dossier entnommen werden:

„15. Mai 1909. Wir, Debauchey, Polizeikommissar in Versailles … haben Allaire, Emmanuel, 27 Jahre alt … wegen seiner angeblichen Beteiligung an den Morden an M. Steinheil und Mme. Japy verhört …

Antwort. "Soweit es mich betrifft, weiß ich nichts über die Steinheil-Affäre, außer den Erklärungen, die mein Freund Angello Tardivel mir gegenüber abgegeben hat… Ich kannte Angello aus der Irrenanstalt in Rennes, wo ich zur gleichen Zeit wie er untergebracht war. Ich verließ die Anstalt kurz vor ihm, wanderte und arbeitete an vielen Orten und kam Ende 1907 nach Versailles. Am 5. Juli 1908, beim 'Fest der Arbeitshöfe', traf ich Tardivel, und wir tranken zusammen etwas… Er erzählte mir von sich und sagte, er sei der Urheber vieler Einbrüche. Er schlug vor, dass ich mich ihm anschließen sollte, und sagte, ich würde dabei nichts verlieren, denn Einbrüche zahlten sich gut aus. Ich traf ihn einige Tage später wieder, und da sagte er, er sei einer der Urheber des Mordes in der Impasse Ronsin. Die Witwe Batifolier war zu dieser Zeit bei mir, aber das spielte keine Rolle, denn er wusste, dass sie taub war. Später wiederholte ich jedoch der Witwe weiter, was Tardivel mir erzählt hatte. Tardivel sagte, es seien vier Personen in die Steinheil-Affäre verwickelt gewesen: er selbst, ein Mann namens Pierre Robert, 28 oder 29 Jahre alt, ein anderer, dessen Namen er nicht nannte, und eine große rothaarige Frau namens Amélie Brunot, die Roberts Freundin war... Tardivel hatte in der Rue de Vaugirard, in der Nähe der Impasse Ronsin, gelebt und schien das Haus der Steinheils in- und auswendig zu kennen. Ich kann Ihnen nicht sagen, ob Tardivel einmal Modell war... Er hat lange dunkle Locken, die ihm auf die Schultern fallen, und ist ziemlich gutaussehend. Er spricht mehrere Sprachen, darunter Italienisch, Spanisch und Englisch. Er erzählte mir auch, dass er in verschiedenen Theatern als Statist aufgetreten sei. Er sagte nicht, wie er und seine Gefährten in das Haus der Steinheils eingedrungen waren, aber ich habe gehört, dass er ein paar Dietriche, ein Brecheisen, einen Revolver und eine elektrische Laterne dabeihatte... Ich erinnere mich, dass er sagte, sie hätten eine Frau in ihrem Bett gefunden... Die rothaarige Frau ging zuerst, und die anderen folgten... Sie legten der Frau etwas mit Chloroform getränkte Watte auf das Gesicht... und fesselten sie. Er sagte, das Seil, das sie benutzten, stamme vom Sattelgurt. Er sagte nichts über M. Steinheil oder die andere Dame, sondern nur, dass sie Geld gestohlen hätten... Kerzenleuchter und andere Dinge. Als er mir das alles erzählte, war Tardivel ein wenig betrunken. Was ich Ihnen erzählt habe, ist absolut wahr..."

Frage. „Glauben Sie nicht, dass Tardivel, als er Ihnen das alles im Vertrauen erzählte, nur prahlte, um Sie mit seinen Fähigkeiten zu beeindrucken, damit Sie seine Vorschläge annehmen? Glauben Sie, dass er es ernst meinte und die Wahrheit sagte?“

Antwort: „Ja, ich glaube, dass er die Wahrheit gesagt hat und dass er wirklich einer der Mörder war ...“

(*Dossier* Cote 4)

Der Leser kann sich meine Gefühle vorstellen, als ich all diese Einzelheiten von meinem Anwalt hörte!

Tardivel wurde aufgespürt. Er bewies, dass er „nichts mit der Steinheil-Affäre zu tun hatte“ und dass er „das Opfer von Allaires Gehässigkeit“ war.

(*Dossier* Cote 34)

Natürlich glaubte auch Marthe an den Hinweis von Tardivel, und als sie ins Gefängnis kam, sagte sie mir, ich solle „nur noch ein wenig Geduld“ haben. Aber nichts geschah. Nach wochenlangen Ermittlungen, während derer ich kaum essen oder schlafen konnte, war klar, dass weder Allaire noch Tardivel etwas mit dem Mord zu tun haben konnten.

Inzwischen belagerten Journalisten erneut das Haus in der Impasse Ronsin. Als meine Tochter merkte, dass die Journalisten vor nichts Halt machten, um sich Zutritt zu verschaffen, griff sie auf eine sehr einfache und wirksame Methode zurück, um sie loszuwerden: Sie richtete den Gartenschlauch auf die Eindringlinge.

Zahlreiche Menschen – vor allem Ausländer – kamen ins Haus, und wenn Marthe abwesend war, ließ sich die Türhüterin bestechen und führte die Besucher durch die Gemächer!

Tage vergingen, Wochen, Monate ... endlose, ermüdende Monate, und die Tardivel-Aufklärung brachte keine Ergebnisse. Es war ein schrecklicher Schlag für mich, aber es sollte noch schlimmer kommen. Seit dem 30. März 1909 lagen dem *Staatsanwalt* alle Dokumente des „Falls Steinheil" vor. Am 18. Juni befanden fünf Richter der *Chambre des Mises en Accusation* die Anklage gegen mich für berechtigt, und am 8. Juli, fast acht Monate nach meiner Verhaftung, wurde mir auf Ersuchen des *Staatsanwalts mitgeteilt* , dass eine Freilassung nicht in Frage käme und ich vor dem Schwurgericht von Paris angeklagt würde ...

Die schreckliche Nachricht wurde mir im Zimmer des Direktors mitgeteilt. M. Desmoulin war mit M. Pons dort. Sie sahen beide sehr beunruhigt aus, machten aber nur banale Bemerkungen. Dann stürzte Maître Aubin mit Maître Landowski herein.

„Ich freue mich, Madame!", rief er aus. „Ich werde Sie rechtfertigen, ich werde Ihre Unschuld beweisen. Freuen Sie sich, Madame, freuen Sie sich!"

Ich glaubte, ich würde freigelassen. „Wann verlasse ich Saint-Lazare?", fragte ich eifrig.

„Gegen Ende Oktober, würde ich meinen. Bis dahin werden Sie bereits vor Gericht gestellt und natürlich freigesprochen worden sein."

Ich verstand... Ein Prozess... Mehrere Monate im Gefängnis... Ich hörte ein Rumpeln. Alles schien sich um mich zu drehen und ich wurde ohnmächtig.

Als ich wieder zu mir kam, sah ich Schwester Léonide neben mir. Sie gab mir ein Zeichen, nicht zu sprechen, und half mir zurück in meine Zelle.

Mehrere Tage lang war ich in tiefster Verzweiflung. Dann kam die Erleichterung der Tränen...

Als es mir wieder gut genug ging, um auf den Beinen zu bleiben, bekam ich Besuch von Maître Aubin. Allein sein Anblick machte mich wütend. Ich sagte ihm, er sei für alles verantwortlich, was geschehen war; er hätte mir erlauben und sogar raten sollen, Monsieur André alles über die Faure-Dokumente und die Halskette, über Monsieur de Balincourt und den mysteriösen „Deutschen" zu erzählen. Ich warf ihm vor, er habe sich an die Regierung verkauft und lediglich ihre Anweisungen befolgt ...

Maître Aubin wartete, bis ich ihm meine letzte Beschuldigung entgegengeschleudert hatte. Dann erklärte er ruhig, dass er ein ehrlicher und unabhängiger Mann sei und niemanden fürchte. „Sie hegen nur Verdächtigungen gegen Monsieur de Balincourt, genau wie Sie sie gegen Wolff und Couillard hegten; und Sie wissen, wohin diese Verdächtigungen Sie geführt haben ... Was diesen Deutschen betrifft, so wäre es nahezu unmöglich, ihn aufzuspüren, obwohl Ihre Diener, Marthe und andere ihn gesehen haben. Und Sie könnten nicht behaupten, dass er etwas mit dem Mord zu tun hatte ... Behandeln Sie mich, wie Sie wollen; Sie haben so viel gelitten, dass es außergewöhnlich wäre, wenn Sie Ihre volle Selbstbeherrschung bewahrt hätten. Ich kann Ihnen nur sagen, dass Sie triumphierend freigesprochen werden. Es wird keine Spur von Verdächtigungen gegen Sie übrig bleiben, und das ist das Wichtigste."

Er sprach lange, und ich entschuldigte mich für meinen Ärger. Maître Aubin war zutiefst ergeben, und ich hätte mich nie so gegen ihn gewandt, wie ich es getan hatte.

Trotz der Hoffnung, die mir mein Rat gab, trotz Marthes Liebe und trotz der Ermahnungen von M. Arboux und den Schwestern wurde ich schwer krank und hatte über drei Wochen lang große Angst um mein Leben. Nach einiger Zeit durfte Marthe mich wieder besuchen und sie bat mich, tapfer zu sein und meine allergrößte Anstrengung zu unternehmen. Ich war acht Monate im Gefängnis gewesen und sollte versuchen, mich an den Gedanken zu gewöhnen, noch drei oder vier Monate länger in Saint-Lazare zu bleiben, da der Sieg am Ende war.

„Aber den Sieg", erklärte meine Tochter mit tiefer, kraftvoller Stimme, die in starkem Kontrast zu ihrer schlanken, kleinen Gestalt stand, „können Sie nur erringen, wenn Sie an den Akten Ihres Falles arbeiten. Sie müssen diese Akte anfordern und sie zu Ihrer eigenen Verteidigung sorgfältig studieren. M. Aubin sagt das, und er weiß es."

Sie zwang mich zu essen und die verschiedenen vom Arzt verordneten Medikamente einzunehmen. Als ich sah, wie tapfer sie war, tat ich mein Bestes, um wieder gesund zu werden und in der vor mir liegenden Tortur Mut und Hoffnung aufzubringen.

Kurz darauf wurde mir mitgeteilt, dass Herr de Valles der vorsitzende Richter bei meinem Prozess sein würde und Herr Trouard-Riolle der Generalanwalt (Staatsanwalt).

Ich hatte M. de Valles nie getroffen, aber man sagte mir, er sei ein Vicomte, ein Enkel von Charles d'Hozier, dem „letzten Genealogen Frankreichs", und ein Nachkomme eines anderen berühmten Genealogen, Pierre d'Hozier, der zu Beginn des 17. Jahrhunderts zusammen mit Renaudot und Richelieu die *Gazette*, Frankreichs erste Zeitung, gründete. Ich hörte auch, er sei ein fähiger Archäologe, ein gelehrter Latinist, dessen größte Freude es war, in seiner Bibliothek in der Gesellschaft von Horaz, Lukrez oder dem unsterblichen Vergil zu sitzen, und dass er ein würdiger, fähiger und äußerst gerechter Richter war.

Über Monsieur Trouard-Riolle brauchte ich keine Informationen. Ich war ihm seit etwa fünfzehn Jahren in verschiedenen Salons begegnet. Seine schöne und faszinierende Frau kannte ich recht gut, und ich kannte Monsieur Trouard-Riolle's Karriere, von den Tagen, als er das Lycée in Rouen verließ und Doktor der Rechtswissenschaften wurde, bis zu der Zeit, als er zum Generalanwalt ernannt wurde.

Ein paar Tage später wurde ich nach unten in das Arbeitszimmer des Direktors gerufen. Als ich das kleine Zimmer betrat, das ich so gut kannte, sah ich neben M. Pons einen großen, gut gekleideten Mann von etwa fünfzig Jahren mit klaren Gesichtszügen, klaren Augen, grauem Haar und Bart und einem Ausdruck großer Entschlossenheit und Vornehmheit.

Der Direktor von Saint-Lazare sagte: „Präsident de Valles."

Letzterer sagte: „Setzen Sie sich, Madame." Diese drei Worte wurden in einem kalten, aber höflichen Ton gesprochen, der in scharfem Kontrast zur Grobheit eines anderen Richters stand, den ich noch nicht vergessen hatte. Ein *Greffier* las ein Dokument vor... Ich dankte M. de Valles für sein Kommen ins Gefängnis und sagte dann: „Der Gedanke, öffentlich wegen eines Doppelmordes vor Gericht gestellt zu werden, an dem ich unschuldig bin, ist unerträglich, aber ich hoffe immer noch, dass Licht in das Geheimnis gebracht wird. Aber welche Schwierigkeiten gibt es, *Monsieur le Président*, für Sie wie für mich, in einem solchen Prozess, denn ich verstehe, dass bestimmte Tatsachen im Dunkeln bleiben müssen!"...

M. de Valles antwortete nicht auf meine Bemerkung, sondern sagte: „Die öffentliche Meinung ist sehr gegen Sie, Madame ... und es ist unmöglich, nicht anzuerkennen, dass Ihr Mann Sie geliebt hat."

„Nein, *Monsieur le Président*, mein Mann liebte mich nicht, er vergötterte mich, und da er alles tat, was ich wollte, hatte ich offensichtlich keinen Grund, ihn zu töten. Was meine Mutter betrifft, so hätten ihre Briefe an mich und meine

Briefe an sie es Richter André unmöglich machen sollen, seine Anklage aufrechtzuerhalten.“

Es war ganz klar, dass Herr de Valles nichts über meinen Fall sagen wollte. Er bat mich, das Dokument zu unterschreiben, das sein *Greffier* gelesen hatte, und sagte: „Ich rate Ihnen, ruhig zu bleiben, sehr ruhig, Madame. Ich kann verstehen, dass der Gedanke an ein Schwurgericht für Sie höchst schmerzhaft sein muss, aber damit Sie sich sozusagen an die Atmosphäre des Gerichts gewöhnen können, beabsichtige ich, Ihnen bei Ihrem Prozess zunächst einige unwichtige Fragen über Ihre Kindheit und Jugend zu stellen, die Sie leicht beantworten können, wie aufgeregt und verstört Sie auch sein mögen.“

Ich dankte ihm und sagte: „Stimmt es, dass mein Prozess eine Art Spektakel sein wird, zu dem die Frauen gierig strömen – und eingelassen werden –, um den Anblick meines Kummers und Schmerzes zu genießen? Wenn das so ist, muss ich Ihnen sagen, *Monsieur Le Président*, dass ich nicht in der Lage sein werde, meine Gefühle zu beherrschen.“ …

Herr de Valles tat so, als hätte er nichts gehört, und sagte: „Meister Aubin ist ein fähiger Anwalt mit großem Herzen und gutem Gewissen. Befolgen Sie seinen Rat, und da Sie Ihre Unschuld behaupten, so geben Sie Ihrer Unschuld die Kraft und Macht, die Jury zu überzeugen.“

Herr de Valles stand auf und läutete. Ein Wärter kam und führte mich in meine Zelle.

KAPITEL XXVIII

DREIHUNDERTDREIUNDFÜNFZIG TAGE IM GEFÄNGNIS (*Fortsetzung*)

EINIGE Tage später kam mein Anwalt und sagte zu mir: „Wir erhalten die Akte, alle Dokumente zu Ihrem Fall. Dann können wir die Aussagen aller Zeugen lesen, Seite für Seite den verschiedenen Hinweisen in ihren Berichten folgen und alles erfahren, was getan wurde – und was nicht … Sie müssen allerdings für die Akte bezahlen.“

„Bezahlen!“, rief ich. „Bezahlen, um zu erfahren, warum ich des Mordes an meinem Mann und meiner Mutter angeklagt bin! Bezahlen, um mich verteidigen zu können! Sie haben wohl den Verstand verloren, Maître Aubin!“

„Sie haben ganz recht, Madame: Es ist eine schändliche Sache, für Ihre eigene Akte Geld zu verlangen. Es ist skandalös, verwerflich, unerhört … Das gebe ich Ihnen alles zu. Aber dennoch müssen wir die Akte haben und dafür bezahlen, da eine Bezahlung verlangt wird.“

Ich schüttelte den Kopf: „Angenommen, ich wäre eine arme Frau, müsste ich darauf verzichten?“

"Natürlich nicht... Aber Ihr Dossier ist riesig. Es enthält 4.000 Dokumente und 15.000 Seiten. Denken Sie mal darüber nach! Bei 150 Wörtern pro Seite sind das zweieinhalb Millionen Wörter. Sie wollen 1.800 Francs (72 Pfund) dafür."

„Können Sie nicht ohne sie plädieren?“

"Das könnte ich natürlich; ich war bei Ihrer gesamten *Befragung anwesend* und kenne daher den Fall genau... Aber man kann nie wissen, die Anklage könnte uns im letzten Moment mit einer Überraschung überraschen; wir könnten darauf nicht vorbereitet sein, wie absurd oder phantastisch sie auch sein mag... Es wäre besser, wir könnten die Akte vollständig studieren und uns mit den genauen Antworten aller Zeugen auf die Fragen von Herrn Hamard, Herrn Leydet und Herrn André vertraut machen."

„Also gut. Ich werde mich verteidigen, allein, ohne die Akte und ohne Sie, und meine Unschuld wird siegen.“

Am nächsten Tag kam Marthe und bat mich, die Akte zu kaufen, da ich kein Risiko eingehen dürfe. Sie drohte sogar, sie selbst für mich zu kaufen, wenn ich meinen Entschluss nicht revidiere. Ich musste nachgeben und beauftragte meinen Anwalt, „die Akten zu meinem eigenen Fall zu kaufen“, und fügte hinzu, dass ich wünsche, er solle „versuchen, eine Herabsetzung zu erreichen".

Mein Anwalt erhielt die Akte nach langem Feilschen für 48 £ statt 72 £ und mir war klar, dass eine weitere Rechtsverletzung begangen worden war ... und zwar gegen das Gesetz!

Es war jetzt Hochsommer. In unserer Zelle war es kurz nach drei hell, und Juliette heftete eine Decke vor unser Fenster, damit wir noch ein wenig länger schlafen konnten. Ich nähte noch immer viel für die Schwestern, widmete aber mehrere Stunden täglich dem Studium des umfangreichen und erstaunlichen Dossiers. Zweimal, manchmal sogar dreimal pro Woche kam mein Rat, und wir „arbeiteten" zusammen.

Ich entdeckte in der Akte viele bemerkenswerte Dinge. Ich entdeckte zum Beispiel, dass 99 Prozent der Personen, die ich gut kannte, die ich immer wieder bei mir zu Hause empfing und die ich bis zu ein paar Tage vor dem Verbrechen zwei- oder dreimal pro Woche sah oder mit ihnen kommunizierte, in ihren Aussagen erklärt hatten, dass sie mich kaum kannten!

Ein Herr, ein kluger und völlig nutzloser Niemand, der mich seit mehreren Jahren kannte und dem ich seiner bezaubernden jungen Frau zuliebe eine große Karrierehilfe geboten hatte, erklärte, er sei mir nur ein- oder zweimal begegnet ... und vergaß dabei, dass ich einige Dutzend Briefe von ihm besessen hatte und immer noch besitze, in denen er mich anflehte, ihm aus seinen Schwierigkeiten zu helfen und bei diesem oder jenem Staatsminister für ihn einzutreten! Eine alte Dame, die einen politischen Salon leitete — deren Hauptziel im Leben nichts anderes als der Sturz der Republik war und die mich zu geheimen Treffen einlud, bei denen politische Verschwörungen geschmiedet wurden, obwohl ich die Einladung nie annahm, und die, da sie die größte Zuneigung zu mir und meiner Tochter zeigte, *regelmäßig* zu mir nach Hause kam —, erklärte in ihrer Zeugenaussage, dass sie im Februar 1908 „bei einem Abendessen von Frau Steinheil anwesend war, bei dem sie Herrn Dujardin-Beaumetz (Unterstaatssekretär für Schöne Künste), den Grafen und die Gräfin von Arlon, die Frau eines ehemaligen Ministers, traf ... insgesamt etwa fünfzehn Gäste von unbestreitbarer Moral." Sie erzählte weiter, dass sie mich nach dem Verbrechen in Arlons besucht hatte, wo ich ihr erzählte, was in der verhängnisvollen Nacht geschehen war... „Sie sah sehr verstört aus und sah aus wie das Opfer einer Art Halluzination, die sie von einem Gesprächsthema zum nächsten springen ließ. Zusammenfassend hatte ich zum ersten Mal den Eindruck, dass Frau Steinheil mir gegenüber nicht ganz aufrichtig gewesen war, dass sie meine Stellung in der Gesellschaft zu ihrem Vorteil ausnutzen wollte, und ich beschloss innerlich, nichts mehr mit ihr zu tun zu haben!"

Das vielleicht „merkwürdigste" Dokument in der Akte war jedoch die Aussage der Frau eines bekannten Bankiers, die erklärte: „Bei einem Empfang vor drei Jahren (1906) ... hörte ich Frau Steinheil. Ich gratulierte ihr in den üblichen Worten ... Ich besuchte die Gemäldeausstellung ihres Mannes. Frau Steinheil kam dann zu einem meiner Empfänge und versprach, bei einem meiner „Musicals" zu singen. Ein paar Tage später lud ich sie ein; sie kam mit ihrem Mann, sang und bekam Beifall. Da ich sie nicht als professionelle Sängerin betrachten konnte, ging ich in die Impasse Ronsin und kaufte eines der Gemälde ihres Mannes ... Ich sah Frau Japy nur einmal, und zwar bei dem einzigen ‚Zuhause'-Treffen, das ich bei den Steinheils besuchte. Dies fasst die Beziehungen zusammen, die mein Mann und ich zu den Steinheils hatten, abgesehen von einem bloßen Beileidsbesuch, den wir ihr nach dem Verbrechen in Bellevue abstatteten."

(*Dossier* Cote 3138)

Die wahren Tatsachen über diese Beziehungen sind folgende: Diese Dame kam während der drei Jahre unserer Bekanntschaft zu den meisten meiner Empfänge und blieb oft von drei Uhr bis nach acht. Sie nutzte meinen Salon, um Bekanntschaften zu schließen und zu pflegen, die ihr und ihrem Mann nützlich sein könnten. Prominente Persönlichkeiten aus Politik, Kunst oder Gesellschaft nahmen nicht an ihren Empfängen teil, und sie suchte häufig meine Hilfe in ihrem Wunsch, dies zu ändern. Sie brachte alle ihre Freunde zu mir nach Hause, besuchte mich mit ihrem Mann nicht nur in Paris, sondern auch in Bellevue, wo sie nicht nur einmal zu einem „einfachen Beileidsbesuch" kam, sondern ein Dutzend oder fünfzehn Mal, ohne eingeladen zu sein, und Woche für Woche schickte sie mir bezaubernde Briefe, die alle mit den Worten „Meine liebe Nell" begannen – ein Name, den sie mir aus mir unbekannten Gründen gegeben hatte – nicht jeden Tag, aber fast!

Die Liste der engen Freunde, die kühl erklärten, sie hätten mich nie getroffen, wäre lang ! ... Ich habe ihnen allen vergeben. Freunde in Not sind wirklich selten; und hat jemals eine Frau mehr Mitgefühl gebraucht als ich in den schrecklichen Monaten nach dem Verbrechen? Nun, mir wäre es lieber, wenn „treue" Freunde mich ignorierten, als mich zu verleumden, wie es leider so viele taten ...

Tatsächlich waren die einzigen Leute, die ein freundliches oder gerechtes Wort über mich zu sagen hatten, keine Leute aus der Gesellschaft oder reiche oder „prominente" Persönlichkeiten, sondern alte Bedienstete, die ich gepflegt hatte, als sie krank waren, und arme Künstler – Männer und Frauen –, die sich nicht schämten zu sagen, dass ich ihnen geholfen hatte.

Das Dossier erwies sich tatsächlich als eine wahre Fundgrube psychologischer Informationen. Es enthüllte den Charakter von Dutzenden von Menschen, denen ich vertraut, denen ich geholfen und die ich gemocht hatte, in ihrem wahren Licht und zeigte anschaulich eine Seite der Pariser Gesellschaft, die man vielleicht besser ignoriert.

Eine weitere Überraschung erlebte ich, als ich herausfand, dass mehrere Personen, die ich nie getroffen und von denen ich nie gehört hatte, Aussagen über mich machten – natürlich äußerst belastende Aussagen.

Die „dramatischste" Entdeckung, die ich in der Akte machte, war die über die Karriere des Grafen von Balincourt. Insbesondere das folgende Dokument versetzte mir einen der größten Schocks, die ich je erlebte:

„Paris, 9. Dezember 1909. *Bericht* :

„Gemäß meinen Anweisungen suchte ich am 3. d. M. Sébille, den Hauptkommissar der *Sûreté Générale* im Innenministerium, auf. Dieser Richter wies unseren Chef darauf hin, dass es von Interesse sein könnte, eine Akte einzusehen, die M. Sébille über den Grafen von Balincourt besitzt, dessen Name im Zusammenhang mit der Affäre Steinheil erwähnt wurde.

„M. Sébille gab zunächst bekannt, dass er Anfang Dezember 1907 mit de Balincourt zu tun gehabt habe. Letzterer sei ihm als Anstifter eines Einbruchs ausgemacht worden, der zu diesem Zeitpunkt zum Nachteil von Frau de Brossard, einer wohlhabenden Dame, 23 Rue de l'Orangerie in Versailles, stattfinden sollte.

„Die Umstände dieses Einbruchs sind in der Akte beschrieben, in die ich von M. Sébille Einsicht nehmen durfte.

„Die Fakten sind folgende:

„DHJH Emmanuel Testu, Graf von Balincourt, geboren am 4. August 1873, heiratete im Dezember 1901 in Versailles... Im Januar 1907 wurde die Scheidung gegen ihn ausgesprochen. Es wird gesagt, dass Graf von Balincourt während seiner Ehe längere Aufenthalte bei der Großmutter seiner Frau , Mme. de Brossard, in Versailles verbrachte. Er wusste, dass sie große Geldsummen in ihrem Safe hatte. Da er bedürftig war und auf Mittel zurückgreifen musste, plante de Balincourt den oben erwähnten Einbruch.

„Er erzählte seinem Freund PLF Delpit – der sich selbst als einen Mann ‚mit unabhängigen Mitteln' bezeichnete – von dem Plan. Zu dieser Zeit wohnten de Balincourt und Delpit gemeinsam in Neuilly. Es scheint, dass Delpit, der mit Kriminellen verkehrt, die Aufgabe auf sich nahm, die Personen zu rekrutieren, die in der Lage waren, diese ‚Operation' erfolgreich durchzuführen.

„Während er von M. Sébilles Inspektoren sorgfältig beschattet wurde, wurde Delpit zu den Treffpunkten professioneller Diebe verfolgt ... (zwei dieser Treffpunkte werden hier zitiert). So wurde festgestellt, dass Delpit mit Kriminellen gesprochen hatte, und die Identität einiger von ihnen wurde festgestellt:

"(1) Ein Mann mit dem Spitznamen Baptistin, 30 Jahre alt... der den Ruf eines gefährlichen Verbrechers hat... (2) Langon, Marius, mit dem Spitznamen 'der Zigeuner'... Es wird erwähnt, dass er ein spezielles pneumatisches Werkzeug zum Bohren von Metall besitzt... Er wurde zu fünf Urteilen verurteilt, darunter einmal zu fünf Jahren Gefängnis... (3) Goirand, 30 Jahre alt... zweimal verurteilt... (4) Fontaine, Gustave, 30 Jahre alt... (5) *Monstet de Fonpeyrine, geboren 1877 in Santiago de Cuba* , Zauberer, im vergangenen November wegen Raubüberfällen auf Pariser Hotels verhaftet.

Sûreté Générale beschattet wurden , stellte sich heraus, dass Fontaine mit dem Auto nach Versailles fuhr und nachts dabei beobachtet wurde, wie er einen Dietrich im Schloss der Tür von Mme. de Brossards Villa ausprobierte.

„Es ist nicht bekannt, ob dabei Indiskretionen begangen wurden; jedenfalls trafen sich diese Personen nicht mehr an ihren Treffpunkten und gaben ihre Pläne auf.

„Schließlich sah einer der Inspektoren während der Beschattung des Grafen von Balincourt, wie *er zur Impasse Ronsin Nr. 6 ging und von dort mit der U-Bahn zur Station ‚Les Couronnes' fuhr, wo er (de Balincourt) eine Verabredung mit den oben genannten Personen hatte ...*"

„...Jedenfalls scheint die Tatsache hinreichend erwiesen, dass die ersten Schritte des geplanten Einbruchs durchgeführt wurden, da Fontaine Dietriche an der Tür von Mme. Brossard (der Großmutter von de B.s Frau) ausprobierte.

„Was de Balincourt und Delpit betrifft, so werden beide Personen im allgemeinen Bericht zur Affäre Steinheil erwähnt. *Im Archiv der Sûreté gibt es über beide ‚Dossiers' mit Bezug auf Einbrüche; außerdem gibt es Fotos von beiden beim ‚Dienst für gerichtliche Identifizierung' .*

„(Unterzeichnet) INSPEKTOR DECHET ."

(*Dossier* Cote 1069)

Und diesen Grafen von Balincourt empfing ich leider mehrere Male bei mir zu Hause und einmal in Bellevue, unter den Umständen, die ich beschrieben habe!

Keine Macht der Welt konnte mich dazu bewegen, auch nur zu behaupten, dass Herr de Balincourt und sein Freund irgendetwas über den Impasse-Ronsin-Mord wussten oder in irgendeiner Weise damit in Verbindung standen. Ich beschuldigte törichterweise Couillard und Wolff und habe dies seitdem bitter bereut, aber ich habe oft daran gedacht, was für ein Glück es für mich war, diese Einzelheiten aus Herrn de Balincourts Leben nach dem Verbrechen und *vor* meiner Verhaftung nicht zu kennen. Denn in meinem krankhaften Zustand der Erregung und in meinem verzeihlichen Eifer, die Mörder zu finden, hätte ich meine eigene Lage zweifellos verschlimmert, wenn ich nicht nur meinen Diener und den Sohn meiner Köchin, sondern auch Herrn de Balincourt beschuldigt hätte, zumal er sich auf ziemlich seltsame Weise Zutritt zu meinem Haus verschafft hatte, mich über seine Adresse getäuscht hatte, sein Möglichstes getan hatte, um Herrn Steinheils Vertrauen zu gewinnen, *und von den Faure-Dokumenten wusste* .

Tatsächlich hegte ich starke Verdächtigungen gegen ihn, und diese verstärkten sich sogar noch. Und sicherlich wird der Leser nach dem, was ich in M. de Balincourts Dossier gelesen und teilweise zitiert habe, zugeben, dass ich zwar keinen „wirklichen" oder „absoluten" Grund hatte, den Mann zu verdächtigen, aber dennoch einen Grund hatte, ihm … sagen wir mal – zu misstrauen.

Ich muss jedoch hinzufügen, dass ich in einem anderen Bericht von Inspektor Dechet Folgendes gelesen habe: „Es war unmöglich festzustellen, mit welchen Personen Herr de Balincourt im Mai 1908 unterwegs war … Der einzige bekannte Freund, den er zu dieser Zeit hatte, war Delpit, der bei ihm lebte. Es ist nützlich zu erwähnen, dass Herr de Balincourt immer behauptet hat, er habe gegen 15. Februar (1908) die Bekanntschaft von Frau Steinheil gemacht … Es erscheint daher zweifelhaft, dass man diesen Mann (Herrn de B.) zu der Zeit, als er im Dezember 1907 von der *Sûreté Générale beschattet wurde* , dabei gesehen haben könnte, wie er zur Impasse Ronsin Nr. 6 ging.

"Der Inspektor:

„(Unterzeichnet) DECHET ."

(*Dossier* Cote 1089)

M. de Balincourt wurde mehrmals verhört und gab unter anderem folgendes an: „Am Samstag, dem 30. Mai 1908, kehrte ich gegen 20 Uhr in den Pavillon zurück, in dem ich mit meinem Freund Delpit wohne (in Courbevoie, einem Vorort von Paris). ... Wir aßen um 11.30 Uhr zu Abend; wir trennten uns und gingen jeder in sein Zimmer. Am nächsten Tag, dem 31. Mai, stand ich spät auf und traf meinen Vater in der Kirche von Neuilly, wie ich es jeden Sonntag tat. Gegen ein Uhr war ich wieder zu Hause und aß mit meiner Familie und Delpit zu Mittag. Den Nachmittag verbrachte ich in meinem Garten und ging erst um sieben Uhr hinaus, um mit Delpit am Bahnhof die Zeitschrift *La Presse zu kaufen*. Nachdem wir unsere Verluste beklagt hatten, denn wir hatten etwas Geld auf ein Pferd gesetzt, das nicht gewonnen hatte, wurde meine Aufmerksamkeit auf eine Überschrift gelenkt, die den Mord an den Mitgliedern der Familie Steinheil ankündigte. Als ich den Artikel las, war ich sprachlos und völlig abgelenkt. Wir waren überrascht, Delpit und ich, dass Frau Steinheil war von den Mördern verschont geblieben, aber ich war der Erste, der erkannte, dass die Umstände für sie günstig gewesen sein mussten ...

„(Unterzeichnet) HAMARD.
GRAF VON BALINCOURT. "

(*Dossier* Cote 1087)

Ich muss auch hinzufügen, dass im *Dossier* Cote 1089 vermerkt ist, dass nicht während der Beschattung der zuvor erwähnten Diebesbande einer von ihnen „auf dem Weg nach Versailles gesehen wurde, um die Diebesschlüssel auszuprobieren", sondern dass „diese Tatsache von einem *Indikator* aufgedeckt wurde, dessen Namen die *Sûreté Générale* nicht preisgeben durfte."

Ich machte in diesem außergewöhnlichen Dossier noch viele andere seltsame Entdeckungen. Es enthält nicht nur die absoluten Beweise meiner Unschuld, wirft viel Licht auf das Leben in Paris und gibt einen Einblick in die Psychologie von mindestens zwei oder drei „Sphären" der Gesellschaft, sondern es enthält auch eine ernsthafte Verurteilung einer Reihe von Rechtsmethoden, die so offensichtlich ungerecht sind, dass es unglaublich erscheint, dass sie in einem Land existieren dürfen, das nach allgemeiner Zustimmung nicht nur in den Bereichen Kunst und Wissenschaft, sondern auch auf dem Gebiet der Intellektualität, der edlen Bestrebungen und des Idealismus an erster Stelle steht.

Das Dossier umfasst 15.000 Seiten; es ist daher unmöglich, es vollständig zu zitieren. Ich habe dem Leser jedoch die wesentlichsten Teile vorgelegt. Bevor ich jedoch diesen schnellen Überblick über die Überraschungen, die das Dossier für mich bereithielt, abschließe, möchte ich noch ein oder zwei weitere Episoden erwähnen:

Ich hatte eine Freundin, die damals etwa fünfzig war und die ich seit fast fünfzehn Jahren sehr gut kannte. Diese Dame kannte mein Leben und meine Angelegenheiten so genau wie ich ihre. Sie kam regelmäßig mit ihrem Mann, einem Mann von etwa siebzig Jahren, und ihrem Cousin, einem angesehenen Rechtsanwalt, in die Impasse Ronsin und auch mit diesem Cousin nach *Vert-Logis* in Bellevue. Wir korrespondierten regelmäßig und in den liebevollsten Ausdrücken. Dass sie mein Verhalten so heftig kritisierte, dass sie so bissige Aussagen machte wie diese: "Frau Steinheil war mit jedem sehr vertraut und wurde sehr schnell mit jedem vertraut, mit Männern wie mit Frauen; die Herren nannte sie ‚mein Freund, mein großer Freund‘ und die Damen ‚mein Lieber, mein Liebling!‘ ... Auf mich machte sie den Eindruck, als sei sie eifersüchtig auf den Reichtum ihrer Freundinnen. Sie log ständig über alles und jedes ... Ich sah sie immer seltener ... Ich hatte hässliche Gerüchte über ihr Verhalten gehört ..." (*Dossier*, Cote 3058) - all das kann ich erkennen und verzeihen: Es ist so menschlich, so typisch für eine bestimmte Gesellschaftsschicht und einen bestimmten Frauentyp ... Außerdem war ich zu dieser Zeit im Gefängnis; ich konnte weder antworten noch Aussagen widersprechen. Meine "Freundin" war völlig in Sicherheit.

Doch es scheint, dass diese Dame zur gleichen Zeit – Anfang 1909 – von gewissen anonymen Briefen und vergifteter *Schokolade sprach* , von denen sie dachte, ich hätte sie ihr geschickt!

Ich kann mir vorstellen, was für eine Sensation in ihrem Salon herrschte und wie erfolgreich ihre „Zuhause"-Veranstaltungen waren. Die Steinheil-Affäre war überall Gesprächsthema, und hier war eine Gastgeberin, die diese böse Frau, die „Tragische Witwe", die „Rote Witwe", seit vielen, vielen Jahren kannte! Und sie hatte etwas Neues zu erzählen, etwas unglaublich Sensationelles: Sie hatte einmal eine Schachtel vergifteter Pralinen von der Frau bekommen, die beschuldigt wurde, ihren Mann und ihre Mutter ermordet zu haben !...

Ich sehe schon, wie die Damen ihren Tee und ihre *Petit Fours vergessen* , sich eifrig um meinen „Freund" drängen und mit gedämpfter Stimme sagen: „Nicht wirklich ! ... Das wollen Sie nicht sagen ... Aber was für ein Monster muss dieses Geschöpf gewesen sein ... Und wenn man bedenkt, dass sie hier war, in genau diesem Zimmer ... Meine arme Liebe ... Nein, nein, wir werden niemandem davon erzählen. Auf uns können Sie sich verlassen. Aber was für ein schreckliches Geheimnis!" ...

Am nächsten Tag widmeten ihm natürlich sämtliche Zeitungen eigene Kolumnen.

Das Rätsel war kein Rätsel mehr: Frau Steinheil hatte die Opfer vergiftet und anschließend erwürgt, als sie völlig wehrlos waren! Es war völlig klar! Das Rätsel war endlich gelöst!

Wieder einmal war die öffentliche Meinung gegen mich aufgebracht. Und aus diesen Leuten, die die Zeitungen lasen und deren Gemüter sich täglich gegen mich aufregten – und zwar in einem solchen Ausmaß, wie ich später hörte, dass es für niemanden sicher war, meine Partei zu ergreifen, nicht einmal in einem Salon! – aus dieser aufgebrachten Öffentlichkeit sollten einige Monate später zwölf Männer ausgewählt werden, die über mein Schicksal entscheiden sollten!

Ich brauche wohl kaum zu sagen, dass an dieser grausamen Geschichte nicht ein Fünkchen Wahrheit war. In ihrer Aussage *vor Herrn André* am 12. Januar 1909 erklärte meine „Freundin": „Vor drei oder vier Jahren erhielt ich zwei oder drei anonyme Briefe, die eher neckend als böse waren. Ich *nahm an*, sie stammten von Frau Steinheil, aber ich sprach nie mit ihr darüber. Anlässlich des Neujahrs, zur selben Zeit, wurde bei meinem *Concierge eine Schachtel Pralinen, schlecht verpackt,* für mich zurückgelassen. Ohne sie zu probieren oder irgendjemandem etwas davon zu geben, nicht einmal meinem Hund, schickte ich diese Pralinen zur Analyse an das städtische Labor. Man sagte mir, die Pralinen seien absolut harmlos. Ich hatte die ganze Sache für einen Scherz gehalten, den ich dem Autor der anonymen Briefe, also Frau Steinheil, zuschrieb. Seitdem habe ich herausgefunden, dass mir diese Pralinen von Doktor C. geschickt worden waren."

(*Dossier* Cote 3058)

Es wurde eine gründliche Untersuchung durchgeführt und die Ergebnisse liegen in einem Bericht vom 9. Februar 1909 vor, der von Inspektor Laurent an M. Hamard gerichtet wurde und in dem es heißt:

"... Sie (Frau D.) hat die schriftliche Antwort des Labors verloren oder vernichtet, erinnert sich aber, dass darin stand, die Pralinen seien harmlos... Dr. C. gab an, dass er Frau D. vor zwei oder drei Jahren eine Schachtel Pralinen geschickt hatte, aber vergessen hatte, seine Karte mitzuschicken, sodass die Dame erst von der Herkunft der Pralinen erfuhr, als er sie selbst fragte, ob sie welche erhalten habe. Die Dame sagte ihm *nie* , dass sie ‚schlecht' seien.

„ Die vom städtischen Labor zu diesen Schokoladen durchgeführten Nachforschungen blieben ergebnislos. *Es sind keine Hinweise darauf zu finden, dass Frau D. jemals Schokolade zur Analyse geschickt hat, weder in ihrem eigenen Namen noch unter einem anderen Namen an ihre Adresse.* "

(*Dossier* Cote 3060)

Auf diese Weise wurde eine weitere „Geschichte", die meiner Sache äußerst schadete, erzählt, verbreitet, weltweit diskutiert – und schließlich als völlig falsch erwiesen! Wieder einmal wurde ich bestätigt, aber wieder einmal ... wurde mir unermesslicher Schaden zugefügt.

Diese fantastische Geschichte der „vergifteten Schokolade" hatte eine Fortsetzung, ob direkt oder indirekt, kann ich nicht sagen. Jedenfalls wurde kurz darauf der Leichnam von M. Steinheil exhumiert. Im Dezember 1908 war der Leichnam meiner Mutter exhumiert worden, und jetzt wurden die Überreste meines Mannes erneut untersucht, um nach Spuren von Narkotika oder Gift zu suchen.

Dr. Courtois-Suffit hatte unmittelbar nach dem Verbrechen eine gründliche „medizinische" Untersuchung durchgeführt, aber zehn Monate später wurde Dr. Balthazard von M. André gebeten, eine zweite Autopsie durchzuführen!

Obwohl M. Steinheil in der Familiengruft in L'Hay beerdigt wurde, wurde Marthe nicht einmal um ihre Zustimmung zur Exhumierung gebeten. Das Grab wurde sozusagen aufgebrochen und der Leichnam ihres Vaters herausgebracht, um noch einmal untersucht zu werden. (Noch eine gesetzwidrige Tat!) Sie – und ich – erfuhren erst mehrere Tage später von der Exhumierung. Ich kann kaum glauben, dass eine so willkürliche und skandalöse Tat in einem anderen zivilisierten Land hätte begangen werden können.

Das Fazit von Dr. Balthazards langem und äußerst sorgfältigem Bericht lautete, dass „die toxikologische Untersuchung der Eingeweide ... *keinerlei Spuren von Narkotika oder Stupormitteln ergab*."

(*Dossier* Cote 220)

Von Gift war nicht die Rede. In demselben und letzten Bericht sagte Dr. Balthazard weiter: „Schließlich starb Herr Steinheil kampflos durch Strangulation mit einem Strick; anscheinend starb er an der Stelle, wo man ihn gefunden hatte ... (nicht in seinem Bett, auf der Schwelle zum Badezimmer). Zweitens starb Frau Japy an Erstickung, weil man ihr einen dicken Watteknebel in den Mund gesteckt hatte; bevor sie tot war, wurde ihr ein Strick um den Hals gelegt; Frau Japy scheint auf ihrem Bett gestorben zu sein, genau an der Stelle, wo man ihre Leiche gefunden hatte. Es gab keine Spuren von Gewalt, die darauf hindeuteten, dass sie sich gegen einen Angreifer gewehrt hatte ..."

In Cote 197 las ich mit Interesse die Aussagen von M. Rousseau, einem Mechaniker der großen Druckerei in der Impasse Ronsin, in der etwa zweitausend Männer und Frauen beschäftigt sind.

„Etwa drei Wochen vor dem Verbrechen bemerkte ich in der Sackgasse Ronsin um 12 oder 13 Uhr drei Männer und eine Frau in der Nähe der Mauer des Hauses der Steinheils; sie unterhielten sich miteinander... Die Frau klingelte am Tor. Jemand kam und sprach ein paar Augenblicke mit ihr. In der Zwischenzeit gingen die drei Männer ein Stück vom Tor weg, blieben aber auf dieser Seite der Sackgasse." Nachdem er die vier Personen beschrieben hatte (die drei Männer trugen „schwarze Filzhüte für Künstler" und die „Frau trug einen Schal im italienischen Stil"), erklärte M. Rousseau, er habe „diese Leute mehrere Male in der Nähe des Tores meines Hauses wiedergesehen" und sei von „ihrer zögerlichen Haltung" beeindruckt gewesen.

Ein „M. Godefroy, ebenfalls in der Druckerei beschäftigt ... erinnerte sich, diese Personen in der Impasse Ronsin gesehen zu haben ..."

Ich war auch überrascht, dass in dieser riesigen Akte viele Personen aussagten, die mich nur ein- oder zweimal getroffen hatten, während enge Freunde, die ich seit Jahren kannte, nicht über mich befragt wurden. So enthielt die Akte keine Erwähnung von Bonnat oder Massenet, von M. Viollet-le-Duc, von M. Delalande – französischer Generalkonsul in Neapel und kürzlich in London –, der mich seit meinem vierzehnten Lebensjahr kannte; von M. Sadi-Carnot, dem Sohn des verstorbenen Präsidenten; von M. Duteil d'Ozanne, dem Chef des Sekretariats der „Ehrenlegion"; und von vielen anderen prominenten Männern. Keiner der Generäle, Admirale, Staatsmänner, Politiker und wichtigen Beamten, die mich gut kannten, wurde konsultiert, und natürlich auch nicht Präsident Tassard, Präsident Petit oder einer der zahllosen Beamten, mit denen und deren Frauen ich eng befreundet war.

Während ich an den Akten arbeitete, ließ meine Verzweiflung nach und ich gewann einen Teil der Kraft zurück, die ich verloren hatte. Die Lektüre dieser Dokumente erweckte nicht nur meine Empörung, sondern auch meine Willenskraft. Ich wollte nicht verurteilt werden; ich wollte gegen die Anklage kämpfen und gewinnen; ich wollte alles sagen, was ich wusste, was auch immer passieren mochte ... Aber mein Anwalt bat mich, ihn meine Verteidigung übernehmen zu lassen, und warnte mich, da mein Prozess näher rückte, wie er mich vor der *Anweisung gewarnt hatte* . „Wenn Sie jemanden angreifen, sind Sie verloren", sagte er; „bleiben Sie ruhig, beantworten Sie Fragen und lassen Sie *mich* bei Ihrem Prozess alles machen."

Wann würde dieser Prozess stattfinden? Wann würde ich frei sein? Diese beiden Fragen stellte ich Meister Aubin immer wieder, aber leider konnte er mir keine eindeutige Antwort geben.

Der Sommer war vorüber, der Herbst war gekommen. Durch die Eisengitter meines Fensters sah ich, wie die Blätter eins nach dem anderen von den

Bäumen im Hof fielen, und das Gefängnis und der Himmel waren wieder grau und trostlos, wie an jenem Novembertag vor einem Jahr, als ich aufwachte und mich zum ersten Mal in einer Gefängniszelle wiederfand. Ich kannte jetzt jeden im Gefängnis und jeden Stein. Ich kannte jede Katze und viele der Tauben, denen ich Namen gegeben hatte.

Marthe kam dreimal die Woche. Die Schwestern waren aufmerksamer und ergebener als je zuvor. Pfarrer Arboux und der katholische Kaplan besuchten mich so regelmäßig wie immer, und Juliette tat ihr Möglichstes, um mir das Leben erträglicher zu machen. Doch das Ende einer Reise ist für Körper und Geist immer der anstrengendste Teil, und so war ich mir trotz meiner absoluten Unschuld nicht sicher, ob das Ende meiner schrecklichen Reise gekommen war. Ich war so ungerecht behandelt worden, und wie ich nur zu gut wusste, war die öffentliche Meinung so sehr gegen mich, dass ich mir manchmal vorstellte, ich würde für schuldig befunden werden. Aber ich stritt mit Schwester Léonide oder Juliette oder ... mir selbst, und in meinem gefrorenen Herzen keimte ewige Hoffnung.

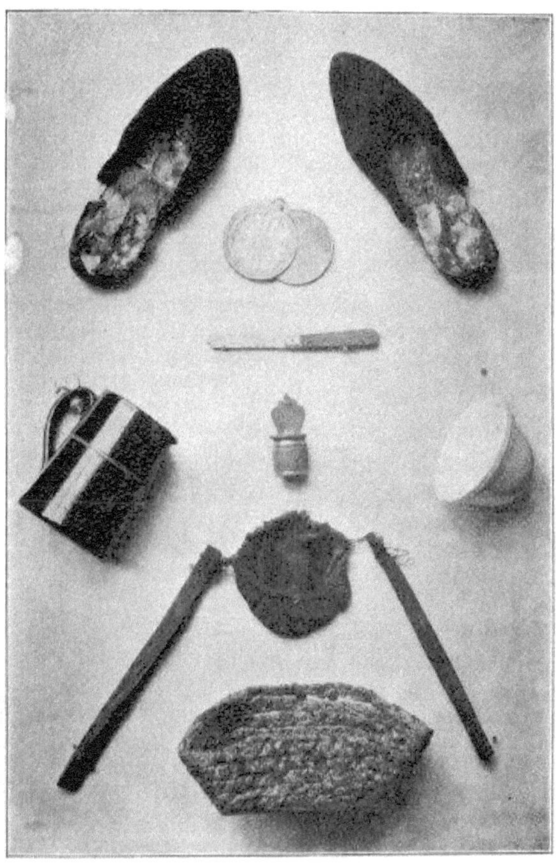

Foto von Claude Harris, London

Gegenstände, die ich im Gefängnis verwendet habe

Von mir selbst gemachte Hausschuhe.

Penny-Spiegel – die einzige Art, die von der Gefängnisbehörde zugelassen wird.

Stumpfes Messer. Salzstreuer. Krug. Becken.

Kaffeesieb – selbst gemacht aus Brennholzstäben, etwas Leinen und Draht von meinem Hut.

Brotkorb – selbst aus Papier gemacht.

Ich war nun über elf Monate im Gefängnis. Der November war gekommen, mit seinem trüben Himmel und eintönigen Regen. Meine Zelle war wieder dunkel und feuchter als je zuvor. Juliette „las" mir fünf, acht, zehn Mal am Tag die Karten und sagte mir jedes Mal, dass meine Unschuld allen offenbar werden würde und dass ich triumphierend freigesprochen werden würde … Es ist wunderbar, was Karten sagen können oder sagen können.

Ich kannte die Akte jetzt auswendig, obwohl sie zwei Millionen Wörter umfasste. Aber der Eröffnungstag des Prozesses, obwohl ich ihm mit jeder Sekunde näher kam, schien hoffnungsloser zu werden. Ich saß auf meinem Binsenstuhl am offenen Fenster und versuchte, mich für das zu interessieren, was ich sah, obwohl ich alles so gut kannte. Der Nieselregen drang durch das Drahtgitter und die Eisenstangen ein und kühlte meine brennende Stirn. Ich drückte meine Hände flach gegen das Gitter, um auch sie zu kühlen, und manchmal, in einem Anfall von Raserei beim Gedanken an meine Gefangenschaft, umklammerte ich krampfhaft sowohl die Gitterstäbe als auch das Gitter und schüttelte und schüttelte sie, als ob ich glaubte, ich könnte sie in Stücke reißen.

Ich hörte, dass mein Prozess am Mittwoch, dem 3. November (1909), mittags vor dem Schwurgericht beginnen sollte.

Gegen Ende Oktober hatte ich ein langes Gespräch mit meiner Tochter geführt und wir waren uns einig, dass es für mich – und für sie – besser wäre, wenn sie nicht wieder nach Saint-Lazare käme. Ihre Besuche gaben mir Leben, aber gleichzeitig konnten wir nicht umhin, über den bevorstehenden und bedeutsamen Prozess zu sprechen. Marthe weinte bitterlich und der Anblick ihrer Tränen ließ mich den Mut und die Kraft verlieren, die ich so sehr brauchte, um diese schreckliche Tortur durchstehen zu können.

„Ich werde am Ende deines Prozesses kommen und dafür sorgen, dass du freigesprochen wirst, Mutter!" waren die letzten Worte meiner geliebten Tochter gewesen.

Ich führte lange Gespräche mit meinem Anwalt. Er ermahnte mich, ruhig und diskret zu sein. Vor allem bat er mich, keine „neuen" Tatsachen zu erwähnen und weder von Präsident Faure noch von den Richtern zu sprechen, die ich gut kannte. Kurz gesagt, er wiederholte, was er mir vor der *Anweisung gesagt hatte* .

Ich versprach alles. Ich hatte das größte Vertrauen in meinen Anwalt, und er hatte mir geschworen, dass ich freigesprochen würde, wenn ich nur täte, was er mir sagte. Ich drohte jedoch , alle meine Versprechen zu brechen, wenn Frauen bei meinem Prozess anwesend wären. Ich dachte vor allem an *eine* Frau, die Frau einer damals höchst prominenten Persönlichkeit, derselben Frau, die Präsident Faure kurz vor meiner Ankunft im Elysée an jenem verhängnisvollen 16. Februar 1899 besucht hatte. Ich konnte den Gedanken nicht ertragen, dass *sie* im Gerichtssaal saß und sarkastisch über mein Unglück und meine Schande lächelte – sie frei, mächtig, vielleicht sogar respektiert, und ich ein des Mordes angeklagter Gefangener! ... Der Leser soll nicht glauben, dass zwischen dieser Frau und mir Eifersucht bestand oder bestehen könnte. Sie hasste mich in jenen Tagen, als Präsident Faure mich nicht nur mit seiner Freundschaft, sondern auch mit seinem Vertrauen ehrte, und sie hatte mich seitdem gehasst. Ich für meinen Teil hatte mir keine Sorgen um sie gemacht, aber ich hatte den Präsidenten immer wieder vor ihr gewarnt, denn sie war es, die ihn gedrängt hatte, jenes gefährliche Heilmittel anzuwenden, an dessen Missbrauch er zweifellos gestorben ist... Ich dachte auch an andere Frauen: „Freundinnen", die es, nachdem sie mich fünfzehn Jahre lang in meinem Salon gesehen haben, jetzt „amüsant" finden, mich in einem Schwurgericht zu beobachten... Ach! Der Leser soll nicht von Bosheit, Eifersucht oder Arglist sprechen! Ich hatte nur einen Gedanken: freigesprochen zu werden, diesem Inferno zu entkommen und wieder in der Nähe meines Kindes zu sein. Aber ich brauchte all meinen Verstand und all meine Kraft für diesen Prozess, und ich fühlte, dass mein Kummer größer, der Prozess schmerzhafter und der Sieg schwieriger zu erringen wäre, wenn ich um mich herum Frauen über mein Elend lachen sähe!...

Hat Maître Aubin Schritte unternommen oder nicht? Das kann ich nicht sagen und möchte ich auch nicht wissen. Aber ich habe, glaube ich, kurz vor Prozessbeginn einen Ausschnitt aus *Le Temps gesehen* , in dem es hieß, dass M. de Valles keine Damen beim Steinheil-Prozess anwesend haben lassen würde.

Am Sonntag, dem 31. Oktober, blieb mein Anwalt fast den ganzen Tag bei mir und gab mir seine letzten Ratschläge und Warnungen.

Ich persönlich wusste nicht mehr, was ich tun, sagen oder denken sollte. Ich war erschöpft, verwirrt, ausgelaugt, ein Opfer tausender widersprüchlicher Gedanken und Gefühle. Achtzehn Monate lang war mein Leben ein Martyrium gewesen; kein Kummer, kein Schmerz, keine Beleidigung, keine Prüfung war mir erspart geblieben, und jetzt sehnte ich mich nach Frieden, nach Schlaf, nach Vergessen. Nichts anderes war wichtig.

Am Montag, dem 1. November, wurde mir mitgeteilt, dass ich am nächsten Tag um 14 Uhr abgeholt und in den Justizpalast gebracht werden sollte. Mehrere Schwestern blieben lange Zeit in meiner Zelle. Pfarrer Arboux besuchte mich und betete mit mir. Der alte Kaplan, M. Doumergue, spielte die Orgel in der Kapelle, dann kam er in meine Zelle und gab mir seinen Segen... Ich konnte die ganze Nacht nicht schlafen, und die arme Juliette blieb mit ihrer üblichen Freundlichkeit Stunde um Stunde neben meinem Bett sitzen, sprach mit mir, munterte mich auf, tröstete mich...

Am nächsten Morgen – Dienstag, 2. November – brachte mir Schwester Léonide meinen Hut, meinen Mantel und meine Handschuhe. Und die Schwestern kamen noch einmal, um mir zu sagen, dass sie für mich gebetet hätten, und um mich zu bitten, auf den Allmächtigen zu vertrauen: Ich würde freigesprochen werden, das wussten sie alle. Meine Unschuld würde siegreich enthüllt werden. Sie konnten kaum sprechen, und ich war so bewegt, dass mir die Worte fehlten, als ich versuchte, ihnen allen zu danken …

Eine Uhr schlug zwei, ich war seit Mittag bereit. Niemand kam. Drei Uhr, vier, fünf, sechs, acht, zehn Uhr! Immer noch niemand... Dann betrat Schwester Léonide meine Zelle und sagte: „Heute gehst du nicht; sie werden dich morgen um fünf Uhr morgens abholen, mein armes Kind!"

Ich war über zehn Stunden lang in meiner Zelle auf und ab gegangen! Schwester Léonide zwang mich, etwas zu essen. Ich ging zu Bett, Juliette half mir, schlief ein und träumte von Marthe.

Schwester Léonide weckte mich um 4 Uhr morgens, denn um fünf Uhr sollte ich abgeholt werden... Und mein Prozess sollte mittags beginnen! Ich war sehr müde und schläfrig. Juliette gab mir einen Abschiedskuss. Schwester Léonide bat mich, manchmal an Saint-Lazare – und an sie – zu denken, und auch sie gab mir einen Segen. Dann, nach einem Blick in die Zelle, in der ich fast ein Jahr lang eingesperrt war, und einem letzten Händedruck mit Juliette, ging ich auf den „Boulevard der Zellen" und folgte Schwester Léonide. Damit die Gefangenen nichts von meiner Abreise erfuhren, wurde der Gong nicht geläutet. Ich ging wie in Trance. Aber die ganze Zeit dachte ich an meine Ankunft in Saint-Lazare vor einem Jahr! Ein Jahr !... Ich hatte ein Jahr innerhalb der Mauern eines Gefängnisses verbracht !...

Es war kalt, sehr kalt, und die Stille war ehrfurchtgebietend. Ich dankte Schwester Léonide für alles, was sie für mich getan hatte, aber in meinen Augen muss mehr Dankbarkeit gelegen haben als in meinen Worten... Dann wurde ich zu einer Kutsche geführt und zum *Dépôt gefahren* , bevor mir völlig klar wurde, dass ich Saint-Lazare verlassen hatte – wahrscheinlich für immer!

Unterwegs betrachtete ich Paris, diese riesige Stadt, die für mich ihre Bedeutung verloren hatte... Ich zählte die Laternenpfähle, an denen wir vorbeifuhren, beobachtete die wenigen Menschen, die ich sah, warf einen Blick auf die Seine, deren Wasser aus geschmolzenem Blei zu bestehen schien, kalt und reglos. Ein feiner Nieselregen traf mein Gesicht durch meinen Trauerschleier, als ich aus dem Wagen stieg und das *Depot betrat* ...

Dort erwartete mich die Oberin mit dem schönen und mitleiderregenden Gesicht. Sie bat mich, mich auf das Bett in der Zelle zu legen, und ich gehorchte gern, aber um 8.30 Uhr fühlte ich mich so unruhig, dass ich aufstand und in meinem Käfig auf und ab ging. Die betagte Barmherzige Schwester kam, und ich hörte, dass Hunderte von armen Wesen die Nacht vor dem Justizpalast verbracht hatten, um ihre „Plätze" an Personen zu verkaufen, die unbedingt bei meinem Prozess dabei sein wollten. Später erfuhr ich, dass solche „Plätze" zwischen 25 und 100 Francs (1 bis 4 Pfund) einbrachten, und dass einige morbide Amateure sensationeller Spektakel bis zu 10 oder sogar 15 Pfund für das Privileg bezahlten, im hinteren Teil des Gerichtssaals in dem kleinen und überfüllten „öffentlichen" Bereich zu stehen und einer Frau dabei zuzusehen, wie sie darum kämpfte, ihre Unschuld zu beweisen.

Ich wurde gebeten, bis 11 Uhr „vollständig bereit" zu sein. Ich war in jeder Hinsicht bereit, außer geistig, denn als die Stunde näher rückte, in der ich vor meinen Richtern erscheinen sollte, fühlte ich, wie meine Kräfte von mir abflossen. Es schien alles so sinnlos, so völlig absurd, unschuldig zu sein und dennoch seine Unschuld beweisen zu müssen, um sein Leben zu kämpfen !...

Jemand - vielleicht der Direktor des *Depots* - sagte mir, ich müsse meine ganze Geistesgegenwart, Willenskraft und Argumentationskraft unter Beweis stellen, und zu meinem unsäglichen Entsetzen hörte ich, dass vor Kurzem - ja, vor meinem Prozess - der *Matin* den Wortlaut der *Anklageschrift gegen mich im vollen Wortlaut* veröffentlicht hatte !

KAPITEL XXIX

DER PROZESS

Schließlich wurde ich in das Wachhaus in der Nähe des Schwurgerichts gebracht. Während ich in einer Ecke saß, hörte ich, wie ein Stadtwächter zu einem anderen sagte: „Sehen Sie sich ihr Kleid an! Die Papiere sind falsch!"

Später erfuhr ich, was diese Bemerkung bedeutete. Offenbar hatte eine wohlmeinende Zeitung ihren Lesern mitgeteilt, dass ich mir von Worth oder Paquin speziell für den Prozess ein wunderschönes Trauerkleid anfertigen ließ! Tatsächlich trug ich genau dasselbe Kleid und dieselbe Toque, in der ich ein Jahr zuvor in Saint-Lazare angekommen war!

Ich hörte auch, dass außer Richtern, Geschworenen, Zeugen, Gerichtsbeamten, Rechtsanwälten, Pressevertretern und einer sehr begrenzten Anzahl von Zuschauern im hinteren Teil des Gerichtssaals (das Gesetz schreibt vor, dass Gerichtsverhandlungen öffentlich sein müssen) niemand anwesend sein dürfe.

Mehrere Personen kamen und gaben mir alle möglichen widersprüchlichen Ratschläge. „Seien Sie nicht hochmütig", sagte einer, „denn das würde der Jury missfallen." „Machen Sie kein niedergeschlagenes oder beschämtes Gesicht, denn das würde Schuld suggerieren", sagte ein anderer; ein Anwalt empfahl mir, nicht „unnatürlich" auszusehen, und ein anderer drängte mich, nicht „natürlich" auszusehen, denn eine unschuldige Frau, die des Mordes angeklagt ist, könnte bei ihrem Prozess unmöglich selbst aussehen!" M. Desmoulin sagte: „Ich werde bei der Verhandlung anwesend sein und bis zum Ende in Ihrer Nähe bleiben. Ihre Qualen nähern sich ihrem Ende. Seien Sie tapfer und tun Sie vor allem, was Ihr Anwalt Ihnen sagt, und ändern oder ergänzen Sie Ihre vorherigen Aussagen nicht." Dr. Socquet – den ich nie zuvor gesehen hatte, der mir aber während des gesamten erschütternden Prozesses äußerst ergeben und nützlich war – gab mir einen beruhigenden Trank zu trinken. Währenddessen rauchten die Wachen ihre Pfeifen und Zigaretten und beobachteten mich – einige auf misstrauische und unangenehme Weise, die meisten jedoch mit Freundlichkeit und Mitgefühl.

Ich konnte ein aufgeregtes Geschrei aus dem Gerichtssaal hören: das Geräusch von Hunderten von Füßen und Hunderten von Stimmen, Ausrufe, sogar Gelächter – genau wie das Geschrei, das man in einem Theater bei einer Premiere hört, bevor der Vorhang aufgeht. Mein Herz schlug wie ein schwerer Hammer in mir. Mein Kopf pochte vor Schmerz und Fieber, als würde er jeden Moment platzen, und meine Hände und Füße waren eiskalt.

Plötzlich sagte eine Stimme neben mir: „Kommen Sie, Madame."

Ich stand automatisch auf und ging zwischen zwei Stadtgardisten einen kurzen Gang entlang. Vor mir öffnete sich eine Tür. Ich betrat das Schwurgericht und betrat die Anklagebank. Neben und hinter mir standen Wachen. Es herrschte absolute Stille. Alles war dunkel... so dunkel. Ich schauderte. Dann hörte ich Stimmen direkt vor und etwas unter mir: Meine drei Anwälte standen an ihrem Richtertisch, sprachen mit mir und machten mir Mut. Ich warf meinen Schleier über Hut und Schultern zurück und versuchte, Maître Aubin und seinen Sekretären zuzuhören. Allmählich gewöhnte ich mich an die Umgebung. Als ich den Kopf hob – es kam mir wie eine Ewigkeit vor, war aber wahrscheinlich nur ein paar Sekunden, nachdem ich die Anklagebank betreten hatte –, sah ich als Erstes eine Gruppe von Männern, die in Schatten gehüllt waren – die Geschworenen – in einer Anklagebank ähnlich der meinen, direkt mir gegenüber unter großen Fenstern, durch die das düstere Licht eines regnerischen Novembertages fiel. Ich spürte das Licht auf meinem Gesicht. In der Nähe der Jury saß an einer Art Schreibtisch ein Mann in einer roten Robe, den ich gut kannte: M. Trouard-Riolle, der Generalanwalt, mit einem falkenartigen Gesicht, einer kahlen Kopfhaut, einer fliehenden Stirn, einer dünnen langen Nase, frettchenartigen Augen hinter einem Kneifer, einem Doppelkinn und einem dicken Hals, gerunzelten Brauen und höhnischen Lippen unter einem schmalen, kurz geschnittenen Schnurrbart ... Zwischen der Jury und mir war der Gerichtssaal, ein breiter Raum, der leer war bis auf ein halbrundes, auf drei Pfosten gestütztes Thekenbrett – das Zeugenbrett – und einen Tisch, auf dem ich die „Beweisstücke" sah: Watteklumpen, einen Alpenstock, die Brandyflasche, auch Strickrollen ...

Rechts, ein paar Meter von mir entfernt, sitzt auf einer Plattform M. de Valles, zu beiden Seiten von ihm ein Richter. Alle drei tragen rote Roben. M. de Valles spielt mit einem elfenbeinfarbenen Brieföffner. Vor ihm liegt die riesige Akte meines Falles, jene außergewöhnliche Akte, die ich auswendig kenne. Im Schatten, hinter den Sesseln der drei Richter, sitzen eine Reihe von Personen, vermutlich „Ehrengäste". Links von der Anklagebank sitzen Dutzende von Rechtsanwälten in ihren schwarzen Roben und weißen Rabats, darunter ein oder zwei Rechtsanwältinnen. Dahinter, dicht an dicht, eine kleine Armee von Journalisten, und am anderen Ende des Gerichtssaals, hinter einer Holzabtrennung, das Publikum: „ *les cent veinards* " (die „hundert Glücklichen"), wie man mir später erzählte, wurden jene wenigen Privilegierten genannt, die sich das Recht, dort zu stehen, von den armen Schlingeln gekauft hatten, die Tag und Nacht vor dem Justizpalast verbrachten, um ihren Platz kurz vor Mittag an den Meistbietenden zu verkaufen (zu diesem Zeitpunkt wurden die Türen geöffnet und nur einhundert „Mitglieder des Publikums" eingelassen).

Ich kann mich nicht mehr genau daran erinnern, was zuerst geschah. Ich erinnere mich nur an eine Masse von Gesichtern, die auf einem dunklen Meer aus schwarzen Roben und Kleidern schwammen. Die einzigen Farbtupfer waren die weißen Schals der Rechtsanwälte und die scharlachroten Roben der Richter.

Ich schien keine Kraft mehr zu haben, obwohl ich noch nie so sehr körperliche und moralische Stärke gebraucht hatte.

Ein Beamter las mit monotoner Stimme die schreckliche Anklageschrift vor. Ich kannte sie auswendig ... und vielleicht auch alle anderen, da sie veröffentlicht worden war ...

In der Zwischenzeit beobachtete ich die Jury. Das waren also die Männer, die in ein paar Tagen entscheiden würden, ob ich meinen Mann und meine Mutter ermordet hatte oder nicht... Ich fragte mich, was sie dachten und wer wer war – denn am Tag zuvor hatte man mir eine Liste ihrer Namen und Berufe gezeigt. Darauf standen vier „Eigentümer", zwei Mechaniker, ein Maurer, ein Bäcker, zwei Handelsangestellte, ein Koch und ein Musiker...

Ich betrachtete die schwer verzierte Decke mit den vertieften Paneelen, die das Schwert und die Waage der Gerechtigkeit schmückten, und mein Blick wanderte zur Wand hinter Monsieur de Valles und den beiden anderen Richtern ...

Vor Jahren besuchte ich dieses Schwurgericht, um den großen „Christus" meines Freundes Bonnat an der Wand zu bewundern, aber der Christus war nicht mehr da. Er war entfernt worden, nachdem das Gesetz zur Trennung von Kirche und Staat verabschiedet worden war!

Plötzlich hörte ich die Stimme von Monsieur de Vallés, die mir befahl aufzustehen ...

Das Duell begann.

Ich unternahm alle Anstrengungen, um meinen verwirrten Geist davon abzuhalten, sich im Kreis zu drehen. Ich war zwölf Monate im Gefängnis gewesen; siebzehn Monate lang war ich Opfer aller nur denkbaren Emotionen gewesen und hatte so grauenhafte und nervenaufreibende Erfahrungen durchgemacht, dass keiner der Ärzte, die mich untersuchten, verstand, wie es sein konnte, dass ich meinen Verstand nicht verloren hatte; und jetzt, nach über fünfhundert Tagen ununterbrochenen geistigen und körperlichen Martyriums, musste ich den größten Kampf meines Lebens ausfechten.

M. de Valles hielt sein Versprechen: Er stellte mir zunächst eine Reihe fast gleichgültiger Fragen über meine Kindheit und Jugend, und ich hatte Zeit, mich einigermaßen zu fassen... Doch schon bald, sehr bald, waren die

Bemerkungen, die ich hörte, so abstoßend, dass ich darunter taumelte. Ich musste zum Beispiel leugnen, dass mein Vater – den der Leser inzwischen kennen und lieben gelernt haben muss – ein Trunkenbold war, und erklären, dass mein Verhalten tadellos war und nicht, wie angedeutet, seinen Tod verursacht haben konnte... Unerbittlich und gnadenlos wurden mir Fragen über meine Beziehungen zu Leutnant Sheffer in Beaucourt gestellt! Ich wehrte mich verzweifelt, und dann, erschöpft von meinen eigenen Anstrengungen, brach ich fast zusammen und konnte das Schluchzen nicht unterdrücken...

Es wurde auf Präsident Faure angespielt. Ich erinnerte mich an die Bitten meines Anwalts, und als der Richter mir riet, nichts zu verheimlichen und keine Angst zu haben, Namen zu nennen, wie hoch sie auch seien, antwortete ich nur: „Nein, Monsieur le President, der Mann, an den wir denken, ist tot, und ich werde die Toten in Frieden ruhen lassen."

M. de Valles sprach über meine Zurückhaltung und meine vielen widersprüchlichen Aussagen, und aus einem Bericht über den Prozess erfahre ich, dass ich antwortete: „Stundenlang standen damals Journalisten in meiner Nähe, die erklärten, ich sei verloren, wenn ich nicht ,mein altes Verteidigungssystem' aufgäbe und ,neue Aussagen machte'. Jeder machte mir andere Vorschläge; ich hörte auf, eine Frau zu sein und wurde fast zu einer Wahnsinnigen. Aber hätte irgendeine Frau in meiner Lage etwas anderes getan? Ich schwöre beim Haupt meiner eigenen Tochter, dass meine erste Aussage über die drei Männer in schwarzen Gewändern und die rothaarige Frau der Wahrheit entspricht."

„Kommen Sie zurück zum Thema", sagte der Richter. „Sie reden über zu viele Dinge gleichzeitig. Gehen Sie bei Ihren Antworten methodisch vor."

„Methodisch ! ... Wie kann ich so sprechen, wie Sie es von mir erwarten? Zuerst dachte ich, ich sei der Lüge bezichtigt, aber ich weiß seit Monaten, dass ich des Mordes an meinem Mann, den ich respektierte, und meiner Mutter, die ich liebte, angeklagt bin. Und angesichts einer solchen Anschuldigung bitten Sie mich in aller Stille, methodisch zu sein. Ich sage die Dinge, wie sie mir in den Sinn kommen. Ich spreche mit meinem tiefsten Herzen, und meine Methode kann nicht in Frage gestellt werden!" ...

Dann wurde ich zu meinen „Intrigen" befragt. Die letzten Fragen des Richters bei dieser ersten Anhörung bezogen sich auf die letzten Tage im Mai 1908, und es war klar, dass er sich eine eigene Meinung über die Behauptung bilden wollte, ich hätte meine Mutter dazu verleitet, in meinem Haus zu bleiben – um sie und meinen Mann zu töten ...

Meine Vernehmung durch den Richter nahm die ersten drei Verhandlungstage in Anspruch. Jede Anhörung begann gegen Mittag und endete zwischen 17.30 und 18.00 Uhr. Ich möchte hier die wesentlichen Punkte des französischen Verfahrens in solchen Fällen darlegen.

Nach der Verlesung der Anklageschrift durch den Gerichtsschreiber verhört der Präsident den Angeklagten. Danach befragt er die verschiedenen Zeugen, die dann vom Generalanwalt bzw. Staatsanwalt und vom Verteidiger ins Kreuzverhör genommen werden, wobei beide jedoch nur durch den Präsidenten Fragen an die Zeugen stellen dürfen. Nachdem die Zeugen befragt und ins Kreuzverhör genommen wurden (dieses Kreuzverhör ist in der Regel sehr kurz), hält der Generalanwalt seine Rede, in der er im Allgemeinen die Höchststrafe fordert. Dann spricht der Verteidiger ausführlich, und danach fragt der Richter den Angeklagten, ob er eine Erklärung abgeben möchte. Dann teilt er der Jury die Frage mit, auf die sie antworten soll, und ohne eine Zusammenfassung durch den Richter (oder „résumé", wie es in Frankreich genannt wurde, als es Teil des Verfahrens war, bis es unterbunden wurde, weil es sich als selten unparteiisch herausstellte!) ziehen sich die Geschworenen zurück und beraten. Als der Obmann, gefolgt von den elf Geschworenen, zurückkommt, steht er auf und verkündet das Urteil „vor Gott und den Menschen". Der Richter befiehlt nach kurzer Beratung mit seinen beiden Kollegen, den Gefangenen hereinzubringen und verkündet das Urteil.

Bei der zweiten Anhörung am Donnerstag, dem 4. November 1909, befasste sich M. de Valles mit der Nacht vom 30. auf den 31. Mai 1908. Ich wiederholte öffentlich die Aussagen, die ich wenige Stunden nach dem Verbrechen gegenüber dem Polizeikommissar M. Bouchotte und Richter Leydet sowie acht Monate später gegenüber Richter André gemacht hatte. Anstatt jedoch Einwände zu erheben, meine „Geschichte" des Verbrechens als Fabel abzutun und die Männer in dunklen Gewändern als „schwarze Geister" zu bezeichnen, begnügte sich M. de Valles damit, mich über gewisse Zurückhaltungen und Widersprüche meinerseits zu befragen, und bemühte sich entschlossen, aber fair, so viel Licht wie möglich auf das rätselhafte Geheimnis zu werfen.

Dennoch war der Anlass so dramatisch, in den Augen der Geschworenen lag eine so furchtbare Schärfe, auf den Lippen von Monsieur Trouard-Riolle lag eine so bittere Verachtung, das ganze Gericht war von so starken Gefühlen ergriffen, und eine so unheilvolle Stille legte sich über den riesigen Saal, in dem Jahr für Jahr so viele Menschen auf Leben und Tod vor Gericht gestellt und zum Tode verurteilt worden waren, dass mir kalter Schweiß von der Stirn strömte, als ich sprach, als ich die Wahrheit schrie, die ganze Wahrheit und nichts als die Wahrheit, als ich meine Unschuld ausrief... Ich erlebte die verhängnisvolle Nacht noch einmal, und die ganze Zeit sah ich meine geliebte

Marthe vor mir, wie sie mitten im Brunnen stand und auf mich wartete, voller Zuversicht darauf, dass ihre Mutter rehabilitiert, freigesprochen und frei wäre... Die Anstrengung war übermenschlich und ergreifend... und als ich fertig gesprochen, erklärt und gekämpft hatte, sank ich auf meine Bank, und die beiden Wächter neben mir erhoben sich und flüsterten: "Die Sitzung ist vertagt; kommt heraus und ruht euch aus, Madame." Ich konnte meine Hände kaum von der hölzernen Trennwand des Docks losreißen, an der sie sich festklammerten...

Doktor Socquet kam mir in der Wachkammer zu Hilfe, in die man mich gebracht hatte, und eine halbe Stunde später läutete eine Glocke. Ich kehrte in den Gerichtssaal zurück, und das Duell begann erneut. Es hatte kaum gedauert, als meinem Anwalt plötzlich ein Brief überreicht wurde, den er durchlas und dem Präsidenten übergab.

M. de Valles las den Brief laut vor: „An Maître Aubin: Da ich die Last meines Verbrechens nicht länger ertragen kann, bin ich gekommen, um Ihnen zu erklären, dass ich Komplize bei der Ermordung von M. Steinheil war. Ich war es, der die Rolle der rothaarigen Frau spielte. Ich habe die Perücke bei mir . – Jean Lefèvre.“

Ein junger Mann mit langem dunklem Haar und fahler Haut, der einen schäbigen grauen Anzug trug, wurde hereingebracht und zum Zeugenstand geführt. Benommen und zögernd erklärte er, sein Name sei Lefèvre und er sei einundzwanzig ... Ich sah ihn neugierig an, aber er erinnerte mich an niemanden, den ich in der Nacht des Verbrechens gesehen hatte.

Auf die Fragen des Präsidenten antwortete er:

"Ich schrieb diesen Brief, weil ich ein Komplize des Mörders war. Ich war als Frau verkleidet und trug diese rote Perücke. Wir verbrannten die Kleider im Wald von Montmorency... Mein Freund ist tot... Ich verkleidete mich als Frau in einer dunklen Straße. Mein Freund hatte einen Schlüssel... Ich war wie ein Verrückter und folgte meinem Freund, der sagte, es gäbe Geld... Wir gingen mit elektrischen Taschenlampen nach oben . Ich blieb in der Nähe der Tür von Frau Steinheils Zimmer. Mein Freund fragte sie, wo das Geld und die Juwelen seien... Er verschwand und kam wieder... Dann eilten wir die Treppe hinunter. Draußen erzählte er mir, dass er 8000 Francs (310 £) gefunden hatte. Mein Freund ging weg, ohne mir etwas zu geben..."

Es war klar, dass der junge Mann entweder verrückt oder ein seltsamer Hochstapler war.

Meine Untersuchung wurde fortgesetzt. Es gab eine lange Diskussion über die Tintenflecken, die man auf dem Teppich und auf meinem Knie gefunden hatte, und über die Art, wie ich gefesselt war ...

Gequält von der Notwendigkeit, zufriedenstellend auf bohrende Fragen antworten zu müssen, die mir, so unschuldig ich auch war, sinnlos und unverständlich erschienen, und völlig krank gemacht durch die lange und grausige Diskussion über die verhängnisvolle Nacht, sank ich erneut erschöpft auf meine Richterbank zurück und brach in heftige Tränen aus … Und das war erst das Ende der zweiten Anhörung meines Prozesses, die, wie mir mein Anwalt sagte, mindestens zehn Tage dauern würde!

Gleich nachdem er am nächsten Tag (Freitag, 5. November) seinen Platz eingenommen hatte, wandte sich der Präsident an die Jury und sagte: „Ich schulde Ihnen, meine Herren, eine Erklärung zu dem dummen Vorfall, durch den wir gestern so viel wertvolle Zeit vergeudet haben. Der junge Mann, den Sie gesehen haben, heißt nicht Lefèvre; sein richtiger Name ist René Collard. Er hatte sich vorgenommen, Frau Steinheil zu treffen. Ich dachte, ich hätte alle möglichen Vorkehrungen getroffen, um die Türen zu bewachen, aber ich hatte dieses außergewöhnliche Mittel des Eindringens vergessen. Es wurde festgestellt, dass Collard an M. Hamard und M. André geschrieben hat... Dieser junge Mann sehnte sich danach, Frau Steinheil zu sehen. Der Vorfall ist nun abgeschlossen.“

Danach begann meine Tortur von neuem.

Der Präsident befragte mich über die Standuhr im Flur, die in der Nacht des Verbrechens um 12.12 stehen geblieben war. Nachdem er erwähnt hatte, dass ich meine Mutter kurz nach dem letzten Schlag der Stunde „Meg, Meg …“ rufen gehört hatte, drückte er sein Erstaunen darüber aus, dass die Mörder zwei Menschen getötet, einen dritten geknebelt und gefesselt und Schubladen geplündert haben konnten – und das in zwölf Minuten.

Ich hätte antworten können, dass mein Mann möglicherweise ermordet worden war, bevor ich meine Mutter schreien hörte, dass die Mörder beim Verlassen des Hauses vielleicht die Uhr zurückgestellt hatten, dass sie zweifellos so schnell wie möglich handelten, vor allem, wenn sie – wovon ich immer überzeugt war – gekommen waren, um zu stehlen und nicht um zu töten … Aber ich hatte nur einen Gedanken: Ich, Marguerite Steinheil-Japy, bin des Mordes angeklagt!

Und ich wiederholte immer wieder: „Es ist entsetzlich! Ich habe weder meinen Mann noch meine Mutter getötet.“ Der Präsident wurde ungeduldig, und ich erinnere mich, wie ich ausrief: „Ah! Sie wollen nicht, dass ich protestiere. Sie wollen nicht, dass ich meine Unschuld beteuere. Aber wie würden *Sie* reagieren, wenn *Sie* des Mordes an Ihrer Frau und Ihrem Vater angeklagt würden? Ich protestiere nicht gegen Sie, Monsieur de Valles, sondern gegen das Gesetz.“

Ich entschuldigte mich am nächsten Tag beim Präsidenten für diesen Ausbruch und möchte hier anmerken, dass ich, seit ich den vollständigen Bericht über diesen schrecklichen Prozess gelesen habe, dessen Heldin ich leider war, von der absoluten Unparteilichkeit von Monsieur de Valles noch mehr beeindruckt war als während des Prozesses selbst – als ich zu krank und zu verzweifelt war, um die Dinge im richtigen Licht zu sehen. Er zollte meiner Uneigennützigkeit, meiner Aktivität und meinen Qualitäten als Hausfrau Tribut, und als Couillard später aussagte, erklärte er, er würde meinen Diener nicht nach seiner Meinung über mich fragen, und fügte hinzu: „Ich sehe keine Notwendigkeit, bloßen Klatsch und Geschwätz aus der Dienstbotenhalle zu wiederholen."

Nur einmal wich M. de Valles wirklich von seiner üblichen fairen und tadellosen Haltung ab: Er befragte mich über die Platzierung der Perle in Couillards Brieftasche und als er feststellte, dass meine Antworten nicht zufriedenstellend waren, dass ich zögerte und schluchzte, rief er aus: „Das dachte ich mir!" Dann wandte er sich an die Jury und fügte hinzu: „Meine Herren, beobachten Sie diese kluge Frau. Sie bricht zusammen, wenn ich ihr eine Frage stelle, die sie nicht beantworten kann – beobachten Sie, wie sie ohnmächtig wird! Die Ohnmachtsszene kommt!" Tatsächlich stolperte und schluchzte ich viele, viele Male, aber nicht ein einziges Mal wurde ich ohnmächtig.

Während dieser dritten Anhörung kam es zu zahlreichen heftigen Auseinandersetzungen zwischen dem Präsidenten und mir, insbesondere wegen der berühmten Perle. Ich kann nur aus einem Protokoll des Prozesses zitieren:

„ MADAME S., ich hegte einen Verdacht gegen Couillard. Er hatte einen Brief gestohlen, den meine Tochter an ihren Verlobten geschickt hatte. Man hatte mir schreckliche Dinge über ihn erzählt. Außerdem war ich fast verrückt geworden. Ich hatte keine Ruhe. Ich dachte, Couillard wüsste etwas, und um ihn zum Reden zu bringen, legte ich die Perle in seine Brieftasche."

„Der Richter unterbricht die Angeklagte, doch sie schreit flehend: ‚Meine Herren Geschworenen, hören Sie mir zu, hören Sie mir zu!'

„Sie schluchzt, während sie spricht, und hält den Kopf zwischen den Händen, als fürchte sie, er könnte vor Schmerzen, die sie erdulden muss, schmerzen . , Wenn Couillard nicht schuldig ist und nichts sagen kann, dachte ich, dann werde ich gestehen, die Perle in die Brieftasche gelegt zu haben, und er wird freigelassen. Außerdem rief er aus, als man den Brief bei ihm fand: ‚Ich bin gefasst. Ich werde nur vor dem Richter sprechen.' War das nicht verdächtig, und war es nicht natürlich, dass ich in meinem Bestreben, die Mörder zu finden, voreilige Schlüsse zog ? Ich spreche die Wahrheit, ich fürchte nichts.'

„ DER PRÄSIDENT : , Sie hatten kein Recht, so zu handeln, wie Sie es getan haben.'

„ MADAME S. , , Verwendet die Justiz nicht ähnliche Methoden? Ich weiß einiges darüber.'

„ DER PRÄSIDENT . , Ich verbiete Ihnen, das Gesetz zu beleidigen. Sie sind hier vor Gericht.' ... (Allgemeiner Aufruhr; M. Trouard-Riolle, M. de Valles und Maître Aubin sprechen gleichzeitig.)

„ MADAME S. , ,Ich weiß, ich sage Ihnen, ich weiß es. Untersuchungsrichter foltern ihre Gefangenen, ob es nun Beweise für ihre Schuld gibt oder nicht, und sind zu allem bereit, um ihren Opfern ein Geständnis abzuringen.'

„ DER PRÄSIDENT . , Sie sprechen dummes Zeug, Madame. Im Namen der Ehre des Gesetzes protestiere ich.'

„ MADAME S. , ,Ich habe die Wahrheit gesagt. Ich sollte etwas über Untersuchungsrichter wissen...'''

Dann griff mich der Generalanwalt an und behauptete, ich würde lügen. Mein Anwalt sprang auf und rief aufgeregt: „Sir, ich verbiete Ihnen, meinen Mandanten zu beleidigen!" Es gab erneut einen Aufruhr, und als dieser sich gelegt hatte, erklärte ich ausführlich, warum ich Couillard und Wolff angeklagt hatte ...

Wenige Augenblicke später war die Anhörung zu Ende und ich fand mich in meiner kleinen Zelle im *Depot* wieder, umgeben von den freundlichen Schwestern von *Marie Joseph* mit ihren *Haarspitzen* und Hauben und ihren langen hellblauen Schleiern.

M. Desmoulin besuchte mich, ebenso wie Pastor Arboux, der leider aus unfassbarer Ungerechtigkeit nicht vor Gericht erscheinen durfte! Eine der Schwestern gab mir einen besonderen Trank, um meine Nerven zu beruhigen und mir beim Einschlafen zu helfen. Doch gegen 2 Uhr morgens wurden Gruppen von Obdachlosen hereingebracht, und ihr Geschrei und ihre Beleidigungen gegenüber den Schwestern weckten mich auf. Ich lag den Rest der Nacht ruhelos und schlaflos auf meinem Strohbett, dachte an Marthe und fragte mich, wann dieser schreckliche Alptraum wohl enden würde. Ich schrieb meinem Anwalt, gab ihm weitere Erklärungen und flehte ihn an, dies oder jenes zu sagen... Und dann ging ich zur Kapelle der Schwestern. Nicht weit von dieser hübschen kleinen Kapelle befanden sich die Zellen, in denen Bailly, Danton, Camille Desmoulins, Madame Roland und andere große Persönlichkeiten der Revolution auf ihre Hinrichtung warteten.

Mit der fünften Anhörung – am Samstag, dem 7. November – begann die Befragung der verschiedenen Zeugen. Der erste auf der Liste war Rémy Couillard, mein ehemaliger Kammerdiener. Er ging schnell zum

Zeugenstand, eine hagere Gestalt mit schlitzartigen Augen, einer langen Nase, eingefallenen Wangen, sehr kurz geschnittenem Haar, großen, ungeschickten Händen und der Uniform eines Dragoners – denn er verbüßte jetzt seine Dienstzeit in der Armee.

Couillard legte den Eid unter eindrucksvollem Schweigen ab – denn wie man mir gesagt hatte, galt er allgemein als „Dreh- und Angelpunkt der Anklage". Er begann rasch zu erzählen, wie er mich am 30. Mai 1908 um 5.45 Uhr „Rémy, Rémy!" rufen hörte und wie er mich gefesselt auf dem Bett im Zimmer meiner Tochter fand. Zur Verblüffung aller machte mein ehemaliger Diener völlig andere Aussagen als am Morgen nach der Nacht des Verbrechens. Er sagte zum Beispiel, er habe zuerst die Seile gelöst, mit denen meine Füße an die Bettpfosten gefesselt waren, und dann die, mit denen meine Handgelenke gefesselt waren; eine Decke und ein Laken hätten mich vollständig bedeckt; meine Hände seien „übereinander gelegt und auf dem Bauch ruhend" gewesen und mein Körper sei nicht mit einem Seil umwickelt gewesen …

Maître Aubin erinnerte Couillard natürlich daran, dass er am 31. Mai 1908 angegeben hatte, dass meine Kleider bis an meinen Hals gerutscht seien, dass meine Hände hinter und über meinem Kopf an den Bettpfosten festgebunden gewesen seien, dass ein Seil über meinen Körper und unter dem Bett hindurchgeführt worden sei und dass er, nachdem er zuerst die Seile gelöst hatte, die meine Handgelenke festhielten, mit Hilfe von M. Lecoq auch die Seile um meine Füße gelöst habe.

Im Gerichtssaal herrschte große Aufregung, als Couillard schwor, er habe gerade die Wahrheit gesagt, und als mein Anwalt ihm das Dokument vorlas, das am Morgen nach dem Verbrechen sozusagen nach Couillards Diktat verfasst und von ihm *unterschrieben worden war*.

Diese völligen Widersprüche in den Aussagen meines ehemaligen Kammerdieners kamen mir natürlich sehr zugute.

Es ist in der Tat nicht das Geringste an dieser außergewöhnlichen Verhandlung, die voller Vorfälle war, dass die Aussagen der meisten „Zeugen der Anklage" so offensichtlich böswillig und einseitig waren oder in einem solchen Ausmaß mit früheren Aussagen dieser Zeugen kollidierten, dass dies sehr zu meinen Gunsten sprachen und meine Unschuld bewiesen, während andererseits eine Reihe sogenannter „Zeugen der Verteidigung" in ihrem Bestreben, mir zu dienen, zu weit gingen und durch ihre Übertreibungen meiner Sache eher schadeten als halfen!

Rémy Couillard wiederum saß fünf Tage im Gefängnis, weil ich ihn angeklagt und ihm eine Perle in die Brieftasche gelegt hatte. Ich schuldete ihm eine öffentliche Entschuldigung und tat sie in aller Aufrichtigkeit. „Ich weiß, wie sehr ich Ihnen Unrecht getan habe. Sie hassen mich, aber ich habe schrecklich gelitten. Ich wiederhole, ich bereue, was ich Ihnen angetan habe. Verzeihen Sie mir." Mein ehemaliger Diener wandte sich an mich und antwortete: „Es ist alles in Ordnung, Madame, ich habe nichts gegen Sie." …

Nachdem die schriftlichen Aussagen von Herrn Lecoq verlesen worden waren – dieser Ingenieur, der Couillards Hilferufe als erster gehört hatte, befand sich damals in Amerika –, betrat Herr Albert Bonnot, ein fast sechzigjähriger Maler, der 1880 eine von Herrn Steinheils Schwestern geheiratet hatte, das Zeugengericht. Sein Atelier war nur durch eine kleine Mauer von unserem Garten getrennt.

M. Bonnot erklärte, dass er und seine Frau einst ein freundschaftliches Verhältnis zu mir gehabt hätten, bis sie vor etwa zehn Jahren die Beziehung abbrachen, er aber der Freund und Mitarbeiter seines Schwagers geblieben sei. Er erklärte weiter, dass „M. Steinheil einige Monate vor dem Verbrechen zutiefst deprimiert war" und fügte hinzu, dass „Frau Steinheil sich nie um ihren Mann gekümmert hat, als dieser krank war, sondern immer für drei oder vier Monate weggegangen ist, egal wohin."

Das war mehr, als ich ertragen konnte, und ich sprang auf, schmerzlich berührt von dieser falschen Anschuldigung, die offensichtlich erhoben worden war, um mich in den Augen der Jury zu ruinieren, und rief heftig aus: „Als mein Mann krank war, *Monsieur* , habe ich ihn mit einer Hingabe gepflegt, der Ärzte und andere hier vor Gericht zu gegebener Zeit zweifellos Tribut zollen werden."

M. Bonnot fuhr fort: „Ich sah meinen armen Schwager kniend und mit nach hinten hängendem Kopf. Er war kalt und steif… Seine Kleider lagen ordentlich zusammengefaltet auf einem Stuhl. Alles war in perfekter Ordnung. Es gab kein Blut und keine Trittspuren… Ich sah auch die Leiche von Frau Japy. Dann verließ ich den Ort."

DER PRÄSIDENT. „Sie haben die beiden Leichen gesehen und sind gegangen, ohne zu Frau Steinheil zu gehen?"

M. BONNOT: „Ich mochte sie nicht."

M. Bonnot vergaß, dem Richter zu sagen, dass er am selben Tag (31. Mai 1908) auf der Veranda vor einer Reihe von Zeugen, die es mir alle wiederholten, wütend ausgerufen hatte: „Daran besteht kein Zweifel; die Tat hat diese elende Frau da oben begangen!" M. Buisson, M. Boeswilwald und mehrere andere Personen, die diese schändliche Bemerkung hörten, waren so angewidert, dass sie die Fassung verloren und drohten, M. Bonnot aus dem Haus zu werfen.

Der nächste Zeuge war M. Adolphe Geoffroy, ein Bildhauer, der ebenfalls eine Schwester von M. Steinheil geheiratet hatte. Auch er griff mich heftig an.

Diese schmerzliche Anhörung, während der ich von Mitgliedern der Familie meines verstorbenen Mannes beleidigt worden war, endete mit den Aussagen von M. Bertillon, dem weltberühmten Anthropometrieexperten, der erklärte, dass es unmöglich gewesen sei, mehrere der Fingerabdrücke auf der Brandyflasche zu identifizieren, und von Dr. Lefèvre, der bestritt, jemals bezüglich der Art und Weise, wie ich gefesselt war, gesagt zu haben: „Es ist alles eine Täuschung", sondern dass er gedacht hätte, ich sei sicher gefesselt gewesen.

Nachdem die Verhandlung vertagt worden war, drängten sich Anwälte, Ärzte, Offiziere und Wachen eifrig um mich und gratulierten mir. „Es läuft prächtig, Sie werden gewinnen, es liegt nichts gegen Sie vor, die Staatsanwaltschaft wird sich nie von den Schlägen erholen, die sie erlitten hat." … Sie schienen alle über einen Ringkampf oder Boxkampf zu sprechen … Ich verstand nicht. Für mich schien es so offensichtlich, dass die Staatsanwaltschaft die Wahrheit nicht umhin konnte zu erkennen: meine völlige Unschuld … Und gleichzeitig dachte ich an M. André, der vor Monaten die gleichen Beweise gehört hatte und dennoch keine Sekunde gezögert hatte, zu dem Schluss zu kommen, dass ich des Mordes an meinem Mann und meiner Mutter schuldig war! Und mir kam der schreckliche Gedanke, dass die Jury möglicherweise seine Blindheit teilen würde und dass ich trotz meiner offensichtlichen Unschuld zum Tode verurteilt würde … oder zu lebenslanger Haft ! …

Ich schauderte, dankte hastig all diesen unbekannten Freunden, all diesen Sympathisanten um mich herum und eilte in meine Zelle, wo die Schwester Oberin zu mir kam und mich tröstete.

der Direktor des *Depots* blieb eine kurze Zeit in meiner trostlosen Zelle und sprach sehr freundlich mit mir, und später hörte ich den Schwestern in der Kapelle der *Conciergerie beim Singen* zu, so wie ich ein ganzes Jahr lang Nacht für Nacht den Schwestern in Saint-Lazare zugehört hatte.

Am nächsten Morgen kam wie jeden Morgen Pfarrer Arboux. Danach sah ich die Oberin, aber den größten Teil dieses endlosen Sonntags war ich allein und ging in einem der Höfe umher ... um mich aufzuwärmen, da es in der Zelle bitterkalt war.

Am nächsten Tag, Montag, 8. November, ging ich nach dem Besuch von M. Arboux wie üblich in die Kapelle, bis man mir sagte, dass „meine" beiden Wachen auf mich warteten.

Als der Richter und seine Kollegen eintraten, nachdem der Gerichtsdiener „ *La Cour, Messieurs* " (Das Gericht, meine Herren!) gerufen hatte, standen alle auf und setzten sich wieder, aber ich blieb stehen – und tat dies während der gesamten Verhandlung –, um zu hören, wie M. de Valles zu mir sagte: „Setzen Sie sich, *Madame* ." Dieses eine Wort „Madame" anstelle des in solchen Fällen üblichen Wortes „Angeklagter" war für mich eine Quelle großer Freude. Es versöhnte mich beinahe mit der Welt und mit meiner schrecklichen Lage.

„Madame", nur ein kleines Wort, aber es schien zu zeigen, dass ich in den Augen meines Richters noch nicht schuldig gesprochen worden war, dass die schreckliche Anklage noch nicht bewiesen worden war und dass ich für ihn zumindest noch immer eine Frau war – und eine Dame … Und Tag für Tag wartete ich auf diese willkommenen, erfrischenden Worte: „ *Asseyez vous, Madame* ."

Mehrere Zeugen kamen und sagten aus, darunter auch mein Arzt, Herr Acheray, der sich ein- oder zweimal widersprach und damit den Generalanwalt wütend machte, der ausrief: „Sie widersprechen sich ständig selbst. Das ist wirklich erstaunlich, und (hier eine wilde Geste) … Sie können gehen!"

Es kam zu einem großen Aufruhr; es gab Protestschreie, und M. Trouard-Riolle wandte sich an das Publikum und rief höhnisch: „Ich mache, was ich will, und lache über Ihre Kommentare!" Eine Bemerkung, die den Aufruhr nur noch steigerte …

Ich fragte mich, wie das alles enden würde. Was hatte das alles zu bedeuten? Alle redeten gleichzeitig; ich konnte Männer aufgeregt reden und sogar lachen hören und sehen. Warum diese persönlichen Diskussionen zwischen der Anklage und den Zeugen ? … Und die ganze Zeit über ertrug ich eine unsägliche Qual, die mit jeder Anhörung zunahm. Hatten damals alle außer mir vergessen, dass ich eines grausamen Mordes angeklagt war ? …

Ich weinte... Und dann traten Ärzte und Experten nacheinander vor das Zeugengericht... Es war entsetzlich, diesen grausigen Einzelheiten zuzuhören... Dr. Courtois-Suffit erklärte, er glaube, meine Mutter sei vor meinem Mann ermordet worden und es habe mehr als einen Mörder gegeben. Dr. Augier erklärte, er habe in den Körpern der Opfer keinerlei Spuren von Gift oder Narkotika gefunden, und Dr. Balthazard hielt einen langen Vortrag über die Autopsie, die Flecken auf dem Teppich, die Watteknebel und was nicht alles... Es war alles so technisch, so weit hergeholt, so nutzlos, dass ich versuchte, nicht zuzuhören, und ausnahmsweise wanderte mein Blick nach links im Gerichtssaal, wo sich Anwälte, Journalisten und das Publikum dicht gedrängt hatten.

Ich sah Monsieur Renouard, Monsieur Scott, Monsieur Sem und andere Künstler, die Skizzen anfertigten, und verschiedene Fotografen, die verstohlen Schnappschüsse machten. Da war Monsieur Claretie, der Direktor des *Théâtre Français* ; Monsieur Bernstein, der bekannte Bühnenautor; Monsieur Paul Adam, der begabte Autor … Ich sah mehrere Inspektoren, die monatelang Hinweisen nachgegangen waren und ihr Bestes getan hatten, um mir zu helfen … Ich sah den weißhaarigen Rochefort, den berühmten Journalisten, dessen unerschöpflicher Vorrat an Kampfgeist jahrzehntelang dazu diente, jeden und alle anzugreifen. In den Tagen Napoleons III. griff er im *Figaro Monsieur de Morny und die kaiserliche Regierung an* ; später griff er die Republik an. Er war ein rasender Boulangist und ein rasender Anti-Dreyfusard gewesen; jetzt war er ein rasender Anti-Steinheilist, wenn ich dieses Wort erfinden darf. *Während meines Prozesses veröffentlichte er Tag für Tag* einen Artikel gegen mich. Später sah ich einige dieser Artikel und fand, dass sie in einem äußerst beleidigenden, empörenden und wilden Stil geschrieben waren. Es gab kaum eine Beleidigung, die mir in diesen wütenden – und aufreibenden – Angriffen nicht entgegengeschleudert wurde, und der unbezähmbare „Rochefort", der Marquis von Rochefort-Luçay, fand, nachdem er sein übliches Vokabular an Verachtung, Diffamierung und Obszönität erschöpft hatte, einen wunderbaren Namen für mich, einen eleganten, kultivierten, malerischen Namen, den er in all seinen Artikeln wiederholte; er nannte mich „den schwarzen Panther"!...

Nach der Anhörung - und zwischen den kurzen Unterbrechungen, die der Richter gewährte, wenn ich zu erschöpft oder zu krank war - wurden mir Stapel von Briefen ausgehändigt ... Darunter befanden sich Liebesbriefe, darunter tägliche Nachrichten von einer wichtigen Persönlichkeit des Gerichts und einem „glühenden Verehrer" ... Die bittere Ironie des Ganzen ! ...

Ich war so aufgeregt und demoralisiert, dass ich am nächsten Tag, als ich wieder einmal mit Fragen gequält wurde, die ich schon unzählige Male beantwortet hatte, ausrief: „Reizen Sie mich nicht weiter … Bisher habe ich mich vollkommen diskret verhalten, aber wenn ich dazu gezwungen werde, werde ich aufhören, diskret zu sein!" Mein Anwalt sprang vor mir von seiner Bank auf und flehte mich an, ruhig zu bleiben. Ich glaube sogar, er drohte, den Saal zu verlassen, wenn ich noch einmal so reden würde … Armer Maître Aubin! Wie froh muss er gewesen sein, als der Prozess vorbei war ! …

Bei dieser sechsten Verhandlung wurden eine Reihe unbedeutender Zeugen vernommen; M. Souloy, der Juwelier, aus dessen Aussagen hervorging, dass von den zwölf Juwelen, die mir gehörten, und den elf, die meiner Mutter gehörten, 18 nie gefunden wurden; M. Boin, der zugab, dass ich zumindest in einigen Fällen doppelte Sätze identischer Juwelen besaß; M. und Mme.

Chabrier und andere ... Aber die wichtigsten Aussagen waren die von M. Hutin und M. de Labruyère, bekannt aus der „Nacht der Beichte"!

Herr de Labruyère sprach in traurigem Ton, aber Herr Hutin versuchte es mit billigem Humor. Er sagte zum Beispiel: „Madame Steinheil war in einem schrecklichen Zustand der Depression – ich auch", und „Man kann Journalist sein und trotzdem ein Mann, besonders in Gegenwart einer Frau."

Nachdem er sich höflich in meine Richtung verbeugt hatte, sagte Herr de Labruyère aus und schilderte die „Nacht der Beichte", wobei er gewissermaßen die Rede von Herrn Hutin wiedergab. Natürlich bestritt er, dass er oder sein Kollege mich im Geringsten schikaniert hätten.

Ich darf hier feststellen, dass das gesamte „Publikum" – mit Ausnahme natürlich der Richter – seiner Empörung über das Verhalten gewisser „geschäftstüchtiger" Journalisten in meinem Fall unmissverständlich Luft machte.

Am nächsten Tag wurde meine Köchin Mariette Wolff als Zeugin vorgeladen. Es heißt, dass man Menschen, die man am besten kennt, nicht leicht beschreiben kann. Deshalb werde ich die Wortskizze von Mariette zitieren, die ein bei der Verhandlung anwesender Schriftsteller angefertigt hat, sowie die Zusammenfassung ihrer Aussage.

„Mariette sieht aus wie eine alte Bäuerin aus einem von Balzacs Romanen. Sie ist klein und rund. Ihre wenigen grauen Haare sind aus ihrer faltigen Stirn zurückgekämmt. Sie hat eine starke Nase und schreckliche Augen – aber wenn sie will, kann sie ihren Ausdruck mildern. Zwischen der Nase und dem störrischen kleinen Kinn, das an einen vertrockneten Holzapfel erinnert, ist kaum eine Lücke. Sie macht einen außergewöhnlichen Eindruck von Stärke, Schlauheit und Hartnäckigkeit. Man kann deutlich sehen, dass sie nicht mehr sagt, als sie will, und dass keine Macht der Welt sie dazu bringen kann, gegen ihren Willen zu sprechen. Sie trägt ein altes schwarzes Kleid, ein Stück Pelz und eine bescheidene schwarze Haube. Ganz fest nimmt sie ihre Position vor dem Zeugenstand ein, hebt ihre großen gelben Hände und leistet den Eid mit rauer Stimme, ohne den Hauch von Zögern oder Nervosität.

„Frau Steinheil, deren Gesichtszüge die langen Stunden des Prozesses deutlich ablesbar sind, verfolgt die Bewegungen ihrer ehemaligen Köchin mit großer Aufmerksamkeit ...

„Als Antwort auf die Fragen des Präsidenten erklärt Mariette, dass sie 1854 geboren wurde und seit über fünfzehn Jahren Witwe ist. Sie lernte die Steinheils vor sechzehn Jahren kennen.

„ DER PRÄSIDENT . , Hatte Frau Steinheil ein gutes Verhältnis zu Ihren Kindern?'

„Ja, sie kannte sie alle."

„M. de Valles beginnt, Mariette eine Reihe heimtückischer Fragen zu stellen, aber die alte Frau ist wunderbar scharfsinnig. Sie hat die Gabe, sich nicht festzulegen, was Belustigung und Bewunderung hervorruft.

„Es ist von Anfang an ziemlich offensichtlich, dass sie ihr Möglichstes tun wird, um ihre ehemalige Geliebte zu schützen.

„‚Frau Steinheil war eine gute Hausfrau, nicht wahr?', fragt der Präsident sanft.

„Jawohl, Herr Präsident."

„‚Und sie hat Ihnen bei der Arbeit geholfen?'

"'Sie tat.'

„‚Trotz der schweren Arbeit?'

"'Ja.'

„‚Und sie war stark, nicht wahr? Sie konnte Möbelstücke hochheben, nicht wahr?'

„Aber die alte Frau hatte die Falle erkannt. Trotz ihrer scheinbaren Einfalt ist ihr – wie uns allen – klar, dass der Richter, wenn sie diese Frage bejaht, daraus schließen wird, dass eine Person, die schwere Möbel verschieben kann, auch stark genug ist, jemanden zu erwürgen und eine Leiche herumzuschleifen. Mariette antwortete ruhig: ‚Meine Herrin hat getan, was sie konnte, wie jeder andere auch.'

„M. de Valles knabbert an seinem Papierschneider, zieht die Augenbrauen hoch und seufzt.

„Sein Verhör betrifft nun das *Vert-Logis*, die Villa der Steinheils in Bellevue bei Paris . , Madame Steinheil hatte viele Liebhaber', sagt er. Maître Aubin korrigiert: ‚Viele Besucher meinen Sie.'

„ DER PRÄSIDENT . , Frau Wolff, ich möchte, dass Sie der Jury sagen, ob Sie sich daran erinnern, Frau Steinheil kurz nach dem Mord ausrufen gehört zu haben: ‚Endlich bin ich frei!' Sie haben es während der Untersuchung zugegeben.'

„Sie war zu der Zeit krank und sie meinte sicher nicht, dass sie sich darüber freute, Witwe zu sein. Frauen sagen eine Menge Dinge, wenn sie krank sind. Sie meinte wahrscheinlich, dass sie froh war, dass ihre Krankenschwester das Zimmer verlassen hatte, denn sie kümmerte sich wenig um sie."

„Mariette legt sich nie fest. Sie erinnert einen stark an den normannischen Bauern, der, als man ihn nach seiner Meinung zur Apfelernte fragte, antwortete: ‚Man kann nicht sagen, dass es Äpfel gibt, weil es keine Äpfel gibt, aber man kann auch nicht sagen, dass es keine Äpfel gibt, weil es Äpfel gibt.‘

„Der Präsident setzt seine Befragung fort: ‚Hat Frau Steinheil ihren Mann geliebt? Das müssen Sie wissen, denn niemand weiß mehr über die Menschen als ihre Bediensteten.‘

„Diener sehen alles, sollten aber nichts sagen.“

„‚Es steht fest, dass Frau Steinheil ihren Mann einmal in sein Atelier schickte...‘

„‚Nun, was beweist das? Sogar die ergebenste Ehefrau verliert manchmal die Fassung...‘

„‚Hat Frau Steinheil ihre Mutter geliebt?‘

„Als Frau Japy kam, wurde sie willkommen geheißen …“

„‚Wie erklären Sie dann, dass Frau Steinheil einmal sagte: „Schon wieder Mutter“?‘

„So etwas kann selbst die beste Tochter sagen.“

„‚Frau Steinheil schickte Sie einige Zeit nach dem Verbrechen nach Vert-Logis, um eine kleine Schachtel zu holen, in der sich vermutlich ihre Juwelen befanden. Was befand sich in dieser Schachtel?‘

„‚Ich weiß es nicht. Die Bediensteten dürfen nicht wissen, was solche Pakete enthalten.‘

„Sie sind ein vorbildlicher Diener“, sagt der Präsident ironisch.

„‚Ich bin kein Model, danke.‘

„‚Haben Sie den Morgenmantel Ihrer Herrin nach dem Verbrechen zum Färber gebracht?‘

„‚Ich erinnere mich nicht. Es ist möglich.‘ …

„‚Wussten Sie etwas über die Wandteppiche, die in der Nacht des Verbrechens aus dem Atelier verschwanden?‘

„‚Ich habe sie nie gesehen.‘

„‚Dann stehen Sie im Widerspruch zu Frau Steinheil?‘

„‚Ich habe nichts mit dem Studio zu tun; ich wage mich nur sehr selten hinein … Ich bin Koch und mein Platz ist in der Küche.‘

„Der Präsident stellt dann, um sie zu erwischen, sehr schnell eine Reihe von Fragen zu den Ereignissen, die der ereignisreichen Nacht unmittelbar vorausgingen und folgten, aber es handelt sich um einen Fall von Amnesie … Mariette erinnert sich an nichts. ‚Nach all diesen Schrecken', sagt sie, ‚sind unsere Erinnerungen leer.'

„Der Präsident befasst sich jetzt mit den Ereignissen in der anderen verhängnisvollen Nacht, der ‚Nacht der Beichte'.

„„Was geschah am Abend des 25. November?'

„„Drei Journalisten, die uns ständig belästigten, die Herren de Labruyère, Hutin und Barby, trafen um halb acht ein. Madame kam erst um neun.' …

„„Haben Sie an der Tür gelauscht? Zeugen haben es bestätigt.'

„„Das ist falsch. Sie sollen kommen und es mir sagen.' Mariette ist ganz wütend.

„„Als Ihre Herrin zu Bett ging, haben Sie lange mit ihr gesprochen?'

„„Ist das nicht natürlich? Die arme Frau sah aus wie eine Leiche. Sie bat mich um Strychnin. Sie wollte sterben und ich wiederholte immer wieder: „Es ist alles in Ordnung … seien Sie ruhig." Und dann, als ich sah, dass M. Barby hinter mir zuhörte, sagte ich ihm: „Sie haben hier nichts zu suchen. Verschwinden Sie."'"

„Mariette verwendet die stärksten Ausdrücke der französischen Sprache, um einen schnellen Abgang anzuordnen. Sie spricht so vehement und, das muss man hinzufügen, überzeugend, dass jeder im Gericht beeindruckt ist. Wieder einmal gibt es ein allgemeines Gemurmel der Missbilligung über das Verhalten bestimmter Journalisten."

Herr von Balincourt erschien kurz. Er stammelte ein paar Worte und ging weg.

Als nächster Zeuge erklärte Herr Bdl., dass er nie daran gedacht habe, zu heiraten. Er schloss seine Aussage mit den Worten: „Ich bin von der absoluten Unschuld von Frau Steinheil überzeugt." Ihm folgte in die Zeugenvernehmung einer seiner Freunde, Herr Martin. Nachdem er erklärt hatte, dass zwischen Herrn Bdl und mir nie eine Heirat in Frage gekommen sei, wandte er sich mir zu und sagte: „Madam, Sie sind von allen schockierend im Stich gelassen worden, aber Sie haben meine volle Wertschätzung."

Donnerstag, 11. November. Der Prozess geht in seine Schlussphase. Einige Zeugen kommen und sagen aus, alle sind zu meinen Gunsten... Einer von ihnen, Inspektor Pouce, ruft tapfer aus: „Wenn Frau Steinheil mir gesagt hätte, dass sie schuldig ist, hätte ich ihr nicht geglaubt."...

Dann kommt ein Mann mit militärischer Haltung herein, den ich kaum wiedererkenne, dessen Stimme aber, als er den Eid ablegt, einen Schauer durch meinen gebrochenen Körper jagt. Ich erkenne ihn jetzt ... Es ist Sheffer, der Freund meiner Jugend, mein *Verlobter* für ein paar Monate, meine erste Liebe ... vor über zwanzig Jahren ! ... Tränen steigen mir in die Augen und ich verstecke meinen Kopf zwischen meinen Händen ...

Beaucourt ! ... Mein geliebter Vater.... Die Kastanienallee... unsere Treffen... unsere bezaubernde, unschuldige Idylle....

M. Sheffer erzählt leise und traurig die Geschichte unserer schönen, süßen Romanze... Ich war damals achtzehn und das glücklichste Mädchen auf Erden, mit einer hingebungsvollen Mutter und dem besten aller Väter... Und der junge Leutnant liebte mich, und ich liebte ihn... Das Leben war schön, und die Zukunft lächelte mir zu...

Und da steht mein Verlobter... Ich habe ihn seit über zwanzig Jahren nicht mehr gesehen. Er steht dort an der Bar. Ich kann spüren, wie seine Augen von Zeit zu Zeit freundlich auf mir ruhen, wenn er sich an die Vergangenheit erinnert... „Sie war ein bezauberndes junges Mädchen, kultiviert, bescheiden, künstlerisch begabt... Sie verehrte ihren Vater und ihre Mutter... Marguerite ist unfähig, das monströse Verbrechen begangen zu haben, das ihr zur Last gelegt wird...“ Mein Gott! Mein Gott! Und ich bin diese Marguerite Japy, und ich sitze auf der Anklagebank und werde wegen Mordes angeklagt... Gibt es keine Gerechtigkeit auf dieser Welt! Wie lange soll ich noch zu Unrecht angeklagt werden? Wie lange soll ich noch leiden? Hat mein Martyrium dann nicht genug gedauert...

M. Sheffer hört auf zu sprechen... Ich höre, wie er sich umdreht, um den Saal zu verlassen. Ich hebe den Kopf und unsere Blicke treffen sich... In seinen Augen liegt zartes Mitleid; in meinen sind Tränen... Oh! Wann wird das alles enden?

Das Schlimmste kommt. Der Generalanwalt erhebt sich und wirft seine roten Ärmel zurück. Die tragischste Stunde ist gekommen... Welche schrecklichen Anschuldigungen wird er erheben? Welche Strafe wird er für das Verbrechen fordern, das ich nie begangen habe !...

Kapitel 30

Die Rede der Anklage – die Rede der Verteidigung

Die Dämmerung ist hereingebrochen. Ein Wärter betätigt die Schalter nacheinander, mit einem scharfen, trockenen Geräusch klappernder Knochen, und der Hof wird mit Licht überflutet. Dieses kleine Geräusch und das plötzliche Licht gehen mir auf die Nerven und tun mir weh ... Ich bin kein normaler Mensch mehr. Manchmal weiß ich nicht, wer ich bin oder wo ich bin oder was um mich herum geschieht ... Trotzdem kenne ich diesen großen Mann mir gegenüber und kann in seinen blutunterlaufenen Augen lesen, dass er mir so viel Schaden wie möglich zufügen will. Ich halte mich fest an der Holzwand vor mir; wenn ich loslasse, habe ich das Gefühl, ich werde fallen ... Und ich darf, ich werde nicht fallen, in dieser entscheidenden Stunde. Ich denke an Marthe ...

Mit tiefer, rauer Stimme beginnt M. Trouard-Riolle:

„Meine Herren Geschworenen, Sie haben acht Anhörungen mit äußerster Geduld durchgestanden. Sie haben achtzig Zeugen angehört. Sie haben die Experten angehört. Der Präsident hat die umfangreichen Akten gründlich durchgesehen ... Die Arbeit und die Belastung waren wirklich schrecklich ...“

Jetzt lässt er meine Lebensgeschichte Revue passieren ... Jede Tatsache, jeder Vorfall, seit ich ein fünfjähriges Mädchen war, wird umgedreht und verdreht, so dass er meiner Sache schadet. Missbilligendes Gemurmel unterbricht diese monströse Rede des Staatsanwalts, aber er fährt unerbittlich fort; und während er seine Anschuldigungen ausstößt, als wären sie persönliche Angriffe, als würde er mich verabscheuen und wünschen, dass die ganze Welt es erfährt, blitzen seine Augen immer grimmiger ...

Es gibt *keinerlei Beweise* für meine Schuld, aber wie Herr André ist Herr Trouard-Riolle davon überzeugt, dass ich schuldig bin, und das genügt. Er ist da, um zu verfolgen, anzuklagen, die schwerste Strafe zu fordern, und er tut dies unerbittlich, verächtlich und wild. Und er scheint seine „große“ Aufgabe zu genießen.

Er hat noch keine fünf Minuten gesprochen, bevor er mich – er beschäftigt sich mit meiner Kindheit – als vollendete Kokette und Lügnerin brandmarkt!

Ihm zufolge müssen die Eltern von M. Sheffer gute Gründe gehabt haben, gegen die Verbindung ihres Sohnes mit der gefährlichen Marguerite Einspruch zu erheben ! ... Ihm zufolge habe ich M. Steinheil geheiratet, weil er angesehene Beziehungen hatte und in Paris lebte, und weil ich darauf erpicht war, in der Gesellschaft zu glänzen ... „Glänzen war schon immer ihr größter Ehrgeiz, und sie schreckte vor nichts zurück, um ihre Ziele zu erreichen!" ... Jetzt beschäftigt er sich mit meinen Liebesaffären. Ich bin nicht nur eine *Komödiantin* und eine gefährliche *Lügnerin* , ich bin nicht nur eine unmoralische, sondern auch eine *geldgierige* Frau! M. Trouard-Riolle vergisst völlig, dass M. de Valles vor ein oder zwei Tagen meine „absolute Uneigennützigkeit" glühend gewürdigt hat, und donnert heraus, dass ich eine niederträchtige, schlaue, berechnende Geschäftsfrau bin ! ...

Während Monsieur Trouard-Riolle weiterhin mein Privatleben kritisiert, frage ich mich, wie *er es wagen kann, über mich* zu urteilen ! Ich möchte sprechen und herausschreien, was ich fühle, aber meine drei Anwälte ermahnen mich noch einmal, ruhig zu bleiben, und Maître Aubin flüstert mir mit der für ihn so typischen, durchtriebenen *Gutmütigkeit* zu: „Lassen Sie ihn Sie blind beschuldigen ... er macht mir meine Aufgabe nur leichter!"

" zwei Frauen stecken : die Frau mit der musikalischen, bezaubernden, schmeichelnden Stimme, die erobert und betrügt, und die Frau, die droht, angreift und vor nichts haltmacht.

„Das Motiv des Verbrechens war das Bestreben von Frau Steinheil, eine reiche Frau zu heiraten, weil sie ihren Mann hasste und in finanziellen Schwierigkeiten steckte", und dann folgt diese dramatische und unerwartete Erklärung: „Frau Steinheil hat ihren Mann mit oder ohne die Hilfe eines Komplizen ermordet. *Aber der Vorwurf des Muttermordes ist nicht hinreichend belegt* ...

Freitag, 12. November. M. Trouard-Riolle setzt seine Rede für die Anklage fort. „Ich habe die äußerste Grenze meiner körperlichen und geistigen Belastbarkeit erreicht. Ich kann nur schwer atmen und kann meine Augen kaum öffnen. In der Nacht hatte ich einen schrecklichen Nervenanfall und immer wieder kamen mir Ärzte zu Hilfe. Ich klammere mich an die Trennwand vor mir, kann sie aber nicht spüren. Meine Sinne sind taub, leider bis auf mein Gehör ...“

M. Trouard-Riolle spricht, spricht, spricht – seine Rede dauert insgesamt fast sieben Stunden.

...Es gab keinen Kampf, keine Gewalt; die ganze Angelegenheit war eine Farce..., erklärt er. Das Türschloss war nicht manipuliert, und ein falscher Schlüssel konnte nicht verwendet worden sein, da der echte Schlüssel im Schloss auf der Innenseite gefunden wurde... Deshalb öffnete Frau Steinheil selbst die Tür, um ihren Komplizen einzulassen ! ... Achten Sie nicht auf die Haltung von M. Bdl , meine Herren Geschworenen... Sie können von einem Mann, der der Liebhaber einer Frau war, nicht erwarten, dass er gegen sie aussagt... Um sich zu entlasten, beschuldigt sie überall Leute, irgendjemanden... Warum hat sie einen Fall wiederbelebt, der fast in Vergessenheit geraten war? Wegen der Haltung von M. Bdl . Ihr Mann war gegen die Scheidung. Sie war in finanziellen Schwierigkeiten. M. Bdl. war reich... Sie hat ihren Mann getötet... Als sie andere des Verbrechens beschuldigte, das sie begangen hatte, war sie in einem nervösen Zustand, und es waren die Anfälle von Raserei aufgrund der erbarmungslosen und aufwühlenden Fragen einiger Journalisten, die sie, wie sie sagt, dazu brachten, falsche Anschuldigungen zu erheben... Und doch haben Sie, meine Herren Geschworenen, sie in diesem Gericht beherrscht, furchtlos und unverschämt gesehen, wie sie alle Fragen bereitwillig und ohne zu zögern beantwortete... Bedenken Sie, dass diese Frau lügt, so wie sie atmet...

„... Die Männer in den schwarzen Gewändern, die rothaarige Frau? Eine Fabel !... Eine politische Seite des Mysteriums? Unsinn !... Einbruch? Den gab es nicht !... Warum haben die Mörder von Herrn Steinheil und Frau Japy nicht auch Frau Steinheil ermordet? Sie behauptet, es liege daran, dass sie sie für ihre Tochter hielten... Aber ich sage, dass Mörder von einem sechzehnjährigen Mädchen ebenso gut erkannt werden können wie von einer neununddreißigjährigen Frau... In beiden Fällen hätten sie kein Mitleid gehabt... Die Tatsache, dass sie verschont wurde, beweist, dass sie an dem Verbrechen beteiligt war...

„Sie war so locker gefesselt, dass sie sich leicht hätte befreien, zum Fenster rennen und um Hilfe rufen können... Aber sie musste ihren Teil dazu beitragen, und das tat sie... Sie war krank, als man sie am nächsten Morgen fand? Natürlich war sie das! Jede Frau wäre erschüttert, nachdem sie ihren Mann ermordet und den Tod ihrer Mutter miterlebt hat...

„... Was für außergewöhnliche Einbrecher, meine Herren Geschworenen. Sie hatten Revolver, begingen das Verbrechen jedoch mit Stricken und Watte !...

„Wie kam es zu dem Verbrechen? Es ist ganz klar:

„Frau Steinheil hasst ihren Mann und will ihn loswerden, weil es einerseits einen Ehemann gibt, den sie verachtet, und andererseits einen reichen Liebhaber, dessen Frau sie werden möchte. Sie sagt sich, wenn man sie eines Nachts gefesselt neben der Leiche ihres Mannes findet, wird jeder sie für schuldig halten. Dann ruft sie mit ihrem perfiden Temperament ihre Mutter nach Paris in das Haus in der Impasse Ronsin, nicht um sie zu töten, sondern um sie dort als Zeugin des vorgetäuschten Angriffs zu haben. Sie plant, dass sowohl ihre Mutter als auch sie selbst gefesselt werden sollen.

„Frau Steinheil geht hinunter und öffnet die Tür einem Mann oder einer Frau, aber wahrscheinlich einer Frau.

„Wir hatten nicht genügend Beweise, um eine Verhaftung vorzunehmen... Dann gingen Frau Steinheil und diese Frau oder Frau Steinheil und dieser

Mann nach oben, nachdem sie in der Küche den Strick genommen hatten. Es war nicht beabsichtigt, Frau Japy zu ermorden, aber während sie gefesselt und ihr die Watte in den Mund gestopft wird, geschieht etwas Unvorhergesehenes… Herr Steinheil wird durch ihre Schreie geweckt, und die beiden Frauen oder die Frau und der Mann stürzen sich auf ihn. Eine hält seinen Körper fest, die andere erwürgt ihn. Der Maler fällt tot um…

„Inzwischen hat sich das Gebiss von Frau Japy gelöst und sie ist erstickt. Um ihren Tod sicherzustellen, haben sie sie erwürgt. Zuerst glaubte ich nicht, dass Frau Steinheil schuldig war. Aber jetzt ist meine Überzeugung gefestigt. Wenn ich auch nur den geringsten Zweifel gehabt hätte, hätte ich es Ihnen gesagt, aber im Gegenteil, ich sage, das Werk verrät seinen Autor, und der Autor ist da.“

Ich blickte zu M. Trouard-Riolle auf und sah, wie er auf mich zeigte. Dann ereignete sich ein außergewöhnlicher Vorfall: Der Generalanwalt wandte sich an die Jury und fügte hinzu: „Sie war die Täterin des Verbrechens; und als sie in ihrem mehr oder weniger unmittelbaren *Umfeld* jemanden fand, eher eine Frau als einen Mann, rief sie diese Frau oder diesen Mann vor, wobei sie sich auf sein oder ihr Schweigen verließ. Wenn es dem Gesetz möglich gewesen wäre, den einen oder den anderen festzunehmen, hätten wir sie verhaften lassen. Aber wir glauben nicht, dass wir genügend Beweise hatten, um es zu wissen und zu sagen: ‚Es ist dieser oder jener …‘ Meine Herren, Sie müssen die Verantwortung für ein Urteil übernehmen, so wie ich die für eine Anklage übernehme. Ich übergebe Ihnen das Schwert der Gerechtigkeit und vertraue darauf, dass Sie ein ebenso weises wie festes Urteil fällen werden.“

Ich bin verwirrt… Es herrscht allgemeiner Aufruhr. Das ganze Gericht erhebt sich… Ich sehe Mariette am einen Ende des Saals wild gestikulieren. Es ist klar, dass der Generalanwalt Mariette und ihren Sohn Alexandra meinte… Aber beide wurden als Zeugen aufgerufen, beide wurden von M. Leydet und später von M. André vollständig entlastet. Ist das alles also eine grausame Farce?

Maître Aubin erhebt sich wie von einer Feder getrieben und donnert: „Sie sind zu ehrlich, *Monsieur l'Avocat-Général* , um die Frage, die ich Ihnen jetzt stellen werde, nicht zu beantworten: Ich möchte wissen, ob Sie mit den Andeutungen, die Sie gerade gemacht haben, auf Mariette Wolff oder ihren Sohn angespielt haben?“

Im Gerichtssaal ertönt Beifall; Anwälte und Journalisten klettern auf die Bänke und Tische. Ich schaue Herrn Trouard-Riolle an… Er antwortet meinem Rat nicht, sondern macht eine ausweichende Geste und wendet sich dem Präsidenten zu, der die Sitzung unterbricht…

Hände ergreifen meine Arme und mit Hilfe der Wachen verlasse ich den Gerichtshof.

Samstag, 13. November 1909, Mittag. Die letzte Anhörung, das Ende meines Prozesses; zumindest hoffe ich das, als ich auf die Anklagebank stolpere, unterstützt von den Wachen, die mir leise Worte der Ermutigung zuflüstern. Die Atmosphäre ist erdrückend. Ich kann kaum sehen, aber ich spüre, dass im Gerichtssaal viel mehr Leute sind als sonst. Ich sinke auf meine Bank. Der Präsident bemerkt, dass der Vorsitzende der Jury, M. Poupard, nicht da ist, und erkundigt sich nach dem Grund seiner Abwesenheit. Einer der Geschworenen sagt, er habe gehört, der Vorsitzende sei krank. Die Sitzung wird vertagt.

13.00 Uhr Ich werde zu meiner Werkbank zurückgeführt. Herr de Valles liest ein Telegramm des abwesenden Vorarbeiters vor: „Ich bin krank. Lassen Sie mich ersetzen. Poupard." Doktor Socquet wird geschickt, um zu sehen, ob der Vorarbeiter bald wieder gesund genug ist, um zu kommen, und die Sitzung wird erneut unterbrochen.

14.30 Uhr Wieder läutet die Glocke. Zum dritten Mal betrete ich die Anklagebank. Die Richter erscheinen. Doktor Socquet sagt, der Vorarbeiter sei in der Nacht zuvor erkrankt und leide an Bronchitis, er könne nicht als Geschworener dienen. Ein neuer Geschworener, der bei allen Anhörungen anwesend war, wird vereidigt.

Und nun herrscht Totenstille im Gericht. Mariette geht zum Zeugenstand: „Ich habe gehört", sagt sie laut und unverblümt, „dass mein Sohn und ich als Mörder bezeichnet wurden... Ich verlange eine Entschuldigung."

Der Präsident antwortet, dass sie vom Generalanwalt nicht offiziell benannt worden sei, erklärt den Vorgang für abgeschlossen und fordert Mariette auf, sich zurückzuziehen.

Maître Aubin erhebt sich und beginnt seine Verteidigungsrede.

„Meine Herren Richter, meine Herren Geschworenen, nach langem Zögern, nach den Skrupeln und Zweifeln, die er Ihnen gestern zugegeben hat, ist der Generalanwalt in seiner Überzeugung von der Schuld von Frau Steinheil beharrlich geworden."

Das ist alles, was ich höre. Ich habe kein Atom Kraft mehr in mir. Ich falle nach vorn, den Kopf auf die Hände, die auf der hölzernen Trennwand ruhen ... und warte. Dreimal wird die Rede meines Anwalts durch Unterbrechungen unterbrochen; dreimal werde ich von meinem Platz in das Wachzimmer gezerrt; dreimal werde ich dorthin zurückgezerrt und frage mich, wann diese unsägliche Qual enden wird ...

Während ich dies schreibe, liegt mir die *Plaidoirie* von Maître Antony Aubin vor, ein Auszug aus der „Review of Great Contemporary Trials", und ich werde daraus einige Seiten zitieren, die sich mit Tatsachen befassen, die dem Leser noch nicht vollständig erklärt wurden, sowie einige Passagen mit Anmerkungen, die ich aus zweifellos offensichtlichen Gründen nicht selbst hätte machen können ...

„... Ich suche nur die Wahrheit. Frau Steinheil verdient nicht unbedingt Lob; aber noch weniger verdient sie die Härte, mit der Sie sie behandelt haben. Kein Podest, kein Pranger ! ... Der Generalanwalt hat sich in den letzten fünf Monaten mit dem Studium der Akte erschöpft, aber er ist an Frau Steinheil vorbeigegangen. Er hat sie nicht studiert ... Offen gesagt, er weiß nichts über sie.

„Frau Steinheil war freundlich, zuvorkommend, aufmerksam, allen gegenüber ergeben ... und was das Wichtigste von allem ist: ihrem Mann selbst."

„Lassen Sie es uns beweisen.

„Zu zeigen, dass sie ihrer Familie gegenüber die Güte selbst war – gegenüber Frau Seyrig, gegenüber ihrem Bruder Julien und gegenüber Frau Herr –, ist nichts einfacher. Was Frau Seyrig betrifft, wird ein Beispiel genügen – der folgende Brief, den Frau Seyrig am 23. September 1903 aus Bizerte an ihre Schwester sandte.

„ MEINE LIEBE MEG , ich hoffe, es geht dir besser ... Mein Mann war dumm genug, sein Geld in Immobilien anzulegen ... Es tut mir leid, dich zu belästigen, wenn du krank bist, aber ich glaube, du, die du Julien gerettet hast, wirst nicht zögern, uns zu retten. Ich weiß nicht, wie ich weitermachen soll. Ich glaube, ich werde krank, wenn Henri diese 20.000 Francs nicht hat." ...

„Das Geld wurde an Frau Seyrig geschickt ...

„Hier ist ein neuer Brief von Frau Japy an ihre Tochter:

„ MEINE LIEBE KLEINE MEG , wie sehr du doch ein weniger anstrengendes Leben brauchst, mein liebes Kind, und wie sehr würde ich es lieben, wenn du die Kraft hättest, andere Menschen aufzugeben und ein bisschen mehr an dich selbst und an die Pflege zu denken, die deine Gesundheit unbedingt verlangt. Versuch zu lernen, meine Angebetete, an dich selbst zu denken und zu vergessen, immer anderen gefallen zu wollen ..."

„Was denkt die Anklage darüber? Diese Frau, immer so ergeben – nein, zu ergeben – wer kannte sie? Die Realität ignorierend, die schrecklichsten unwahren Gerüchte willkommen heißend, nie vor unentschuldbaren Verleumdungen zurückschreckend und von der Raserei des Schreibens mitgerissen ... haben Journalisten die Aussage gedruckt, dass ‚Frau Steinheil ihre Mutter verabscheute, verabscheute'. ... Ich habe diese grausame Verleumdung gelesen und wieder gelesen! Und ich, der ich den Schrecken kannte, habe geschwiegen; ja, während dieser langen *Belehrung* habe ich den Schlamm fließen lassen, ich habe nichts gesagt. Ich habe nicht protestiert, nicht einmal durch eine Geste, denn, ganz zu schweigen von der Berufsregel, die mir Schweigen auferlegte, wusste ich, dass eine feierliche Stunde kommen würde, in der ich endlich das Recht haben würde, mit Ihnen zu sprechen — die Freude, mit Ihnen zu sprechen und Sie zu überzeugen. Und für eine solche Frau wird stillschweigend, implizit und ausweichend die Todesstrafe gefordert. Die Todesstrafe! Welch höchste Ironie! Vielleicht glauben Sie, die Anklage wollte die Sache auf die leichte Schulter nehmen, indem sie Ihnen gegenüber den Angeklagten eher als Komplizen denn als Haupttäter des Verbrechens bezeichnete. Lassen Sie sich nicht täuschen: Ein positives Urteil in einer dieser Fragen bedeutet den Tod. Tod? Aber, Monsieur l'Avocat-General, wenn Sie das der Jury vorgeschlagen hätten, wäre jeder in diesem Gericht dagegen gewesen ...

"Um auf diese unglückliche und gequälte Frau zurückzukommen. Die falsche Meinung hat eine Barriere zwischen Frau Steinheil und den Armen und Bescheidenen errichtet. Nun gut, diese Barriere muss niedergerissen werden. Der Gefangene war nur zu eifrig bemüht, ihnen zu helfen. Wer sagt das? Marie Boucard, die zehn Jahre lang ihre Zofe war, erklärte bei der *Instruktion* am 12. Dezember 1908: ‚Frau Steinheil widmete sich den Armen.' Ein ehemaliger Kammerdiener, Duclerc, erklärte: ‚Sie war äußerst freundlich zu ihren Dienern und allen um sie herum, leistete allen Dienste und pflegte die Armen des Bezirks ! ... In Cote 3040 heißt es: ‚Aus ihren alten Kleidern machte sie mit ihren eigenen Händen Kleider, die später an eine Wohltätigkeitsorganisation in Beaucourt geschickt wurden.'

"... Im Atelier der Malerin ist die fähige Mme. Steinheil immer aktiv. Werden Kostüme für die Modelle ihres Mannes benötigt? Als erfahrene Näherin schneidet und näht sie, und unter ihren geschickten Fingern werden aus den verschiedenen Materialien bald Wamse und Strümpfe im Stil Heinrichs IV. oder Ludwigs XIII. Sie arbeitet ohne Pause. Manchmal ersetzt sie ein Modell und sitzt stundenlang für ihren Mann Modell. Manchmal, wenn ein Gemälde fertiggestellt werden muss, bedient sie die Pinsel, denn sie ist eine fähige Künstlerin... Sie ist die nützliche Mitarbeiterin, die ihrem Mann — diesem schüchternen, leicht deprimierbaren und willensschwachen Mann — immer zur Seite steht und ihn ergänzt...

„Aber Sie möchten nicht nur wissen, ob dem Mann als Künstler geholfen wurde — obwohl das eine gewisse Bedeutung hat —, sondern auch und vor allem, ob er als Mann und Ehemann verlassen, beiseite geschoben und verachtet wurde. Sie haben zu diesem Punkt die beiden Schwäger von Frau Steinheil gehört, M. Geoffroy und Monsieur Bonnot ... Sie haben sofort gespürt, dass diese verbitterten und feindseligen Zeugen mit Feindseligkeit sprachen und sich heftig gegen ihre Schwägerin stellten. Sie waren es, die erklärten, dass sie sich überhaupt nicht um ihren Mann gekümmert und ihn jeweils drei oder vier Monate lang verlassen habe: ‚Weggehen, wer weiß wohin‘, ohne sich im Geringsten um sein Leben oder seine Gesundheit zu kümmern. Jedes Wort eine Ungenauigkeit! Es war Frau Steinheil, die alles für das Haus kaufte, sogar die Kleider ihres Mannes. Diese drei- oder viermonatige Reise? Es war nur eine Abwesenheit von ein paar Wochen im Jahr 1907, als Frau Steinheil mit ihrer Tochter und der Familie Buisson nach England ging. ‚Weggehen, wer weiß wohin!‘ Könnten Worte irreführender sein? Wenn die Leute etwas nicht wissen, sollten sie schweigen. Meine Herren Geoffroy und Bonnot! Die Lebensweise und die Gesundheit ihres Mannes waren ihr gleichgültig? Gewiss, Steinheil lebte, wie es ihm gefiel, aber man kann unmöglich behaupten, dass seine Frau sich bis zu seiner letzten Stunde nicht um ihn gekümmert hätte. Doktor Acheray hat die Aussagen des Schwagers entschieden zurückgewiesen, und M. Courtois-Suffit selbst hat Ihnen erzählt, dass er Ende 1907 von Mme. Steinheil vorgeladen wurde, um M. Steinheil zu untersuchen... Und Mme. Buisson, eine Zeugin, die man sicher nicht als parteiisch bezeichnen kann, erklärte: „Mme. Steinheil war ihrem Mann gegenüber äußerst freundlich und aufmerksam und sorgte sich um seine Gesundheit, indem sie darauf achtete, dass er die ihm vorgeschriebene Diät einhielt.“

"... Als Frau Steinheil sang, war es ein unvergessliches Vergnügen. Ach, diese Stunden künstlerischer Schönheit, die verschwunden sind! ... Die Emotionen, das Genie der Komponistin ergriffen sie, überwältigten sie – und von ihrem Temperament mitgerissen, war sie zu Tränen und Angst gerührt ... Die Gäste haben ihren Salon verloren. Sie sind kaum um die Straßenecke gebogen, und sie hat kaum ihre Tränen getrocknet, als die arme, nervöse Frau ihren Kopf in die Hände vergräbt und nachdenkt. Woran? An ihrer Macht? An der Anziehungskraft ihrer Stimme? Ihr Erfolg muss sie glauben lassen, dass die Menschen leicht von ihr erobert werden können! Ach! So groß ihre Faszination auch sein mag, sie ist es doch, die von mysteriösen und unsichtbaren Kräften beherrscht wird. Wie leicht ist es, wenn man sieht, wie schnell sie sich selbst hypnotisiert, zu erkennen, wie leicht andere sie hypnotisieren können ... Ist es dann möglich, dass diese Frau, die als so stark dargestellt wurde, am Ende nur ein Spielzeug der Menschen und der Ereignisse war?

"... In der Anklageschrift hieß es zu Frau Steinheil: ‚Sie wollten Ihren Mann loswerden, um Herrn Bdl zu heiraten.‘ Und Herr Bdl. antwortete: ‚Ich dachte nicht daran, wieder zu heiraten, und zwar aus folgenden Gründen: Ich habe eine zwölfjährige Tochter, die ich großziehen möchte, bevor ich an eine Heirat denke – und selbst dann ist es nicht sicher, ob ich daran gedacht hätte.

Außerdem war ich absolut entschlossen, meiner achtzehnjährigen Tochter, die vielleicht bald heiraten würde, keine Stiefmutter zu geben...'

„... Ich wollte, dass Herr Bdl. Sie die ganze Wahrheit hören lässt, und Herr Bdl., von mir in diesem Gericht gefragt, ob er Frau Steinheil Gründe gegeben habe, zu hoffen, dass er sie heiraten würde, sagte Ihnen, dass sie unmöglich welche gezeugt haben könne. Ich beharrte auf der Frage, und er antwortete entschieden: ‚Frau Steinheil hat sich in dieser Heiratsangelegenheit keine Illusionen gemacht und konnte sich auch keine Illusionen gemacht haben.'

„... Lassen wir also das sogenannte Motiv des Verbrechens beiseite.

„... Die Anklage des Muttermordes wurde fallengelassen; die Anklage fürchtete zu Recht Ihren gesunden Menschenverstand; aber ein ganzes Jahr lang hielt die öffentliche Meinung sie für schuldig, weil die Zeitungen diese abscheulichen Worte aus der *Instruktion abdruckten* : ‚Sie hasste ihre Mutter.' Und jetzt, da die unglückliche Frau Steinheil, die als unnatürliche Tochter dargestellt wurde, verachtet und verabscheut wurde; jetzt, da unter dem Deckmantel dieser monströsen Anklage des Muttermordes diese andere Anklage aufkam, die des Mordes an ihrem Ehemann, machen Ihre Überzeugung und Ihr Gerechtigkeitssinn, Monsieur l'Avocat Général, einen Knicks vor ihr und gehen. Für Sie ist das alles sehr gut, aber für sie ist es nicht genug. Nein, es ist nicht genug, dass diese arme Frau, die gestern zweifachen Mordes angeklagt war, heute nur eines Mordes angeklagt wird – und ich kann sagen, dass die Leute später, wenn sie über diesen Prozess nachdenken, sie zutiefst bemitleiden und sich über die Anhäufung von Fehlern gegen sie empören werden …

… „Der Generalanwalt hat aufgehört, Frau Japy als ‚Opfer' zu betrachten und hat sie sich als ‚Zeugin' vorgestellt. … Ich habe meine eigene, völlig neue Version zum Tod von Frau Japy, erklärt der Generalanwalt ernst. Ich habe studiert, ich habe gesucht und gezweifelt; dann bin ich schließlich zu einer Erklärung, einer Version gekommen …

… „Und hier ist diese seltsame Version: Nur der Ehemann sollte sterben; sein Tod war vorsätzlich. Er sollte von zwei Personen getötet werden – dem Komplizen, vielleicht Alexandre Wolff, aber wahrscheinlicher Mariette Wolff … Was Mme. Japy betrifft, so sollte sie noch am Leben sein und später eine ‚Zeugin' sein, die den Einbruch der Mörder bestätigen würde. Nur, indem sie ihr einen Knebel in den Mund zwangen, handelten die Angreifer zu brutal; sie zielten nur auf eine ‚Täuschung' ab, gingen aber bis zur Realität – das heißt Erstickung, Asphyxie . Statt eines lebenden Zeugen: eine Leiche.

… „Warum habe ich diese Version seltsam genannt? Einfach, weil sie annimmt, dass die Verbrecher Frau Japy am Leben lassen wollten. Nun zeigen Untersuchungen, dass im Gegenteil der Tod von Frau Japy eine entschiedene Sache war und dass die Mörder mit ziemlicher Sicherheit damit begannen, sie zu töten. Um sie zu töten, zwangen die Übeltäter ihr nicht nur mit solcher Gewalt einen großen Knebel in den Mund, dass ein in die Kehle zurückgeschobener falscher Zahn zerbrach; sie erwürgten sie auch mit einer Schnur, die zweimal um ihren Hals geschlungen war. Daher kann man bei diesem vorsätzlich durch Strangulation herbeigeführten Tod nicht von einer ‚Zeugin' sprechen, die Frau Steinheil und ihre Komplizin für ihr Komplott brauchten. Und hätte Frau Steinheil sich dann nicht wirklich kompromittiert und verraten, wenn sie auf diese Weise sozusagen die Aussage ihrer Mutter gegen Mariette oder ihren Sohn vorbereitet hätte? Aber der Generalanwalt meint, dass Frau Japy geschwiegen hätte! Aber in diesem Fall wäre sie statt einer ‚Zeugin' eine Zeugin geworden. Komplizin selbst. Wie Sie sehen, meine Herren Geschworenen, ist diese Version nur eine weitere Fabel zu all den Fabeln in dieser Angelegenheit. Und möchten Sie wissen, woher sie stammt? Das ist ganz einfach. Es gibt eine Zeitung, den *Matin*, von der wir hier ohne Selbstgefälligkeit oder Angst sprechen müssen. In dem *Matin*, Monsieur l'Avocat General, fanden Sie diese grausige Bemerkung: „ *Meine Mutter, das war das Alibi.* " Ein erbärmlicher Witz, den Sie in eine andere, aber nicht gelungenere Form verdreht haben. Denn in dem *Matin* bedeutete dieser Satz: „Meine Mutter, das war das Alibi", dass Frau Steinheil es für notwendig gehalten hatte, ihre Mutter zu töten, um nicht des Mordes an ihrem Mann beschuldigt zu werden. Nicht mehr und nicht weniger! Nur war der *Matin* zu präzise. Darin hieß es, Frau Steinheil habe diese Aussage jemandem gegenüber gemacht, der, um ihr Gewissen zu beruhigen, in die Redaktion der Zeitung geeilt sei. Es war leicht, diese Geschichte zu vernichten. Ich ging ins Gefängnis und zeigte Frau Steinheil den *Matin*-Artikel. Ohne zu zögern schrieb sie sofort an Richter André und bat darum, mit der Person konfrontiert zu werden, die das Geständnis gehört haben soll. Dann trat eine Schwierigkeit auf: Es war unmöglich, diese Person zu finden; sie war wie vom Erdboden verschluckt."...

Mein Anwalt widerlegte anschließend die Theorie der Anklage, die besagte, dass es keine Einbrecher gegeben habe, da kein *gewaltsamer Zutritt* zum Haus erfolgt sei und keine Waffen von draußen hereingebracht worden seien ... und aus weiteren Gründen, die bereits ausführlich erörtert worden seien, wie etwa: Es seien keine Juwelen gestohlen worden, es sei kein Geld erbeutet worden, es sei keine wirkliche Unruhe herrschte usw.

Maître Aubin konnte ohne Schwierigkeiten nachweisen, dass die Einbrecher keinen Dietrich brauchten, da die Türen offen standen. Sie hatten eine Leiter neben einem Küchenfenster aufgestellt, aber als sie feststellten, dass die Küchentür offen stand, drangen sie auf diesem Weg ein. Was die Aussage angeht, dass keine „Tatwerkzeuge" von draußen hereingebracht wurden, woher wusste die Staatsanwaltschaft das? Alles, was bekannt war, war, dass die Mörder Schnüre und Watteknebel verwendeten. Es wurde nachgewiesen, dass die Schnur, mit der M. Steinheil erwürgt wurde, aus dem offenen Küchenschrank gegenüber der Tür stammte. Aber die Schnüre, mit denen Mme. Japy erwürgt und Mme. Steinheil gefesselt wurde, stammten nicht aus dem Haus. Was die Knebel angeht, was könnte natürlicher sein, als dass die Mörder etwas von der Watte verwendeten, die sie im Zimmer meiner Mutter fanden .

Die nächste Aufgabe meines Anwalts bestand darin, auf die Aussagen einzugehen, dass es keine ernsthaften Fesseln gegeben habe, ich keinen Knebel im Mund gehabt hätte und dass ich nie ernsthaft krank gewesen sei.

Zum letzten Punkt möchte ich erwähnen, dass er hauptsächlich auf der Aussage von Mlle. Vogler beruhte, die mich vom 5. Juni bis zum 5. Juli 1908 zuerst bei den d'Arlons und danach in meiner Villa in Bellevue pflegte. Obwohl ich mit Meerwasser und Morphiuminjektionen am Leben gehalten wurde, zögerte diese Krankenschwester nicht, zu erklären, dass meine Krankheit „reine Komödie" sei, dass meine Temperatur immer normal sei und dass „Mme. Steinheil jede Nacht zur gleichen Stunde – zwischen Mitternacht und 1 Uhr morgens – aus dem Bett sprang und jammerte: ‚Ich habe Angst.' Ihre Augen waren trocken. Ich fühlte ihren Puls und fand ihn so regelmäßig wie meinen eigenen."

(*Dossier* Cote 3225-3250)

Mein Anwalt bemerkte lediglich: „Man kann nicht an alles denken: Fräulein Vogler hat diesen Brief vergessen, den sie an Frau Steinheil geschickt hat.

"Freitag, 6. November .

„ SEHR GEEHRTE FRAU , was für ein Martyrium müssen Sie noch ertragen! Haben sie Sie nicht schon genug leiden lassen? Heute Morgen habe ich in der *Matin* von dem schrecklichen Tag gelesen, den Sie in Boulogne verbracht haben. Wie sehr müssen Sie leiden, wenn Sie an diesen schrecklichen Tag der Folter denken. *Wenn es jedoch jemals notwendig sein sollte, zu beweisen, wie sehr Sie unter dem Fieber gelitten haben und welche schrecklichen Nächte des Deliriums Sie durchgemacht haben* , vergessen Sie nicht, dass ich Ihnen zur Verfügung stehe, um dies zu bezeugen. Ich verfolge Ihre Angelegenheit täglich. Wie froh wäre ich für Sie, wenn die Mörder gefunden würden. Wenn Sie Feinde haben, sehr geehrte Frau, denken Sie daran, dass es auch Menschen gibt, die Ihren Kummer teilen. Nehmen Sie, sehr geehrte Frau, alle meine Wünsche für eine baldige Genesung und meine aufrichtigen Grüße entgegen.

„Ihre Krankenschwester
" , MARGUERITE .

Dieser Brief wurde am 6. November 1908 geschrieben. Die von mir zitierten Aussagen wurden vor Herrn André am 8. Dezember 1908 und am 18. Januar 1909 gemacht. Ich war zu dieser Zeit im Gefängnis und Mlle. Vogler fürchtete offensichtlich keinen Widerspruch …

Der Fairness halber muss ich hier hinzufügen, dass dieser äußerst wichtige Brief zum Zeitpunkt des Prozesses von Monsieur de Labruyère meinem Anwalt übergeben wurde, und er spricht ihm große Ehre zu.

M. de Labruyère war zufällig bei mir, als der Brief bei mir eintraf. Als er ihn gelesen hatte, erkannte er seine Wichtigkeit und bat darum, ihn im *Matin* veröffentlichen zu lassen . Dies geschah jedoch nie, und als ich M. de Labruyère später bat, mir den Brief zurückzugeben, konnte er ihn nicht finden. Er entdeckte ihn jedoch rechtzeitig und übergab ihn, wie ich gerade sagte, bei meinem Prozess Maître Aubin.

Noch drei kurze Zitate aus der Rede von Maître Aubin:

„… Ach, wie viele Irrtümer und Verwechslungen hätten vermieden werden können, wenn man diese von Dr. Balthazard festgestellte Tatsache besser interpretiert hätte: Zuerst wurde die Mutter getötet und danach der Ehemann; beide verließen freiwillig ihre Betten, und der Ehemann wurde zweifellos erwürgt, als er seiner Schwiegermutter zu Hilfe eilte.

„Wie kann man sich unter solchen Umständen vorstellen, dass Frau Steinheil schuldig ist? Wenn sie das Verbrechen vorsätzlich allein oder mit einem Komplizen begangen hätte, wäre sie dann nicht in den Schlafzimmern auf der Hut gewesen, in denen sie sich leicht hätte bewegen können, ohne Verdacht zu erregen? Hätte sie nicht mit Hinterlist und List gehandelt, um den Tod herbeizuführen oder herbeiführen zu lassen, damit dieser sicherer und schneller eintreten könnte? Wäre sie nicht hinterlistig zum Bett ihrer Mutter oder ihres Mannes gegangen, um sich zu vergewissern, dass sie schliefen, und um dies auszunutzen ? ... Aber sie wurden beide getötet, nicht nur im Wachzustand, sondern auch außerhalb ihrer Betten? Nun, dann sage ich, dass es demnach unmöglich ist, die Übeltäter auszuschließen, denn sehen Sie nicht, dass, wenn Frau Steinheil allein des Mordes an ihrem Mann schuldig gewesen wäre, wie es heute gesagt wird, oder des Mordes an ihrem Mann und ihrer Mutter, wie es früher angenommen wurde, sie nicht dem Tod entgegengegangen wären, sondern der Tod zu ihnen gekommen wäre.“

ICH. MEIN BERATER, MAITRE A. AUBIN

II. DER RICHTER, HERR DE VALLES

III. DER GENERALANWALT, HERR TROUARD RIOLLE

Skizzen von Frau Steinheil

Maître Aubin erläuterte dann ausführlich die enorme Bedeutung der „gestohlenen schwarzen Kleider" und die Rolle, die gewisse Journalisten in der Impasse Ronsin-Affäre gespielt hatten. Seine letzten Worte bezogen sich auf meine Liebe zu meiner Marthe.

„... Ich rufe dieses reine und edle Kind an meine Seite; ich möchte, dass es nah bei mir ist, wie es flehend die Arme nach Ihnen ausstreckt und seine Mutter verteidigt! Diese beiden unglücklichen Wesen, wie viele Tränen haben sie schon vergossen, wie viele Tränen werden sie noch vergießen! Ach, meine Herren Geschworenen, geben Sie ihnen die Möglichkeit, sich gegenseitig zu trösten und gemeinsam zu vergessen ... und segnen Sie dabei Ihre Gerechtigkeit."

Mein Anwalt hat aufgehört zu sprechen. Einen Moment lang herrscht Stille, und diese Stille reißt mich aus meiner Lethargie. Ich hebe mit letzter Kraft den Kopf und sehe Hunderte eifriger Gesichter, die alle dem Richter zugewandt sind ... M. de Valles spricht jetzt. Ich kann kaum etwas hören, aber einige Worte: „Hat der Angeklagte ... am 30. und 31. Mai 1908 ... einen Mord begangen ..." Mir wird klar, dass er der Jury die Frage vorliest, auf die sie antworten müssen.

Ich verstehe nicht, ich weiß nicht ... der Richter steht auf, die Geschworenen gehen hinaus ... ich schluchze, schluchze ...

Ich werde vom Dock weggetragen. Die kühlere Luft im Wachraum erfrischt mich. Ich muss Tee trinken und alle möglichen Männer stehen vor mir und sagen mir aufmunternde Worte ... Man hat mir erzählt, dass ich gelacht und geplaudert habe ... Alles ist möglich ...

Ich erinnere mich, dass die Wachen mir eine Postkarte nach der anderen von mir überreichten und mich baten, sie zu unterschreiben. Ich konnte den Stift kaum halten, und die Zahl der Karten war endlos. Die armen Soldaten; sie waren auf ihre einfache Art gut zu mir gewesen und sagten, dass sie für Karten mit meinem Autogramm ziemlich viel Geld bekommen könnten... Wie glücklich sie alle aussahen.

Alle sagen, ich werde sofort freigesprochen. Doktor Socquet sagt mir: „Wenn die Jury ihr Urteil verkündet, werde ich zuhören und dann zu Ihnen eilen. Wenn Sie mich sehen, bedeutet das, dass Sie freigesprochen sind; wenn ich nicht komme, dann werden Sie es wissen. Wenn etwas schief geht, werde ich nicht den Mut haben zu kommen."

Jemand sagt mir, es sei elf Uhr. Die Geschworenen sind schon seit fünfzehn Minuten weg. Fünfzehn Minuten, und sie haben mich noch immer nicht für unschuldig erklärt. Wie ist das möglich?

Eine Glocke läutet.

Ich stehe auf wie elektrisiert... Und dann sagt mir jemand, die Jury habe den Präsidenten und Maître Aubin vorgeladen. Sie wollen über einen Punkt aufgeklärt werden... Die Wachen flüsterten, und plötzlich packt mich ein unsägliches Entsetzen. Bis jetzt haben sie laut und fröhlich geredet; sie wollen nicht, dass ich die schreckliche Wahrheit erfahre...

Viertel nach elf. Halb zwölf. Viertel vor zwölf. Mitternacht... Immer noch nichts!

Wird dieses Martyrium nie enden? Welches Recht hat jemand, mich so leiden zu lassen? Und wo ist Marthe, mein eigenes Kind? Wenn sie nur hier wäre, könnte ich diese Qual vielleicht ertragen ... Wie muss sie leiden, wenn sie es wüsste ...

Weitere Leute betreten das Wachzimmer. Die beiden alten Gerichtsdiener, die schon viele, viele solcher Prozesse miterlebt haben, kommen, um mich zu sehen. Einer stammt aus meiner eigenen Provinz, der andere fungiert abends als *Oberkellner* und hat mich bei vielen wichtigen Abendessen gesehen . Einer von ihnen murmelt mir ins Ohr: „Madam, machen Sie sich keine Sorgen. Ich bin an all das gewöhnt. Diese Geschworenen sind in Ordnung; so sicher wie ich hier stehe, werden Sie freigesprochen, sie können nicht anders, als zu wissen, dass Sie unschuldig sind ... Sehen Sie her! Sobald das Urteil bekannt gegeben ist, werde ich zur Tür dort kommen und ‚Huhu!‘ sagen. Dann heben Sie Ihren Kopf, treten Sie tapfer auf die Anklagebank, zum letzten Mal, und zeigen Sie allen, wer Sie sind.“

Dann höre ich zwei Männer auf dem Flur diskutieren: „Ich sage Ihnen“, sagt einer von ihnen, „sie ist erledigt. Wenn die Jury sie freisprechen wollte, würde sie den Präsidenten nicht vorladen, und die ganze Sache wäre längst vorbei!“

Ein Wachmann sagt mir: „Es ist jetzt nicht mehr der 13. November, sondern der 14. Das ist Glück für Sie!“ und er gibt mir noch ein paar Karten zum Unterschreiben…

Viertel nach zwölf... Halb eins. Wieder die Klingel.

Nein, die Zeit ist noch nicht gekommen. Die Geschworenen wollen weitere Erklärungen. Dieser zweite Schock hat eine gnädige Wirkung. Er raubt mir den letzten Funken Lebenskraft. Alles ist leer. Ich warte stunden-, tagelang, denn ich weiß nicht mehr, worauf ich warte. Um mich herum steht eine kleine Menschenmenge, und alle sagen: „Nur Mut, nur Mut.“ Natürlich habe ich Mut. Ich habe seit achtzehn Monaten Mut gehabt; was macht das schon!

Viertel vor eins... Ein Uhr... Viertel nach eins. Jetzt spüre ich es. Es wird etwas passieren !...

Es läutet zweimal.

Ich sehe Doktor Socquet, ganz blass; ich höre jemanden „Huhu!“ rufen, und dann höre ich den schrecklichsten, furchteinflößendsten, verrücktesten Sturm, den ich je gehört habe... Später wurde mir klar, dass das, was ich in diesem unvergesslichen Moment gehört hatte, die begeisterten Schreie und der frenetische Applaus von Hunderten von Menschen waren, die das Urteil gehört hatten: Ich wurde freigesprochen... Aber ich wusste es nicht. Wie hätte ich irgendetwas verstehen sollen !...

Wachen eilten zu mir und trugen mich zum Gerichtssaal. Das Licht blendete mich, und der Sturm zog erneut auf, überwältigender als zuvor. Ich sah vage Hunderte von Händen, die sich nach mir erhoben ... Ich sah Hunderte von strahlenden Gesichtern, die riefen: „Bravo ... Bravo ... Freigesprochen ... Freigesprochen ...". Ich verstand immer noch nicht. Ich hielt diese Schreie für Drohungen und glaubte, all diese Hände wollten mich ergreifen, in Stücke reißen ... Und dann sah ich die Jury an, und zwischen all diesen Gesichtern sah ich eines, das lächelte, und dann verstand ich endlich und fiel zurück.

Ach, ach, das einzige Gesicht auf der Welt, das ich so gern sehen wollte, war nicht da ...

Ein Zimmer... Die Leute drücken mir die Hand, küssen sie, und ich sehe Tränen in vielen Augen... und ich höre die Worte, immer und immer wiederholt: „Was für eine Tortur. Was für eine Tortur..."

Ein Triumph! Großer Gott ! ... Marthe ist nicht da.

Was danach geschah, ist egal. Doktor Socquet half mir noch einmal, und andere auch. Es gab Diskussionen, endlose Diskussionen darüber, wie ich weggeschmuggelt werden könnte. Und Journalisten drängten sich um meine „Eindrücke ...". Ich bat jeden, meine Tochter zu sehen ... dann bat ich darum, nach Hause gebracht zu werden, aber man sagte mir, das sei unmöglich ... Die Tochter des Direktors des *Depots* willigte großzügig ein, in einem Auto zu „fliehen" und so die Journalisten „anzuziehen", während ich in einem anderen Auto zusammen mit Maître Steinhardt und, wie ich glaube, einem Pressefotografen zu einem Hotel gebracht wurde. Wie man mir sagte, war ich unterwegs äußerst munter und heiter ... Im Hotel wurde mir befohlen, mich hinzusetzen, während man eilig mein Foto machte, und dann legte ich mich für kurze Zeit auf ein Bett ... Früh am Morgen wurde ich mit dem Auto zu einem Pflegeheim in Le Vésinet gebracht, und unterwegs war ich wieder munter und heiter und wurde wieder fotografiert!

Ich habe gehört, dass der Fotograf für seine Arbeit gut bezahlt wurde und dass er sogar für eine beträchtliche Summe eine Artikelserie – natürlich an die *Matin* – über die Fahrt vom Justizpalast zum Terminus Hotel und die Fahrt vom Terminus Hotel nach Le Vésinet verkaufte, in der er ausführlich und in einem flüssigen und sensationellen Stil all die lustigen und heiteren Dinge beschrieb, die ich seiner Meinung nach gesagt und getan hatte ...

Aber warum, gnädiger Gott, war meine Marthe nicht bei mir?

Der Leser muss sich – wie ich es selbst schon lange tue – fragen, was genau während der zweihundert Minuten geschah, in denen die Jury beriet.

Auf recht indirektem Wege, den ich aus offensichtlichen Gründen hier nicht preisgeben kann, konnte ich die Einzelheiten der langwierigen Beratungen in Erfahrung bringen. Diese Einzelheiten sind unwiderlegbar:

Eine überwältigende Mehrheit der Geschworenen hatte meine Schuld bejaht, doch die zwei oder drei, die für einen Freispruch waren, wehrten sich so heftig, dass es zu langen Diskussionen kam.

Als der Vorarbeiter die Glocke läutete, um den Präsidenten vorzuladen, sollte er Fragen zum Mord an Frau Japy stellen, denn die Mehrheit war der Meinung, ich hätte nicht nur meinen Mann erwürgt, sondern auch meine Mutter umgebracht! ... Und dies, obwohl der Generalanwalt selbst in seinem Plädoyer für die Anklage die Anklage wegen Muttermordes zurückgezogen hatte .

Es folgte eine weitere Diskussion, und ein oder zwei Geschworene schwankten. Dann, nach einer Stunde, wurden der Präsident, M. Trouard-Riolle und Maître Aubin noch einmal zur endgültigen Formulierung des Urteils aufgerufen. Nach einer heftigen Diskussion, bei der die gestohlenen schwarzen Gewänder das Hauptthema waren, schien meine Unschuld für ein oder zwei weitere Geschworene offensichtlich, und schließlich waren sieben für einen Freispruch und fünf für eine Verurteilung. Und so wurde ich freigesprochen, nachdem ich so lange, ohne es zu wissen, so nahe am ... Schafott war!

KAPITEL XXXI

NACH DEM URTEIL

Das Pflegeheim, in das ich gebracht worden war, war das von Dr. Raffegeau und Dr. Mignon. Meine Schwester, Mme. Seyrig, war dort als Patientin während einer Phase völliger Nervenschwäche gewesen.

In meiner Verzweiflung und Angst fragte ich Dr. Raffegeau, wo meine Tochter sei, aber leider konnte er es mir nicht sagen. Er sagte nur: „Ihr Schwager hat mir telegrafiert und mich gebeten, Ihnen hier ein Zimmer zu reservieren, in dem Sie sich erholen können. Ich werde Sie in einem hübschen kleinen Pavillon im Park meines Hauses unterbringen, und meine Frau und Madame Mignon werden Ihnen Gesellschaft leisten.“

„Aber Marthe ?... “

„Sie wird zweifellos bald hier sein …“

Ich verbrachte diesen Sonntag am Fenster sitzend, schaute auf die Straße und wartete auf meine Tochter. Wer hielt sie von mir fern? Wie musste sie leiden, und wie litt ich ! ... Der Lärm jedes vorbeifahrenden Autos ließ mein Herz schneller und schmerzhafter schlagen, aber Marthe kam nicht.

Ein Auto hielt in der Nähe des Hauses. Meine jüngere Schwester und mein Bruder betraten das Zimmer.

"Meine Tochter?"

„Nur Mut. Sie wird kommen... aber wir können sie nicht finden; wir wissen nicht, wo sie ist. Chabrier ist auch nicht in der Impasse Ronsin... das Haus ist verschlossen...“

Ich stand auf und sagte: „Dann werde *ich* sie finden. Ich mache mich sofort auf den Weg!“ Sie zwangen mich, mich hinzusetzen: „Du kannst nicht hinausgehen, du bist zu schwach und wirst verfolgt werden; du wirst zu Schaden kommen ...“

Ich las in ihren Gesichtern, was sie meinten. Trotz meines Freispruchs hasste man mich immer noch. – Ich hörte später, dass das Urteil im Gerichtssaal, wo man mich kennengelernt und meine Unschuld erkannt hatte, mit Triumphgeschrei begrüßt wurde, während die Menge vor dem Justizpalast, als sie von meinem Freispruch hörte, wütend wurde und „Tod!“ und „Guillotine!“ schrie – und ich verstand, dass die Abwesenheit meiner Tochter am Ende des Prozesses, die Tatsache, dass sie nicht zu ihrer Mutter gegangen war, als Zeichen meiner Schuld interpretiert wurde. „Wenn Frau Steinheil wirklich unschuldig wäre, wäre ihre Tochter ihr in die Arme gerannt.

Stattdessen meidet Marthe ihre Mutter, also ist diese Mutter eine Verbrecherin!" … Wie oft habe ich diese schreckliche „Logik" gehört!

Ich flehte meinen Bruder und meine Schwester an, Marthe zu finden, und sie versprachen, mir zu helfen. Dann sagten der „Fotograf" und seine Frau, sie würden nach Marthe suchen und sie zu mir bringen....

Der Presse gelang es, meinen Rückzugsort aufzudecken, und am Sonntagabend sagte Dr. Raffegeau zu mir: „Ich werde Sie auf einem Umweg durch den Park zu meinem Haus führen, und von dort aus gehen wir zum Haus meines Kollegen."

Ich aß im Hause der Mignons mit ihren drei bezaubernden und schönen Kindern zu Abend, einem Jungen von etwa zehn Jahren, einem Mädchen von neun oder acht Jahren und einem entzückenden kleinen Mädchen von drei Jahren, die alle anfingen, mich „Tante" zu nennen und alle so zärtlich und liebevoll waren, dass ich meinen Kummer ein wenig vergaß.

Am nächsten Tag kam Maître Aubin mit einer großen Tasche voller Briefe und Telegramme für mich und versprach ebenfalls, meine Tochter zu finden. Die Ärzte Raffegeau und Mignon pflegten mich mit großer Hingabe. Mme. Seyrig kam zurück und sagte, Marthe sei zweifellos aufs Land gegangen und es sei unmöglich, sie aufzuspüren. Plötzlich fiel mir ein, dass sie wahrscheinlich nach Nogent-sur-Seine in der Nähe von Troyes gebracht worden war, auf den Landsitz der Bs. (Letztere sind keine „Familienmitglieder", werden aber als solche betrachtet. Ein Sohn von MB heiratete die Tochter einer von M. Steinheils Schwestern.)

Ich lag krank im Bett und rang verzweifelt die Hände, denn ich hatte geglaubt, nach meinem Freispruch würde alles gut und glücklich sein. Jetzt erkannte ich meinen traurigen Irrtum, als Dr. Raffegeau mit Mme. Mignon hereinkam und sagte: „Eine Dame, Ihre ältere Schwester, ist gerade angekommen. Sie möchte Sie sehen. Sie ist in Tränen aufgelöst und wiederholt immer wieder: ‚Meine arme Meg! Wie sehr sehne ich mich danach, bei ihr zu sein! Wie sehr muss sie leiden!' … Sie ist in tiefer Trauer und sagt, sie käme aus Beaucourt, wo sie am Grab ihrer – und Ihrer – Mutter gebetet hat. Sie hat mich angefleht, mit Ihnen zu sprechen; sie muss Sie sehen … Was soll ich tun?" …

Ich antwortete: „Nein, nein … Ich kann nicht glauben, dass meine Schwester, Frau Herr, kommen würde … Wir stehen nicht besonders gut miteinander aus … Vielleicht wird diese Frau von einer Zeitung geschickt?" …

"Oh nein", sagte Dr. Raffegeau. "Sie hat gesagt: 'Ich fürchte die Presse, ich hoffe, ich bin nicht verfolgt worden.' Sie sieht so erschrocken und betrübt aus. Sie fragt, ob Ihr Haar weiß geworden ist, ob Sie sehr krank sind … sie scheint sehr besorgt. Ich glaube wirklich, dass sie Ihre Schwester ist ... Sie möchte Sie allein sehen."

„Niemals!", rief ich. „Ich weigere mich, allein gelassen zu werden, Doktor ... Mme. Mignon muss bei mir bleiben." ...

Mme. Mignons kleine Tochter saß auf meinem Bett. Die Tür öffnete sich und meine „Schwester" wurde hereingeführt. Sie trug einen weiten Umhang; ein dicker Schleier fiel über ihr Gesicht. Sie stürzte auf mich zu und jammerte: „Oh, meine arme Meg, mein armes Liebling!" und küsste mich... Ich erkannte die Stimme von Mme. Herr nicht, doch sagte ich: „Bist du es, Juliette ?... "

„Ja, Liebling, ich bin gekommen ... Ich konnte nicht länger von Dir getrennt bleiben." ...

Ich riss meiner „Schwester" den Schleier vom Kopf und sah das Gesicht einer Frau, die ich noch nie zuvor gesehen hatte. „Madam", rief ich, „Sie sind nicht meine Schwester! Was machen Sie hier? Verlassen Sie sofort dieses Zimmer!"

Das kleine Mädchen in meinem Bett hatte Angst; Madame Mignon starrte erstaunt.

Die Frau wandte sich ihr zu und sagte in tieftraurigem Ton: „Wie schrecklich! Meg ist so krank, dass sie ihre eigene Schwester nicht erkennt! Sie hat den Verstand verloren!" ... Dann beugte sie sich über mein Bett und flüsterte mir zu: „Kein Wort! Bleib ruhig ... Ich bin von der *Matin geschickt worden* ; ich bringe dir ein Vermögen ... Hör mir nur zu." ...

„Die *Matin* ! ... Haben sie mir noch nicht genug Leid zugefügt? Gehen Sie, Madame ... Mme. Mignon, begleiten Sie diese Frau bitte hinaus." ...

Die Betrügerin spielte ihre Rolle gut. Sie schluchzte, sah mich mitleiderregend an und sagte beim Weggehen immer wieder: „Meine arme Schwester! Wie schrecklich! Sie ist verrückt geworden!" ... Es scheint, dass sie ihre Klagen bis zu dem Moment fortsetzte, als sie in das Auto stieg, das sie hergebracht hatte, und ihr gespielter Kummer war so überzeugend, dass Mme. Mignon, die sie bis zur Tür begleitete, mich bei ihrer Rückkehr fragte, ob ich sicher sei, dass die Dame nicht meine Schwester sei!

Ein ausführlicher Bericht über dieses kurze „Interview" erschien natürlich am nächsten Morgen in der *Matin* . Der Artikel war lobend und beinahe freundlich... Der Autor hatte wahrscheinlich noch ein Gewissen. Und die *Matin* erklärte ausdrücklich, dass das sensationelle Interview ihnen zugespielt worden war.

Dr. Raffegeau musste daraufhin eine Scheinverschleppung arrangieren. Jemand wurde in meine Kleider gekleidet und in einem Auto weggebracht, um die spionierenden Journalisten glauben zu machen, ich hätte das Haus verlassen... Und danach hatte ich etwas Ruhe.

Maître Aubin kam häufig und brachte mir Hunderte von Briefen und Telegrammen aus allen Teilen der Welt mit. Einige enthielten die schlimmsten Drohungen und Beleidigungen, und viele waren phantastische Angebote von Varieté-Managern - aus allen Teilen Frankreichs und Europas, aus den Vereinigten Staaten und Südamerika! Einige Schriftsteller erklärten, sie hätten einen Sketch oder ein Theaterstück fertig, und baten mich, die Rolle der Heldin zu spielen (natürlich eine des Mordes angeklagte Frau!), und andere baten mich lediglich, mich zehn Minuten lang auf der Bühne zu „zeigen". Es gab Dutzende von Vorschlägen, dass ich singen sollte, und Angebote von Film- und Sprechmaschinenfirmen. Mehrere unbekannte Autoren baten mich, ihre Bücher mit meinem Namen zu signieren: Dadurch würden sich die Bücher sofort verkaufen, und sie würden mir einen angemessenen Anteil am Gewinn einräumen ... Und es gab Dutzende von Heiratsanträgen; vom unvermeidlichen russischen „Fürsten", dem peruanischen Minenbesitzer und dem großen spanischen Adligen – arm, aber mit vielen berühmten Vorfahren – bis hin zum ebenso unvermeidlichen amerikanischen Magnaten und der romantischen Jugend – egal aus welchem Land – die darauf brennt, ihr Leben meiner Rache zu widmen ...

Es gab Briefe von Hotelbesitzern aus verschiedenen Ländern, die erklärten, wie sehr sich ein Aufenthalt in ihren Häusern positiv auf meine Gesundheit auswirken würde; Preislisten von Weinhändlern, Herstellern patentierter Arzneimittel und Reisebüros, die schworen, dass ihre Weine, ihre Medikamente oder eine Reise meine Rettung sein würden. Es gab Briefe von Autogrammjägern; Briefe, in denen ich gebeten wurde, dem Verfasser zu gestatten, meinen Namen für ein von ihm hergestelltes Produkt zu verwenden: eine Seife, einen Kartoffelschäler, einen Lack, ein patentiertes Lebensmittel, einen Duftstoff ... zwei Briefe in lateinischen Versen und einer in griechischen Jamben! ...

Aber die überwältigende Mehrheit kam von Personen, die meinen Fall verfolgt und ihr tiefempfundenes Mitgefühl ausgedrückt hatten. Sie waren in einem Dutzend verschiedener Sprachen verfasst, vor allem aber in Französisch, Englisch und Deutsch. Von den Briefen, die mich erreichten, habe ich einige zwanzig aufbewahrt. Darunter sind mehrere freundliche Botschaften, die von Gruppen von Offizieren und Unteroffizieren, von einer ganzen „Klasse" von Studenten, von allen Angestellten einer Firma, einer Bank oder einer Fabrik unterzeichnet wurden: Briefe von Geistlichen, die aus der Bibel zitierten, und von Priestern, die aus der „Imitation" zitierten; Briefe von alten Männern und Frauen und Briefe von ganz kleinen Kindern ... Ein kleines Mädchen schrieb aus Manchester: „Meine Eltern wissen nichts von diesem Brief, aber wenn ich groß bin – in sechs Jahren – werde ich zu dir kommen und dich trösten, und ich werde für dich Klavier spielen, denn ich habe gehört, dass du Musik liebst …" Aus Kansas City, USA, kam eine lange Glückwunschbotschaft, die von einer großen Zahl von Arbeitern unterzeichnet war; eine ähnliche erreichte mich aus Rom und eine weitere aus Moskau. Viele Briefe und Telegramme kamen von Leuten aus dem Viertel Beaucourt, die mich oder meinen Vater und meine Mutter gekannt hatten; und es kamen viele Nachrichten wie die folgende, die datiert ist auf „Paris, 14. November 1909": „Madame, wir sitzen in einem Café, die ganze Familie versammelt, und lesen, dass Sie frei sind. Wir sind nur einfache Leute und können nur sagen, dass wir wieder aufatmen können... Die Jury hat endlich Ihre Unschuld anerkannt. Wir zollen Ihnen, Madame, unseren Respekt für Ihren Mut und fühlen, wie schrecklich Sie gelitten haben. Wir freuen uns alle so sehr für Sie und Ihre liebe Tochter! Unterzeichnet: Eine Familie ehrlicher Leute."

Ich danke all diesen Freunden, ob nah oder fern. Ihre Botschaften, ob französisch oder aus dem Ausland, haben mir zweifellos geholfen, mein schweres Kreuz zu tragen.

Maître Aubin besuchte mich oft und natürlich sprachen wir über das, was nun „die Vergangenheit" war. … Gemeinsam mit ihm schrieb ich einen Entschuldigungsbrief an Mr. Burlingham. Ich hatte auch viele Angelegenheiten mit Maître Jousselin, meinem treuen Anwalt, zu regeln.

Der „Fotograf", der versprochen hatte, meine Tochter zu finden, sagte mir, er sei ihr auf der Spur und würde sie zu mir bringen. Er meinte, ein Porträt von mir, das jetzt aufgenommen würde, wäre eine schöne Überraschung für Marthe, und bat mich, für mein Porträt am Fenster in Madame Mignons Zimmer zu sitzen...

Am nächsten Tag – ich lag auf Anweisung von Dr. Raffegeau bereits im Bett – wurde mir gegen 16 Uhr mitgeteilt, dass Marthe da sei!

Der Arzt sagte: „Ich hätte es gern gesehen, wenn Sie Ihre Tochter allein gesehen hätten, aber M. Chabrier, der ebenso wie Mme. Seyrig bei ihr ist, hat mir und meiner Frau in einem äußerst beleidigenden Ton gesagt: ‚Mlle. Marthe darf ihre Mutter nur in *meiner* Gegenwart sehen, sonst wird sie sie überhaupt nicht sehen.'"

Ich sagte, dass ich mein Kind unter solchen Umständen lieber nicht sehen würde und dass Monsieur Chabrier keinerlei Autorität über sie habe … Mir war schwindelig … Dr. Raffegeau bat mich, Monsieur Chabrier einzulassen und keine Notiz von ihm zu nehmen.

Ich hörte langsame, müde Schritte auf der Treppe ... War Marthe krank ? ...
Sie kam herein, bleich, abgezehrt, fast unkenntlich, das arme Liebling. Meine
Schwester hielt sie auf der einen Seite, Monsieur Chabrier auf der anderen.
Marthe wurde zu meinem Bett geführt, und dann sah ich in ihrem Gesicht
einen seltsamen Ausdruck, den ich dort noch nie zuvor gesehen hatte. Ich
streckte meine Arme nach ihr aus, aber Monsieur Chabrier zog sie zurück
und sie wich von mir zurück ... Ich verlor allen Mut, alle Kraft, alle Hoffnung
...

„Was ist los ? ... Kommst du zu mir zurück, Marthe?“

Mein Kind hat versucht zu sprechen.

„Sie ist krank, sie kann nicht sprechen ...“, sagte Frau Seyrig . „ Sie ist
gekommen, um es Ihnen zu sagen ... Sagen Sie es ihr selbst, Marthe ...
Versuchen Sie es.“ ...

„Ja“, sagte ich, „erzähl mir selbst... alles... die ganze Wahrheit.“ ...

Marthe richtete ihre tränenerfüllten Augen auf Monsieur Chabrier, der ihr
gegenüber neben meinem Bett stand, und sagte dann mit kaum hörbarer
Stimme, als wollte sie eine Lektion wiederholen: „Nach allem, was geschehen
ist ... verstehen Sie?“ ... Sie hielt inne, murmelte: „Mir ist fast die Kehle
zuschnürt“, hielt den Atem an und fügte hinzu: „Ich bin gekommen, um
Ihnen für immer Lebewohl zu sagen.“ ...

Fast zwei Jahre lang hörte ich diese Worte Tag für Tag, Nacht für Nacht, und
sie hallten in meinem Kopf wider, doch als ich sie aussprach, war mir ihre
Bedeutung noch nicht ganz klar.

„Gehst du dann in ein Kloster?“, fragte ich.

"NEIN."

„Wohin gehst du?“

"Ich kann Ihnen nicht sagen."

„Aber das kann nicht sein, Marthe... Ich werde dich nicht gehen lassen.“

„Sie ist ihre eigene Herrin“, sagte jemand. „Sie muss Sie vergessen, so wie Sie
versuchen müssen, sie zu vergessen.“

„Ist es Pierre, Ihr Verlobter, der das verlangt?“, fragte ich.

Marthe ergriff diesen Vorwand eifrig. Die schreckliche Szene war für sie
ebenso schmerzlich wie für mich.

„Ja... Es ist für Pierre.“...

„Er wird dich doch heiraten, wenn du mich nie wieder siehst, ist es das?“ …
Ich war jetzt in Tränen aufgelöst … Ich fügte hinzu: „Marthe, wenn du es
wünschst, werde *ich* in ein Kloster gehen. Ich sehne mich nur nach deinem
Glück.“ …

Mein Kind sah mich an und es war klar, dass es sich danach sehnte, in meine
Arme zu eilen …

„Wir sollten jetzt gehen“, sagte jemand. Marthe beugte sich vor, um mich zu
küssen. „Auf Wiedersehen“, sagte ich. „Du bist immer mein Ein und Alles
gewesen … Denk daran, wenn du jemals von allen verlassen wirst oder
unglücklich bist, dass du immer noch und für immer deine *Maman haben wirst*
.“

Ich fiel aufs Bett zurück. Als ich wieder zu Bewusstsein kam, waren Madame
Mignon und ihre lieben Kinder bei mir, aber *mein* Kind war fortgegangen,
und trotz Briefen und Bitten kam sie fast zwei Jahre lang nicht mehr zu mir.

Vor kurzem kam meine Tochter endlich freiwillig zu mir, nachdem sie mich
um Verzeihung gebeten hatte – als ob das nötig gewesen wäre! Sie lebt mit
mir und dem jungen italienischen Maler, dessen Frau sie wurde, in Paris, lange
nachdem ihre Verlobung mit dem jungen Buisson gelöst worden war. Viele
Wochen lang haben wir über die Vergangenheit gesprochen, und jetzt kenne
ich die Wahrheit, die ganze Wahrheit über jenes Abschiedstreffen und jene
endlosen Monate der Trennung, die mich fast das Leben kosteten und mein
Kind zu einem unglücklichen Wesen machten.

Ich möchte die Worte meiner Tochter selbst zitieren. Sie stammen aus einem
langen Brief, den sie mir im Sommer 1911 schrieb – und zwar zu einer Zeit,
als ich leider schon alle Hoffnung aufgegeben hatte, sie je wiederzusehen –
und sie wieder zu meiner eigenen Marthe wurde:

„…Ende Oktober, nachdem wir vereinbart hatten, dass ich dich in Saint-
Lazare nicht mehr besuchen würde, wurde ich von den B’s nach Nogent
gebracht. Ich wurde streng abgeschieden gehalten, durfte nie ausgehen oder
eine Zeitung lesen. Ich wusste nichts von dem, was bei deinem Prozess vor
sich ging, und doch sehnte ich mich danach, es zu wissen! Die ganze Zeit
über erzählte man mir die schrecklichsten Dinge über dich und gab mir zu
verstehen, dass ich in jeder Hinsicht ruiniert wäre, wenn ich dich jemals
wiedersähe. Mir ging es nicht gut, wir beide hatten so viel durchgemacht,
geliebte Mutter, und alles, was ich hörte, verletzte mich und beeinflusste
mich, obwohl ich es natürlich nicht glaubte. Am Sonntagmorgen, dem 14.
November, stürzte Marie-Louise, meine liebe Freundin (eine Tochter der
B’s), in mein Zimmer und rief: ‚Deine Mutter ist freigesprochen!‘ Wir weinten
beide lange, lange vor Freude. MB, der immer von Samstag bis Montag kam,
sagte nichts. Ich habe ihn manchmal auf Ihrer Seite stehen hören... Aber

jemand anderes sagte wütend: „ Die elende Frau; sie haben sie laufen lassen. Ich wünschte, sie wäre verurteilt und guillotiniert worden!" Ich eilte in mein Zimmer und schluchzte bitterlich.

„Gegen Mitternacht hörten Marie-Louise und ich die Glocke wiederholt läuten. Wir zogen uns an und gingen nach unten. Frau B. schaute durch ein Fenster und sagte: ‚Der Bahnhofsbus ist da. Es ist Chabrier.'

„Edouard (Chabrier) kam herein. Er hatte am Morgen Aubin und auch ‚die Familie' gesehen – alle Onkel und Tanten (auf der Steinheil-Seite). Er sagte zu mir: ‚Deine Mutter ist eine Schurkin; ich habe gehört, sie droht, jeden umzubringen, wenn du nicht zu ihr gehst!' … Ich war glücklich, denn ich sehnte mich so sehr danach, bei dir zu sein … Es gab eine lange Diskussion, um zu entscheiden, ob ich dich sehen dürfte ! Dann zog Edouard ein Papier aus seiner Tasche und sagte: ‚Kopieren Sie das, so wie es ist, unterschreiben Sie es und setzen Sie das Datum ein. Es ist ein Brief an den Generalstaatsanwalt, in dem er um Schutz bittet. Ihre Mutter bedroht uns alle, sogar Sie.' Alle lasen den Brief, der, wie ich verstand, von ‚der Familie' in Paris verfasst worden war. Mir wurde befohlen, ihn zu kopieren. Wenn ich es nicht täte, würde mir und ihnen allen das schlimmste Unglück widerfahren. Ich gehorchte, war aber so verärgert, dass ich den Brief mit ‚September' statt mit ‚November' datierte. Edouard steckte den Brief ein, den er, wie er sagte, über Onkel L. (einen Richter und Schwager von M. Steinheil) an den Generalstaatsanwalt schicken wollte, und ich durfte zu Bett gehen. Vielleicht lag es am falschen Datum, vielleicht war das Ganze ein Trick, um mir Angst zu machen und mich glauben zu machen, dass Sie wirklich Menschenleben bedrohten! Sie können verstehen, *Maman* , in welchem Zustand ich war. Ich glaubte vieles von dem, was man mir erzählte, und begann zu glauben, dass Sie den Verstand verloren hatten und uns allen wirklich schaden wollten. Verzeihen Sie mir.

„Am nächsten Morgen reiste Edouard nach Paris ab. Am Abend kam MB unerwartet und sagte zu mir: ‚Tante Mimi (Mme. Seyrig) kam zu mir nach Paris, um zu fragen, wo du seist. Ich musste zugeben, dass du bei uns warst, und ich habe dir versprochen, dass du deine Mutter besuchen kannst.'

„Ich wurde nach Paris zum Haus der B. und von dort zu Onkel L. gebracht, wo ein Familienrat abgehalten wurde. Die Onkel und Tanten und ihre Kinder waren dort... Sie warnten mich vor Ihnen, terrorisierten mich so sehr, dass ich darum bat, Sie überhaupt nicht sehen zu dürfen. Ich war so verängstigt und so krank. Sie ließen mich schwören, Ihnen zu sagen, dass ich Sie nie wiedersehen würde. ‚Wenn sie darauf besteht', sagten sie, ‚sag ihr, dass du ‚emanzipiert' bist und sie kein Recht auf dich hat. Du kannst nicht zu streng mit deiner Mutter sein, sie will uns alle umbringen. Wir sind alle verloren, wenn du nicht mit ihr redest. Aber mach ihr klar, dass es zwischen euch aus ist.'

„Ich habe Tante Mimi gesehen, die mir erzählt hat, dass Sie auf die Bühne gehen würden und dass die ‚Ehre der Familie‘ ruiniert würde. Am nächsten Tag fuhr sie mit dem Auto nach Le Vésinet, und M. Chabrier folgte ihr mit dem Zug; wir stiegen in Le Pe cq aus, um den Journalisten zu entgehen, und gingen zu Fuß nach Le Vésinet. Unterwegs erzählte mir M. Chabrier immer wieder, was ich Ihnen sagen sollte. Ich fühlte mich mehr tot als lebendig, als ich Ihr Zimmer betrat … Den Rest kennen Sie, meine arme, liebe *Mama* .

„Danach wurde ich nach Nogent zurückgebracht, wo ich tagelang krank und elend im Bett blieb.“ …

In den Tagen nach der Abreise meiner Tochter war mein Leben nur der hingebungsvollen Pflege von Dr. Raffegeau und Dr. Mignon und der zärtlichen Hingabe ihrer Frauen zu verdanken.

Jemand sagte zu mir: „Ihre Tochter ist Katholikin; die Priester haben sie Ihnen weggenommen.“ Ich dachte sofort daran, selbst Katholikin zu werden. Meine Konversion würde vielleicht bedeuten, dass mein Kind zu mir zurückkehren würde. Ich rief den katholischen Priester von Le Vésinet herbei und sprach lange mit ihm; aber er sagte mir ganz ehrlich: „Werden Sie nicht Katholikin ohne absolute Überzeugungen. Was Ihre Tochter betrifft, kann ich nur sagen, dass kein Priester das Recht hat, sie Ihnen wegzunehmen.“

Ich führte viele Gespräche mit meinem Anwalt. Er und andere machten mir klar, dass ich im Ausland glücklicher und sicherer sein würde als in Frankreich. Allmählich gewöhnte ich mich an den Gedanken, nach England zu gehen. Ich hatte dort einige Freunde. England war ein Land der Freiheit und Ordnung. Vielleicht würde ich dort die Ruhe finden, die mein Körper so sehr brauchte, und den Frieden, nach dem mein Geist dürstete …

Maître Aubin stellte mir Herrn Jacques Dhur vor, den bekannten Schriftsteller und Journalisten, einen aufrichtigen, starken und furchtlosen Mann, und wir einigten uns darauf, dass ich ein paar kurze Kapitel über meinen langen Leidensweg schreiben sollte. Das Geld würde mir sehr nützlich sein. Herr Dhur half mir. Die Artikel waren für das *Journal* bestimmt, wurden aber aus irgendeinem Grund nicht veröffentlicht.

Anfang Dezember (1909) war ich bereit, nach England zu gehen. Dr. Mignon hatte sich aufgrund meines sehr schlechten Gesundheitszustands angeboten, mich nach London zu begleiten, wo er mich in die Obhut eines ihm bekannten Arztes geben würde. Ich verabschiedete mich von Dr. Raffegeau und seiner Frau und dann von Mme. Mignon und ihren bezaubernden Kindern, die sich alle so bewundernswert um mich gekümmert hatten.

Abends – ich sollte den 21-Uhr-Zug nach Charing Cross nehmen – fuhr ich mit M. Dhur und Dr. Mignon im Auto nach Paris. Sie brachten mich in ein schickes Restaurant, wo wir von einem oder zwei von M. Dhurs Kollegen empfangen wurden. Ich war verblüfft. ... Ich war seit über anderthalb Jahren nicht mehr in einem Restaurant gewesen. Wir saßen an einem Tisch in einem kleinen Raum, der mit Orchideen und Rosen geschmückt war. Diese Freunde wollten die Traurigkeit lindern, die, wie sie wussten, jemanden bedrückte, der im Begriff war, ins Exil zu gehen.

„Damit die Kellner nicht erraten, wer Sie sind, und um zu vermeiden, dass das Restaurant belagert wird, nehmen wir an, Sie sind Mme. – die Fliegerin", sagte einer; und fröhlich begannen sie, mir Fragen über meine Eindrücke in der Luft zu stellen, über den Motor, den ich bevorzuge, und über die Marke meines Flugzeugpropellers.

Wir fuhren zum Gare du Nord. Ich war müde, nervös und so traurig... Ich wollte gerade Paris verlassen, wo ich zwanzig Jahre gelebt hatte, Paris, das ich liebte, trotz allem, was ich dort erlitten hatte... Ich wollte eine Zeitung kaufen, sah aber meinen Namen in einer großen Überschrift und eilte davon. M. Dhur sagte mir: „Seien Sie vorsichtig; ich glaube, es sind zwei englische Journalisten im Zug." Eine Pfeife ertönte; Hände ergriffen meine; der Zug fuhr los und wir fuhren in die Nacht hinein...

Unterwegs sprachen die gewieften englischen Zeitungsleute mit Dr. Mignon und baten sehr höflich um das Privileg eines kurzen Interviews mit mir. Sie sagten, die Zeitschrift, bei der sie arbeiteten, sei bereit, alles für eine von mir unterzeichnete Artikelserie zu zahlen. Dr. Mignon sagte, er könne ihnen nicht erlauben, mit mir zu sprechen.

Auf dem Kanalboot fühlte ich mich verzweifelter als je zuvor. Es war kalt, der Wind war so scharf und die Küsten Frankreichs verschwanden.

Der Zug hielt in London an einem Bahnhof vor Charing Cross, und einer der englischen Journalisten stürzte herein und sagte: „Madam, ich weiß, dass in Charing Cross Dutzende von Fotografen und Zeitungsleuten auf Sie warten. Glauben Sie mir, Sie sollten hier besser aussteigen." Das stimmte, und es war nett, aber leider fuhr der Zug wieder los, bevor Dr. Mignon und ich – wir waren beide ziemlich benommen und verwirrt – diesem guten Rat folgen konnten.

Ich hatte kaum meinen Fuß auf den Bahnsteig von Charing Cross gesetzt, als um mich herum Blitze ertönten und etwa vierzig Journalisten sich eifrig, ja sogar gewalttätig um mich drängten. Einige sprachen Französisch – es waren die Londoner Korrespondenten der Pariser Zeitungen; andere sprachen

Englisch oder in gebrochenem Französisch. Ich schob Dr. Mignon in ein Taxi und sprang hinter ihm her. Autos folgten uns. Ich sagte zum Fahrer: „Hotel … Finden Sie es ! … "

Es war jetzt etwa 6 Uhr morgens. Wir versuchten, in einem Hotel ein Zimmer zu bekommen, wurden aber wegen der Journalisten abgewiesen. Wir versuchten es in einem anderen, wurden wieder abgewiesen, dann noch in einem anderen. Die Journalisten folgten uns immer noch. Verzweifelt ging ich auf sie zu und flehte um Mitleid.

Ich gönnte mir zwei Stunden Ruhe und musste dann das Hotel verlassen. Der Manager war höflich und gewährte Dr. Mignon und mir großzügigerweise noch eine Stunde und sagte, er würde uns helfen, die Presse zu täuschen. Ein Freund meines Anwalts, ein englischer Anwalt, wurde telefonisch zu meiner Unterstützung gerufen. Er kam und ich ging mit ihm, während der Doktor nach Vereinbarung eines Termins durch eine andere Tür hinausging. Leider wurden wir gesehen und verfolgt, und nur durch pures Glück konnte ich meinen Verfolgern aufgrund eines Verkehrsstaus entkommen.

Was für ein Tag! Wir fuhren und gingen dann zu Fuß. Es regnete in Strömen. Es war dunkel, als Dr. Mignon uns endlich fand.

Wir gingen durch enge, schlecht beleuchtete Straßen und erreichten eine kleine Pension, die von einem Deutschen geführt wurde, wo ich gut aufgenommen wurde. Ich war müde, entmutigt und krank . Unser Gepäck war am Bahnhof zurückgelassen worden. Ich aß mit Dr. Mignon bei D. zu Abend, wo ich nach zwei Nächten in der deutschen Pension einige Wochen blieb, bis ich ein kleines Haus für mich selbst gefunden hatte.

Drei oder vier Tage nach meiner Ankunft in London und als ich mich von den vielen aufeinanderfolgenden Schocks etwas erholt hatte, kehrte Dr. Mignon nach Frankreich zurück.

Mein Leben in England kann kurz beschrieben werden. Ich fand einige treue englische Freunde, die zunächst nicht wussten, wer ich war, die mir aber umso ergebener wurden, als ich sie ihnen preisgab. Ich fand die Ruhe und den Seelenfrieden, den ich so dringend brauchte. Ich machte mein kleines Heim so schön wie möglich und fand in der Musik, im Lesen und in langen Spaziergängen durch die Landschaft die Entspannung und den Trost, ohne die ich nicht hätte leben können. Ich habe gelernt, England und die Engländer zu lieben. Vielleicht habe ich meine wenigen englischen Freunde – Männer und Frauen – in Bezug auf Konversation, Enthusiasmus, Vorstellungskraft und künstlerische Neigung etwas anders gefunden als die Leute, die in meinen Pariser Salon strömten. Aber ich habe festgestellt, dass sie mir in anderen und wichtigeren Eigenschaften weit überlegen sind. Sie sind vielleicht weniger unkonventionell, weniger brillant und witzig, aber sie sind zuverlässiger und vertrauenswürdiger; weniger vielseitig und anpassungsfähig, aber echter, ernsthafter und beständiger.

Gegen Ende Dezember wurden die Möbel in der Impasse Ronsin auf meine Bitte hin verkauft, nachdem ich einen Teil davon nach England schicken ließ. Ich hatte meiner Tochter zuvor geschrieben und ihr angeboten, alles zu behalten, was sie wollte. Der Brief wurde ihr jedoch *nie* gezeigt, und später fand ich heraus, warum. Tatsächlich wurde meiner Tochter kein einziger der zahlreichen Briefe, die ich ihr schrieb, jemals ausgehändigt.

Einige Zeitungen nutzten die Gelegenheit dieses Verkaufs, um mich erneut als „unwürdige Mutter, die ihr Kind ruiniert" anzugreifen. Als ich jedoch die Liste der wenigen verkauften Dinge sah, dachte ich, dass Marthe viele Dinge behalten haben musste, und fühlte mich etwas erleichtert. Gleichzeitig erhielt ich von der Person, die mich bei dem Verkauf in Paris vertrat, eine Notiz: „Bitte geben Sie Frau Steinheil den beigefügten Brief zurück, der zweifellos von ihr stammt. Ich werde auch alles zurückschicken, was sie mir schickt, da ich nichts mit ihr zu tun haben möchte. Unterzeichnet: Chabrier."

Im März 1910 musste ich nach Paris, um verschiedene geschäftliche Angelegenheiten zu regeln, und ich blieb drei Tage dort, mit gepuderten Haaren, um mein Aussehen zu verändern. Ich traf meinen Anwalt und regelte verschiedene Angelegenheiten mit ihm. Ich schrieb meiner Tochter und bat sie, mich einige Stunden vor meiner Abreise bei Maître Aubin zu treffen. Dort erfuhr ich, dass Marthe nicht gekommen war ... und ich traf auch draußen eine Reihe von Journalisten und Fotografen an, die von einer freundlichen Seele vor meiner Ankunft gewarnt worden waren.

Es brach mir das Herz, mein Kind nicht zu sehen. Ich blieb viele Stunden bei meinem Anwalt und schaffte es nachts, die Journalisten zu täuschen und den Gare du Nord zu erreichen, wo ich den Zug nach London bestieg.

Ich war verzweifelt. Ich schrieb einen langen Brief an Marthe. M. Chabrier las ihn, teilte meiner Tochter mit, dass er Drohungen enthielt, und *zwang sie, den folgenden Brief zu schreiben und zu unterschreiben, der auf einer von ihm selbst angefertigten Kopie beruhte* :

Paris, 12. März 1910 .

Maître J. hat mir einen Brief von Ihnen überreicht, auf den ich antworten muss, indem ich Ihnen zum letzten Mal sage, was Sie nicht verstehen wollen. Die unwiderrufliche Entscheidung, die ich getroffen habe, Sie nie wiederzusehen, wurde mir von niemandem diktiert. Ich habe keine Berater. Mein Verhalten und meine Handlungen ergeben sich ausschließlich aus meinem Gewissen. Ich kann die langen Leiden und den Ruin meines armen Vaters nicht vergessen, und ich glaube, dass gewisse grausame Erinnerungen gewisse Bindungen zerreißen können. Sie lehnen den einzigen Beweis der Uneigennützigkeit ab, um den ich Sie gebeten hatte – das Geschenk des Hauses in der Impasse Ronsin – und beschuldigen meinen imaginären Berater dieser Ablehnung, und dann bieten Sie mir Ihre Hilfe an, die Schwierigkeiten des Lebens zu ertragen, eines Lebens, das Sie mir durch Ihren Willen und Ihre Taten geschaffen haben, eines sehr schmerzhaften und traurigen Lebens, das für immer zerstört ist. Ich wiederhole, dass ich meine Entscheidung allein getroffen habe. Sie werden mich nie wiedersehen. Ich muss Sie sogar bitten, mir nicht mehr zu schreiben, denn zwischen uns kann nichts sein außer dem absoluten Schweigen, das zwei Wesen trennt, die sich für immer ignorieren.

" M. STEINHEIL. "

Es war mir natürlich sofort klar, dass dieser ungrammatische und absurde Brief *nicht* von meiner Tochter geschrieben worden war! Sie hatte, Gott sei Dank, nicht diesen Stil, und ich erriet sofort, wer der Urheber des Briefes war . Aber ich schenkte dem allen keine große Aufmerksamkeit; ich sah nur, dass Marthe in Not war, und obwohl sie alles abgelehnt hatte – oder vielmehr, wie man mir sagte, sie habe abgelehnt –, was ich ihr so gerne anbot, ging ich zum französischen Generalkonsul in London und unterzeichnete ein Papier, mit dem ich auf das Eigentum an meinem Pariser Haus verzichtete und es meiner Tochter überschrieb.

Einen Monat später machte ich mir so große Sorgen um sie, dass ich erneut schwer krank wurde und mehrere Wochen lang dreimal täglich zum Arzt musste. Ich überredete einen ergebenen Freund, nach Paris zu fahren und mit meiner Tochter zu sprechen. Mein Freund ging in die Impasse Ronsin und wurde von Monsieur Chabrier empfangen, der sagte, es täte ihm sehr leid, aber Mlle Marthe sei auf dem Land. Mein Freund bestand darauf, erklärte mir die Schwere meiner Krankheit und bat um die Adresse meiner Tochter. Es war vergebens.

Seitdem hat mir Marthe erzählt, dass sie an diesem Tag im Haus war und darauf bestanden habe, die Person zu sehen, die ich zu ihr geschickt hatte, dass Monsieur Chabrier, zu dem sie noch immer größtes Vertrauen hatte, sie jedoch während des Gesprächs in ihrem Zimmer eingesperrt habe.

Wieder schrieb ich Briefe an Marthe, aber noch immer kam keine Antwort. Ich versuchte, mein einziges Kind zu vergessen, aber eine Mutter vergisst nie. Ich reiste durch Holland, Belgien, die Schweiz, Italien – nie durch Frankreich – und erholte mich, aber später packte mich erneut die Verzweiflung, und zum zweiten Mal innerhalb eines Jahres litt ich an einer schweren Krankheit.

Neujahr 1911. Den Tag verbrachte ich damit, einen langen Brief an Marthe zu schreiben, und danach verfasste ich mein Testament, denn trotz meiner wenigen ergebenen Freunde, trotz Musik und guter Bücher schien mir das Leben ohne meine Tochter nicht lebenswert, und wenn man solche Gedanken hat, kommt das Ende bald. In meinem Fall sehnte ich mich nach dem Tod.

Tag für Tag, Woche für Woche, Monat für Monat wartete ich auf Neuigkeiten von meiner Tochter... Einmal berichteten französische Zeitungen, sie sei im Begriff, in ein Karmeliterkloster einzutreten, und später wurde sogar eine Beschreibung veröffentlicht, wie meine Tochter den Schleier nahm... Dann wurde die ganze Geschichte dementiert. Von Zeit zu Zeit schrieb mir eine gutherzige Frau in Paris Worte wie diese: „Ich sah Mlle. Marthe gestern auf der Straße vorbeigehen... sie sah blass aus, aber ansonsten ging es ihr gut...“

Dann, im Juni 1911, an einem Tag, den ich nie vergessen werde – dem glücklichsten Tag meines Lebens seit dem Tag, an dem Marthe in ihrer Kindheit von einer schweren Krankheit genesen war – erhielt ich einen Brief von meiner Tochter, und als ich jedes Wort las, schien es mir, als ströme mir das Glück durch die Adern, als hätte das Leben einen neuen Sinn, einen wunderbaren, göttlichen, ungeahnten Sinn.

Sie bat um Vergebung. Man hatte sie gegen mich beeinflusst, man hatte ihr Angst vor mir eingejagt. Über anderthalb Jahre lang war sie ein Spielzeug in den Händen einiger skrupelloser Menschen gewesen und hatte endlos leiden müssen – und doch war sie diesen falschen Vormündern gegenüber beinahe dankbar gewesen, denn da sie sich von fast allen und sogar von mir im Stich gelassen fühlte, war sie froh, dass diese zwei oder drei Menschen sie wenigstens nicht wie eine Paria behandelten. Mir blutete das Herz, als ich ihren langen Brief las, und ohne ihn zu Ende zu lesen, beeilte ich mich, ihr zu schreiben, dass ich sie anbetete, dass ich sie immer angebetet hatte und dass sie sich, was auch immer geschah, auf mich verlassen konnte.

Danach erhielt ich noch viele weitere Briefe von Marthe. Ich las mit Erstaunen und Verzweiflung, dass sie ganz allein auf der Welt war, allein, um den großen Kampf des Lebens zu kämpfen... Und sie war so jung, so gebrechlich!

Ich las, dass sie aufs Übelste betrogen worden war, dass man sie blind alle möglichen Papiere unterschreiben ließ. Ich las, dass sie in ihrem eigenen Haus verhungert war, obwohl sie für ihre Verpflegung bezahlt hatte. Ich las, dass das arme Kind weder vor Sarkasmus noch vor Beleidigungen verschont geblieben war. Man hatte ihr geraten, in ein Kloster einzutreten, und ihr wurde gesagt: „Das ist das Klügste, was du tun kannst. Du wirst dort glücklich sein; was das Haus betrifft, kannst du es uns überlassen, bevor du Nonne wirst.“ ... Als „die Familie“ sah, dass Marthe nichts für das Klosterleben übrig hatte, suchten sie einen potentiellen Ehemann für sie, einen jungen Niemand, der im fernen Kalifornien lebte und sich zu dieser Zeit in Paris aufhielt … Wenn sie ihm nach Amerika folgte, konnte sie das Haus immer noch ihren Beschützern überlassen.

Aber obwohl sie erschöpft und elend war, obwohl sie tatsächlich den Abwasch machen und das Haus putzen musste; obwohl sie 14 bis 16 Stunden von 24 Stunden mit Nähen und Sticken verbrachte, um ihren Lebensunterhalt zu verdienen; obwohl sie, wenn sie etwas spät am Abend nach einem Lauf durch die Straßen von Paris, um ihre Arbeit abzuliefern, nach Hause kam und statt des Abendessens, für das sie bezahlt hatte, nur ein wenig Schokolade oder gar *nichts vor ihrer Tür fand*, verlor Marthe, das tapfere kleine Geschöpf, nicht den Mut und vertraute noch immer ihren sogenannten Vormündern. Sie ließ sich noch immer irreführen, sah die Wahrheit nicht und verstand nicht, warum man ihr verwehrte, ihre Mutter zu sehen oder auch nur mit ihr zu korrespondieren.

Das große Haus in der Impasse Ronsin, das ich nach dem Mord in mehrere Wohnungen aufteilen ließ, wurde an verschiedene Personen vermietet - und das war Marthes Haupteinnahmequelle -, aber man erlaubte ihr nicht einmal, die verschiedenen Verträge und Pachtverträge einzusehen. Man bat sie lediglich, Dokumente zu unterschreiben, die sie nicht einmal gelesen hatte. Als dann ernsthafte Schwierigkeiten auftraten, verließen ihre Beschützer sie.

Erst als sie in meiner Nähe war und ich ihr beispielsweise bestimmte Dokumente zeigte, fiel es ihr wie Schuppen von den Augen.

del Perugia kennengelernt hatte, war allmählich von der offenen und anziehenden Art des jungen Mannes angezogen, und bald schrieben mir beide einen Brief, in dem sie mich um meine Einwilligung zu ihrer Heirat baten. Natürlich gab ich sie ihr.

Bei der Hochzeit dieser beiden Kinder in Paris wurden sie erneut von Journalisten und Fotografen belästigt. Es kam zu einer Schlägerei auf den Stufen der Kirche und einer weiteren fast vor dem Altar, wo plötzlich Fotografen auftauchten. Zwei oder drei Personen wurden niedergeschlagen und Marthe geriet ins Wanken. Nach der Zeremonie musste das arme Kind von den Priestern getröstet und weggeschmuggelt werden.

Ich tauschte viele Briefe mit Marthe und ihrem jungen Mann aus, und dann kamen sie, um ein paar Monate bei mir zu verbringen.

Nicht einmal der größte Dichter könnte je meine Begegnung mit Marthe nach diesen Monaten der Qual beschreiben, noch könnte der größte Komponist unsere himmlischen Freuden in Musik ausdrücken! Alles, was ich und Marthe durchgemacht hatten – und der Leser weiß inzwischen, was das für Erfahrungen waren – verschwand in dem Moment, als wir uns innig umarmten …

KAPITEL XXXII

SCHLUSS

Meine Memoiren sind zu Ende.

Ich habe versucht, weder verbittert noch rachsüchtig zu wirken und habe bestimmte Tatsachen, Dokumente oder Namen nur dann erwähnt, wenn ich mich rechtfertigen oder meine Tochter in Schutz nehmen musste. Und der Leser wird mir zweifellos zustimmen, dass ich dies nur dann getan habe, wenn es absolut notwendig war.

Immer wieder wurde ich nach meiner Theorie des Verbrechens gefragt. Seit der schrecklichen Nacht vom 30. auf den 31. Mai 1908 habe ich dieses schreckliche Problem immer wieder in meinem Kopf durchgewälzt, bis ich zeitweise fast den Verstand verloren hätte – und ich habe keine Theorie mehr.

Manchmal kommt es mir so vor, als seien die Mörder Models gewesen, die meinen Mann kannten. Manchmal glaube ich, das Verbrechen sei von Personen begangen worden, die in noch engerem Kontakt mit meinem Mann und mir oder mit einem von uns standen. Manchmal bilde ich mir ein, der Anstifter des Verbrechens sei ein Mann gewesen, der in mich verliebt war. Und schließlich stelle ich mir manchmal vor, das Drama müsse sich folgendermaßen abgespielt haben:

Ein Mann, ein verdächtiger Charakter, ein *Deklassierter*, hört oder entdeckt, dass sich in meinem Haus wichtige politische Dokumente befinden. Vielleicht kennt er meinen Mann, vielleicht kennt er mich, mehr oder weniger. Er geht zu einem Beamten – ich sage Beamter, da mir kein passenderes Wort einfällt – und sagt ihm, er könne bestimmte politische Dokumente von großer Bedeutung beschaffen, Dokumente, die, wenn sie preisgegeben würden, vielen prominenten Personen, gelinde gesagt, große Verlegenheit bereiten würden . Er will Geld und verlangt möglicherweise ein Dokument, das den Handel sozusagen besiegelt. Da er ein professioneller Übeltäter ist, beschließt er, außer den Faure-Dokumenten noch etwas anderes zu stehlen. Er weiß, dass ich Perlen und schöne Juwelen besitze … Möglicherweise kennt er die mysteriöse ausländische Person, mit der sich mein Mann angefreundet hat, den Juden, der vielleicht gelegentlich die Aufführungen im Hebräischen Theater besucht und weiß, dass im Korridor des Theaters Körbe mit Kostümen unbeaufsichtigt stehen. Als Berufsverbrecher ist er ein Feigling, und da es „Ärger" geben könnte, beschließt er, die Sache nicht allein anzugehen. Er und seine Freunde, mit denen er nur über Juwelen und Geld gesprochen hat – nicht über Dokumente, denn die behält er sich vor – untersuchen das Haus; und möglicherweise sind es die Männer, die die Nachbarn in der Impasse Ronsin herumlungern sahen. Sie haben Einladungskarten für die Ausstellung der Werke von M. Steinheil besorgt, und einer von ihnen verlor seine Karte am Tag des Verbrechens in der U-Bahn. Diese Ausstellung ermöglichte es ihnen, das Haus zu einer Zeit zu betreten, als es überfüllt war und ihre Bewegungen daher nicht bemerkt wurden. Außerdem kennen einer und möglicherweise zwei der Bande das Haus bereits gut.

Die Pläne werden sorgfältig ausgearbeitet. Wir befinden uns im Mai. Sie haben herausgefunden, dass die Steinheils zu dieser Jahreszeit fast immer die Wochenenden in Bellevue verbringen. Der Einbruch wird ziemlich einfach sein.

Am 30. Mai stiehlt einer der Bandenmitglieder am frühen Abend die schwarzen Gewänder aus dem Hebrew Theatre. Gegen Mitternacht betreten die drei Männer mit Taschen voller Verkleidungen die Impasse. Möglicherweise sind es vier von ihnen; der vierte blieb im Garten auf Wache. Außerdem ist eine rothaarige Frau bei ihnen, wahrscheinlich die Geliebte eines der Übeltäter, die sich entschied, ihren „Mann" zu begleiten, weil es vielleicht ein paar Schmuckstücke für sich selbst zu sammeln gab.

Sie betreten den Garten – das Tor muss nur aufgestoßen werden. Sie stellen eine Leiter an die Wand, aber einer von ihnen stellt fest, dass die Tür zur Speisekammer nicht verschlossen ist. Sie gehen hinein, zünden ihre Laternen an und ziehen ihre Verkleidungen an, die sie mitgebracht haben, *für den Fall,* dass jemand in der Nähe ist, der einen, zwei oder möglicherweise alle drei erkennen könnte. Sie bemerken einen offenen Schrank und greifen nach der Kordel, die sie dort sehen. Sie könnte praktisch sein, um Pakete mit gestohlener Ware zu verschließen. Dann schleichen sie heimlich die Treppe hinauf. Sie erwarten wahrscheinlich, den Ort leer vorzufinden, obwohl sie vermutlich wussten, dass Couillard in der Nähe des Dachbodens im dritten Stock schlief, was vielleicht erklärt, warum sie nicht ins Atelier gingen, von wo aus man sie hätte hören können. Auch das Erdgeschoss durchwühlten sie nicht, wo es außer der Küche, den Büros, dem Wintergarten und der Diele nur das Esszimmer und das Wohnzimmer gab. Normalerweise bewahren die Leute ihre Wertsachen nicht an solchen Orten auf, sondern eher in ihren Schlafzimmern.

Das erste Zimmer, das sie sehen, als sie den ersten Stock erreichen, ist das, in dem ich schlafe. Einen Moment lang sind die Männer verblüfft; sie verwechseln mich mit meiner Tochter, in deren Zimmer ich schlafe. Ich werde aus dem Schlaf gerissen und ein Revolver wird auf mich gerichtet: „Wo ist das Geld ? ... " Sie sind gekommen, um zu stehlen, nicht um zu töten. Ich zeige auf das Boudoir, dessen Tür offen steht. Sie finden das Geld und nehmen es. Sie kehren zurück und verlangen die Juwelen. Der Anführer der Bande, der mich offensichtlich kennt, verlangt die Dokumente ... Während die anderen das Zimmer betreten, in dem meine Mutter schläft, durchsucht der Anführer das Boudoir, findet das leere Paket mit Dokumenten, liest die darauf geschriebenen Worte und ist zufrieden. In der Zwischenzeit durchwühlen die anderen – möglicherweise bald gefolgt vom Anführer – den Kleiderschrank im Zimmer meiner Mutter. Sie schreit „Meg, Meg" und versucht aus dem Bett zu springen ... Sie nehmen etwas Watte und zwängen sie ihr in den Mund. Sie wird erstickt.... M. Steinheil hat den Lärm gehört und rennt aus seinem Schlafzimmer, doch als er die Schwelle des Badezimmers erreicht, stürzen sich die Männer, die ihn gehört haben, auf ihn und erwürgen ihn.

Sie sind gekommen, um zu stehlen, nicht um zu töten... Sie wollen unbedingt entkommen. Als sie durch das Zimmer meiner armen Mutter gehen, legen sie ihr zur „Sicherheit" eine Kordel um den Hals. Vielleicht haben sie das getan, bevor sie meinen Mann ermordeten. Hastig fesseln sie mich an mein Bett und knebeln mich mit Watte. Einer der Männer hatte das Tintenfass im Boudoir umgestoßen; der Saum seines Gewandes schleifte durch die Pfütze auf dem Boden, und als er in mein Zimmer kam, hinterließ er eine Tintenspur.

Die Frau will, dass ich getötet werde, aber der Chef der Bande sagt nein. Zwei Morde sind völlig genug... Trotzdem geben sie mir einen heftigen Schlag auf den Kopf. Dann verschwinden sie.

Der Mord wird aufgedeckt, die Karte meines Mannes wird in der U-Bahn gefunden, die schwarzen Kittel werden vermisst ...

Ist es Wahnsinn anzunehmen, dass, wenn diese Theorie stimmt, der Chef der Bande den wahrscheinlich völlig erschrockenen Beamten gesehen und zu ihm gesagt habe: „Wenn ich verhaftet werde, kann ich mit den Papieren, die ich besitze, beweisen, dass ich den Auftrag hatte, diese Dokumente zu besorgen, und die ganze Welt wird sagen, dass die Affäre Impasse Ronsin ein politisches Verbrechen war"?

Die Polizei ermittelt vergeblich; der Fall wird eingestellt; ich jedoch nehme ihn unbekümmert wieder auf, überzeugt, dass die Mörder gefunden werden, und nehme mir vor, sie zu finden. Den Rest kennt der Leser.

Möglicherweise, ich würde sogar sagen wahrscheinlich, ist das alles hoffnungslos falsch oder enthält nur ein kleines Körnchen Wahrheit. Wer weiß?

Aus den ungewöhnlichen und tragischen Erfahrungen, die ich gemacht habe, kann ich einige Schlussfolgerungen ziehen.

Ich kann nicht bezweifeln, dass meine Unschuld in den Augen des Lesers inzwischen erwiesen ist; ich wage sogar zu glauben, dass ich sein oder ihr Mitgefühl gewonnen habe. In dieser langen Darstellung der Fakten habe ich meine Bemerkungen durchweg auf Dokumente gestützt, und diese Dokumente sind natürlich unbestreitbar.

Aber meine eigene Rechtfertigung und vollständige Rehabilitierung waren nicht meine einzigen Ziele. Andere haben gelitten und leiden noch immer, so wie ich gelitten habe; andere können leiden und werden leiden, solange in Frankreich gewisse Methoden weiterhin angewandt werden, solange gewisse französische Gefängnisse das bleiben, was sie sind, und gewissen Untersuchungsrichtern erlaubt wird, mit Gefangenen so umzugehen, wie einer von ihnen es mit mir getan hat; solange das Verfahren bei Mordprozessen so bleibt, wie es ist; und schließlich, solange in dem Land, aus dem ich komme und das ich leidenschaftlich liebe, kein Gesetz verabschiedet wird, das Missachtung des Gerichts zu einem schweren Vergehen erklärt.

Ich habe Saint-Lazare beschrieben: Je früher dieses heruntergekommene, unhygienische Gefängnis mit seiner vergifteten Atmosphäre – vergiftet im wahrsten Sinne des Wortes – abgerissen wird, desto besser.

Anweisung folgendermaßen beschrieben : Je früher solche „Vernehmungen" *öffentlich werden* ; je früher es den Untersuchungsrichtern verboten wird, vorgefasste Meinungen über die Schuld der vor sie geführten Angeklagten zu haben und je früher es ihnen verboten wird, diese zur Erreichung ihrer zweifelhaften Ziele zu bedrohen, einzuschüchtern, einzuschüchtern und zu foltern – desto besser.

Ich habe meine 353 Tage im Gefängnis ausführlich geschildert: Je früher die französische Justiz erkennt, dass sie kein Recht hat, einen Menschen, der ein Verbrechen begangen haben *soll* oder eines solchen *verdächtigt wird* , monatelang in den vier Wänden einer Zelle festzuhalten, während er auf seinen Prozess wartet, desto besser.

Ich habe meinen elftägigen Prozess – meine elftägige Qual – geschildert, denn nach fast einem Jahr im Gefängnis ist ein Mensch nichts weiter als ein Klumpen leidenden Fleisches und Nerven: Je eher das Verfahren geändert wird, je eher die – unvermeidlich einseitigen und irreführenden – Fragen des Richters unterdrückt werden, je eher dem Kreuzverhör des Angeklagten und aller Zeugen eine weitaus wichtigere Rolle zukommt und je eher die Geschworenen bei einem Mordprozess zusammengehalten und, wie in England, von jeglicher Kommunikation mit der Außenwelt abgehalten werden – desto besser.

Ich habe die erstaunliche Rolle der französischen Presse - oder vielmehr eines Teils davon - in der "Affäre Impasse Ronsin" beschrieben, wie sie die öffentliche Meinung gegen mich aufwiegelte und die schlimmsten nur denkbaren Methoden der Nötigung und Einschüchterung anwandte, wie sie mein Leben und das meiner Tochter zu einem unerträglichen Martyrium machte: Je eher der französischen Presse verboten wird, die Rolle der sogenannten Justiz zu übernehmen und die wahllosesten, willkürlichsten, imaginärsten und schädlichsten Artikel gegen Wesen zu veröffentlichen, die lediglich "angeklagt" sind, und dies nicht nur vor, sondern sogar während des Prozesses gegen diese Wesen - desto besser.

Der Leser möge, wenn auch nur für einen Augenblick, über folgende Tatsachen nachdenken: *Während meines Prozesses* veröffentlichten mehrere Zeitungen Tag für Tag lange Artikel, in denen ich klar und deutlich als Mörderin, als „Rote Witwe", als „Schwarzer Panther" behandelt wurde! Tag für Tag gingen die zwölf Männer, die über mein Schicksal - und indirekt auch das meiner Tochter - entscheiden sollten, nach den Anhörungen im Schwurgericht nach Hause: Sie diskutierten mit ihren Frauen und Freunden über den Prozess, meine Haltung, die Aussagen der Zeugen, die mir gestellten Fragen und meine Antworten auf diese Fragen; sie gingen in ihre Cafés, wo sie redeten und zuhörten; sie lasen Zeitungen, und am nächsten Morgen, bevor sie in den Gerichtssaal gingen, redeten und hörten sie wieder zu, lasen die Morgenzeitungen und waren erneut Einflüssen ausgesetzt.

Ich glaube nicht eine Sekunde lang, dass französische Geschworene sich in Fragen von Leben und Tod von ihrem Gewissen täuschen lassen − und seit meinem Freispruch habe ich einen glänzenden Beweis dafür −, aber ist es nicht zu hoch gegriffen, zuzugeben, dass sich einer der zwölf Geschworenen durch das, was er hört oder liest, beeinflussen *lässt* und seinerseits seine Kollegen in der feierlichen, bedeutungsvollen Stunde beeinflusst, wenn sie in einen Raum geschickt werden, um über das Schicksal eines Menschen zu beraten?

Mein größter Wunsch ist, dass sich dieses Buch für andere als nützlich erweisen möge.

Ich habe meinen Feinden vergeben und ich vertraue darauf, dass diejenigen, denen ich Unrecht getan habe, mir vergeben werden.

Während ich diese Zeilen schreibe, liegt meine Tochter neben mir auf einem Sofa. Sie schläft, und ihr junger Mann malt am Fenster. In diesem Zimmer, das auf eine große englische Wiese hinausgeht, die so frisch und so grün ist, herrscht vollkommener Frieden und Ruhe ... Nach all den Jahren des wahnsinnigen Durcheinanders, die ich durchlebt habe, scheint es fast unglaublich ...

Meine kleine Marthe wird in ein paar Monaten Mutter ... Ihr Kind wird eines Tages diese Memoiren lesen. Möge er, wenn diese Zeit kommt, – wie alle anderen Leser dieses Buches, so hoffe ich – lernen, mein Leben zu verstehen, mir meine Schwächen zu verzeihen und die Mutter seiner Mutter zu lieben, eine Frau, die in ihrem Leben Fehler gemacht hat, aber, Gott weiß, dafür allzu teuer bezahlt hat.

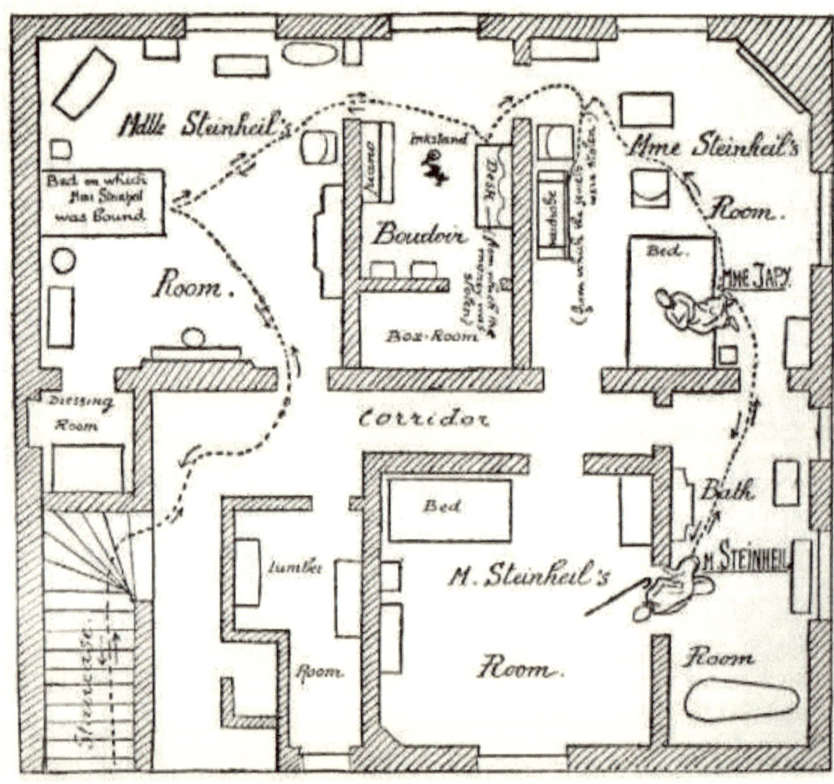

Plan des ersten Stocks des Hauses in der Impasse Ronsin, wo der Doppelmord begangen wurde. Die gepunktete Linie zeigt die wahrscheinlichen Bewegungen der Attentäter.